O. Bach / M. Geyer / M. Scholz
Lehrbuch der Psych-Fächer

Lehrbuch der Psych-Fächer

Psychotherapie, Psychosomatik, Psychiatrie und
Kinder- und Jugendpsychiatrie und -psychotherapie

Herausgegeben von
O. Bach, M. Geyer, M. Scholz

Unter Mitarbeit von

O. Bach, M. Broda, W. Felber, K. Gantchev, M. Geyer, St. Herpertz, A. Hessel,
P. Hummel, H.E. Klein, R. Krause, J. Martinius, H. Petermann, G. Plöttner, F. Poustka,
F. Resch, M. Scholz, W. Senf, St. Sutarski, J. Tegeler, V. Thömke, A. Warnke, N. Wodarz

Mit 35 Abbildungen und 72 Tabellen

Johann Ambrosius Barth Verlag · Heidelberg

Die Deutsche Bibliothek – CIP Einheitsaufnahme

Ein Titeldatensatz für diese Publikation ist bei
Der Deutschen Bibliothek erhältlich

© 2000 Johann Ambrosius Barth Verlag in MVH Medizinverlage Heidelberg
   GmbH & Co. KG, Heidelberg
Alle Rechte vorbehalten
Satz und Druck: Gulde-Druck GmbH, Tübingen
Bindung: Buchbinderei Koch, Tübingen
ISBN 3-8304-5060-5

Vorwort

Das dem Leser vorliegende Lehrbuch der Psychofächer, die wissenschaftsmethodisch und klinisch-praktisch sehr eng verwandt sind, versucht, Theorie und Praxis von Kinder- und Jugendpsychiatrie und -psychotherapie, Psychiatrie und Psychotherapie sowie Psychosomatik und Psychotherapie, drei Facharztbereiche, die in der Weiterbildungsordnung wohl definierte Ausbildungsstandards aufweisen, gemeinsam zur Darstellung zu bringen. Das Vorgehen erschien den Herausgebern deshalb sinnvoll, weil sowohl der in Weiterbildung befindliche Arzt als auch der Medizinstudent manche Unterschiede der einzelnen von den Fächern betreuten Krankheitsgruppen, aber noch viel mehr bemerkenswerte Überschneidung und Schnittstellen gemeinsamen Handelns, erkennen wird. Der Kinderpsychiater wird eine Menge psychiatrischen und psychosomatischen Wissens erwerben müssen und umgekehrt benötigen die Psychiater und Psychotherapeuten (um gängige Kurzformen zu verwenden) Elemente des Wissens aus dem Felde der Kinder- und Jugendpsychiatrie.

Es hängt häufig von örtlichen Konventionen ab, welche Erkrankungen von jeweiligen Fachvertretern in Vorlesungen oder in Weiterbildungsveranstaltungen angeboten werden oder auch, wer welche Forschungsfelder besetzt hat. Nicht wenige Erkrankungen werden von allen 3 Fächern betreut, wenn man etwa an Eßstörungen und Borderline-Erkrankungen denkt.

Das Lehrbuch geht in seiner Grundstruktur von der Annahme aus, daß man sich dem Problem eines psychisch Erkrankten von unterschiedlichen Ebenen des Geschehens aus zuwenden muß: vom syndromatologischen, vom somatischen, vom psychodynamischen, vom soziodynamischen und schließlich vom, für den interkollegialen Kontakt so wichtig, terminologischen Aspekt her.

Diese Terminologien und Begriffsinventare der psychischen Störungen sind außerordentlich verwirrend, weswegen dem Themenbereich ein besonderer Hauptabschnitt gewidmet ist. Das Lehrbuch wendet sich an Studenten der Medizin und in Weiterbildung befindliche Ärzte der 3 Fächer sowie psychotherapeutisch und psychiatrisch interessierte Ärzte anderer Fachgebiete. Während der Student möglicherweise die sehr abstrakten Kapitel zur Entstehung, Diagnostik und Klassifikation von Erkrankungen nur insoweit studieren wird, wie der Gegenstandskatalog für das Prüfungswissen einzelner Aspekte pronociert, sind gerade diese Abschnitte für den in Weiterbildung stehenden Arzt unabdingbar. Im Bereich der Krankheitslehre und der Therapie mögen sich die Intentionen unterschiedlicher Ausbildungsebenen dann wieder nähern.

Die Gliederung des Buches ist so gewählt, daß die Syndrome der Erkrankungen und deren Therapie zusammengefaßt dargestellt werden, so daß der Leser nicht drei Lehrbücher in einem Einband, sondern ein Lehrbuch über Sachverhalte verwandter Fächer angeboten bekommen soll.

Die Herausgeber hoffen, daß diese Intention, einen verbindenden Bogen über die drei Psychofächer zu spannen und dabei doch zugleich die Sprache und Denktradition der Autoren in ihrer fachspezifischen Verwurzelung zur Wirkung kommen zu lassen, zum Tragen kommt. Die gemeinsame Darstellung psychotherapeutisch-psychiatrischer

Inhalte des Kindes- und Erwachsenenalters läßt bei aller Breite des vermittelten Wissens auch die notwendige Tiefe bezüglich bestimmter Sachverhalte zu und ermöglicht, so hoffen die Autoren, daß die Leser je nach Interessenslage oder Ausbildungsstand das für sie Wichtige werden entnehmen können und auch Grenzgebiete der Medizin (Psychologie, Sozialpädagogik, Sozialarbeit) in für sie relevante Themenbereiche eingeführt werden.

Dresden und Leipzig, Dezember 1999   *O. Bach   M. Geyer   M. Scholz*

Inhalt

I Zur Geschichte von Psychiatrie, Psychosomatischer Medizin, Psychotherapeutischer Medizin und Kinder- und Jugendpsychiatrie

In den nachfolgenden Texten zur Geschichte der Psychofächer sollen nicht historische Abläufe von der Frühzeit bis zur Gegenwart abgehandelt werden. Die interessante Geschichte der Medizin in all ihren fachlichen Facetten ist Aufgabe einer speziellen Medizinhistorie, wie sie etwa von Ackerknecht (1989) vorgelegt wurde. Aufgabe einer geschichtlichen Einführung in dieses Lehrbuch kann es nur sein, historische Aspekte aufzugreifen, die in direkter Beziehung zu unserem gegenwärtigen Tun stehen und über die wir reflektierend Alltagsgeschehen in unseren Fächern zu gestalten versuchen.

1 Psychiatrie

Es gibt viele gute Gründe, warum sich die Psychiatrie mit ihrer eigenen Wissenschaftsgeschichte befassen muß, wenn wir den Zeitraum der letzten 200 Jahre und insbesondere den der letzten 100 Jahre im Auge haben.

Zunächst sei auf einen allgemeinen philosophischen Aspekt verwiesen. Der Psychiater kann sich dem Inhalt seines Faches nämlich der Erkennung von Störungen des Empfindens, Wahrnehmens, Kommunizierens eines Menschen auf unterschiedlichen Seinsebenen zuwenden und kategoriale Aussagen auf der molekularen, der biologischen, der klinischen, der psychodynamischen oder der sozialen Ebene treffen. Er muß dabei in allem, was er fachlich tut, ein Hintergrundverständnis für andere Seinsebenen, auch wenn sie im Detail nicht berührt werden, im Auge behalten. Damit ist das Phänomen verbunden, die Irrwege des eigenen Faches ins eigene Handeln mit einzubeziehen. Biologische Therapie trägt das Signum des Biologismus, genetische Theorien die Vergangenheit „Vernichtung unwerten Lebens", psychoanalytische Therapie den Dauerkonflikt von Psychiatern und Somatikern in sich. Gerade ein Fach, das sich in den letzten Jahren soziologisch und psychotherapeutisch profiliert hat – seit 1993 hat sich als Beleg dafür ein neuer Facharzt für Psychiatrie und Psychotherapie als Weiterbildungsziel etabliert – ohne seine somatischen Kompetenzen deswegen hinten an zu stellen, steht in dynamischen Auseinandersetzungen um das eigene Selbstverständnis, die ohne historischen Bezug nicht angemessen aufgelöst werden können.

Historische Bemühungen in der Psychiatrie sind auch deshalb besonders ernst zu nehmen, weil sich das Fach durch seine ambivalente Stellung gegenüber Staat und Gesellschaft ausweist. Es hat gewissermaßen hoheitliche Funktionen auszuführen, den gefährdeten, erregten, verwirrten Menschen von der Straße zu holen und ihn zugleich in seiner Unbehaustheit und situativen Inkompetenz vor einer Gesellschaft zu schützen, die ihn an den Rand drängt, geneigt ist, ihn auszugliedern, wenn nicht gar physisch zu vernichten. Hierbei geht es nicht um ferne Zeiten, in denen Geisteskranke in Narren- türmen oder Käfigen zur Besichtigung freigegeben waren, sondern um gelebte Ver- gangenheit der letzten 60 Jahre. Unter Bedingungen von Diktaturen wird von den Herrschenden ständig versucht, den Begriff der Fremdgefährdung im Sinne der Stö- rung der öffentlichen Ordnung auszuweiten und Psychiatrie damit zu mißbrauchen. Die Generation der jetzt lebenden Psychiater hat sich gerade erst in den letzten Jahren mit dem Psychiatriemißbrauch der NS-Zeit auseinandergesetzt und ein Teil von Ihnen in den neuen Bundesländern mußte sich jüngst zur eigenen Stellung zum Fach und zu politischen Übergriffen auf dieses befragen lassen.

Es sei gestattet, die jüngere deutsche Psychiatriegeschichte auf diesem Hintergrund in wenigen Worten zu markieren.

Mit der Entwicklung der bürgerlichen Gesellschaft und modernen Produktionswei- sen im 19. Jahrhundert ergab sich zunehmend die Notwendigkeit, sich den Men- schengruppen zuzuwenden, die aus einem bürgerlichen Vernunftsbegriff und einer Leistungsethik von Fleiß, Ordnung, Tüchtigkeit herausfielen: den Bettlern, Kriminel- len, Trinkern, Verwirrten. Insbesondere die Geisteskranken besser zu versorgen, war ein Anliegen, das sicher von wirtschaftlichen, aber auch philanthropischen Motiven bestimmt war.

Mit der Errichtung von psychiatrischen Heil- und Pflegeanstalten, die nun versuch- ten, einer Patientengruppe gerecht zu werden, die bis dahin aufs Kläglichste behan- delt wurde, begann man etwa Mitte des 18. Jahrhunderts. Pinel (1745–1826) führte in Paris erste Besserungen ein, indem er symbolisch einem Geisteskranken die Ketten abnahm. Eine der ersten nach modernen Gesichtspunkten geführte Behandlungsein- richtung wurde in Sonnenstein/Sachsen 1811 gegründet, in der auch schon Beschäfti- gung, Sport und Musik als heilsame Faktoren anerkannt waren. Johann Christian Reil (1759–1813) führte in seinem Werk „Rhapsodien" auf diese Therapieformen als „psychische Churmethoden" hin. Die Reformbewegungen, welche zu einem Aufblü- hen der deutschen Psychiatrie bis zum ersten Weltkrieg hin führten und sich beson- ders in den Landeskrankenhäusern realisierten, erhielten mit der sich vor allem Ende des 19. Jahrhunderts entwickelnden Universitätspsychiatrie ein weiteres und nicht selten auch in Gegensatz zu den Landeskrankenhäusern geratendes wissenschaftli- ches Standbein. Johann Christian Heinroth (1773–1843) gründete in Leipzig den er- sten psychiatrischen Lehrstuhl und Wilhelm Griesinger (1817–1868) hat es als erster Lehrstuhlinhaber in Berlin mit der Veröffentlichung seines Werkes „Pathologie und Therapie der psychischen Krankheiten" eine somatische Grundlegung psychischer Störungen postuliert. Emil Kraepelin (1856–1926), Professor für Psychiatrie in Dor- pat, Heidelberg und München entwickelte eine Systematik der Geisteskrankheiten, mit der wir uns heute noch auseinandersetzen. Alois Alzheimer (1861–1915) sei schließlich als Protagonist universitärer psychiatrischer Forschung genannt. 1864 in Marktbreit geboren (dort befindet sich heute eine Gedenkstätte), arbeitete er u.a. unter Kraepelin in München und wurde 1912 Ordinarius in Breslau. 1906 beschrieb er erstmals eine präsenile Demenz, die auf Vorschlag Kraepelins mit seinem Namen belegt wurde (Abb. 1).

Mit dem Aufkommen eines paradigmatisch wirkenden Sozialdarwinismus Mitte des 19. Jahrhunderts setzte sich zunächst ideell eine Entwicklung in Gang, die für die

Abb. 1 Alois Alzheimer

Psychiatrie furchtbare Folgen haben sollte. Auf dem Hintergrund der Ideen von Charles Darwin zur Entstehung der Arten, Mendels zur Gesetzmäßigkeit der Merkmalsvererbung gewannen eugenische Ideen Einfluß auf die Gesellschaft, die davon ausgingen, daß ein Volk insbesondere durch die Fortschritte in der Medizin gefährdet sein könnte durch die Fortpflanzung sogenannter Entarteter. Man nahm an, daß alle menschlichen Leistungen allein biologisch determiniert und soziales Verhalten biologischen Prozessen vergleichbar seien. Der biologische Wert eines Menschen richte sich nach seiner Nützlichkeit. Versetzt wurden diese Theorien mit einem zunehmenden Antisemitismus, der aus Rassenideologien immer intensiver gespeist wurde. Die Thematik erfuhr eine zunehmende Scheinverwissenschaftlichung. 1904 gründete z. B. Ploetz eine Zeitschrift „Archiv für Rassenhygiene und Gesellschaftsbiologie", die das Gedankengut vor allem in Juristen- und Ärztekreisen verbreitete. Mit der Schrift „Die Freigabe der Vernichtung lebensunwerten Lebens" von K. Binding und A. Hoche wurde 1920 erstmals deutlich gemacht, wie weit praktisch gegangen werden kann. Aber erst mit dem Machtantritt der NSDAP 1933 wurde Realität, was bis dahin die Psychiatrie nur begrenzt durchdrungen hatte, wenngleich eine offene Auseinandersetzung mit dem Ideengut vor 1930 auch nicht stattfand. Das Gesetz zur Verhütung erbkranken Nachwuchses vom 14. 7. 1933 schuf Voraussetzungen, daß in der Folge in Deutschland etwa 400.000 Menschen zwangssterilisiert und etwa 100.000 psychisch Kranke in Tötungsanstalten, z.B. in Hadamar, Bernburg, Brandenburg, Sonnenstein vernichtet wurden. Ein geheimer Führererlaß vom 18. 8. 1939 führte zur Ermordung von 5000 geistig behinderten Kindern in sogenannten Kinderfachabteilungen.

Nach 1945 kam es mühsam zum Wiederaufbau einer qualifizierten psychiatrischen Versorgung, die zunächst in West- und Ostdeutschland sich ähnlich vollzog und markiert werden könnte durch Fortschritte in der Pharmakotherapie, die mit der Einfüh-

rung von echten Psychopharmaka (Chlorpromazin 1953) zu einer bemerkenswerten
Optimierung der psychiatrischen Therapie führte und immer differenziertere zielsym-
ptomatisch einsetzbare Präparate auf den Markt brachte.

Entscheidende Fortschritte in der modernen Psychiatrie brachten sozialpsychologi-
sche Erkenntnisse über die Stellung des Patienten in seinem sozialen Netz, rehabilitativ orientierte Ausweitungen der extramuralen Angebote in der sekundären und tertiären Prävention und die stärkere Psychotherapiisierung des Faches. In Westdeutschland erfuhr die Psychiatrie ab Mitte der 70er Jahre eine bemerkenswerte materielle
Verbesserung ihrer Behandlungsbedingungen durch Veröffentlichung und Politisie-
rung der vergangenen Versorgungsdefizite. Die Folge waren Verbesserungen in der
territorialen Grundversorgung (Schaffung von psychiatrischen Kliniken an Allgemeinkrankenhäusern neben den alten Landeskrankenhäusern), Ausbau der ambulanten Betreuung, Entwicklung von Teilzeitbehandlungseinrichtungen, Schaffung von
Übergangseinrichtungen mit geschützten Wohn- und Arbeitsmöglichkeiten, Förderung von Selbsthilfe und Angehörigenaktivitäten. Demgegenüber trat in Ostdeutschland nach zunächst und punktuell auch weiterhin ausgesprochen sozial orientierten
Ansätzen einer psychiatrischen Rehabilitation (Rodewischer Thesen von 1963) eine
vor allem materiell bedingte Stagnation ein, die dazu führte, daß in vielen psychiatrischen Einrichtungen von einer Verelendung in der stationären Versorgung gesprochen werden mußte. Ideologische Hemmnisse durch Tabuisierung konflikthafter
Themen (Suizidologie, Alkoholismus) durch Festhalten an alten Konzepten (Facharzt
für Neurologie und Psychiatrie, „Neuropsychiatrische" Abteilungen) kamen hinzu.

Ein neues Kapitel von Psychiatriemißbrauch durch einen diktatorischen Staat wurde
geschrieben. Dabei ging es nicht um furchtbare Praktiken wie im 3. Reich, aber es
ging in Einzelfällen um die Psychiatriisierung politisch Mißliebiger, um Vertrauens-
bruch von informellen Stasimitarbeitern, die ihre Kollegen und teilweise Patienten be-
spitzelten (man geht davon aus, daß 3% der Ärzte im allgemeinen in solche Praktiken
verwickelt waren) und um das fahrlässige Zulassen von Verelendungserscheinungen
in manchen Großkrankenhäusern. Dieses bisher letzte Kapitel deutscher Psychiatriegeschichte wird gerade aufgearbeitet und ist beredter Anlaß dafür, daß sich auch der
einzelne psychiatrische Fachvertreter für die Geschichte seines Faches zu interessieren
hat (Süß 1998).

2 Psychotherapie, Psychotherapeutische und Psychosomatische Medizin

Die Einnahme einer historischen Perspektive kann am ehesten die Doppelrolle verständlich machen, die die Psychotherapie einerseits als Spezialdisziplin mit eigener
Gebietsbezeichnung – der Psychotherapeutischen Medizin – und andererseits als Querschnittsdisziplin, die allen klinischen Fächern zugehörig ist, charakterisiert.

Die Psychotherapie ist zweifellos neben Arzneimittelkunde und operativer Medizin
eine der ältesten therapeutischen Querschnittsdisziplinen der Medizin. Mehr als jene
hatte sie jedoch Mühe, ihre methodischen Besonderheiten im Rahmen eines abgegrenzten Fachs zu entwickeln. Schuld daran war offensichtlich die ihrem Wesen inne-
wohnende Möglichkeit, Wirkungen innerhalb jeder ärztlichen Kommunikation zu

entfalten. Während der explizit technisch-handwerkliche Charakter beispielsweise der Chirurgie eine Spezialisierung der Ärzte im Hinblick auf die Handhabung des Skalpells unabwendbar macht, können sich psychotherapeutische Wirkungen aller möglichen Medien interpersoneller Beziehungen bedienen, d.h. nicht nur der Sprache bzw. klar abgrenzbarer verbaler Beeinflussungsprozeduren, sondern eben auch medizinisch-handwerklicher Verrichtungen bis hin zu pharmakologischen oder chirurgischen Scheinhandlungen, deren psychotherapeutischer Charakter auch der heutigen Medizinergeneration eher verborgen ist und auch im Begriff des „Plazebo" außerhalb des bewußt steuernden Einflusses des Arztes bleibt.

Bei aller Verschiedenheit der Menschenbilder, des Stellenwertes des Menschen in der Natur und der Verfügbarkeit empirischen Wissens in den einzelnen Epochen der Menschheitsgeschichte lassen sich die Umrisse eines psychotherapeutischen Zugangs im Spannungsfeld von Integration und Spezialisierung in der Medizin zu allen Zeiten ausmachen. Die Dialektik von Integration und Spezialisierung ist von jeher wesensbestimmend für die Heilkunde. Jeder Spezialisierungsschritt der Medizin verlangt auch wieder die Rückkehr zur Einheitlichkeit ihres Gegenstandes, dem kranken Menschen. Hier bietet sich der psychosoziale, kommunikative Zugang implizit/unreflektiert oder explizit mit einer ausgearbeiteten Methodik als Möglichkeit personaler Vermittlung von Heilung an und wurde in der Menschheitsgeschichte jeweils zeit- und kulturgemäß entweder in magisch-animistischen, religiösen, philosophischen und psychologischen Ritualen oder Prozeduren oder aber medizinischen Scheinhandlungen ärztlich angewendet. Psychotherapie ist keine Erfindung der Neuzeit. Nicht einmal ihre aktuell dominierenden methodischen Prinzipien sind neueren Datums. Sie mußten zwar immer wieder entdeckt und in jeweils aktuelle Krankheitstheorien eingeordnet, aber nicht neu geschaffen werden.

2.1 Rückkehr der Psychotherapie in die moderne Organmedizin

Psychotherapeutische Methoden waren in der Mitte des 19. Jahrhunderts in dem Maße in die Nähe der Scharlatanerie geraten, wie sie den gerade gewonnenen Anspruch der Medizin brüskierten, ihre Wirkungen naturwissenschaftlich erklären zu können. Als sich in der zweiten Hälfte des 19. Jahrhunderts in einem gewaltigen Spezialisierungsschub die heutige disziplinäre Gestalt der Medizin bildete, blieb die Psychotherapie außen vor. Als Spezialdisziplin hatte sie nichts zu bieten, was die Medizin zu ihrem Selbstverständnis benötigte: einen faßlichen Gegenstand in Form einer klar umrissenen Organpathologie und eine dem wissenschaftlichen Experiment zugängliche therapeutische Strategie.

Trotzdem vollzog sich die Disziplingenese dieses Fachs nicht gänzlich außerhalb der Medizin. In der sog. medizinischen Praxis gab es spätestens seit den 50er Jahren des 19. Jahrhunderts immer wieder Versuche, psychotherapeutische Methoden in schulmedizinisches Vorgehen zu integrieren. Zuerst gelang dies mit der Hypnose, die am ehesten den Ansprüchen an ein wissenschaftlich-experimentelles Vorgehen genügte. Anhand der Hypnose konnte seinerzeit etwas ins Bewußtsein der Ärzte zurückgeholt werden, was in Vergessenheit geraten war, nämlich daß körperliche Symptome über interpersonell vermittelte psychische Prozesse ausgelöst und aufgehoben werden können. Damit war eine psychotherapeutische Methode in der modernen naturwissenschaftlichen Medizin aufgetaucht, die eine gewisse Verträglichkeit von Psychotherapie und Schulmedizin signalisierte.

Die psychotherapeutischen Methoden wurden in jener Zeit in erster Linie in der somatischen Medizin eingesetzt, also nicht in der Psychiatrie, sondern in Chirurgie, Allgemeiner und Innerer Medizin. 1843 führte der Engländer James Braid (1795–1860), ein Chirurg, den Begriff der „Hypnose" in die Medizin ein. Mit dieser Behandlungsmethode, dem Hypnotismus, wurde der Grundstein für die ärztliche Psychotherapie als eigenständiger Fachrichtung gelegt. Es waren Internisten, Chirurgen und später auch Neurologen, die die Hypnose ausgesprochen pragmatisch zur Behandlung von Schmerzzuständen, von funktionellen Störungen und Sexualstörungen einsetzten (Schrenck-Notzing 1892). Es waren schließlich der praktische Arzt Liebeault (1823–1904) und der Professor für Innere Medizin Bernheim (1840–1919), die Gründer der Schule von Nancy, die durch die Transformation des Hypnotismus zur Suggestionslehre und Suggestionstherapie ein Konzept kreierten, das den Durchbruch der Psychotherapie zum eigenen Fach bahnte. Damit war gegen Ende des 19. Jahrhunderts die Psychotherapie eine Sache der Allgemeinen und Inneren Medizin.

Trotz aller Bemühungen um akademische Akzeptanz blieben jedoch die in der hausärztlichen Medizin tätigen Hypnotiseure ebenso Außenseiter einer von Erfolg zu Erfolg eilenden Organmedizin, wie die Vertreter der Psychoanalyse Sigmund Freuds, der ebenfalls über die Hypnose zur psychoanalytischen Methode kam. Die in den 20er Jahren sich weltweit ausbreitende Psychoanalyse konnte zwar eine beträchtliche Resonanz im öffentlichen gesellschaftskritischen Diskurs erregen. Als Wissenschaft etablierte sie sich allmählich in den akademischen Zirkeln der Sozial- und Geisteswissenschaften. Sie blieb jedoch über viele Jahre aus den medizinischen Fakultäten verbannt. Die ebenfalls in diese Zeit fallenden Anfänge der Verhaltenstherapie hielten sich in einzelnen Institutionen der jungen akademischen Psychologie.

Der theoretisch und behandlungspraktisch begründete Anspruch Freuds, mit der Psychoanalyse eine kausale Methode zur Therapie der Neurose gefunden zu haben, ließ die Psychotherapie zur Domäne der vorwiegend psychiatrisch orientierten Neurosetherapeuten werden. Von da ab wurde die Bedeutung der Psychotherapie in der somatischen Medizin mit Bezeichnungen wie „Kleine Psychotherapie" oder „Symptomzentrierte Psychotherapie" auch im Sprachgebrauch relativiert. Trotzdem entwickelte sich in der ersten Hälfte des 20. Jahrhunderts eine eigenständige, durchaus integrative ärztliche Psychotherapie in der Inneren Medizin. Drei Namen stehen für diese Entwicklung: Ludolf von Krehl, der den biologistischen Tendenzen seiner Fachkollegen bereits 1932 den Satz entgegenhielt: es gibt keine Krankheit per se, wir kennen nur kranke Menschen"; Gustav von Bergmann (1878 -1955), dessen Einfluß auf das Denken der heutigen Internistengeneration unübersehbar ist, der uns die strukturellen Veränderungen im Körper als Folge und nicht als Ursache physiologischer Vorgänge begreifen ließ; und schließlich Victor von Weizsäcker (1886–1975), der im Gebäude seiner anthropologischen Medizin dem Subjekt wieder einen Platz im ärztlichen Denken einräumte. Victor von Weizsäcker wird als Begründer der modernen Psychosomatischen Medizin angesehen. Der Internist Thure von Uexküll (geb. 1908) gilt wohl als bedeutendster lebender Psychosomatiker in der deutschen Tradition einer integrativen ärztlichen Psychotherapie.

Abb. 2 Siegmund Freud

2.2 Psychotherapie im Nationalsozialismus

Die Mehrzahl der deutschen Psychotherapeuten hob sich in der Art ihres ideologischen Engagements, ihrer Anbiederung an die Mächtigen, ihrer Befürwortung der antisemitischen Aktionen der Nazis nicht sonderlich von der deutschen Ärzteschaft allgemein ab.

Die in den 20er Jahren in Deutschland erstarkte und in mehreren Instituten in Berlin, Leipzig, Hamburg und im südwestdeutschen Raum konzentrierte psychoanalytische Bewegung löste sich durch Emigration ihrer überwiegend jüdischen Mitglieder weitgehend auf (Lockot 1985). Die übriggebliebenen nichtjüdischen Psychoanalytiker organisierten sich schließlich 1936 im „Deutschen Institut für psychologische Forschung und Psychotherapie" in Berlin (mit Zweigstellen in München, Stuttgart, Wien), einer unter Leitung von M.H. Göring, eines Verwandten Hermann Görings, stehenden Einrichtung, die „die deutsche Seelenheilkunde" (Göring 1934) hervorbringen sollte. Der Idee einer Synopsis, einer synoptischen Psychotherapie oder der Amalgamierung der wesentlichen Elemente aller tiefenpsychologischer Schulen haftet auch heute noch der Geruch der „deutschen Seelenkunde" an, obwohl sich einzelne Institutsmitglieder durchaus eine gewisse ideologische Unabhängigkeit erhalten konnten.

2.3 Psychotherapie in Deutschland nach 1945

Die Psychotherapie hat im Deutschland der Nachkriegszeit eine weltweit vordere Position im Hinblick auf den Grad ihrer Institutionalisierung als Spezial- wie als Querschnittsdisziplin der Medizin erreicht.

Folgende markante Punkte kennzeichnen diesen Prozeß:

- Die Entstehung der ersten psychotherapeutischen Poliklinik, die von einer öffentlich rechtlichen Institution, der späteren Allgemeinen Ortskrankenkasse Berlin, getragen wurde, in Westberlin 1946. Im „Institut für psychogene Erkrankungen der Versicherungsanstalt" (Leitung W. Kemper und H. Schultz-Hencke) wurden erstmals psychotherapeutische Leistungen durch gesetzliche Krankenkassen honoriert (Dührssen 1994).
- Die Einrichtung psychotherapeutisch-psychosomatischer Kliniken und Abteilungen in Lübeck (Curtius 1946), Berlin (Wiegmann 1948), Tiefenbrunn bei Göttingen (Kühnel und Schwidder 1949), Hamburg (Jores 1950). Die Etablierung der ersten psychotherapeutisch-psychosomatischen Bettenabteilungen an den Universitäten Heidelberg 1950 (v. Weizsäcker, Mitscherlich), Leipzig 1953 (Müller-Hegemann, Wendt), Freiburg 1957 (Clauser, Enke).
- Die Einführung der Zusatzbezeichnung „Psychotherapie" nach dem Beschluß des Ärztetages 1956 in Münster, die zur Regelung der ärztlichen psychotherapeutischen Weiterbildung führte.
- Der Erlaß der Richtlinien über die Anwendung tiefenpsychologisch fundierter und analytischer Psychotherapie in der kassenärztlichen Versorgung durch den Bundesausschuß der Ärzte und Krankenkassen 1967, wodurch Psychotherapie erstmals zu einer Pflichtleistung der gesetzlichen Krankenversicherung erklärt wurde. Die Verhaltenstherapie wurde 1980 zunächst in die Leistungen der Ersatzkassen einbezogen. Seit 1987 ist die Verhaltenstherapie ebenfalls Bestandteil der Psychotherapie-Richtlinien.
- Die Einführung der psychosomatischen Grundversorgung als ergänzende Maßnahme zur Psychotherapie in die kassenärztliche Versorgung 1988 (Faber, Haarstrick 1991).
- Der Erlaß der ärztlichen Approbationsordnung von 1970 durch die Bundesregierung, wodurch ein Pflichtpraktikum für die Psychosomatische Medizin und Psychotherapie in den 2. ärztlichen Studienabschnitt eingeführt wurde und an der Mehrzahl der Medizinischen Fakultäten Deutschlands Lehrstühle und klinische Abteilungen dieses Namens entstanden (Hoffmann 1991).
- Die Einführung des Facharztes für Psychotherapie 1978 in Ostdeutschland und 1992 als Facharzt für Psychotherapeutische Medizin im vereinten Deutschland.
- Die Etablierung des „Fachpsychologen der Medizin" nach 1978 in Ostdeutschland mit weitgehender Gleichstellung zum ärztlichen Psychotherapeuten und schließlich des neuen Heilberufes eines „Psychologischen Psychotherapeuten" im vereinigten Deutschland.

Trotz der unterschiedlichen gesellschaftlichen Verhältnisse verliefen die Integrationsbemühungen der Psychotherapie in die Medizin in Ost und West ähnlich. Der äußere Druck eines repressiven Systems führte jedoch im Osten zu größerer Geschlossenheit der Berufsgruppen. Sowohl Ärzte als auch Psychologen hatten in einer Dachgesellschaft ihre Heimat. Die Kommunikation der Methoden untereinander blieb immer erhalten. Innerhalb des staatlichen Gesundheitswesens, in dem sowohl Psychologen als auch Ärzte tätig waren, hatten ohnehin kommerzielle Aspekte eine untergeordnete Bedeutung und spielten im Verhältnis der Berufsgruppen wie der Methoden untereinander keine Rolle. Nachdem der Versuch der Pawlowisierung und Sowjetisierung spätestens Ende der 50er Jahre gescheitert war, richtete sich die Psychotherapie der damaligen DDR zunehmend direkter und offener an den westlichen Methoden aus.

Wie überall in der DDR-Gesellschaft gab es in der Berufsgruppe der ärztlichen und psychologischen Psychotherapeuten Verrat, Denunziation und inakzeptable und peinliche Formen der Kollaboration mit dem Regime, deren Ausmaß zunehmend sichtbar wird. Andererseits haben Psychotherapeuten durchaus als Förderer eines systemkritischen Bewußtseins gewirkt. Für eine abschließende Bewertung ihrer Rolle in den 40 Jahren der zweiten Diktatur dieses Jahrhunderts ist es noch zu früh.

Die durch Schuld und Scham sensibilisierten deutschen Psychotherapeuten entwickelten nach 1945 ein besonderes Verantwortungsgefühl im Umgang mit dem in der Medizin ruhenden sozial- und kulturkritischen Potential. Es gibt vermutlich keine andere medizinische Disziplin, die an ihrer Zugehörigkeit zur Heilkunde ähnlich leidet wie die Psychotherapie. Kein anderes Fach thematisiert in gleicher Weise das Spannungsfeld, in dem sich der Therapeut aufhält, wenn er durch Krankenbehandlung Konflikte nivelliert, veränderungsbedürftige gesellschaftliche Zustände stabilisiert und die Anpassung des Individuums an diese Zustände eher befördert als dessen Auflehnung gegen sie.

3 Kinder- und Jugendpsychiatrie und Psychotherapie

Die Kinder- und Jugendpsychiatrie und Psychotherapie hat als junge medizinische Disziplin verzweigte Wurzeln und eine weit zurückliegende Geschichte. Ihre philosophischen Ursprünge gehen auf die französische Aufklärung zurück, seitdem das Kind eine grundsätzlich andere Bewertung erfahren hat.

So wurden im Mittelalter Kinder als unfertige Erwachsene, als Miniaturerwachsene behandelt, die im 13. Jahrhundert auf den Kinderkreuzzügen zur Rettung des gelobten Landes zu Tausenden in den Tod geschickt wurden. Auch Shakespeare beurteilt in der ersten seiner sieben Lebensstufen das Kind als den „wimmernden und schreienden Säugling". Im Namen des christlichen Glaubens wurden behinderte und geistig kranke Kinder bei Exorzitien im Mittelalter als Hexen oder „Wechselbälger" verbrannt.

Erst Rousseau sah im Kind einen „wilden Erwachsenen", der im Grunde seines Wesens gut sei, aber von der Erwachsenenwelt verdorben würde. Er meinte, daß Kinder nicht nach den Maßstäben der Erwachsenen beurteilt werden sollten, weil sie qualitativ anders wären. Diese humanistischen Gedanken der französischen Aufklärung wurden im 19. Jahrhundert von deutschen Ärzten, Pädagogen und Theologen aufgegriffen. Der Arzt Ernst Pienitz, ein Schüler des französischen Psychiaters Pinell, eröffnete 1811 auf dem Sonnenstein in Pirna bei Dresden eine Anstalt, in der bis in die 20er Jahre dieses Jahrhunderts psychiatrische Patienten, Kinder und Jugendliche nach heute verblüffend modern erscheinenden Gesichtspunkten über Außenwerkstätten und „betreutes Wohnen" rehabilitiert wurden. In Dresden wurde Anfang des 18. Jahrhunderts ein Verein zur Förderung behinderter Kinder gegründet, worauf an vielen Orten Theologen und Pädagogen sich der heilpädagogischen Förderung geistig Behinderter widmeten.

Erst in der 2. Hälfte des 19. Jahrhunderts wurde die Betreuung psychisch kranker Kinder zunehmend eine ärztliche Aufgabe. Die erste psychiatrische Kinderabteilung in Deutschland eröffnete 1864 der Psychiater Heinrich Hoffmann in Frankfurt. In seinem 1845 erschienen „Struwwelpeter" beschrieb er psychische Störungen, die uns heute – zwar mit neuem Namen – weiterhin beschäftigen. Dazu gehört das hyperkinetische Syndrom des Zappelphilipps, die Störungen des Sozialverhaltens des bitterbösen Friederichs, des Struwwelpeters und des Paulinchens mit dem Feuerzeug. Hoffmann beschrieb mit dem Suppenkasper auch den seltenen Fall einer „männlichen" Anorexia nervosa. Neben dem starken Hierarchiegefälle zwischen Eltern und Kindern und der emotionalen Distanz, die besonders bei der Mutter deutlich wird, die den Konrad allein läßt und dem als Trost nur das Daumenlutschen bleibt, zeigt der Struwwelpeter die damalige „therapeutische" Strategie mit ihrer autoritär-moralisierenden Zeigefingerpädagogik. Das erste kinderpsychiatrische Lehrbuch stammt von Hermann Emminghaus, der 1887 die „Psychische Störung des Kindesalters" herausgab (Abb. 3).

Da mit Heilpädagogik und Medizin psychische Krankheit nicht grundsätzlich zu beseitigen war, gewannen unter dem Einfluß des Sozialdarwinismus und der Not nach dem 1. Weltkrieg naive und unausgereifte Vererbungstheorien zunehmenden Einfluß in der Medizin, die von dem Nationalsozialismus brutal umgesetzt wurden und denen auch viele Kinderpsychiater folgten und wissenschaftlich Vorschub leisteten. So hat der Leipziger Kinderpsychiater Paul Schröder – der 1941 die heute noch bestehende Wissenschaftliche Gesellschaft für Kinderpsychiatrie gründete – den Ausmerzgedanken psychisch kranker Kinder nicht nur toleriert, sondern als Vorsitzender des Leipziger Erbgerichtes auch praktiziert.

Zur gleichen Zeit hat die Kinderpsychoanalyse mit Anna Freud und Winnicott in England zutiefst humanistische therapeutische Haltungen zum Kind propagiert, die in ihrer Differenziertheit, Feinfühligkeit und ihrem Engagement für das Kind auch heute noch volle Gültigkeit haben.

Abb. 3 Hermann Emminghaus

Die Kinderpsychiatrie und -psychotherapie ist heute in den meisten europäischen Ländern zu einem eigenständigen Fach geworden, das enge Verbindungen zur Psychiatrie, Psychotherapie, Pädiatrie, Neurologie, zur Entwicklungspsychologie und Pädagogik unterhält. Sie vertritt heute eine multifaktorielle Sichtweise von psychischen Störungen, bei denen anlage- und umweltbedingte Ursachen sich wechselseitig bedingen und demzufolge therapeutische Strategien medizinische, psychische, familiäre und soziale Maßnahmen umfassen. In Deutschland wird das Fach wissenschaftlich durch die Deutsche Gesellschaft für Kinder- und Jugendpsychiatrie und Psychotherapie, für die niedergelassenen Kinderpsychiater im Berufsverband der Ärzte für Kinder- und Jugendpsychiatrie und Psychotherapie in Deutschland e.V. und der Bundesarbeitsgemeinschaft der leitenden Klinikärzte für Kinder- und Jugendpsychiatrie und Psychotherapie e.V. vertreten. Die europäischen Kinderpsychiater sind in der European Society for Child and Adolescent Psychiatry (ESCAP) zusammengeschlossen. Weltweit wird Kinder- und Jugendpsychiatrie in der International Association for Child and Adolescent Psychiatry and Allied Professions (IACAPAP) repräsentiert.

Auch wenn im Rückblick uns mittelalterliche Sichtweisen und deren Folgen erschrecken, auch wenn die Vernichtung behinderter Kinder im Nationalsozialismus für uns unfaßbar ist, ist heute der Schutz und die Achtung des Kindes in keiner Weise weltweit gesichert. So führen die Kindersterblichkeit, die Kinderarbeit und die Kinderprostitution, an der wir in Europa Mitverantwortung tragen, uns vor Augen, daß die humanistischen Gedanken der französischen Aufklärung noch längst nicht weltweit der Maßstab menschlichen Handelns gegenüber Kindern sind.

Literatur

Ackerknecht EH (1985) Kurze Geschichte der Psychiatrie. Stuttgart: Enke
Dührssen A (1994) Ein Jahrhundert Psychoanalytische Bewegung in Deutschland. Göttingen: Vandenhoeck & Rupprecht
Hoffmann SO, Schepank H, Speidel H (1996) Denkschrift '90 zur Lage der Psychosomatischen Medizin und Psychotherapie an den Hochschulen der Bundesrepublik Deutschland, PSZ-V. Ulm
Lockot R (1985) Erinnern und Durcharbeiten. Frankfurt/M.: Fischer
Knölker U (Hrsg.) (1997) Kinder- und Jugendpsychiatrie systematisch. Bremen ‚Lorch/Württemberg: UNI-MED-Verlag AG
Schipperges H (1978) Krankheit, Heilkunst, Heilung. Historische Anthropologie Bd. 1. Freiburg, München: Alberverlag
Scholz M (Hrsg.) (1997) Abstractband zum XXV. Kongreß der Deutschen Gesellschaft für Kinder- und Jugendpsychiatrie und Psychotherapie. Druckhaus Schütze GmbH Halle
Süß S (1998) Politisch mißbraucht – Psychiatrie und Staatssicherheit in der DDR. Berlin Links-V.
Uexküll Th v (1990) Psychosomatische Medizin. München Wien Baltimore: Urban & Schwarzenberg

II Entstehung, Diagnostik und Klassifikation psychischer Störungen

1 Terminologische Aspekte der Klassifikation psychischer Störungen

Die nachfolgend abgehandelten klassifikatorischen und begrifflichen Erwägungen machen sich erforderlich, weil die verwendeten Begriffe zur Bezeichnung unterschiedlicher psychischer Störungen dadurch, daß sie unterschiedlich genutzt werden, daß historisch übernommene Begriffe weiter gebraucht werden, obwohl moderne Klassifikationssysteme mit neuen Termini eingeführt wurden, manchmal etwas verwirrenden Charakter haben.

Um dem Leser den Zugang zum Thema möglichst zu vereinfachen, wird einleitend das Problem dieser unterschiedlichen Begriffswelten, mit denen der Arzt konfrontiert wird, etwas vertieft, auf psychiatrisch und psychotherapeutisch besonders relevante Störungen bezogen, die moderne Klassifikation dargestellt sowie schließlich am Beispiel einer konsequenten multivariaten Diagnostik, die alle Ebenen des Zugangs zu einem psychischen Problem aufnimmt und in der Kinderpsychiatrie und -psychotherapie üblich ist, die für psychische Störungen sinnvolle Mehrebenendiagnostik exemplifiziert.

1.1 Begriffswelten psychischer Störungen

Für alle Krankheiten, naturgemäß auch für psychische, bedarf es eines Klassifikationssystems und einer Begriffswelt, welche interkollegialen Verkehr der Ärzte untereinander, Abrechnungsmodalitäten für gebrachte Leistungen, z.B. gegenüber Versicherungen und letztlich auch wissenschaftliche Vergleichsuntersuchungen überhaupt erst möglich machen. Die Terminologie unterliegt diesbezüglich einigen historischen, aber auch methodologischen Besonderheiten.

Die spezifische Materie einer Erlebens- oder Verhaltensstörung eines Menschen, die zur Notwendigkeit einer diagnostischen Bezeichnung führt, hat im Gegensatz zur vergleichsweise unproblematischen Benennung eines Typs von Gesundheitsstörungen wie einer Radiusfraktur mit Besonderheiten zu rechnen, die in den Diagnostiziervorgang und damit in die Begriffsfestlegung Eingang finden. Es geht nicht nur um diese oder jene vom Symptom her faßbare Störung, sondern auch um den je einmaligen Menschen, der sie hat und eine konkrete Welt von Beziehungen zu anderen, in die dieser Mensch hineingestellt ist. Diese mehrdimensionale Determiniertheit der Störungen sowie auch die durch feinsinnige und detailbewußte Diagnostiker ausdifferenzierte Syndromvielfalt führt dazu, daß auf dem theoretischen Hintergrund jeweiliger Schulen Bilder von Psychiatriewelten konstruiert wurden, die umsomehr interkollegial umstritten waren, je markanter die wissenschaftlichen Leitfiguren auftraten. Nicht selten hatten viele Kliniken eigene Klassifizierungssysteme, die in ihrer Vielfalt von einheitspsychotischen Konzepten hin zu umfassenden vielgliedrigen Psychosebildern bzw. Krankheitseinheiten (etwa der Kleist-Leonhardschen Schule) führten. Unsere heutigen Klassifikationen gehen auf Kraepelin im wesentlichen zurück und erfuhren durch die Zuarbeit und klinische Beschreibung vieler profilierter Autoren ihre Ausgestaltung. Viele klassische Beschreibungen finden sich dann auch in den modernsten Klassifikationen wieder. Belegt sei dies etwa am Ganser-Syndrom (Tab. 1).

Unter dem Einfluß der WHO wurde Anfang der 70er Jahre ein Klassifikationssystem eingeführt, welches im Laufe der Zeit eine relativ hohe Verbindlichkeit in der Welt erreichte. Es handelt sich um die „Internationale Klassifikation der Krankheiten (ICD international classification of diseases), die in der noch geltenden 9. Revision bzw. häufig schon in der 10. Revision angewendet wird.

In den Vereinigten Staaten von Amerika wurde eine eigene Diagnosenklassifikation eingeführt (DSM = Diagnostic and Statistical Manual of Mental Disorders), die in der 4. Fassung (DSM-IV) nicht selten auch in Deutschland, vor allem in wissenschaftlichen Studien genutzt wird. ICD-10 und DSM-IV haben viele Übereinstimmungen. Sie gehorchen vor allem dem Anliegen, den psychopathologischen Syndromen mit ihren durchaus fließenden Grenzen den in ihrer Semantik mit unterschiedlichen Schwerpunkten versehenen Begriffen einen so klar wie möglich konturierten, abgrenzbaren und operationalisierbaren Rahmen zu geben.

Das ist nicht leicht, weil aus historischen Gründen, aus Gründen der Praktikabilität die innere Logik der Klassifikationsprinzipien wechselt. Es stehen ätiologische, syndromatologische und verlaufstypologische Aspekte nebeneinander. Das naturwissenschaftliche Ideal einer Linneschen Systematik der Pflanzenwelt läßt sich bei der Einteilung von Störungen menschlichen Fühlens, Verhaltens und Wahrnehmens eben

Tabelle 1 Ganser-Syndrom

Originalbeschreibung 1897	DSM – III – R
– unsinnige Antwort in Richtung auf die Frage	– ungenaue Antworten auf Fragen
– Zerstreutheit	– Amnesie
– Gedächtnisstörung	– Desorientiertheit
– traumhafte Benommenheit	– Wahrnehmungsstörungen
– ratloser Gesichtsausdruck	– Fugue
– verminderte Schmerzempfindung	– Konversionssymptome
– zeitliche und örtliche Desorientierung	(Gruppe der dissoziativen Störungen)
– langsame Rückbildung	
– summarische Erinnerung	**DSM –IV**
	Nicht näher bezeichnete dissoziative Störungen: „Das Geben von annäherungsweise richtigen Antworten auf Fragen, wenn dies nicht mit einer dissoziativen Amnesie oder dissoziativen Fugue einhergeht"
	ICD – 10 – F 44.80
	– Vorbeiantworten
	– andere dissoziative Störungen (psychogene Ätiologie liegt nahe)

nicht erreichen. Die Diagnoseinventare versuchen durch genaue, fast lehrbuchartige Beschreibungen der Störungen und durch Auflistungen von Symptomverbindungen und zeitlichen Dimensionierungen von Abläufen eine relative Verbindlichkeit zu erreichen. ICD-10 und DSM-IV sind nicht nur Nachschlagetabellen, sondern eigenständige lesbare Werke auch für den in Ausbildung stehenden Arzt.

Die in psychiatrischer und psychotherapeutischer Diagnostik und Therapie sich bewegenden Ärzte und Psychologen müssen dabei aber flexibel genug sein, sich in unterschiedlichen Sprachebenen zu bewegen und von Aufgabe zu Aufgabe, vom Gespräch mit den Patienten und ihren Angehörigen über die klinische Alltagssprache hin zu wissenschaftlich vergleichbaren Studien ihre Sprachstruktur zu ändern bzw. zu reflektieren, auf welcher Ebene sie sich bewegen.

Der Begriff Neurose kommt z.B. in der ICD-10 nicht vor, weil er theoretisch im Sinne eines bestimmten Ätiologiemodells vorgeprägt ist. In der klinischen Alltagssprache jedoch wird er genutzt, weil er zugleich einen typischen ätiologischen Aspekt mit sich trägt und auf eine bestimmte therapeutische Intention hinlenkt. Dagegen wird durchaus von neurotischer Störung gesprochen. Während aber der Begriff Neurose im vorhergenannten Sinne für die Klassifikation ungeeignet erscheint, ist der Störungsbegriff (Neurotische Störung) ein rein syndromatologischer mit weitgehender Ätiologieneutralität.

Auf ein weiteres Problem dieser Diagnostiksysteme sei verwiesen. Sie fangen einen bestimmten Querschnitt einer Störung ein, der u.U. auch zeitliche Abläufe in sich aufnimmt. (So sind z.B. unter F 23.1 der ICD-10 psychotische schizophrene Syndrome erfaßt, die sich nur durch das kurze und episodenhafte Auftreten von der Schizophrenie unterscheiden. Eine Umkodierung wäre dann unter Umständen erforderlich, wenn die Symptomatik einen begrenzten Zeitraum überschreitet. Früher hatte man solche Syndrome als Reaktionen oder Episoden bezeichnet.) Die Erfahrung des klinischen Alltags mit Syndromwandlungen in der Patientenkarriere können sie nicht erfassen. Wer Krankengeschichten von Langzeitpatienten liest, wird mit Verwunderung registrieren, wie ein Patientenleben die diagnostischen Kategorien durchläuft. Die Schichtentheorie von Jaspers (s. 2.5) hat versucht, hierauf eine Antwort zu geben. Der Kliniker steht im diagnostischen Umgang mit einem Patientenproblem vor dem Widerspruch einerseits, so individualisiert wie möglich vorzugehen, um der Einmaligkeit eines Menschenschicksals gerecht zu werden, andererseits ist er aus vielen guten Gründen veranlaßt, zu einer vereinheitlichten, vergleichbaren, das psychopathologische Kernproblem erfassenden Schau zu kommen. Beides in sich zu realisieren und in Beziehung zu Strategien einer Verbesserung der Beschwerden zu setzen, ist die Kunst psychiatrischen diagnostischen Agierens. Eine verständliche Ordnung von Begriffen ist dafür unabdingbar. Die nachfolgenden Ansätze zeigen das Bemühen der in diesem Buche verbundenen Fächer, der verwirrenden Vielfalt der Zugänge zum Problem gerecht zu werden.

1.2 Psychiatrische Klassifikation

Die psychiatrische Klassifikation folgt unterschiedlichen Linien, die sich z. T. überschneidend unterschiedlichen diagnostischen Zielstellungen unterordnen. Beherrscht wird die umgangssprachliche Terminologie von der deutschen Psychiatriegeschichte und insbesondere wichtigen Persönlichkeiten derselben folgenden Wortmarkierungen. Begriffe wie Schizophrenie, endogene Depression usw. folgen diesem Muster.

Die gegenwärtig noch geltende ICD-9 hatte versucht, einem einfachen Einteilungsschema zu folgen, das wesentliche Elemente der klassischen psychiatrischen Terminologie aufnahm. Das Manual erfaßt die psychischen Krankheiten unter den Nummern 290–319 ohne weitere Beschreibung der verwendeten Begriffe (etwa 295: Schizophrene Psychosen; mit 4. Stelle werden dann Unterformen verschlüsselt: 295.3 paranoide Form, 300: Neurosen, 300.2: Phobie). Das System geht mehr von Krankheitsentitäten aus.

Die Arbeiten an der 10. Revision der internationalen Klassifikation begannen 1983. Sie sind zwar inzwischen seit 1991 abgeschlossen und insbesondere die psychiatrischen Anteile sind in Deutschland weitgehend in die Alltagspraxis eingeführt, eine Benutzungsverpflichtung besteht aber zur Zeit noch nicht. Wie weiter oben beschrieben, werden in dieser Klassifikation Krankheitsentitäten verlassen und syndromatologische und Verlaufstypologien in den Vordergrund gestellt. Das alphanumerische System der Klassifikation läßt zukünftige Erweiterungen derselben zu.

Grundklassen Psychische und Verhaltensstörungen (F00–F99, Kapitel V ICD-10)	
F00-F09	Organische, einschließlich symptomatischer psychischer Störungen
F10-F19	Psychische und Verhaltensstörungen durch psychotrope Substanzen
F20-F29	Schizophrenie, schizotype und wahnhafte Störungen
F30-F39	Affektive Störungen
F40-F49	Neurotische, Belastungs-und somatoforme Störungen
F50-F59	Verhaltensauffälligkeiten mit körperlichen Störungen und Faktoren
F60-F69	Persönlichkeits- und Verhaltensstörungen
F70-F79	Intelligenzminderung
F80-F89	Entwicklungsstörungen
F90-F98	Verhaltens- und emotionale Störungen mit Beginn in der Kindheit und Jugend
F99	Nicht näher bezeichnete psychische Störungen

1.3 Klassifikation in der Psychotherapeutischen Medizin

Der bereits im vorigen Abschnitt besprochene Umstand, daß die ICD- 10 Störungen und Krankheiten fast ausschließlich auf der Symptomebene beschreibt und weder die Ursachen noch die Schwere eines Syndroms angemessen berücksichtigt, wirkt sich besonders nachteilig bei psychotherapiebedürftigen Störungen aus.

Wenn Neurosen und Persönlichkeitsstörungen in irgendeiner Weise klinisch bedeutsam, d.h. im Hinblick auf ihre Therapierbarkeit und Prognose, eingeordnet werden sollen, muß neben der Symptomgestalt die konfliktträchtige Beziehungsgestalt, die für die Symptomentstehung verantwortlich ist, sowie das damit verbundene Niveau der Konfliktverarbeitung, erfaßt werden. Dazu bedarf es einerseits zusätzlicher diagnostischer Erwägungen, die im Kapitel II 2.2.4 näher geschildert werden. Insbesondere multiaxiale oder multidimensionale Diagnostiksysteme spielen heute in der Psychotherapeutischen Medizin (wie auch in der Kinderpsychiatrie s.u.!) immer dann eine entscheidende Rolle, wenn es um Qualitätssicherung und Evaluation psychotherapeutischer Maßnahmen geht.

Zum anderen ist gerade bei der Erfassung einer konfliktträchtigen Beziehungsform durch den Diagnostiker eine in der Medizin ungewohnte Perspektive einzunehmen. Er hat sich selbst als Bestandteil der mit dem Patienten im Hier und Jetzt gestalteten Beziehungsform zu reflektieren und aus diesen Reflexionen Schlüsse zu ziehen. Erst auf diesem Hintergrund werden anamnestisch berichtete Vorfälle bzw. Beziehungsepisoden und Symptomentstehung als Ausdruck einer „normalen Reaktion" auf schwere psychosoziale Traumen oder als sehr spezifisches, unbewußtes Konfliktgeschehen auf relativ reifem – neurotischen – Niveau oder aber als Dekompensation eines früh gestörten, instabilen Selbst im Rahmen einer Entwicklungs- bzw. Persönlichkeitsstörung erkennbar.

Auf den ersten Blick ist beispielsweise dem der ICD-Diagnose F 42.1 (z.B. Waschzwang) zugeordneten Syndrom nicht anzusehen, welches Strukturniveau der Persönlichkeit der Zwang stabilisiert. Im Falle einer relativ intakten Persönlichkeitsstruktur kann es ein brisanter innerer Trieb-Gewissenskonflikt (destruktive sadistische Impulse werden angsterregend) sein, der z.B. in Form des Waschzwanges entschärft wird. Im Falle einer schweren strukturellen Störung (mit drohendem Zerfall der Persönlichkeit) dagegen kann der Mechanismus als vorletzte (vor der psychotischen Fragmentierung im paranoid-halluzinatorischen Syndrom) Möglichkeit eingesetzt werden, die eigene Welt (zwanghaft) zu strukturieren. Auf welchem Niveau der Konfliktverarbeitung der Zwang für den Erhalt von innerer Kohärenz sorgt, ist jedoch für die Indikation einer therapeutischen Maßnahme entscheidend.

1.4 Multiaxiale Klassifikation in der Kinder- und Jugendpsychiatrie

Das Stellen einer Diagnose sollte wie in allen anderen medizinischen Disziplinen auch in den Psychofächern vor jeder Therapie stehen. Die Diagnose bestimmt im Einzelfall nach differentialdiagnostischen Erwägungen den Behandlungsplan. Zudem ist jede wissenschaftliche Ursachen- und Therapieeffektivitätsforschung an eine möglichst exakte diagnostische Klassifikation gebunden. Wie der Leser schon aus den vorigen Abschnitten dieses Kapitels entnommen hat, sind unterschiedliche Ebenen des diagnostischen Gesamtbildes zu fassen, die in diesem Abschnitt anhand der multiaxialen Klassifikation kinderpsychiatrischer Störungen etwas breiter exemplifiziert werden sollen.

Das in der europäischen Kinder- und Jugendpsychiatrie und Psychotherapie am meisten verbreitete diagnostische System ist das multiaxiale Klassifikationsschema (MAS) nach Rutter und Mitarbeiter (1975), in der deutschen Bearbeitung von Remschmidt und Schmidt liegt es seit 1977 vor (III. Auflage 1996). Im MAS erfolgt eine Diagnostik auf 6 verschiedenen Ebenen, womit eine gute Differenzierung für klinische und wissenschaftliche Fragestellungen ermöglicht wird. Das MAS ist gut praktikabel und trennt hinreichend scharf die einzelnen Krankheitsbilder untereinander. Es ermöglicht auch wegen seiner weiten Verbreitung eine gute Verständigung und schafft die Voraussetzung, differenzierte therapeutische Konzepte abzuleiten. Die 6 Achsen umfassen zum einen die klinische Symptomatik, für das Kindes- und Jugendalter wichtige Entwicklungsstörungen, das Intelligenzniveau, körperliche Erkrankungen und auffällige (abnorme) psychosoziale Umstände, die für das Verständnis der Erkrankung oder für die Prognose und Therapie oft von wesentlicher Bedeutung sind. Schließlich werden psychosoziale Beeinträchtigung beurteilt, die diagnoseübergreifend für die therapeutischen und rehabilitativen Konsequenzen erforderlich sind.

Achsen des Multiaxialen Klassifikationsschemas (MAS)

Achsen	Inhalt	ICD-10 Kapitel oder MAS
I.	Psychiatrisches Syndrom, Diagnose	F 0 – F 9
II.	Umschriebene Entwicklungsstörung	F 80 – F 83
III.	Intelligenz	MAS 1–4
IV.	Körperliche Diagnose	A – E; G – Y
V.	Aktuelle psychosoziale Umstände	MAS 1–9
VI.	Psychosoziale Anpassung	MAS 1–6

Im Einzelnen umfassen die jeweiligen Achsen die folgenden Bereiche:

Auf der Achse I werden die psychiatrischen Syndrome nach der ICD-10 dargestellt und können dort nachgelesen werden. Es können 3 Diagnosen verschlüsselt werden, die nach der klinischen Relevanz geordnet sein sollten.

Die umschriebenen Einwicklungsstörungen der Achse II entsprechen den Kapiteln F 80 bis F 83 der ICD- 10. Hier lassen sich z.B. Lese-Rechtschreibstörungen oder Rechenschwächen und psychomotorische Rückstände verschlüsseln.

Achse II: umschriebene Entwicklungsstörungen

	ICD- 10
Keine umschriebene Entwicklungsstörung	000.0
Umschriebene Entwicklungsstörung des Sprechens und der Sprache	F 80
Artikulationsstörung	F 80.0
Expressive Sprachstörung	F 80.1
Rezeptive Sprachstörung	F 80.2
Erworbene Aphasie mit Epilepsie	F 80.3
Sonstige Entwicklungsstörung des Sprechens und der Sprache	F 80.8
Umschriebene Entwicklungsstörung schulischer Fertigkeiten	F 81
Lese- und Rechtschreibstörung	F 81.0
Isolierte Rechtschreibstörung	F 81.1
Rechenstörung	F 81.2
Kombinierte Störung schulischer Fertigkeiten	F 81.3
Sonstige Entwicklungsstörung schulischer Fertigkeiten	F 81.8
Umschriebene Entwicklungsstörung der motorischen Funktionen	F 82
Kombinierte umschriebene Entwicklungsstörungen	F 83
Sonstige Entwicklungsstörungen, z.B. Agnosie	F 88
Nicht näher bezeichnete Entwicklungsstörung	F 89

Die Beurteilung der Intelligenz auf der Achse III richtet sich ebenfalls nach der ICD 10, sie ist aber durch vier klinisch wichtige Bereiche erweitert worden. Die Beurteilung erfolgt entweder nach dem klinischen Eindruck oder durch Testergebnisse.

Achse III: Intelligenzniveau	MAS
Sehr hohe Intelligenz (IQ größer als 129)	1
Hohe Intelligenz (IQ 115–129)	2
Normvariante (IQ 85–114)	3
Niedrige Intelligenz (IQ 70–84)	4
Leichte Intelligenzminderung (IQ 50–69) – entspricht ICD-10 = F 70	5
Mittelgradige Intelligenzminderung (IQ 35–49) – entspricht ICD-10 = F 71	6
Schwere Intelligenzminderung (IQ 20–34) – entspricht ICD-10 = F 72	7
Schwerste Intelligenzminderung (IQ unter 20) – entspricht ICD-10 = F 73	8
Intelligenzniveau nicht bekannt	9

Die Achse IV umfaßt die körperliche Symptomatik, mit der jedwede organische Komorbidität zusätzlich nach ICD-10 verschlüsselt werden kann.

Die entscheidenden Ergänzungen für die Kinder- und Jugendpsychiatrie sind die aktuellen abnormen psychosozialen Umstände der Achse V. Hier wird das psychosoziale Umfeld des Kindes erfaßt, was sowohl für das Verständnis der Entstehung, der Unterhaltung, aber auch für die Therapiestrategien von wesentlicher Bedeutung ist.

Achse V: aktuelle abnorme psychosoziale Umstände	MAS
Abnorme intrafamiliäre Beziehungen	1
Mangel an Wärme in der Eltern-Kind-Beziehung	1.0
Disharmonie in der Familie zwischen Erwachsenen	1.1
Feindselige Ablehnung oder Sündenbockzuweisung gegenüber dem Kind	1.2
Körperliche Kindesmißhandlung	1.3
Sexueller Mißbrauch (innerhalb der Familie)	1.4
Psychische Störung, abweichendes Verhalten oder Behinderung in der Familie	2
Psychische Störung/abweichendes Verhalten eines Elternteiles	2.0
Behinderung eines Elternteiles	2.1
Behinderung der Geschwister	2.2
Inadäquate oder verzerrte intrafamiliäre Kommunikation	3
Abnorme Erziehungsbedingungen	4
Elterliche Überfürsorge	4.0
Unzureichende elterliche Aufsicht und Steuerung	4.1
Erziehung, die eine unzureichende Erfahrung vermittelt	4.2
Unangemessene Anforderungen und Nötigungen durch die Eltern	4.3
Abnorme unmittelbare Umgebung	5
Erziehung in einer Institution	5.0
Abweichende Elternsituation	5.1
Isolierte Familie	5.2
Lebensbedingungen mit möglicher psychosozialer Gefährdung	5.3

Akute, belastende Lebensereignisse	6
Verlust einer liebevollen Beziehung	6.0
Bedrohliche Umstände infolge Fremdunterbringung	6.1
Negativ veränderte familiäre Beziehung durch neue Familienmitglieder	6.2
Ereignisse, die zur Herabsetzung der Selbstachtung führen	6.3
Sexueller Mißbrauch (außerhalb der Familie)	6.4
Unmittelbar beängstigende Erlebnisse	6.5
Gesellschaftliche Belastungsfaktoren	7
Verfolgung oder Diskriminierung	7.0
Migration oder soziale Verpflanzung	7.1
Chronische zwischenmenschliche Belastung im Zusammenhang mit Schule oder Arbeit	8
Abnorme Streitbeziehungen mit Schülern/Mitarbeitern	8.0
Sündenbockzuweisung durch Lehrer/Ausbilder	8.1
Allgemeine Unruhe in der Schule bzw. Arbeitssituation	8.2
Belastende Lebensereignisse infolge von Verhaltensstörungen oder Behinderungen des Kindes	9
Institutionelle Erziehung	9.0
Bedrohliche Umstände infolge Fremdunterbringung	9.1
Ereignisse, die zur Herabsetzung der Selbstachtung führen	9.2

Die Achse VI faßt die Globalbeurteilung der psychosozialen Anpassung von Kindern und Jugendlichen zum Zeitpunkt der klinischen Untersuchung zusammen. Auf einer achtstufigen Skala, von einer guten sozialen Anpassung auf allen Gebieten bis daß ein Kind bzw. Jugendlicher eine 24stündige Versorgung benötigt, sind alle sozialen Beeinträchtigungen erfaßt, die sowohl für die Therapie als auch für die künftige Rehabilitation und Betreuung von Wert sind. Die Bereiche betreffen:

- Beziehung zu Familienangehörigen, Gleichaltrigen und Erwachsenen außerhalb der Familie,
- Bewältigung von sozialen Situationen (allgemeine Selbständigkeit, lebenspraktische Fähigkeiten, persönliche Ordnung und Hygiene),
- schulische bzw. berufliche Anpassung,
- Interessen und Freizeitaktivitäten.

Achse VI: Globalbeurteilung der psychosozialen Anpassung	MAS
Hervorragende oder gute soziale Anpassung	0
Befriedigende soziale Anpassung mit vorübergehenden oder geringgradigen Schwierigkeiten in höchstens zwei Bereichen	1
Leichte soziale Beeinträchtigung mit leichten Schwierigkeiten in höchstens zwei Bereichen	2
Mäßige soziale Beeinträchtigung in mindestens einem oder zwei Bereichen	3
Deutliche soziale Beeinträchtigung in mindestens einem oder zwei Bereichen	4
Deutliche und übergreifende (durchgängige) soziale Beeinträchtigung in den meisten Bereichen	5

Tiefgreifende und schwerwiegende soziale Beeinträchtigung in den meisten   6
Bereichen; unfähig, alleine zurecht zu kommen; benötigt manchmal Beaufsichtigung und Anleitung

Braucht beträchtliche Betreuung; entweder unfähig zu minimaler körperli-   7
cher Hygiene oder braucht zeitweise enge Beaufsichtigung um Selbst- und
Fremdgefährdung zu vermeiden oder schwere Beeinträchtigung der Kommunikation

Braucht 24-Stunden-Versorgung; durchgängig unfähig zu minimaler körper-   8
licher Hygiene und/oder ständiges Risiko der Selbst- oder Fremdverletzung
oder völliges Fehlen von Kommunikationsmöglichkeiten

Abschließend soll ein Beispiel den klinischen Gebrauch des multiaxialen Klassifikationsschemas nach Rutter und Mitarbeiter verdeutlichen:

Diagnosen nach MAS:
(Patient 16 Jahre, Übernahme wegen Zustand nach Tabletteningestion – Abschlußdiagnose)

I.	Störung des Sozialverhaltens bei vorhandenen sozialen Bindungen	F 91.2
	Transitorischer Mißbrauch von Cannabis und Amphetaminen	F 19.1
II.	Kein umschriebener Entwicklungsrückstand	0
III.	Durchschnittliche Intelligenz	3
IV.	Kopfschmerzen unklarer Genese	
V.	Mangel an Wärme in der Eltern-Kind-Beziehung	1.0
	Disharmonie in der Familie zwischen den Erwachsenen	1.1
	Unzureichende elterliche Aufsicht und Steuerung	4.1
VI.	Leichte soziale Beeinträchtigung mit leichten Schwierigkeiten in mindestens einem oder zwei Bereichen	2

2 Zugangswege und Ebenen der Diagnostik psychischer Störungen

Das Diagnostizieren psychischer Störungen ist oft unklar, unscharf und von subjektiven Theorien über den zu beurteilenden Tatbestand bestimmt. Klassifizierungssysteme, wie die im Vorkapitel dargestellten, versuchen – in der Regel auf der Syndromebe-
ne – Operationalisierungen herbei zu führen, die für bestimmte medizinische und me-
dizin-wissenschaftliche Aufgaben unerläßlich sind, aber das Dilemma (und die me-
thodologische Besonderheit) der Psychiatrie und psychotherapeutischen Medizin
nicht aufzulösen vermögen, daß wir uns dem psychisch gestörten Patienten auf je unterschiedlichen Ebenen zuwenden können. Das Problem einer psychischen Erkrankung hat eine somatische, eine psychodynamische und eine soziale Dimension. Der
Arzt ist zudem gut beraten, wenn er darüber hinaus historische und philosophische
Aspekte im Auge behält, wenn er gleichsam sein Handeln in den Kontext einer fachspezifischen Vergangenheit stellt, die im Kapitel I.1 angeschnitten wurde.

Die nachfolgenden Abschnitte geben Einblicke in die Denkweisen unterschiedlicher
Diagnostikebenen; es sollen syndromatologische, psychodynamische, soziale und somatische Teilaspekte eines Krankheitsgeschehens allgemein dargestellt werden; sie

fließen letztlich in Krankheitsentitäten bzw. umfassenden Krankheitsbezeichnungen zusammen.

Während die Syndromatologie, die im wesentlichen psychopathologische Phänomene in gängigen Begriffen (neurotisches Syndrom, paranoid-halluzinatorisches Syndrom, dementielles Syndrom usw.) beschreibt, soll die psychodynamische Ebene feste Wesensmerkmale des Betroffenen, seine Konfliktverarbeitungsstrategien, seine Möglichkeiten der Krankheitsverarbeitung usw. im Auge behalten.

Mit dem soziodynamischen Aspekt wird die Stellung des Patienten im sozialen Raum, seine äußeren Konfliktkonstellationen markiert.

Die somatische Diagnostikebene muß die organischen Korrelate der Symptomatik fassen.

2.1 Syndromatologischer Aspekt

Der therapeutische oder allgemeine professionelle Zugang zum psychischen Problem erfolgt zunächst über das psychopathologische Syndrom, das äußere Erscheinungsbild vom Verhalten des Patienten, seine von ihm darstellbaren Erlebniswelten und die von ihm erfahrbaren intrapsychischen Vorgänge. Diese Ordnungsebene steht nur in sehr vermitteltem Zusammenhang zur Ebene der Krankheitsursachen. Es kann mithin nicht ohne weiteres vom Syndrom auf seine Ursachen geschlossen werden. Mit anderen Worten alle psychopathologischen Syndrome sind unspezifisch. Ein neurasthenisches Syndrom kann u.a. ursächlich als Ausdruck eines neurotischen Persönlichkeitszustandes, aber auch als präschizophrenes Geschehen oder als beginnende Symptomatik eines Hirntumors auftreten.

Diese These von der Unspezifität psychopathologischer Syndrome geht auf Weitbrecht zurück. Gleiche Ursachen können unterschiedliche Syndrome hervorrufen, aber auch unterschiedliche Ursachen führen gegebenenfalls zu gleichen psychopathologischen Phänomenen. Es lehrt allerdings die Erfahrung, daß es in einigen Bereichen psychiatrischer Erkrankungen relative diagnostische Spezifitäten gibt. So sind die sog. Symptome 1. Ranges nach Kurt Schneider für die Diagnose Schizophrenie wahrscheinlicher und aus verlaufstypischen Gegebenheiten, etwa des phasenhaften Ablaufs, der Tagesschwankungen, der jahreszeitlichen Bindung, kann gegebenenfalls auf eine endogene Verstimmung geschlossen werden. Am Grundprinzip der Ausgangsthese ändern diese Beispiele aber nichts.

Die syndromatologische Diagnostikebene ist insbesondere für die somatische Therapie (Pharmakotherapie, Notfalltherapie) von ausschlaggebender Bedeutung. Dies gilt insbesondere, solange wir noch über keine kausalen Therapiemaßnahmen bei den endogenpsychotischen Syndromen verfügen. Leidet ein Patient an einer schweren (psychotischen) depressiven Verstimmung, dann ist zunächst die antidepressive Pharmakotherapie einsetzbar, weitgehend unabhängig von der Frage, ob das Geschehen organisch (z.B. als Durchgangssyndrom einer Enzephalitis), endogen (im Rahmen einer Zyklothymie) oder reaktiv (z.B. psychogene Reaktion) hervorgerufen ist. Erst die weitere Diagnostik und der weitere Verlauf entscheiden über kausale (sofern vorhanden) Therapien (etwa einer virostatischen Therapie der Enzephalitis, der Psychotherapie des reaktiven Zustandes). Das gesamte therapeutische Instrumentarium, welches im Einzelfall eingesetzt werden soll, hängt vom Zusammenspiel der erfaßbaren

Ursachen des individuellen Krankseins ab. Da die psychopathologischen Syndrome mehr oder weniger multifaktoriell verursacht sind, ist ein mehrdimensionaler Therapieeinsatz sinnvoll.

Merke:

* Alle psychopathologischen Syndrome sind unspezifisch.
* Alle psychiatrischen Störungen sind multifaktoriell verursacht und erfordern in der Regel einen komplextherapeutischen Ansatz.

2.2 Psychodynamische Aspekte

2.2.1 Entwicklungspsychologische Elemente psychischer Störungen

Eine Vielzahl von Schulen haben jede in ihrer Zeit Bedeutendes zum Verständnis der Entwicklung des Menschen beigetragen. Diese unterschiedlichen Ansichten werden von vielen Autoren je nach ihrer theoretischen Überzeugung favorisiert oder kritisiert oder polemisierend abgelehnt. So begegnen sich Verhaltensforscher und Psychoanalytiker mit großer Skepsis. Meist wird nicht genügend berücksichtigt, daß bis heute keine Theorie in der Lage ist, alle Facetten der menschlichen Entwicklung zu fassen.

Auch wenn die körperliche, sprachliche und kognitive Entwicklung Basisvoraussetzungen sind, steht für das Verständnis psychischer Störungen die Entwicklung der Emotionalität und des Sozialverhaltens im Vordergrund, die deshalb auch hier vorrangig behandelt werden sollen. Einschränkend sei betont, daß bei aller Relevanz der frühen Kindheitsentwicklung Vorhersagen über die spätere psychosoziale Entwicklung kaum mit Sicherheit möglich sind.

Aufgrund der artspezifischen Plastizität zerebraler Funktionen (das Spezialisiertsein auf das Nichtspezialisiertsein des Menschen nach Konrad Lorenz) können gravierende Kindheitserfahrungen, ja selbst nicht-dominante Erbanlagen durch spätere protektive und stabilisierende Milieubedingungen kompensiert werden. Nur das macht eigentlich Therapie im späteren Lebensalter möglich und sinnvoll. Auch wissen wir, daß selbst bei geglückter früher Kindheit gravierende Ereignisse in der Adoleszenz und spätere extreme Lebensbedingungen zu schweren Störungen führen können.

Der für die klinische Betrachtung wichtige Bindungsaufbau ist an verschiedene Voraussetzungen auf der Seite der Bezugspersonen und des Kindes gebunden. Grundvoraussetzung ist eine mütterliche Fürsorge, die weit über die menschliche Stammesgeschichte in ihrer Entstehung hinausgeht und die bei einer Vielzahl von Lebewesen zu beobachten ist. Die ökonomische, soziale und psychische Sicherheit und Stabilität zählen zu den Grundbedingungen, die es der Mutter ermöglichen, sich auf den Biorhythmus des Kindes und sein Temperament einzustellen. Die Mutter wird damit fähig, die Kommunikationssignale des Kindes wahrzunehmen und sie zu entschlüsseln und angemessen zu beantworten. Der Beziehungsaufbau zwischen Mutter und Kind entwickelt sich weit vor der Geburt, weil werdende Mütter sich bereits vor der Schwangerschaft in ihren Phantasien, Ängsten und Wünschen auf das zu erwartende Kind einstellen.

Gestört wird dieser Prozeß auf Seiten der Mutter durch psychische Erkrankungen, wie Wochenbettpsychose, Depression, Schizophrenie, schwere Partnerschaftskonflikte und eigene dramatische oder fehlende Vorerfahrungen. Auch Streß aus verschiedensten Ursachen kann die Fähigkeit der Mutter, sich auf das Kind einzustellen, mindern. Die eigene soziale Unreife oder ungelöste Partnerprobleme, Unverständnis der Herkunftsfamilie können eine Unzufriedenheit mit der Mutterrolle bewirken. Alle diese Störfaktoren behindern die Mutter in ihrer Fähigkeit, sich auf die nonverbalen Signale des Kindes (Mimik, Gestik, Psychomotorik), auf seine Gefühlsstimmungen einfühlsam einzulassen, die kindlichen Verhaltenssignale zu deuten und daraus die Bedürfnisse des Kindes abzuleiten. Dieses Gespür für die Wahrnehmung der Befindlichkeit des sprachlosen Säuglings kann auch durch weniger gravierende Einflüsse irritiert werden, denn erst mit dem Beginn der Sprachentwicklung mit etwa 1½ Jahren stehen auch Sprachsymbole dem Kind zur Verständigung mit der Mutter zur Verfügung. In diese notwendigen Interpretationen der Bedürfnisse und Gestimmtheiten des Kindes können bei der Mutter aber auch Unsicherheit und ihre eigene Gestimmtheit, ihre Ängste und Phantasien einfließen und damit zu Fehldeutungen des kindlichen Verhaltens und seiner Bedürfnisse führen.

Auf Seiten des Kindes sind eine Vielzahl von angeborenen Reaktionsbereitschaften bekannt, die über die Bindung für seine Entwicklung bedeutend sind. Zunächst ist eine angemessene biologische Reife erforderlich, wenn wir auch gleichfalls wissen, daß selbst Frühgeborene auf die emotionale Gestimmtheit von Bezugs- und Pflegepersonen sehr wohl reagieren können und ihr Gedeihen neben aller medizinischen Versorgung auch davon im Wesentlichen abhängen kann. Der Säugling vermag, frühzeitig selektiv und adäquat auf die Ausdrucksform der Bezugsperson zu reagieren. Neugeborene verfügen ebenfalls über eine angeborene Erwartungshaltung, daß eigene Gefühlsausdrücke von Bezugspersonen beantwortet werden. Schon frühzeitig ist das explorative Erkundungsverhalten von dem emotionalen Rückhalt der Bezugsperson abhängig. Gleichzeitig ist das Ausmaß der explorativen Erkundung von seiner Bewertung durch die Bezugsperson bedingt. In Anwesenheit der Mutter ist bereits ein 3 bis 4 Monate altes Kind viel entdeckungsfreudiger, in ihrer Abwesenheit zieht es sich zurück und beginnt schnell zu schreien. Ein 7 Monate altes Kind wendet sich bereits sehr interessiert fremden kleineren Kindern zu, aber vergewissert sich stets und wiederholt über Blickkontakt und Körpernähe der Anwesenheit der Mutter und ob sie diesem sozialen Erkundungsverhalten zustimmt. Verhält sich aber eine Mutter ängstlich und unsicher, gibt sie den Blickkontakt oder die Körpernähe zum Kind auf, wird ein Kind seine soziale Neugierde einschränken oder sogar aufgeben.

Der emotionale Rückhalt und die soziale Geborgenheit durch die Bezugsperson wie Mutter, Vater, Geschwisterkind o.a. erhöht das explorative Verhalten, wie die unterschiedlichen emotionalen Bewertungen durch die Bezugsperson frühzeitig zu einer Differenzierung führen. Das explorative Verhalten ist sowohl auf die soziale als auch auf die materielle Welt des Kindes gerichtet. Gleichbleibende und überdauernde Reaktionen der Bezugsperson machen sie zuverlässig und schaffen für das Kind einen förderlichen stabilen Bezugsrahmen. Inkonsistente und labile Reaktionen der Bezugspersonen verankern dagegen instabile und ambivalente Selbst- und Objektrepräsentanzen und behindern kognitive Lernprozesse. Letztlich können sie zu psychischen Auffälligkeiten führen. So bewirkt eine aggressive unausgeglichene Mutter zunächst den schreienden Protest des Kindes, später zieht es sich zunehmend zurück. Kinder werden ebenfalls durch depressive, psychotische oder panikartige Verhaltensweisen der Bezugsperson behindert, ihre eigene Erregung zu regulieren. Damit kann kindliche Unruhe nicht nur eine angeborene Eigenschaft, sondern auch Folge einer mißglückten Interaktion sein (Resch 1996). Durch Lernen am Modell werden außerdem die elterlichen Verhaltensmuster vom Kind übernommen.

Stern (1985) beschreibt verschiedene Formen der frühen Mutter-Kind-Interaktionen. Bei einem **komplementären Interaktionsmodus** versteht die Mutter die Bedürfnisse des Kindes und kann sie auch befriedigen. Im **synchronen Modus** zeigen Mutter und Kind ein gemeinsames Verhalten. Im **alternierenden Modus** wechseln die Aktivitäten zwischen Mutter und Kind. Im **sequentiellen Modus** verhält sich die Bezugsperson immer noch beschützend und läßt dem Kind einen angemessenen Freiraum zum Spielen und in seinem explorativen Verhalten. Ab dem 2. Halbjahr nehmen die alternierenden und sequentiellen Interaktionsmodi zu, die komplementären und synchronen treten zurück. Damit erfährt das Kind im 2. Lebensjahr einen allmählich gewachsenen Handlungsspielraum. Es erhält angemessene Eigenkontrolle über die Situation. Bei symbiotischen Mutter-Kind-Beziehungen herrschen auch dann noch komplementäre und synchrone Interaktionsmodi vor. Das kann zu einer Grenzverwischung zwischen dem Selbst des Kindes und der Mutter führen, womit die Selbständigkeitsentwicklung des Kindes gefährdet oder seine Versuche dazu angstbesetzt sein können (Dornes 1993).

Bei elterlichen Konflikten in diesem Entwicklungsalter kommt es zu Schwierigkeiten in der Koordination und der Feinabstimmung zwischen den Interaktionspartnern Vater und Mutter. Die elterlichen Botschaften werden für den Säugling verschwommen und widersprüchlich. Er weiß nicht, was von ihm erwartet wird. Er weiß nicht, wie sicher und wann er geschützt wird. Es gehen ihm wesentlicher emotionaler Halt und die Konsistenz der elterlichen Informationen verloren. Wie Konflikte zwischen den Partnern vor dem Kind ausgetragen werden, gilt nach Emde (1992) als wesentliche Variable mit höchster Voraussagekraft im Familienprozeß. Hier wird außerdem deutlich, daß die Reduzierung auf die dyadische Beziehung zwischen Mutter und Kind bereits im Säuglingsalter nicht angemessen ist und stets auch unter dem Einfluß der anderen Bezugspersonen, v.a. den Paarbeziehungen zu sehen ist. Auf der anderen Seite beeinflußt natürlich auch der Säugling die Interaktion zwischen den Eltern, er kann die Beziehung fördern oder unreife labile Beziehungen überfordern und zur Dekompensation bringen.

Diese besondere emotionale Beziehung zwischen Kind und primären Bezugspersonen wird als **Bindung** bezeichnet. Sie beruht auf einer angeborenen Tendenz des Kindes nach körperlicher Nähe, v.a. in Belastungssituationen. Mit der Bindungstheorie zwischen Mutter und Kind haben sich bereits Bowlby (1975, 1980) und Ainsworth (1978) beschäftigt. Wesentliche Beiträge wurden auch von der Verhaltensforschung geleistet. Die Bindungstheorie ist für alle Psychofächer von enormer klinischer Bedeutung. Die Trennung eines Säuglings oder Kleinkindes von einer Bezugsperson oder ihr Verlust führt immer zu starken nachhaltigen psychischen Störungen. So konnten wir bei 6jährigen Kindern, die von ihrer Mutter nicht länger als 6 Tage nach einer HNO-Operation getrennt waren, noch nach einem halben Jahr bei 60% psychosoziale Störungen nachweisen.

Bindungsverhalten ist durch vier Hauptmerkmale gekennzeichnet:

- Das explorative Verhalten ist am größten in Anwesenheit einer Bezugsperson.
- Die Nähe einer Bezugsperson verringert die Angst eines Kindes und erhöht sein exploratives Verhalten.

- Angst hemmt das Spiel und das Explorationsverhalten und verstärkt momentan die Bindung.
- Bei Trennung von der Bezugsperson erfolgt Protest (Schreien, Unruhe, später depressive Resignation) und die gedämpfte scheinbare Annahme von Ersatzbeziehungen (Ersatzobjekte).

Die klinischen Konsequenzen sind vielfältig, z.B. dürfte auch in Deutschland kein Kind unter 6 Jahren ohne gleichzeitige Aufnahme der Mutter stationär behandelt werden. Bei notwendigen Untersuchungen und körperlichen Eingriffen sollte ein Kind immer von der Mutter und nicht von einer eher fremden Schwester gehalten werden. Es müßte selbstverständlich sein, daß ein Frühgeborenes, soweit medizinisch verantwortbar, von seiner eigenen Mutter betreut wird.

Das **Bindungsverhalten** entwickelt sich wie folgt:

- Bereits in der ersten Lebenswoche können Kinder ihre Mütter über den Geruch identifizieren. Ebenso können Mütter blind ihr Kind bereits nach wenigen Stunden am Geruch identifizieren. Das universelle Reaktionsmuster der Kinder in diesem Alter auf alle Personen seiner Umgebung täuscht über seine tatsächliche Differenzierungsleistung hinweg.
- Ab dem 6. Lebensmonat kennen Kinder bereits Fremde. Sie reagieren ängstlich und mit Rückzug auf fremde Personen, die sich ihnen auch in Anwesenheit der Mutter nähern. Die Entwicklungsvoraussetzung für diese Differenzierungsleistung ist die Objektpermanenz. Darunter versteht Piaget, daß ab diesem Zeitpunkt ein Objekt für ein Kind auch dann existent bleibt, wenn es nicht mehr in seinem Blickfeld ist. Damit kann ein Kind das innere Bild einer Bezugsperson auch in deren Abwesenheit behalten.
- Ab dem 3. Lebensjahr sind Kinder in der Lage, Gefühle und Haltung ihrer engsten Bezugsperson zu verstehen (Stadium des Rollenspiel). Eine geglückte Bindung ist die Voraussetzung zur Entwicklung einer Selbständigkeit und kindgemäßen Autonomie. Sichere Bindungen in den ersten Lebensjahren verringern sogar die Abhängigkeiten von den Bezugspersonen im Vorschulalter.

Mary Ainsworth (1978) hat vier **Bindungstypen** beschrieben:

- **Sichere Bindung**: Suche nach Nähe und Explorationsverhalten sind ausgewogen. Eine Trennung von der Bezugsperson irritiert; kommt sie wieder, beruhigt sich das Kind schnell.
- **Unsichere, verminderte Bindung**: Das Kind ist unsicher, wenig explorierend auch im Beisein der Mutter. Bei ihrer Abwesenheit ist es wenig irritiert, kommt die Mutter wieder, kann sie sogar vom Kind abgelehnt werden. Trotz des äußeren Unbeteiligtseins kommt es jedoch zu einer erhöhten inneren Erregung (erhöhte Pulsfrequenz).
- **Ambivalent unsichere Bindung**: Das Kind ist besonders anhänglich, ist bei Trennung sehr irritiert, läßt sich aber bei Wiedervereinigung schwer beruhigen, zeigt starke Gefühlsausbrüche.
- **Desorganisierte Bindung**: Es wechseln wiederholt verschiedene Bindungsstrategien, so intensive Suche mit intensiver Ablehnung. Sie können widersprüchlich kombiniert sein. Bei Wiederbegegnung ist das Kind erstarrt und blickt die Bezugsperson unbewegt an (z.B. bei psychotischen Eltern).

Nach Jahren der Nichtbeachtung beschäftigt sich heute die Psychoanalyse intensiv mit der Bindungstheorie. Bowlbys Begriff der inneren Arbeitsmodelle (Internal Working Models, IWM) hat die Diskussionen der psychoanalytischen Objektbeziehungstheorie neu belebt. Nach dieser würden Kinder repetitiv erlebte typische Interaktionsmuster als mentale Repräsentanzen oder innere Arbeitsmodelle, in denen vergangene Beziehungen und Interaktionsmuster gespeichert sind, im späteren Leben in allen signifikanten Beziehungen wiederholen. Diese inneren Arbeitsmodelle werden offenbar transgenerational von einer Generation auf die andere durch soziale Erfahrungen übertragen. In einem Londoner Eltern-Kind-Projekt (Fonagy 1991, 1996) wurden 100 Mütter und 100 Väter im letzten Drittel der Schwangerschaft vor der Geburt des ersten Kindes nach ihren eigenen erlebten Bindungsmustern befragt, die hochsignifikant in den Nachfolgeuntersuchungen (Follow-up) nach 1½ Jahren und 5 Jahren in den beobachteten Eltern-Kind-Interaktionen sich wiederfanden. Die Autoren kommen zu dem Schluß, „daß sichere bzw. unsichere Bindung tatsächlich in irgendeiner Form intergenerationell weitergegeben wird und sich das Risiko einer unsicheren Bindung schon vor der Geburt einschätzen läßt." Unterscheidet sich das Bindungsverhalten zwischen Vater und Mutter, so hat das 1½-jährige Kind die Fähigkeit, die inneren Arbeitsmodelle der entsprechenden Bezugsperson zu enkodieren, zu differenzieren und sich danach zu verhalten, je nachdem es mit welchem Elternteil im Augenblick zusammen ist. Ein 1½-jähriges Kind verhält sich im Umgang mit seiner Mutter, die über sichere Beziehungsmuster aus ihrer Kindheit verfügt, sicher, dagegen mit seinem Vater, der über unsichere Beziehungsmuster verfügt, unsicher. Eine sichere Bindung der Mutter hat auch keinen erkennbaren Einfluß auf die Vater-Kind-Beziehung, wie auch umgekehrt die Sicherheit des Vaters die Mutter-Kind-Dyade nicht beeinflußt. Erst später – auf welchem Wege ist noch völlig ungewiß – entscheidet sich das Kind für eines der elterlichen inneren Arbeitsmodelle, das zu seinen eigenen bevorzugten und dominanten wird. Offenbar ist jedoch das einfühlsame Pflegeverhalten der Bezugsperson ein wichtiger Faktor für die Bindungsqualität des Kindes an den entsprechenden Elternteil. Feinfühligkeit ist jedoch nur für einige, nicht aber für alle Korrelationen zwischen den inneren Arbeitsmodellen der Eltern und dem Bindungsverhalten des Kindes verantwortlich. Neben der Feinfühligkeit sind die metakognitiven Fähigkeiten der Bezugspersonen wie z.B. ihr Verstehen mentaler Befindlichkeiten und ihre Bereitschaft, diese kohärent zu berücksichtigen, für die Prognose über das Bindungsverhalten des Kindes bedeutend.

Die Psychoanalyse erfährt mit diesen Untersuchungen eine Bestätigung ihrer theoretischen Annahmen und klinischen Praxis, daß frühkindliche Beziehungserfahrungen lebenslänglich wiederholt werden und deshalb in der Übertragung auf den Therapeuten sichtbar und bearbeitbar werden.

Ab dem Kindesalter entwickeln sich neben den Beziehungen zu Eltern, Geschwisterkindern und anderen Bezugspersonen die Beziehungen zu Gleichaltrigen (Peergruppe). Bereits im ersten Lebensjahr zeigen Kinder ein auffallendes Interesse, Gleichaltrige und Kleinstkinder anzusehen, zuzulächeln oder sie zu berühren. Mit Gleichaltrigen werden vielfältige soziale Fähigkeiten geübt und differenziert. Anerkennung erfahren, Aggressionen ausagieren oder kontrollieren, Frustrationen ertragen, Gerechtigkeit empfinden, sich ein- und unterzuordnen in der sozialen Hierarchie, im Wettbewerb mit anderen zu konkurrieren, eine Gruppenmeinung zu erleben, sind einige der sozialen Erfahrungen, die Kinder mit gleichaltrigen Gruppen entwickeln. Über die

Gruppe erfährt das Kind die zeitweilige Unabhängigkeit von den Eltern, das soziale Wohlbefinden unter Gleichaltrigen, womit die Ablösung in der Adoleszenz vorbereitet wird. Auch das geschlechtsspezifische Verhalten wird unter Gleichaltrigen ausprobiert. Übermäßig an die primären Bezugspersonen gebundene Kinder haben im Schulalter erhebliche soziale Kontaktschwierigkeiten zu ihren Mitschülern, leiden an Minderwertigkeitsgefühlen und zeigen soziales Rückzugsverhalten, Auffälligkeiten, die nicht unbeachtet bleiben sollten, um späteren gravierenden psychischen Fehlentwicklungen rechtzeitig vorzubeugen.

Mit Beginn der Pubertät (Bezeichnung für die durch Wachstumsschub entstandenen körperlichen Veränderungen, einschließlich der sekundären Geschlechtsmerkmale) und der Adoleszenz (Bezeichnung für die psychischen Auseinandersetzungen mit den körperlichen und psychosozialen Veränderungen) werden die Beziehungen zu Gleichaltrigen für den Jugendlichen noch wichtiger. Das Urteil der Eltern scheint unwichtiger zu werden, die Gruppenmeinung, die Identifizierung mit Gleichaltrigen vermag zeitweilig alle bisherigen Werte zu überfluten. Der Jugendliche mit seiner alterstypischen Sensitivität und Verletzbarkeit versucht die veränderte Körperlichkeit zu akzeptieren, die neue sichtbare Geschlechtsspezifität anzunehmen. Das erfordert ein neues Selbstverständnis, eine sich von der Kindheit deutlich unterscheidende, oft instabile Identität. Die eigene Autonomie muß sich behaupten. Das Wertesystem der „Alten" wird in Frage gestellt, die eigene Stellung zur Welt wird oft überspitzt definiert. Unerfüllbare Werte und Ideale führen zu Resignation, Rückzug auf sich selbst oder dem häufigen altersspezifischen Gefühl des Unverstandenseins („no-future-Perspektive").

Bildung der neuen Identität

Die Definition von Nähe und Autonomie, die Entwicklung von Intimität und Sexualität sind für jeden Jugendlichen enorme Herausforderungen, die zu mannigfaltigen, krisenhaften Entwicklungen in der Adoleszenz führen können. Die klinischen Beschreibungen dafür sind Identitätskrisen, Rollenkonfusionen, narzißtische Krisen, Ablösungs- und Autoritätskrisen, Beziehungs- und Rivalitätskrisen. Bei ihrer erfolgreichen Bewältigung fördern sie die psychosoziale Reife und die Bildung einer neuen Identität. Bei einem unglücklichen Verlauf können sie psychische Erkrankungen auslösen.

Der Mensch als Zoon politicon mit seiner außerordentlich langen Reifezeit, seiner „Spezialisiertheit zum Nichtspezialisiertsein", seiner hohen sozialen Differenzierungsfähigkeit ist immer von der Qualität sozialer Beziehungen abhängig. Die Qualität und die Intensität dieser Beziehungen ist entwicklungsabhängig und kann bei der hohen Formbarkeit der menschlichen Anlage förderlich und präventiv wirken, aber anderenfalls gravierende psychische Fehlentwicklungen verursachen.

2.2.2 Tiefenpsychologische Entwicklungsmodelle

Als entwicklungspsychologische Modelle werden hier jene Aussagen verstanden, die die Entwicklung der Person allgemein zum Gegenstand haben und gleichzeitig Erklärungen zur Krankheitsentstehung liefern. Dies trifft insbesondere für die zunächst in der Krankenbehandlung gewonnenen psychoanalytischen Konzepte der psychosozialen (bei Freud psychosexuellen) Entwicklung zu.

Triebtheoretische Vorstellungen Sigmund Freuds

Zunächst muß festgestellt werden, daß die heutigen psychoanalytischen Modelle der psychischen Entwicklung nur noch geringe Ähnlichkeit mit den ursprünglichen Auffassungen Freuds besitzen. Das ursprüngliche triebtheoretische Modell Freuds hat allerdings solch großen Einfluß auf die Kultur und Geistesgeschichte des 20. Jahrhunderts genommen, daß seine Grundzüge wenigstens angedeutet werden müssen.

Danach dient jedes Verhalten, sei es Denken, Fühlen oder zwischenmenschliches Verhalten, dazu, primäre, d.h. sexuelle und selbsterhaltende (libidinöse und aggressive) oder davon abgeleitete sekundäre Triebe zu befriedigen. Triebbefriedigung (d.h. bei Freud immer auch Erregungsabfuhr) stellt die Grundtendenz des Organismus dar. Erregung, die nicht abgeführt wird, schädigt den Organismus. Will also ein Organismus überleben, muß sein Verhalten in bedeutsamer Weise dieser Grundtendenz „Erregungsabfuhr" untergeordnet sein.

Diese Verknüpfung des Biotischen (Triebhaften) und Psychischen wird bei Freud unter verschiedenen Aspekten betrachtet, die jeweils auch grundlegend für seine pathogenetischen Konzepte waren.

Es handelt sich zum einen um das Phasenmodell der Triebentwicklung, dessen Kenntnis zum Verständnis der Begriffe „Regression" oder „Fixierung" (s. IV.4.2.) notwendig ist, zum anderen um die Modelle der Ich-Entwicklung sowie des Konfliktes, ebenfalls essentielle Bestandteile psychoanalytischer Konzepte der Symptomentstehung (s. II.2.2.2.).

Die Verknüpfung des Biotischen (Triebhaften) und Psychischen ist nach Freud der Tatsache geschuldet, daß zivilisiertes menschliches Zusammenleben eine sofortige Triebbefriedigung und Erregungsabfuhr, zu der es den Organismus von seiner Natur her drängt, ausschließt. Somit wurde der Mensch evolutionär gezwungen, Umwege der Erregungsabfuhr einzurichten, die erst auf längere Sicht zu Befriedigung bzw. Spannungsminderung führen. Das Ich und seine Funktionen, die zum Umgang mit den Objekten oder der es umgebenden Welt notwendig sind, stellen diese Umwege dar. So ist für Freud das Denken letztlich „nichts anderes als der Ersatz des halluzinatorischen Wunsches". Das Triebhafte bildet somit den primären biologischen Kern der Persönlichkeit. Auch der Andere (das „Objekt") dient in erster Linie der Abfuhr libidinöser (sexueller) oder aggressiver Energie.

Der Freudsche Mensch hätte kein Interesse an sozialen Beziehungen, könnte er die Anderen (die Objekte) nicht zur Triebabfuhr verwenden. Konsequenterweise wird der Schaden, den das Kleinkind infolge mütterlicher Vernachlässigung erleidet, nicht durch das Beziehungsdefizit erklärt, sondern durch die starke Erregung infolge des Triebstaus, der im Kind entsteht, wenn es die Mutter nicht zur Abfuhr libidinöser Bedürfnisse zur Verfügung hat. Die normale Entwicklung des Kindes wird synchron zu den jeweils vorherrschenden Triebquellen, den sogenannten erogenen Zonen beschrieben.

- Die **orale Phase** (1. Lebensjahr) bezieht ihre Bezeichnung aus dem Umstand, daß die Mundzone der Ort des frühesten Lustgewinnes durch Saugen, Beißen, Verschlingen darstellt.
- In der **analen Phase** (2. Lebensjahr) kommt die Lust an den Ausscheidungsfunktionen („Abfuhrlust" durch das Ausstoßen von Urin und Kot, „Spannungslust" durch deren Zurückhalten) hinzu.

- Im 2. und 3. Lebensjahr, in der **phallischen Phase**, wird die Genitalzone, Phallus und Klitoris, zur Quelle von Lust.

Diese 3 ersten prägenitalen Entwicklungsphasen prägen entscheidend den Umgang mit der Welt.

Ein ungestörter Ablauf der oralen Phase geht mit der Fähigkeit des späteren Erwachsenen einher, sich der Fürsorge anderer hinzugeben und sich in der Nähe anzuvertrauen, sich etwas nehmen und lustvoll genießen zu können. Die anale Phase steht für die Entwicklung von Eigenschaften, mit denen man Kontrolle über sich und andere ausübt, sich abgrenzt und Freude am „Selbermachen" entwickelt, also Autonomie erlangt. Die phallische Phase läßt geschlechtstypische Formen der Eroberung und des Eindringens in Andere, der Verführung, des sich Darstellens entstehen. Entwicklungsstörungen im Verständnis Freuds sind Fixierungen der Libido auf diesen Stufen der psychosexuellen Entwicklung. Fixierungen können sich also in Form übermäßiger Ausbildung oder aber durch das Fehlen phasentypischer Verhaltensweisen zeigen.

Die Störungen („Fixierungen") der oralen Phase drücken sich im ersten Falle in übermäßiger Gier, Neid, übergroßen Abhängigkeits- und Versorgungswünschen, im zweiten Falle in der Unfähigkeit zu Nähe und Abhängigkeit, aber auch in Defiziten eigener Mütterlichkeit aus. In der analen Phase können Eigensinn, Herrschsucht, Pedanterie, Geiz, übermäßige Selbstkontrolle oder aber Folgsamkeit und Unterwerfung unter Fremdkontrolle auf Störungen in dieser Phase hinweisen. Aggressives, eitles, arrogantes, „machohaftes" Gehabe oder mangelndes Durchsetzungsvermögen, unangemessene „unmännliche" Friedfertigkeit kennzeichnen Verhalten infolge einer Entwicklungsstörung der phallischen Phase.

Die jenseits des 3. Lebensjahres mögliche „Genitalisierung" des Kindes weist auf die Möglichkeit hin, ein reifes psychosexuelles Stadium zu erreichen. Genital oder reif ist im Freudschen Sinne die Person, die in ihren Handlungen fähig ist, die prägenitalen (oralen, analen und phallischen) Partialtriebe so zu integrieren, daß sie Bestandteil reifer, genitaler Sexualität werden können. Hautzärtlichkeit, Küssen, anale Praktiken, phallisch-klitoridale Erregung werden in diesem Sinne Bestandteile, aber nicht Endziele sexuellen Begehrens.

Moderne psychoanalytische Entwicklungsmodelle

Moderne Theorien der Affektentwicklung

Dem zentralen Problem der Integration biologischer und psychosozialer Prozesse im menschlichen Handeln werden beim heutigen Wissensstand am ehesten Entwicklungsmodelle gerecht, die die menschliche Affektivität als die Schnittstelle zwischen organismischen Systemen und Umwelt ansehen. Daher soll zum besseren Verständnis dieses Kapitels zunächst in kurzer Form etwas zum Affektsystem ausgeführt werden. Phylogenetisch hat sich das Affektsystem mit der Lockerung der Instinktgebundenheit hominiden Verhaltens entwickelt.

Zum **Affektsystem** gehören folgende Bestandteile und Begrifflichkeiten:

- Die **Affekte**, die im limbischen System ohne notwendige Beteiligung höherer kognitiver Funktionen ablaufen (die z.T. bereits bei Hominiden und in allen menschlichen Kulturen beobachtbaren, mimisch ablesbaren (Primär-) Affekte sind Wut, Freunde, Angst, Trauer, Ekel, Überraschung, Verachtung).

- **Gefühle** (Emotionen) stellen das bewußte Wahrnehmen oder Erleben der Affekte einschließlich ihrer kommunikativ-situativen Bedeutungen dar (z.B. Freude bedeutet: „Du bleib und mach so weiter." , Trauer: „Du komm zurück zu mir.", Wut: „Du hau ab von mir.", Angst: „Ich will weg von Dir." usw.).
- Unter **Empathie** wird das bewußte Erleben des autonomen Affektanteils beim Anderen („Ich sehe ihn traurig") oder sich selbst („Ich bin selten so traurig wie heute") verstanden.

Das Affektsystem dient der Regulierung von Beziehungen zu anderen Menschen („Regulierung der Objektbeziehungen"). Über die Affekte wird auf eine allen Menschen dieser Erde verständliche Weise (z.B. durch mimische Zeichen) Nähe oder Distanz zu anderen hergestellt, Macht oder Ohnmacht in einer Beziehung ausgedrückt oder der Wunsch, total aus der Beziehung herauszugehen. Über Affekte wird aber auch die Beziehung zu sich selbst reguliert („Regulierung der inneren Handlungen"). So kann man wütend oder erfreut über sich selbst sein. Somit zeigt einem der Affekt auch, ob man seinen eigenen Zielen oder Bedürfnissen, seinem „Ich-Ideal" gerecht geworden ist. Im Hinblick auf die Beziehungen zu anderen Menschen bringt die Äußerung von Affekten beträchtliche selbst- und arterhaltende Vorteile, z.B. signalisiert ein Wutgesicht einen möglichen Angriff, ohne daß er wirklich erfolgen muß. Menschen aller Kulturkreise verständigen sich ohne Worte mit überall gleichen mimischen Grundausdrücken. Zusammengefaßt dienen Affekte sowohl der Ordnung sozialer Beziehungen als auch der Ordnung der eigenen Motive. (Indem ich z.B. über den Affekt auf den erfreulichen oder unerfreulichen Ausgang eines Versuches, ein bestimmtes Ziel zu erreichen oder ein Bedürfnis zu befriedigen, hingewiesen werde, verstärke ich bestimmte oder baue ich neue Motive auf, werde mir auch der Wichtigkeit einzelner Motive bewußt und teile dies auch meinen Mitmenschen mehr oder weniger bewußt mit.)

Die moderne Affektforschung hat den engen Zusammenhang der frühkindlichen Affektentwicklung mit der Entwicklung des Selbst überzeugend nachgewiesen und insbesondere die Rolle der Affekte bei allen Lernprozessen betont. Lange bevor ein Kind sich und die Welt symbolisch (z.B. über Worte und Begriffe) repräsentiert, kann es durch sein biologisches Erbe, das Affektsystem, die Welt und sich selbst erfahren und Beziehungen gestalten. Auf diese Weise nimmt bereits ein wenige Tage alter Säugling an der Welt der Erwachsenen aktiv teil, entschlüsselt die Affekte etwa der Mutter als positives oder negatives Signal („Ich freue mich über Dich" oder „Du verschwinde").

Unter dem Einfluß solcher Welterfahrung baut das Kind seine kognitive Organisationsstruktur auf. **Daher entspricht jedes spezifische Gefühl einer spezifischen (kognitiven) Bedeutungsstruktur und umgekehrt.** Die Bedeutungsstruktur „Ich stelle fest, daß ich ein überaus wichtiges Ziel wegen einer Behinderung durch einen Anderen nicht erreichen kann", erzeugt unter der Bedingung meiner Ebenbürtigkeit mit dem Gegner Wut. Umgekehrt führt z.B. ein irgendwie herbeigeführter Wutaffekt dazu, daß ich jede x-beliebige Situation nach einer Möglichkeit abtaste, einen Gegner zu erkennen, der mich eventuell bei der Zielerreichung behindern könnte.

Wutaffekt und situative Bedeutung sind somit zu einer affektiven Bedeutungsstruktur zusammengeschweißt.

Solche affektiven Bedeutungsstrukturen entstehen in der kindlichen Entwicklung im Zusammenhang mit solchen Motiven, die genetisch festgelegten Phasen der Entwicklung eigen sind. In solchen Phasen muß das Kind biologisch vorgeschriebene **Entwicklungsaufträge** erfüllen und ist dafür mit jeweils **phasentypischen Motivationssystemen** ausgestattet. Analog zu den Freudschen Triebphasen wäre hier also besser von **Motivationsphasen** mit entsprechenden „**Aufträgen**" zu sprechen, die Krause (1998) in folgender Weise beschreibt:

„a) Die Funktion des ersten Motivationsauftrages („Stelle Bindung her!") ist es, gute, zärtliche, fürsorgliche, freundschaftliche Beziehungen zu den Mitmenschen herzustellen. Man erfährt unter seinem Einfluß den Wunsch nach Nähe, Geborgenheit, Zugehörigkeit, emotionaler Gemeinsamkeit, ein Bedürfnis nach Fürsorge, Zärtlichkeit, Offenheit und Intimität. Dieses Verlangen setzt eine positive Wertschätzung des Objektes voraus. Die negativen Affekte Angst, Wut und Ekel sollten in dieser Thematik und Entwicklungsperiode nicht die Überhand gewinnen, wohl aber die der Bindung und Informationsverarbeitung, also Freude, Trauer und Interesse.

b) Wenn die innere Forderung nach Eigenständigkeit, Autonomie, Individuation und Selbstbehauptung in den Vordergrund tritt, wird „Macht" das hauptsächlich angestrebte Ziel. Bedeutung und Wertschätzung genießt neben der eigenen Stärke und Überlegenheit das, was zur Unabhängigkeit beiträgt, was man also zu leisten vermag, was man besitzt, beherrscht oder unter die eigene Kontrolle gebracht hat. Was sich diesen Strebungen widersetzt, weckt feindliche Affekte und wird bekämpft durch Verachtung, Erniedrigung und Entwertung. Alle Affekte aus dem Umfeld der Selbstbehauptung werden nun abgerufen: Wut, Verachtung, Stolz.

c) Kommen spezifische sexuelle Bedürfnisse dazu, gewinnen die Objekte erregende, sinnliche Qualitäten. Sie wecken die sexuelle Neugier, die Schau- und Zeigelust, regen zu sexuellen Phantasien und Spielen an.

Die korrespondierenden Affekte sind Neugier, Interesse aber auch Angst, Wut und Scham."

Obwohl hier eine sinnvolle Abfolge von zweifellos biologisch determinierten Motivationsphasen dargestellt ist (so ist z.B. zwingend, daß vor dem Entstehen sexueller Motive die Bindungsfähigkeit und die Festigung einer autonomen Position in Beziehungen erreicht sein sollte), darf doch nicht unbeachtet bleiben, das alle Motivationssysteme in allen Entwicklungsphasen von Anfang an wirksam sind, also bereits in der ersten Bindungsphase auch Autonomie- und erotische Bedürfnisse auf dem Hintergrund des Bindungsthemas eine Rolle spielen. Die drei Motivationssysteme der **Bindung**, der **Autonomie** und der **Sexualität** wirken darüber hinaus das ganze Leben hindurch dynamisch zusammen, so daß Defizite bzw. Entwicklungsrückstände beispielsweise im Bindungsverhalten die spätere Gestaltung von Autonomie oder Sexualität systematisch beeinflussen.

Die Entwicklung psychischer Strukturen und der Objektbeziehungen

Freud hatte mit dem „Ich" eine Struktur gemeint, die als Vermittler zwischen Triebforderungen (aus dem „Es") und der Gewissensinstanz („Über-Ich", d.h. den verinnerlichten Normen, Verboten und moralischen Forderungen der Kultur) den Bezug zur Realität herstellte. Ich-Funktionen wie Wahrnehmen, Denken, Triebkontrolle durch Abwehroperationen (Verdrängung, Projektion usw.) sorgen für diesen Bezug.

Dieses recht mechanistisch anmutende Modell des „psychischen Apparates" wurde inzwischen durch andere Vorstellungen ersetzt. Die biologische Triebinstanz „Es" wie auch der Triebbegriff ist in dem oben erwähnten Begriff der „Motivation" aufgegangen, wie auch die Triebentwicklung besser im Modell der Motivationsphasen (s.o.) gefaßt werden kann. Die dem Verständnis der Entwicklung realitätsbezogenen Verhaltens dienenden Vorstellungen drehen sich heute um den Begriff des **„Selbst"**.

Innere Strukturen wie das Selbst sind aus moderner psychoanalytischer Sicht der verinnerlichte Niederschlag jener Beziehungserfahrungen, die im Rahmen der oben beschriebenen Perioden frühkindlicher und kindlicher Entwicklung gemacht worden sind.

Als „Selbst" wird die psychische Struktur betrachtet, die Beziehungserfahrungen, also Erfahrungen mit Objekten (eigentlich Subjekten) der sozialen Umwelt einerseits und Erfahrungen mit sich selbst andererseits in der Weise verinnerlicht hat, daß dauerhafte Repräsentanzen sowohl der Objekte als auch der zu ihnen vorhandenen Beziehungen entstehen. Diese verinnerlichten Schemata von Beziehungen („Objektbeziehungen") bilden Vorlagen, nach denen das ganze Leben hindurch Situationen wahrgenommen und Beziehungen gestaltet werden. Nach Stern, der seine Vorstellungen von den Entwicklungsstufen des Selbst durch Säuglingsbeobachtungen gewonnen hat, sind folgende Entwicklungsstufen des Selbst nachzuweisen:

Selbstentwicklung (nach D.N. Stern 1985)

Stufe	Fähigkeiten	Zeitraum
Stufe des auftauchenden Selbst	– angeborene Muster der Beziehungsgestaltung – affektive Erfahrungen werden gemacht	Geburt bis 2. Monat
Stufe des Kern -Selbst	– Empfinden eigener Körperlichkeit – Wahrnehmung des Interaktionspartners – Wahrnehmung von Urheberschaften – Speicherung von Episoden (RIG's = representations of interactions generalized): Gelebte Episoden → spezifische Gedächtnisepisoden → durch Wiederholung zu → generalisierten Episoden (Einheiten subjektiver Erfahrung)	3. bis 6. Monat
Stufe des subjektiven Selbst	– Erfahrung vorsprachlicher Intersubjektivität – Gemeinsamer Aufmerksamkeitsfocus – Gemeinsame Intentionen – Gemeinsame Affekte durch Abstimmung (Tuning)	7. bis 12. Monat
Stufe des verbalen Selbst	– Symbolisierungsfähigkeit und Spracherwerb – Reflexivität (das Selbst wird zum Objekt der Betrachtung: „Selbst-Erfahrung", „Selbstbild") – Handlungen/Episoden werden symbolisch (sprachlich) repräsentiert	15. Monat bis 3. Lebensjahr

Stufe des   – Entstehung von zwei Arten interpersoneller
verbalen Selbst   und Selbsterfahrungen bzw. Selbstbildern
                          a) nicht sprachlich repräsentierbare sowie alte
                              vorsprachliche „RIG's („unbewußt wirksa-
                              me Beziehungsmuster oder Konfliktbereit-
                              schaften")
                          b) sprachlich repräsentierte Erfahrungen

Die Auswirkungen von Störungen des Affektaustauschs, Traumen und Konflikten in frühen Entwicklungsperioden

Wie die moderne Säuglingsforschung gezeigt hat, reagieren Kinder bereits in den ersten Wochen ihres Daseins außerordentlich empfindlich in der affektiven Beziehungswelt, die von Mutter und Kind gestaltet wird.

Sehr frühe Lernprozesse ermöglichen eine Anpassung an eine sehr spezifische Umwelt. Bevor dies bewußt gedacht werden kann, lernen Kinder z.B. den Verzicht auf das Zeigen bestimmter eigener Affekte, wenn dadurch gefährliche Zustände der Eltern vermieden werden können. Diese Affektreduktion bleibt bestehen und führt in späteren Entwicklungsperioden zu immer wieder typischen, evtl. mißverständlichen Situationen. Der Erwachsene kann dann beispielsweise bestimmte Affekte, auf die sein Partner situativ eingestellt ist, nicht zeigen, sich auch nicht über die Wahrnehmung solcher Affekte in den Partner einfühlen oder mit ihm emotional „mitschwingen". Das frühe Vermeiden von Affekten, mit denen beispielsweise Nähe und Bindung reguliert wird, läßt auch den Erwachsenen unter Umständen unfähig sein, eigenen Bindungsmotiven nachzugehen bzw. mit Angst auf eigene Nähewünsche reagieren.

So wiederholt der so „früh gestörte" Mensch das „Fehlen von Beziehung" in jeder späteren Beziehung.

Eine weitere Möglichkeit, in der frühen Kindheit eine spezifische Beziehungsstörung zu erwerben, wäre ein Angebot der Pflegeperson an widersprüchlichen Affekten, die eine Situation konflikthaft werden lassen. Wenn mit der emotionalen Zuwendung der Mutter die Forderung verknüpft wird, Bedürfnisse nach Autonomie aufzugeben, werden sich Nähewünsche und Autonomiebedürfnisse konfliktiv verknüpfen, d.h. die Hingabe an eine andere Person wird mit der drohenden Gefahr der Selbstaufgabe verbunden, was heftige Angst oder Wut erzeugen kann. Das affektive Bedeutungsmuster „sexuelle Hingabe ist eine Bedrohung" ist dann gewöhnlich unbewußt. Manifest ist lediglich das sexuelle Versagen.

Im klinischen Alltag sind häufig beide Störungsformen – entweder ein erworbenes Defizit emotionaler Verfügbarkeit (Selbststörung) oder das gleichzeitige Bestehen unvereinbarer Motive oder Wünsche (ein neurotischer Konflikt, dessen Bedeutungsstruktur zumindest teilweise unbewußt ist) – eng verbunden. Dies erscheint auch folgerichtig, da Selbststörungen immer auch dadurch gekennzeichnet sind, daß sie intolerant sind gegenüber Unvereinbarkeiten im Sinne oben geschilderter Konflikte. Frühe Traumen, Defekte und Entwicklungsschäden sind gewöhnlich von konfliktbeladenen Wünschen und Gefühlen begleitet. Das geschädigte Kind entwickelt nicht selten eine Art „Allergie" gegenüber jener „Substanz", die ihm vorenthalten wurde. So entsteht gleichzeitig mit der Unfähigkeit einer bestimmten Art affektiven Austausches auch die Notwendigkeit, solche Austauschvorgänge generell zu meiden oder aber in Verbindung mit negativen Affekten „konflikthaft" zu erleiden.

Zusammenfassung: Folgendes Grundverständnis kindlicher Entwicklung liegt den modernen tiefenpsychologischen Konzepten zugrunde: Da die Entwicklung des Selbst und der grundlegenden Regulationen des Verhaltens die wesentlichen Anpassungsleistungen der frühen Kindheit sind, können Konflikte und Traumen in dieser Zeit problematische und überdauernde Anpassungsstrukturen hervorbringen. In dem Ausmaß, in dem frühe Strukturen Teile von späteren sind, können Beziehungsprobleme im Erwachsenenalter ihre Wurzeln in der frühen Kindheit besitzen. Diese Zusammenhänge scheinen klinisch um so deutlicher, je gestörter die Beziehungen von Personen im Erwachsenenalter sind. Andererseits entfalten schädigende Einflüsse ihre Wirkung nicht mit schicksalshafter Notwendigkeit. Nach neueren Erkenntnissen ist das menschliche Regenerationspotential psychosozialer Defizite beträchtlich. Selbst sehr frühe und schwerwiegende Entwicklungsdefizite können beim Vorhandensein protektiver Faktoren (z. B. die stabile Bindung an eine Bezugsperson und unterstützendes soziales Netzwerk) kompensiert werden.

2.2.3 Modalitäten der Konfliktverarbeitung

Die psychoanalytische Krankheitslehre beschäftigt sich mit grundlegenden Fragen zur Entstehung, Aufrechterhaltung und Behandlung psychischer Störungen. Sie fußt unter anderem auf der Vorstellung überdauernder unbewußter Konflikte, die zu chronisch fehl angepaßten Optimierungs- und Lösungsversuchen führen, die letztendlich in die Symptome der psychischen Störungen einmünden. Die Rückverwandlung des unbewußten Konfliktes in einen bewußten führt dazu, daß derselbe, wenn er denn überhaupt noch existiert, angemessener behandelt werden kann und damit auch der Nährboden für die Entwicklung der Symptome entfällt. Die Behandlung der Symptome selbst mag zusätzliche Bemühungen benötigen.

Der Rückgriff auf dieses grundlegende Modell erfordert die Klärung der Konzepte „Konflikt", „Unbewußtheit", „Symptome", „Fehlanpassung" und „Lösungsversuche".

Unter **Konflikt** kann man das Aufeinandertreffen gegensätzlicher, scheinbar unvereinbarer Verhaltensweisen oder Intentionen verstehen. Man kann interpersonelle von intrapersonellen Konflikten unterscheiden. Untergruppen der ersteren sind Zweipersonen-, Mehrpersonen- sowie intergruppale Konflikte. Die intrapersonellen Konflikte kann man in inter- und intrastrukturelle unterteilen.

Interstrukturelle Konflikte sind solche zwischen verinnerlichten Strukturen beispielsweise zwischen dem Überich und der „Es" genannten triebhaften Struktur des Menschen, die zeitgleich und unvereinbar auf die erlebende Person, „Ich" genannt, einwirken.

Intrastrukturelle Konflikte wären solche innerhalb einer Struktur, die z.B. durch die Mobilisierung zweier antagonistischer Affekte wie Wut und Angst im Es oder zweier Überichforderungen entstehen. Realitätsangemessene Bescheidenheit und die innere Notwendigkeit, Großartiges leisten zu müssen, ist beispielsweise schwer vereinbar.

Die **interpersonellen Konflikte** zwischen Personen und Gruppen sind für die Krankheitsentstehung nur indirekt relevant. So lange sie existieren, mögen sie vertuscht, verschleiert oder verheimlicht werden, aber sie sind nicht im gleichen Sinne unbewußt, wie es intrapersonelle Konflikte sein können. Sie können allerdings über Verinnerlichungsvorgänge, wie Identifikationen und Introjektionen die Vorlage für konfligierende Strukturen innerhalb einer Person, meist der nächsten Generation werden.

Konflikte sind alltäglich und keineswegs per se krankheitsfördernd. Unter bestimmten Randbedingungen wirken Konflikte allerdings traumatisierend. Dies kann entweder dann geschehen, wenn sie über sehr lange Zeiträume immer in gleicher Form unbearbeitbar mobilisiert werden. So können beispielsweise Autonomiewünsche einer Person regelmäßig zu einem drohenden Beziehungsabbruch durch eine lebenswichtige andere Person führen. Dieser andauernde, lebensbedrohliche interpersonelle Konflikt kann zu einem überdauernden **intrastrukturellen Konflikt** zwischen Sicherheits- und Autonomiewünschen führen. Dies setzt voraus, daß die verinnerlichende Person keine Möglichkeiten hat, diesen Konflikt zu lösen oder zu vermeiden. Das Ergebnis solcher Lernerfahrungen kann man ein kumulativ entstandenes Trauma nennen. Ein anderer Typus besteht darin, daß ein einmaliges konfliktives Ereignis so gravierend unlösbar auf die Person einwirkt, daß in der Zukunft ähnliche Konflikte a priori unbearbeitbar erscheinen. Ein solches Ereignis kann man einen monotraumatischen Konflikt nennen. Die traumatischen Konflikte per se sind aber nicht unbewußt und auch nicht a priori unbearbeitbar. In manchen Fällen sind dauerhafte Beruhigungen zu erwarten, die durch Abfuhr, Ruhe, Reden und andererseits durch eine nachträgliche Form der Bewältigung, wie Gefühlsausbrüche, motorische Wiederholungen etc. gefördert werden können. Andernfalls kommt es zu einem Zustand, den man „traumatische Neurose" nennen kann (posttraumatische Belastungstörung nach ICD F 43.1). In diesem Fall wird relativ unabhängig von der Verursachung ein Zustand entwickelt, in dem die Ich-Funktionen blockiert und eingeschränkt sind. Es kommt überdauernd zu unkontrollierbaren Gefühlsausbrüchen, insbesondere Angst und häufig Wutanfällen, gelegentlich Krämpfen, Schlaflosigkeit oder schweren Schlafstörungen und der Wiederholung des traumatischen Ereignisses im Traum oder als Flashback, in dem die ganze oder Teile der traumatischen Situation wiederholt werden. In bestimmten Fällen wird dieses Zustandsbild festgehalten und überdauert. So wird ein großer Teil der Symptome der Boderline-Persönlichkeitsstörung als festgehaltene Symptome einer traumatischen Neurose verstanden. Das subjektive Leiden dieses Störungsbildes ist außerordentlich hoch, so daß wiederum unter bestimmten Randbedingungen die traumatische Neurose in eine sekundäre Psychoneurose übergeführt wird. In ihr ist der vormals traumatische Konflikt nicht mehr bewußtseinsfähig. Die Psychoneurosen setzen also die **Unbewußtheit** des Konfliktes voraus. Sie können nun in recht verschiedene Zustandsbilder wie Angstneurosen, Phobien, Konversionshysterien, Zwangsneurosen einmünden. Wiederum unabhängig von diesen einzelnen Zustandsbildern wird allen Psychoneurosen ein „**neurotischer Konflikt**" zugeschrieben, der ebenfalls eine unspezifische Form von symptomatischer Auswirkung hat, die in Hemmungen, Vermeidungen – sei es im sexuellen oder aggressiven Bereich – Müdigkeit etc. einmünden. Dieser unspezifische Zustand eines neurotischen Konfliktes, der noch nicht in eine festgelegte Form von Neurose übergeführt ist, wird manchmal als **Neurasthenie, Aktualneurose** bezeichnet. Die Vorstellung dahinter ist, daß sich hinter jeder Neurose eine Neurasthenie verbirgt, als ein durch den Prozeß der Abwehr bedingter psychischer Erschöpfungszustand, der sich in der vermehrten Müdigkeit nach geistigen Anstrengungen, abnehmender Arbeitsleistung und des Verlustes der Effektivität im Alltagsleben charakterisieren lasse.

Im Unterschied zu anderen Krankheitsmodellen ist das psychoanalytische ein dynamisches Regulierungsmodell, in dessen Rahmen das scheinbar statische Verhalten bzw. die überdauernden Symptome und Eigenschaften als Folge eines fortlaufenden Optimierungsprozesses zwischen verschiedenen Führungsgrößen in der Zeit verstanden wird. Das grundlegende Schema zeigt Abbildung 4.

Das grundlegende Schema einer (neurotischen) **Konfliktoptimierung** ist, daß eine bewußte Intention – es kann sich dabei um die Folge eines Affekts, eines Triebprozesses oder eines anders entstandenen Wunsches handeln – die im Verlaufe einer Lerngeschichte mit einem traumatischen Zustand verbunden war, mobilisiert wird. Aus dieser Mobilisierung heraus wird ein Affektsignal entwickelt, das eine weitere Verfolgung des Wunsches als indikativ für einen erneuten Zusammenbruch überprüft. Aus dieser Rückmeldung heraus werden sog. Abwehrmechanismen mobilisiert, die nun wiederum die Ursprungsintention so verändern, daß eine weitere Form einer – wenn auch pathologisch – veränderten Verfolgung des Zieles möglich ist. Die Symptomatik des Zustandsbildes wird einerseits durch die Art des Wunsches, der dem konfliktiven Geschehen unterliegt, und andererseits durch die Art der Abwehrmechanismen bestimmt, wobei die Abwehrmechanismen im allgemeinen dasjenige sind, was nach außen hin als Persönlichkeitseigenschaften leichter sicht- und erfaßbar ist als die Wunschstruktur selbst. Im allgemeinen wählen die Kranken diejenigen kognitiv-affektiven Funktionen, die sie gut beherrschen, in Form einer pathologischen Über-

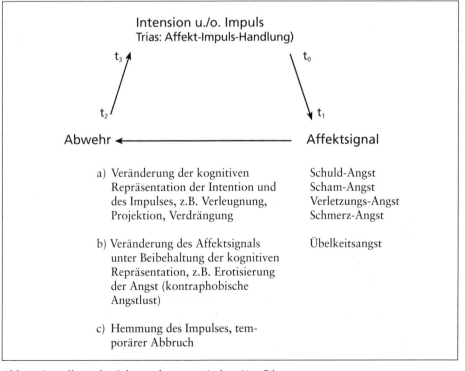

Abb. 4 Grundlegendes Schema des neurotischen Konflikts

steigerung als bevorzugte Abwehrform. Es gibt keine feste Verkoppelung zwischen Wünschen und Abwehrmechanismen. Statistisch betrachtet kann man aber davon ausgehen, daß sog. „archaische" frühe Wünsche auch mit Abwehrmechanismen, die eine primitive Form kognitiv-affektiver Regulierung beinhalten, verkoppelt sind. So wird man im allgemeinen davon ausgehen, daß die Abwehr von maßlosen Beziehungswünschen und narzißtischer Gier eher projektiv erfolgt, indem der Abwehrende einfach seinem Handlungspartner die Wünsche unterstellt, die er selbst hat, aber an sich nicht tolerieren kann. Wie bei der Traumatisierung selbst gibt es auch bei der Handhabung der Konfliktreaktivierung in der Neurose einfache Formen des Selbstschutzes wie Verleugnung und Illusion, durch die die bewußt erlebte Ähnlichkeit einer jetzt vorfindbaren Situation mit einer vergangenen traumatischen verringert wird. Dies kann durch eine kognitive Umstrukturierung der Situation geschehen. Mit diesem Prozeß wird auf der bewußten Ebene „Unähnlichkeit" konstituiert, obwohl auf einer vorauslaufenden, unbewußten drohende Ähnlichkeit festgestellt wurde (Tomkins 1991). Dadurch wird das Angstsignal schwächer und die Intention kann wieder verfolgt werden, allerdings um den Preis einer gestörten Realitätswahrnehmung. Bei erhöhter Signalangst werden weitere Abwehrmechanismen mobilisiert.

Die zweite einfachste Form der Abwehr rsp. deren Vorstufe ist die Vermeidung von Angst durch ein System von Verleugnung und Neuschaffung von Realitäten in der Phantasie. Beides entlastet aus einer nur schwer erträglichen und nicht veränderbaren Realität und scheint ein normaler Vorgang in der Kinderentwicklung zu sein, der sehr eng mit der Identifikation als entwicklungspsychologischem Prozeß verbunden ist. Man kann an der Verleugnung aufzeigen, daß die Einschätzung eines Abwehrprozesses hinsichtlich seiner Pathogenität nur unter Inrechnungstellung der alters- und intelligenzmäßigen Kontexte stattfinden kann. In der Kinderzeit bis einschließlich der Adoleszenz ist die Verleugnung ein durchaus normales Phänomen. Das gleiche gilt für die akute Phase einer Traumatisierung.

In der Anfangsphase nach der Traumatisierung schützt die Verleugnung den Erkrankten davor, zuviel Realität auf einmal zu sehen, indem immer nur soviel in das Bewußtsein gelangt, wie die Person in der Lage ist zu verkraften.

Bei Erwachsenen allerdings ist Verleugnung bei schweren Krankheitsbildern häufig. Dies gilt für die Psychosen ebenso wie die Perversionen.

Im allgemeinen werden Verleugnungen durch negative Halluzinationen bzw. Halluzinationen gestützt. Erstere beinhaltet jede Form der Entfernung einer Wahrnehmung. Neben der Illusion und den verschiedenen Formen der Halluzination ist das déjà faites (sich zu erinnern etwas getan zu haben, was man nicht getan hat), das déjà vu Erleben und die fausse reconnaissance von Bedeutung.

Verdrängung ist eine Operation, wodurch das Subjekt versucht, mit einer Trieb- oder Affektintention zusammenhängende Vorstellungen (Gedanken, Bilder, Erinnerungen) in das Unbewußte zurückzustoßen oder dort festzuhalten. Es wird also nicht der „Trieb" oder „Affekt" per se verdrängt, sondern die mit ihm verbundenen inneren Repräsentanzen. Der Affekt oder Trieb als solcher bleibt weiter bestehen. Die Verdrängung ist kein ursprünglicher Mechanismus, sie tritt erst dann auf, wenn eine Trennung zwischen bewußten und unbewußten Funktionen vorhanden ist, was es nahelegt, den Vorgang mit der Sprachentwicklung zu verbinden. Man kann drei Phasen des Verdrängungsprozesses unterscheiden, nämlich eine „Urverdrängung", in der der Vorstellungsrepräsentanz die Übernahme ins Bewußtsein versagt und verwehrt wird.

Das kann durch Ohnmacht geschehen oder durch die oben erwähnte negative Halluzination. Dieser Teil ist deckungsgleich mit der Verleugnung und damit der eigentlichen Verdrängung sowohl entwicklungspsychologisch als auch von der Entstehungsgeschichte der Störung aus betrachtet, vorgeordnet. Ein weiterer vorgeordneter Mechanismus ist die Dissoziation. Darunter versteht man den Zusammenbruch der integrierenden Funktion des Bewußtseins, der Erinnerung, der Selbstwahrnehmung und der Wahrnehmung der Umgebung oder des sensorischen/motorischen Verhaltens unter dem Einfluß eines emotionalen Konfliktes. Subjektiv bildet sich Dissoziation als das Ausklinken der eigenen Person aus einem wahrgenommenen Handlungsvollzug ab. Im Gegensatz zur Verdrängung, die bewußte von unbewußten Inhalten trennt, teilt die Dissoziation das erlebende Ich in verschiedene Zustände, die unabhängig voneinander existieren. Die Dissoziation ist primär eine spezifische Wahrnehmungsform mit allerdings erheblichen Auswirkungen auf die Speichervorgänge. Der Informationsverabeitende verläßt mental die Szene oder „Episode" in die er selbst involviert ist, aber ohne psychische Katastrophe nicht involviert sein kann. Statt einer Episode wird deshalb ein Bündel an modalitätsspezifischen Wahrnehmungen somatischer sowie autonomer Reaktionen gespeichert, die aber keinen episodischen „Sinn" machen.

Im Zusammenhang mit Erkrankungen werden die dissoziative Identitätsstörung, die früher multiple Persönlichkeitsstörung genannt wurde, die Depersonalisationsstörung, Trance- und Besessenheitszustände, dissoziative Amnesien, Fugues und stuporöse Zustände erwähnt. All diese Zustände werden als Traumafolgen gesehen, wobei die Dissoziation als der wesentliche Mechanismus für die spätere Chronifizierung betrachtet wird. Lang andauernde Amnesien für Traumata werden als Folgeerscheinung von Dissoziationen betrachtet, die damit erklärt werden, daß die Erinnerung nur dann zugänglich wird, wenn der Patient in den entsprechenden Zustand gerät. Eben dies versucht er Zeit seines Lebens zu vermeiden.

All diese Mechanismen, die Freud im Umfeld einer „Urverdrängung" ansiedelte, wird man beim heutigen Wissen wohl vernünftigerweise als direkte Traumafolgen ansehen. Eine der Folgen kann eine Fixierung sein, denn die „urverdrängte" Repräsentanz ist der bewußten Bearbeitung von nun an unzugänglich, was eine Art von Zeitlosigkeit bedeutet. Die sich daran anschließende zweite Phase ist die der eigentlichen Verdrängung. Sie betrifft die kognitiven Vorstellungen, die mit der urverdrängten Repräsentanz in assoziativer Verbindung waren oder geraten. Die werden „nachverdrängt". Aus heutiger Sicht kann man sich ein assoziatives Netzwerk vorstellen, das um einen emotionalen Knoten herum organisiert ist und dessen Inhalte nicht willkürlich abrufbar sind. Sie weisen aber eine attraktorähnliche Dynamik auf, der zufolge kognitive Elemente, die in assoziative Verbindung mit diesem Knoten geraten, fürderhin ebenfalls nicht mehr abrufbar sind. Eine vollständige Verdrängung kann es wegen dieser Dynamik nie geben. Erklärungsversuche für diese Phänomene kann man in den assoziativen Netzwerktheorien finden. Auch ohne weitere Symptomatik führt die sekundäre Verdrängung zu der oben beschriebenen Minderung der kognitiven Leistungsfähigkeit als unspezifische Folge eines neurotischen Konfliktes. Die dritte Phase wird als Wiederkehr des Verdrängten beschrieben. Hier ist die Verarbeitung nun individuell. Gelingt es nicht, durch Verdrängung die Entstehung von Angst-Unlust dauerhaft zu verhindern, ist eine weitere Abwehroperation nötig, so daß es bei der Wiederkehr des Verdrängten nun zusätzlich zu symptomatischen Lösungen kommen muß. Andere Formen der Wiederkehr findet man in Träumen, Fehlleistungen.

Hemmung, Verleugnung, Illusion, primäre und sekundäre Verdrängung könnte man als elementare Formen von Abwehr betrachten, auf die sich das Arsenal an krankheitsspezifischen Abwehrformationen aufsetzt.

Verdrängung und Abwehr wurden im Rahmen eines einfachen dualen Konfliktmodells konzeptualisiert, in dem der Wunsch, meistens ein Triebwunsch, einer Zensur gegenübergestellt wurde. Kennzeichnend für diesen Konflikttypus ist die Möglichkeit der Regulierung durch kognitiv-mentale Vorgänge. Der Prototyp dafür ist die Verdrängung. Je stärker Wahrnehmungs-, Attribuierungs- und Handlungsvorgänge einbezogen werden, wechselt auch das Feld, in dem die Abwehr verortet werden muß. Psychotische Verleugnung unterscheidet sich von der Leugnung in der Phantasie durch die zusätzliche „Wahrnehmungsdimension". Viele Abwehrmechanismen sind allerdings nicht oder nur beschränkt als kognitive Regulierungsvorgänge beschreibbar. Entweder sie schließen Veränderung der Affekte bzw. der Affekt-Kognitionsverknüpfung ein, wie die Affektisolierung oder die Besetzungsreduktion, oder sie haben explizit soziale Anteile, die unspezifisch wie „Ausagieren" oder spezifisch wie „projektive Identifikation" funktionieren .

Eine weitere Gruppe von Abwehrvorgängen funktioniert dadurch, daß unbemerkt das Konfliktfeld gewechselt wird und z.B. aus einem interstrukturellen oder intrastrukturellen Konflikt ein interpersoneller wird. Personen mit sehr rigiden, unerbittlichen Überich-Normen neigen häufig zur Schaffung bzw. Teilnahme an intragruppalen Konflikten, die ihren inneren Konflikt szenisch darstellen.

Prinzipiell muß im Auge behalten werden, daß die inneren Strukturen mit ihren Regulierungen wenigstens teilweise der Niederschlag interpersoneller Aktionen sind, so daß das Ichideal und das Überich in Anlehnung an reale Personen der Vergangenheit und deren häufig unbewußte innere Welt aufgebaut ist. In diesem Sinne spiegeln interstrukturelle Konflikte in Teilen die Konflikte, Verhaltensweisen und Phantasien vergangener Personen. Im Zuge der Strukturbildung werden interpersonelle Konflikte zu intrapersonellen. Im Zuge der intraindividuellen Abwehr kann der internalisierte Konflikt wieder reexternalisiert werden. Über die Generationen hinweg kann man gerade im Umfeld der Tradierung und Reinszenierung von traumatischen Erfahrungen solche zyklischen Wechsel der Konfliktfelder beobachten.

Als **Projektion** im kognitiven Sinne kann man eine Attribuierung eigener Impulse, Gefühle und Gedanken an ein Objekt verstehen. Dieser Vorgang per se ist, wie wir gesehen haben, nicht pathologisch, sondern Teil der Affektwahrnehmung. Das Objekt der wütenden Situationswahrnehmung ist per definitionem böse.

Ein Merkmal der Aktualisierung von Affekten besteht darin, daß der Handlungspartner gezwungen wird, der Projektion zu entsprechen. Auch das ist an sich nichts besonderes, weil alle Affekte spezifische Wirkungscharakteristika auf die Sozialpartner haben.

Konstitutiv für projektive Prozesse im klinischen Sinne ist die zusätzliche Verleugnung der eigenen Intention.

Die Logik dahinter ist, daß das Objekt voller Haß sei, nicht aber der Erlebende selbst; andere Personen können diese Sichtweise nicht teilen. Als klinisches Phänomen ist Projektion deshalb nur zusammen mit einer inneren und äußeren Verleugnung zu konzeptualisieren.

Eine Reihe von Abwehrmechanismen haben neben den kognitiven Operationen eine Art von unbewußter Handlungsregulierung zur Grundlage. So werden in der **Reak-**

tionsbildung Handlungen, die das Gegenteil der eigentlichen, jedoch unbewußt gewordenen Handlungsimpulse darstellen, entwickelt. Die Handlungen sind nicht bewußt gesteuert. Die Person zeigt also Verhalten, das den eigentlich wirksamen Impulsen diametral entgegensteht. Definitionsgemäß braucht es weitere Abwehrmechanismen, um die Ursprungsintention vom Bewußtsein fernzuhalten. Im allgemeinen ist dies Verdrängung und Verleugnung.

Typische Reaktionsbildungen wären etwa die Ersetzung von Haßgefühlen durch Fürsorge. Reaktionsbildungen werden häufig in die Persönlichkeitsstruktur eingebaut und bedürfen außer der Verleugnung und Verdrängung keiner weiteren Stabilisierung durch andere Formen der Abwehr. Sie sind auch dem Vorgang einer Reaktivierung durch Konflikte, wie wir sie oben aufgezeigt haben, teilweise entbunden.

Das **Ungeschehenmachen** ist die Fortführung einer Reaktionsbildung. Ein Handlungsimpuls 1, der verboten ist, wird ausgeführt, in der Phantasie oder real, und dann wird ein Handlungsimpuls 2, der realiter oder symbolisch-magisch das Gegenteil von 1 ist, angeschlossen. Das Ungeschehenmachen ist die Wurzel der Zwangsneurose. Je schlechter der zweite Handlungsteil funktioniert, um den ersten symbolisch zu beseitigen, desto öfter müssen solche Sukzessionen bzw. dann Sühnehandlungen ausgeführt werden. Die verschiedenen Handlungsimpulse können in der Vollblüte einer Zwangsneurose ohne Kenntnis der symbolischen Bedeutung ablaufen.

Beim Ungeschehenmachen können auch scheinbar identische Handlungen hintereinander geschaltet werden, indem die erste den triebhaften Anteil und die zweite die Sühne repräsentiert. Masturbatorische Handlungsketten mögen dafür ein Beispiel sein. Im allgemeinen verliert die zweite Handlung die Kapazität des Ungeschehenmachens. Deshalb sind auch hier zunehmende Wiederholungen notwendig, und es ergibt sich ein ständig erweiterter Bereich von Maßnahmen des Ungeschehenmachens.

Schließlich gibt es eine Reihe von Abwehrformationen, die veränderte Formen des affektiven Prozesses zur Grundlage haben.

Bei der **Isolierung** wird die emotionale Verknüpfung von Ereignissen durch Handlungen aufgehoben. Dies kann auch durch die Schaffung von zeitlichen und/oder räumlichen Abständen zwischen den Ereignissen geschehen, wobei dadurch Zusammengehöriges getrennt werden soll. Ob in diesem Zwischenraum etwas Spezielles gemacht wird oder gewissermaßen nur zugewartet wird, ist nicht prinzipiell bedeutsam. Wichtig ist die symbolische Valenz der isolierenden Handlung. Die Herkunft aus der Phase des magischen Denkens ist leicht festzumachen. Häufig sind die beiden Zustände affektiv-kognitiv dissoziiert.

Reaktionsbildung, Ungeschehenmachen und Isolierung bilden zusammen die wesentlichen Abwehrformen der Zwangsstrukturen. Die Isolierung ist eng mit der **Intellektualisierung** und **Rationalisierung** verknüpft. Das emotionslose Sprechen und Denken ist ein sehr geeignetes, ichsyntones und gesellschaftlich akzeptiertes Mittel der isolierenden Fernhaltung von Emotionen. Unter **Konversion** (Umwandlung) verstand man ursprünglich die Unschädlichmachung einer unverträglichen Vorstellung dadurch, daß deren „Erregungssumme" ins Körperliche umgesetzt wird. Die unerträgliche Vorstellung war die kognitive Repräsentanz eines Traumas. Wie man sich die Umsetzung ins Körperliche vorzustellen hatte, und vor allem warum sie dann unschädlich sein soll, blieb offen. In Anlehnung an die heute bekannte Symptomatik der posttraumatischen Belastungsreaktion und die mit ihr verbundenen Abwehrformationen könnte man sich vorstellen, daß die damalige Konversion eine Subgruppe aus diesem Störungsbild abdeckte.

Der motorische Anteil eines Handlungsgeschehens wird weiterhin im motorischen Gedächtnis, dem wir eine hohe Eigenständigkeit zugestehen, festgehalten. Dieses Phänomen ist nicht weiter erklärungsbedürftig, da ein motorisches Handlungsgedächtnis vom episodischen und semantischen Gedächtnis unterschieden werden muß. In diesem Falle wäre erklärungsbedürftig, warum der kognitive Anteil der Erinnerung unzugänglich ist. Dies kann durch Rückgriff auf die oben erwähnten Formen der Verleugnung, Dissoziation und anschließende Verdrängung geschehen.

Wieder eine andere Form von „Konversion" könnte darin bestehen, daß sowohl die motorische wie auch die Situationswahrnehmung unterbleibt, das somatisch physiologische Modul des affektiven Prozesses gleichwohl aktiviert wird. Bei solchen Zustandsbildern findet man in älteren Schriften den Begriff „Affektäquivalenz".

Die **Affektabwehr** schließt zumindest im deskriptiven Sinne die Isolierung, die Internalisierung, sowie manche der oben genannten Konversionsformen ein. Es wäre von daher betrachtet sinnvoll, diesen Begriff ebenso aufzugeben wie den der **Alexithymie**. Eine spezifische Form von Affektabwehr, die klinisch nicht ausreichend gewürdigt wurde, aber empirisch gut bestätigt ist, besteht in der Ersetzung eines Affektes durch einen anderen.

Ein gefürchteter Affekt wird dadurch in Schach gehalten, daß ihm ein anderer supponiert wird. Dies geschieht zu Beginn willkürlich und unter dem Druck von „Displayregeln", kann jedoch zusehends verinnerlicht und damit unbewußt werden. Ein gefürchteter zu vermeidender Affekt wird durch eine spezifische körperliche Gegensteuerung, die mit dem Erleben des Affektes unvereinbar ist, blockiert und/oder unterbrochen. Symptomatisch zeigt sich dies vor allem in bestimmten chronifizierten Körperhaltungen und Mikroprozessen, die alle energieverbrauchend sind. Als Beispiel mag die Anti-Scham-Reaktion dienen. Um eine Überschwemmung mit als pathogen erlebten Schamgefühlen zu vermeiden, innervieren die betreffenden Personen fortlaufend mit der Schamreaktion unvereinbare Körperpositionen. Beispielsweise Triumph- oder Stolzhaltung, die im allgemeinen noch durch entsprechende Kleidungsstücke unterstützt wird. Personen, die sich aufgrund ihrer gesellschaftlichen Position solche Schamgefühle nicht leisten können, werden durch alle Arten von gesellschaftlich vorgeschriebenen Antiaffektumgangsformen unterstützt. Das Pathogene dieses Prozesses liegt nicht in dem Vorgang per se, sondern in dem Ausmaß der Verdauerung und der Unfähigkeit, solche „Blockierungen" rückgängig zu machen und dem Verlust der Situationswahrnehmung des Ursprungsaffektes.

Die Supponierung von Affekten ist körperliche Arbeit, und chronische Anspannung ist die Folge davon. Dies führt zu einer Art emotionaler Frigidität bzw. einer emotionalen Instabilität.

Die direkte Vermeidung bestimmter Affekte durch Supponierung eines anderen führt häufig dazu, daß die gleiche Regel gegenüber den Affektäußerungen anderer Menschen angewendet wird. Wenn die Übernahme fremder Zustände als Verlust der Steuerung und Kontrolle erlebt wird, mit der korrespondierenden unbewußten, respektive bewußten Phantasie von fremden Affekten unkontrollierbar überschwemmt zu werden, treten solche Formen dyadischer körperlicher Affektabwehr auf. Sie sind mit den Reaktionsbildungen so eng verbunden, daß man sie als den Kern der Persön-

lichkeitsstörungen betrachten kann. Es gibt keine Reaktionsbildung ohne Affektabwehr und wahrscheinlich auch keine körperliche Blockierung von Affekten ohne
Reaktionsbildung. Man kann die Ausnutzung des Antagonismus der Affekte Scham
und Hochmut/Triumph als eine Form der Reaktionsbildung betrachten.

Die Frage nach der **Chronizität der psychischen Störungen** ist teilweise davon abhängig, ob die abwehrgesteuerten maladaptiven Lösungsversuche den Effekt haben, daß
sie die soziale aber auch innere Welt der Patienten so nachhaltig umgestalten, daß eine
korrigierende kognitiv emotionale Neuerfahrung über die mögliche Andersartigkeit
der Welt nicht mehr möglich ist. Im allgemeinen sind die abwehrgesteuerten maladaptiven Muster durch die Personen deshalb nicht mehr korrigierbar, weil sie eine durchschnittliche soziale Umgebung in diesen Attraktor hineinziehen. Das Spezifische aller
erfolgreichen Behandlungsformen besteht in der „Abstinenz" gegenüber diesen unbewußten maladaptiven Lösungsversuchen.

Die **Psychosen** und die **psychosomatischen Störungen** setzen nicht notwendigerweise
einen unbewußten neurotischen Konflikt voraus. Es wird angenommen, daß relativ
unabhängig von den neurotischen konfliktiven Zustandsbildern, die die Kranken
auch haben können, bestimmte sog. Ich-Funktionen, die mit der Konstituierung und
Wahrnehmung von Realität zu tun haben, verändert sind.

Des weiteren ist der Status der Persönlichkeitsstörungen in der Diskussion. Es wurde
bereits erwähnt, daß die Borderline-Organisation der Persönlichkeit als Manifestation eines chronifizierten traumatischen Syndroms gesehen werden kann. Diese Personen können, solange sie eine hochspezifische, zu ihrer Struktur passende Umgebung haben, zeitweise ohne Symptomatik existieren. Beim Zusammenbruch derselben ergibt sich eine Reaktivierung des ursprünglichen traumatischen Zustandes oder
eine der Psychoneurosen (s.a.II.2.2.5).

Die Krankheitslehre wie auch die Vorstellungen über die Abwehr werden gegenwärtig durch die neuere Gedächtnis- und Affektforschung einer sehr grundlegenden Revision unterzogen, die in stärkerem Maße die modulare und interaktive Struktur der
Prozesse berücksichtigen muß.

2.2.4 Psychotherapeutische Diagnostik

Auch wenn die verschiedenen psychotherapeutischen Schulen Techniken und Settings
zur Verfügung stellen, die jeweils für einen signifikanten Anteil der behandelten Patienten hilfreich sind, ist kein Behandlungsmodell für sich alleine in der Lage, bei allen
Problemen, Krankheiten und Störungen und bei allen Persönlichkeitstypen von
Patienten gleich wirksam zu sein. **Der therapeutische Auftrag der Psychotherapie ist
aber nur dann erfüllt, wenn ein Patient in jedem Fall die Therapie erhält, die für seine
Krankheit notwendig ist und wenn der therapeutische Aufwand in einem angemessenen Verhältnis zu dem Behandlungsergebnis steht.** Deshalb darf und kann die psychotherapeutische Diagnostik nicht einseitig aus dem Blickwinkel einer einzigen theoretischen Orientierung erfolgen, und in Lehrbüchern sollte nicht mehr nur die einseitige
Perspektive einer einzigen psychotherapeutischen Orientierung dargestellt werden.
Dieser Grundsatz ist heute jedoch noch weitgehend unerfüllt. Zu viele Patienten erhalten nur das an Behandlung, was die Therapeutin/der Therapeut gelernt haben oder
bevorzugen, und das ist nicht immer die Therapieform, die nach heutigem Wissen besonders wirksam und deshalb angezeigt ist. Ein Grund hierfür liegt in der sog. Schu-

lenbildung in der Psychotherapie mit den konservativen Organisationsstrukturen (Fachgesellschaften, Ausbildungsinstitute etc.) und den daraus resultierenden Folgen für die Ausbildung in Psychotherapie, die sich jeweils nur auf eine therapeutische Orientierung konzentriert. Der Ausweg aus diesem gravierenden Mißstand kann nur darin liegen, bei Fachpsychotherapeuten grundlegende Kenntnisse und praktische Erfahrungen in den verschiedenen diagnostischen und therapeutischen Verfahren in der Psychotherapie vorauszusetzen. **Jeder Fachpsychotherapeut muß heute zumindest zu einer störungsspezifischen differentiellen Indikatiosstellung befähigt sein. Es ist aber zu fordern, daß jeder Fachpsychotherapeut auch zu einem störungsspezifischen differentiellen therapeutischen Vorgehen in der Lage ist.**

Allgemeine Voraussetzungen

Allgemeine Voraussetzungen für eine qualifizierte psychotherapeutische Diagnostik sind:

1. eine verbindliche **Klassifikation** der Krankheitsbilder, da nur dann eine ausreichende Kommunikation zwischen Psychotherapeuten sowie mit den Institutionen im Gesundheitswesen (z.B. Krankenkassen, Gesundheitsbehörden etc.) möglich ist,

2. eine ausreichende **Methodentransparenz**, d.h. ausreichendes Wissen um die jeweils anderen Behandlungsmethoden, was die damit verbundenen Theorien, die klinische Praxis und die empirischen Belege des Behandlungserfolges und bestenfalls sogar praktische diagnostische Kompetenz betrifft,

3. eine geeignete allgemeine **Dokumentation**, um den vertraglichen Verpflichtungen mit den Patienten auch aus juristischer Sicht gerecht werden zu können und um über eine Grundlage für die Qualitätssicherung zu verfügen.

Klassifikation der Krankheitsbilder

Für die Durchführung psychotherapeutischer Diagnostik ist die Klassifikation von Krankheitsbildern mit dafür geeigneten Klassifikatiossystemen eine unverzichtbare Grundlage, auch wenn häufig (vor allem aus dem psychodynamischen Lager) dagegen polemisiert wird. Einen umfassenden Überblick über die Klassifikation von Krankheitsbildern in der Psychotherapie geben Freyberger u. Stieglitz (1996). In der Psychotherapie gebräuchliche Klassifikationssysteme sind die „Internationale Klassifikation psychischer Störungen" (ICD) und das „Diagnostic and Statistic Manual of Mental Disorder" (DSM), beides multiaxiale Syteme (Tab. 2).

Die ICD hat sich trotz mancher Kritik als brauchbar für die klinische Praxis der Psychotherapie erwiesen, wobei die ICD-9-Diagnostik gegenwärtig von der ICD-10-Diagnostik abgelöst wird (Tab. 3), so daß sich dieses Klassifikationssystem für die Dokumentation in der Psychotherapie anbietet. Das DSM wird dagegen nahezu ausschließlich für die Forschung verwendet.

Neben den multiaxialen Ansätzen der ICD-10 und des DSM sind in den letzten Jahren eine Reihe weiterer Konzepte veröffentlicht worden. Die „Operationalisierte Psychodynamische Diagnostik" (OPD) ist ein vom Arbeitskreis OPD entwickeltes und für die psychotherapeutische Diagnostik sehr geeignetes, fünf Achsen umfassendes multiaxiales System (Tab. 4), es hat sich vor allem für die psychotherapeutische Praxis als sehr brauchbar erwiesen.

Tabelle 2 Multiaxiale Systeme in der ICD-10 und im DSM-IV
(nach Freyberger u. Stieglitz 1996)

ICD-10

Achse Ia	Diagnosen der psychischen Störungen nach ICD-10 (Kapitel V)
Achse Ib	somatische Diagnosen nach ICD-10 (andere Kapitel)
Achse II	Ausmaß der psychosozialen Funktionseinschränkungen gemäß der WHO Disability Diagnostic Scale (WHO-DDS; WHO 1993c) – Globaleinschätzung – Selbstfürsorge und Alltagsbewältigung – berufliche Funktionsfähigkeit – familiäre Funktionsfähigkeit – andere soziale Rollen und Aktivitäten
Achse III	Faktoren der sozialen Umgebung und der individuellen Lebensbewältigung gemäß dem Kapitel XXI (Z) „Faktoren, die den Gesundheitszustand beeinflussen und zur Inanspruchnahme der Gesundheitswesens führen" der ICD-10: – negative Kindheitserlebnisse und Probleme mit der Erziehung – Probleme in Verbindung mit Ausbildung und Bildung – Probleme in der primären Bezugsgruppe, einschließlich familiärer Umstände – Probleme in Verbindung mit der sozialen Umgebung – Probleme mit den Wohnbedingungen und finanziellen Verhältnissen – Probleme in Verbindung mit Berufstätigkeit und Arbeitslosigkeit – Probleme in Zusammenhang mit Umweltbelastungen – Probleme bei bestimmten psychosozialen oder juristischen Situationen – Probleme mit Krankheiten oder Behinderungen in der Familienanamnese – Probleme bei der Lebensführung – Probleme bei der Lebensbewältigung

DSM-IV

Achse I	Psychische Störungen, andere Zustandsbilder von klinischer Relevanz
Achse II	Persönlichkeitsstörungen, Intelligenzminderung
Achse III	körperliche Störungen
Achse IV	psychosoziale und umgebungsbezogene Probleme (mit der primären Bezugsgruppe, in der sozialen Umgebung, Erziehung, Beruf, Wohnsituation, Finanzen, Zugang zu Gesundheitsdiensten, juristische Probleme, andere)
Achse V	Global Assessment of Functioning (GAF) Scale
Optional	– Skala zur Erfassung des Abwehrniveaus – Global Assessment of Relational Functioning (GARF) Scale – Social and Occupational Functioning Assessment Scale (SOFAS)

In der Verhaltenstherapie hat sich das „Diagnostisches Interview für psychische Störungen" (DIPS) (Margraf, Schneider, Ehlers 1991) als ein strukturiertes Interview bewährt, das die wichtigsten psychischen Störungen in einfacher und systematischer Form erfaßt. In diesem Interviewverfahren werden nicht nur die Diagnosen erstellt, es werden auch Informationen erhoben, die für die Therapieplanung relevant sind. Das DIPS erfaßt psychische Störungskategorien wie Angststörungen, schweres depressives Syndrom, dysthymes Syndrom, manisches Syndrom, zyklothymes Syndrom, Anorexia nervosa, Bulimia nervosa und alle somatoformen Störungen. Weiterhin werden klinisch-demographische Angaben, eine psychiatrische Anamnese, eine Familienanamnese psychischer Störungen und die Achsen IV und V des DSM-III-R erhoben

Tabelle 3 Veränderungen von der ICD-9 zur ICD-10 (nach Freyberger u. Stieglitz 1996)

ICD-9	ICD-10	
Angstneurose	F 41	andere Angststörungen
(300.0)	F 41.0	Panikstörung (episodisch paroxysmale Angst)
	F 41.1	generalisierte Angststörung
	F 41.2	Angst- und depressive Störung, gemischt
	F 41.3	andere gemischte Angstörungen
hysterische Neurose	F 44	dissoziative Störungen
(300.1)	F 44.0	dissoziative Amnesie
	F 44.1	dissoziative Fugue
	F 44.2	dissoziative Stupor
	F 44.3	Trance und Besessenheitszustände
	F 44.4	dissoziative Bewegungsstörungen
	F 44.5	dissoziative Krampfanfälle
	F 44.6	dissoziative Sensibilitäts- und
	F 44.7	Empfindungsstörungen
		dissoziative (Konversionsstörungen), gemischt
Phobie	F 40	phobische Störung
(300.2)	F 40.0	Agoraphobie
	F 40.00	ohne Panikstörung
	F 40.01	mit Panikstörung
	F 40.1	soziale Phobien
	F 40.2	spezifische (isolierte) Phobien
Zwangsneurose	F 42	Zwangsstörung
(300.3)	F 42.0	vorwiegend Zwangsgedanken oder Grübelzwang
	F 42.1	vorwiegend Zwangshandlungen
	F 42.2	Zwangsgedanken und -handlungen gemischt
neurotische Depression	F 32	depressive Episode
	F 32.0	gegenwärtig leicht
	F 32.1	gegenwärtig mittelgradig
	F 32.2	gegenwärtig schwer
	F 33	rezidivierende depressive Störung
	F 34	anhaltende depressive Störung
	F 34.1	Dysthymia
Neurasthenie	F 48.0	Neurasthenie
(300.5)		
neurotisches Depersonalisationssyndrom (300.6)	F 48.1	Depersonalisations-/ Derealisationssyndrom
hypochondrische Neurose	F 45	Somatoforme Störungen
(300.7)	F 45.0	Somatisierungsstörung
	F 45.1	undifferenzierte Somatisierungsstörung
	F 45.2	hypochondrische Störung
	F 45.3	somatoforme autonome Funktionsstörung
	F 45.4	somatoforme Schmerzstörung

Tabelle 4 Das multiaxiale System der Arbeitsgruppe „Operationale psychodynamische Diagnostik" (OPD) (nach Freyberger u. Stieglitz 1996)

Achse I	**Krankheitserleben und Behandlungsvoraussetzungen** Schweregrad des somatischen bzw. psychischen Befundes, Leidensdruck bzw. Beschwerdeerleben – Beeinträchtigung des Selbsterlebens – Beeinträchtigung des Körpers – sekundärer Krankheitsgewinn – Angemessenheit der subjektiven Beeinträchtigung – Behandlungserwartungen und Inanspruchnahmebereitschaft – Einsichtsfähigkeit für psychodynamische bzw. somatopsychische Zusammenhänge – Einschätzung der geeigneten Behandlungsform (Psychotherapie, körperliche Behandlung) – Psychotherapiemotivation – Motivation zur körperlichen Behandlung – Compliance Ressourcen – psychosoziale Integration – persönliche Ressourcen (Belastbarkeit) – soziale Ressourcen – soziale Unterstützung
Achse II	**Beziehungen**
Achse III	**Konflikt**
Achse IV	**Struktur**
Achse V Va Vb VC	Syndromale Diagnostik nach ICD-10 – psychische Störungen (Kapitel V der ICD-10) – Persönlichkeitsstörungen (Kategorien F60 und F61 der ICD-10) – somatische Erkrankungen (andere Kapitel der ICD-10)

und Screenings zu Alkoholismus, Drogenmißbrauch, körperlichen Erkrankungen, nichtorganischen Psychosen, Tabak- und Koffeinkonsum sowie Medikamentenkonsum durchgeführt. Bei einer Validierungsstudie an einer heterogenen, weitgehend unselegierten, durch ein hohes Maß an Komorbidität gekennzeichneten Stichprobe zeigte das DIPS eine gute bis sehr gute Validität, so daß die breite Anwendung im klinischen Alltag gerechtfertigt ist (Margraf, Schneider, Spörkel 1991).

Auf ICD, OPD und DIPS sollte als Minimalklassifikation auch in der psychotherapeutischen Praxis nicht mehr verzichtet werden.

Die psychoanalytisch-psychodynamische Perspektive

Das „Diagnostische Interview" von M.u. E. Balint (1962) war grundlegend für die Entwicklung eines methodisch ausgearbeiteten, systematischen psychodynamischen Erstinterview-Konzeptes, das von Argelander (1967 u. 1970) unter der Bezeichnung „Psychoanalytisches Erstinterview", von Dührssen (1972, 1981) unter der Bezeichnung „Biographische Anamnese unter tiefenpsychologischem Aspekt" weiter ausgestaltet wurde. Eine operationalisierte und formalisierte Methode des psychoanalytisch-psychodynamischen diagnostischen Zuganges wurde mit der „Operationalisierten Psychodynamischen Diagnostik" (Arbeitskreis OPD 1996) geschaffen. Ein umfassender Überblick und vertiefender Einblick über die Ansätze und Methoden psychoanalytisch psychodynamischer Diagnostik findet sich bei Schüssler (1996).

Psychoanalytisches Erstinterview

Argelander konzeptualisierte das Erstgespräch (Zeitrahmen von ca. 60 Minuten) schon als **psychoanalytische Situation** mit sowohl diagnostischen als auch therapeutischen Aspekten. In einer **ungewöhnlichen Gesprächssituation** kommen die unbewußten Mitteilungen des Patienten durch das Einbeziehen der unmittelbaren **Szene** in den interaktionellen Situationen zur Darstellung. **Zielsetzungen** des psychoanalytischen Erstinterviews sind die Erfassung des Sinnzusammenhanges der Symptome mit den inneren Konflikten des Patienten sowie die Herausarbeitung der strukturspezifischen Merkmale, die zu Widerständen bei der Behandlung führen können. Zudem geht es um das Erkennen der therapeutischen Fähigkeiten des Patienten sowie um seine Motivierung und Vorbereitung für die Behandlung. Im psychoanalytischen Interview werden drei verschiedene, jedoch gleichermaßen gewichtige Quellen benutzt:

- **Objektive Informationen,** d.h. die objektiven Angaben über Symptome, Verhaltensweisen, Persönlichkeitseigentümlichkeiten sowie über medizinische, biographische und soziale Fakten. Das Kriterium für den relativen Wahrheitsgehalt der Informationen ist die **logische Evidenz** und die Übereinstimmung mit den theorie- oder erfahrungsgeleiteten Vorannahmen.
- **Subjektive Informationen,** d.h. die subjektiven Bedeutungen, die der Patient seinen Beschwerden, seiner Lebenssituation sowie seinen Erwartungen an die Behandlung verleiht. Um diese subjektiven Informationen gewinnen zu können, ist eine Atmosphäre des Vertrauens, der Sicherheit und des wohlwollenden Interesses unerläßlich. Das Kriterium für die Verläßlichkeit dieser Informationen ist die **situative Evidenz** der Darstellung.
- **Szenische Informationen** durch die szenische Gestaltung der Gesprächssituation, d.h. durch die Beobachtung der Interaktion zwischen Patient und Therapeut mit allen verbalen, gestischen, mimischen, affektiven und körperlich-vegetativen Elementen und Abläufen. Das Instrument zur Erfassung der szenischen Informationen ist das eigene subjektive Erleben des Interviewers, indem er die Information mittels der **gleichschwebenden Aufmerksamkeit** in dem unbewußten Beziehungsfeld aufnimmt. Das Kriterium für die Verläßlichkeit dieser Information ist die **subjektive Evidenz** des Diagnostikers.

Argelander hat seine Interviewtechnik in seinem Buch „Das Erstinterview" (1971) an Beispielen ausführlich erläutert, worauf an dieser Stelle verwiesen wird.

Biographische Anamnese unter tiefenpsychologischen Gesichtspunkten

Die ausführlichste und umfassendste Ausarbeitung des tiefenpsychologischen Interviews erfolgte durch Dührssen (1981). Zentrales diagnostisches Anliegen ist ein möglichst umfassendes Bild der Entwicklung des Patienten bis hin zu den gegenwärtigen Konflikten durch die Erhebung einer Fülle von biographischen Daten und Fakten, wobei gleichzeitig dem kommunikativen Aspekt zwischen Arzt und Patienten (**Hören mit dem dritten Ohr**) besondere Aufmerksamkeit geschenkt wird. Am Anfang des Gesprächs stehen die Gegenwartsbeschwerden und Konflikte. Da jedoch keiner Verhaltens- und Erlebensweise per se entnommen werden kann, ob sie Ausdruck einer neurotischen Störung bzw. Verarbeitung oder aber eine Persönlichkeitseigentümlichkeit ist, muß im diagnostischen Prozess geklärt werden, ob es sich jeweils um Verhaltens-, Erlebens- und Reaktionsweisen handelt, die „unverschieblich sind und die als erstarrtes Verhalten stereotyp fixiert sind, daß sie sich auch in Situationen melden, in denen sie nutzlos oder gar nachteilig oder unangemessen sind" (Dührssen 1981), und erst damit als pathologisch eingestuft werden dürfen. Diese Beurteilung erschließt sich durch die Feststellung eines beständigen verzerrten und verformten Erlebens durch neurotische Reaktionsmuster zum Schaden des Patienten. **Lebensbereiche mit krankheitsauslösenden Konflikten** sind die Partnerwahl, die Herkunftsfamilie, der berufliche Bereich, die Besitzverhältnisse und der umgebende soziokulturelle Raum. Eine zentrale diagnostische und auch prognostische Funktion hat die sog. **Auslösesituation** (AL) als eine Versuchungs- und Versagungssituation: bisher relativ stabil abgewehrte Triebansprüche werden als **Versuchung** zwar mobilisiert, aufgrund der aktuellen konflikthaften Gegebenheiten aber gleichzeitig als **Versagung** abgewehrt, was die Abwehrfähigkeit des Patienten überfordert. Prognostisch relevant ist die Frage, ob eine **leichte** oder eine **schwere Auslösesituation** vorliegt, wobei als Faustregel gilt: je leichter die AL (z.B. normale Schwellensituationen wie Verlassen des Elternhauses zum Studium) desto ungünstiger die Prognose. Allerdings dürfen dabei lebensverändernde Ereignisse nicht unabhängig von zugrundeliegenden neurotischen Persönlichkeitsmustern gesehen werden. Die Diagnose einer neurotischen Erkrankung ist nur dann zulässig, wenn es im Rahmen der biographischen Anamnese zu einem schlüssigen Zusammenhang zwischen „dem vorgefundenen neurotischen Charakterbild, der zugehörigen auslösenden Lebenssituation und den vorliegenden Krankheitszeichen" (Dührssen 1981) gekommen ist. Das heißt: **Weder aus der szenischen Interaktion oder dem Beschwerdebild oder aus der Biographie jeweils alleine kann eine verläßliche Diagnose gestellt werden; eine positive Neurosendiagnose ist nur durch ein umfassendes Verständnis für das Zusammenspiel zwischen inneren Erlebnisabläufen, Persönlichkeitsstil und äußeren Schicksalskonstellationen möglich.**

Operationalisierte Psychodynamische Diagnostik (OPD)

Von den in der Operationalisierten Psychodynamischen Diagnostik (OPD) festgelegten fünf diagnostische Achsen (s. Tab. 4) soll mit Verweis auf das Manual zur OPD (1996) als Beispiel lediglich die OPD-Achse IV: Struktur kurz erläutert werden. Die Einschätzung der Struktur orientiert sich an dem für das einzelne Individuum typischen Erleben und Verhalten als Ausdruck seiner grundsätzlichen Bereitschaft, in einer ihm individuell eigenen Art und Weise zu fühlen, zu denken und zu handeln. Es geht um den zeitüberdauernden Persönlichkeitsstil, der in der Psychoanalyse mit Begriffen wie Identität, Charakter, Persönlichkeit umschrieben wird.

Die Erfassung der Struktur in der OPD erfolgt anhand von sechs Funktionen, mit welchen die individuelle Struktur beobachtungsnah gekennzeichnet wird. Es sind die Fähigkeit zur

- Selbstwahrnehmung,
- Selbststeuerung,
- Abwehr,
- Objektwahrnehmung,
- Kommunikation,
- Bindung.

Das Ausmaß und die Qualität der Fähigkeiten oder ihrer Störungen lassen unterschiedliche Integrationsniveaus der Struktur unterscheiden (gut integriert, mäßig integriert, gering integriert und desintegriert), womit ein Kontinuum zwischen den extremen Polen der reifen, gesunden Struktur einerseits bis hin zur psychotischen Struktur andererseits festgelegt ist.

Praktische Durchführung psychodynamischer Diagnostik

Hinweise zur praktischen Durchführung und zum Ablauf der psychodynamischen Diagnostik gibt Tabelle 5. Dabei werden nicht nur objektive Daten erfaßt, sondern der Schwerpunkt liegt auf den subjektiven Erlebnissen (z.B. mit wichtigen Beziehungspersonen) und auf den subjektiven Bewertungen des Patienten. So soll u.a. deutlich werden, wie der Patient Kontakte und Objektbeziehungen gestaltet, wie er sich selbst fühlt (Selbstaspekt). Über einen ersten diagnostischen Eindruck hinaus wird die Interaktion und Dynamik der gesamten Untersuchung abgebildet, insbesondere die Übertragung und Gegenübertragungsreaktionen. Es geht darum, das Selbsterleben des Patienten auch über das Selbsterleben seines Therapeuten zu erfassen.

Tabelle 5 Aspekte der psychodynamischen Diagnostik (nach Janssen 1996)

Überweisung:
- Von wem? Wozu? Krankheitsanamnese.
- Auftreten und Erscheinungsbild.
- Warum kommt der Patient eben zu diesem Zeitpunkt?

Symptome und Beschwerden:
- Spontanangaben des Patienten, Schilderung der Beschwerden und der Symptomatik möglichst in wörtlichen Zitaten.
- Beginn der Erkrankung und symptomauslösende Situation
- Subjektives Erleben der Symptome und Beschwerden.

Lebensgeschichtliche Entwicklung:
- Familienanamnese, körperliche, psychische und soziale Entwicklung unter besonderer Berücksichtigung der familiären und beruflichen Situation, des Bildungsganges, Krisen in phasentypischen Schwellensituationen, aktuelle Lebenssituation.
- Vorstellung von wichtigen Beziehungspersonen
- Selbsterleben des Patienten

Therapeut-Patient-Beziehung:
- Übertragung und Gegenübertragung
- Szenische Darstellungen
- Probedeutungen und Reaktionen

Psychodynamik der neurotischen Erkrankung:
- Symptombildung, Beschwerden und aktuelle Konflikte im Spiegel der biographischen Entwicklung, der intrapsychischen Konflikte und der Persönlichkeit; psychdynamische Interpretation der Erkrankung.

Diagnosen

Psychischer Befund

Prognose

Therapieempfehlung

Verhaltenstherapeutische Perspektive

Auf die verhaltenstherapeutische Perspektive wird mit Verweis auf das Kapitel IV/1.4 an dieser Stelle nur kurz eingegangen, um dem eingangs angesprochenen Grundsatz zu genügen, psychotherapeutische Diagnostik nicht nur einseitig aus der Perspektive einer einzigen Grundorientierung darzustellen. Ein umfassender Überblick und Einblick in die verhaltenstherapeutische Diagnostik findet sich bei Fliegel (1966).

Die verhaltenstherapeutische Diagnostik unterscheidet sich grundsätzlich von der psychodynamischen Diagnostik sowohl im praktischen Vorgehen wie auch hinsichtlich der Informationserhebung und der Zielsetzungen. In der Verhaltenstherapie interessieren die funktionalen Beziehungen zwischen symptomatischem Verhalten und vorausgehenden und nachfolgenden Bedingungen.

> **S** (= Reiz) – **O** (= Organismus) – **R** (= Verhalten) – **K** (= Verstärkungsplan) – **C** (= Konsequenzen)

Mit dieser Verhaltensgleichung hat Kanfer eine prinzipielle Beschreibung menschlichen Verhaltens vorgeschlagen, das als ein umfassendes **Regelkreismodell** (Systemmodell) mit **Feedback** (korrektiven) und **Feedforward** (antizipatorischen) Prozessen der Verhaltenssteuerung konzeptualisiert ist. Es basiert zwar auf den Lerntheorien zu klassischem konditioniertem bzw. operantem Verhalten, bezieht jedoch die sozialen Lerntheorien, die Erkenntnisse über kognitive Prozesse sowie die systematischen Erkenntnisse darüber, daß komplexes menschliches Verhalten nur durch das Zusammenspiel von biologischen, psychischen und sozialen (Umwelt-)Faktoren hinreichend erklärt werden kann, ein. Die an diesem Modell orientierte **funktionale Verhaltensananalyse** (oder funktionale Bedingungsnanalyse) ist als ein Kernstück verhaltenstherapeutischen Denkens und Handelns (Reineker 1987) in eine umfangreiche Verhaltensdiagnostik eingebettet mit den folgenden für jede Therapie relevanten Fragen (Kohl u. Broda 1993, S. 56):

- Welche besonderen Verhaltensmuster verlangt eine Veränderung hinsichtlich ihrer Auftretenshäufigkeit, ihrer Intensität, ihrer Dauer oder ihrer Bedingungen, unter denen sie auftritt?
  (→ **Problemstrukturierung/Zielanalyse**)
- Welches sind die Bedingungen, unter denen dieses Verhalten erworben wurde und welche Faktoren halten es momentan aufrecht?
  (→ **Bedingungsanalyse/funktionelle Verhaltensananalyse**)
- Welches sind die praktikabelsten Mittel, um die erwünschten Veränderungen bei diesem Individuum zu erzielen (Veränderung der Umgebung, des Verhaltens, der Selbsteinschätzung?
  (→ **Therapieplanung**)

Zur Klärung dieser Fragen werden Interviews, Verhaltensinventare, Selbst- und Fremdverhaltensbeobachtung, Rollenspiele und medizinisch-psychologische Messungen verwendet. Dabei ist die individuelle Analyse der Beschwerden des Patienten wesentlich, d.h. eine detaillierte Abklärung der spezifischen Bedingungen, die bei diesem Patienten für sein spezielles Problem verantwortlich sind. Das reflektiert die Tatsache, daß Patienten eben nicht in ihrer Individualität durch starre Raster zu erfassen sind. Es ist durch die Verhaltensdiagnostik zu klären, von welchen Bedingungen ein Problem „funktional" abhängt. Dabei gelten die folgenden Prinzipien:

- Obwohl es als unbestritten gilt, daß jeder Mensch durch seine bisherigen Erfahrungen bzw. Lerngeschichte entscheidend geprägt ist, konzentriert sich das verhaltensdiagnostische Vorgehen vorwiegend auf die Analyse der die aktuellen Probleme aufrechterhaltenden Bedingungen, da diese unmittelbar Ansätze für jetzige und künftige Veränderungen ermöglichen.
- Beschwerden und Symptome werden als Probleme aufgefaßt und auf der Ebene konkreter Verhaltensweisen mit einer hohen Kontextabhängigkeit beschrieben. Da jeder diagnostische und therapeutische Prozeß anhand eines Problemlöseschemas analysiert und korrigiert wird, bleibt eine diagnostische Festlegung letztendlich immer relativ, da sie jederzeit durch weitere Beobachtungen modifiziert oder präzisiert werden kann.
- Die Verhaltensdiagnostik ist somit ein kontinuierlicher und dynamischer Prozeß, bei dem Rückkoppelungsprozesse aus dem Verlauf der Therapie zu Veränderungen von diagnostischen Annahmen und Revisionen therapeutischer Schritte führen.

Praktische Durchführung verhaltenstherapeutischer Diagnostik

Die praktische Durchführung verhaltenstherapeutischer Diagnostik, als Problemanalyse bezeichnet (Schulte 1974,1986), erfolgt nach den in Tabelle 6 aufgezeigten Schritten, die den drei Fragen zur Diagnostik von Kanfer u. Saslow (1974) entsprechen. Dabei ist es für den verhaltenstherapeutischen diagnostischen Prozess charakteristisch, daß die jeweilige Hypothesenprüfung Rückwirkungen auf die zuvor formulierten Hypothesen haben, was wiederum eine Veränderung der diagnostischen und therapeutischen Schritte nach sich zieht, wobei es wesentlich ist, daß die Antworten des Patienten auf den jeweiligen Interventionsschritt auf den verschiedenen Verhaltensebenen im Sinne einer einzelfallbezogenen Evolution registriert und in den diagnostischen Prozess einbezogen werden.

Dokumentation

Die Notwendigkeit zur sorgfältigen Dokumentation in der Fachpsychotherapie hat sich in den letzten Jahren insbesondere im Kontext der Diskussion zur **Qualitätssicherung** ergeben. Da die Fachpsychotherapie mit ihren beiden Hauptverfahren (psychoanalytische Psychotherapie und kognitiv-behaviorale Psychotherapie) Teil der Krankenversorgung im öffentlichen Gesundheitssystem ist, kann auch sie sich der Forderung nach Qualitätssicherung, die gesetzlich verankert ist, nicht mehr verschließen.

Voraussetzung und Grundlage jeder Qualitätssicherung ist eine geeignete Dokumentation. Nach einer Reihe von Vorschlägen für die Erhebung von Daten im Rahmen von Basisdokumentationen hat eine Arbeitsgruppe des Deutschen Kollegiums für Psychosomatische Medizin (DKPM) ein integriertes, mit einem Glossar versehenes Dokumenatationssystem entwickelt (Broda et al. 1993), das sich für die Psychotherapie als eine allgemein verbindliche, da methodenübergreifende Basisdokumentation bewährt hat (Tab. 7).

Im Auftrag psychotherapeutischer Fachgesellschaften wurde eine modular **einsetzbare Ergebnisdokumentation** (Psy-BaDo) entwickelt (Tab. 8), die sich in der ambulanten wie stationären Pychotherapie bewährt hat (Heuft u. Senf 1998). Neben der Erfassung der Diagnosen, der Einschätzung der Schwere der Beeinträchtigung (BSS) sowie eine globale Funktionseinschätzung (GAF, DSM-IV) sind die Formulierung **In-**

Tabelle 6 Verhaltenstherapeutische Diagnostik (nach Schulte 1986)

1. Problemstruktuierung

1.1. Problembeschreibung:
Erfassung und Beschreibung der Beschwerden als Verhaltensprobleme auf der Ebene von motorischen und körperlichen Reaktionen, Kognitionen und Emotionen.

1.2. Problementwicklung

1.3. Bisherige Bemühungen:
Erfassung von Versuchen der Selbsthilfe/Selbstkontrolle.

2. Bedingungsanalyse (= funktionale Verhaltensanalyse)

2.1. Analyse der äußeren Rahmenbedingungen:
Problemrelevante Lebensumstände, belastende Lebensbedingungen, körperlich relevante andauernde oder vorübergehende Zustände.

2.2. Verhaltensanalyse (= klassische funktionale Verhaltensanalyse):
Erfassung respondenter Verhaltensauslösung, operanter positiver oder negativer Verstärkung , fehlenden Alternativverhaltens in dieser Situation, fehlenden Alternativverhaltens für die Verstärker des Problemverhaltens.

2.3. Kognitionsanalyse:
Erfassung von Vorstellungen und Gedanken, die das Problemverhalten begleiten oder zu unerwünschten emotionalen Reaktionen führen wie dysfunktionale Kognitionen (in sich widersprüchlich, einseitig oder übertrieben), Fehlen von Bewältigungskognitionen, Informationsmängel.

2.4. Motivationsanalyse:
Klärung der Frage längerfristiger mittelbarer, eventuell unerkannter Konsequenzen, die direkt oder indirekt als Ziele das Verhalten beeinflussen.

2.5. Beziehungsanalyse:
Frage nach der Funktion der Symptome/Beschwerden des Patienten für seinen sozialen Lebensraum und nach den Auswirkungen einer Veränderung der Beschwerden bezüglich seines eigenen Verhaltensspielraumes beziehungsweise veränderter Beziehungsstrukturen des sozialen Systems.

2.6. Zusammenhänge zwischen Problemen:
Prüfung, inwieweit möglicherweise vorliegende verschiedene Probleme auf unterschiedliche oder gleiche Bedingungen zurückzuführen sind.

3. Therapieplanung

3.1. Therapieziele:
Aufgrund von Wünschen und Erwartungen des Patienten Erstellung von therapeutischen Zielvorstellungen mit gegebenenfalls hierarchischer Ordnung.

3.2. Therapieplanung:
Entscheidung für mögliche therapeutische Methoden/Strategien entsprechend der vorläufigen Rangordnung der therapeutischen Ansatzpunkte aufgrund eines aus der Bedingungsanalyse erstellten vorläufigen hypothetischen Bedingungsmodells der Störung.

3.3. Therapiekontrolle:
Fortlaufende Erfassung von Veränderungen wichtiger Problemverhaltensweisen im Verlaufe therapeutischer Maßnahmen.

dividueller **Therapieziele** und eine allgemeine **Veränderungsdokumentation von Befindensstörungen und Problembereichen** des Patienten jeweils aus Patienten- sowie Therapeutensicht Kernstücke dieser Dokumentation. Da es sich um ein flexibles Modulsystem handelt, kann eine für die psychotherapeutische Praxis geeignete **Testdiagnostik** angefügt werden, wozu Schumacher und Brähler (1996) einen umfassenden Überblick geben.

Tabelle 7 Basisdokumentation des DKPM (nach Broda u. Mitarb. 1993)

	1.	Kostenträger
Soziodemographische Variablen	2.1.	Geschlecht des Patienten
	2.2	Alter
	2.3.	Nationalität
	2.4.1.	Familienstand
	2.4.2.	Lebenssituation
	2.4.3.	Größe des Haushalts
	2.5.	Höchster Schulabschluß
	2.6.	Höchster Berufsschulabschluß
	2.7.1.	Jetzige/letzte Berufstätigkeit
	2.7.2.	Erwerbstätigkeit
	2.8.	Haupteinkommensquelle
	3.1	Arbeitsunfähigkeit bei Aufnahme
	3.2.	Arbeitsunfähigkeit der letzten 12 Monate
	3.3.	Vorzeitige Berentung
Anamnese	4.1.	Krankheitsanamnese (Dauer der Beschwerden in bezug auf die Hauptdiagnose)
	4.2.	Vorbehandlung (Krankenhausaufenthalte in den letzten 12 Monaten)
	4.3.	Psychotherapeutische Vorbehandlung
	4.4.	Anamnesedaten (Sucht, Suizidversuch)
Diagnosen	5.1.	Psychische/Psychiatrische Diagnosen (ICD-9)
	5.2.	Somatische Diagnosen (ICD-9)
Behandlungsparameter	6.	Motivation zur vorgesehenen Behandlung
	7.1.	Behandlungsdauer
	7.2.	Art der Beendigung der Therapie
	8.1.	Einzelgespräche mit Therapeuten
	8.2.	Visitengespräche
	8.3.	Schwestern und Pfleger (Gesprächskontakte)
	8.4.	Spezifisches therapeutisches Programm
	8.5.	Balneo-Physikalische Maßnahmen
	8.6.	Medikation Aufnahme/Entlassung
Behandlungsergebnis	9.1.	Somatisches Behandlungsergebnis
	9.2.	Psychisches Behandlungsergebnis
	9.3.	Arbeitsunfähigkeit bei Entlassung
	10.	Bemerkungen

Ausblick

Der therapeutische Auftrag der Psychotherapie ist nur dann erfüllt, wenn ein Patient in jedem Fall die Therapie erhält, die für seine Krankheit notwendig ist.

Diese Kernaussage zur Psychotherapie wird an dieser Stelle nochmals hervorgehoben, da sie die grundlegende Leitlinie für die zukünftigen Entwicklungen der Praxis der psychotherapeutischen Diagnostik – und natürlich auch der Therapie – ist. Aus dieser Leitlinie ergibt sich die Forderung, daß FachpsychotherapeutInnen grundsätzlich zu einer störungs-und problemspezifischen spezifischen differentiellen Indikatiosstellung befähigt sein müssen, die dann erfüllt ist, wenn Fachpsychotherapeuten zur Dia-

Tabelle 8 Struktur der PSY-BaDo (aus Heuft u. Senf, 1998)

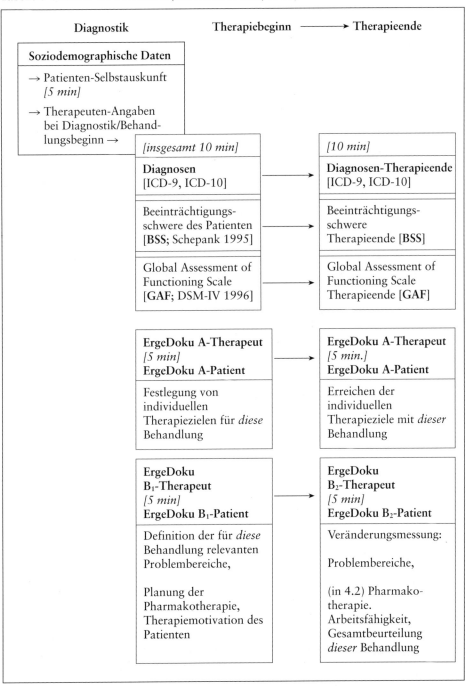

gnostik zumindest sowohl aus der psychodynamischen *und* aus der verhaltenstherapeutischen Perspektive befähigt sind. Auf die Konsequenzen für die Weiterbildungs-
praxis in der Psychotherapie sowie auf das traditionelle „Schulendenken" (Senf u.
Broda, 1998) wird an dieser Stelle nur hingewiesen.

2.2.5 Psychodiagnostik der Borderline-Persönlichkeitsstörung

Im vorliegenden Kapitel wird die Diagnostik der Borderline-Störung behandelt. Das
Krankheitsbild dieser Persönlichkeitsstörung wird in Kapitel III/2 als Beispiel eines
komplexen Vorgehens bei einer komplizierten Persönlichkeitsstörung vorgestellt.

Da bei der Borderline-Störung die unterschiedlichsten neurotischen Symptome, aber
auch psychotische Erscheinungen zu beobachten sind, ist eine diagnostische Einordnung dieses Krankheitsbildes auf der alleinigen Grundlage der Symptomatik nicht
sicher möglich. So können phänotypisch ganz ähnlich den entsprechenden neurotischen Störungen diffuse Ängste, phobische, Zwangs-, Konversions-, dissoziative,
depressive, hypochondrische und somatoforme Symptome, aber auch phänotypisch
psychotische Symptome, wie Denksstörungen und sog. „Minipsychosen" auftreten.
Selbst die auf eine Borderline-Störung hinweisenden Symptome sind für sich genommen nicht beweisend. So sind Störungen der Impulskontrolle mit selbstschädigenden
Handlungen (z.B. Suizidversuche) beispielsweise auch im Rahmen depressiver Syndrome zu finden. Störungen der Affektkontrolle lassen sich gleichfalls beispielsweise
bei depressiven Syndromen nachweisen, und auch Instabilitäten im zwischenmenschlichen Bereich und in der eigenen Identität können ubiquitäre Phänomene sein.

So ist es zur Diagnosefindung nötig, mehrere diagnostische Ebenen zu betreten, die
nur in ihrer Gesamtsicht diagnostische Sicherheit geben. Diese Ebenen sind:
- Erfassung bestimmter typischer Symptome, die auf das Vorliegen einer Borderline-
  Störung hindeuten (Symptomdiagnose).
- Erfassung charakteristischer genetisch-dynamischer Besonderheiten (genetisch-
  dynamische Diagnose).
- Erfassung des Funktionsniveaus der Persönlichkeit (der Struktur der Persönlichkeit
  – Strukturdiagnose).

Symptomdiagnose: Auch wenn die Symptomatik allein keine diagnostische Beurteilung gestattet, gibt es dennoch einige Symptome, die auf das Vorliegen einer Borderline-Störung hinweisen. Solche Symptome sind:
- ein **Mangel an Impulskontrolle**, der zu selbstschädigenden Impulsdurchbrüchen
  (z.B. Alkohol- und Drogenmißbrauch, Suizidversuche, sich selber schneiden
  („Schnippeln") und schlagen, sexuelle Exzesse) führt,
- ein **Mangel an Affektkontrolle** mit starken Stimmungsschwankungen und intensiven Affekten der Depression und Feindseligkeit,
- die **Gestaltung intensiver, aber instabiler zwischenmenschlicher Beziehungen** und
- ausgeprägte **Identitätsunsicherheiten.**

Neurotische Symptome können bei Borderline-Störungen in allen Formen auftreten.
Sie können fluktuieren und bizarre Ausformungen aufweisen, können sich aber auch
nicht von den Beschwerden bei neurotischen Störungen unterscheiden.

Bei einem Teil der Borderline-Patienten finden sich in Form sogenannter „**Minipsychosen**" auch psychotische Erscheinungen. Sie unterscheiden sie sich von schizophrenen Psychosen durch:

- Auslösung durch äußere Streßbedingungen,
- Reversibilität,
- Flüchtigkeit,
- Ich-Dystonizität und
- mangelnde Systematisierung.

Psychotische Symptome können als sog. „Übertragungspsychosen" in der Therapie auftreten, wenn zentrale Konflikte des Patienten berührt werden und der Patient diese nur mittels infantiler, die Realität verzerrender Strategien abwehren kann.

Die Erfassung der Symptomatik der Borderline-Störung ist, da ein ganzer Teil der Beschwerden als ich-synton erlebt werden, nur mittels einer sehr genauen Anamneseerhebung möglich. Meist sind schon dazu mehrere Sitzungen nötig. Es gibt auch einige Testverfahren, die vorwiegend auf die Borderline-Symptomatik ausgerichtet sind (z.B. „Borderline-Syndrom-Index BSI" (Conte), „Diagnostisches Interview für Borderline-Patienten" Gunderson und Kolb).

Genetisch-Dynamische Diagnose: Zur Entstehung von Borderline-Störungen führen bestimmte Entwicklungsbedingungen, die in Kapitel III/2 ausführlicher dargestellt werden.

Häufig besteht eine sehr frühe (im 1. Lj.) Störung der Mutter-Kind-Dyade in Form eines Defizits ihres tragend-symbiotischen Charakters, die letztlich zu Störungen in der Autonomiephase (2. bis 3. Lj.) führt. Das Kind kann es, da es keinen „sicheren Boden" besitzt, nicht wagen, sich aus der Symbiose bzw. aus der Phantasie davon zu lösen, d.h. es kann sich selbst (das „Selbst") und die anderen Menschen (die „Objekte") nicht als voneinander getrennt und mit unterschiedlichen Bedürfnissen und Eigenschaften ausgestattet wahrnehmen (mangelnde „Selbst-Objekt-Differenzierung"). Dieses Verharren in Vorstellungen von Symbiose bedeutet, daß Affekte und Impulse gleich welcher Art immer gleichzeitig das „Selbst" und die „Objekte" betreffen. Im Falle aggressiver Affekte entstehen Phantasien der Zerstörung des „Selbst" bzw. der „Objekte", im Falle libidinöser Affekte der völligen angstmachenden Verschmelzung. Im Bemühen um „Bewältigung" dieser angstmachenden Vorstellungen werden Spaltungsprozesse eingesetzt, in deren Ergebnis bedrohliche Aspekte des „Selbst" und der „Objekte" separiert werden. Wahrgenommen werden dann nur noch Teile des „Selbst", der „Objekte" und der „Objektbeziehungen", was zu Verzerrungen der zwischenmenschlichen Beziehungen und zu Identitätsstörungen führt. Weitere Folgen mangelnder „Selbst-Objekt-Differenzierung" sind Defizite in der Ausbildung eines autonomen „Ich", das wichtige kognitive (Wahrnehmen, Urteilen, Antizipieren) und steuernde (Affektesteuerung, Impulssteuerung, Abwehr) Funktionen erfüllt und in der Ausformung eines autonomen „Über-Ich", das gleichfalls der Steuerung von Impulsen und Bedürfnissen dient. Störungen der Affekt- und Impulskontrolle sind die Resultate dieser Defekte.

Für die Entstehung von Borderline-Störungen werden zunehmend auch in der Kindheit erlebte körperliche Gewalt und erlittener sexueller Mißbrauch verantwortlich gemacht. Auch wenn die frühen Entwicklungsphasen einigermaßen gesund durchlaufen wurden (meist pfropfen sich die Traumatisierungen allerdings auf das o.g. Entwicklungsdefizit auf), so führen die Traumatisierungen im Bemühen um deren Bewältigung, zu einer Wiederbelebung früher Entwicklungsphasen, in denen Spaltungsprozesse („Ich selber bin gar nicht hier, nur mein Körper, aber der hat mit mir nichts zu tun.") und mangelnde „Selbst-Objekt-Differenzierung" („Auch ich bin böse, wenn er böse zu mir ist.") auftreten.

Strukturdiagnose: Zur Persönlichkeitsdiagnostik wurde durch Kernberg ein Modell entwickelt, in dem 3 Stufen der Persönlichkeitsorganisation („Neurotische Persönlichkeitsorganisation", „Borderline-Persönlichkeitsorganisation", „Psychotische Persönlichkeitsorganisation") unterschieden werden nach:

- Ausmaß der Integration der Konzepte des Selbst und der Objekte,
- Art der vorherrschenden Abwehrmechanismen,
- Ausmaß der Fähigkeit zur Realitätsprüfung.

Ausmaß der Integration der Konzepte des Selbst und der Objekte: Gelingt es einem Menschen, sich selbst (das „Selbst"), die anderen Menschen (die „Objekte") und die verinnerlichten und aktuellen Beziehungen zu anderen Menschen („Objektbeziehungen") als ganzheitlich („Ich bin so, aber auch anders.", „Du bist so, aber auch anders.", „Die Beziehung zu dir ist so, aber auch anders."), d.h. in ihrer Widersprüchlichkeit zu sehen, so besteht eine **„Integration der Konzepte des Selbst und der Objekte"**. Ist eine solche Sicht nicht möglich, d.h. werden nur bestimmte Teile (nur die positiven oder nur die negativen) des Selbst („Teil-Selbst"), der Objekte („Teil-Objekt") und der Beziehungen („Teil-Objektbeziehungen") wahrgenommen, so spricht man von **„Identitätsdiffusion"**. Letztere führt zu schweren Verzerrungen in den zwischenmenschlichen Beziehungen und zu ausgeprägten Identitätsunsicherheiten und Selbstwertstörungen, da weder die eigene Person, noch die anderen Menschen, noch die zwischenmenschlichen Beziehungen in ihrer Gesamtheit erlebt werden können. Weitere gravierende Folgen der „Identitätsdiffusion", d.h. der mangelnden Autonomie des „Selbst", sind Störungen im Aufbau des „Ich" und seiner kognitiven (Wahrnehmen, Denken, Urteilen, Antizipieren) und steuernden und regulierenden Funktionen (Affektkontrolle, Impulskontrolle, Abwehr) und Behinderungen in der Ausformung eines autonomen „Über-Ich", das weitere wesentliche Steuerungsfunktionen übernimmt. Demnach geht „Identitätsdiffusion" mit Insuffizienzen in der inneren Steuerungs- und Regulierungskompetenz einher.

Die von Kernberg postulierten 3 Ebenen der Persönlichkeitsorganisation lassen sich nach dem Maß der Integration des „Selbst", der „Objekte" und der „Objektbeziehungen" differenzieren: bei „Psychotischer" und „Borderline-Persönlichkeitsorganisation" besteht „Identitätsdiffusion", während bei „Neurotischer Persönlichkeitsorganisation" die Konzepte des „Selbst", der „Objekte" und der „Objektbeziehungen" integriert sind.

Art der vorherrschenden Abwehrmechanismen: Das Ausmaß der Fähigkeit zu einer integrierten Sicht auf das „Selbst", auf die „Objekte" und auf die „Objektbeziehungen" ist wesentlich von der Art der vorherrschenden Abwehrmechanismen abhängig. Die Tendenz, das „Selbst", die „Objekte" und die „Objektbeziehungen" nur als „Teil-Selbst", als „Teil-Objekte" bzw. als „Teil-Objektbeziehungen" wahrzunehmen, beruht wesentlich auf dem Abwehrmechanismus der „Spaltung" und auf den mit der Spaltung eng verbundenen Abwehrmechanismen „Verleugnung", „Idealisierung", „Abwertung", „Projektive Identifikation". Positive oder negative Teile des „Selbst", der „Objekte" und der „Objektbeziehungen" werden als nicht existent abgespalten, und die verbleibenden Teilaspekte werden weiter moduliert. So werden beispielsweise die versagenden, enttäuschenden, frustrierenden Aspekte einer anderen Person durch Abspaltung als nicht existent von ihr abgetrennt, und die verbleibenden freundlichen, zugewandten und versorgenden Aspekte dieser Person werden durch Idealisierung weiter verstärkt.

Spaltungsprozesse finden sich bei „Psychotischer" und bei „Borderline-Persönlichkeitsorganisation", während bei „Neurotischer Persönlichkeitsorganisation" vorwiegend solche Abwehrmechanismen anzutreffen sind, die sich um die Verdrängung gruppieren.

Ausmaß der Fähigkeit zur Realitätsprüfung: Das dritte diagnostische Kriterium Kernbergs ist die Fähigkeit zur Realitätsprüfung, die bei „Neurotischer" und „Borderline-Persönlichkeitsorganisation" erhalten und bei „Psychotischer Persönlichkeitsorganisation" defizitär ist.

Zusammenfassend lassen sich die Ebenen der Persönlichkeitsorganisation unterscheiden nach:

	Psychotische Persönlichkeits- organisation	Borderline- Persönlichkeits- organisation	Neurotische Persönlichkeits- organisation
Integration des „Selbst, der „Objekte", der „Objektbeziehungen"	nein	nein	ja
„Primitive Abwehr" (Spaltung)	ja	ja	nein
Realitätsprüfung	nein	ja	ja

Als **Methoden der Persönlichkeitsdiagnostik** sollen umrissen werden:

- das „Strukturelle Interview" von Kernberg,
- die Analyse spezifischer Übertragungs-Gegenübertragungsmuster bei Borderline-Störungen.

Das „Strukturelle Interview" von Kernberg: Im „Strukturellen Interview" werden in diagnostischen Gesprächen ganz gezielt die Sicht auf das eigene Selbst, die Sicht auf die bedeutsamen anderen und die Sicht auf die zwischenmenschlichen Beziehungen fokussiert, um zu erfassen, inwieweit die Konzepte des „Selbst", der „Objekte" und der „Objektbeziehungen" integriert sind, d.h. inwieweit das „Selbst", die „Objekte" und die „Objektbeziehungen" als ganzheitlich wahrgenommen werden können und inwieweit durch das Wirken von Spaltungsmechanismen „Identitätsdiffusion" besteht. Patienten mit neurotischer Persönlichkeitsorganisation sind in der Lage, sich selber und die anderen relativ klar zu charakterisieren. Es besteht „Integration" des „Selbst", der „Objekte" und der „Objektbeziehungen". Bei „Psychotischer" und „Borderline-Persönlichkeitsorganisation" gelangt der Untersucher nicht zu einer integrierten Sicht auf das „Selbst", die „Objekte" und die „Objektbeziehungen". Die Beschreibungen bleiben diffus, generalisierend, verschwimmend und chaotisch und zeigen einen Mangel an Selbstwahrnehmung und Empathie. Es besteht „Identitätsdiffusion".

Nach Konfrontation mit auftretenden Widersprüchen und Unklarheiten wird die Interaktion mit dem Interviewer analysiert. Während es bei neurotischen Patienten wenig Verzerrungen im Interaktionsprozeß gibt, reagierten Patienten mit „Psychotischer" und „Borderline-Persönlichkeitsorganisation" mit unerwarteten Affekten, Vorstellungen und Verhaltensweisen und verzerren dadurch die Beziehung zum Untersucher.

Damit wird das Problem der spezifischen Übertragungsbeziehungen angesprochen, das im Punkt Analyse spezifischer Übertragungs- Gegenübertragungsmuster bei Borderline-Störungen näher ausgeführt wird.

Ein weiteres differenzierendes Maß ist die Fähigkeit zur Realitätsprüfung, die bei „Neurotischer" und „Borderline-Persönlichkeitsorganisation" erhalten und bei „Psychotischer Persönlichkeitsorganisation" nicht vorhanden ist. Zur Abklärung schlägt Kernberg vor, daß sich der Therapeut eine Schilderung des Patienten aussucht, die ihm besonders unrealistisch erscheint (z.B. eine paranoid anmutende Szene), und den Patienten fragt, ob er sich vorstellen kann, daß diese Schilderung dem Therapeuten nicht einfühlbar erscheint. Bejaht der Patient, ist von einer intakten Fähigkeit zur Realitätsprüfung, bei Verneinung von einer defizitären Realitätsprüfung auszugehen.

Die Analyse spezifischer Übertragungs-Gegenübertragungsmuster bei Borderline-Störungen:

Im Kontakt zwischen dem Therapeuten und dem borderline-gestörten Patienten kommt es regelhaft zur Gestaltung einer spezifischen Übertragungsbeziehung.

- Häufig haben die Patienten Schwierigkeiten, sich auf eine vertrauensvolle Arbeitsbeziehung einzulassen.
- In der Regel richtet der Patient an den Therapeuten dennoch magische Erwartungen im Sinne einer allumfassenden Versorgung und Wiedergutmachung, die zwangsläufig frustriert werden müssen.
- Der Kontakt des Patienten zum Therapeuten ist durch wechselnde Polarisierungen gekennzeichnet. Spaltungsprozesse und damit verwandte Abwehrmechanismen bewirken, daß der Patient sich selbst und die Person des Therapeuten nur als „Teil-Selbst" bzw. „Teil-Objekt" wahrnimmt, die zudem noch fluktuieren. Wird in einem Moment der Therapeut als nur grausam erlebt, so findet im nächsten Moment eine sadistische Abrechnung mit der eigenen Person statt, der grausames Verhalten vorgeworfen wird. Wird der Therapeut in der einen Stunde verklärend idealisiert, kann er schon in der nächsten Stunde zur „nur bösen" Person werden.

Im Ergebnis dieser spezifischen Art der Gestaltung der Therapeut-Patient-Beziehung kommt es beim Patienten immer wieder zum Auftreten massivster Affekte (extreme Aggressionen, Enttäuschungen, Mißtrauen, Ekel, exzessive Angst), deren häufige Folge ein ausgeprägtes Agieren ist. Selbst psychotische Dekompensationen (sog. „Minipsychosen") können auftreten. Typische komplementäre Gegenübertragungsreaktionen des Therapeuten auf diese Art des Beziehungsangebotes sind Verwirrung, Verunsicherung, aggressive Impulse und Distanzierungswünsche.

2.2.6 Psychodynamische Aspekte endogener Psychosen

Ausgehend von der Annahme, daß alle psychopathologischen Syndrome multifaktoriell verursacht sind, erhebt sich die Frage, inwieweit sich bei den klassischen endogenen Psychosen der manisch-depressiven Erkrankung und der Schizophrenie als Kerngruppen psychiatrischen Handlungsbedarfs psychosoziale Aspekte in der Genese fixieren lassen.

Fraglos spielen die psychosozialen Bedingungen der Krankheitsentstehung bei neurotischen Persönlichkeitszuständen, frühen Störungen und abnormen Entwicklungen sowie reaktiven psychotischen Zuständen eine besondere Rolle, jedoch wurden auch immer wieder Theorien entwickelt, daß auch die genannten endogenen Psychosen nicht allein durch genetische oder sonstige körperliche Defizienzen verursacht werden. Es verbinden sich im Einzelfall einer Erkrankung immer wieder Symptomatik in ihrem Ausdrucksgehalt mit Lebensumständen und subjektiven sozialen Entwicklungen, die einen Zusammenhang von Psychose und Lebensgeschichte evident erscheinen lassen, ohne daß sich solche Beziehungen im großen klinischen Feldversuch hätten gruppenstatistisch sichern lassen. Andererseits mag es in der Natur der Sache liegen, daß ein so individuelles Geschehen wie eine psychotische Dekompensation von so vielen, je einmaligen für das Individuum spezifischen Besonderheiten, Interdependenzen von biologischen, psychopathologischen und sozialen Faktoren und situativen Ausgangsbedingungen abhängt, daß sich forschendes Ordnen in diesem Bereich schwer tun muß, sich ein methodologisches Dilemma ergibt.

Die Abbildung 5 soll den zu diskutierenden Problemkreis fokussieren. Zunächst einmal geht es hier nur um die Prägnanztypen von psychotischen Syndromen dargestellt am psychotischen depressiven Syndrom. Dieses Syndrom kann vergröbert 4 wesentliche Ursachen haben:

- definiert organische (z.B. ein depressives Durchgangssyndrom bei Enzephalitis),
- endogene im Rahmen einer Schizophrenie,
- endogene im Rahmen einer Zyklothymie (auf diese kommt es in den folgenden Erörterungen an),
- reaktive (existentielle Depression, neurotische Depression). (siehe auch S. 89 f.)

Das aufgezeichnete Kästchen in der Abbildung 5 soll veranschaulichen, daß bei dem Durchgangssyndrom natürlich das somatische Grundgeschehen die Ätiologie fast ausschließlich bestimmt und bei dem reaktiven Zustand die psychosozialen Ausgangsbedingungen entscheidend sind. Was – lautet die Frage – verbirgt sich aber hinter der mit Fragezeichen versehenen black-box psychosozialer Teilfaktoren bei endogenen Psychosen? Hier können zunächst und offenbar für das Krankheitsgeschehen

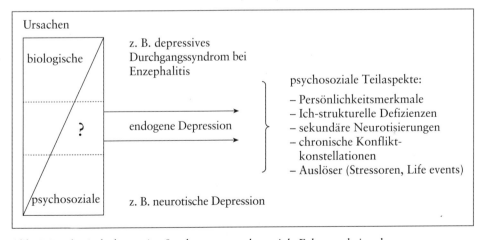

Abb. 5 Psychotisch-depressive Syndrome – psychosoziale Faktoren bei endogenem Prägnanztyp

bedeutsam Persönlichkeitsmerkmale genannt werden, die der Erkrankte präpsychotisch schon aufwies.

Bezogen auf die endogenen Depressionen können das Merkmale sein, die mit dem Begriff Typus melancholicus umschrieben werden. Diese Menschen weisen eine Neigung zu Ordentlichkeit, gar Pedanterie auf; sie sind wenig risikobereit und gleichsam eingefangen in Lebensprinzipien, die ihnen ein höheres Maß an Flexibilität emotional nicht zulassen. Kommen sie in Situationen, in denen Tiefe und Gründlichkeit des Leistens mit Breite und damit erforderlicher Oberflächlichkeit kollidieren, können sie ins Depressive hinein dekompensieren. Der Mensch bleibt gleichsam gezwungenermaßen hinter seinen Ansprüchen zurück (Remanenzsituation) bzw. kann er den Rahmen seiner Ordnungsprinzipien nicht übersteigen, bleibt gefangen in ihnen (Inkludenzsituation). Wenn Problemsituationen dieser Art entscheidende Lebensbereiche betreffen oder gar den Gesamtbezug des Menschen zu seiner Welt erfassen, kann er dekompensieren. Diese Konstrukte – von H. Tellenbach beschrieben – sollen sich vor allem bei monopolar-depressiven Psychosen finden, sie sind nicht unwidersprochen geblieben. Persönlichkeitsmerkmale als die Lebensbewältigung behindernde und damit psychodynamisch wirkende Krankheitsfaktoren finden sich auch bei vielen an Schizophrenie erkrankten Menschen. In der bekannten Bonner Studie (Huber) fanden sich bei 52% der Patienten leichtere, bei 11% stärkere prämorbide Persönlichkeitsstörungen im Sinne schizoider Besonderheiten, wobei Sensitivität und Kontaktscheuheit im Vordergrund standen. Frühere Vermutungen, daß Störungen in den Ursprungsfamilien später schizophren Erkrankter zu Rollenunsicherheit vor allem in der Adoleszenz führen und eine stabile Ich-Entwicklung verhinderten, haben sich nicht überzeugend bestätigen lassen, wenngleich als gesichert gilt, daß zumindest das Rezidivrisiko durch emotionale Spannungen im Familienverband erheblich erhöht werden kann (zum Konzept der expressed emotions s. Kap. III.8).

Aus einer sehr genauen Studie von Marneros et al (1992) können die aufgezeigten Elemente präsychotischer Persönlichkeitsmerkmale ihre Bestätigung finden, wenngleich die Autoren feststellen, daß es eine typische Persönlichkeitsstruktur für eine Psychosegruppe nicht gäbe; immerhin aber fanden sie z.B. den Typus melancholicus in 44,8% der untersuchten Gruppe der affektiven Psychosen (nur 1 Fall in der Schizophrenie-Gruppe) und in 81,5% der Gruppe Schizophrener konnten asthenisch-selbstunsichere Persönlichkeitszüge prämorbid festgestellt werden. Von den Autoren wurden darüber hinaus bei Schizophrenen Beziehungen zwischen prämorbiden Wesenseigentümlichkeiten und postpsychotischen Defizienzen gesichert. Neben diesen an erster Stelle zu nennenden Persönlichkeitsmerkmalen sind weitere entwicklungspsychologische Faktoren nennbar, die ein Verständnis für psychodynamische Teilaspekte ermöglichen. So wird z.B. aus psychoanalytischer Sicht im Rahmen eines linguistisch-strukturalen Ansatzes der Schizophrenie vermutet, daß der in der frühen Entwicklung erforderliche Übergang von einer symbiotischen dualen Bindungssituation zur ödipalen Dreiersituation gestört wird, was zu Störungen in der Entwicklung der Symbolisation führt und das spätere konkretistische Verhalten und die verminderte emotionale und kognitive Belastbarkeit erklären soll.

Auch für die endogenen Depressionen sind über die schon besprochenen Raster hinaus Störungsmodelle vermutet worden, die zumindest Teilaspekte eines Krankheitsgeschehens erklären können, wenngleich hier die somatischen Teilbedingungen wesentlich offensichtlicher sind.

Von Seligman (1979) wurde ein Konzept der erlernten Hilflosigkeit entwickelt, welches aus verhaltenstherapeutischer Sicht ein Erklärungsmodell depressiv-psychotischen Reagierens abgeben könnte.

Hilflosigkeit sei die Folge einer kognitiven Struktur der Patienten, die von Mißerfolgserwartung und Unfähigkeit von Situationskontrolle ausginge. Die negativen Erwartungen werden in Lebenssituationen mit hoher positiver oder negativer Bedeutung internal aktiviert und das Umweltgeschehen wird im Sinne der Erwartung external interpretiert, was zu motivationalem, emotionalem und auch körperlichem Versagen – zum depressiven Zustand führe. Das Verhaltensrepertoire ist nach diesen Theorien durch frühere Versagens- und Verlustsituationen erlernt worden.

Beck (1976) entwickelte, diese Gedankengänge fortsetzend, eine kognitive Verhaltenstherapie der Depressionen, die von einem Konzept einer kognitiven Triade beim Depressiven ausging: einem negativen Selbstbild, das den Patienten veranlaßt, unangenehme Erfahrungen einem moralischen oder psychischen Mangel seiner selbst zuzuordnen; zum zweiten wird die Neigung genannt, seine Erfahrungen ständig negativ fehl zu interpretieren und schließlich kommt eine negative Zukunftserwartung hinzu. Aus der Aktivierung dieses negativen kognitiven Erfahrungsmusters leiten sich die Symptome ab.

Der Leser merkt natürlich, daß es schwer differenzierbar ist, inwieweit die genannten Verhaltensstile Folge des depressiven Einengungsgeschehens sind oder die Verstimmung die Folge einer vorbestehenden Einstellung zu sich selbst. Immerhin bieten aber derartige Teilbeleuchtungen der Gesamtszene eines psychopathologischen Geschehens Ansatzpunkte für unser Verständnis im Einzelfall einer Erkrankung und für ein mehrdimensionales therapeutisches Setting.

Unter psychodynamischen Aspekten sind des weiteren chronische Konfliktsituationen zu nennen, die zu unterschiedlichen psychischen Dekompensationen führen können bei Vorhandensein einer entsprechenden Vulnerabilität, natürlich auch zu schizophrenen oder depressiven Psychosen (z.B. reaktiv ausgelöste endogene Depression). Ein interessantes Modell von zunächst durch Stressoren ausgelösten depressiven Phasen, die im Laufe der Zeit an Intensität gewinnen, wobei es zunehmend weniger auf die Anlaßstressoren ankommt, wurde von Post (1992) veröffentlicht. Schon Kraepelin hatte die Beobachtung beschrieben, daß sich monopolare und bipolare Phasen von Psychosen im Zeitverlauf in ihrer Ausprägung verstärken.

Biologische Begleitfaktoren von Stressoren scheinen die genetisch vorgegebene Vulnerabilität zu erhöhen mit der Folge, daß späterhin sich die Phasen bei immer geringerem äußeren Anlaß ausklinken, bis sie schließlich spontan beginnen (Abb. 6).

Die Krankheiten selbst mit ihren oft nicht unerheblichen Einengungen der sozialen Wettbewerbsfähigkeit, mit ihren Folgekonflikten im partnerschaftlichen Bereich können schließlich zu sekundär neurotisierenden Faktoren werden, die dann u.U. die Rezidivhäufigkeit empfindlich mitbestimmen können.

Abschließend sei noch auf einen Aspekt verwiesen, der unter Umständen wichtige Ansätze für einen psychotherapeutischen Zugang zum Patientenproblem bieten kann.

Man kann im Einzelfall aus den psychopathologischen Phänomenen selbst (aus Inhalten von Wahn und Halluzination) auf Lebenskonflikte des Patienten schließen, die Symptomatik gleichsam als Projektionsmechanismus des Kranken sehen, etwa den

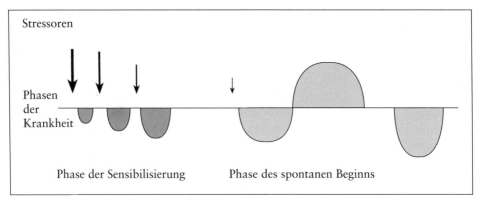

Abb. 6 Sensibilisierungshypothese affektiver Psychosen (modifiziert nach Post)

Verfolgungswahn oder Liebeswahn als Surrogat einer Wir-Bildung eines ansonsten völlig vereinsamten Menschen interpretieren oder die kommentierende und beschimpfende Stimme als Abspaltung eigener nicht lebbarer Selbstbeschuldigung und deren Transponierung nach außen im Sinne einer Selbststabilisierung deuten. Mit Begriffen wie Ich-Anachorese oder Ich-Mythisierung haben frühere Autoren (Wieser, Winkler) auf derartige Phänomene hingewiesen.

2.3 Soziodynamischer Aspekt (Familienstörungen und Paardiagnostik)

Familiäre Beziehungen sind für die Genese, Therapie und Prognose einer psychischen Erkrankung von erheblicher Relevanz. Klinisch auffällige Familienstörungen können im multiaxialen Klassifikationsschema (Kapitel II/1) in der Achse V der abnormen psychosozialen Umstände verschlüsselt werden. Welchen Einfluß familiäre Kommunikationsmerkmale auf die Entstehung psychischer Erkrankungen haben können, wird in der Longitudinalstudie einer finnischen Arbeitsgruppe um Tinari deutlich: Etwa 200 Kinder konnten wegen einer schweren schizophrenen Erkrankung ihrer Mütter von diesen selbst nicht aufgezogen werden, sondern wurden von Adoptivfamilien betreut. Im Alter von 8 bis 10 Jahren wurden die Kommunikations- und Beziehungsmuster dieser Adoptivfamilien untersucht, in einer Zeit, in der schizophrene Erkrankungen in der Regel noch nicht auftreten. In der Pubertät lag die Häufigkeit der an Schizophrenie erkrankten Jugendlichen signifikant über der der Durchschnittsbevölkerung. Dieses Ergebnis scheint zunächst die Hypothese der Vererbbarkeit der Schizophrenie zu stützen. Wurden jedoch die Familien nach gestörten oder unauffälligen Kommunikations- und Beziehungsmustern getrennt, dann fand sich eine extreme Häufigkeit an Erkrankungen in der Gruppe der auffällig kommunizierenden Familien. In der Gruppe der Adoptivfamilien, die unauffällig miteinander umgingen, lag die Erkrankungshäufigkeit nicht über der der Normalpopulation.

Diese Ergebnisse zeigen, daß selbst das Auftreten einer Schizophrenie, einer der schwersten psychiatrischen Erkrankungen überhaupt, von der man eine genetische Veranlagung mit Sicherheit annehmen kann, von den familiären Kommunikations- und Beziehungsstilen abhängig ist. Erst wenn Anlage und spezifische familiäre Bedingungen zusammentreffen, tritt gehäuft eine Schizophrenie auf. Andererseits vermag ein gesundes familiäres Milieu das Auftreten einer Schizophrenie auch bei einer genetisch belasteteten Population zu verhindern.

Die Familie ist trotz vieler späterer Lebenseinflüsse von frühester Kindheit der wichtigste Ort menschlicher Sozialisation und Entwicklung. Sie ist die kleinste soziale Einheit in der Gesellschaft. Um die Funktion der Familie zu verstehen, führte Bertalanffy eine systemische Sichtweise ein, indem er die Prinzipien der Kybernetik auf soziale Organisationsformen übertrug. Nach der Systemtheorie stehen alle Familienmitglieder miteinander in wechselseitiger Beziehung. Die Art der Beziehungen bestimmt die Funktionsweise und charakterisiert die spezifischen Familienkonfigurationen. Familiensysteme sind nicht nach den Prinzipien von Ursache und Wirkung zu verstehen, sondern sind miteinander wechselseitig zeitlich, sachlich, operativ und emotional verbunden (Zirkularität). Die linear kausale Denkweise, die in der Naturwissenschaft und in der klassischen Medizin üblich ist, läßt sich zur Erklärung von Familiensystemen nicht anwenden.

Ein Beispiel für eine linear kausale Verursachung wäre: „Wenn es regnet, spannen die Leute die Schirme auf." Das Beispiel ist nicht umkehrbar (oder es entsteht Unsinn): „Wenn die Leute die Schirme aufspannen, regnet es."

Ein Beispiel für eine zirkuläre Denkweise wäre: „Weil das Kind einnäßt, schimpft die Mutter." Diese Feststellung ist ohne weiteres umkehrbar und zeigt gleichzeitig einen wichtigen Perspektivenwechsel: „Weil die Mutter schimpft, näßt das Kind ein."

Unter **Homeostase** einer Familie versteht man die Aufrechterhaltung eines Gleichgewichtes der wechselseitigen Beziehungen aller Mitglieder zueinander. Familien haben immer die Tendenz, ihre Homeostase aufrecht zu erhalten. Veränderungen durch äußere Einflüsse, die zu Neukalibrierungen der Beziehungen führen, wie z.B. auch familientherapeutische Interventionen, bedrohen diese familiäre Homeostase und machen zunächst den Mitgliedern Angst. Die Kunst der Familientherapie ist es, die notwendigen und möglichst von der Familie gewünschten Veränderungen so einzuleiten, daß die Angst vor Veränderung für die Familienmitglieder erträglich bleibt.

Die Familie strukturiert sich durch Abgrenzung nach außen als auch nach innen. Grenzen sichern die Differenzierungsfähigkeit der Familie. Sie müssen für die Mitglieder klar definiert sein und erhalten die Funktionsfähigkeit. Die Grenzen nach außen zur sozialen und gesellschaftlichen Umwelt sind semipermeabel, das bedeutet, daß nicht alle Signale von außen ungefiltert in die Familie eindringen können. Zu starre Außengrenzen verhindern den lebensnotwendigen Austausch von Informationen, Meinungen und Gefühlen und verhindern damit die Pflege von außerfamiliären Kontakten. Durch zu offene Grenzen verliert die Familie an haltgebender Binnenstruktur und Geborgenheit. Die Grenzen innerhalb der Familie sorgen für die Identität und Autonomie der einzelnen Mitglieder und schaffen Subsysteme. Die Subsysteme der Eltern und der Kinder sind durch die Generationsgrenze definiert. Auch diese Grenze ist nicht starr und unflexibel, existiert sie aber nicht in ausreichendem Maße, kommt es zur Rollenkonfusion (z.B. der Sohn in der permanenten Rolle des Vaters; die Mutter in der Rolle des Aschenputtels). Grenzen helfen auch, das Verhältnis von Distanz und Nähe zwischen den Mitgliedern zu bestimmen, und sorgen für eine familiäre Hierarchie. Durch die Hierarchie unterscheiden sich die Mitglieder in ihrer Anerkennung und ihrem Status. Eltern dominieren in der Regel über ihre Kinder. Die Distanz zwischen den Generationen hat sich aber seit den 30er Jahren zunehmend verringert. Damals dominierte noch eindeutig der Vater über alle Familienmitglieder, einschließlich der Mutter. In ostdeutschen Familien ist heute die Tendenz zu egalitären Beziehungen zwischen Mann und Frau zu finden, in westdeutschen Normalfamilien dominieren häufig die jugendlichen Söhne über ihre Mütter.

Die Regulierung von **Distanz** und **Nähe** gehört zu den wichtigsten Funktionen einer Familie. Die emotionale Verbundenheit ist ein wesentlicher Faktor, in der sich die individuelle Autonomie der Mitglieder entwickeln kann. Es gibt abgelehnte Sündenböcke und Prügelknaben. Es gibt aber auch Familienlieblinge, Prinzessinnen und kleine Prinzen. Es gibt symbiotische Beziehungen zwischen Einzelmitgliedern, die zur Abgrenzung und Ablehnung anderer Mitglieder führen können (Mutter-Sohn-Symbiose). Symbiosen führen zu Sonderstellungen von Kindern und erhöhen die Rivalität der anderen.

Funktionsfähige Familien können flexibel auf Veränderungen reagieren, ohne dabei ihre Kontinuität zu verlieren, die ihren Mitgliedern den inneren emotionalen Bezugsrahmen liefert. Die Familie gewährleistet ihren Mitgliedern zwei scheinbar gegensätzliche Bedürfnisse, die emotionale Nähe und die interpersonelle Selbständigkeit und Autonomie. Untersuchungen haben gezeigt, daß funktionsfähige Familien bei hoher emotionaler Nähe gleichzeitig eine große interpersonelle Autonomie zulassen können. Manche Familien „umklammern" sich zu stark und verhindern eine Autonomieentwicklung, v.a. bei Jugendlichen in der Pubertät. Falls die emotionale Verbundenheit zu gering ist, beginnen sich Kinder häufig aus den Familien zu lösen. Psychische Auffälligkeiten sind oft die Folge. Verbundenheit und Eigenständigkeit sind nach Riemann (1979) sich widersprechende und doch zugleich ergänzende Forderungen, die wie das Streben nach Dauer und Wandlung in ausgewogener Weise gelebt werden müssen.

Zur Untersuchung von familiären Kommunikations- und Beziehungsstörungen existieren subjektive und objektive diagnostische Beurteilungsinstrumente. Bei objektiven Verfahren wird das Interaktions- und Kommunikationsverhalten durch außenstehende Beobachter beurteilt, die nach festgelegten Skalen unterschiedliche Aspekte der Kommunikation einschätzen (z.B. Dichte und Folge der Kommunikation, Quantität der emotionalen und Qualität der verbalen und nonverbalen emotionalen Signale, Problemlösungsverhalten der Familie). Diese Verfahren sind sehr zeitaufwendig und werden v.a. in wissenschaftlichen Untersuchungen angewendet.

In der Klinik haben sich zunehmend Selbstbeurteilungsmethoden durchgesetzt, die bewußt die subjektiven Erlebens- und Sichtweisen der einzelnen Familienmitglieder in standardisierten Verfahren erfassen. Damit können die subjektiven Ansichten über die eigenen Beziehungen in der Familie von allen Mitgliedern wechselseitig zueinander quantifiziert werden. Diese Befindlichkeiten, die Übereinstimmungen oder Nicht-Übereinstimmungen der Sicht- und Erlebensweisen aller Familienmitglieder sind das eigentliche Ziel systemischer Diagnostik und Therapie. Ein solches testpsychologisch zuverlässiges diagnostisches Instrument ist das **Subjektive Familienbild** (SFB) nach Mattejat und Scholz.

Über ein Polaritätsprofil, das aus 8 konträren Wortpaaren besteht, beurteilt zunächst jedes Mitglied in der Selbsteinschätzung seine Beziehung zu jedem anderen.

```
Ich verhalte mich meiner Frau gegenüber

selbständig        3    2    1    0    1    2    3    unselbständig
uninteressiert     3    2    1    0    1    2    3    interessiert
schüchtern         3    2    1    0    1    2    3    selbstbewußt
warmherzig         3    2    1    0    1    2    3    kühl
unentschlossen     3    2    1    0    1    2    3    entschieden
verständnisvoll    3    2    1    0    1    2    3    verständnislos
sicher             3    2    1    0    1    2    3    ängstlich
ablehnend          3    2    1    0    1    2    3    liebevoll
```

Beurteilt der Vater aus seiner Sichtweise die Beziehung, die seine Frau zu ihm hat (z.B.: „Meine Frau verhält sich mir gegenüber"), wird das als Fremdeinschätzung bezeichnet. Beurteilt der Vater dagegen die Beziehung, die seine Frau mit einem Kind unterhält, gilt diese Perspektive als – quasi – objektive Einschätzung. Das Verfahren ermöglicht nicht nur, die momentane reale Beziehung zu erfassen, z.B. „Ich verhalte mich meiner Frau gegenüber", sondern auch die erwünschten („Ich möchte mich meiner Frau gegenüber verhalten" oder „Meine Frau sollte sich mir gegenüber verhalten"). Die Erfassung der Wunschvorstellungen aller Familienmitglieder und die Möglichkeit des Vergleiches mit dem real Erlebten ist für die Therapiezielbestimmung hilfreich. Bei Patienten im Erwachsenenalter können retrospektiv auch die erinnerten Beziehungen in der Ursprungsfamilie während der Pubertät des Patienten erfaßt werden (z.B. „Als ich 15 Jahre alt war, verhielt sich meine Mutter mir gegenüber"). Da viele psychogene Störungen des Erwachsenenalters in mißglückten Ablösungs- und Autonomieprozessen der Adoleszenz ihren Ursprung haben, eröffnen sich hier für den Therapeuten wichtige Einsichten.

Alle Beziehungen werden auf den zwei für die Beurteilung von sozialen Systemen wichtigsten Dimensionen, der **Valenz** und der **Potenz**, erfaßt. Die Valenz steht für emotionale Nähe, Beliebtheit – versus – Distanz und Ausstoßung. Die Potenz für Eigenständigkeit und Autonomie – versus – Abhängigkeit und Unselbständigkeit.

Wegen der einfachen Durchführbarkeit wird das Verfahren von Familien und Paaren gut angenommen. Bereits Kinder ab dem 10. Lebensjahr verstehen die Wortpaare und Instruktionen, so daß es ab diesem Alter eingesetzt werden kann. Das SFB eignet sich sowohl zur Vordiagnostik zu Beginn einer Therapie als auch zur Verlaufs- und Veränderungsdiagnostik sowie zur Erfolgsmessung nach abgeschlossener Behandlung.

2.4 Somatischer Aspekt

Der diagnostische Zugang zum psychopathologischen Problem erfolgt zunächst und unabdingbar über eine **somatische Diagnostik**. Die Unspezifität psychopathologischer Syndrome macht dieses Vorgehen notwendig, wenn man nicht vitale Gefährdungen in Kauf nehmen will.

In einem ersten Schritt ist immer eine gründliche allgemeinkörperliche, internistische und neurologische Untersuchung vorzunehmen, die eine somatisch-orientierte Krankheitsanamnese einschließt.

Die neurologische Untersuchung spielt dabei eine besondere Rolle. Wenn man bedenkt, daß z.B. etwa 5% der Hirntumoren mit einer psychopathologischen Symptomatik beginnen, daß dezidierte hirnorganische Störungen (etwa Demenz vom Alzheimer-Typ) in 25% der Fälle mit depressiver Symptomatik ihren Anfang nehmen, psychosomatische Krankheitserscheinungen sich zunächst nur schwer von definiert körperlich begründeten Störungen unterscheiden lassen, dann wird offenbar, daß körperliche Diagnostik die Voraussetzung der folgenden individualpsychologischen oder psychosozialen usw. Diagnostik – wie sie in diesem Kapitel beschrieben wird – sein muß.

Zur neurologischen Diagnostik gehören:

- die Inspektion des unbekleideten Körpers,
- die Untersuchung der Hirnnerven, routinemäßig sollten auch der Augenhintergrund inspiziert (Stauungspapille, Optikusatrophie, Gefäßanomalien) und eine grobe Hörprüfung durchgeführt werden.
- Der Reflexstatus ist zu erheben und Prüfungen auf zentrale oder periphere Lähmungen sind vorzunehmen sowie grobe Eindrücke von Koordination, Gang und Sensibilität zu ermitteln.

Zu den technischen Untersuchungen gehören in erster Linie die Liquoruntersuchung. Sie ist bei beginnenden Psychosen bzw. psychotischen Ersterkrankungen unbedingt erforderlich ebenso wie bildgebende Verfahren. Natürlich kann auch ein neurotischer Persönlichkeitszustand Anlaß für differentialdiagnostische Erwägungen in somatischer Richtung geben; in diesen Fällen sind aber die vorgenannten allgemeinkörperlichen Untersuchungen ausreichend. Man würde nicht auf die Idee kommen, hier eine eingreifendere Diagnostik zu betreiben, zumal die subtile Anamnestik und gegebenenfalls psychologische Untersuchungsmethoden und Screeningverfahren einigermaßen diagnostische Sicherheit bieten.

2.4.1 Körperliche Krankheitsursachen psychischer Störungen

In erster Linie spielen Erkrankungen des Zentralnervensystems eine Rolle. Zu nennen sind hier u.a.: Hirntumoren, entzündliche Erkrankungen des ZNS, Intoxikationen (akut z.B. beim Alkoholrausch, chronisch etwa bei alkoholbedingten Hirnabbauerscheinungen), Infektionen (etwa bei HIV); heute selten, früher die klinische Psychiatrie stark beschäftigend: luetische Infektionen; Enzephalitis; Meningitis; Schädelhirntraumen: postkommotionelle bzw. postkontusionelle Syndrome; Hypo- und Avitaminosen; endokrine Erkrankungen (man sprach früher von M. E. Bleuler ausgehend von einem endokrinen Psychosyndrom, welches durch Störungen der Affektivität, des Antriebs und der Einzeltriebe charakterisiert war und im Zusammenhang mit z.B. Hypothyreosen oder Mb. Cushing beobachtbar ist); Hirnabbauprozesse degenerativer oder vaskulärer Art; Anfallsleiden; frühkindliche Hirnstörungen; metabolische Enzephalopathien; pharmakogene psychische Dekompensationen.

Auf dem Felde der somatischen Grunderkrankungen psychopathologischer Syndrome treffen besonders Psychiatrie und Neurologie eng zusammen und es ist eine Frage örtlicher Konventionen, welche Krankheitsbilder mehr vom Psychiater oder vom Neurologen betreut werden. Sicher ist, daß sich besonders in diesem Bereich psychiatrischer Erkrankungen eine interdisziplinäre Zusammenarbeit von Internisten, Neurologen und Psychiatern anbietet.

In dieser Interdisziplinarität liegt heute einer der großen Vorteile der Ansiedlung psychiatrischer und psychosomatisch-psychotherapeutischer Abteilungen an einem Allgemeinkrankenhaus. Alle schwerwiegenden, den Gesamtorganismus betreffenden Erkrankungen können unter Umständen psychische Störungen hervorrufen, seien sie durch das Grundleiden, durch reaktive Faktoren oder eventuell iatrogen (z.B. pharmakogen) bedingt. Die Fachärzte für Psychiatrie und für Psychotherapeutische Medizin spielen insofern auch als Konsiliarii im Allgemeinkrankenhaus eine bemerkenswerte Rolle.

2.4.2 Bildgebende Verfahren in der Diagnostik psychischer Krankheiten

Neben den schon seit Jahrzehnten eingeführten diagnostischen Untersuchungsverfahren der Liquordiagnostik und der hirnelektrischen (vorwiegend EEG) Diagnostik haben moderne bildgebende Verfahren die somatische Diagnostik verbessert.

Die Computertomografie bildet insbesondere Hirntumoren, Hirninfarkte, Blutungen, traumatische Substanzschädigungen und kortikale und subkortikale Atrophien ab. Letzteres kann für die Diagnostik der Ursachen der Demenz wesentlich sein, es sind aber auch Erweiterungen der Seitenventrikel und des 3. Ventrikels bei manchen Schizophrenen beschrieben worden. Für die Differentialdiagnostik depressiver Verstimmungen (beginnende Demenz, Durchgangssyndrome, andere sekundäre Depressionen) sind CT und MRT von großer Bedeutung.

Die Magnet-Resonanz-Tomografie (MRT) hat die Diagnostik psychopathologischer Syndrome weiter verfeinert, weil sie noch empfindlicher und mit noch größerem Auflösevermögen morphologische Gewebsveränderungen zur Darstellung bringen kann. Mittels MRT lassen sich Läsionen der weißen Substanz der mittleren und hinteren Schädelgrube besser als durch das CT darstellen. Insbesondere in der Trennung vaskulärer von primär degenerativer Demenz vermögen CT und von allem MRT Ausgezeichnetes zu leisten. Stammganglienerkrankungen vom Typ Mb. Parkinson oder Wilsonscher Sklerose, die auch mit dementiellen Prozessen einhergehen können, lassen sich durch MRT ggf. neben der klinischen Symptomatik bestätigen. Für die Diagnostik von Alkoholkrankheiten vom Typ Korsakow-Syndrom, Wernicke-Enzephalopathie ist das MRT besonders geeignet.

Die Single-Photon-Emissions-Computertomografie (SPECT) ermöglicht insbesondere Darstellungen der regionalen Hirndurchblutung mit emissionstomographischen Verfahren durch Radiopharmazeutika (Techneticum-99m-markiertes Hexamethyl-Propylenaminoxim (HMPAO). Indikationen können zerebrovaskuläre Erkrankungen (z.B. TIA, PRIND), aber auch degenerative Erkrankungen (Demenz vom Alzheimer-Typ) sein.

Nur in wenigen Zentren ist die Positronenemissionstomografie (PET) vorhanden, mittels derer die regionale Hirndurchblutung, der Glukosestoffwechsel und bestimmte Rezeptorverteilungen zur Darstellung gebracht werden können.

Eine gesicherte Frühdiagnostik der Alzheimerschen Erkrankung ist auch mit PET möglich. Die Bedeutung des PET wird über das gegenwärtig mehr im wissenschaftlichen Bereich liegende Aussagevermögen hinaus sicher zunehmen, zumal man neben der funktionellen Diagnostik von Stoffwechselgegebenheiten in bestimmten Hirnregionen auch die Rezeptorbindungsfähigkeit für pharmakologisch und therapeutisch wichtige Substanzen feststellen und ggf. prädiktorische Aussagen über Therapiestrategien machen kann. Für die Schizophrenie kann der Befund von Bedeutung sein, daß bei manchen Patienten mit Minussymptomatik die regionale Hirndurchblutung und der Glukoseumsatz frontal herabgesetzt gefunden wurde (sog. Hypofrontalität).

2.4.3 Biologische Marker bei psychischen Erkrankungen

Der Gedanke, es ließen sich für bestimmte psychopathologische Syndrome spezifische Marker festlegen, die auf einem Felde sonst hoher Unspezifität einigermaßen diagnostische Sicherheit herbeiführten, ist faszinierend. In der Diagnostik des Alkoholismus ist dieses in einem relativ sicheren Rahmen möglich (s. III.4). Mit Hilfe der Transaminasenbestimmung (ALAT, ASAT, Gamma-GT) läßt sich ein relativ enger Bezug von Folgeerkrankung des Alkoholismus und Grundleiden selbst herstellen. Die seit kurzem mögliche Bestimmung des CDT (Carbohydrat Defizient Transferase) ermöglicht, sogar zu 100 Prozent einen chronischen Alkoholkonsum zu sichern, selbst wenn in letzter Zeit nichts getrunken wurde.

Andere definierte organische Erkrankungen des ZNS lassen sich durch mehr oder weniger spezifische Liquorbefunde sichern. Interessant und zugleich wesentlich problematischer wird die Frage nach biologischen Markern bei den endogenen Psychosen. Die Befunde sind allgemein noch sehr vage, oft widersprüchlich; sie verweisen im Grunde auf unseren noch sehr bescheidenen Kenntnisstand über die Pathobiochemie und Pathophysiologie psychopathologischer Syndrome. Unter state-Markern versteht man solche, die während der Erkrankungsphase hervortreten. Trait-Marker bestehen das ganze Leben. Für die endogenen Psychosen könnten das u.U. genetische Marker sein.

2.5 Dynamik und Hierarchie der Syndrome

Aus syndromatologischer Sicht lassen psychopathologische Erscheinungen eine Verlaufsdynamik erkennen, die sowohl unterschiedliche Schweregrade einer Störung als auch unterschiedliche Syndromgestaltungen hervorrufen können.

Gliedert man die Erscheinungsbilder psychischer Störungen vom Schweregrad der Desintegration von Welt und Selbst her (wohlgemerkt nicht von der Prognose her), so kann man von 4 großen Syndromgruppen ausgehen:

- den Störsyndromen vom Typ neurotischer, süchtiger und Triebsstörungen,
- den affektpsychotischen Syndromen,
- den schizophrenen Syndromen,
- den hirnorganischen Syndromen.

Die Symptomatik einer Erkrankung läßt nun nicht selten eine Syndromabfolge erkennen, die den genannten Syndromebenen entspricht und sich von leichteren, zum schwereren Bilde hin entwickelt, gleichsam darüberliegende Syndrome durchläuft bis hin zum Vollbild der jeweilig zugrunde liegenden Erkrankung. In der nachfolgenden Synopsis psychopathologischer Syndrome (Weise 1983) sind die Gegebenheiten aufgezeigt (Abb. 7).

In der ersten Spalte der Abbildung sind die genannten 4 Syndromgruppen dargestellt. Die mittlere Spalte stilisiert die Universalgenese der Syndrome im Wechselspiel von organischen bzw. endogenen und psychosozialen Ursachen. In der rechten Spalte der Abbildung sind einige Krankheitsbezeichnungen als Beispiele aufgeführt. Man könnte diesen nun noch entsprechende Verschlüsselungen eines Diagnostiksystems zuordnen.

Die Verlaufsdynamik der Syndrome ist durch dicke Pfeile am linken Tabellenrand charakterisiert. Der von H.H. Wieck eingeführte Begriff Durchgangssyndrom resultiert aus der Beobachtung, daß dezidiert hirnorganische Prozesse (vaskuläre, entzündliche, degenerative, traumatische) sich vorübergehend auf unterschiedlichen Syndromebenen ausprägen können.

> **Durchgangssyndrom:** hirnorganisch verursachtes psychotisches Syndrom ohne das Leitsymptom der Bewußtseinsstörung.

Für die endgültige Diagnose ist das Syndrom der fortgeschrittensten Kategorie maßgeblich (Schichtenregel nach Jaspers). Die einzelnen Stadien (Syndromgruppen) gehen fließend ineinander über. Man kann diesem Phänomen einer Prozeßdynamik psychopathologischer Syndrome auch dadurch entsprechen, daß man die aktuell im Vordergrund stehende Symptomatik zur Hauptdiagnose erklärt; diesem Prinzip folgen die gängigen Klassifizierungsschemata. Aus Sicht eines solchen prozeßdynamischen Ordnungsprinzips relativieren sich diagnostische Gruppen, die zwischen den syndromatologischen Prägnanzgruppen stehen wie etwa die schizoaffektiven Psychosen – man könnte sie dann als noch nicht zum Vollbild ausgereifte schizophrene Syndrome verstehen. In der gegenwärtig in Deutschland vorherrschenden Klassifikation werden

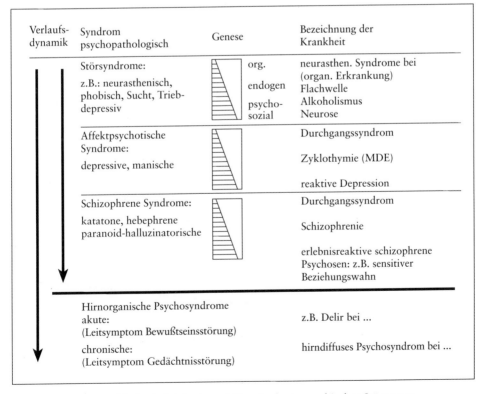

Abb. 7 Synopsis von Verlauf, Ätiologie und Terminologie psychischer Störungen

sie jedoch mehr als eigene Krankheitsgruppe gesehen. Mit der Schichtentheorie wäre auch das klinisch wohlbekannte Phänomen gut erklärbar, daß Patienten mit einer langen Krankheitskarriere in ihren Krankengeschichten nicht selten alle nur denkbaren Diagnosen aufweisen. Sie sind aus der hier pronozierten Sichtweise Ausdruck eines universalgenetischen Geschehens im Sinne der Dynamik psychopathologischer Prozesse.

Neuerdings wird aber diese Schichtenregel auch umgekehrt gesehen, daß nämlich im Wechselspiel von zyklothymen und schizophrenen Symptomen beim gleichen Patienten den Elementen des Zyklothymen (Phasencharakter, Tagesschwankungen) der diagnostische Vorrang gegeben wird. Dies entspricht auch einer Neigung mancher Psychiater mit dem Etikett „Schizophrenie", in der Diagnostik eher vorsichtig umzugehen.

2.6 Kurzer Exkurs: Psychiatrische und psychotherapeutisch-psychosomatische Konsiliar- und Liaisondienste

2.6.1 Psychiatrischer Konsiliardienst

Eine besonders enge Bindung ergibt sich seitens der Psychiatrie zu den Intensivstationen und Rettungsstellen des jeweiligen Klinikums. Als Beispiel seien die Zahlen des Universitätsklinikums Dresden 1997 aufgeführt: Bei 1370 Betten des Klinikums kamen 230 allgemeinpsychiatrische Erstkonsultationen sowie 260 Konsultationen eines speziellen Suiziddienstes zustande, denen in erheblicher Zahl auch Nachkontakte folgten. Der Aufwand ist mithin nicht unerheblich. Im Gegenzug finden umfangreiche Konsultationen besonders internistischer Provenienz auf der psychiatrischen Station statt.

Der Einsatz des Psychiaters auf den klinischen Stationen (besonders der internistisch orientierten ITS) verfolgt hauptsächlich zwei Wirkungsbereiche:

- Betreuung und Beratung bei psychopathologischen Syndromen, die sich aus einem körperlichen Grundleiden ergeben bzw. die Folge von psychiatrischen Krisen sind (Intoxikationen durch Suizidversuche im Rahmen von Lebenskrisen, Verwirrtheitszustände usw.).
- Definitive psychiatrische Erkrankungen, die zunächst ITS-pflichtig sind: Delirien und andere symptomatische Psychosen, endogene Psychosen nach Suizidversuchen usw.

2.6.2 Liaisondienste der „Psychofächer" im Allgemeinkrankenhaus

Liaisondienste haben sich in den letzten Jahrzehnten im Rahmen der deutlich gestiegenen Anforderungen der somatischen Medizin an die Psychofächer entwickelt. Immerhin bedürfen nach sorgfältigen Prävalenzstudien in mehreren Großstadtkliniken zwischen 30 und 40% der Patienten internistischer, chirurgischer, neurologischer und anderer Stationen im Allgemeinkrankenhaus einer vertieften psychologisch-medizinischen Diagnostik und zum großen Teil auch einer psychotherapeutisch fundierten Intervention. Dies macht eine dauerhafte Kooperationsbeziehung zwischen Liaisonärzten und den entsprechenden Stationsteams notwendig.

Mindestens einmal wöchentlich werden gemeinsame Visiten sowie Team- und Fallbesprechungen durchgeführt, für die ein geplanter und festzulegender Anteil der Arbeitszeit zur Verfügung steht. Je nach Vorhandensein am Allgemeinkrankenhaus haben die Liaisonärzte ihre Heimat entweder in psychotherapeutisch orientierten Stationen psychiatrischer Abteilungen oder in den psychotherapeutisch-psychosomatischen Abteilungen der Allgemeinkrankenhäuser. Dabei ist die Herkunft weniger wichtig als eine hohe Qualifikation psychotherapeutisch-medizinpsychologischer Art.

Innerhalb des Liaisondienstes wird der patientzentrierte, der arztzentrierte und der teamzentrierte Ansatz unterschieden.

Der **patientzentrierte Ansatz** ist dem tradionellen Konsiliardienstmodell am ähnlichsten. Der Konsiliarius selbst diagnostiziert und interveniert im Sinne der „therapeutischen Konsultation". Wegen des geringen Weiterbildungseffektes und der kaum vorhandenen „integrativen Effektivität" sollte dieser Ansatz auf Einzelfälle beschränkt bleiben. Darüber hinaus erscheint es auch aus Gründen, die von der Klientel einer „somatischen" Station abzuleiten sind, fragwürdig, die Mehrzahl der Patienten selbst zu behandeln. Z.B. erhöht das Gefühl, zum Spezialisten für psychosoziale Probleme „abgeschoben" zu werden, den Widerstand vieler Kranken.

Der **arztzentrierte Ansatz** hat die Zielstellung, den anfordernden Kollegen zu befähigen, das diagnostisch/interventive Problem selbst zu lösen. Der Konsiliarius versucht, die Dynamik der Interaktionsprozesse zwischen dem Patienten und dessen Arzt zu verstehen und verständlich zu machen. Er fungiert dann im weiteren Verlauf mehr als Supervisor. Der Weg zur berufsorientierten systematischen Selbsterfahrung, beispielsweise in Form von Balintgruppen, wird u.U. auf diese Weise vorgebahnt. Die Kompetenz des anfordernden Kollegen selbst wird systematisch erhöht. Ein Ausstrahlungseffekt solcher Handlungen ist zu erwarten.

Der **teamzentrierte Ansatz** schließlich umfaßt alle an der Betreuung des Problempatienten Beteiligten und erfordert meist den Rahmen einer Stationskonferenz bzw. einer Beratung der „operationalen Gruppe". Der Psychotherapeut versucht aus einer distanzierten Position die Probleme zu erfassen. Die durch unterschiedliche Mitglieder des Teams geäußerten Beobachtungen und die entstehenden interaktionellen Muster in der beratenden Gruppe werden mit Bezug zum Patientenproblem interpretiert. Grundsätzlich wird davon ausgegangen, daß Konflikte und Spannungen einer Neuinszenierung der für den Kranken typischen und pathogenetisch bedeutungsvollen Kommunikationsstrukturen entsprechen. Allein das Verständnis der von den Teammitgliedern agierten Rollen in dieser Inszenierung ist häufig ausreichend, veränderte Einstellungen zum Patienten zu entwickeln und die jeweiligen Beziehungen zu entspannen.

Die besondere Stellung des Liaisonpsychotherapeuten außerhalb der Klinikhierarchie läßt auch die Beratung der Teammitglieder in Fällen zu, wo es um persönliche intime Probleme oder Konflikte mit Vorgesetzten geht, die Einfluß auf die Betreuungssituation haben.

Insgesamt wird diesem Ansatz die entscheidende integrative Potenz zugeschrieben, da auf eine direkte Weise das Stationsklima beeinflußt wird.

Literatur

Ainsworth MDS, Blehar MC, Waters E, Wall S (1978) Patterns of Attachment. Erlbaum, Hillsdale, N.J.

Arbeitskreis OPD (Hrsg) (1996) Operationalisierte Psychodynamische Diagnostik. Grundlagen und Manual. Bern: Hans Huber

Argelander (1967) Das Erstinterview in der Psychotherapie. Erträge der Forschung Bd. 2. Darmstadt: Wissenschaftliche Buchgesellschaft

Balint M, Balint E (1962) Psychotherapeutische Techniken in der Medizin. Bern: Hans Huber

Beck AT (1976) Cognitiv therapy and the emotional disorders. New York: Int. univ. press

Bowlby J (1980) Attachment and Loss. Bd. 3. New York: Loss. Basic Books

Bowlby J (1975) Bindung. Eine Analyse der Mutter-Kind-Beziehung. München: Kindler

Broda M, Dahlbender R W, Schmidt M, v. Rad M, Schors (1993) DKPM-Basisdokumentation. Eine einheitliche Basisdokumentation für die stationäre Psychosomatik und Psychotherapie. Psychother Psychosom med Psychol 43: 214–223

Diagnostisches und statistisches Manual psychischer Störungen. Deutsche Bearbeitung von Henning Saß, Hans-Ulrich Wittchen und Michael Zandig (1996). Göttingen Bern Toronto Seattle: Hogrefe

Dornes M (1993) Der kompetente Säugling. Frankfurt a.M.: Fischer

Dührssen A (1972) Analytische Psychotherapie in Theorie, Praxis und Ergebnissen. Göttingen: Vandenhoek u. Rupprecht

Dührssen A (1981) Die biographische Anamnese unter tiefenpsychologischem Aspekt. Göttingen: Verlag für Medizinische Psychologie

Emde R (1992) Individual meaning and increasing complexity: contributions of Sigmund Freud and Rene Spitz to developmental psychology. Dev. Psychology 28: 347–359

Fliegel St. (1996) Verhaltenstherapeutische Diagnostik. In: Senf W, Broda M (Hrsg) Praxis der Psychotherapie. Ein integratives Lehrbuch für Psychoanalyse und Verhaltenstherapie. Stuttgart: Thieme

Fonagy P, Steele H, Stelle M (1991) Maternal representations af attachment during Pregnancy predict the organisation of infant-mother attachment ot one year of age. Child Development 62: 891–905

Fonagy P (1996) The significance of the development of metacognitive control over mental represetations in parenting and infant development. Journal of clinical psychoanalysis 5: 67–86

Freyberger u Stieglitz (1996) Krankheitsbilder, Klassifikation, Dokumentation. In: Senf W,Broda M (Hrsg) Praxis der Psychotherapie. Ein integratives Lehrbuch für Psychoanalyse und Verhaltenstherapie.Stuttgart: Thieme

Heuft G, Senf W (1998) (Hrsg.) Praxis der Qualitätssicherung in der Psychotherapie. Das Manual zur PsyBaDo. Stuttgart: Thieme

ICD-10. Internationals statistische Klassifikation der Krankheiten und verwandter Gesundheitsprobleme (1994). 10.Revision. München Wien Baltimore: Urban & Schwarzenberg

Janssen P L (1996) Zur psychoanalytischen Diagnostik. In: Janssen PL, Schneider W (Hrsg) Diagnostik in Psychotherapie und Psychosomatik. Jena: G. Fischer

Kanfer F H, Saslow G (1974) Verhaltenstherapeutische Diagnostik. In: SchulteD (Hrsg) Diagnostik in der Verhaltenstherapie. München Wien Baltimore: Urban u. Schwarzenberg

Kernberg O (1993) Borderline-Störungen und pathologischer Narzißmus.Frankfurt/Main: Suhrkamp

Kohl J, Broda M (1993) Verhaltenstherapie und operationalisierte Diagnostik. In: Schneider W, Schüssler G, Muhs A, Freyberger HJ (Hrsg) Diagnostik und Klassifikation nach ICD-10. Göttingen: Vandenhoek u. Rupprecht

Krause R (1997) Allgemeine psychoanalytische Krankheitslehre.Band 1. Grundlagen. Stuttgart: Kohlhammer

Krause R (1998) Allgemeine psychoanalytische Krankheitslehre. Band 2. Modelle. Stuttgart: Kohlhammer

Le Doux J (1998) Das Netz der Gefühle. München: Hansa Verlag

Margraf J, Schneider S, Spörkel H (1991) Therapiebezogene Diagnostik: Validität des diagnostischen Interviews für psychische Störungen (DIPS). Verhaltenstherapie 1:110–119

Margraf J, Schneider S, Ehlers A (1991) Diagnostisches Interview bei psychischen Störungen (DIPS). Berlin Heidelberg.New York: Springer

Marneros A, Reister A, Rohde A (1992) Prämorbide und postmorbide Persönlichkeitsmerkmale bei Patienten mit idiopathischen Psychosen. In: Marneros A, Philipp M (Hrsg): Persönlichkeit und psychische Erkrankung. Berlin Heidelberg New York London Paris Tokyo: Springer

Mattejat F, Scholz M (1994) Subjektives Familienbild. Göttingen Bern Toronto Seattle: Hogrefe

Miller P (1993) Theorien der Entwicklungspsychologie. Heidelberg Berlin Oxfort: Spektrum der Wissenschaft

Morris D (1968) Der nackte Affe. München: Knaur

Post RM (1992) Transduction of Psychosocial Stress Into the Neurobiology of Recurrent Affective Disorder. Amer J Psychiatry 149: 999–1010

Remschmidt H, Schmidt M (1996) Multiaxiales Klassifikationsschema für psychische Störungen des Kindes- und Jugendalters nach ICD-10 der WHO. Bern: Hans Huber

Resch F (1996) Entwickungspsychopathologie des Kindes- und Jugendalters. Weinheim: Beltz Psychologie Verlags Union,

Rohde-Dachser C (1995) Das Borderline-Syndrom. Bern: Hans Huber

Schlippe Av (1988) Familientherapie im Überblick. Paderborn: Jungfermann-Verlag

Schüssler G (1996) Psychoanalytische Diagnostik . In: Senf W, Broda M (Hrsg) Praxis der Psychotherapie. Ein integratives Lehrbuch für Psychoanalyse und Verhaltenstherapie. Stuttgart: Thieme

Schulte D (1986) Verhaltenstherapeutische Diagnostik. In: Deutsche Gesellschaft für Verhaltenstherapie (Hrsg) Verhaltenstherapie, Theorie und Methoden. Tübingen: DGVT

Schumacher J, Brähler E (1996) Testdiagnostik in der Psychotherapie: In: Senf W, Broda M (Hrsg) Praxis der Psychotherapie. Ein integratives Lehrbuch für Psychoanalyse und Verhaltenstherapie. Stuttgart: Thieme

Seligman, MEP (1979) Erlernte Hilflosigkeit. München: Urban & Schwarzenberg

Senf W, Broda M (1966) Praxis der Psychotherapie. Ein integratives Lehrbuch für Psychoanalyse und Verhaltenstherapie. Stuttgart: Thieme

Senf W, Broda M, (1999) Thesen zur Psychotherapie in Deutschland. Editorial. Psychother Psychosom med Psychol 49(1)2–4

Steinhausen H CH (1993) Psychische Störungen bei Kindern und Jugendlichen. München Wien Baltimore: Urban & Schwarzenberg

Stern D (1985) The Interpersonal World of the Infant. Basic Books

Weitbrecht HJ (1957) Zur Frage der Spezifität psychopathologischer Syndrome. Fortschritte Neurol Psychiat 25: 41

Weise K (1983) Systematik und Verlaufsdynamik psychischer Erkrankungen unter syndromatologischem Aspekt im Hinblick auf einen mehrdimensionalen Therapieansatz. In: Bach, Weise (Hrsg) Taschenbuch psychiatrischer Therapie. Leipzig: Thieme

III Spezielle Krankheitslehre

1 Belastungs-, neurotische, somatoforme und psychosomatische Störungen

1.1 Allgemeines

Pathogenese: Die hier besprochene Gruppe von Krankheiten und Störungen hat zwei Gemeinsamkeiten: Zum einen spielen in der Entstehung **psychosoziale Faktoren** – Belastungen und Traumen, Konflikte und/oder persönlichkeitsstrukturelle Defizite – eine bedeutsame Rolle. (Daher werden solche Störungen auch häufig als „psychogen" bezeichnet, obwohl beinahe alle hier aufgeführten Syndrome auch erbliche oder sonstige „somatische" Faktoren in ihrer Pathogenese aufweisen.) Zum anderen sind diese Krankheiten und Störungen durch Psychotherapie in einem solchen Maße beeinflußbar, daß dieses Behandlungsverfahren in der Regel die „**Therapie der Wahl**" sind. Dies gilt auch dann, wenn – wie im Falle der sogenannten Psychosomatischen Krankheiten – Psychotherapie oft mit Pharmakotherapie oder anderen zusätzlichen Maßnahmen gemeinsam angewendet werden muß.

Epidemiologie: 80–95 % der Gesamtbevölkerung kennen irgendwelche psychogenen Symptome, zumindest passagerer Art, an sich selbst. Den meisten Studenten dürften beispielsweise psychogene Symptome vor Prüfungen (z.B. Durchfall, Harndrang, Infektneigung, Schlafstörungen, depressive Verstimmungen) bekannt sein.

Ca. 15 % der Bevölkerung zwischen 20 und 50 Jahren leidet an psychogenen Störungen solcher Intensität, daß fachpsychotherapeutische Hilfe notwendig wäre. Durch die Art ihrer häufig körperbezogenen Beschwerden und ihre Angst vor Stigmatisierung als eingebildet krank oder verrückt kommen diese Patienten der Neigung vieler Ärzte entgegen, ihre Patienten „symptomatisch", d.h. in diesem Falle unsachgemäß mit Medikamenten, chirurgischen Eingriffen und obskuren Ratschlägen zu behandeln und damit in großem Ausmaß diese Krankheiten zu chronifizieren. Durchschnittlich 7 Jahre werden insbesondere Patienten mit somatoformen Störungen in dieser Weise fehlbehandelt (und absolvieren ihre „Odyssee" durch die Fachgebiete), ehe sie in fachpsychotherapeutische Behandlung kommen.

Bei neurotischen (Psychoneurosen) und neurotisch-somatoformen (funktionell-neurotischen) Störungen und Suizidversuchen überwiegt der Frauenanteil.

Von Persönlichkeitsstörungen, Alkoholismus, ausgeführten Suiziden und Delinquenz aufgrund psychogener Störungen sind Männer häufiger betroffen.

Es gibt Hinweise auf ein häufigeres Vorkommen psychogener Störungen in unteren Sozialschichten. Allerdings befinden sich mehr Angehörige der Mittelschicht in psychotherapeutischer Behandlung.

1.2 Reaktionen auf schwere Belastungen und Anpassungsstörungen (Erlebnisreaktionen) – F43

Definition und Erscheinungsbild: Reaktionen auf schwere Belastungen und Anpassungsstörungen (Erlebnisreaktionen) treten reaktiv auf äußere Belastungen auf, die eine nachvollziehbare Überforderung (z.B. Tod eines nahen Angehörigen, Krieg, Geiselhaft, schwere Naturkatastrophen) für den Betreffenden darstellen.

Zu den Erlebnisreaktionen gehören nach ICD-10:

- akute Belastungsreaktionen (F43.0);
- posttraumatische Belastungsstörungen (F43.1);
- Anpassungsstörungen (F43.2) (z.B. pathologische Trauer).

Nach dem Erscheinungsbild sind am häufigsten:

- paranoide Reaktionen (z.B. Bedrohungs- oder Verfolgungsgefühl in sprachfremder Umgebung);
- hysterische Reaktionen (z.B. psychogene Lähmungen oder Wegbleiben der Sprache);
- und phobische Reaktionen (z.B. „Platzangst").

1.2.1 Akute Belastungsreaktion – F43.0

Definition und Erscheinungsbild: Bei einer akuten Belastungsreaktion handelt es sich um eine vorübergehende Störung von beträchtlichem Schweregrad, die sich bei einem nicht manifest psychisch gestörten Menschen als Reaktion auf eine außergewöhnliche körperliche oder seelische Belastung (z.B. Tod eines Angehörigen) entwickelt, und im allgemeinen innerhalb von Stunden oder Tagen wieder abklingt.

Eine akute Belastungsreaktion darf nur dann diagnostiziert werden, wenn ein unmittelbarer Zusammenhang zwischen der Belastung und dem Symptombeginn vorliegt und die Reaktion innerhalb weniger Minuten oder sofort beginnt.

Es findet sich ein gemischtes und rasch wechselndes Bild. Nach anfänglicher „Betäubung" kommt es zu Depression, Angst, Ärger, Verzweiflung, Überaktivität oder Rückzug.

Die Symptome sind rasch (wenige Stunden) rückläufig.

1.2.2 Posttraumatische Belastungsstörung – F43.1 (posttraumatic stress disorder)

Definition: Eine posttraumatische Störung wird durch ein belastendes Ereignis hervorgerufen, das fast jeden Menschen in eine Situation außergewöhnlicher oder katastrophaler Bedrohung bringt (z.B. schwere Naturkatastrophen, Kriege, Geiselnahme) und das außerhalb der üblichen menschlichen Erfahrung (z.B. eines Trauerfalles oder eines Ehekonfliktes) liegt. Das gewaltsame Ereignis trifft ein Individuum so stark und unvorbereitet, daß es den Reizschutz des Opfers durchbricht. Es entsteht eine (regressive) Situation des Ausgeliefertseins, der Hilflosigkeit und der völligen Abhängigkeit von äußeren Bedingungen. Die starken Bedrohungserlebnisse führen zu nachhaltigen psychischen Regulationsstörungen. Die Symptomatik tritt in der Regel nach einer Latenzzeit von Wochen bis Monaten nach dem Trauma auf.

Symptomatik: In sich aufdrängenden Erinnerungen, Halluzinationen, dissoziations-artigen Episoden oder belastenden Träumen wird das traumatische Ereignis fortwährend wiederholt und führt immer wieder zum Durchleben intensiven Leids.

Gleichzeitig kommt es zu einer Verminderung der allgemeinen Reagibilität und Emotionalität. Es werden große Anstrengungen unternommen, alle Stimuli, die mit dem Trauma in irgendeiner Verbindung stehen, zu vermeiden. Es stellt sich ein Gefühl des Betäubtseins und der Entfremdung, Interessenverlust, Gleichgültigkeit gegenüber anderen Menschen, Anhedonie (Genußunfähigkeit) und Teilnahmslosigkeit gegenüber der Umgebung ein.

Das Erregungsniveau ist ständig erhöht. Die Betroffenen sind reizbar, leiden unter Hypervigilanz und Schlaflosigkeit, Schreckhaftigkeit und Konzentrationsstörungen.

Die Störung folgt dem Trauma mit einer Latenz, die Wochen bis Monate dauern kann.

Differentialdiagnose:

- akute Belastungsreaktionen (Hier entstehen die Symptome sofort und verschwinden nach wenigen Stunden wieder.),
- depressive, phobische oder Angststörungen,
- hirnorganische Erkrankungen.

Therapie: Kurzfristig kommt stützende Krisenintervention zum Einsatz. Eventuell macht sich die Gabe von Psychopharmaka erforderlich.

Das langfristige Ziel besteht in der Integration des traumatischen Erlebnisses in das gegenwärtige Leben (über dosiertes Wiederbeleben des traumatischen Ereignisses und damit verbundener Gefühle mit dem Ziel der Stärkung der Ich-Funktionen und damit der Wiedererlangung der Steuer- und Kontrollfähigkeit).

1.2.3 Anpassungsstörungen – F43.2 (Pathologische Trauer)

Definition: Anpassungsstörungen sind Zustände von subjektivem Leiden und emotionaler Beeinträchtigung während des Anpassungsprozesses

1. nach einer entscheidenden Lebensveränderung (z.B. nach einem Umzug in eine fremde Stadt),
2. nach einem belastenden Lebensereignis (z.B. nach Tod eines Angehörigen) oder auch
3. nach schwerer körperlicher Krankheit. Die Belastung kann
4. durch eine Verletzung des sozialen Netzes (z.B. Wegfall einer stützenden Beziehung), aber auch
5. durch Verlust der Zugehörigkeit zu einer sozialen Gruppe oder der eigenen Kultur (z.B. nach Emigration) zustande kommen.

Symptomatik: Die Anzeichen sind unterschiedlich und umfassen depressive Stimmung, Angst, Besorgnis, ein Gefühl, unmöglich zurechtzukommen, vorausplanen zu können oder so weiterzumachen wie bisher, ferner eine Einschränkung bei der täglichen Routine. Der Betreffende kann sich so fühlen, als stünde er kurz vor Ausbruch eines nicht mehr steuerbaren Verhaltens, wozu es aber selten kommt. Die sozialen Funktionen und Leistungen sind behindert.

Pathologische Trauer als Form der Anpassungsstörung

Definition: Bei der pathologischen Trauer handelt es sich um eine Form der Anpassungsstörung, bei der es zu einem Übermaß an Länge und Intensität der Reaktion auf den Verlust nahestehender Menschen kommt.

Symptomatik:

* Psychovegetative Störungen. Diese Störungen werden oft hypochondrisch verarbeitet. Infolge einer Identifikationstendenz mit dem Verstorbenen kann es zu einer Symptombildung kommen, die der des Verstorbenen ähnelt. So leidet der Betreffende beispielsweise an Herzschmerzen, nachdem sein Partner an einem Herzinfarkt verstorben ist.
* Selbstvorwürfe,
* „Versteinerung",
* ambivalente Einstellungen gegenüber den Verstorbenen, aber auch lebenden Personen z.B. Ärzten.

Pathogenese: In der Regel folgt eine pathologische Trauer auf eine zwiespältige (ambivalente) Beziehung (z.B. Liebe und Haß, Mitgefühl und Vernachlässigung). Der negative Affektanteil (z.B. Haß) ist in der Regel unbewußt, wird also nicht wahrgenommen, während der positive Affektanteil (z.B. Liebe) bewußt empfunden wird.

Nach Verlust einer solchen Beziehung kommt es wegen der zwar unbewußten, aber doch vorhandenen negativen Gefühle zur Aktivierung von Schuld- und Versündigungsgefühlen. Diese Gefühle müssen abgewehrt werden und sind für die Symptomentstehung verantwortlich.

(Der Verlust eines Menschen, zu dem tatsächlich eine überwiegend gute Beziehung bestand, wird besser vertragen!)

1.2.4 Sonstige Reaktionen auf schwere Belastungen – F43.8 (z.B. Erschöpfungsreaktion)

Bei einer Erschöpfungsreaktion handelt es sich um eine Form der Erlebnisreaktion, die eine überwiegend vegetative Reaktion (Unruhe, Schlafstörungen, Reizbarkeit) auf eine objektive oder subjektive äußere Überforderung (z.B. im Berufsleben) darstellt.

1.3 Neurotische Störungen („Psychoneurosen")

Allgemeines: Im Rahmen dieses Lehrbuches werden als neurotische Störungen im engeren Sinne die Krankheitsbilder betrachtet, in deren Entstehung ein Konflikt, der häufig nicht dem Bewußtseins zugänglich ist, die wesentliche Rolle spielt (deshalb werden neurotische Störungen auch als **konfliktmotivierte Krankheiten** bezeichnet). Die ICD-10 sieht diese Zuordnung nach der Entstehung nicht vor, so daß beispielsweise mit Hilfe des Codes F42 nicht nur eine Zwangsneurose, sondern auch ein Zwangssyndrom im Rahmen einer schizophrenen Psychose verschlüsselt werden kann. Insofern dient der Code F42 lediglich der Deskription (Beschreibung) der Störung, nicht etwa der Zuordnung zu einer Krankheitseinheit, die auch nach ihren Ursachen definiert ist. Dies betrifft prinzipiell (s. Kap. II) auch alle anderen in diesem

Buch vorkommenden Krankheiten und Störungen, schafft jedoch besondere Verwirrung bei der Einordnung der Neurosen.

In diesem Abschnitt werden zunächst die Neurosen behandelt, bei denen psychische Symptome im Vordergrund stehen:

* die phobischen Störungen,
* die anderen Angststörungen,
* die neurotisch-depressiven Störungen,
* die Zwangsstörungen,
* die dissoziativen und Konversionsstörungen (hysterische Neurosen).

Diejenigen Neuroseformen, in deren Erscheinungsbild primär körperbezogene Symptome dominieren, werden unter dem Begriff der somatoformen Störungen anschließend (1.4) behandelt.

1.3.1 Phobische Störungen – F40

Allgemeines: Im Gegensatz zur ungerichteten Angst sind Phobien (Phobia = Furcht) Krankheiten, bei denen gerichtete, an einen Gegenstand, einen lebenden Organismus oder eine Situation gebundene Ängste im Vordergrund stehen.

Phobische Ängste (eigentlich Befürchtungen) zeichnet folgendes aus:

* Sie sind gerichtet.
* Sie sind in bezug auf die reale Situation unverhältnismäßig.
* Sie sind vernünftiger Argumentation nicht zugänglich.
* Sie sind der Kontrolle des Willens entzogen.
* Sie können zu einer krankheitswertigen Einschränkung des täglichen Lebens führen.

Man unterscheidet an Störungsformen:

* die Agoraphobie (mit und ohne Panikstörung),
* die soziale Phobie,
* die spezifische, isolierte Phobie (die Krankheitsphobie, einfache Phobien).

Epidemiologie: Allein Agoraphobien kommen irgendwann im Leben jedes 5. Menschen (lebenslange Prävalenz von 20%) vor, wobei eine hohe Spontanheilungsrate vorhanden ist.

Behandlungsbedürftige Phobien liegen bei 1% bis 5% der Bevölkerung vor (Punktprävalenz). Frauen sind überwiegend betroffen.

1.3.1.1 Agoraphobie – F40.0

Definition und Erscheinungsbild: Die Bezeichnung Agoraphobie richtet sich ursprünglich auf die Furcht vor dem Überqueren freier Plätze (Agora = der Marktplatz; Agoraphobie = „Platzangst").

Heute werden im Begriff der Agoraphobie vor allem die Angst in geschlossenen Räumen (Klaustrophobie) und Verkehrsmitteln, aber auch auf Straßen und Plätzen gefaßt, wenn sie mit folgenden Merkmalen verbunden ist:

* Angst vor dem Verlust der Kontrolle über den eigenen Körper oder über das eigene Verhalten auf öffentlichen Plätzen oder in Räumen.

- Angst, Sicherheit vermittelnde Personen oder Orte zu verlassen, so daß die phobisch besetzten Situationen zunehmend gemieden werden oder nur noch in Begleitung aufgesucht werden können.

Symptomatik:

- Diffuse Angst in entsprechenden Situationen,
- Angst, ohnmächtig zu werden oder tot umzufallen,
- Angst, eine Szene zu machen,
- Angst, hilflos anderen ausgeliefert zu sein,
- Angst, keine Hilfe zu bekommen,
- Herzrasen,
- Schwindel,
- Hyperventilation.

Am häufigsten wird bei agoraphoben Patienten Angst in folgenden Situationen provoziert:

- In einem Geschäft Schlange stehen,
- eine Verabredung einhalten,
- Gefühl des Festgehaltenseins (z.B. beim Friseur unter einer Trockenhaube oder auf einem Mittelplatz einer Reihe im Theater),
- zunehmende Entfernung von zu Hause,
- bestimmte Plätze,
- über eigene Probleme grübeln,
- häusliche Auseinandersetzungen.

Angstentlastende Situationen bei agoraphobischen Patienten sind:

- Begleitung durch Ehepartner,
- Sitzplatz in Türnähe (z.B. im Restaurant),
- Konzentration auf andere Dinge,
- Nähe vertrauter Objekte (z.B. Haustier),
- Begleitung durch befreundete Personen,
- Problembesprechung mit dem Hausarzt oder sonstiger vertrauenswürdiger Person.

Krankheitsbeginn: Zwischen dem 18. und 35. Lebensjahr tritt eine Angstattacke oder eine depressiv-ängstliche Verstimmung auf. Einige Wochen später kommt es zu ersten phobischen (Meidungs-) Erscheinungen.

Auslösung: Stark verunsichernder Charakter der auslösenden Situation (körperliche Krankheit, Partnerkonflikte) und/oder sehr spezifische Versuchungs-/Versagungssituationen, d.h. Situationen, die aggressive oder sexuelle Bedürfnisse provozieren und frustrieren.

Konfliktspezifik: Es handelt sich meist um einen **Abhängigkeits-Autonomiekonflikt.** Bedürfnisse nach Verselbständigung, Weggehen aus der Partnerschaft etc. werden als bedrohlich abgewehrt. Die Bedrohlichkeit eigener diesbezüglicher Impulse wird auf neutrale Situationen „verschoben" (Abwehrmechanismus der Verschiebung). Die „Verdrängung" des Verlangens nach einer Autonomie des Selbst zugunsten der Befriedigung regressiver Wünsche nach Sicherheit und Geborgenheit führt die Person in ständig größere innere Spannung: Bleibt die Person im Schutz der Abhängigkeit und Geborgenheit der Partnerbeziehung, wächst der Druck der nach Autonomie drängenden neugierigen, aggressiven und sexuellen Impulse. Dadurch kann weder Abhängigkeit noch Autonomie spannungsfrei gelebt werden.

Therapie: Leichtere Formen sind mit allen Verfahren zu behandeln. Verhaltenstherapeutische Methoden sind in diesem Fall am ökonomischsten. Schwere, chronifizierte Fälle bedürfen meist einer Kombination fokaler psychoanalytisch orientierter und verhaltenstherapeutischer Verfahren, dann auch innerhalb stationärer Psychotherapie.

1.3.1.2 Soziale Phobien – F40.1

Definition: Sozialphobien beziehen sich auf die bloße Gegenwart von Menschen und sind immer mit der Befürchtung negativer Bewertung durch andere verbunden. Sie führen zwangsläufig zum sozialen Rückzug mit sekundärer Angstverstärkung. Hier werden auch enge Beziehungen zur Agoraphobie sichtbar.

Symptomatik: Hauptsymptome sind entweder das Meiden von Öffentlichkeit überhaupt oder das Vermeiden bestimmter Handlungen im Beisein anderer Menschen, z.B.

* das Essen,
* das Arbeiten,
* das Schreiben,
* das Reden unter den Blicken anderer,
* das Berühren bestimmter Themen in der Öffentlichkeit.

Das Vermeidungsverhalten wird begründet mit der

* Angst zu erröten (Erythrophobie),
* Angst, mit den Händen zu zittern, oder
* Angst, zu versagen.

Die Angst vor einer Beschämung oder überhaupt einer negativen Bewertung durch andere Menschen, besonders Fremde oder Autoritätspersonen, führt zu zunehmendem sozialen Rückzug.

Pathogenese und Konfliktlage: Der Schritt aus der Ursprungsfamilie in neue soziale Beziehungen an der Schwelle zum Erwachsenwerden ist aus irgendwelchen Gründen erschwert (mangelnde Unterstützung, erhebliche Diskrepanz zwischen familiärer und neuer sozialer Situation usw.).

Es besteht häufig eine Rollenunsicherheit (die Ursprungsfamilie hat u.U. den eigenen sozialen Auf- oder Abstieg nicht bewältigt u.a.).

Die allgemeine Schüchternheit und Ängstlichkeit vieler Sozialphobiker ist nicht selten auf Persönlichkeitsstörungen zurückzuführen. Dabei spielt eine Selbstwertregulationsstörung eine erhebliche Rolle, die mit großer Empfindlichkeit gegenüber Beschämungen und Kränkungen einerseits und der Notwendigkeit am Festhalten von Größenphantasien (durch Meiden der Realität) andererseits verbunden ist.

Therapie: Ähnlich der Agoraphobie bieten sich für leichtere sozialphobische Störungen verhaltenstherapeutische Techniken (Rollenspiele, Selbstsicherheitstraining, Reizüberflutung) als ökonomische therapeutische Möglichkeit an. Liegen schwerwiegendere strukturelle Störungen zugrunde, muß unter Umständen eine längere stationäre oder ambulante Kombinationstherapie psychoanalytischer und verhaltenstherapeutischer Verfahren erfolgen.

1.3.1.3 Sonstige, einfache Phobien – F40.2

Unter diese Rubrik fällt eine Fülle phobischer Erscheinungen. Wesentlich für die Einordnung solcher Störungen als medizinisch bedeutsam ist der Grad der sozialen Beeinträchtigung.

Prinzipiell jede Phobie, auch eine einfache Zoophobie (Furcht vor Schlangen, Spinnen, sonstigen Tieren, besonders Hunden) kann durch den Grad der Behinderung in der Teilnahme am öffentlichen Leben Krankheitswert bekommen (z.B. kann eine Hundephobie die Arbeitsfähigkeit eines im Freien Arbeitenden schwer beeinträchtigen).

Eine Dysmorphophobie (Angst, körperlich mißgestaltet zu sein) nimmt mitunter wahnhaften Charakter an und ist dann ein quälendes, jede Konzentration auf etwas anderes ausschließendes Krankheitsbild.

Die unterschiedlichen Krankheitsphobien, von denen die Herzphobie (bzw. das Herzangstsyndrom) und die Krebsangst („Karzinophobie") die verbreitetsten sind, kann je nach dem zugrundeliegenden persönlichkeitsstrukturellen Defizit als leichteres oder schwerstes Krankheitsbild imponieren.

1.3.2 Angstneurosen – F41

Allgemeines: Die Angst der Angstneurose unterscheidet sich in folgender Weise von der Angst der phobischen Störung:

- Die Angst hat keinen Objektbezug (wie bei der Phobie), sondern ist „frei flottierend".
- Die Angst ist nicht vermeidbar (wie die phobische Angst dadurch vermeidbar ist, daß bestimmte Situationen gemieden werden) und unkontrollierbar.
- Die Angst bei den Angststörungen hat die Form der Panikstörung oder einer generalisierten Angststörung.

Von der Angstneurose sind Zustände „normaler Angst" abzugrenzen, d.h.:

- die Realangst, die der Abwehr äußerer Gefahren dient, d.h. die Angst vor realen Angriffen auf die eigene Sicherheit und Integrität oder auf andere Personen, mit denen man sich verbunden fühlt, sowie die Angst vor dem Verlust Sicherheit gebender Personen oder Situationen;
- die Signalangst, die der Bewältigung innerer Gefahren dient, d.h. die Angst vor einer Gefährdung der inneren Balance von Bedürfnis und Abwehr, z.B. durch andrängende aggressive, sexuelle oder regressive Bedürfnisse;
- die Angstlust (der „thrill", der Nervenkitzel), d.h. die Verstärkung der Erregung durch die Beteiligung und das Aushalten von Angst, womit auch die Verstärkung der Motivation zu neuen, riskanten Unternehmungen einhergeht (das Abenteuer, die neue Liebe usw.).

Epidemiologie: In der Gesamtpopulation leiden 1,5–5% der Menschen an einer Form von Angststörungen.

In psychotherapeutischen Kliniken sind Angststörungen mindestens bei 10% der Patienten verbreitet. In allgemeinmedizinischen Praxen werden Angststörungen bei 5–15% der Patienten gesehen bzw. häufig fehldiagnostiziert.

Symptomatik:

- Akute anfallsartige (Panikattacken) oder chronische Zustände frei flottierender Angst, meist in Form von Todesangst,
- unspezifische körperliche Begleiterscheinungen der Angst (Herzrasen, -klopfen; Atemnot; Erstickungsgefühle; Schwitzen; Herzbeschwerden; Durchfälle u.v.a.), Entfremdungs- und Depersonalisationserlebnisse,
- Angst, „verrückt zu werden".

Die Angst wird körperlich erlebt als rascher oder unregelmäßiger Puls, als Schwindel, als Schwächegefühl, als Atemnot, als weiche Knie, als Schwitzen, als Harn- oder Stuhldrang. (Darüber hinaus kann Angst hinter allen somatoformen Störungen und Schmerzsyndromen verborgen sein!)

Die Angst wird psychisch erlebt als Beklommenheit, als Besorgnis, als Aufgeregtheit, als Außersichgeraten, als Panik, als Weltuntergang, als Kontrollverlust über die eigene Person u.a.

Differentialdiagnose: Agoraphobie, Herzangstsyndrom, Hyperventilationssyndrom, koronare Herzkrankheit, endokrine Syndrome (Hyperthyerose, Phäochromozytom), agitierte Depression, Angst bei paranoid-halluzinatorischem Syndrom (Schizophrenie).

Pathogenese und angstauslösende Situationen: Häufig findet sich bezüglich der Entstehung eine ähnliche Grundkonstellation wie bei der Agoraphobie, mit der überhaupt Angststörungen oft gekoppelt sind (Agoraphobie mit und ohne Panikattacke).

Prinzipiell alle Situationen, die die intrapsychische Balance stören, d.h. die vorhandenen Abwehr- und Bewältigungsmechanismen überfordern, können eine Angststörung auslösen z.B.: Angst vor Nähe, Verschmelzung; Angst vor Selbstverlust; Angst vor Liebesverlust; Angst vor Selbstwertverlust; Angst vor Überwältigung; Angst vor Schuld; Angst vor der eigenen Triebhaftigkeit.

Je nach Strukturniveau der Persönlichkeit wird mit unterschiedlicher Angst reagiert, so z.B.:

- auf niedrigem strukturellen Niveau (bei Regression auf eine frühe Störungsebene im Zusammenhang mit Defiziten des Bindungs- und Autonomiesystems) mit Trennungsangst, Angst vor Nähe bzw. Verschmelzung bzw. Selbstverlust, Angst vor Beschädigung der Objekte (Personen), von denen man abhängig ist;
- auf mittlerem strukturellen Niveau (bei Regression auf eine Störungsebene im Zusammenhang mit der Entstehung des Autonomiesystems und der Identität) mit Liebesverlustangst, Angst vor Selbstwertverlust durch Beschämung oder narzißtische Kränkung, Angst, zu versagen, Angst vor Überwältigung;
- auf hohem, reifen Strukturniveau mit Schuldangst (Gewissensangst); Angst vor der eigenen Triebhaftigkeit, insbesondere der mit Auslieferung verbundenen Impulsen; Angst vor Verlust der körperlichen Integrität (durch Strafe, Schmerz, sog. Kastrationsangst).

Entsprechend unterschiedlich sind auch die Bewältigungsversuche.

So wird zu bewältigen versucht die

- Trennungsangst durch (auch nicht realitätsgerechtes) Festhalten an harmonischen Beziehungen um jeden Preis,

- Angst vor Nähe oder Verschmelzung durch Vermeiden von Nähe sowie durch Kontrolle und Entwertung der Bezugspersonen,
- Selbstverlustangst durch Anstrengung und Selbstaktivierung (Vergewisserung eigener Möglichkeiten zu sein) oder Selbststimulierung (sich selbst spüren bis zur Selbstverletzung),
- Liebesverlustangst durch Unterordnung und Anpassung (auf Kosten von Eigenständigkeit),
- Angst vor Beschämung durch Bemühungen um narzißtische Selbstaufwertung, Streben nach Bedeutung, Selbstüberhöhung, Verfolgung von Größenideen etc. (auf Kosten von Bindung und Vertrauen),
- Angst vor Überwältigung durch kämpferische, mißtrauische Abgrenzung (auf Kosten von Hingabe und Nähe),
- Gewissensangst durch Delegation von Verantwortung an andere und Idealisierung von Gehorsam (auf Kosten von Freiheit und Toleranz),
- Angst vor eigener Triebhaftigkeit durch Externalisierung; „die anderen sind unanständig" (auf Kosten von Selbsterkenntnis und Selbstannahme),
- Angst vor körperlicher Verletzung durch Kontrolle und Manipulation der anderen; sog. Agieren narzißtischer Allmachtsideen (auf Kosten von Bindung und Partnerschaft).

Besonders häufig wird der Arzt mit der Selbstmedikation als Bewältigung konfrontiert. Das häufigste selbstverordnete „Medikament" gegen die Angst ist der Alkohol. Es ist anzunehmen, daß ein hoher Prozentsatz der Alkoholkrankheit dem Versuch geschuldet ist, durch Alkohol die Kontrolle über die Angst zu bekommen. An zweiter Stelle rangieren Tranquilizer (auch mit erheblicher Suchtpotenz). Ebenfalls hat es jeder Arzt mit der Somatisierung der Angst zu tun. Der körperliche Aspekt der Angst tritt in den Mittelpunkt des Erlebens und führt zur diagnostisch-therapeutischen Odyssee u.U. durch viele Disziplinen der Medizin (siehe z.B. die Somatisierungsstörung).

Die Angst wird manifest, wenn die genannten Versuche ihrer Bewältigung scheitern.

Therapie: Ängste bedürfen häufig einer **Krisenintervention**, wenn es sich um quälende Zustände großer Hilflosigkeit, verbunden mit der Überzeugung, an der Angst zu sterben, handelt.

Psychotherapeutisch lassen sich viele Angststörungen mit verhaltenstherapeutischen Techniken gut behandeln. Je nach Schweregrad einer zugrundeliegenden strukturellen Störung sind Nachreifung und Förderung der Konfliktverarbeitung im Rahmen psychoanalytisch orientierter Verfahren angezeigt.

1.3.3 Zwangsstörungen (Zwangssymptome, Zwangsneurosen und Zwangscharakter) – F42

Zwangsstörungen treten in Form von Zwangsgedanken und/oder Zwangshandlungen auf.

Zwangsgedanken oder Grübelzwang: Wiederkehrende Ideen, Vorstellungen, Impulse, die den Betroffenen stereotyp beschäftigen, z.B. der Zwang, ständig Alternativen zu anstehenden Handlungen in grüblerischer Weise zu denken, ohne eine der Alternativen bevorzugen zu können; oder sich aufdrängende Ideen, einem Angehörigen müsse etwas Schlimmes passieren; oder der zwanghafte Gedanke, das eigene Kind mit dem Messer verletzen zu müssen; oder der Zwang, obszöne Gedanken an einem besonders feierlichen Ort zu denken.

Zwangshandlungen oder Zwangsrituale: Zwangshandlungen können nicht ohne starke Angst unterlassen werden. Sie müssen also realisiert werden. Beispiele: Waschzwang (Hände- oder Körperwaschungen bis zu hochgradigen Hautschädigungen), Kontrollzwang (Türen, Schlösser, Hähne, mögliche Eindringstellen für Diebe u.v.a., z.T. stundenlanges, sich immer wiederholendes Überprüfen).

Intrapsychische Mechanismen der Entstehung von Zwangssymptomen

Folgende intrapsychische Abwehrmechanismen stehen im Vordergrund:

- Affektisolierung (so wird der aggressive Affekt, der eigentlich dem Partner gilt, dadurch von der bewußten Wahrnehmung isoliert, daß er beispielsweise in der Zwangsvorstellung gebunden wird, man könnte ein Kind überfahren).
- Verschiebung (so wird z.B. die Angst vor Befleckung durch eigene sexuelle Triebhaftigkeit auf die Angst vor Beschmutzung bei der Berührung alltäglicher Gegenstände verschoben und dort durch Waschrituale bekämpft).
- Reaktionsbildung (so bildet beispielsweise der unter starkem sexuellem Triebdruck stehende Moralapostel einen übertriebenen Eifer in der Verfolgung sexueller Freizügigkeit aus).

Ein Zwang kann für die psychische Regulation bei sog. frühen strukturellen Störungen (z.B. einer narzißtischen oder Borderline-Persönlichkeitsstörung) eine wesentliche Funktion gewinnen.

Bei diesen Störungen dient die Zwangssymptomatik der Sicherung der Kohärenz des Selbst, weniger der Entschärfung von psychischen Konflikten zwischen Über-Ich und Es. Die Zwangshandlungen und -grübeleien kanalisieren dabei Spannungen, die in einem durch archaische Enttäuschungswut hochgradig labilisierten Selbst anders nicht mehr kompensiert werden können.

Zur nosologischen Zuordnung von Zwangsstörungen

Bei mit Zwangssymptomen einhergehenden Störungen handelt es sich nicht um ein einheitliches Krankheitsbild (eine sog. nosologische Entität). Die einzige Gemeinsamkeit aller Störungen mit Zwangssymptomen liegt im Erscheinungsbild des Zwanges und einer gewissen Einheitlichkeit der bei der Symptomentstehung verwendeten Abwehrmechanismen der Affektisolierung und Reaktionsbildung. Die Ursache kann im Fall einer intakten Persönlichkeitsstruktur ein brisanter innerer Trieb-Gewissenskonflikt (destruktive sadistische Impulse werden angsterregend) sein, der z.B. in Form eines Wasch- oder Kontrollzwanges entschärft wird. Im Fall einer schweren strukturellen Störung (mit drohendem Zerfall der Persönlichkeit) dagegen kann der Mechanismus als vorletzte (vor der psychotischen Fragmentierung im paranoid-halluzinatorischen Syndrom) Möglichkeit eingesetzt werden, die eigene Welt (zwanghaft) zu strukturieren.

Der biologische Sinn von Zwangssymptomen liegt in der Wahrung der Kohärenz des Selbst oder der Verhinderung eines Zerfalls der Persönlichkeit angesichts großer intrastruktureller Spannungen oder fragiler defizitärer Ich-Strukturen. Somit treten Zwänge als Selbstheilungsversuche auf, die einerseits von Spannung entlasten, andererseits durch Stereotypien und Rituale dem drohenden Chaos eine Struktur geben.

Therapie: Nur Zwangserscheinungen im Rahmen nicht allzu ausgeprägter struktureller Defizite sind psychotherapeutischen Verfahren (Verhaltenstherapie und psychoanalytische Fokaltherapie) gut zugänglich.

Schwere, lange chronifizierte Zwangsstörungen im Rahmen von Persönlichkeitsstörungen sind eine Crux der Psychotherapie. Häufig sind Erleichterungen nur mit Langzeitbehandlungen stationärer und ambulanter Art möglich.

1.3.4 Dissoziative Störungen und Konversionsstörungen (früher „hysterische Störungen") – F44

Allgemeines: Der gemeinsame Nenner der Konversions- und dissoziativen Störungen liegt in der Psychodynamik, d.h. spezieller Abwehrleistungen in Form der Dissoziation (Spaltung) und Konversion (Umwandlung, Verwandlung). Unterschiedliche Bedrohungen (äußere Konflikte oder Traumen, Kränkungen, innere Triebgefahren, strukturelle Überforderungen) werden durch eine Veränderung von Selbstrepräsentanzen (Selbstanteilen) abgewehrt. Der/die Betreffende erlebt sich selbst teilweise oder als ganze Person anders und erscheint auch anders. Derartige Störungen sind außerordentlich vielgestaltig und können praktisch jede somatische Krankheit imitieren. (Zahlreiche Hollywood-Filme leben von der Dramatik der sogen. multiplen Persönlichkeit, über deren Existenz in Gerichtsprozessen gestritten wird. In der Praxis kommen jedenfalls nicht-schizophrene Kranke, die zwischen mehreren Identitäten wechseln, ohne sich dieser Vorgänge bewußt zu sein, extrem selten vor.)

Formen der Veränderung der Selbstrepräsentanz bei dissoziativen und Konversionsstörungen und klinische Symptomatik: Es kommt zur Dissoziation (Spaltung)

- in Form von Abspaltung einzelner Bewußtseinsbereiche. Die Folge sind psychogene Dämmerzustände (Poriomanie: Umherwandern und -reisen in Zuständen veränderten Bewußtseins, Trance-Zustände ohne Ortsveränderung, teilweise verbunden mit Selbstverletzungen bzw. Artefakten, letzteres speziell im „Münchhausensyndrom", Trance-Anfälle),
- in Form einer selektiven Amnesie, in Form von Spaltungen der gesamten Persönlichkeit (unterschiedliche Identitäten werden angenommen: Dr.-Jekyll-und-Mr.-Hyde-Syndrom, multiple Persönlichkeit),
- es kommt zur Konversion („Umwandlung" einer intrapsychischen Spannung in ein hysterisches Symptom),
- in Form der Veränderung von Ich-Leistungen (Psychogene Intelligenzstörung, Blindheit, Taubheit),
- in Form von Störungen des Körperschemas (verbunden mit Sensibilitätsstörungen, Lähmungen),
- in Form von Anfällen (Arc de cercle),
- in Form von Schmerzzuständen mit deutlich symbolischem (ein Bedürfnis ausdrückendem) Charakter.

Funktion dissoziativer und hysterischer Symptome: Durch Dissoziation und Konversion entledigt sich die Person auf eine dramatische Weise der Verantwortung für eigenes (mit dem Selbstbild unvereinbares) peinigendes, beschämendes oder ängstigendes Fühlen, Denken und Handeln. Entweder das Bewußtsein, oder das Gedächtnis oder bestimmte Selbstrepräsentanzen werden dissoziiert, so daß teilweise gänzlich andere Rollen „gespielt" werden können bzw. durch Konversion das körperliche Funktionieren erheblich verändert ist. Der Patient stellt sich sowohl vor anderen als auch vor sich selbst anders dar als er ist. Daher wird auch von histrionischen (theatralischen, an das Theaterspielen erinnernden) Störungen gesprochen. Dieser unbewußte Mechanismus verweist nicht nur auf ideale Ansprüche an die eigene Person („Du sollst möglichst vollkommen sein oder du bist krank."), sondern auch eine Unfähigkeit, den Anforderungen anderer Personen eigene Ziele oder auch nur Widerstand entgegenzusetzen.

Prinzipiell alle Konfliktformen können im Rahmen dieser Störungen entschärft werden.

Im Falle eines Über-Ich-Es-Konfliktes wird z.B. ein anstößiger aggressiver Wunsch durch ein Symptom neutralisiert (der möglicherweise zuschlagende Arm ist gelähmt).

Ein schwaches Selbst erträgt nicht die Zurückweisung oder Ablehnung durch andere Menschen. Das Symptom (z.B. Taubheit oder Blindheit) verhindert die Wahrnehmung solcher Bedrohung und macht gleichzeitig hilfsbedürftig, d.h. die Umwelt verhält sich weniger zurückweisend.

Negative Gefühle oder „böse Handlungen" können angesichts von Ich-Schwäche, Schamgefühlen oder moralischen Skrupeln nicht als zur eigenen Person gehörig erlebt und gelebt werden. Diese Gefühle können in einer anderen Rolle oder einem bewußtseinsfernen Trancezustand realisiert werden. (Aus einem wohlanständigen Mr. Hyde wird ein passager triebhaftes Ungeheuer namens Dr. Jekyll.)

Therapie: Je nach zugrundeliegender struktureller Störung sind mehr oder weniger lange psychoanalytisch orientierte Behandlungen angezeigt, in denen die Integration dissoziierter Aspekte des Selbst und eine Entschärfung der oft vorhandenen Trieb-Gewissenskonflikte erreicht werden muß.

1.3.5 Psychogene depressive Störungen („neurotische Depression")

Allgemeines: In der ICD-10 wird die Klassifikation depressiver Störungen rein phänomenologisch und nicht ursachenorientiert vorgenommen (depressive Episoden F 32, rezidivierende depressive Störung F33, anhaltende affektive Störung Dysthymia F34.1.). An dieser Stelle wird in Abgrenzung zur psychiatrischen Krankheitslehre die psychogene depressive Störung behandelt (früher „neurotische Depression").

Symptomatik: Von den Symptomen bzw. Symptomgruppen eines depressiven Syndroms kann nicht auf ihre Ursache geschlossen werden. Wie bei allen depressiven Störungen handelt es sich auch bei der neurotischen Depression um:

- Beeinträchtigungen der Stimmung (depressive, gedrückte Stimmung, Niedergeschlagenheit, „Verstimmung") verbunden mit Selbstwertstörungen (vermindertes Selbstvertrauen, gegen die eigene Person gerichtete Vorwürfe) und Suizidideen bzw. suizidale Handlungen oder Selbstverletzungen;
- Verminderung des Antriebs (motorische Hemmung wie Verlangsamung der Bewegungen, Denkhemmung, Müdigkeit, Lustlosigkeit);
- Veränderungen der Denkinhalte (Freudlosigkeit; Sorgen gewinnen unangemessene Herrschaft über das ganze Denken; wahnhafte Ideen der Versündigung, der Schuld, der Verarmung);
- andere psychische Störungen wie Zwangsstörungen, Agoraphobie oder andere Phobien;

- vegetative Störungen (Schlaf-, Verdauungs-, Blutdruckregulationsstörungen, Kopfschmerzen u.v.a.);
- Merkmale der Vitalisierung der Depression (somatisches Syndrom nach ICD-10). Diese Merkmale sind Hinweise für eine gewisse biologische Eigengesetzlichkeit eines depressiven Geschehens. Sie können auch bei neurotischen Depressionen auftreten und sind nicht für deren „endogenen" Charakter beweisend. Die wichtigsten Merkmale sind: Tagesschwankungen der Depression („Morgentief", „Abendhoch"), Erwachen 2–3 Stunden vor der gewohnten Zeit, Gewichtsverlust, Libidoverlust, ausgeprägte vegetative Störungen, deutliche motorische Hemmung oder Agitiertheit, stark herabgesetzte Fähigkeit, emotional (auch auf freudige Ereignisse) zu reagieren.

Differentialdiagnose: Die **depressive Psychose** tritt familiär gehäuft auf, folgt eher einem Jahreszeitrhythmus. Die einzelnen, meist klar abgegrenzten Phasen beginnen und verschwinden oft schlagartig, zeigen evtl. auch manische Erscheinungen nach einer depressiven Episode, sprechen besser auf Psychopharmaka an.

Die **neurotische Depression** beginnt eher allmählich, zeigt weniger abgegrenzte Phasen als chronisch auf- und abschwellende Symptome. Häufig fehlen die Merkmale stärkerer Vitalisierung. Die Suizidalität ist weniger akut (als bei der depressiven Psychose), sondern mehr chronischer Art. Die neurotische Depression basiert darüber hinaus auf einem spezifischen Grundkonflikt und seiner mißlungenen Bewältigung. (s.a. III.8.1)

Der depressive Grundkonflikt – Bewältigung und Abwehr

Es handelt sich um einen **unbewußten Konflikt,** der in den frühen Entwicklungsphasen der Persönlichkeit (während der Entwicklung des Bindungs- und frühen Autonomiesystems) entsteht. Das sich schutzlos und alleingelassen erlebende Selbst entwickelt eine unstillbare Objektsehnsucht. Es besteht im späteren Leben ein permanentes Gefühl eines Verlustes, eines inneren Mangels, eines Bedürfnisses nach Komplettierung des Selbst durch eine harmonische symbiotische Beziehung. Gleichzeitig schützt sich das Ich vor den negativen Gefühlen, die an diesen Wunsch gebunden sind (z.B. vor Angst vor zu großer Abhängigkeit). Ganz unterschiedliche prämorbide Persönlichkeiten können diesen Grundkonflikt haben. Ihre Gemeinsamkeit besteht darin, daß sie das Beziehungsthema der Objektsehnsucht und der Objektenttäuschung bzw. des Verlustes zu bewältigen versuchen. Der depressive Grundkonflikt spielt nicht nur bei depressiven Störungen im engeren Sinne eine Rolle, sondern bei allen schweren, durch regressive Mechanismen gekennzeichneten Störungen wie Suchterkrankungen, aber auch somatoformen und psychosomatischen Störungen.

Wesentliche Bewältigungsmodi (als Kennzeichen der prämorbiden Persönlichkeit) des depressiven Grundkonfliktes

Die Grundstörung (der depressive Grundkonflikt) kann innerhalb verschiedener Modalitäten bewältigt werden. Insofern ist die prämorbide Persönlichkeit eines depressiven Patienten keineswegs einheitlich. Allerdings führt besonders häufig das Scheitern narzißtischer und altruistischer Bewältigungsformen infolge aktueller Konflikte zum Ausbruch psychogener depressiver Störungen, wobei dann Selbstwertregulationsstörungen, suizidale Krisen, phobische und Angstsymptome im Vordergrund stehen.

Im altruistischen Bewältigungsmodus wird versucht, dem Beziehungsthema der Objektsehnsucht und Objektenttäuschung mit übergroßer Fürsorglichkeit, Hilfsbereitschaft und mit der Unterordnung eigener Interessen bis hin zur Selbstaufopferung und Selbstaufgabe zu begegnen. Zur Symptombildung kommt es, wenn die Rolle des unentbehrlichen Helfers nicht mehr erfüllt werden kann (z.B. erkrankt eine Mutter, deren Lebensinhalt die Versorgung der Familie ist, wenn die Kinder aus dem Haus gehen).

Im narzißtischen Bewältigungsmodus wird versucht, dem Beziehungsthema der Objektsehnsucht und Objektenttäuschung mit narzißtischer Objektunabhängigkeit zu begegnen. Diese betonte Unabhängigkeit von anderen Menschen wird durch das ständige Bemühen erreicht, einem Ideal gerecht zu werden, möglichst einzigartige Leistungen zu vollbringen, grandios, allwissend und allmächtig zu sein. Damit verbunden sind Manipulationen und Entwertungen anderer Menschen und eine hohe Neigung zum Rivalisieren. Zur Symptombildung kommt es, wenn die narzißtische Gratifikation, etwas Besonderes zu sein, ausbleibt (z.B. im Falle beruflichen Scheiterns, der Zurücksetzung gegenüber einem Rivalen, des „Sitzengelassenwerdens" u.a.).

Im schizoiden Bewältigungsmodus wird versucht, dem Beziehungsthema der Objektsehnsucht und Objektenttäuschung mit der Meidung von emotionalem Kontakt, Bindung und Abhängigkeit zu begegnen. Zur Symptombildung kommt es, wenn die schizoide Distanzierung in der Versuchung von Nähe zusammenbricht (z.B. beim Sich-Verlieben).

Versagen die Bewältigungsmodi, treten Abwehrmechanismen in Funktion, die direkt zur depressiven Symptombildung beitragen. Im Vordergrund stehen Regression (Hilflosigkeit) und Wendung gegen die eigene Person (Depression, autoaggressives Verhalten, Schuldgefühle u.a.). Darüber hinaus sind je nach Ausgestaltung der Symptomatik Verschiebung, Projektion, Spaltung, psychosomatische Regression u.a. beteiligt.

Therapie: Die Psychotherapie der neurotischen Depression (d.h. des depressiven Grundkonfliktes) hat die spezifischen Formen des **Beziehungskonfliktes,** der auch die therapeutische Beziehung dominiert, zu berücksichtigen. Damit sind besondere Übertragungs- und Gegenübertragungsprobleme zu beachten.

In der Übertragung werden die Sehnsucht nach dem guten Objekt, aber immer auch (mehr oder weniger verdeckt) die frühe Objektenttäuschung thematisiert. Letzteres aktiviert auch bei unmerklichen Anlässen aggressive Gefühle dem Therapeuten gegenüber, die wiederum dem Wunsch nach einer harmonischen Beziehung entgegenstehen und abgewehrt werden durch autoaggressives Verhalten. Die Handhabung dieses Konfliktes ermöglicht erst die Thematisierung der unbewußten Beziehungswünsche und die zur Nachreifung notwendige Beziehungserfahrung.

In der Gegenübertragung werden Gefühle der Verpflichtung und Schuld dem (durch seine Angepaßtheit, Hilflosigkeit und Leistungsorientierung) sympathischen Patienten gegenüber Anlaß therapeutischer Überaktivität und Polypragmasie und zum Hindernis einer Zusammenarbeit unter realistischer Zielstellung.

Darüber hinaus bestehen charakteristische Probleme, Beziehungen aktiv und autonom zu gestalten.

Die Angst vor eigener Aktivität in Form von Zuwendungsforderungen an die Objekte dürfte das größte Hindernis in der Autonomieentwicklung sein. Die Patienten bedürfen häufig einer psychoanalytisch orientierten Fachpsychotherapie. Es bedarf u.U. längerer therapeutischer Bemühungen, ehe die Ängste vor Strafe und vor dem Verlust des Objektes sowie die massiven Schuldgefühle angesichts des Gewahrwerdens eigener aggressiver Einverleibungswünsche beherrschbar werden. Verhaltenstherapeutisch können Programme kognitiver Umstrukturierung, die der Korrektur selbstblockierender Einstellungen und Haltungen dienen, angewendet werden. Pharmakotherapeutische Aspekte sind zu bedenken.

1.4 Somatoforme Störungen – F45

Allgemeines und Definition: Der Begriff der somatoformen Störung wird als Oberbegriff für psychogene Störungen mit im Vordergrund stehender körperlich-funktioneller Symptomatik verwendet.

Das gemeinsame Charakteristikum aller somatoformen Störungen (F45 nach ICD-10) ist die wiederholte Darbietung körperlicher Symptome in Verbindung mit hartnäckigen Forderungen nach medizinischen Untersuchungen trotz wiederholter negativer Ergebnisse und Versicherung der Ärzte, daß die Symptome nicht körperlich begründbar sind. Sind doch irgendwelche körperlichen Störungen vorhanden, so erklären sie nicht die Art und das Ausmaß der Symptome oder das Leiden und die innere Beteiligung des Patienten. Gewöhnlich widersetzt sich der Patient zumindest initial allen Versuchen, eine psychische Ursache zu diskutieren.

Nach ICD-10 gehören zu den somatoformen Störungen (F45) die:
* Somatisierungsstörung (F45.0),
* undifferenzierte Somatisierungsstörung (F45.1),
* hypochondrische Störung (F45.2),
* somatoforme autonome Funktionsstörung (F45.3),
* anhaltende somatoforme Schmerzstörung (F45.4) sowie
* andere somatoforme Störungen (F45.8 und F45.9).

Merkmale aller somatoformen Störungen sind:
* Multiple Begleitsymptome (z.B. Erschöpfbarkeit, vegetative Störungen, Konzentrationsstörungen),
* oft hohe Beschwerdezahl und Neigung zu Symptomwandel,
* oft jahrelanger Verlauf mit schleichendem Beginn und hoher Chronifizierungsneigung,
* zahlreiche absolvierte (unbefriedigende) diagnostische und therapeutische Maßnahmen („doctor-shopping", gewichtsmäßig schwere Krankenakte),
* unzufriedene, frustrierte, sich unverstanden fühlende Patienten,
* auf das Krankheitsgeschehen fixierte Patienten (Buchführung, bildreiche Beschwerdeschilderung, Verlust anderer Interessen),
* zeitlicher Zusammenhang mit einer belastenden äußeren oder inneren Konfliktsituation.

Alle diese Merkmale sind hinweisend, aber nicht beweisend für das Vorliegen einer somatoformen Störung! Eine sorgfältige somatische Abklärung ist immer erforderlich!

Unspezifische Beschwerden als Begleitsymptome somatoformer Störungen sind Reizbarkeit, allgemeine Schwäche, Erschöpfung, Schlaflosigkeit, Zittern, Hautblässe oder Hautrötung, Schweißausbrüche, kühle Akren, ständiges Frieren, Affektlabilität (z.B.

Weinen oder Aufbrausen bei nichtigen Anlässen), Konzentrationsstörungen, Müdigkeit und erhöhtes Schlafbedürfnis, Leistungsinsuffizienz.

Typische Übertragungs-Gegenübertragungs-Konstellationen in der Therapie somatoformer Störungen

Anfänglich wird der Arzt im Kontrast zu den „versagt habenden" Vorbehandlern als „der Heiler" idealisiert (idealisierende Übertragung). Der Arzt ist im Erleben des Patienten (und oft auch in seinem eigenen) derjenige, der, anders als die anderen „unfähigen" vorbehandelnden Kollegen, den Patienten heilen kann. Er veranlaßt reichlich (oft unnötige und iatrogenisierende) Diagnostik und Therapie (narzißtische Übertragungs-Gegenübertragungs-Konstellation).

Regelhaft führen aber alle diese Maßnahmen trotz hohen ärztlichen Einsatzes nicht zur Besserung des Beschwerdebildes. Der Arzt fühlt sich ausgenutzt, reagiert aggressiv auf den Patienten und distanziert sich aus der Beziehung (überweist den Patienten zu anderen Ärzten oder ins Krankenhaus). Der Patient erhält dadurch eine weitere Bestätigung dafür, daß sich andere Menschen nicht ausreichend um ihn kümmern. Er ist enttäuscht, entwertet den „gescheiterten Arzt" und reiht ihn ein in die lange Liste der „unfähigen Behandler". In vielen Fällen kann nur stationäre Fachpsychotherapie die Störung beseitigen.

1.4.1 Somatisierungsstörung – F45.0

Merkmale und Symptome:

- Multiple, wiederholt auftretende und häufig wechselnde, seit Jahren bestehende körperliche Beschwerden, die sich auf alle Körperteile beziehen können und für die keine ausreichende körperliche Erklärung gefunden werden kann;
- hartnäckige Weigerung, die Versicherung der Ärzte anzunehmen, daß es für die Beschwerden keine organische Ursache gibt und strikte Ablehnung der Annahme einer psychischen Ursache;
- gewisse Beeinträchtigung familiärer und sozialer Funktionen durch die Art der Symptome und das daraus resultierende Verhalten (z.B. infolge Rückzugs aus sozialen Strukturen);
- körperliche Beschwerden sind z.B.: Übelkeit, Erbrechen, Diarrhoe, Rückenschmerzen, Brustschmerzen, Schluckbeschwerden, Menstruationsbeschwerden, abnorme Hautempfindungen usw..

Differentialdiagnose:

- Körperliche Erkrankungen, die eine Vielzahl uncharakteristischer Symptome auslösen (z.B. Hyperthyreose, Porphyrie usw.),
- depressive und ängstliche Störungen (sie sind Begleitsymptome der Somatisierungsstörung und rechtfertigen nur bei starker Ausprägung eine eigene Diagnose),
- hypochondrische Störung (bei der Somatisierungsstörung liegt der Hauptakzent auf den Symptomen selbst, bei der hypochondrischen Störung ist die Aufmerksamkeit auf die Angst vor Vorhandensein eines zugrundeliegenden ernsthaften Krankheitsprozesses gerichtet),
- wahnhafte Störungen (z.B. Schizophrenie mit somatischem Wahn, depressive Störung mit hypochondrischem Wahn). Hier finden sich bizarrere Züge (z.B. die Über-

zeugung, Eiter im Kopf zu haben), die Beschwerden treten in geringerer Anzahl auf und sind beständiger.

1.4.2 Hypochondrische Störung – F45.2

Merkmale und Symptome: Es handelt sich um die übermäßige Angst bzw. Überzeugung, eine schwere Krankheit zu haben infolge Fehlinterpretation körperlicher Zeichen oder Empfindungen (Darmgeräusche werden beispielsweise zum Alarmsignal für eine schwere Darmerkrankung).

Die körperliche Untersuchung erbringt kein ausreichendes körperliches Korrelat dieser Angst bzw. Überzeugung.

Auch nach ärztlicher Versicherung, daß keine Krankheit vorliegt, besteht die Angst bzw. Überzeugung fort.

Differentialdiagnose:

- Körperliche Erkrankungen,
- wahnhafte Befürchtungen, eine Krankheit zu haben im Rahmen einer Schizophrenie (Hier ist die Befürchtung fixierter als bei den hypochondrischen Störungen.),
- vitalisierte Depression und Depressionsäquivalente,
- Somatisierungsstörung (Hier liegt die Aufmerksamkeit mehr auf den Symptomen selber und weniger auf der Furcht vor zugrundeliegenden schweren Krankheiten.),
- Angststörungen (Hier lassen sich die Betreffenden durch Erklärungen beruhigen, daß die körperlichen Symptome infolge physiologischer Prozesse im Rahmen des Angstanfalls auftreten.).

1.4.3 Somatoforme autonome Funktionsstörung – F45.3

Allgemeines: Im Vordergrund der somatoformen autonomen (= vegetativen) Funktionsstörung stehen ausgeprägte vegetative Erscheinungen. Im einzelnen finden wir:

- hartnäckige und störende Symptome der vegetativen Stimulation, wie z.B. Herzklopfen, Schwitzen, Zittern, Erröten;
- zusätzliche subjektive Symptome, die auf ein bestimmtes Organ bzw. Organsystem bezogen sind;
- intensive und quälende Beschäftigung mit der Möglichkeit einer ernsthaften, aber oft nicht näher bezeichneten Erkrankung des genannten Organs oder Organsystems, die auch nicht nach wiederholten Erklärungen und Versicherungen der Ärzte aufgegeben wird;
- keinen Anhalt für eine eindeutige Störung der Struktur oder Funktion des betreffenden Systems oder Organs.

Die vegetativen Erscheinungen können im Zusammenhang mit unterschiedlichen Organbereichen erlebt werden.

Aus dem kardiovaskulären Bereich können auftreten:

- Paroxysmale Tachykardien und supraventrikuläre Arrhythmien (Sie stellen einen erheblichen Teil der als kardiologische Notfälle behandelten Patienten dar),
- Herzschmerzen (Drücken, Stechen, teilweise mit Ausstrahlung),
- synkopale Zustände.

Aus dem respiratorischen Bereich: Hyperventilationstetanie und Atemnot.

Aus dem Bereich des oberen Verdauungstraktes: Aerophagie, Aufstoßen, Globusgefühl, Schluckstörungen, Erbrechen, Übelkeit, Sodbrennen, epigastrischer Schmerz, Druck- und Völlegefühl.

Aus dem Bereich des unteren Verdauungstraktes: Diarrhoe oder Obstipation (Colon irritabile) und Blähungen.

Aus dem Bereich der Urologie: Prostatodynie, Harnverhaltung, Harndrang, Pollakisurie, Dysurie und „Reizblase".

Entsprechend werden derartige Funktionsstörungen wie folgt klassifiziert.

1.4.3.1 Somatoforme autonome Funktionsstörungen aus dem kardiovaskulären Bereich (funktionelle Herzbeschwerden) – F45.30

Synonym (aber z. T. nicht korrekt) werden mit dem Begriff „Somatoforme autonome Funktionsstörungen aus dem kardiovasculären Bereich" folgende Bezeichnungen verwendet:

- Effort-Syndrom,
- Herzneurose,
- Herzphobie,
- neurozirkulatorische Asthenie,
- Herzangstsyndrom,
- Herzangstneurose.

Symptomatik:

- Auf das Herz bezogene, stark angstbesetzte Beschwerden: z.B. Herzklopfen, Extrasystolen, Herzjagen, Schmerzen in der Herzregion, evtl. mit Ausstrahlung,
- allgemeine Beschwerden: z.B. Abgeschlagenheit, Müdigkeit, Schwarzwerden vor den Augen,
- auf die Atmung bezogene Beschwerden: z.B. Atemnot, Beklemmungsgefühl,
- vegetative Beschwerden: z.B. Zittern, Kälte-/Hitzegefühl, Schwitzen,
- psychische Beschwerden: z.B. Angst (In Abhängigkeit vom Ausmaß der Angst werden Herzphobiker mit starken panikartigen Angstanfällen und Herzhypochonder mit Sorgen und Befürchtungen unterschieden.) und depressive Symptome.

Ablauf eines „Anfalls" bei somatoformen autonomen Funktionsstörungen aus dem kardiovaskulären Bereich (funktionelle Herzbeschwerden, „Herzphobie"):

Das gesamte Geschehen beginnt häufig in einer Phase objektiver Belastungen (z.B. Streß, Infekt) mit einem durch diese Belastung ausgelösten sympathikovasalen Anfall mit entsprechenden Herz-Kreislauferscheinungen (z.B. Herzfrequenzerhöhung, Schweißausbruch). In der Folge werden alle körperlichen Prozesse (auch normale, wie z.B. Erhöhung der Herzfrequenz bei körperlicher Belastung) ängstlich beobachtet und als potentielle Anfallserscheinungen angesehen. Die Wahrnehmung dieser physiologischen Körpererscheinungen führt zum Angsterleben. Angst wiederum bedingt physiologischerweise eine Aktivierung z.B. der Herzschlagfolge, was wiederum ängstlich wahrgenommen wird und eine weitere Angststeigerung mit sich bringt. So entsteht ein Circulus vitiosus. Durch ärztliche Zuwendung erfolgt eine schnelle Entängstigung. Häufig kommt es sekundär zu Vermeidungsverhalten (z.B. Ausschaltung körperlicher Bewegung).

Differentialdiagnose:

* Organische Herzerkrankungen (z.B. koronare Herzkrankheit mit ihren Folgen, Hyperthyreose, Myokarditis),
* reaktive Erscheinungen (z.B. Herzrasen nach einem Schreck),
* Angststörungen mit z.B. Herzrasen als körperlichem Korrelat der Angst.

Therapie: Aufdeckende Verfahren (analytische Verfahren) und Verhaltenstherapie (Umgang mit dem Symptom Angst) sind je nach Fall nacheinander oder auch gemeinsam indiziert. Bei schweren Angstzuständen ist kurzfristig auch eine medikamentöse Stützung (z.B. Benzodiazepine) erforderlich.

Achtung: Iatrogenisierung durch übermäßige kardiale Diagnostik und Therapie; Herzmedikamente sind kontraindiziert!

1.4.3.2 Somatoforme Funktionsstörungen aus dem abdominellen Bereich – F45.31, F45.32

Die **Symptomatik** bei somatoformen autonomen Funktionsstörungen des oberen Gastrointestinaltraktes (funktionelle Oberbauchbeschwerden; häufiges Synonym: Reizmagen) bezieht sich auf

* Schmerz und/oder Völlegefühl im Oberbauch rechts oder links oder im epigastrischen Winkel,
* Schmerzminderung gewöhnlich gegen Abend,
* oft kein eindeutiger Zusammenhang zu bestimmten Situationen (wie Essen, Jahreszeit),
* gehäuft Aerophagie (Aufgetriebensein des Leibes, Aufstoßen, Meteorismus, Roehmheldscher Symptomenkomplex),
* Übelkeit, Erbrechen.

Die somatoformen autonomen Funktionsstörungen des unteren Gastrointestinaltraktes (funktionelle Unterbauchbeschwerden; häufiges Synonym: Reizkolon) zeigen Merkmale wie

* Schmerz unterhalb der Nabelregion,
* Diarrhoe und Obstipation im Wechsel,
* nicht nachts auftretend,
* Besserung im Urlaub,
* Blähungen.

1.4.3.3 Die am häufigsten auftretende somatoforme Funktionsstörung des respiratorischen Systems ist das Hyperventilationssyndrom (F45.33)

Symptomatik:

Beschleunigung und Vertiefung der Atmung, Atemnot,

* Kribbeln, Parästhesien in Händen und Füßen und in der Mundregion,
* Verkrampfungen der Hände (Pfötchenstellung) und Füße,
* Benommenheit bis hin zur Bewußtlosigkeit,
* Schwindelgefühl,
* Herzklopfen,
* Thoraxschmerzen,

- vegetative Beschwerden (z.B. Harndrang, trockener Mund, kalte Hände und Füße).

Pathophysiologie: Es kommt unter Hyperventilation zu einer vermehrten Abatmung von Kohlendioxid, was zur Entstehung einer respiratorischen Alkalose führt. Diese Alkalose ruft eine Erhöhung der Bindungsfähigkeit von Eiweiß für Kalziumionen hervor, wodurch ein funktionales Kalziumdefizit entsteht. Dieser Kalziummangel steigert die Erregbarkeit der peripheren Neuronen. Es kommt zu Parästhesien und Karpopedalspasmen. Gleichzeitig führt der verminderte CO_2-Partialdruck zu einer Senkung der Hirndurchblutung, wodurch Symptome wie Schwindel und Benommenheit hervorgerufen werden. Als dritter pathophysiologischer Mechanismus spielt eine Aktivierung des Sympathikus (Pulsbeschleunigung) infolge der Hyperventilation eine Rolle. Die Wahrnehmung all dieser Symptome löst Angst aus, die die Hyperventilation wiederum verstärkt, wodurch ein Circulus vitiosus entsteht.

Differentialdiagnose:

- Tetanien anderer Genese (z.B. Hypokalzämie (Hypoparathyreoidismus), Hyperkaliämie, Tetanus, Intoxikationen),
- Hyperventilation anderer Genese (z.B. Stimulation des Atemzentrums infolge Hirntumors oder Enzephalitis, kompensatorische Hyperventilation bei Sauerstoffmangel),

Entstehung: Die Hyperventilationstetanie ist stark an die Emotion der Angst gebunden. Sie tritt häufig im Zusammenhang mit Angsterkrankungen auf. Verschiedene Autoren und auch Klassifikationen psychischer Erkrankungen (DSM-III-R) fordern die Zuordnung des Hyperventilationssyndroms zu den Angststörungen. Bezüglich der Entstehungsbedingungen wird deshalb auf das Kapitel über Angststörungen verwiesen.

Akutmaßnahmen beim Hyperventilationsanfall:

- Beruhigung des Patienten,
- Rückatmung aus Plastikbeutel oder Hohlhand (Rückatmung von CO_2),
- eventuell Sedierung (z.B. 5–10 mg Diazepam).

Therapeutische Maßnahmen im Intervall:

Das Ziel psychotherapeutischer Maßnahmen besteht darin, dem Patienten die Beziehung zwischen zugrundeliegender Problematik, auslösender Situation und Hyperventilation sowie den Konditionierungsmechanismus deutlich zu machen. Zur Anwendung kommen aufdeckende (analytische) Verfahren und verhaltenstherapeutische Methoden.

1.4.4 Anhaltende somatoforme Schmerzstörung – F45.4

Allgemeines zum Schmerz: Die internationale Gesellschaft zum Studium des Schmerzes (IASP) definiert „Schmerz als ein unangenehmes Sinnes- und Gefühlserlebnis, das mit aktueller oder potentieller Gewebsschädigung verknüpft ist oder mit Begriffen einer solchen Schädigung beschrieben wird."

Schmerz ist ein somatopsychisches Phänomen, das in einzigartiger Weise psychische und somatische Faktoren verknüpft. Die Nociception erfolgt über freie Nervenendigungen von A-delta-Fasern (Oberflächenschmerz), C-Fasern (Tiefenschmerz) und afferenten Sympathikusfasern (viszeraler Schmerz). Über unspezifische afferente Bahnen, die starke Divergenzen (z.B. Verknüpfung mit motorischen Bahnen, mit dem

Vegetativum, mit der Formatio reticularis und dem limbischen System) aufweisen, werden die Signale zum Gehirn geleitet. Damit verknüpft sich Schmerz mit unterschiedlichsten Phänomenen (z.B. vegetativen Reaktionen, Erhöhung des Muskeltonus und insbesondere mit affektiven Reaktionen).

Die Theorie des spinal gate control system wurde Mitte der 60er Jahre von Melzack und Wall entwickelt. Sie geht von einer interagierenden Einheit von somatischen und psychischen Faktoren beim Schmerzerleben aus und postuliert eine Art Tor (gate), das sich in der Substantia gelatinosa des Hinterhornes des Rückenmarks befindet. Dieses Tor, durch das Schmerzimpulse ins Gehirn geleitet werden, kann auf zweierlei Weise für den Schmerz geschlossen werden:

- durch Nervenimpulse anderer Frequenzen, die über andere periphere Nervenfasern zur Substantia gelatinosa gelangen und die Schmerzimpulse kompetitiv hemmen (genutzt bei transkutaner Elektrostimulation),
- durch vom Gehirn absteigende Bahnen, wodurch psychische und soziale Faktoren (wie Aufmerksamkeit, Ablenkung, Angst, kognitive Prozesse etc.) Einfluß auf das Schmerzerleben nehmen.

An Schmerzformen werden unterschieden:

- Der akute körperliche Schmerz. Er ist zeitlich begrenzt und wird durch äußere (z.B. Verletzung) oder innere (z.B. Gallenkolik) Prozesse nozizeptiv ausgelöst.
- Der chronische Schmerz. Er kann durch chronische Erkrankungen (z.B. Arthrose) entstehen oder psychogen (somatoforme Schmerzstörung) verursacht sein.

Etwa jeder zehnte Bundesbürger leidet an chronischen Schmerzen. Dabei stehen Rückenschmerzen an erster Stelle. Entsprechend hoch ist auch der Schmerzmittelkonsum. So sind Analgetika die am häufigsten verordneten Medikamente überhaupt.

Psychosomatische Modelle psychogener Schmerzsyndrome

Der narzißtische Mechanismus der Entstehung psychogener Schmerzen sieht den Schmerz in seiner Funktion für die Selbstwertregulation der Persönlichkeit. Verluste, Kränkungen bzw. Verletzungen oder Gefühle der Hilflosigkeit führen zur Destabilisierung der Selbstregulation. Mit Hilfe des Schmerzes wird diese Regulation wieder stabilisiert. So kann Schmerz als Ersatz für eine verlorene Bezugsperson einen Verlust ausgleichen, in der Hilflosigkeit der Person eine Orientierung geben, die unerträgliche psychische Verletzung als körperlichen Schmerz erträglich machen.

Folgende Lernvorgänge können zum individuellen Schmerzempfinden beitragen:

- Reiz-Reaktions-Lernen (klassisches Konditionieren) (Nachdem man erlebt hat, wie schmerzhaft ein Zahnarztbesuch sein kann, tut schon das Geräusch des Bohrers weh, ohne daß der Zahnarzt überhaupt Hand anlegt.),
- operantes Lernen:
  - positive Verstärkung: Schmerz wird beispielsweise durch Zuwendung oder durch ein Medikament mit euphorisierender Wirkung belohnt,
  - negative Verstärkung: Wegfall von Schmerzen führt zu Wegfall von Schonung durch die Umwelt.
- Modellernen: Schmerzempfinden wird in der Familie gelernt. Typische Situation (z.B. Streit, Verluste) werden von der Mutter automatisch mit Kopf- oder Herzschmerzen quittiert. Auf diese Weise wird durch Identifikation der Kinder mit der Mutter ein Reaktionsmuster sozial „vererbt".

Symptomatik einer anhaltenden somatoformen Schmerzstörung:

- Anhaltender, schwerer und quälender Schmerz, der durch einen physiologischen Prozeß oder durch eine körperliche Störung nicht ausreichend erklärt werden kann;
- trotz ärztlicher Beruhigung häufige Arztbesuche („doctor-shopping"), Analgetika-mißbrauch, Drängen nach operativen Eingriffen;
- besonders häufig finden sich z.B. psychogene Rückenschmerzen.

Häufige Entwicklungs- und Konfliktkonstellation bei Patienten mit chronischen Schmerzen (insbesondere Rückenschmerzen)

Patienten mit psychogenen Schmerzen haben oft eine harte, entbehrungsreiche Kindheit und Jugend mit frühzeitiger schwerer Arbeit und einem Mangel an emotionaler und materieller Versorgung hinter sich. Als junge Erwachsene werden harte Arbeit, Sorge für die Familien und Pflichtausübung häufig überbetont. Zur Entstehung der Schmerzen kommt es meist im Zuge des Nachlassens der körperlichen Kräfte in der Lebensmitte. Wünsche nach Schonung, Schutz und Passivität flammen auf, können aber, da im Leben nie befriedigt, nur über den Schmerz erfüllt werden. Diese Patienten kommen seltener zur Psychotherapie. Ärztliche Kontakte bestehen meist nur zu Organmedizinern oder zu Gutachtern in Rentenverfahren.

Differentialdiagnosen bei einer somatoformen Schmerzstörung:

- Histrionische (theatralische) Verarbeitung organisch verursachter Schmerzen;
- Somatisierungsstörung (Hier stehen die Schmerzen nicht so sehr im Mittelpunkt der Betrachtung.)

1.5 Psychosomatische Krankheiten

1.5.1 Allgemeines

Definition: Psychosomatische Krankheiten sind körperliche Erkrankungen mit faßbaren morphologischen Veränderungen, in deren Entstehung und Verlauf Lernvorgänge, psychische Belastungen und Konflikte nachweislich eine wesentliche Rolle spielen. Die hier in Frage kommenden Krankheitsbilder sind hinsichtlich ihres Erscheinungsbildes und ihrer körperlichen Ursachen primär Gegenstand der sogenannten somatischen Medizin und werden auch in deren Lehrbüchern abgehandelt. Die traditionell als potentiell psychosomatisch betrachteten Krankheiten wie

- Asthma bronchiale,
- Colitis ulcerosa,
- essentielle Hypertonie,
- Mb. Crohn,
- Neurodermitis,
- rheumatoide Arthritis

werden dann Gegenstand psychosomatischer Betrachtung und psychotherapeutischer Einflußnahme, wenn sich im Einzelfall der Einfluß psychosozialer Faktoren auf Entstehung und Verlauf konkret nachweisen läßt. (Es ist also nicht statthaft, lediglich aufgrund des Vorhandenseins des betreffenden Krankheitsbildes ohne den speziellen Nachweis wesentlicher psychosozialer Faktoren von einer psychosomatischen Krankheit zu sprechen.)

1.5.1.1 Psychosomatische Modelle zur Erklärung psychosomatischer Zusammenhänge

Die Ergebnisse der neueren Grundlagenforschung zum psychosomatischen Geschehen sind in folgenden Punkten zusammengefaßt:

- Psychovegetative Einflüsse auf alle Organsysteme stehen außer jedem Zweifel;
- das zentrale Nervensystem spielt bei der Regulation der Immunabwehr eine entscheidende Rolle;
- es existiert der neuroanatomische Nachweis direkter Faserverbindungen vom neuralen zum lymphozytären System in der Milz (und damit die Erklärung für rasche Reaktionen oder aber auch Blockierungen der Immunzellen);
- als Schaltstationen zwischen zentralnervösen (psychischen) Vorgängen und peripheren Prozessen nimmt der Hypothalamus über Neurotransmitter und Neurohormone Einfluß auch auf das Immunsystem;
- in den letzten 10 Jahren sind mehrfach klassische Konditionierungen menschlicher Abwehrzellen gelungen (Auslösung einer Immunantwort durch ihre Konditionierung, z.B. durch den Geschmack saurer Bonbons);
- klinische Beobachtungen legen einen Zusammenhang zwischen Konflikten und Immunabwehr nahe:
  - Bekannt sind Konfliktlösungsversuche über Infektionskrankheiten (Hochzeits-, Männer-, Kindbett-, Prüfungsanginen).
  - Verluste führen nicht nur zur psychischen Depression, sondern auch zur Depression des Immunsystems (Reduktion der T-Lymphozyten und Helferlymphozyten u.v.a.).

Das systemische Modell Thure v. Uexkülls

Die bekannteste übergeordnete Modellvorstellung psychosomatischer Zusammenhänge liegt im systemischen Modell v. Uexkülls vor, in dem psychoanalytische und lerntheoretische Konzepte integriert sind und in das die o.g. Erkenntnisse eingeordnet werden können.

Danach steht jede Störung in einem sozial-interaktionellen Kontext. Soziale Vorgänge wirken sich auf biotische Prozesse ebenso aus (sog. soziogene Abwärtseffekte) wie biotische Prozesse das soziale Verhalten beeinflussen (sog. somatogene Aufwärtseffekte). Somit bildet sich ein Informationsfluß mit Auf- und Abwärtseffekten im System von Umwelt-Psyche-Soma. Je nach Störungstyp gibt es folgende Möglichkeiten des Zugangs:

- Die soziale Interaktionsform selbst ist die entscheidende Determinante von Störungen (soziogene Abwärtseffekte).
- Biotische Prozesse determinieren die soziale Interaktionsform (somatogene Aufwärtseffekte).
- Es besteht eine relative Gleichgewichtigkeit beider Determinationsprinzipien mit entsprechender wechselseitiger Verstärkung.

Unabhängig von der ursprünglichen Entstehungsrichtung sind Störungen unterer Prozeßebenen der Beeinflussung durch höhere zugänglich (z.B. in der Psychotherapie eines somatischen Schmerzgeschehens) und umgekehrt (z.B. in der pharmakologischen Beeinflussung des Sozialverhaltens). Therapeutische Kommunikation ist durch den Prozeß der Ausbildung spezifisch (Abwärtseffekt) wirksamer Strukturen der Arzt-Patienten-Beziehung charakterisiert.

Das (historische) Konzept Franz Alexanders der Entstehung einer „Organneurose"

Für Alexander entstehen Organstörungen auf der Grundlage entweder einer sympathischen Dauerstimulierung (Bereitstellung) oder eines parasympathisch bestimmten Rückzuges.

- Der Organismus verbleibt hinsichtlich seiner vegetativen Ausrichtung im Zustand der Bereitstellung zu einer notwendigen Handlung, d.h. es überwiegen die sympathischen Anteile. Die neurotische Unfähigkeit zur Ausführung dieser Handlung macht aus dem funktionellen vegetativen Vorgang einen Dauerzustand (z.B. Fixierung eines Bluthochdrucks im Rahmen gehemmt-feindseliger, mit vegetativ-sympathischer Erregung verbundenen Impulsen).
- Der Organismus reagiert auf Handlungsnotwendigkeiten mit Rückzug (Überwiegen parasympathischer Anteile). Die neurotische Tendenz, Handlungsanforderungen regressiv zu beantworten, kann sich je nach Art des aktualisierten Mutter-Kind-Konfliktes, z.B. auf den oralen Bereich (Magensekretionsstörungen) beziehen.

Dieses Konzept der „Konfliktspezifität" psychosomatischer Störungen läßt sich heute nicht mehr aufrechterhalten. Bei den verschiedenen psychosomatischen Erkrankungen im engeren Sinne sind teilweise sehr ähnliche frühkindliche Konfliktmuster (die „Psychosomatische Grundstörung") zu finden.

Das Modell der Resomatisierung von Max Schur und das Konzept der zweiphasigen Abwehr von Alexander Mitscherlich

Nach Schur ist die Reifung des Organismus auch als fortlaufender Prozeß der Desomatisierung psychischer Verarbeitungsprozesse zu betrachten. Je fortgeschrittener die Entwicklung des Kindes, desto unabhängiger von körperlichen Reaktionen funktioniert die psychische Regulation. Während die unreife Psyche eine Bedrohung (z.B. die Abwesenheit der Mutter) mit ganzheitlichen, relativ unkoordinierten körperlichen (Verdauungsstörungen, Fieber, motorische Erregung) und psychischen (diffuses Unlust- und Schmerzerleben) Reaktionen „primärprozeßhaft" beantwortet, ist das größere Kind bereits in der Lage, diese Situation allein psychisch (Traurigsein) „sekundärprozeßhaft" zu verarbeiten. Reicht aus inneren oder äußeren Gründen die psychische Regulationskapazität im späteren Lebensalter nicht aus, kommt es zum Rückgriff auf primitive, unreife Verarbeitungsformen, d.h. zur Regression im Sinne der Umkehrung des Desomatisierungsprozesses. Es findet die „Resomatisierung" mit Ausbildung somatischer Störungen statt. Dieses Konzept ist durchaus aktuell und experimenteller Überprüfung zugänglich.

Alexander Mitscherlich hat in seinem Modell der zweiphasigen Abwehr der häufig zu beobachtenden Tatsache Rechnung getragen, daß Patienten zunächst versuchen, durch eine neurotische Abwehr (und damit verbundener neurotischer Störungen) ihre Grundstörung (d.h. ihre strukturellen Defizite) zu kompensieren und den Prozeß der Resomatisierung damit aufzuhalten. Erst wenn diese erste „neurotische" Verteidigungslinie zusammenbricht, greift der Organismus auf die psychosomatische Abwehr zurück, die zur Organkrankheit führt.

Das sogenannte Alexithymiemodell (Alexithymie = Unfähigkeit, Gefühle wahrzunehmen)

Das Modell beschreibt aus heutiger Sicht nur einen Teilaspekt psychosomatischer Krankheit, der sich auch nicht regelhaft bei allen Kranken findet. Folgende Defizite werden beschrieben:

- Die Unfähigkeit, innere Vorgänge wie Gefühle und Phantasien wahrzunehmen und zu beschreiben. Vorherrschend ist ein ausschließlich an Sachbezügen orientiertes, sogenanntes konkretistisches oder operationales Denken.
- Eine Neigung zur psychosomatischen Regression auf ein primitives Verarbeitungsniveau mit autodestruktiven Somatisierungen (Resomatisierung).
- Spezielle andere primitive Abwehrmechanismen, wie die projektive Verdoppelung (der andere kann nur analog dem eigenen Selbstbild wahrgenommen werden).

Die lerntheoretischen Konzepte

Sie sind in folgenden wesentlichen Positionen zusammengefaßt:

- Affektive Prozesse sind mit körperlichen Reaktionen (autonomes Nervensystem, endokrines und Immunsystem) verbunden und können entsprechende körperliche Störungen bis hin zu Gewebeschäden bedingen.
- Konditionierungsexperimente beweisen die prinzipielle Beeinflußbarkeit vegetativer, endokriner und immunologischer Reaktionen durch affektive, psychische Prozesse.

1.5.1.2 Psychodynamische und lerntheoretische Aspekte der Pathogenese

Psycho-sozio-Dynamik: Im Rahmen psychodynamischer Vorstellungen entstehen psychosomatische Krankheiten durch Aktivierung unbewußter Zustände, die gleichsam eine Erinnerung an jene frühkindliche Entwicklungsphase darstellen, in der negative Befindlichkeiten des Kindes nur im Rahmen körperlicher Vorgänge zum Ausdruck kommen. (Anstelle der späteren Möglichkeit des entwickelten Organismus, Trauer, Wut, Verzweiflung, Ohnmacht etc. psychisch bzw. psychovegetativ zu erleben, reagiert der Mensch in einem frühen Entwicklungsstadium ohne diese Möglichkeit einer psychischen Repräsentation bzw. Abpufferung solcher Zustände noch direkt mit Fieber, Durchfall, Immunreaktionsstörungen, Haut- und Schleimhautveränderungen u.a.)

Ein psychosomatisches Symptom steht also für eine „somatische Erinnerung". Die somatische Erinnerung kommt zustande, wenn ähnliche Lebenssituationen wie früher (Verlassenwerden, Liebesverlust oder andere emotionale Mangelzustände, Bedrohung usw.) nicht mit psychischen Mitteln (also mit der üblichen reiferen Abwehr durch Verdrängung, Verschiebung, Regression, neurotische Symptombildung u.a.) neutralisiert oder bewältigt werden können.

Auslösersituation psychosomatischer Symptome: Sie ist somit charakterisiert durch reale oder phantasierte Verlassenheits- und Trennungssituationen (wobei vielfältige Frustrationen und Kränkungen, die eigentlich keine Verluste bedeuten, als Verlust, d.h. Entzug von Schutz und Sicherheit, erlebt werden). Die „Psychosomatische Grundstörung" (s.u.!) bedingt, daß solchen Verlustsituationen mit unbewußten Gefühlen starker Hilf- und Hoffnungslosigkeit begegnet wird, die von Wut- und Haßgefühlen und destruktiven Impulsen begleitet werden. Diese innere Spannungssituation überfordert die Fähigkeit des Selbst zur ihrer Bewältigung. Der drohenden Desintegration des Selbst (was u.U. zur psychotischen Fragmentierung führen würde) wird mit psychosomatischer Regression (Resomatisierung) begegnet.

Symptomentstehung: In einer solchen Situation der Überforderung der gewohnten Bewältigungsmechanismen greift der Organismus auf unreife, aber bereitliegende ganzheitlich-psychosomatische Symptomproduktionen zurück. Ein psychosomatisches Symptom signalisiert also in diesem Zusammenhang immer auch den Zusammenbruch oder die Fragilität psychischer Abwehrmechanismen, wobei ursächlich eine frühe Störung angenommen wird, die eine Selbstentwicklung mit stabiler Abwehr beeinträchtigte (eine „psychosomatische Grundstörung", die – ähnlich der depressiven Grundstörung – durch Defizite in der Beziehungsregulation, speziell der Nähe-Distanz und Macht-Ohnmacht-Regulation charakterisiert ist, wodurch intensive Abhängigkeitsprobleme die Beziehungen bestimmen). Natürlich können psychosomatische Symptome auch ohne primäre Ich- bzw. Selbststörungen auftreten, wenn das aktuelle Trauma so erheblich ist, daß auch eine gut organisierte psychische Abwehr durchbrochen wird (s. z.B. die akute Entstehung eines Magenulkus in hochgradigen Streßzuständen!).

Die lerntheoretische Perspektive ergänzt die psychodynamischen Vorstellungen in erster Linie um die nachweisbare Möglichkeit, psychophysiologische, endokrinologische und immunologische Reaktionen zu konditionieren. Damit kann vor allem verstanden werden, warum einmal aufgetretene psychosomatische Symptome trotz Wegfall wesentlicher innerer oder äußerer Entstehungsbedingungen bestehen bleiben und chronifizieren.

1.5.2 Psychosomatische und somatopsychische Aspekte ausgewählter einzelner Krankheiten

Die nachfolgenden Beobachtungen und Hypothesen sind lediglich Hinweise auf psychosomatische Zusammenhänge, die in manchen Fällen erwartet werden können, jedoch nicht unbedingt regelhaft auftreten. Bis heute gibt es keine schlüssige Theorie, die alle Aspekte des Auftretens psychosomatischer Krankheiten erklärt. Fast immer werden bei psychosomatischen Syndromen Aspekte der „Psychosomatischen Grundstörung" gefunden, also Hinweise auf elementare Probleme in der Beziehungsregulation, die, wie bei der „depressiven Grundstörung" beschrieben, in ganz unterschiedlichen Modalitäten bewältigt werden (s. Kap. III.1).

Psychosomatische Aspekte der essentiellen Hypertonie

Alexander fand bei Hypertoniepatienten einen (bis heute kontrovers diskutierten) unspezifischen Konflikt zwischen aggressiven Tendenzen gegenüber anderen Menschen bei gleichzeitig bestehender innerer Abhängigkeit von ihnen. Gefühle wie Wut, Neid oder Haß würden infolge starker Abhängigkeit von den Bezugspersonen stärker als bei Normotonikern abgewehrt. Dabei würden sowohl Aggressionen als auch deren Unterdrückung über eine Aktivierung des noradrenergen Systems zum Blutdruckanstieg führen.

Regelhaft läßt sich aber nachweisen, daß verschiedene psychische Belastungssituationen zur Blutdruckerhöhung führen.

Infolge ihrer starken Abwehr aggressiver Regungen verhalten sich Hypertoniepatienten äußerlich ausgesprochen angepaßt, freundlich und kooperativ. Sie sind „normaler als Normalpersonen" (v. Uexküll). Trotzdem läßt sich nur ein Viertel aller Patienten ausreichend behandeln, und davon bricht nach 6 Monaten wiederum die Hälfte die Behandlung ab. Folgt man der Hypothese Alexanders, so begründet sich diese Tendenz darin, daß es mit der Behandlung zur Abhängigkeit vom Arzt kommt. Diese Abhängigkeit reaktiviert aggressive Gefühle dem Arzt gegenüber, die angstmachend sind und abgewehrt werden müssen. Über eine Verminderung der Abhängigkeit (schlechte Compliance) wird versucht, diesem Geschehen zu begegnen. Nach Alexander reagieren Hypertoniker mit einem Abfall des Blutdruckes, wenn sie in der therapeutischen Beziehung die Erfahrung machen können, daß die Äußerung aggressiver Inhalte in der Beziehung möglich ist, ohne daß sie dadurch zerbricht.

Psychosomatische und somatopsychische Faktoren bei Koronarleiden und Herzinfarkt

Rosenman und Friedman beschrieben bei Patienten mit Koronarleiden und Herzinfarkt das heute sehr umstrittene sogenannte Typ-A-Verhalten. Demnach würden diese Patienten zu Ehrgeiz, Aggressivität, latenter Feindseligkeit, Wettkampforientiertheit und Ungeduld neigen, was das Risiko, an einem Koronarleiden zu erkranken, erhöhen würde. Immer wieder kontrovers werden auch eine Vielzahl möglicher unspezifischer Risikofaktoren (wie Depressivität, nachlassende Leistungsfähigkeit, Angst, Schuldgefühle, passiv-hypochondrische Haltung etc.) diskutiert. Für den Arzt machen typische Ängste und – damit verbunden – ein eindrucksvolles Verleugnungsverhalten die Beziehung zum Koronarpatienten problemhaft.

Quellen der Angst beim Herzinfarkt sind:

- Schmerzen,
- Vorstellungen und Phantasien über das kranke Herz und den Infarkt,
- Bedrohung des Selbstwerterlebens durch die plötzlich verlorene Leistungsfähigkeit,
- Situation im Krankenhaus (z.B. Tod von Mitpatienten),
- Reaktion von Angehörigen (Überprotektion führt zur Angstverstärkung).

Das für den Infarktkranken typische Verleugnungsverhalten hat beträchtliche therapeutische Konsequenzen.

Häufig kommt es zur Verzögerung der Initialtherapie. Die Patienten bagatellisieren ihre Beschwerden oder schieben anstehende berufliche Aufgaben in den Vordergrund der Aufmerksamkeit. Dadurch kommen sie häufig so spät ins Krankenhaus, daß beispielsweise eine Fibrinolysebehandlung nicht mehr möglich ist. Häufig zeigen sich auch auf Station Schwierigkeiten in der Compliance. Die Patienten verhalten sich „unvernünftig" und halten beispielsweise Bettruhe und andere therapeutische Vereinbarungen nicht ein. Die ausgeprägten Verleugnungstendenzen von Infarktpatienten können beim Arzt overprotective oder restriktive Gegenreaktionen auslösen oder dazu führen, daß der Arzt diese Abwehrstrategie unangemessen früh in Frage stellt. Dies kann für den Patienten sehr ängstigend sein. Patientenseitig finden sich häufig Schwierigkeiten, sich dem therapeutischen Regime unterzuordnen und eine angemessene Compliance zu entwickeln.

Werden Patienten gezwungen, die Krankheit als unabwendbar anzuerkennen, kommt es durch

- Verunsicherung des Selbstwertgefühls (Aktivität und Leistung sind als Regulierungsmöglichkeit nicht mehr möglich),
- Verluste (z.B. von Lebenszielen) und
- Aktivierung aggressiver Impulse, die gegen das Selbst gerichtet werden,

zu depressiven Erscheinungen.

Psychotherapeutische Maßnahmen bei Patienten mit Koronarleiden und Herzinfarkt

In der Akutphase sind

- Entängstigung (klare Information über Erkrankung und Therapie, Ermöglichung von Gefühlsentäußerungen), Verminderung der verleugnenden Abwehr und Erhöhung der Compliance (Information und klare Orientierung, Anerkennung der Leistungen, die der Patient auch in der Passivität vollbringt) sowie
- Minderung der Depression (Interesse und Zuwendung, Stützung des Selbstwertgefühls, Einfühlung in die Trauer und die Depression, Chance der Rehabilitation aufzeigen, Leistung anerkennen, die der Kranke vollbringt)

die Ziele psychotherapeutischer Einflußnahme.

In der Rehabilitationsphase sollten die krankheitsbedingten Belastungen bearbeitet werden. Im Vordergrund stehen:

- Aufklärung (über Prognose, notwendige Lebensweise u.a.),
- positive Verstärkung nicht pathogenen Verhaltens,
- Streßmanagementprogramme sowie
- emotionale Unterstützung in Form von Gruppentherapien.

Psychosomatische und somatopsychische Faktoren bei Asthma bronchiale

Asthma bronchiale ist eine multifaktorielle Erkrankung. Immer wieder kontrovers diskutiert wird die Beteiligung psychischer Faktoren am Krankheitsgeschehen. Dabei ist derzeit lediglich nachweisbar, daß starke emotionale Belastungen und Streß anfallsauslösend wirken und daß es im Asthmaanfall zu ausgeprägten Ängsten kommt. Es ist sehr umstritten, ob Asthmapatienten spezifische Persönlichkeitszüge oder spezifische Konflikte aufweisen. In diesem Zusammenhang wird am häufigsten ein Ambivalenzkonflikt zwischen Wünschen nach Nähe und Wünschen nach Distanz beschrieben.

Asthmapatienten sind häufig schwierige Patienten. Diese Beobachtung könnte durch den in der Literatur diskutierten, möglicherweise vorliegenden Ambivalenzkonflikt zwischen Wünschen nach Nähe und Wünschen nach Distanz erklärt werden. Demnach bestehen einerseits überhöhte Versorgungs- und Zuwendungswünsche, die der Patient insbesondere im Anfall intensiv ausagiert (Nähewunsch). Andererseits wirkt er oft gereizt und unwillig, beklagt sich mürrisch, kritisiert die Behandler und die Behandlungsmethoden und distanziert damit den Arzt (Distanzierungswunsch). Beide Tendenzen treten regelhaft auf und verführen den Arzt, für eine der beiden Seiten Partei zu ergreifen, sich also entweder stark zu engagieren und sich dem Patienten zuzuwenden oder nur das medizinisch Nötige zu tun und sich ansonsten emotional vom Patienten fernzuhalten. Beide Extremformen des Arztverhaltens schüren den inneren Konflikt des Patienten. Der Patient muß im Gegenteil erleben, daß er sich sowohl aggressiv distanzieren als auch nähebedürftig sein darf und für keinen der Impulse bestraft wird.

Therapie: Neben allen somatischen Maßnahmen ist eine begleitende psychotherapeutische Betreuung sinnvoll. Dabei geht es insbesondere um das Erlernen von Entspannungsmethoden (z.B. Autogenes Training).

Psychosomatische und somatopsychische Faktoren beim Ulcus duodeni

Alexander fand für Ulkuspatienten einen unbewußten Konflikt zwischen Abhängigkeits- und Versorgungswünschen und Wünschen nach Unabhängigkeit. Dabei unterscheidet Alexander zwei Typen:

- Der aktive Ulkustyp („Pseudounabhängigkeit") wehrt Wünsche nach Abhängigkeit, Schutz, Geborgenheit etc. ab und überformt sie durch eine Haltung betonter Unabhängigkeit. Die Patienten sind erfolgreich, ehrgeizig, produktiv, leistungsorientiert und selbständig.
- Der passive Ulkustyp („Offene Abhängigkeit") lebt seine Abhängigkeit offen aus. Diese Patienten verhalten sich passiv fordernd. Sie erscheinen oft hilf- und hoffnungslos und unzufrieden.

Zum Ulkusschub kommt es häufig im Rahmen der Aktivierung des genannten Abhängigkeits-/Unabhängigkeitskonfliktes, z.B. bei Frustration von Abhängigkeitswünschen infolge eines beruflichen Aufstieges. Schwierigkeiten in der Steuerung von Nähe und Distanz zu anderen Menschen scheinen bei Ulkuspatienten ebenfalls eine Rolle zu spielen.

In Abhängigkeit vom Vorherrschen des jeweiligen Ulkustyp (nach Alexander) entwickeln sich typische Interaktionsmuster und Probleme in der Arzt-Patient-Beziehung:

- Aktiver Ulkustyp: Der Patient provoziert durch seine betonte Unabhängigkeit, Eigenständigkeit und Noncompliance eine Arzt-Patienten-Beziehung, die durch Konkurrenz und Kampf gekennzeichnet ist.
- Passiver Ulkustyp: Der Patient agiert in hohem Maß sein Abhängigkeitsbedürfnis, verhält sich passiv fordernd und ist unzufrieden. Die ärztliche Gegenreaktion auf dieses Verhalten besteht nach anfänglichem Engagement häufig in frustriertem Rückzug.

Häufig sind Ulkuspatienten nur schwer auf die mögliche psychosoziale Mitbedingtheit ihrer Erkrankung einzustellen. Sie fordern in der Beziehung zu ihrem behandelnden Arzt die Orientierung auf somatisch-instrumentelles Herangehen. Insbesondere die Gruppe der pseudounabhängigen Ulkuspatienten hat kaum eine Psychotherapiemotivation.

Psychosomatische und somatopsychische Faktoren bei Colitis ulcerosa und Morbus Crohn

Es wird immer wieder kontrovers diskutiert, ob (und welche) psychosomatische Faktoren chronisch entzündliche Darmerkrankungen beeinflussen. Möglicherweise könnten Schwierigkeiten in der Beziehungsgestaltung (Nähe-Distanz-Regulierung) oder ein Abhängigkeits-/Autonomiekonflikt im Rahmen der psychosomatischen Grundstörung eine Rolle spielen. Beschrieben werden starke Abhängigkeits- und Anklammerungstendenzen, die die Entäußerung aggressiver Regungen behindern. Die Patienten verhalten sich dann entweder überangepaßt und überfreundlich oder ziehen sich aus Kontakten zurück.

Aspekte der Arzt-Patient-Beziehung: Die Patienten der einen Gruppe sind sehr abhängig vom Arzt und dann empfindlich für geringste Frustrationen durch den Arzt (Unterbrechung der Behandlung durch Urlaub des Arztes, andere Verhaltensweisen, die im Patienten Unsicherheit erzeugen). Der Arzt dient als versorgendes Objekt, als Schlüsselperson, auf den die Abhängigkeits- und Anklammerungswünsche des Patienten übertragen werden, was sehr hohe Anforderungen an die psychosoziale Kompetenz des Arztes stellt.

Patienten der anderen Gruppe können sich hingegen nicht auf eine abhängige Beziehung zum Arzt einlassen, müssen ihre Abhängigkeitswünsche stärker über Vermeidung einer engen Beziehung abwehren, wodurch es zu Schwierigkeiten in der Compliance kommen kann.

Psychosomatische und somatopsychische Faktoren beim endogenen Ekzem (atopisches Ekzem, Neurodermitis)

Die Ergebnisse verschiedener Untersuchungen zur Beteiligung psychischer Faktoren bei derartigen Störungen sind uneinheitlich. Diskutiert werden frühe Störungen der Mutter-Kind-Dyade (z.B. mangelnde emotionale Zuwendung durch die Mutter).

Die Beteiligung psychosozialer Faktoren am Krankheitsgeschehen zeigt sich bei vielen Patienten in den Störungen der zwischenmenschlichen Beziehungen und des Selbstwertgefühls infolge der Hautveränderungen.

Aspekt der Arzt-Patient-Beziehung bei der Behandlung von Patienten mit Rheumatoidarthritis

In der Literatur dominiert der Aspekt der Überanpassung, Bedürfnislosigkeit und Duldsamkeit im Sinne folgender Schilderung."...Es gibt nicht freundlichere und geduldigere Patienten als diese. Sie klagen nicht, sie machen keine Vorwürfe, wenn nichts hilft. Ich habe immer den Eindruck, als ob sie im Sinn hätten, den Doktor zu trösten und um Verzeihung zu bitten, daß alle seine Bemühungen erfolglos. Sie verlieren nie das Vertrauen, grüßen jeden Morgen mit dem selben stillen Lächeln und scheinen glückliche Menschen zu sein, wenn der Doktor die Handarbeiten bewundert, die sie mit ihren armen Händen vollbringen ...". (Weiterführende Literatur: Heigl-Evers u.a. (1993); Rohde-Dachser (1989), v. Uexküll (1995)).

2 Borderline-Persönlichkeitsstörung

Ursprünglich wurde die Borderline-Störung als diagnostisch nicht klar einzuordnender „Grenzfall" (Borderline = Grenze) zwischen den Neurosen und den Psychosen angesiedelt. Es gab weder eine exakte diagnostische Beschreibung, noch existierten adäquate therapeutische Möglichkeiten. Erst in den letzten Jahrzehnten gelang eine eindeutige Definition der Borderline-Störungen als ein eigenständiges Krankheitsbild, und spezielle Behandlungsmethoden wurden entwickelt.

Symptomatik: Die Symptomatik der Borderline-Störung ist breit gefächert, fluktuiert häufig und variiert in Abhängigkeit von der Charakterstruktur des Patienten und von der Erkrankungsphase oft erheblich.

Alle Formen neurotischer Symptome, aber auch psychotische Erscheinungen (sog. Mini-Psychosen) können auftreten.

Dennoch bestehen einige für die Borderline-Störung typische Symptome, die auf das Vorliegen dieser Störung hindeuten. Charakteristisch sind:

- ein Mangel an Impulskontrolle, der zu selbstschädigenden Impulsdurchbrüchen (z.B. Alkohol- und Drogenmißbrauch, Suizidversuche, sich selber schneiden („Schnippeln") und schlagen, sexuelle Exzesse) führt,
- ein Mangel an Affektkontrolle mit starken Stimmungsschwankungen und intensiven Affekten der Depression und Feindseligkeit,
- die Gestaltung intensiver, aber instabiler zwischenmenschlicher Beziehungen und
- ausgeprägte Identitätsunsicherheiten.

In der ICD-10 ist die Borderline-Störung als eine Sonderform der „Emotional instabilen Persönlichkeitsstörung" beschrieben. Für die „Emotional instabile Persönlichkeitsstörung" ist eine mangelnde Fähigkeit zur Impulskontrolle charakteristisch. Als weitere Symptome der Borderline-Persönlichkeitsstörung werden in der ICD-10 genannt: Unsicherheiten im Selbstbild, in den eigenen Zielen und in den „inneren Präferenzen" (einschließlich der sexuellen), chronisches Gefühl der inneren Leere, Neigung zu intensiven aber unbeständigen Beziehungen mit emotionalen Krisen und übermäßigen Anstrengungen, nicht verlassen zu werden, Suiziddrohungen und Selbstbeschädigungshandlungen.

Die Symptomatik insgesamt ist keine stabile Erscheinung. Phasen intensivster Impuls- und Affektdurchbrüche, die durch z.T. minimale Kränkungen und Belastungen ausgelöst werden, wechseln mit „ruhigen" Phasen, in denen Ungewißheiten der eigenen Identität im Vordergrund stehen.

Als Ursachen für die Entstehung von Borderline-Störungen werden insbesondere bestimmte frühkindliche Traumata diskutiert.

Häufig besteht eine sehr frühe (im 1. Lj.) Störung der Mutter-Kind-Dyade in Form eines Defizits ihres tragend-symbiotischen Charakters. Für diesen Mangel ist eine Passungsstörung zwischen Mutter und Kind verantwortlich, d.h. entweder kann die Mutter aufgrund eigener persönlichkeitsstruktureller oder äußerer Bedingungen die emotionalen Bedürfnisse des Kindes nicht befriedigen, oder das Kind ist infolge kindlicher Besonderheiten (z.B. Schreikind, hirnorganische Schädigung) nicht in der Lage, die emotionale Zuwendung der Mutter für sich zu nutzen.

Dabei ist gerade die „Synchronisierung" des mütterlichen Gebens und des kindlichen Nehmens die Basis der kindlichen Gewißheit, daß es in sicheren emotionalen Kontakt zur Welt und zu den anderen Menschen kommen kann. Und dieser sichere Boden, der von ERICSON als „Urvertrauen" bezeichnet wurde, ist wiederum die Basis dafür, daß sich das Kind aus der Symbiose zur Mutter lösen kann, daß es lernt, sich selbst (das „Selbst") und die anderen Menschen (die „Objekte") als voneinander getrennt und mit unterschiedlichen Bedürfnissen und Eigenschaften ausgestattet wahrzunehmen. Das Erleben, als eigenständiges Wesen vom anderen getrennt zu sein, ermöglicht wiederum, ohne Angst vor Verlust des eigenen „Selbst" oder Auslöschung des „Objektes" Nähe und Kontakt zu anderen Menschen herzustellen und ein eigenes Selbstbild, eine eigene Identität und ein stabiles eigenes Selbstwertgefühl auszubilden. Auch die Entwicklung eines stabilen „Ich", das wesentliche kognitive (Wahrnehmen, Denken, Urteilen, Antizipieren), steuernde (der Affekte und Impulse) und Abwehr-Funktionen erfüllt sowie die Ausbildung eines autonomen „Über-Ich", das unabhängig von elterlichen Geboten, das Umgehen mit anströmenden Bedürfnissen und Impulsen steuert, sind Ergebnisse dieses Entwicklungsprozesses.

Beim Borderline-Patienten ist dieser Entwicklungsschritt gestört: Passungsstörungen in der symbiotischen Phase führen dazu, daß sich, da kein sicherer Boden vorhanden, das „Selbst" nicht ausreichend vom „Objekt" differenzieren kann (mangelnde „Selbst-Objekt-Differenzierung"). In dieser persistierenden „Selbst-Objekt-Einheit" betreffen Impulse gleichermaßen das „Selbst" wie das „Objekt". So sind beispielsweise Enttäuschungsaggressionen gegenüber den versagenden „Objekten" gleichzeitig auch gegen das eigene „Selbst" wirksam und Zuwendungswünsche nehmen einen alles vereinnahmenden verschlingenden Charakter an. Zur Bewältigung dieser extrem ängstigenden Vorgänge werden sog. „primitive" Abwehrmechanismen eingesetzt, die sich vorrangig um den Abwehrmechanismus „Spaltung" gruppieren. Durch Spaltung werden gefährdende und ängstigende Aspekte, Impulse, Bedürfnisse des eigenen „Selbst" oder der „Objekte" als nicht existent separiert. Es verbleiben nur Teile des „Selbst" und der „Objekte" und einseitige Affekte, die durch das Fehlen gegenseitiger Affekte nicht legiert und neutralisiert werden können. Die „Bewältigung" einer defizitären „Selbst-Objekt-Differenzierung" durch Spaltungsprozesse verursacht Einschränkungen in der ganzheitlichen Wahrnehmung des „Selbst" und der „Objekte", die wiederum verantwortlich dafür sind, daß es zu ausgeprägten Störung der eigenen Identität, des Selbstwertgefühls und der Empathie für andere Menschen kommt und daß die zwischenmenschlichen Beziehungen fragmentarisch, wechselnd polarisiert und verzerrt und durch das Auftreten intensiver Affekte unsicher und fragil bleiben.

Ein weitere Folge mangelnder „Selbst-Objekt-Differenzierung", also mangelnder Autonomie des „Selbst", sind Defizite in der Entwicklung des „Ich" und seiner kognitiven (Wahrnehmen, Denken, Urteilen, Antizipieren), steuernden (der Affekte und Impulse) und Abwehr-Funktionen (Ausbildung „reifer" Abwehrmechanismen, wie Verdrängung, die die innerpsychische Regulierung von Bedürfnissen, Impulsen und Konflikten ermöglichen). Auch bestehen Defekte in der Ausformung eines eigenen, autonomen „Über-Ich", das den Umgang mit Bedürfnissen und Impulsen unabhängig von den elterlichen bis dahin steuernden Geboten reguliert. Borderline-Patienten besitzen ein „Über-Ich", das nicht verlässlich in der Lage ist, anströmende Impulse zu steuern. Stattdessen bestehen meist archaische „Über-Ich-Vorläufer", die in grausamer Weise das „Selbst" kritisieren, aber nicht in der Lage sind, die genannten Regulierungsprozesse durchzuführen. Die Defizite in der Ausbildung von „Ich" und „Über-Ich" bei Borderline-Patienten sind wesentliche Ursachen für die mangelnde innere Regulations- und Steuerungsfähigkeit, die ihren symptomatischen Ausdruck in Impuls- und Affektdurchbrüchen in Belastungs-, Kränkungs- und Frustrationssituationen findet. Besonders deutlich wird dieser Defekt in der insbesondere bei männlichen Borderline-Patienten häufig auftretenden Neigung zu Delinquenz, die diese Patienten eher ins Gefängnis als in eine Therapie führt.

In den letzten Jahren wurden zunehmend die engen Zusammenhänge von in der Kindheit erlittener körperlicher Gewalt (insbesondere sexuellen Mißbrauchs) und dem Auftreten von Borderline-Störungen problematisiert. Als besonders pathogen erweist sich die sexuelle Traumatisierung durch wichtige Bezugspersonen, denn für das Kind entsteht dadurch eine nicht zu ertragende Ambivalenz zwischen einem tiefen Haß gegenüber dieser Person und der Erkenntnis, daß es diese Person zum Überleben braucht und auch liebt. Diese Ambivalenz führt zu einer Wiederbelebung früher Entwicklungsphasen, in der Spaltungsprozesse („Ich selber bin gar nicht hier, nur mein Körper, aber der hat mit mir nichts zu tun.") und mangelnde „Selbst-Objekt-Differenzierung" („Auch ich bin böse, wenn er böse zu mir ist.") auftreten.

Die **Diagnostik** der Borderline-Störung ist ausführlicher in Kapitel II 2.2.5 abgehandelt. Hier sei nur noch einmal genannt, daß eine sichere diagnostische Einordnung solcher Störungen nur im Rahmen einer Mehrebenendiagnostik möglich ist, die Symptomdiagnose, genetisch-dynamische Diagnose und Persönlichkeits- (Struktur-)diagnose vereint.

Die **Therapie** von Borderline-Störungen unterscheidet sich von der Behandlung neurotischer Störungen, denn es geht primär nicht um die Deutung unbewußter Konflikte oder um die Aufdeckung abgewehrter Bedürfnisse. Im Mittelpunkt der Borderline-Therapie steht die Bearbeitung der gespaltenen Sicht auf das „Selbst", auf die „Objekte" und auf die „Objektbeziehungen" durch spezielle Techniken, die gleichzeitig auch die defizitären inneren Steuerungs- und Regulierungsfunktionen stärken. In aller Regel nehmen solche Behandlungen, die meist in mehreren ambulanten und stationären Behandlungsabschnitten verlaufen, einen längeren Zeitraum (2–3 Jahre) in Anspruch. In jeder Borderline-Therapie kommt es regelhaft zu Krisen, in denen Suizidversuche, „Schnippeln", Alkoholexzesse, inneres Chaos etc. das Bild dominieren. Eine konsequente therapeutische Haltung zum Schutz des Lebens des Patienten steht in diesem Fall im Vordergrund der Behandlung. Gegebenenfalls sind stationär-psychiatrische Kriseninterventionen oder pharmakotherapeutische Interventionen nötig.

Bei angemessener und qualifizierter Behandlung lassen sich in der Therapie von Borderline-Störungen sehr deutliche Verbesserungen erzielen.

Kasuistik: Es soll eine Borderline-Patientin vorgestellt werden, die zum jetzigen Zeitpunkt 30 Jahre alt ist und als Kindergärtnerin arbeitet.
Seit der Pubertät leidet die Patientin unter unterschiedlichen Symptomen. Im 14. Lebensjahr bildete sie eine Anorexie aus, die später zu einer Bulimie wurde. Ab dem 16. Lebensjahr unternahm sie mehrere Suizidversuche durch Tabletteneinnahmen und Pulsaderschnitte. Über Monate ließ sie sich selber Blut ab, ohne daß zahlreiche internistisch-diagnostische Untersuchungen die artifizielle Ursache der Anämie aufdecken konnten. Sie kam immer wieder in sie massiv ängstigende Zustände, in denen sie die Brücke zu der sie umgebenden Welt verlor und in denen sie katastrophale Körperwahrnehmungen der Abspaltung ihres schmerzenden Körperinneren vom tauben Körperäußeren hatte. Um diese Zustände zu beenden, fügte sie sich Schnittwunden zu und schlug sich mit Gegenständen. Außerhalb ihres Berufes lebte die Patientin trotz großer Sehnsucht nach Nähe und Wärme in sozialer Isolation. Sie versuchte immer wieder, freundschaftliche Beziehungen einzugehen, die sie aber bei geringsten Annäherungen des anderen in großer Angst abbrach. Die Patientin hatte keine Partnerbeziehung und keinerlei sexuelles Erleben. Es bestand eine primäre Amenorrhoe.
Die Patientin wurde als ungewünschtes Kind einer damals 16jährigen Mutter geboren, die schon in der Schwangerschaft beschlossen hatte, das Kind ins Heim zu geben. Vorgeburtlich hatte man Entwicklungsverzögerungen festgestellt, die zu der Einschätzung geführt hatten, daß das Kind nicht lebensfähig sei. Das Kind kam jedoch, zwar unreif, aber lebend viele Wochen vor dem Entbindungstermin zu Welt. Familienangehörige hatten der Patientin – vielleicht gar nicht der Wahrheit entsprechend – später berichtet, daß die Hebammen sehr erstaunt gewesen seien, daß sie noch lebte. Sie hätten sie zum Sterben einige Zeit in einen anderen Raum gelegt, und erst als man festgestellt habe, daß sie wohl nicht mehr sterben werde, hätte man dann doch noch Rettungsbemühungen unternommen. Sie sei dann für Monate in den Inkubator gekommen, ohne daß die Mutter sie jemals besucht hätte. In dieser ganz frühen Lebensphase liegt die

primäre Traumatisierung der Patientin: in ihrer Existenzberechtigung in Frage gestellt, von der Mutter nicht angenommen und ohne bedeutsame menschliche Kontakte im Inkubator aufgezogen, fehlte ihr in den ersten Lebensmonaten eine Person, auf die sie sich in ihrer frühen emotionalen Bedürftigkeit hätte ausrichten können und die ihr einen sicheren Boden bereitet hätte. Um eine Heimaufnahme zu verhindern und das Kind doch noch zu einer liebevollen Bezugsperson zu geben, die diese primäre Traumatisierung noch hätte korrigieren können, kam die Patientin in die Familie einer Tante und eines Onkels, die 10 eigene Kinder hatten. Auf die Behörden muß diese Familie trotz der vielen Kinder offenbar intakt gewirkt haben. Das innere Klima in dieser Familie war jedoch durch einen extremen materiellen und emotionalen Mangel bestimmt. Es gab weder irgendeine Form positiver Zuwendung noch eine ausreichende Versorgung mit Essen und Kleidung. Der Onkel mißhandelte seine Frau und die Kinder und die Tante war infolge massivster Überforderung für die Kinder nicht erreichbar. Über der Patientin schwebte die beständige Drohung, doch noch ins Heim zu müssen. Mit dieser Konstellation setzt sich die primäre Traumatisierung der Patientin unverändert fort. Wieder wird ihre Existenzberechtigung (in der Familie) in Frage gestellt, und wieder gibt es keine versorgende, schützende mütterliche Figur, die ihr Vertrauen in die Welt und in sich hätte geben können. In dieser Zeit entwickelte die Patientin eine für sie ganz typische Strategie zur Bewältigung ihrer Situation. Sie wurde ein sehr braves, angepaßtes, freundliches Kind, das der Familie gegenüber das auslebte, was sie sich eigentlich selber wünschte. Sie wurde fürsorglich und versorgend und wollte nur eines vermeiden, in irgendeiner Weise „böse" zu sein. Sie begann, alle aus ihrer Sicht negativ getönten Aspekte ihrer selbst, also all ihre Ansprüche, Bedürfnisse und Wünsche, ihre Enttäuschung, ihre Wut und ihre Trauer abzulehnen und konsequent zu vermeiden und erlebte sich als eins mit einer halluzinierten „guten" Figur. Diese „gute" Figur, die sie äußerlich gar nicht beschreiben kann, da sie mehr atmosphärischen Charakter trägt, entwickelte sich immer mehr zum Garant ihrer Existenz, und ihr Einssein mit dieser Figur machte ihr „Gutsein" immer nötiger, denn wäre sie „böse" (z.B. kritisch, enttäuscht, wütend, traurig, anspruchlich, bedürftig) gewesen, dann wäre auch ihre schützende Figur „böse" geworden, was ihr Überleben in Frage gestellt hätte.

Zur weiteren Traumatisierung der Patientin kam es durch jahrelangen sexuellen Mißbrauch durch 2 ältere „Brüder". Dieser sexuelle Mißbrauch begann im 6. Lebensjahr der Patientin. Ein damals 18jähriger „Bruder" hatte ihr erklärt, daß er durch die Mißbrauchshandlungen das Böse aus ihr verbannen würde, denn sie sei so böse, daß sie nicht mehr in der Familie bleiben dürfe, sondern ins Kinderheim müsse. Das Sperma interpretierte er dem Kind als das „Böse", das er ihr „ausgetrieben" habe. Durch diese Erklärung wurde der Mann für die Patientin tatsächlich zu einer „guten", schützenden Figur, die ähnlich ihrer halluzinierten Figur ihre Existenz sicherte und mit der sie dadurch innerlich ähnlich verbunden war. Die Vereinnahmung und die Gewalt, die er ihr antat, mußte sie für ihr Überleben als nicht existent abspalten, zumal auch die Umwelt nicht auf ihre Notsignale (Bauchschmerzen, Einnässen) reagierte.

Dennoch überlebte sie diese traumatische Kindheit in äußerer Anpassung. Sie war eine gute Schülerin und absolvierte mit Erfolg ihre Fachschulausbildung. Zurück blieb ihre tiefe Gewißheit, eigentlich keine Existenzberechtigung zu haben und ihre darauf bezogene Bewältigungsbemühung, all ihre negativen Anteile abzuspalten, um eine imaginäre „gute" (d.h. versorgende, nährende, existenzsichernde) Figur zu schützen, mit der sie sich innerlich eins fühlte. Zu diesem Zweck gestaltete sie ihr Leben „wie hinter einer Glaswand", ohne Gefühle, ohne Interessen und ohne sich selber und ihre eigentlichen Ansprüche zu spüren. All ihre ohnmächtige Wut und Enttäuschung und ihre tiefe Bedürftigkeit konnte sie lediglich in Symptomatik binden. Sie erbrach ihren ganzen Ekel, ihre Abscheu und ihre Enttäuschung, sie verletzte sich selber, um ihre Wut und die unbändigen Racheimpulse zu kanalisieren, und sie lebte in Isolation und in Tagträumen, in denen ihre Geschichte nicht wahr war. Im Kontakt verhielt sie sich oberflächlich freundlich und zugewandt, doch ihre starre Mimik und ihre weit aufgerissenen, starr fixierenden Augen zeigten ihre Angst, ihr Mißtrauen und ihr Kontrollbedürfnis.

Die Therapie der Patientin dauerte mehrere Jahre. Sie begann mit einer stationären Behandlung, die distanziert nur auf die symptomatische Seite der Eßstörung fokussiert war, die ihr aber

erlaubte, sich überhaupt einer Therapie (einem Menschen) zu nähern. Nach der Entlassung
meldete sich die Patientin über Jahre nicht, erschien aber eines Tages in der Klinik, erkundigte
sich, ob die Therapeutin noch da sei und prüfte für sich die Einstellung der Therapeutin ihr
gegenüber. Dann verschwand sie wieder über Monate und kam eines Tages zu einer erneuten
stationären Behandlung. In dieser Behandlung und in der anschließenden zweijährigen ambulanten Therapie konnte die Entwicklungspathologie der Patientin bearbeitet werden, wie im
Kapitel „Komplextherapie der Borderline-Störung" dargestellt wird. Im Ergebnis löste sich ihre fatale Verschmelzung mit ihren „guten" Figuren zugunsten der Gestaltung realer Beziehungen, in denen sie jetzt als Erwachsene erstmals auch Unterstützung und Fürsorge erleben kann.
Darüber konnte sie die Abspaltung ihrer „bösen" Anteile aufgeben, wodurch sie zunehmend in
Kontakt zu ihren Ansprüchen und Bedürfnissen kommt und beispielsweise Wünsche nach Abgrenzung und Durchsetzung oder ihre Enttäuschung aktiv artikulieren kann.
Heute lebt die Patientin in einer Partnerschaft. Sie hat unter der Therapie ihre Regel bekommen. Sie ist in der Lage, sich selber und andere Menschen in ihrer Widersprüchlichkeit wahrzu-
nehmen und kann differenziert ihre Ansprüche äußern. Selbstbeschädigungshandlungen und
Suizidversuche kommen nicht mehr vor.

3 Andere abnorme Entwicklungen und Deviationen

3.1 Einleitung

Auf dem Gebiete abnormer **Persönlichkeitsentwicklungen** oder wie früher bezeichnet
Psychopathien (mit der Vorstellung verbunden, daß Anlagebedingungen ganz wesentlich das Geschehen bestimmen im Gegensatz zu neurotischen Störungen, die in erster Linie erlebnisreaktive Phänomene seien) wird die Vielschichtigkeit und das Ver-
wirrende psychiatrischer Klassifikationsprinzipien eigentlich recht offenbar. Wir
wählen auch hier einen syndromatologischen Zugang und verweisen auch darauf,
daß bestimmte Zustände und Persönlichkeitsstörungen wegen ihrer Nähe zu endogenen Psychosen dort abgehandelt werden (schizotype Störung, dysthyme Störung,
paranoische Entwicklungen im Hauptabschnitt III/Kapitel 8 Borderline-Störungen
(III.2) usw.). Betrachtet man diese Störungen aus psychodynamischer Sicht und legt
ein tiefenpsychologisches Ätiologiemodell zugrunde, so sind diese Erkrankungen
jeweilig unterschiedlichen Differenzierungsgraden der Ich-Entwicklung zuordenbar.
Am Beispiel der Borderline-Störungen (III.2) wird diese u.a. näher exemplifiziert. Die
psychoanalytische Entwicklungstheorie faßt dabei die Triebentwicklung (oral, anal,
phallisch-narzißtisch, genital, Latenz, Pubertät), die Angstentwicklung (frühe unreife
Ängste, Trennungsängste, Gewissensängste) und die Ich-Entwicklung (Wahrnehmen,
Impulskontrolle, Abwehrleistungen, Über-Ich-Entwicklung) ins Auge und ortet Kri-
senpunkte dieser Entwicklungen, die dann zum Ausgangspunkt von Persönlichkeitsstörungen werden können. Solche Krisen können in der oralen Phase (1.–2. Lebensjahr) Störungen in der Dyade betreffen (Symbioseerleben, emotionaler Mangel), die
Selbst- und Objektabgrenzung schädigen und später in psychosenahe Dekompensationen führen.

Störungen der **Individuationsentwicklung** (der Differenzierung von Selbst und Objekt, von Gut und Böse) führen nach dieser Theorie zu Konflikten zwischen der Person und haltgebenden Partnern und münden gegebenenfalls in Borderline-Störungen
(etwa 2.–3. Lebensjahr).

Die **Autonomieentwicklung** (3.–4. Lebensjahr) dient der Stabilisierung von Objekt und Beziehungsrepräsentanzen. Ist sie gestört, können Objektabhängigkeiten, narzißtische Störungen auftreten und Abhängigkeitsentwicklungen entstehen (praeödipale Neurosen).

Störungen der ödipalen Entwicklung (4.–6. Lebensjahr), der Absicherung der Geschlechtsidentität führen gegebenenfalls zu Neurosen klassischer Terminologie. Es darf dem Tenor dieses Lehrbuches folgend dabei nicht vergessen werden, daß diese Betrachtung eine Seite der Angelegenheit – wahrscheinlich eine sehr wichtige, bezogen auf die folgenden und weiter oben schon erwähnten Störungen ist. Weitere Faktoren von im Genom angelegten Vulnerabilitäten von aktualgenetisch relevanten Störungen im sozialen Feld mögen hinzukommen.

3.2 Sexuelle Störungen (F52) (nicht organischer Genese)

Unter den funktionellen sexuellen Störungen verstehen wir relativ häufig vorkommende, dabei oft kaum artikulierte, ja tabuisierte **Erlebnisdefizite**, die partnerschaftliche Beziehungen sehr belasten können. Der Mangel oder Verlust an sexuellem Verlangen (z.B. Frigidität) kann sich in Gleichgültigkeit, Lustlosigkeit, Widerwillen vor sexuellen Kontakten äußern. Die Ursachen können vielfältig sein (altersbedingter Rückgang der Funktionsfähigkeiten, endokrine Erkrankungen, Medikamentenwirkungen, Depressionen oder auch psychodynamisch deutbare Entwicklungsdefizite). Die Störung ist bei Frauen häufiger.

Erektionsstörungen (Impotenz) des Mannes haben ebenfalls viele Ursachen, wobei insbesondere neurotische Persönlichkeitsstörungen, Erwartungsängste, Versagensängste dieser Grundlage genannt werden können. Der Ejaculatio praecox (schneller Samenerguß, ohne daß die Partnerin Zeit hätte, selbst zum Orgasmus zu kommen) liegen ähnliche Mechanismen zugrunde.

Beim Vaginismus treten Schmerzen beim Einführen des Penis in die Vagina oder beim Koitus auf (das Phänomen allein wird Dyspareunie genannt), in deren Folge unwillkürliche Spasmen der Beckenbodenmuskulatur auftreten. Ein psychogener Abwehrmechanismus wird als wesentliche Voraussetzung angesehen.

Orgasmusschwierigkeiten der Frau sind ein sehr häufiges Ereignis, wie vielfältige epidemiologische Erhebungen ergeben haben. Dabei ist die interindividuelle Streuungsbreite dessen, was als befriedigender sexueller Kontakt erlebt wird, sehr weit gefächert und auch von unterschiedlichen Kontaktpraktiken abhängig. Emotionen, Sensibilitäten unterschiedlicher Körperregionen, Tiefe der Bindung zum Partner spielen – stärker als bei Männern – eine bedeutsame Rolle.

Gesteigertes sexuelles Verlangen (z.B. Nymphomanie der Frau, Erotomanie des Mannes) können ebenfalls auf sehr unterschiedliche Ursachen zurückgehen (Psychosen, abnorme Entwicklungen, endokrine Störungen, Medikamenteinwirkung, Wirkung zentraltoxischer Substanzen). Manchmal klagen jüngere Menschen über gesteigerten sexuellen Triebdruck, deren partnerschaftliches Lebensfeld noch nicht ausdifferenziert ist. Die therapeutischen Ansätze für derartige Störungen sind natürlich vom Grundproblem abhängig. In leichterer neurotisch-reaktiver und situativer Alteration – nicht selten als Folge einer in bestimmten Medien kultivierten Leistungs- und Enthemmungsemphase – vermag vernünftige Aufklärung Einiges zu helfen.

3.3 Sexuelle Deviationen (F65)

Hierbei handelt es sich in der Regel um schwerere Normabweichungen, die in frühen Stadien der Ich-Entwicklung angelegt bzw. auch organisch mitbedingt zu erheblichem subjektiven Leiden, aber auch kriminellen Gefährdungen in der Gesellschaft führen können.

Genannt seien Fetischismus (Gebrauch toter Objekte z.B. Kleidungsstücke zur sexuellen Befriedigung), Exhibitionismus (Befriedigung durch zur Schaustellen des eigenen unbekleideten Geschlechtsteils. Das Überraschungsmoment des gegengeschlechtlichen immer weiblichen Zufallspartners macht einen wesentlichen Erregungsfaktor aus.) Voyeurismus (die dranghafte Neigung, heimlich andere bei sexuellen Handlungen zu beobachten). Gerade der Voyeurismus belegt ein Phänomen süchtigen Verhaltensmusters, welches sexuellen Abnormitäten ebenfalls inne wohnen kann. Anstelle einer echten Ich-Du-Beziehung wird ein Surrogat gewählt, das Ersatzfunktionen übernimmt und dem der Betroffene in einem Zirkulus von ansteigender Triebspannung, Handlung (wie im Rausch) und Ernüchterung ausgeliefert ist. Von besonderer auch forensischer Bedeutung ist die sexuelle Präferenz für Kinder (Pädophilie F 65.4). Auf sie ist im Zusammenhang mit häufigen Pressemeldungen über schwere Kriminalität etwas näher einzugehen. Geschädigte sind in der Regel Kinder beiderlei Geschlechts in der Vorpubertät.

Ist von **Pädophilie** die Rede, wird damit ein außerordentlich heterogenes Phänomen benannt. Die Palette sexueller Beziehungen zwischen Erwachsenen und Kindern im gesetzlichen Schutzalter reicht von gegenseitiger Liebesbeziehung, erotisierter pädagogischer Beziehung, gewaltloser Verführung von Kindern durch Erwachsene (und umgekehrt), gewaltsamen, also vergewaltigungsähnliche Attacken, von Gelegenheitshandlungen sozial desintegrierter Außenseiter bis zu völlig anders begründeten sexuellen Abweichungen, die oft mehr oder weniger zufällig an Kindern realisiert werden.

Sexuelle Handlungen an Kindern machen etwa 1/3 aller Sexualdelikte aus (Schorsch, Pfäfflin). Auch aus diesem Grunde hat sich der Psychiater vor Gericht relativ oft zur Frage forensisch relevanter Pädophilie zu äußern (s.a. Kap. V.4).

Eine weitere Begründung, den Psychiater bei Verdacht auf Pädophilie zur Beurteilung herbeizuziehen, ergibt sich auch daraus, daß diese Form sexuell devianten Verhaltens in unserem Kulturkreis besonders negativ sanktioniert ist. Das äußert sich sogar innerhalb der sozialen Hierarchie in den Strafvollzugsanstalten, wo dem pädophilen Täter die absolute Omegaposition zugewiesen ist.

Die Welt des devianten Pädophilen ist auf das Empfinden zentriert, daß die Welt des Kindes der seinen angemessen ist. Nur hier fühlt er sich wirklich frei, gelöst und unbedrängt durch ängstliche Erwartungen.

Ziel pädophilen Erlebens ist also, nicht nur einfach die Triebbefriedigung am bevorzugten Objekt, sondern die erlebte Illusion der kindlichen Welt. Das schließt z.B. auch die oft gesuchte Nähe zu kindlichen Gestaltungsräumen wie Spielplätze, Kindersporteinrichtungen oder Schulen ein, die nicht nur als Präliminarien einer intendierten sexuellen Verführungsabsicht zu verstehen sind, sondern bereits als wesentliches Moment der erotischen Befriedigung wirken.

Der Pädophile illusioniert sich quasi in die Kindheit hinein, läßt eine schwärmerische oder auch verstiegene ungestillte Sehnsucht nach der eigenen Kindlichkeit erkennen.

Oft erlebt er sich in der kindlichen Kontaktaufnahme wieder und identifiziert sich mit dem Kind. Was er dann als Erwachsener mit dem Kind tut, ist die Erfüllung seiner Wunschphantasien, wird zur narzißtischen Partnerwahl. Letztlich befriedigt der Pädophile am Kind identifikatorisch seine Bedürfnisse, die sich in Wünschen nach Zärtlichkeit, Hautkontakt, Verwöhnung, Geborgenheit und lustvoller Beschäftigung mit seinem Genitale äußern können.

Neben der Abwehr von Ängsten, die sich auf Frauen beziehen bzw. von diesen ausgehen, stellt sich der psychodynamische Bedeutungsgehalt in der Form dar, daß die eigene kindliche Situation regressiv wiederhergestellt werden soll. An sich ist für diese Tätergruppe aggressives Handeln Kindern gegenüber atypisch. Allerdings können durchaus qualitativ verschiedene Aspekte der frühen Mutter-Kind-Beziehung wiedererlebt werden, die dann zu einem übergangslosen Nebeneinanderstehen von zärtlichen Impulsen und sadistischen Regungen führen. In solchen Fällen ist es möglich, daß in das kindliche Opfer ein abgelehntes und gehaßtes Stück des eigenen Selbst hineinprojiziert wird.

Bei der Nachzeichnung sexualpathologischer Entwicklungen finden sich immer wieder Hinweise auf schwerwiegende frühe Sozialisationsstörungen, wie z.B. das Fehlen stabiler Bezugspersonen, die fehlende oder negative Vaterfigur, die dominierende, einengende Mutter. Andererseits sind solche Besonderheiten der Verlaufsbedingungen unspezifisch, charakterisieren den Entwicklungsweg vieler später Persönlichkeitsgestörter, verschlechtern lediglich allgemein die Ausgangsbedingungen für eine angemessene soziale Durchsetzungsfähigkeit. *Leitsymptome pädophilen Sexualverhaltens:*

1. Die sexuelle Satisfaktion gelingt fast nur oder ausschließlich im devianten Vollzug.
2. Es kommt zunehmend zu einer Intentionalisierung und Planung der situativen Bedingungen, einschließlich der Absicherungstendenzen.
3. Die Delikte geschehen nicht aus einer zufälligen Gelegenheit heraus, sondern sie werden geschaffen und ausgebaut.
4. Der Zwang zur Wiederholung verstärkt sich, gewinnt partiell süchtige Dimension.
5. Zunehmende Einengung des sexuellen Vollzugs auf besondere Gewohnheiten, die immer mehr an Gewicht gewinnen; d.h. im Gieseschen Sinne „Verfall an Sinnlichkeit".
6. In der pädophilen Begegnung werden nicht nur sexuelle Kontakte gesucht, sondern eine Fülle von Bedürfnissen, Sehnsüchten, Wünschen befriedigt, werden Frustrationsängste abgewehrt.
7. Voraussetzung für eine Zuordnung von Pädophilie als sexuelle Deviation ergibt sich auch daraus, daß das bisherige Leben durch die jeweilige sexuelle Triebausrichtung gekennzeichnet sein muß. Stellt sich jedoch pädophiles Sexualverhalten nur als **eine** Möglichkeit sexueller Befriedigung neben anderen dar, existieren sexuelle Kontakte mit außerkindlichen Altersgruppe davor und daneben, dann wird von einem wenig differenzierten Sexualverhalten bei Promiskuität zu sprechen sein.

Als weitere Sexualstörungen seien kursorisch Sadomasochismus (sexuelle Aktivität gekoppelt an Schmerzzufügungen), Transvestismus (sexuelle Erregung durch eigene

Kleidung und äußere Gestaltung des anderen Geschlechts), Transsexualismus (Ablehnung des eigenen anatomischen Geschlechts mit unwiderstehlicher Neigung, den Zustand zu ändern, sowohl in körperlicher wie in sozialer und juristischer Hinsicht). Diese höchst komplexe Störung der sexuellen Selbstidentität mit vielen Folgen langwieriger operativer Eingriffe, Änderung des juristischen Status spielen in der spezifizierten psychiatrischen und andrologischen Begutachtungspraxis eine randständige, nichtsdestoweniger im Einzelfall sehr wichtige Rolle.

3.4 Weitere Persönlichkeitsstörungen (F60)

Persönlichkeitsstörungen sind in der Regel langanhaltende, in frühen Entwicklungsstadien präformierte Störungen des Empfindens und Verhaltens, von denen einige (Borderline, Sexualstörungen) schon erörtert wurden, weitere im Psychosen-Kapitel abgehandelt werden. Nachfolgende Störungsbilder sind zunächst einmal keine Diagnosen im klassischen medizinischen Sinne, sondern mehr Wesensbeschreibungen, die dann medizinisch oder auch forensisch relevant werden, wenn auf ihrer Basis Verhaltensabnormitäten oder Sozialstörungen auffällig werden. (Der histrionische Typ, welcher in irgendeiner Weise psychopathologisch dekompensiert, der Schizotype, der schizophren wird, der anankastische, der eine Zwangskrankheit entwickelt, der pädophile (s.o.), der kriminell dekompensiert.

Histrionische Persönlichkeitsstörung: Labiler Affekt, demonstrative Neigungen, Egozentrizität, situative Sugerstibilität, emotionale Kühle, Perfektionismus.

Anankastische Persönlichkeitsstörung: Extreme Gewissenhaftigkeit, Mangel an Risikobereitschaft, Neigung zu ständiger Kontrolle, starres Beharrungsvermögen, Neigung zum Zweifel.

Ängstliche (vermeidende) Persönlichkeitsstörung: Unsicherheit, Minderwertigkeitsgefühle, Besorgtheit, Angespanntheit, Überempfindlichkeit, Wunsch nach Harmonie und grenzenloser Zuneigung. Risikomeidung.

Abhängige (asthenische) Persönlichkeitsstörung: Passives Verlassen auf Andere, Gefühl der Hilflosigkeit und Inkompetenz, Kraftlosigkeit, Neigung zur Unterordnung, Ausweichtendenzen.

Dissoziale Persönlichkeitsstörung: Mißachtung sozialer, ethischer und moralischer Verpflichtung, Gefühlsbarkeit, geringe Frustrationstoleranz, Gewaltneigung.

Emotional instabile Persönlichkeit: Störung der Impulskontrolle, wechselhafte Stimmungen mit Wutneigungen, Störung des Selbstbildes, chronisches Gefühl der Leere und des Unverstandenseins (in diese Gruppe gehören Borderline-Störungen; s. d.).

Narzistische Persönlichkeitsstörung (nach der mythologischen Gestalt des Jünglings Narkissos, der sich in sein Spiegelbild verliebte): Selbstwertgestörte, kränkbare, mangelnd einfühlungsfähige Menschen, die Größenphantasien von sich selbst und irreale Überzeugtheit von eigenen Fähigkeiten neben völligen Verzagen stehen haben. Zwischenmenschliche Bedingungen sind oft sehr gestört. Asoziales Verhalten, aber auch schwere Autoaggression sind möglich. Durch eine frühe Störung der Selbstentwicklung bleiben infantile Selbstbilder bestehen.

4 Abhängigkeitserkrankungen

Allgemeines: Psychoaktive Substanzen sind durch ihr Potential zur Veränderung der Bewußtseinslage bzw. des -zustandes definiert.

Psychoaktive Substanzen können formell in folgende Gruppen eingeteilt werden:

- legal und frei verfügbar (z.B. Lösungsmittel),
- legal, aber unter staatlicher Kontrolle, z.B. mit spezieller Besteuerung (z.B. Alkohol, Tabak),
- legal und verschreibungspflichtig (z.B. Benzodiazepine, Barbiturate),
- legal und speziell verschreibungspflichtig (z.B. Opiate – Betäubungsmittelrezept),
- illegal (z.B. Marihuana, Heroin).

Gemeinsam ist allen psychoaktiven Substanzen ein mehr oder weniger ausgeprägtes Potential zu Toleranzentwicklung, zu Mißbrauch und zur psychischen und / oder physischen Abhängigkeit (s. 4.1.1).

4.1 Alkoholabhängigkeit

4.1.1 Definition und Diagnose

Geschichte: Der in Cambridge ausgebildete Arzt Benjamin Rush (1745–1813) soll erstmals die Trunkenheit („drunkeness") als Erkrankung mit dem Leitsymptom des **Kontrollverlustes** über das eigene Trinkverhalten („Nicht-mehr-aufhören-können") bezeichnet haben. Folgerichtig forderte er die völlige Abstinenz als einzig effektive Behandlung.

1819 wurde erstmals der Begriff der „Trunksucht" und 1852 die Begriffe „Alkoholismus" und „Alkoholkrankheit" in die deutschsprachige Literatur eingeführt (Brühl-Cramer, 1819; Huss, 1852). Später wurde auch zwischen chronischem Alkoholismus (definiert durch alkoholbedingte chronische Organschäden) und Alkoholabhängigkeit unterschieden, wobei letztere durch unkontrollierbares Verlangen („craving") nach Alkohol, Kontrollverlust und Entzugssymptome charakterisiert wurde.

Von praktischer Bedeutung, z.B. für Kostenerstattung der Behandlung durch die gesetzlichen Krankenversicherungen war die Entscheidung des Bundessozialgerichts vom 18.6.1968, wonach es sich bei einer „Trunksucht", dort definiert als „lang andauernde, zwanghafte Abhängigkeit von dem Suchtmittel", um eine Krankheit im Sinne der Reichsversicherungsordnung handelt.

Diagnostische Kriterien: Die „Alkoholsucht" kann vereinfacht definiert werden als der Konsum von Alkohol, der über das sozial tolerierte, für Individuum und Gesellschaft ungefährliche und unschädliche Maß hinausgeht. Hierbei lassen sich unterscheiden

- **psychische Abhängigkeit** („**Sucht**"): übermäßiges Verlangen („Craving"), Kontrollverlust, Lust-Erzeugung – Unlust-Vermeidung,
- **physische Abhängigkeit**: Toleranz, Entzugssymptome.

Wesentliche Teile der heute gebräuchlichen Definition der Alkoholkrankheit basieren auf den Arbeiten des amerikanischen Allgemeinmediziners E.M. Jellinek in den 60er Jahren. Er grenzte erstmals den Krankheitsbegriff „Alkoholismus" ein auf Individuen mit **Entzugssymptomen,** mit **Toleranz**entwicklung gegenüber den Alkoholwirkungen und entweder „Kontrollverlust" oder „Unfähigkeit zur Abstinenz".

Da sehr häufig keine eindeutige Zuordnung bzw. keine individuelle Persistenz der von Jellinek definierten kategorialen Typologen nachweisbar ist (s. Trinktypen nach Jellinek), wurde in den neueren Klassifikationssystemen der kategoriale Ansatz in der Diagnostik zugunsten operationalisierter Kriterien auf physiologischer, kognitiver und Verhaltensebene verlassen. So ist in den beiden derzeit gebräuchlichen Klassifika-

Tabelle 9 Diagnostische Kriterien der Alkoholabhängigkeit

ICD- 10	DSM-IV
1. Starker Wunsch oder Art Zwang, Alkohol zu konsumieren	4. Anhaltender Wunsch oder ein oder mehrere erfolglose Versuche, den Alkoholgebrauch zu verringern oder zu kontrollieren
2. Verminderte Kontrollfähigkeit bezüglich Beginn, Beendigung und Menge des Alkoholkonsums	3. Alkohol wird häufig in größeren Mengen oder länger als beabsichtigt eingenommen
3. Ein körperliches Entzugssyndrom oder Konsum von Alkohol oder nahe verwandten Substanzen, um Entzugssymptome zu mildern oder zu vermeiden	2. Entzugssymptome, die sich durch a) oder b) äußern a) charakteristisches Entzugssyndrom b) Einnahme von Alkohol (oder ähnlich wirkender Substanzen), um Entzugssymptome zu lindern oder zu vermeiden
4. Nachweis einer Toleranz mit zunehmend höherer Dosierung	1. Toleranzentwicklung, definiert als a) oder b) a) Verlangen nach ausgeprägter Dosissteigerung, um einen Intoxikationszustand oder erwünschten Effekt herbeizuführen
5. Fortschreitende Vernachlässigung anderer Vergnügungen oder Interessen zugunsten des Alkoholkonsums; erhöhter Zeitaufwand, um Alkohol zu beschaffen, zu konsumieren oder sich von den Folgen zu erholen	6. Wichtige soziale, berufliche oder Freizeitaktivitäten werden aufgegeben oder eingeschränkt aufgrund des Alkoholgebrauchs 5. Viel Zeit für Aktivitäten, um sich Alkohol zu beschaffen, Alkohol zu konsumieren oder sich von den Wirkungen zu erholen
6. Anhaltender Alkoholkonsum trotz Nachweises eindeutiger schädlicher Folgen (körperlicher, sozialer oder psychischer Art)	7. Fortgesetzter Alkoholgebrauch trotz Kenntnis eines anhaltenden oder wiederkehrenden psychischen oder körperlichen Problems, das wahrscheinlich durch den Alkoholmißbrauch verursacht oder verstärkt wurde (z. B. fortgesetztes Trinken trotz Zunahme der Beschwerden bei Gastritis od. Ulkus

N. B. mind. jeweils *3 der Kriterien* müssen „irgendwann" während der letzten 12 Monaten für die Diagnose erfüllt sein.
Die vorangestellten Nummern entsprechen der Originalreihenfolge der Kriterien.

tionssystemen der WHO („International Classification of Diseases" ICD-10; WHO, 1991) und der American Psychiatric Association („Diagnostic and Statistical Manual of Mental Disorders" DSM-IV, 1994) kein einzelnes Symptom („Leitsymptom") zur diagnostischen Einordnung ausreichend oder zwingend notwendig.

Darüberhinaus findet sich in beiden Klassifikationssystemen keine spezifische Kategorie „Alkoholismus". Vielmehr wird diese Entität in den Oberbegriff „Abhängigkeit von psychoaktiven Substanzen" eingeordnet.

Wesentliche Unterschiede zwischen ICD-10 und DSM-IV umfassen nicht nur die in der DSM-IV konsequent umgesetzte mehrdimensionale Diagnostik, sondern auch die unterschiedliche Kriterienanzahl und deren inhaltliche Charakterisierung (Tab. 9).

Subtypen: Die heute übliche operationalisierte Diagnostik wird der Krankheitsform Alkoholismus besser gerecht, weil es sich bei den Patienten mit „Alkoholabhängigkeit" um eine heterogene Gruppe von Erkrankungen handelt (s. 4.1.3). Daher liegt aber auch der Versuch nahe, durch Definition reliabler und valider Kriterien Subgruppen zu bilden, die im optimalen Falle Rückschlüsse auf Ätiologie, Ausprägung, Verlauf, Prognose und adäquate Therapiestrategien zulassen.

Bis heute weithin bekannt, wenngleich aufgrund der Eindimensionalität und geringen prognostischen Validität nur noch von sehr begrenzter Bedeutung, ist die klinisch-deskriptive Typologie von Jellinek nach dem Trinkverhalten in Alpha- bis Epsilon-Trinker, sowie seine Beschreibung des phasenhaften Ablaufs des Alkoholismus (s. Tab. 10, 11; Jellinek, 1952, 1960).

In der wissenschaftlichen Literatur wurde die Unterteilung in 2 Prägnanztypen nach Cloninger von Beginn an sehr kontrovers diskutiert (s. Tab. 12; 1981, 1987) und war damit fruchtbar für die Weiterentwicklung typologischer Systeme. In enger Anlehnung, aber mit unterschiedlichem Schwerpunkt entstanden die Typologien nach von Knorring (1985) und nach Babor (s. Tab. 13; 1992). Große Resonanz fand auch die

Tabelle 10 Klinische Typologie nach Jellinek (1960)

	Charakterisierung	Abhängigkeit	Suchtkennzeichen
Alphatyp	problem-, Konflikt-, Erleichterungstrinker	episodenweise psychisch	kein Kontrollverlust, Fähigkeit zur Abstinenz, Unlustvermeidung
Betatyp	Gelegenheitstrinker (unregelmäßig, übermäßig)	soziokulturell (Feste, Verein, Kollegen)	kein Kontrollverlust, Organschäden möglich
Gammatyp	süchtiger Trinker	initial psychisch, später auch physische Abhängigkeit	Kontrollverlust, Phasen der Abstinenzfähigkeit (!)
Deltatyp	Gewohnheits-, Spiegeltrinker (rauscharm, kontinuierlich)	physische Abhängigkeit	Unfähigkeit zur Abstinenz, kein Kontrollverlust
Epsilontyp	episodischer Trinker, „Quartalsäufer", Dipsomanie	psychische Abhängigkeit	Kontrollverlust, Fähigkeit zur Abstinenz, Tendenz zum Übergang zum Gammatyp

Tabelle 11 Phasen der Abhängigkeit (Jellinek 1952)

- Präalkoholische Phase
  - Spannungsreduktion durch Alkohol
  - häufiges Trinken
  - leichte Toleranzerhöhung
- Prodomalphase
  - (gieriges) Erleichterungstrinken
  - Toleranzerhöhung
  - Gedächtnislücken („Black-out", „Filmriß")
  - heimliches Trinken mit Schuldgefühlen
  - dauerndes Denken an Alkohol, aber Vermeidung von Gesprächen über Alkohol
- Kritische Phase
  - nach Trinkbeginn
  - Ausreden, Alibis, Rationalisierungen
  - Aggression und Schuldgefühl (Zerknirschung)
  - nach Abstinenzperioden stets Rückfälle
  - Trinksystem (nicht vor bestimmter Uhrzeit!) gelockert
  - Interesseneinengung, Verlust von Sozialbezügen
  - Toleranzverminderung
  - Zittern und morgendliches Trinken
  - mangelhafte Ernährung
  - Libido- und Potenzverlust (evtl. Eifersucht)
- Chronische Phase
  - verlängerte Räusche
  - ethischer Abbau
  - Fehlbeurteilung der eigenen Lage
  - Trinken mit Alkoholikern („unter Stand")
  - Trinken als Besessenheit
  - Angstzustände, Zittern
  - Auftreten von Psychosen
  - Toleranzverlust
  - Erklärungssystem versagt – Niederlage zugegeben – Behandlungsansatz!

Tabelle 12 Unterteilung der Alkoholkranken nach Cloninger (1987)

	Typ I	Typ II
subjektiver Beginn des Alkoholproblems	> 25	< 25 Jahre
1. Behandlung	> 30	< 30
nachteilige soziale Folgen d. Alkoholabsus (Führerschein, Arbeitsplatz, Familie)	seltener	häufig
Schuldgefühle bezüglich Alkohol	häufig	selten
familiäre Disposition	seltener	häufiger
Persönlichkeitscharakteristika		
– reward dependence	hoch	
– harm avoidance	hoch	niedrig
– novelty seeking	niedrig	hoch

Unterteilung in primären und sekundären Alkoholismus (Schuckit, 1995): mit **primä-
rem Alkoholismus** werden Patienten definiert, die vor Beginn der Erkrankung keine
psychischen Auffälligkeiten im Sinne des DSM-IV aufwiesen. Aus den Ergebnissen
einer 1976 begonnenen prospektiven Langzeitstudie entwickelte O.M. Lesch eine
deskriptive Typologie, wobei erste Hinweise auf deren klinische Relevanz z.B. durch
das unterschiedliche Ansprechen der einzelnen Subtypen auf die Behandlung mit der
Anti-Craving-Substanz Acamprosat gezeigt werden konnte (Tab. 14; 1996).

Tabelle 13 Unterteilung der Alkoholkranken nach Babor (1992)

Beginn des Alkoholproblems	> 30	< 21 Jahre
Risikofaktoren in der Kindheit	wenig	häufig
Ausprägung	geringer	stark
nachteilige körperliche u. soziale Folgen	wenig	häufig bereits frühzeitig
psychiatrische Komorbidität	selten	häufig
Belastungsfaktoren (familiär, beruflich)	gering	ausgeprägt
Therapieprognose	gut	schlecht

Tabelle 14 Unterteilung der Alkoholkranken nach Lesch (1996)

* **Typ IV**
  - frühkindliche Hirnschädigung
  - Anfallsleiden (außer Entzugsanfälle)
  - psychische, körperliche, soziale Schäden (alkoholunabhängig)

    vor dem 14. Lj.:
  - körperl. und psychische Erkrankungen
  - Enuresis nocturna
* **Typ III**
  - Alkohol zur Selbstbehandlung psychiatrischer Störungen (z.B. Stimmungs-, Schlaf-,
    Antriebsstörung)
  - phasisches Auftreten psychiatrischer Störungen: in den freien Intervallen mäßiger oder
    kein Alkoholkonsum

* **Typ I**
  - primär „gesellschaftliches Trinken", sekundär „Gewohnheitstrinken"
  - Verlangen nach Alkohol zunehmend schlechter unter Kontrolle. Kontrollverlust.
  - frühzeitig Abstinenzsyndrom: Alkohol zur „Behandlung von Katerbeschwerden" und
    des Abstinenzsyndroms
  - häufig Entwicklung schwerer Entzugssyndrome (Delir, Entzugsanfälle, protrahierte
    vegetative Symptome)
* **Typ II**
  - Alkohol als „Beruhigungsmittel" gegen Ängste und Konflikte mit der Umwelt
  - Unter Alkoholeinfluß Persönlichkeitsveränderungen (wesensfremde Verhaltensweisen)
  - keine schwereren körperlichen Folgeerkrankungen oder Entzugssyndrome

Die dargestellte Reihenfolge der „Typen" entspricht der Hierarchie, d.h. erfüllt ein Patient
mind. 1 der Punkte zu Typ IV, ist dieser Typ zu diagnostizieren. Erst bei Fehlen aller Symptome
des Typ IV wird das Vorliegen von Typ III geprüft. Findet sich auch hier keines der Symptome,
wird auf das Vorliegen von mind. 2 der 4 Kriterien für Typ I geprüft. Typ II entspricht schließlich einer Ausschlußdiagnose der vorgeschalteten Typen.

4.1.2 Epidemiologie

Schon 7000 v.Chr. waren die Sumerer mit der Herstellung von Bier vertraut („monument bleu", Louvre) und eine bei Damaskus gefundene Frucht- und Weinpresse wurde auf ca. 6000 v. Chr. datiert. Über die Jahrtausende hinweg wurde die anregende Wirkung des Alkoholgenusses geschätzt, der Mißbrauch aber stark kritisiert. Selbst unterschiedlichste Versuche der Prävention (Trinkrituale, Prohibition bis hin zum völligen Alkoholverbot im Islam und Buddhismus) konnten bislang nichts daran ändern, daß die Alkoholkrankheit zumindest in den Industrienationen ein großes volkswirtschaftliches und medizinisches Problem darstellt.

Einige epidemiologische Daten für Deutschland sollen dies unterstreichen:

– 1950–1991: Konsum alkoholischer Getränke **vervierfacht,**
– 1996: **10,9 l** reiner Alkohol / Kopf (= ca. 436 x 0,5 l bzw. 545 x 0,4 l Bier),
– jede 2. Straftat: unter Alkoholeinfluß,
– jeder 2. Suizidversuch: unter Alkoholeinfluß,
– jeder 4. Arbeitsunfall: unter Alkoholeinfluß,
– jeder 5. Verkehrsunfall mit Toten: unter Alkoholeinfluß,
– jeder 10. Verkehrsunfall mit Verletzten: unter Alkoholeinfluß,
– max. 1 von **600** Trunkenheitsfahrten (> 0,8 °/$_{oo}$) polizeilich erfaßt,
– jeder 35. Deutsche: „alkoholabhängig"
    jeder 3. Abhängige: weiblich
    jeder 10. Abhängige: < 21 Jahre,
– jeder 20. Mitarbeiter in Behörden, Betrieben: „alkoholabhängig",
– jede 10. Familie: mindestens 1 betroffenes Mitglied,
– jeder 5. Krankenhauspatient: Alkoholfolgeschäden,
– > **40.000** alkoholbedingte Todesfälle / Jahr,
– jedes **300.** Neugeborene: Alkoholembryopathie,
– 1991: > 38 Milliarden DM für Alkoholika,
– 1994: > 1,1 Milliarden DM für Werbung,
– 1996: ca. 7,9 Milliarden DM alkoholbezogene Steuereinnahmen,
– Krankenhauskosten: > 1,4 Milliarden DM,
– 20–80 (?) Milliarden DM „volkswirtschaftlicher Gesamtschaden" (Arbeitsausfall, Unfall-, Krankheits-, Behandlungskosten, Frühberentung, ReHa-Maßnahmen) (BMI; BMG; Hüllinghorst et al., 1997).

4.1.3 Ätiologie

Süchtiges Trinkverhalten entsteht im Rahmen eines komplexen Ineinandergreifens physischer Faktoren (z.B. pharmakologische Wirkungen des Alkohols, genetische Disposition), psychischer (z.B. Persönlichkeit) und sozialer Mechanismen (z.B. soziale und religiöse Akzeptanz des Alkoholkonsums) (Abb. 8). Diese Komplexität legt nahe, daß es sich bei Patienten, die die Kriterien eines Abhängigkeitssyndroms nach ICD-10 oder DSM-IV erfüllen um eine ätiologisch heterogene Gruppe handelt (s. Abschn. Subtypen). Aus diesen Gründen sind die Ergebnisse aus Untersuchungen zu Ursache, Verlauf und Prognose „der Alkoholkrankheit" nur sehr eingeschränkt generalisierbar.

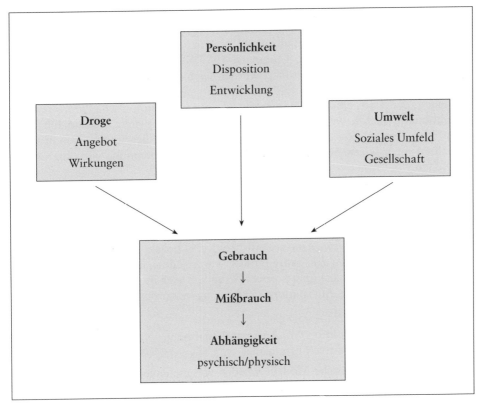

Abb. 8: Multifaktorielle Genese der Abhängigkeit

4.1.3.1 Physische (Biologisch-Genetische) Faktoren

Alkohol beeinflußt die zentrale Neurotransmission auf vielfältige Weise. Tierexperimentell konnte gezeigt werden, daß praktisch alle suchterzeugenden Substanzen, incl. Alkohol durch Interaktion mit den Strukturen des limbischen „Belohnungssystems" (u.a. Nucleus accumbens) ein mehr oder weniger ausgeprägtes Suchtmittelverlangen („craving") hervorrufen, welches wiederum als Grundlage der Abhängigkeitsentwicklung betrachtet werden könnte. Aus genetisch determinierten biologischen Variationen könnte somit eine individuell unterschiedliche Gefährdung zur Entwicklung einer Abhängigkeit resultieren.

Große Familienstudien konnten zeigen, daß Alkoholiker 2–6fach häufiger mindestens ein alkoholkrankes Elternteil aufweisen (Übersicht bei Cotton, 1979). Einige Zwillings- und Adoptionsstudien konnten ebenfalls belegen, daß genetischen Faktoren eine wesentliche Bedeutung bei der Entwicklung der Alkoholkrankheit zukommt (Übersicht bei Goodwin, 1987). So entwickelten auch Kinder alkoholkranker Eltern, die kurz nach ihrer Geburt von nicht alkoholkranken Adoptiveltern aufgenommen wurden, ca. 4fach häufiger selbst eine Alkoholabhängigkeit. Auch der Beginn der Alkoholproblematik erfolgte früher als im Durchschnitt.

Basierend auf der Typologie nach Cloninger (Tab. 12) soll die nur in ca. 10% der Fälle vorliegende Typ-II-Abhängigkeit („male-limited") zu 88%, die Typ-I-Abhängig-
keit („milieu-limited") hingegen nur zu 21% genetisch determiniert sein (Cloninger
et al. 1981; Cloninger, 1987 a; Cloninger, 1987 b). Allerdings liegt offensichtlich
kein einfacher Erbgang vor, postuliert wurden vielmehr genetisch vermittelte Vulnerabilitätsfaktoren, z.B. bestimmte Persönlichkeitsmerkmale (s. Tab. 12), psychische
Störungen (depressiv, emotionale Instabilität) oder neurobiologische Parameter (s.o.
„Belohnungssystem"), welche schließlich zur Entwicklung einer Alkoholabhängigkeit prädisponieren sollen. Diese Vulnerabilitätshypothese begründet die in den letzten Jahren intensivierte Suche nach „Indikatoren" zur Erkennung von „high risk"-
Individuen.

4.1.3.2 Psychische Faktoren

Die im 19. Jahrhundert entwickelten tierexperimentellen Modelle abhängigen Verhaltens begründeten ein überwiegend somatisches Krankheitskonzept der Abhängigkeit.
Über die gesamten letzten 200 Jahre hinweg wurde jedoch die potentiell organische
Pathogenese kontrovers diskutiert, wobei besonders verhaltensbiologische Denkmo-
delle als pathogenetische Alternativen vorgeschlagen wurden:

Lerntheoretisches Modell:

Alkoholkonsum → Reduktion von Angst und Spannung → negative Verstärkung →
Wiederholung der 1. positiven Erfahrung.

Aber auch **psychoanalytische Modelle** wurden vorgeschlagen:

strenges Über-Ich → Selbst-Bestrafung → unbewußter Streß bei geringer Frustrationstoleranz → Regression auf die orale Entwicklungsstufe → Linderung durch Alkohol
(„das Über-Ich ist in Alkohol löslich") (Übersicht bei Soyka, 1995).

4.1.3.3 Soziale Faktoren

Diverse soziale Faktoren können Trinkmuster und -charakteristika beeinflußen, z.B.:

- soziale Akzeptanz des Alkoholkonsums (→ „Gruppendruck")
  - sog. mediterraner Typ (Permissivkulturen): regelmäßig, in kleineren Mengen,
    z.B. Mahlzeiten (meist Wein oder Bier),
  - Skandinavien, England, USA (Ambivalenzkulturen): unregelmäßig, exzeßhaft
    (meist hochprozentige Alkoholika),
  - Abstinenzkulturen (Hindu, Islam),
- Beschaffbarkeit: Preis, Verfügbarkeit, Legalität, Werbung

4.1.4 Klinik

4.1.4.1 Alkoholbedingte akute Syndrome

Intoxikation (einmaliger Mißbrauch) [ICD 10: F 1x.0]

Klinik: Typische Zeichen einer Alkoholintoxikation sind Störungen der Bewußtseinslage (Schläfrigkeit bis hin zum Koma), Störungen der kognitiven Fähigkeiten, der
Wahrnehmung, des Affekts und des Verhaltens (z.B. Auftreten „wesensfremder"

Züge, wie Enthemmung, Aggressivität). Darüberhinaus können Störungen verschiedener psychophysiologischer Funktionen und Reaktionen auftreten, z.B. zerebelläre Ataxie mit Stand- und Gangunsicherheit (Prüfung z.B. durch Strichgang), Störungen der Koordination (Prüfung z.B. durch Finger-Nase-Versuch), sowie Sprechstörungen. Ursächlich sind die akuten pharmakologischen ZNS-Wirkungen des Alkohols. Sie sind ausgeprägter bei ansteigenden Blutalkoholspiegeln und nehmen bis zur vollständigen Wiederherstellung mit der Zeit ab. Die größte Gefährdung besteht durch indirekte Folgen oder Komplikationen einer Intoxikation, wie z.B. Traumatisierung durch Sturz (Frakturen, subdurales Hämatom!), Koma, Unterkühlung (bei kalter Witterung), Aspiration von Erbrochenem, Krampfanfall, Delir.

Therapie: Da der körpereigene Alkoholmetabolismus in der Regel zu einer raschen Entgiftung führt, ist der Ausschluß vitaler Komplikationen vordringlich, da diese häufig durch die Intoxikationssymptomatik „maskiert" werden. Bei Patienten, die sich unter Alkoholeinwirkung aggressiv verhalten, ist das im nachfolgenden Abschnitt beschriebene therapeutische Vorgehen zu empfehlen.

Pathologische Intoxikation

Klinik: Als pathologische Intoxikation wird das Auftreten ausgeprägter Verhaltensänderungen definiert, das mit ausgeprägter psychomotorischer Unruhe meist binnen weniger Minuten nach Konsum einer auffallend geringen Alkoholmenge einhergeht. Häufig Neigung zu impulsiv-aggressivem Verhalten gegen andere (z.B. Tätlichkeiten) oder sich selbst (z.B. suizidale Handlung), typischerweise „wesensfremde" Verhaltensmuster. Für die Dauer von wenigen Stunden finden sich auch Verwirrtheit, Desorientiertheit, gelegentlich illusionäre Verkennungen und visuelle Halluzinationen. Das akute Zustandsbild endet in der Regel in einer protrahierten Schlafphase. Für die Ereignisse besteht eine völlige Amnesie („black-out").

Ursächlich werden zerebrale Vorschädigungen diskutiert, die zu einer erhöhten Sensitivität gegenüber Alkohol führen sollen. Weitere Risikofaktoren stellen die gleichzeitige Einnahme von Sedativa und höheres Alter dar.

Differentialdiagnose: Eine vorbestehende und / oder alkoholinduzierte Temporallappenepilepsie bzw. interiktale Phänomene müssen ausgeschlossen werden.

Therapie: Die pathologische Intoxikation ist wie die Intoxikation selbst ein passageres Syndrom. Vordringliches Ziel ist es deshalb, den Patienten davor zu bewahren, sich selbst oder anderen Schaden zuzufügen. Dabei können körperliche Zwangsmaßnahmen (z.B. Fixierung) unumgänglich werden. Gegebenenfalls kann danach die Injektion eines hochpotenten Neuroleptikums (z.B. 5–10mg Haldol) hilfreich sein.

Cave: Benzodiazepine sind kontraindiziert, da es häufig zu einer Zunahme der alkoholinduzierten Enthemmung kommt (s. Risikofaktoren).

Alkoholentzugssyndrom

Klinik: Es handelt sich um eine Gruppe von Symptomen unterschiedlicher Zusammensetzung und Schwere, nach absolutem oder relativem Entzug von anhaltend konsumiertem Alkohol. Beginn und Verlauf des Entzugssyndroms sind zeitlich begrenzt und abhängig von Trinkmuster und -gewohnheit vor der Beendigung oder Reduktion des Konsums. So kann bei „Spiegeltrinkern" eine verminderte Alkoholzufuhr, z.B. aufgrund einer interkurrenten Erkrankung, zum Absinken des Alkoholspiegels unter

Tabelle 15 Vegetatives Alkoholentzugssyndrom [ICD 10: F 1x.3]

Klinik
- erhöhter Sympathikotonus
  z. B. Tachykardie, erhöhter Blutdruck, vermehrtes Schwitzen („tropfnasse Handflächen")
- feinschlägiger Tremor
- Ängstlichkeit
- Magen-Darm-Störungen (z. B. Übelkeit, Erbrechen, Durchfall)
- Schlafstörungen mit lebhaften Alpträumen, selten kurzdauernde, nicht ausgeformte illusionäre Verkennung bzw. Halluzinationen
- Hyperreflexie
- allgemeine muskuläre Schwäche

Therapie: symptomatisch
- Rehydration
  Cave: Kohlenhydrathaltige Infusionslösungen und Vitamin-B -verbrauch (s. amnestisches Syndrom)
- Clomethiazol
  Einsatz: Kupierung sämtlicher Entzugssymptome und -komplikationen, Prophylaxe von Entzugs-Grand-Mal und Delir; in Deutschland Mittel der 1. Wahl bei Patienten mit schwerem Entzugssyndrom bzw. erhöhtem Risiko für Entzugskomplikationen (Grand-Mal, Delir)
  Wirkmechanismus: Agonist am $GABA_A$ – Benzodiazepin – Rezeptorkomplex → Kreuzreaktivität mit Alkohol (→ Abhängigkeitsrisiko!)
  Dosierung: je nach psychopathologischem Befund; im Delir ggf. parenterale Anwendung unter intensivmedizinischer Überwachung möglich (Gefahr der Ateminsuffizienz, Bronchialhypersekretion)
  Cave: Eine nicht dem Befund angepaßte Dosierung (insbesondere Dauerinfusion, z. B. Perfusor) führt fast zwangsläufig zu den o. a. Komplikationen (spätestens bei Rückbildung des Delir) → Dauerinfusion vermeiden bzw. nur bei beatmeten Patienten oder jederzeitiger Beatmungsmöglichkeit
- Benzodiazepin
  Einsatz: Kupierung vegetativer Entzugssymptomatik, Prophylaxe eines Entzugs-Grand-Mal
  Wirkmechanismus: Agonist am $GABA_A$ – Benzodiazepin – Rezeptorkomplex → Kreuzreaktivität mit Alkohol (→ Abhängigkeitsrisiko!)
  Dosierung: je nach Substanz und psychopathologischem Befund; generell werden aufgrund der Kreuzreaktivität mit Alkohol höhere Dosen als im Normalfall zur Sedierung benötigt
  Cave: Einsatz eher langwirkender Benzodiazepine (z. B. Chlordiazepoxid, Diazepam) → Gefahr der Kumulation → Verkennung als „protrahiertes Delir"
- Doxepin
  Einsatz: symptomatische Behandlung vegetativer Entzugssymptomatik
  Wirkmechanismus: sedierendes trizyklisches Antidepressivum (s. Hauptabschnitt IV, 7. Kapitel)
  Dosierung: bis 300 mg/Tag
  Cave: Keine Prophylaxe oder Wirksamkeit gegen Entzugskomplikationen (Grand-Mal, Delir), eher Absenkung der Krampfschwelle!
- Clonidin
  Einsatz: symptomatische Behandlung vegetativer Entzugssymptomatik
  Wirkmechanismus: Agonist am zentralen, präsynaptischen α_2-Rezeptor → Verminderung der sympathoadrenergen Überaktivität
  Dosierung: 300–1500 µg/Tag

Cave: Keine Prophlaxe oder Wirksamkeit gegen Entzugskomplikationen (Grand-Mal, Delir)
- Carbamazepin
  Einsatz: Prophylaxe eines Entzugs-Grand-Mal
  Wirkmechanismus: im Detail noch unklar
  Dosierung: 600–1200 mg/Tag
  Cave: Bei rascher Dosissteigerung gehäuft Nebenwirkungen (zur kurzfristigen Erzielung ausreichender Plasmaspiegel aber notwendig); keine Wirksamkeit gegen andere Entzugssymptome, -komplikationen

Sorgfältige Überwachung zur rechtzeitigen Erkennung von Komplikationen!
(Progression mit symptomat. Krampfanfällen, Entzugsdelir)

Tabelle 16 Symptomatischer Grand Mal [ICD 10: G 40.5]

Häufigkeit: bei ca. 30% der unbehandelten Patienten im Entzug

Risikofaktor: Krampfanfall in der Anamnese

Therapie
- meist selbstlimitierend (30–60 sec), daher Schutz vor Selbstverletzung ausreichend
- sorgfältige Überwachung: Komplikationen! (Progression zum status epilepticus, evtl. drohendes Alkoholentzugsdelir)

Cave: Falls nicht selbst beobachtet: genauen Anfallsablauf durch Umstehende eruieren, da bei fokal betonten Anfällen (evtl. auch initial bei sekundärer Generalisierung) eine zerebrale Raumforderung (z. B. subdurales Hämatom nach Trauma) ausgeschlossen werden muß!

---

eine „kritische Grenze" und damit zu einem Alkoholentzugssyndrom führen (Tab. 15). Die vegetativen Symptome des Entzugssyndroms können durch symptomatische Krampfanfälle (Tab. 16) und / oder ein Entzugsdelir (Tab. 17) kompliziert werden. Ätiologisch bedeutsam ist die nach fortgesetztem Konsum eintretende Gewöhnung an Alkohol, wodurch es u.a. zu einer verminderten Ansprechbarkeit und Hemmung verschiedener Regionen des ZNS kommt. Durch den Entzug kommt es zu einer Umkehrung der überwiegend sedativen Alkoholeigenwirkung, woraus eine Übererregbarkeit verschiedener ZNS-Regionen resultiert.

4.1.4.2 Alkoholbedingte chronische Syndrome

Gewohnheitsmäßiger schädlicher Gebrauch (Mißbrauch) [ICD 10: F 1x.1]

Dies wird definiert als „Konsumverhalten", das zu einer Gesundheitsschädigung (physisch, z.B. steatosis hepatis; psychisch, z.B. depressives Syndrom) führt. Eine akute Intoxikation [ICD 10: F 1x.0] oder ein „Kater" (hangover) beweisen allein noch nicht den „Gesundheitsschaden".

Abhängigkeit [ICD 10: F 1x.2]

Klinische Diagnose: Eine Gruppe von Verhaltens-, kognitiven und körperlichen Phänomenen, die sich nach wiederholtem Alkoholgebrauch entwickeln. Die klinische Diagnose der Alkoholabhängigkeit stützt sich zunächst auf die Erfassung der vom Patienten häufig bagatellisierten Trinkmenge, -dauer und -muster. Typischerweise

Tabelle 17 Alkoholentzugsdelir (Delirium tremens) [ICD 10: F 1x.4]

Häufigkeit: 3–15% aller Alkoholkranken

Risikofaktoren:
- jahrenlanges gewohnheitsmäßiges, kontinuierliches, rauscharmes Trinken
- Delir in der Eigen- oder Fremdanamnese

Klinik:
- initial: vegatatives Entzugssyndrom; in ca. 50% der Fälle sympt. Grand-Mal
- Beginn typischerweise am 3. Tag (bis max. 1 Woche) nach abruptem Konsumende bzw. -Reduktion
- vegetative Störungen (Zittern, Schlaflosigkeit, Schwitzen, Tachykardie, RR-Anstieg, Fieber)
- Desorientiertheit
- illusionäre Verkennungen
- Halluzinationen (besonders szenisch optisch, z. B. kleine bewegte Tiere auf dem Fußboden, der eigenen Haut)
- Auffassungstörung
- Minderung der Kritikfähigkeit → Konfabulationen, Suggestibilität (z. B. Knüpfenlassen eines Knoten mit einem imaginären Faden, Lesenlassen eines Textes von einem leeren Blatt)
- schwankende Stimmung (Angst, Reizbarkeit, „Galgenhumor")
- psychomotorische Unruhe („Nesteln", Bettflucht)

Mortalität:
- unbehandelt: 20–50%
  medizinische Komplikationen: z. B. durch Situationsverkennung (panische Flucht vor als gefährlich erlebten visuellen Halluzinationen aus dem Fenster im 5. Stock)
- unter intensivmedizinischer Versorgung: 8%

Besonderheiten:
- kann bei schwerem, kontinuierlichem Alkoholkonsum auch ohne vorausgehende nennenswerte vegetative Entzugssymptomatik auftreten
- häufig „unerwartetes" Auftreten bei wegen unterschiedlichster Erkrankungen hospitalisierten Patienten (z. B. Trauma, Tumordiagnostik, Zahn-Mund-Kiefer-, HNO-erkrankungen) als klinische „Erstmanifestation" der Alkoholabhängigkeit

Therapie:
- Vorbeugen ist die beste Behandlung!
- Erkennen der vorgenannten Risikofaktoren, der meist vorausgehenden vegetat. Entzugssymptomatik und deren konsequente Behandlung (Clomethiazol!) können das Auftreten eines Entzugsdelir häufig, aber nicht immer verhindern
- symptomatisch
  parenterale Rehydratation (hoher Flüssigkeitsverlust durch Fieber, profuses Schwitzen): *Cave: keine Kohlehydrate ohne gleichzeitige Vitaminsubstitution → iatrogene Wernicke-Enzephalopathie (s. amnestisches Syndrom)*
  parenterale Vitaminsubstitution, besonders Vitamin B-komplex (s. o.)
  falls unumgänglich: Fixierung
  medikamentös:
- s. vegetat. Alkoholentzugssyndrom, ggf. dort genannte Medikamente i. v.
  Cave: erhöhtes Nebenwirkungsrisiko
- hochpotentes Neuroleptikum: z. B. 2 × 5 – 10 mg Haldol i. v. bei ausgeprägten und lebhaften Halluzinationen
  Cave: Phenothiazine meiden → Verminderung der Krampfschwelle, zusätzliche Leberbelastung
  beruhigendes Einwirken auf Patienten (z. B. reizarme Umgebung)

Tabelle 18 Durchschnittlicher Gehalt reinen Ethanols diverser Getränke

	Vol% Ethanol	Gramm reinen Ethanols pro Liter
Bier		
Pils, Weizen-, Altbier	5	40
alkoholreduziert („light")	3	25
alkoholfrei	< 0,5	4
Wein		
Weiß-	11	90
Rot-	12,5	100
Apfelcidre/-most	5	40
Sekt	11	90
Champagner	12,5	100
Spirituosen	meist 40	320

NB: Die Umrechnung von Volumen-% Ethanol in Gewichtsangaben muß das spezifische Gewicht reinen Ethanols (Dichte 0,791) berücksichtigen.

besteht ein starker Wunsch, Alkohol einzunehmen, Schwierigkeiten, den Konsum zu kontrollieren und anhaltender Alkoholgebrauch trotz schädlicher psychosozialer (z.B. Verlust von Führerschein, Arbeitsplatz, Partnerschaft) und / oder körperlicher Folgen (s. Tab. 9). Dem Alkoholgebrauch wird Vorrang vor anderen Aktivitäten und Verpflichtungen gegeben. Entwickelt sich eine Toleranz, so werden z.B. größere Alkoholmengen ohne wesentliche Ausfallssymptome „vertragen". Bei Alkoholentzug kann schließlich ein körperliches Entzugssyndrom auftreten. Keines der genannten Symptome ist aber obligat für die Diagnose der Alkoholkrankheit (s. Tab. 9).

Als nach „derzeitigem Kenntnisstand" unbedenklich definiert die WHO eine *tägliche* Alkoholzufuhr von 20g reinem Ethanol pro Tag (WHO, 1980). Dies entspricht ca. 0,5l Bier, 0,25l Wein oder 0,02l Schnaps (s. Tab. 18). Allerdings ist dabei immer zu bedenken, daß die individuelle Vulnerabilität sehr unterschiedlich, daher auch kein allgemein gültiger „Grenzwert" vorhersagbar ist, ab dem eine Trinkmenge als im Sinne einer Alkoholabhängigkeit pathologisch angesehen werden kann (NB: „**Abhängigkeit ist keine Frage der Dosis**"). Nachgewiesen ist hingegen ein linearer Anstieg der Häufigkeit alkoholbedingter somatischer Folgeschäden mit Zunahme der täglichen Alkoholmenge. Als Faustregel gilt, daß mehr als 20 g Alkohol / Tag bei Frauen und durchschnittlich mehr als 60 g Alkohol / Tag bei Männern in der Regel zu körperlichen Schädigungen führt (Anderson et al., 1993). Dies gilt es auch bei der in den letzten Jahren wieder verstärkt in das öffentliche Interesse gerückten Diskussion um potentiell kardioprotektive Effekte des Alkohol zu berücksichtigen.

Zur besseren Erfassung insbesondere des relevanten „pathologischen Trinkverhaltens" wurde eine Vielzahl von Fragekatalogen zur Diagnostik bzw. zur Subtypisierung der Alkoholkrankheit entwickelt (Übersicht bei Jacobson, 1983). Ein kurzer und allgemein akzeptierter Fragenbogentest, der sich zum schnellen „Screening" eignet ist der CAGE (Tab. 19). Zwei oder mehr „Ja"-antworten können mit erstaunlich hoher Sensitivität und Spezifität Alkoholkranke identifizieren, insbesondere im Vergleich zu sogenannten „sozialen" oder „Normaltrinkern" (Bush et al. 1986).

Laborchemische Diagnostik: Neben der umfassenden Anamnese werden im klinischen Alltag wegen des günstigen Verhältnisses von Aufwand zu Aussagekraft einige

biochemische Parameter zur weiteren Unterstützung einer klinisch vermuteten Alkoholkrankheit herangezogen. Eine Übersicht zeigt die Tabelle 20. Die Angaben zur diagnostischen Sensitivität bzw. Spezifität werden in der Literatur je nach untersuchtem
Patientengut und eingesetzter Diagnosekriterien sehr unterschiedlich angegeben, so
daß die Tabelle nur einen Überblick geben kann. Besonders interessant ist das erst in
den letzten Jahren ohne Speziallabor bestimmbare Carbohydrate-Deficient Transferrin (CDT, desialinisiertes Transferrin; Stibler, 1991)). Zu einem Anstieg des CDT
kommt es nämlich in der Regel erst nach Einnahme von mind. 60g reinem Ethanol
pro Tag (Ethanolgehalt verschiedener Getränke s. Tab. 18) über mind. 10 Tage.

Zu beachten ist, daß die Meß- und Grenzwerte zunächst immer abhängig vom eingesetzten Assay sind und für Frauen meist höher liegen, falls keine Korrektur bezüglich

Tabelle 19 Cage (Mayfield et al 1974; Ewwing 1984)

Haben Sie in den vergangenen 12 Monaten...

Cut Down
... (erfolglos) versucht, Ihren Alkoholkonsum zu reduzieren?

Annoyed
... sich geärgert, weil andere Ihr Trinkverhalten kritisiert haben?

Guilty
... Schuldgefühle wegen Ihres Trinkens gehabt?

Eye-Opener
... jeden Tag mit einem alkoholischen Getränk begonnen, um Ihre „Nerven zu beruhigen",
„in Gang" zu kommen, oder einen „Kater" loszuwerden?

Deutsch: RAUS
R ... (erfolglos) versucht, Ihren Alkoholkonsum zu reduzieren
A ... jeden Tag mit einem alkoholischen Getränk begonnen, um Ihre „Nerven zu beruhi-
       gen", „in Gang" zu kommen, oder einen „Kater" loszuwerden (Augenöffner)?
U ... unwillig, weil andere Ihr Trinkverhalten kritisiert haben?
S ... Schuldgefühle wegen Ihres Trinkens?

Tabelle 20 Klinisch-chemische Parameter zur Diagnostik der Alkoholkrankheit

Parameter	Verän-derung	Ursache	Sensi-tivität	Spezifi-tät	Patholog. nach chronischer Alkohol-einnahme	Normali-sierung nach Abstinenz
GGT	erhöht	Enzyminduktion	59 – 93	5 – 90	3 – 6 Wo.	2 – 5 Wo.
AST (GOT)	erhöht	Leberzellschaden	50 – 69	50 – 68	3 – 6 Wo.	1 – 3 Wo.
ALT (GPT)	erhöht	Leberzellschaden	47 – 58	50 – 70	3 – 6 Wo.	1 – 4 Wo.
GLDH	erhöht	Leberzellnekrosen	5 – 60	?	?	?
AST/ALT	> 2		ca. 50	ca. 70	2 – 5 Wo.	1 – 2 Wo.
GGT + MCV	erhöht		ca. 20	> 95		
MCV	erhöht	Folat-Antagonismus	25 – 91	76 – 95	6 – 8 Wo.	1 – 3 Mo.
CDT	erhöht	unbekannt	76 – 91	90 – 100	1 – 3 Wo.	ca. 2 Wo.

des Gesamttransferrins erfolgt (IU/l gegen %). Eine Korrelation mit anderen Laborparametern besteht nicht. Berücksichtigt man die vorgenannten Punkte, so sind falsch positive CDT-Erhöhungen insgesamt sehr selten (Tab. 21). Demzufolge ist die Spezifität höher als bei jedem anderen bislang eingesetzten klinisch-chemischen Parameter (s. Tab. 20). Dies erlaubt unter entsprechenden Kautelen den Einsatz zur Differentialdiagnose verschiedener potentiell alkoholbedingter Erkrankungen (z.B. Pankreatitis, Lebererkrankungen, Kardiomyopathie) und unterstützt die Motivationsarbeit für eine frühzeitige Prävention und Therapie. Neuere Studien zeigen auch, daß die Bestimmung des CDT Hinweise liefern kann, ob ein Patient gefährdet ist, ein schwerwiegendes Alkohol-Entzugssyndrom zu entwickeln. Hierdurch sensibilisiert ließen sich insbesondere bei Notfallpatienten (Unfall etc.) potentielle Komplikationen (Grand Mal, Delir) entsprechend rechtzeitig erkennen und damit effektiver behandeln. Darüber hinaus gewinnt dieser Parameter zunehmende Bedeutung bei der Beurteilung forensischer Fragen (Verkehrsrecht, Strafrecht). Gleichwohl muß vor einem unkritischen und ungezielten Einsatz („Screening", z.B. Einstellung, Versicherungsabschluß) aufgrund der letztlich nicht 100%-igen Sensitivität und Spezifität gewarnt werden.

Tabelle 21 Falsch-positiver Anstieg des CDT (= nicht alkoholbedingt)

- Schwangerschaft, nur vereinzelt
- Eisenmangelanämie, nur in ausgeprägten Fällen
- biliäre Leberzirrhose
- chronisch aktive Hepatitis
- schwere Leberschädigung
- genetische D-Transferrin-Variante, in Mitteleuropa sehr selten
- Defekt im Glykoproteinmetabolismus, sehr seltenes und schweres Krankheitsbild (Carbohydrate-Deficient-Glykoprotein-Syndrom)

Halluzinose (psychotische Störung) [ICD 10: F 1x.5]

Klinik: Bei der Alkoholhalluzinose handelt es sich um eine relativ seltene Gruppe psychotischer Phänomene, die während oder nach Alkoholgebrauch auftreten, aber nicht durch eine akute Intoxikation erklärt werden können und auch nicht Teil eines Entzugssyndroms sind. Kennzeichen sind meist als unangenehm erlebte Halluzinationen (typischerweise akustisch, oft aber auf mehr als einem Sinnesgebiet), Wahrnehmungsstörungen, Wahnideen (häufig paranoide Gedanken oder Verfolgungsideen), psychomotorische Störungen (Erregung oder Stupor) sowie abnorme Affekte, die von intensiver Angst bis zur Ekstase reichen können. Das Sensorium ist üblicherweise klar, jedoch kann das Bewußtsein bis zu einem gewissen Grad eingeschränkt sein, jedoch ohne ausgeprägte Verwirrtheit. Typische Prägnanzformen sind z.B. die alkoholische Paranoia und der alkoholische Eifersuchtswahn. Die Dauer des Syndroms ist individuell sehr unterschiedlich von wenigen Tagen bis zu vielen Jahren mit einer hohen Rezidivrate nach erneutem Alkoholmißbrauch.

Eine Abgrenzung zu schizophrenen Symptomen gelingt durch die ausgestanzte Symptomatik und deren erstmaligem Auftreten meist nach Alkoholentzug.

Therapie: Der Einsatz hochpotenter Neuroleptika (z.B. 5–20 mg Haldol pro Tag) kann versucht werden. Wesentlich ist aber die Behandlung der zugrundeliegenden Alkoholabhängigkeit, da nur Alkoholkarenz ein Wiederauftreten der Halluzinose verhindern kann.

**Amnestisches Syndrom (Korsakow Syndrom) und Enzephalopathie
(Wernicke Syndrom)** [ICD 10: F 1x.6]

Ein Syndrom, das mit einer ausgeprägten andauernden Beeinträchtigung des Kurz-
und Langzeitgedächtnisses einhergeht. Das Ultrakurzzeitgedächtnis ist gewöhnlich
erhalten und das Kurzzeitgedächtnis ist mehr gestört als das Langzeitgedächtnis. Die
Störungen des Zeitgefühls und des Zeitgitters sind meist erheblich, ebenso die Lernschwierigkeiten. Konfabulationen (= Füllen offensichtlicher Gedächtnislücken mit
frei erfundenen, wechselnden Inhalten) können ausgeprägt sein (= Korsakow-Syndrom), sind jedoch nicht in jedem Fall vorhanden. Andere kognitive Funktionen sind
meist relativ gut erhalten, die amnestischen Störungen sind im Verhältnis zu anderen
Beeinträchtigungen besonders ausgeprägt. Da es sich meist um Patienten mit jahre-
bis jahrzehntelanger Alkoholanamnese handelt, finden sich in der Mehrzahl bereits
weitere alkoholbedingte organische Komplikationen (Tab. 22).

Tabelle 22 Häufige organische Alkoholfolgeschäden

ZNS	Grand Mal
	Delir
	Halluzinose
	Wernicke-Korsakow-Syndrom – Demenz
	Polyneuropathie
	Myopathie
Leber	Steatosis – Hepatitis – Zirrhose
Herz	Kardiomyopathie
Knochenmark	megaloblastische Anämie
	Thrombozytendepression
Magen-Darm	Gastritis – Duodenitis – Ulkus
	Ösophagitis – Mallory-Weiss-Syndrom
	Oropharyngeale Karzinome
Pankreas	Pankreatitis – Pankreasinsuffizienz
Stoffwechsel	Hyperlipidämie
	Gicht
	Diabetes mellitus
	Endokrinium
Haut	Hyperämie – Teleangiektasien – Rhinophym – präorbitales Ödem
	Spider naevi – Plantar-, Palmarerythem
Sonstige	Alkohol-Embryopathie
	Dupuytren-Kontraktur
	Trauma

Die irreversiblen Gedächtnisausfälle folgen meist dem Auftreten einer akuten Wernicke-Enzephalopathie (Tab. 23)

Dementielles Syndrom [ICD 10: F 1x.7]

Essentielles Merkmal ist ein Persistieren kognitiver Defizite über mind. 3 Wochen
nach Beendigung des jahre- bis jahrzehntelangen Alkoholmißbrauchs, wobei gleichzeitig alle anderen Ursachen für ein dementielles Syndrom ausgeschlossen sein müssen (s. Kap. III. 9). In milden Fällen lassen sich die kognitiven Defizite erst durch aus-

Tabelle 23 Wernicke-Enzephalopathie

Inzidenz:	ca. 2,5% aller alkoholbedingten neurologischen Folgeschäden
Ursache:	Thiamin-(Vitamin-B_1-)Defizit
	– alkohol-bedingte Mangelernährung
	– äußerst selten nicht alkohol-induziert (z. B. Fehlernährung durch langandauerndes Fasten, Karzinome des Gastro-Intestinal-Traktes)
	– in mind. 20% der Fälle entwickelt sich die Symptomatik in der Folge eines Alkoholentzugsdelirs, was dann häufig als „protrahiertes Delir" verkannt wird
	Cave: Da zur Glucoseverstoffwechslung Thiamin benötigt wird, kann bei bereits vorbestehendem Vitamin-B_1-Defizit durch Verabreichung kohlenhydrathaltiger Infusionslösungen ohne gleichzeitige Thiaminsubstitution auf dem Boden des bereits erheblich erhöhten Grundumsatzes (vegetat. Dysregulation im Delir!) eine akute Wernicke Enzephalopathie iatrogen induziert werden
Klinik:	neurologischer Symptomenkomplex
	– okuläre Motilitätsstörungen (z. B. in 80% der Fälle horizontaler Nystagmus, Paresen unterschiedlicher Augenmuskeln)
	– zerebelläre Symptome (Gang-, Stand- und Rumpfataxie in 85% d. Fälle), die bei einem Drittel der Patienten so ausgeprägt sind, daß sie auch mit fremder Hilfe nur breitbeinig, mit unsicheren, kleinen Schritten laufen können. In nur 12% finden sich Koordinationsstörungen an der oberen Extremität und in 8% der Fälle eine Sprechataxie
Mortalität:	unbehandelt: > 60%
	behandelt 15 – 20%
Therapie:	initial täglich hochdosierte (50 – 100 mg), parenterale (Resorptionsstörungen!) Thiaminsubstitution über mehrere Wochen. Die okulären Symptome bessern sich häufig gut und rasch, die mnestischen Symptome hingegen nur wenig, sodaß meist eine lebenslange Beeinträchtigung bis hin zur völligen Pflegebedürftigkeit verbleibt
Morphologie:	periventrikuläre Einblutungen im Bereich Dienzephalon, Thalamus, Hypothalamus, Mittelhirn und Hirnstamm („Polioenzephalitis haemorrhagica superior")
Bildgebung:	kranielles MRT: ausgeprägte Atrophie der Corpora mammilaria

führliche neuropsychologische Testung erkennen. Ob es sich ursächlich um einen toxischen Effekt des Alkohols oder seiner Metaboliten handelt, oder um die Folge wiederholter Schädel-Hirn-Traumen (z.B. nach Stürzen im alkoholisierten Zustand) bzw. eingeschränkter Leberfunktion ist noch unklar.

Alkoholembryopathie [ICD 10: F 04.3]

Bei chronischem Alkoholmißbrauch der Mutter während der Schwangerschaft entwickelt sich beim Kind häufig die typische Symptomkombination aus Minderwuchs, geistiger Retardierung und wechselnden Anomalien, wie z.B. Herzfehler, Epicanthus, Ptosis, Hüftluxation, Kamptodaktylie.

4.1.5 Therapie

Eine der am häufigsten gestellten Fragen ist:

Muß der Betroffene sein Leben lang abstinent bleiben, oder kann das Trinkverhalten „irgendwann" wieder „kontrolliert" werden?

Grundsätzlich beinhaltet der Versuch des „kontrollierten Trinkens" ein extrem hohes Rückfallrisiko, da die meisten Patienten aufgrund des „Kontrollverlustes" relativ rasch wieder in ihr altes „Trinkmuster" zurückfallen. Entsprechend wird in den meisten Therapieprogrammen die Akzeptanz völliger und dauerhafter Abstinenz durch den Betroffenen als Grundlage angesehen (s.u.).

Zum Erstkontakt mit einer ambulanten oder stationären therapeutischen Einrichtung kommt es häufig auf „Druck" von Angehörigen, Kollegen oder Arbeitgeber (z.B. Abmahnung, drohende Kündigung, Führerscheinverlust, drohende Trennung / Scheidung). Dies kann als Ausgangspunkt für die Motivationsarbeit zur Annahme therapeutischer Hilfen genutzt werden.

Weltweit einzigartig ist die in Deutschland praktizierte Trennung zwischen Entgiftungs- (Entzugs-) und Entwöhnungsbehandlung. Erstere wird von den Krankenkassen finanziert und soll in der Regel 14–21 Tage nicht überschreiten. Für die Entwöhnungsbehandlung muß die Finanzierung durch den zuständigen Rentenversicherer (z.B. BfA, LVA) beantragt werden. Sie soll dazu dienen, die Erwerbsfähigkeit des Abhängigen wiederzuherstellen und dauert in der Regel zwischen 2–6 Monaten.

Der Erfolg einer therapeutischen Maßnahme wird häufig anhand der fortbestehenden Abstinenz definiert, da damit viele Parameter der Lebensqualität eng verknüpft sind (z.B. Selbstwertgefühl, Partnerschaftsfähigkeit, Leistungsfähigkeit am Arbeitsplatz). Rein statistisch ereignet sich die Mehrzahl der Rückfälle innerhalb der ersten 6 Monate nach Beendigung der Behandlung. Nach alleiniger Entgiftung (s.o.) sind bereits nach *einem* Jahr mehr als 80% der Patienten rückfällig. Im Gegensatz dazu liegt, abhängig vom eingesetzten Therapieprogramm und der Auswahl der Patienten, die Abstinenzquote *zwei* Jahre nach einer über 3–6 Monate dauernden Entwöhnungstherapie zwischen 30–75% der Patienten.

4.1.5.1 Psychotherapie

Es werden sowohl psychoanalytische Verfahren als auch diverse Kombinationen verhaltenstherapeutischer Techniken im Rahmen der Entwöhnungsbehandlung eingesetzt. Ziel ist das Erarbeiten der zum Alkoholmißbrauch führenden Ursachen und das Erlernen alternativer, **aktiver Bewältigungsstrategien**, z.B. zur Erhöhung der Frustrationstoleranz, sowie zur Angst- und Spannungsreduktion. Mit deren Hilfe sollen die bisher **passiven** und scheinbaren Bewältigungsstrategien, z.B. im Sinne einer „Flucht" in den Alkohol, ersetzt werden. Hilfreich können sein, u.a. Entspannungstechniken, Selbst-Kontroll-Techniken, Rollenspiele, Selbstsicherheitstraining, Gruppentherapieformen und paartherapeutische Ansätze (s. Kap. IV).

Derartige Verfahren erfordern aber zumindest eine grundsätzliche Motivation zur Mitarbeit beim Betroffenen. Darüberhinaus scheitern langjährig chronisch Alkoholabhängige gelegentlich aufgrund bereits bestehender kognitiver und / oder lebenspraktischer Defizite. Recht erfolgreich können hier noch stringente verhaltenstherapeutische Maßnahmen, z.B. im Sinne operanter Konditionierung eingesetzt werden (z.B. token-economy-system) (s. Kap. IV).

Selbsthilfegruppen

In Deutschland stehen Betroffenen fast flächendeckend Selbsthilfegruppen zur Verfügung. Zwar gibt es zu deren „Wirksamkeit" kaum kontrollierte Studien, gleichwohl stellen sie für viele Abhängige einen wichtigen „externen Stabilisator" bei der Aufrechterhaltung der Abstinenz dar. Überregional vertreten sind z.B. Anonyme Alkoholiker, Blaues Kreuz, Kreuzbund, Guttempler.

Darüber hinaus kommt gerade engen Angehörigen (Partner, Kinder, Eltern) eine große Bedeutung zu, sowohl bei der Inanspruchnahme professioneller Hilfe, als auch bei der Aufrechterhaltung der Abstinenz („trockene" Phase der Abhängigkeit") nach abgeschlossener Therapie. Häufig trägt das Verhalten von Angehörigen ungewollt eher zum Fortbestehen der „nassen" Phase der Abhängigkeit bei (Co-Alkoholismus). Um Angehörigen den richtigen Umgang mit Betroffenen zu vermitteln, sollte Ihnen der Anschluß an „Selbsthilfegruppen für Angehörige" dringend empfohlen werden (z.B. „Al-Anon")

4.1.5.2 Pharmakotherapie
Akute und chronische, alkoholinduzierte Syndrome (s. IV.7)
Pharmakotherapie der Abhängigkeit („Rückfallprophylaxe")

Disulfiram (Antabus®): Disulfiram führt nach einmaliger Einnahme bereits zu einer pharmakologisch induzierten Alkoholintoleranz, die über ca. 1 Woche anhält. Umstritten ist, ob die kompetitive Hemmung der Aldehyddehydrogenase mit sukzessivem (allerdings quantitativ nur geringem) Anstieg des Alkoholabbauproduktes Acetaldehyd im Blut die nach bereits geringem Alkoholkonsum auftretende toxische Reaktion erklärt. Diese ist charakterisiert durch das Auftreten eines Flush-Syndroms mit hochgradiger Hautrötung an Gesicht, Brust und Schultern, Hitzegefühl, starker Kopfschmerz, intensives Unwohlsein, Tachykardie mit gleichzeitiger Hypotension bis zum Kollaps. Todesfälle durch Zufuhr hoher Alkoholdosen (z.B. vermeintliches „Übertrinken") sind beschrieben. Die Therapieerfolge sind nur im Rahmen ausgearbeiteter Therapieprogramme bei motivierten Patienten zufriedenstellend, so daß diese Substanz heute in den westlichen Ländern nur noch selten eingesetzt wird.

„Anti-Craving"-Substanzen: Bereits 1883 versuchte S. Freud einen Opiatabhängigen durch die Gabe von Cocain „zu heilen". In den letzten Jahren gewann die Suche nach Substanzen ohne eigenes Suchtpotential zur pharmakologischen Unterstützung der Rückfallprophylaxe zunehmend an Bedeutung. Begünstigt wurde dies durch die Fortschritte der experimentellen Grundlagenforschung, u.a. durch tierexperimentelle Modelle der Abhängigkeit und die daraus resultierende Charakterisierung des sogenannten zerebralen „Belohnungssystems". An dessen Regulation sind diverse Neurotransmitter beteiligt. Verschiedene hier modulierend wirkende Substanzen wurden in klinisch-therapeutischen Studien untersucht. Behandlungsziel war die „Normalisierung" der durch fortgesetzte Alkoholzufuhr fixierten neurochemischen Veränderungen im Belohnungssystem, die zu einem erhöhten (abnormen) Substanzverlangen („craving") zumindest in bestimmten „Schlüsselsituationen" („cues") führen sollen. Hieraus resultiert auch der Sammelbegriff „anti-craving"-Mittel. Allerdings haben die bislang hierunter subsummierten Substanzen nicht nur zum Teil grundverschiedene Wirkmechanismen, sondern es ist auch noch völlig offen, welche tatsächliche Bedeutung für deren Wirksamkeit dem Konstrukt „craving" zukommt.

Beispielhaft seien die bislang am besten untersuchten Substanzen vorgestellt:

- Acamprosat (Calcium-Acetyl-Homotaurinat, NMDA-rezeptor-antagonist): Eine Vielzahl großer Multi-Center-Studien zeigten signifikant höhere Abstinenzraten, verlängerte trinkfreie Intervalle und geringere kumulierte Trinkmengen unter Acamprosat im Vergleich zu Plazebo bei relativ geringen Nebenwirkungen. Allerdings müssen aufgrund der schlechten oralen Bioverfügbarkeit und kurzen Halbwertszeit 3mal täglich 2 Kapseln eingenommen werden. Berücksichtigt man, daß die Medikamentencompliance generell mit zunehmender Applikationsfrequenz und -menge abnimmt, so bedarf es für die regelmäßige Einnahme einiger Motivation beim Patienten.

Seit 1996 ist die Substanz in Deutschland zur „Behandlung der Alkoholabhängigkeit" zugelassen.

- Naltrexon (μ-opiat-rezeptor-antagonist): Deutlich weniger überzeugend fallen die bisherigen Untersuchungen zu Naltrexon aus. So zeigte sich nach den initial sehr positiven US-amerikanischen Ergebnissen kein sonderlich positiver Effekt der Substanz in einer großen deutschen und einer englischen Multi-Center-Studie. Gleichwohl wurde die Substanz 1995 in den USA zur Behandlung der Alkoholabhängigkeit zugelassen.

Die bisherigen Erfahrungen zeigten, daß derartige Medikamente nur „supportiven" Charakter haben können und ohne entsprechende suchttherapeutische Führung und psychotherapeutisches Rahmenprogramm wenig effizient sind. Grundsätzlich ist auch bei eventuell zukünftig noch zu erwartenden Substanzentwicklungen zu beachten, daß ein eindimensionales, nur medikamentöses Therapiekonzept dazu führen kann, daß sich die aktive Mitarbeit des Patienten auf die Medikamenteneinnahme beschränkt; Verantwortung für die Erkrankung wird dabei auf den Therapeuten delegiert und krankheitsimmanente Verdrängungstendenzen verfestigt.

Darüber hinaus besteht heute noch kein Konsens über die optimale Einbettung in den Gesamtbehandlungsplan von Suchterkrankungen z.B. Dauer und Absetzprocedere der medikamentösen Behandlung, differentialtherapeutische Gesichtspunkte (z.B. Typologien, wer profitiert von der Medikation, wer nicht?).

4.1.5.3 Soziotherapie

Soziotherapie ist im therapeutischen Gesamtplan von großer Bedeutung (Näheres dazu siehe IV.4).

Zusammenfassend läßt sich festhalten, daß es sich bei der Alkoholabhängigkeit um eine **eigenständige, primär „chronische" und behandlungsbedürftige Erkrankung** handelt, die nicht selten (kontinuierlich oder episodisch) progredient verläuft. Charakteristisch sind eine verminderte Kontrolle über das Trinken, so daß Alkohol schließlich trotz negativer Konsequenzen konsumiert wird. Der Alkohol beherrscht das Denken, welches sich zunehmend verzerrt (z.B. Verleugnung, Bagatellisierung). Das klinische Bild wird in wechselndem Ausmaß geprägt von genetischer Anlage, psychosozialen und Umweltfaktoren.

4.2 Abhängigkeit von Betäubungsmitteln und illegalen Drogen

4.2.1 Überblick

Psychotrope Substanzen können eine Vielzahl von Erkrankungen mit verschiedensten klinischen Erscheinungsbildern unterschiedlicher Schwere hervorrufen. Ihre Gemeinsamkeit besteht in der kausalen Verursachung durch eine oder mehrere psychotrope Substanzen.

Weitgehend unabhängig von den jeweils konsumierten Substanzen sind folgende organisch begründeten Syndrome möglich:

- delirant,
- dementiell,
- amnestisch,
- wahnhaft,
- halluzinatorisch,
- ängstlich, aber auch Persönlichkeitsveränderungen.

Darüberhinaus sind substanztypische Intoxikations- und Entzugssymptome möglich.

4.2.2 Definition und Diagnose

In der klinischen Diagnostik steht zunächst die Deskription des psychopathologischen Symptomenkomplexes im Vordergrund (Syndromdiagnose). In einem nächsten Schritt gilt es dann, die pathogenetischen Faktoren zu erkennen (Differentialdiagnose). Am Ende des diagnostischen Prozesses steht die nosologische Diagnose anhand operationalisierter Kriterien (ICD 10). Sie soll stets auch die Substanz oder Substanzklassen einschließen, die das jeweilige klinische Syndrom verursacht oder im wesentlichen dazu beigetragen hat (Tab. 24).

Die Identifikation der auslösenden psychotropen Stoffe muß auf der Grundlage möglichst vieler Informationsquellen erfolgen, z.B. eigene Angaben des Patienten, Fremdanamnese (Bezugsperson, Sanitäter, Polizei) charakteristische körperliche oder psychische Symptome, Verlaufsbeobachtung, klinisch-chemischer Nachweis (Blut-, Urinprobe, ggf. Atemluft), aber auch z.B. anhand noch im Besitz des Patienten befindlicher Substanzen. Zu beachten ist auch, daß Konsumenten sogenannter „harter"

Tabelle 24 Kategorien psychotroper Substanzen nach ICD-10

ICD 10 F 10.-	Störungen durch Alkohol
ICD 10 F 11.-	Störungen durch Opioide
ICD 10 F 12.-	Störungen durch Cannabinoide
ICD 10 F 13.-	Störungen durch Sedativa oder Hypnotika
ICD 10 F 14.-	Störungen durch Kokain
ICD 10 F 15.-	Störungen durch andere Stimulanzien einschließlich Koffein
ICD 10 F 16.-	Störungen durch Halluzogene
ICD 10 F 17.-	Störungen durch Tabak
ICD 10 F 18.-	Störungen durch flüchtige Lösungsmittel
ICD 10 F 19.-	Störungen durch multiplen Substanzgebrauch und Konsum anderer psychotroper Substanzen

Drogen, wie auch Patienten in Substitutionsprogrammen häufig mehrere Substanz-
arten gleichzeitig oder abwechselnd mißbrauchen („Polytoxikomanie").

Die grundsätzlichen diagnostischen Kriterien zur Einordnung der klinischen Symptombilder entsprechen den unter 4.1.4 für Alkohol aufgeführten akuten und chronischen Syndromen. Tabelle 25 gibt einen Überblick über potentiell mit einzelnen Substanzen assoziierte klinische Syndrome.

Tabelle 25 Akute klinische Syndrome durch Mißbrauch psychotroper Substanzen

	Intoxi-kation	Entzug	Delir	Entzugs-delir	wahnhafte Störungen	affektive Störung	besondere Syndrome
Alkohol	×	×		×			amnestisch, dementiell, pathol. Intoxikation, Halluzinose
Opioide	×	×					
Cannabinoide	×				×		
Sedativa Hypnotika	×	×		×			amnestisch
Kokain	×	×	×		×		
Stimulanzien (Amphetamin, „Ecstasy")	×	×	×		×		
Halluzinogene	×				×	×	posthalluzinogene Wahrnehmungs-störungen
Tabak (Nikotin)		×					
Lösungsmittel	×						

4.2.3 Epidemiologie

1997 rechnete die Deutsche Hauptstelle gegen Suchtgefahren (DHS) im Bereich der
illegalen Drogen mit ca. 2 Mio. Cannabiskonsumenten, davon ca. 270.000 regelmäßige Konsumenten. Für die übrigen „harten" Drogen werden ca. 250–300.000 regelmäßige „user" angenommen, wovon ca. die Hälfte eine „hohe Konsumintensität"
und „riskante Konsumform" (intravenös) aufweisen soll. Für diese Patientengruppe
stehen ca. 5.300 stationäre Therapieplätze zur Verfügung.

Im Vergleich dazu geht man von 2,5 Millionen behandlungsbedürftigen Alkoholab-
hängigen aus, für die im gesamten Bundesgebiet ca. 14.000 stationäre Therapieplätze
(Entwöhnung, qualifizierte Entgiftung) zur Verfügung stehen. Von den ca. 6 Millionen regelmäßigen Rauchern entstammen mehr als ein Drittel der Altersgruppe zwischen 15 bis 25 Jahren. Der Beginn des Rauchens erfolgt in ca. 95 % der Fälle bereits
vor dem 20. Lebensjahr. Unter den rund 1,4 Millionen Medikamentenabhängigen
(besonders Sedativa, Hypnotika, Analgetika) finden sich hingegen überwiegend
Frauen bzw. ältere Menschen.

Für Deutschland wurden 1994 ca. 111.000 tabakbedingte Todesfälle (43.000 Krebs, 37.000 Herz- und Kreislauferkrankungen, 20.000 Atemwegserkrankungen), sowie ca. 40.000 alkoholbedingte Todesfälle geschätzt. An harten Drogen verstarben ca. 2.000 Menschen.

4.2.4 Ätiologie

Die unter 4.1.3 für Alkohol erläuterten ätiologischen Faktoren gelten in unterschiedlicher Gewichtung auch für andere psychotrope Substanzen. Für eine detaillierte Erörterung dieser Faktoren muß im Hinblick auf die Vielzahl abhängigkeitserzeugender Stoffe auf die weiterführende Literatur verwiesen werden; sie sprengt den vorgegebenen Rahmen dieses Lehrbuches.

4.2.5 Klinik

Einen Überblick über die wichtigsten Symptombilder im Zusammenhang mit den unter Tabelle 24 genannten psychotropen Substanzen zeigen Tabelle 25 und 26 (S. 140–144).

Die diagnostischen Kriterien der im Alkoholkapitel (4.1.4) aufgeführten akuten und chronischen Syndrome gelten analog auch für alle anderen abhängigkeitserzeugenden Substanzen, incl. der Kriterien für die Abhängigkeit, wenngleich die einzelnen Kriterien im Zusammenhang mit den diversen psychotropen Substanzen in unterschiedlicher Ausprägung, zum Teil auch gar nicht vorkommen (z.B. fehlende körperliche Entzugssymptome im eigentlichen Sinne bei Kokain, Halluzinogenen etc.).

4.2.6 Therapie

Prinzipiell gelten für die Therapie der Abhängigkeit von psychotropen Substanzen die gleichen Prinzipien wie unter 4.1.5 für Alkohol genannt. Als Grundregel kann gelten, daß der langfristige Erfolg therapeutischer Maßnahmen umso schwerer zu erreichen ist, je höher das Abhängigkeitspotential der mißbrauchten Substanz ist (Meyer 1996).

Jedoch sind die besondere Gruppendynamik von Drogenabhängigen und die massiveren Gefährdungen, ins soziale Abseits zu geraten, zu beachten (Beschaffungskriminalität, Promiskuität).

Die Entzugstherapien können pharmakologisch unterschiedlich angegangen werden. Bei starker Abhängigkeit sind Entzüge mit L-Polamidon möglich. In vielen Kliniken wird ein kalter Entzug favorisiert (ohne Medikamente bei allerdings erheblicher Zuwendung). Durch akute Intoxikationen bedingte Syndrome sind psychopharmakologisch syndrombezogen zu behandeln.

Die Nachbetreuung und Rezidivverhütung sind die eigentlichen therapeutischen Dilemmata der Drogenbehandlung. Stützsysteme müssen aktiviert werden, supportiv-psychotherapeutische Begleitung ist erforderlich.

Durchaus noch umstritten sind Substitutionsbehandlungen mit L-Polamidon. Die Idee des therapeutischen Ansatzes geht davon aus, daß der entzugswillige Abhängige über eine kontrollierte Zufuhr eines Betäubungsmittels seinen „Opiathunger" befriedigen kann und sich zugleich aus dem Zirkulus von Rauschmittelbeschaffung und damit verbundener Unmöglichkeit sozial angemessen zu agieren, befreit. Die sozial stabilisierenden Effekte werden von den Befürwortern des Vorgehens belegt.

Tabelle 26 Übersicht über psychotrope Substanzen (außer Alkohol) und assoziierte psychische und physische Veränderungen

Substanz	Intoxikation Psychopathologie	Intoxikation Somatopathologie	Intoxikation Behandlung	Nachweis	Entzug Psychopathologie	Entzug Somatopathologie	Entzug Behandlung
Opioide (Opium, Morphin, Heroin, Methadon, Pentazocin, Codein)	– initiale Euphorie, – Schläfrigkeit, – Verlangsamung, – verminderte Appetenz (Appetit, Sexualität), – Persönlichkeitsveränderung	– Miose, – Pruritus, – Übelkeit, – Bradykardie, – Obstipation, – Einstiche (Arme, Beine, Leiste) – Atemdepression	*Ursächlich* häufig ungewöhnlich reines Heroin ("goldener Schuß") *vital bedrohlich* wg. Atemdepression bis -stillstand *Naloxon* langsam i. v. (Intensivmonitoring wg. mögl. Provokation eines schweren Entzuges!)	Blut, Urin	*Beginn:* ca. 6–8 h nach letzter Zufuhr *Peak:* ca. 2.–3. Tag – Ängstlichkeit, – "Opiathunger" (craving), – Schlaflosigkeit, – Agitiertheit, – Aggressivität, – fehlender Appetit	– Wechsel zwischen Hitze- und Kältegefühl, – Gänsehaut ("cold turkey") – Nasen- und Tränenfluß, – Mydriasis, – Übelkeit, Erbrechen, – Muskelschmerzen, – Bauchkrämpfe, – Durchfälle, – Tachykardie, – Blutdruck-, – Temperaturanstieg, – Gähnen	*schrittweise:* Methadon, über Wochen langsam ausschleichend *akut:* symptomatisch, z. B. Clonidin (blockiert noradrenerge Rebound-überaktivität d. L. coeruleus ⇨ vermindert besonders somat. Entzugssympt.)
Cannabinoide ("bhang", "ganja", "charas" = Haschisch) *psychoaktiver Wirkstoff:* Isomere des Tetrahydrocannabinol	– Euphorie, – oneiroide Zustände, – Schläfrigkeit, – erhöhte Sensitivität gegenüber externen Stimuli (z. B. Farben, Musik), – verändertes Zeitempfinden – Depersonalisation, -realisation ("Beobachter des eigenen high") *selten:* – Panikattacken, – wahnh. Störungen, – Delir *in sehr hohen Dosen:* vgl. Halluzinogene	– Tachykardie, – trockener Mund, – Appetitsteigerung, – konjunktivale Injektion	keine spezifische falls zur "Selbstbehandlung" von Angststörungen, Depressionen ⇨ adäquate Therapie	Urin	*chronischer Gebrauch:* – Toleranz, – "amotivationales Syndrom" – "Flashback" (häufig bei Kombination mit Halluzinogenen) *Entzugssymptome:* – "craving", – Nervosität, – Schlafstörung, – Appetitänderung	*chronischer Gebrauch:* – Zunahme des Atemwegswiderstandes ⇨ Emphysem *Entzugssymptome:* eher selten – Übelkeit, Erbrechen, – Tremor, – Schweißausbrüche	keine spezifische

Substanz / Wirkmechanismus	Intoxikation (psychisch)	Intoxikation (somatisch)	Therapie der Intoxikation	Nachweis	Entzug (psychisch)	Entzug (somatisch)	Therapie des Entzugs
Sedativa Hypnotika Benzodiazepine (Bzd), Barbiturate (Ba) – *Kreuztoleranz:* *Benzodiazepine –* *Barbiturate –* *Alkohol* *– häufig bei Polytoxikomanie*	*ähnlich* *Alkoholintoxikation* – Schläfrigkeit, – Verwirrtheit, – eingeschränkte Wahrnehmung und Reaktionsfähigkeit, – amnestische Störung, – Wesensänderung mit sexueller oder aggressiver Enthemmung	*ähnlich* *Alkoholintoxikation* – cerebelläre Symptomatik (Ataxie, Koordinationsstörung verwaschene Sprache) – Blutdruckabfall, – Atemdepresssion, – Miose (Ba), – Grand Mal (Ba), – Delir (Ba)	– Vitalzeichenkontrolle (Atmung!), – ggf. *Flumazenil* (spezif. Bzd-antagonist) *Cave:* – Provokation eines grand-mal, – kurze Halbwertszeit ⇨ Wiedereintrübung	Blut, Urin	– erhöhte Angstlichkeit, – Schlafstörung, – Dysphorie, – Licht- und Geräuschüberempfindlichkeit	– Schwächegefühl, – Taubheitsgefühl der Extremitäten, – Übelkeit, – Übelkeit, – Schweißausbrüche, – Myoklonien, – Grand Mal, – Delir (Ba)	langsam ausschleichendes Absetzen ggf. symptomatisch
Stimulanzien Amphetamin und -derivate (Ecstasy, Eve), Kokain (crack) *Wirkmechanismus:* akut dopaminerg und serotonerg (Ecstasy)	– erhöhte Vigilanz, – Überaktivität, – Agitiertheit, – Rededrang, – Euphorie, – Reizbarkeit, – Aggressivität, – Impotenz, – eingeschränktes Urteilsvermögen, – Größenideen, – paranoide Ideen (häufig Eifersucht), – visuelle & taktile Halluzinationen (Dermatozoenwahn) – bizarres Verhalten	– Mydriasis, – Tachykardie, – Blutdruckanstieg, – Wechsel zwischen Schwitzen u. Frösteln, – Tremor, – trockener Mund, – Appetit-, Gewichtsverlust, – Schlafstörung, – Übelkeit, Erbrechen, – Arrhthmien, – Fieber, – Krämpfe, grand-mal – Delir	symptomatisch Übergang in dysphorisches Stadium („crash"): – Erschöpfung – Angstlichkeit – Reizbarkeit – Depressivität ⇨ craving nach weiteren 24h ⇨ Entzug	Blut, Urin	*Peak* binnen 2–4 Tagen, kann über Wochen persistieren – psychomotorische Unruhe – Erschöpfung – Angstlichkeit – Reizbarkeit – Schlafstörung oder extremes Schlafbedürfnis – Anhedonie, Depressivität – Lebensüberdruß ⇨ craving	keine bekannt bei *chron. Gebrauch* – Nasenschleimhautschädigung bis zur -septumperforation (Kokain)	symptomatisch: – Agitiertheit, grand-mal: ⇨ Benzodiazepin – Psychose: ⇨ reizarme Umgebung, ggf. Haldol

– *Fortsetzung der Tabelle nächste Seite* –

Tabelle 26 (Fortsetzung)

Substanz	Intoxikation Psychopathologie	Intoxikation Somatopathologie	Intoxikation Behandlung	Nachweis	Entzug Psychopathologie	Entzug Somatopathologie	Entzug Behandlung
Halluzinogene (LSD, Mescalin, Psilocybin, Phencyclidin)	abhängig vom *setting*, „*bad trip*" ● stark *veränderte Wahrnehmung* – von Außenreizen (z. B. „Farben hören") – von Körper, Zeit und Raum – visuelle (geleg. auditorische, taktile) *Halluzinationen* ● Depersonalisation, -realisation, Verschmelzungsideen ● *Verhaltenstörung* – Ängste, Depression – Beziehungsideen – paranoide Ideen – verminderte Kritikfähigkeit – Agitation mit Selbst- oder Fremdgefährdung	*sympathomimetisch* – Tremor – tachykardie – Blutdruckanstieg – Schweißausbruch – Mydriasis – hyperämische Konjunktiven – verzerrtes Sehen – Ataxie	„*talking down*", symptomatisch (z. B. Benzodiazepine)		– posthalluzinogene Wahrnehmungsstörung („*flashback*") – geometrische *Halluzinationen* – *veränderte Wahrnehmung*: – von Farben (intensiver, Aufleuchten, Halo um Objekte) – von Bewegungen (im Augenwinkel, Spur hinter bewegten Objekten vgl. „Mauszeigerspur") – von Zeit – Mikropsie – Makropsie	nicht bekannt nicht bekannt	„*talking down*", symptomatisch (z. B. Benzodiazepine) „*talking down*" symptomatisch (z. B. Benzodiazepine)

Substanz	Wirkung / Intoxikationssymptome	Therapie (Intoxikation)	Entzugssymptome	Chronische / Langzeitwirkungen	Therapie
Tabak (Nikotin)	*cholinerges Syndrom* – Verwirrtheit – periphere Vasokonstriktion, – erhöhte Darmperistaltik, – Tremor – Tachykardie – Blutdruckanstieg *cholinerges Syndrom* – Speichelfluß – Bauchschmerzen – Erbrechen – Kopfschmerzen	symptomatisch	*Peak binnen 24h* *Dauer:* Monate – craving – Nervosität, Unruhe – Reizbarkeit – Frustrationsgefühl – Ärger – Ängstlichkeit – Konzentrationsstörung	– Bradykardie – verminderter Blutdruck – Schlafstörung – erhöhter Appetit – Gewichtszunahme *chron. Gebrauch* Erkrankungen – der Atemwege (incl. Krebs) – Herz-Kreislaufsystem	– Nikotinsubstitution (Pflaster, Spray, Kaugummi) – Verhaltenstherapie – Akupunktur – Hypnose
Lösungsmittel flüchtige Hydrocarbonverbindungen u. Petroleumderivate (z. B. Klebstoff, Benzin, lackverdünner)	– Euphorie, – Erregung, – Streit, Angriffslust, – getrübte Wahrnehmung, – Halluzinationen, – Psychose – Amnesie – typ. Mundgeruch, – Hautausschlag um Nase und Mund, – Übelkeit, – Nystagmus, – Schwindel, – Ataxie, – verwaschene Sprache, – Tachykardie, – ventrikuläre Fibrillationen, – Stupor, – Bewußtlosigkeit, – Atemdepressionen	symptomatisch, Vitalzeichenkontrolle	keine bekannt *langfristig* Persönlichkeitsveränderung	keine bekannt *langfristig* – Polyneuropathie, – ZNS-, – Myokard-, – Leber-, – Nierenschädigung,	symptomatisch

Im einzelnen gestaltet sich eine Substitution nach folgenden Prinzipien:

* Die Medikamentenabgabe erfolgt kontrolliert und täglich durch einen Arzt.
* Sie ist eingebettet in weitere psychosoziale Therapiestrategien.
* Der Patient enthält sich weiteren Begleitkonsums und unterzieht sich diesbezüglich auch regelmäßigen Kontrollen.
* Indikationen werden streng gestellt.

Die Methadonsubstitution wird nur von speziell qualifizierten Ärzten durchgeführt. Einzelheiten der Therapievoraussetzungen und Therapieabläufe regeln die sog. NUB-Richtlinien (Richtlinien des Bundesausschusses der Ärzte und Krankenkassen über die Einführung neuer Untersuchungs- und Behandlungsmethoden vom 2.7.1991 mit Änderungen vom 7.8.1992).

4.3 Die Auswirkungen von Suchtstoffmißbrauch auf die Entwicklung von Kindern und Jugendlichen

Zur Begrifflichkeit: Der Begriff „**Suchtstoffe**" setzt sich zunehmend bei der Beschreibung stoffgebundener Mißbrauchs- und Abhängigkeitserkrankungen durch. Er orientiert sich, im Gegensatz zu dem überwiegend von Laien benutzten Begriff „Drogen", an den Folgen des jeweiligen Substanzmißbrauchs. Mit der hier verwandten Begrifflichkeit wird zum einen eine Verwechslung mit der schon seit einigen Jahrhunderten in der Pharmazie eingeführten Bezeichnung „Droge" umgangen. In der Pharmazie werden nämlich unter „Drogen" Heilmittel verstanden, die aus natürlichen (pflanzlichen und tierischen) Stoffen hergestellt werden. Zum anderen wird durch den Terminus „Suchtstoffmißbrauch" vermieden, das Ausmaß der gesundheitlichen und sozialen Gefährdung einer Substanz auf ihre jeweilige – vorhandene oder fehlende – kulturell-gesellschaftliche Akzeptanz zurückzuführen (weiteres dazu im vorigen Abschnitt).

Suchtstoffe, die in der Kinder- und Jugendpsychiatrie von Bedeutung sind:

Generell haben die selben Suchtstoffe wie bei Erwachsenen Einfluß auf die Entwicklung von Kindern und Jugendlichen. In der Reihenfolge ihrer Bedeutung sind dies:

* Alkohol,
* Nikotin,
* Cannabis,
* Amphetamine und künstlich hergestellte Suchtstoffe,
* Inhalantien,
* Medikamente, Kokain, Opiate.

Lediglich der Mißbrauch von Medikamenten hat einen geringeren Einfluß auf die Entwicklung von Kindern und Jugendlichen. Der Mißbrauch von Inhalantien (Lösungsmitteln) ist nahezu ausschließlich unter jungen Menschen (bis etwa 25 Jahre) verbreitet.

Die Auswirkungen von Suchtstoffmißbrauch:

Grundsätzlich lassen sich drei verschiedene Formen der Auswirkungen feststellen:

1. Kinder von Müttern mit stoffgebundenen Mißbrauchs- und Abhängigkeitserkrankungen;

2. Auswirkungen elterlichen Suchtstoffmißbrauchs auf die Entwicklung ihrer Kinder;
3. Suchtstoffmißbrauch im Kindes- und Jugendalter.

4.3.1 Kinder von Müttern mit stoffgebundenen Mißbrauchs- und Abhängigkeitserkrankungen

Die häufigste bekannte Ursache für Beeinträchtigungen von geistiger Entwicklung ist der Alkoholmißbrauch der schwangeren Mutter. Die Prävalenz des **fetalen Alkoholsyndroms (FAS)** liegt gegenwärtig in der Bundesrepublik bei etwa 1:300 bis 1:600. Es werden somit jährlich etwa 1.800 bis 2.300 Kinder mit einer gesicherten Alkoholembryopathie unterschiedlicher Schweregrade geboren.

Die *Kardinalsymptome* des FAS sind Dystrophie, Mikrozephalus, statomotorische und geistige Entwicklungsverzögerung unterschiedlicher Ausprägung, Muskelhypotonie und Hyperaktivität. Das Ausmaß der körperlichen und geistigen Schäden dieser Kinder ist eine direkte Folge der Alkoholintoxikation des Feten. Das alkoholabbauende Enzym Alkoholdehydrogenase (ADH) und das mikrosomal-alkoholoxidierende System (MEOS) sind nur zu etwa 10% beim Feten und beim Neugeborenen entwickelt, so daß bei regelmäßigem Alkoholkonsum der Mutter die Organe des Feten direkt geschädigt werden. Erst im Alter von fünf Jahren entspricht der hepatische Gehalt an ADH dem Niveau Erwachsener.

Die typische kranio-faziale Dysmorphie (Epikanthus, kleine Nasenlöcher, schmale Lippen, kaum ausgeprägtes Philtrum) bildet sich bei den weniger ausgeprägten Formen bis zum mittleren Schulalter weitgehend zurück. Für die fakultativen Symptome wie z.B. Herzfehler, Hypospadie und Skelettanomalien gilt dies jedoch ebensowenig wie für die ausgeprägte Form des FAS.

Verlaufsuntersuchungen haben gezeigt, daß bei leichteren Schädigungsformen körperliche Nachreifungsprozesse zu einer jedoch meist nicht vollständigen Kompensation führen können. Ob diese Kinder selbst später hinsichtlich von Alkoholmißbrauch bzw. -abhängigkeit mehr gefährdet sind als andere ist derzeit noch ungewiß.

Ausgeprägter **Nikotinmißbrauch** während der Schwangerschaft führt zu multiplen Plazentainfarkten, mithin zu unterschiedlich ausgeprägter Dystrophie des Neugeborenen. Eine spezifische teratogene Wirkung besteht offenbar nicht.

Schädigungen durch **Mißbrauch von Cannabis** treten erst bei hohen Dosen auf und zeigen sich wie bei Alkohol und Nikotin in einer allgemeinen Dystrophie. Gelegentlich sind auch Organfehlbildungen (z.B. Herzfehler) beobachtet worden. Bei Schädigungen durch **Heroinmißbrauch** treten zunächst die Entzugserscheinungen des Neugeborenen in den Vordergrund. Wie bei Cannabis ist auch bei Heroin über teratogene Folgen (Organmißbildungen) berichtet worden, ohne daß ein spezifisches Bild wie beim FAS vorliegt.

4.3.2 Auswirkungen elterlichen Suchtstoffmißbrauchs auf die Entwicklung ihrer Kinder

Nach Schätzungen liegt in der Bundesrepublik die Zahl der Kinder und Jugendlichen unter 18 Jahren, bei deren Eltern ein Suchtproblem besteht, zwischen zwei und drei Millionen. Darüber hinaus ist von etwa vier bis sechs Millionen inzwischen erwachsen gewordener Kinder Suchtkranker auszugehen. Unter den suchtkranken Eltern überwiegt dabei deutlich der Anteil mit einer Alkoholkrankheit.

Der sehr hohen Zahl diesbezüglich belasteter Kinder steht eine nahezu völlig fehlende Forschung und eine deutlich zu geringe Berücksichtigung bei der klinischen Versorgung gegenüber. Dabei kann bereits ein kurzer Fragebogen Auskunft über Vorliegen und Folgen elterlichen Alkoholmißbrauchs geben (Biek 1981).

Kinder (ohne FAS) alkoholkranker Eltern sind hinsichtlich ihrer Sprach- und Lernentwicklung sowie hinsichtlich ihrer Selbststeuerung beeinträchtigt und neigen zu somatischen Störungen. Sie zeigen darüber hinaus häufiger Verhaltensauffälligkeiten und depressive Verstimmungen als Gleichaltrige, die entweder wegen Straftaten verurteilt wurden oder sich in stationärer medizinischer Behandlung befanden. Körperliche Mißhandlungen und familiäre Konflikte sind deutlich häufiger. Insgesamt wird das Ausmaß der Folgen elterlichen Alkoholmißbrauchs durch ein komplexes Bedingungsgefüge bestimmt:

● kindliche Faktoren (pränatale Schädigungen, kognitive und Persönlichkeitsentwicklung des Kindes),
● elterliche Faktoren (vermutlich sind die Folgen von Alkoholabhängigkeit beider Eltern bzw. nur der Mutter ungünstiger als die einer isolierten väterlichen Alkoholerkrankung) sowie
● soziale Faktoren (Armut, Kriminalität).

4.3.3 Suchtstoffmißbrauch im Kindes- und Jugendalter

4.3.3.1 Angaben zur Häufigkeit des Mißbrauchs von Suchtstoffen

Nach zuverlässigen Schätzungen sind derzeit etwa 150.000 junge Menschen im Alter bis 18 Jahre in der Bundesrepublik Deutschland **alkoholabhängig.**

Nach repräsentativen Studien nahm in Bayern der Anteil der 12–14jährigen **Raucher** (mehr als fünf Zigaretten täglich) von 1973 bis 1995 von 17% auf 4% ab, der der 15–17jährigen von 50% auf 27% (Anteil 1990 aber nur 20%) und der der 18–20jährigen von 49% auf 32%. Nach Schätzungen ist pro Jahr in der Bundesrepublik von mehr als 100.000 tabakbedingten Todesfällen (85% Männer) auszugehen.

Etwa 6% bis 8% aller vielverordneten **Medikamente** besitzen ein eigenes Suchtpotential. Nach Schätzungen werden rund ein Drittel dieser Mittel nicht wegen akut medizinischer Probleme, sondern langfristig zur Suchtunterhaltung und zur Vermeidung von Entzugserscheinungen von Ärztinnen und Ärzten verordnet. Betroffen sind hauptsächlich die Gruppen der Benzodiazepine, der Barbiturate, zentral wirkende Schmerzmittel, codeinhaltige Medikamente und Psychostimulantien. Seit einigen Jahren werden aber auch Antidepressiva (z.B. Doxepin) und niedrigpotente Neuroleptika zur Koupierung von Entzugserscheinungen mißbräuchlich verschrieben und eingenommen. Demgegenüber ist ein möglicher Mißbrauch von Medikamenten bei Kindern und Jugendlichen bisher kaum systematisch untersucht worden. Es gibt jedoch Hinweise, daß insbesondere weibliche Jugendliche dazu neigen, in Belastungssituationen Kopfschmerzmittel, aber auch Beruhigungs- und Schlafmittel sowie Schlankheitsmittel (Laxantien und Appetitzügler) mißbräuchlich zu nutzen. Angaben dazu unterliegen deutlichen Schwankungen und sind sehr von der Erhebungsmethode abhängig. Eine Abhängigkeit von Medikamenten ist im Kindesalter unwahrscheinlich bzw. sehr selten, für das spätere Jugendalter sind allerdings zahlreiche Fälle beschrieben worden. Sie betreffen dieselben Stoffgruppen wie bei erwachsenen Patienten.

Der Anteil der 12–39jährigen **Cannabis**konsumenten, der diese Substanz mehr als 39mal in seinem Leben genommen hat, liegt bei maximal 2,9% (lebenslange Prävalenz). Nach anderen Schätzungen liegt die lebenslange Prävalenz in den alten Bundesländern unter den 20–25jährigen zwischen 15% und 30%, wobei von 5% ständigen Nutzern ausgegangen wird. Insgesamt wird die Zahl der Cannabiskonsumenten auf ca. zwei Millionen geschätzt, wovon rund 270.000 regelmäßig konsumieren. Nach einer Repräsentativerhebung des Bundesministeriums für Gesundheit gaben 97,5% cannabiserfahrene Menschen an, niemals andere illegale Substanzen mißbraucht zu haben.

Angaben zur Häufigkeit des Mißbrauchs von **Inhalantien** liegen nicht vor. Inanspruchnahmepopulationen weisen auf eine Verdoppelung des Mißbrauchs überwiegend durch männliche Jugendliche seit Mitte der 80er Jahre hin.

Die Inhalation dieser lösemittelhaltigen Klebstoffe, Farb-, Lack- und Nitroverdünner sowie anderer Industrieprodukte führt zunächst zur Euphorisierung, bei Fortsetzung der Inhalation kommt es zu illusionären Verkennungen bis hin zu halluzinatorischen Erlebnissen, Ataxien, Sprachstörungen und Bewußtseinstrübungen. Bei chronischem Mißbrauch folgen schließlich toxische Enzephalopathien mit Wesensveränderungen.

Stark zugenommen hat in den letzten Jahren die Einnahme **synthetischer Suchtstoffe** wie DOM (Dimethoxymethylamphetamin), MDA (Methyldioxyethylamphetamin), MDMA (Methyldioxymethylamphetamin, „Ecstasy") sowie LSD (Lysergsäurediäthylamid), sowohl was den Umfang als auch was das zunehmend jüngere (unter 18 Jahren) Einstiegsalter betrifft: unter den sogenannten harten Suchtstoffen (zu denen auch Heroin und Kokain gehören) stieg der Anteil der Amphetamine und von LSD unter den erstauffälligen Konsumenten von 17% im Jahre 1994 auf 44% im Jahre 1996. Etwa 1% der Todesfälle durch harte Suchtstoffe ging 1996 auf die synthetischen Suchtstoffe zurück.

Den Kern der harten Suchtstoffe bilden nach wie vor **Kokain** und **Heroin**.

Etwa 1% der Todesfälle (n=16) fiel 1996 auf die Altersgruppe der 14–18jährigen Konsumenten dieser beiden Suchtstoffe. Die absolute Zahl der Konsumenten mit hoher Intensität und riskanter Konsumform im Jugendalter ist nicht bekannt.

Der Anteil der bis 18jährigen unter den erstauffälligen Konsumenten harter Suchtstoffe fiel von 1979 bis 1988 von 9,6% (entsprechend n=545) auf 1,5%, (entsprechend n=110); seit dieser Zeit erfolgte ein kontinuierlicher Anstieg bis 1996 auf 6,4% (entsprechend n=1.100).

4.3.3.2 Einstieg und Verlauf des Suchtstoffmißbrauchs

Theorienbildungen nennen vier hauptsächliche Einflußfaktoren, die Beginn und Verlauf des Suchtstoffmißbrauchs begründen können:

- biologische,
- individuelle,
- zwischenmenschliche und
- gesellschaftlich-kulturelle Faktoren.

Verlaufsbestimmend wirken die Interaktionen dieser Faktoren in jeweils unterschiedlicher Gewichtung. Genetische Dispositionen sind offenbar für Männer, die im Jugendalter eine Alkoholabhängigkeit entwickeln, deutlich prägnanter als späterer Beginn oder weibliches Geschlecht. Familiäre Faktoren können auf mindestens vier Weisen Einfluß auf den Suchtstoffmißbrauch von Kindern haben:

1. als genetischer und zwischenmenschlicher Faktor für Konfliktlösungsverhalten,

2. als zwischenmenschlicher Faktor in Form von direkter Suchtstoffzufuhr der Eltern gegenüber den Kindern (bei sozial desintegrierten Familien mit hohem elterlichen Suchtpotential oder beim Münchhausen-Stellvertreter-Syndrom),

3. als gemischt individueller-zwischenmenschlicher Faktor bei physischer Vernachlässigung/Mißhandlung und seelischer Vernachlässigung,

4. als eher individueller Faktor bei kindlichem Suchtstoffmißbrauch als Loyalitätsbekundung gegenüber suchtstoffmißbrauchenden Familienmitgliedern.

Individuelle und zwischenmenschliche Faktoren des Suchtstoffmißbrauchs spielen auch bei der Gestaltung von Gleichaltrigenbeziehungen eine wichtige Rolle: als **Statushandlung**, um Unabhängigkeit gegenüber Erwachsenen zu zeigen; als **Konformitätshandlung** bei Übernahme von Gruppennormen und als **Ersatzhandlung** bei unbefriedigenden oder fehlenden Gleichaltrigenkontakten.

Das Ausmaß gesellschaftlich-kultureller Faktoren zeigt sich in den letzten Jahren besonders deutlich in den neuen Bundesländern: eine erheblichen Verschiebung vom Konsum/Mißbrauch legaler zum Konsum/Mißbrauch illegaler Suchtstoffe.

Eine Synopsis von Langzeituntersuchungen (Sieber, 1993) zeigt die Interaktion der vier genannten Haupteinflußfaktoren:

1. Frühere Lebensumstände sind substanz- und phasenunspezifisch. Zum Suchtstoffmißbrauch führen: Konsumverhalten der Freunde, unkonventionelle Lebenshaltung, Reiz-/Risikoorientierung, permissive Konsumeinstellung.
2. Präventionsmaßnahmen können deswegen substanz- und phasenunspezifisch vor Beginn des Suchtstoffmißbrauchs vorgenommen werden, d.h. im Grundschulalter.
3. Zum Konsumeinstieg bei illegalen Suchtstoffen führen Probleme im Elternhaus (s.o.) und in der Schule. Letztere tragen auch zum Beginn des Rauchens bei.
4. Für den Einstieg beim Alkoholmißbrauch sind Probleme in der Schule und im Elternhaus bedeutsam, haben aber offenbar keine Langzeitwirkung (i. S. chronischer Mißbrauch, Abhängigkeit).
5. Die Persönlichkeit wird erst in der Phase der Progression des Mißbrauchs bedeutsam: Suchtstoffkonsum zur Entlastung und Problembewältigung.
6. Mehr Befunde sprechen dafür, daß eher die Persönlichkeit zum späteren Suchtstoffmißbrauch disponiert als daß die auffällige Persönlichkeit Folge des Suchtstoffmißbrauchs ist.

Untersuchungen an Inanspruchnahmepopulationen von Kliniken zur Behandlung suchstoffmißbrauchender bzw. -abhängiger junger Menschen zeigen zweierlei

1. Die Haupteinstiegsdroge für **alle** illegalen Suchtstoffe ist Alkohol (nicht Cannabis) mit einem Anteil von über 99%.
2. Die Zeitdauer vom Beginn des Suchtstoffmißbrauchs bis zum Beginn einer Langzeittherapie beträgt etwa sieben Jahre.

Hinsichtlich des Suchtstoffmißbrauchs unter jungen Menschen (bis 21 Jahre) zeichnen sich in den letzten Jahren folgende Tendenzen ab:

1. Der Anteil vollständig von Suchtstoffen abstinent Lebender hat sich von 30% auf 40% erhöht.
2. Gleichzeitig steigt aber auch deutlich der Anteil derjenigen jungen Menschen, die früher und intensiver alle Suchtstoffe konsumieren.
3. Der Konsum von Inhalantien ist weniger ausgeprägt an die soziale Unterschicht und das Geschlecht geknüpft.
4. Weitgehend unabhängig von sozialer Schicht und individueller Belastungssituation steigt der Mißbrauch synthetischer Suchtstoffe (hauptsächlich Amphetamine).
5. Auch in der Altersgruppe junger Menschen nimmt der gleichzeitige Mißbrauch verschiedener Suchtstoffe zu (Polytoxikomanie).
6. Der Zeitraum vom Beginn des Suchtstoffmißbrauchs bis zum Beginn einer Entwöhnungsbehandlung nimmt ab.

5 Mißhandlung und Mißbrauch von Kindern und kindliche Gewalt gegenüber Eltern

Gewalt in Familien und sexuellen Mißbrauch von Kindern hat es zu allen Zeiten gegeben. Die moralische Grundlage dafür war stets der absolute Verfügungsanspruch der Eltern und die Ignoranz der Gesellschaft gegenüber solchen Handlungen. Bei einer nach wie vor hohen Dunkelziffer ist die Öffentlichkeit heute durch staatliche Aufklärungskampagnen und die Medien sensibler, wodurch moralisch solche Handlungen strikt abgelehnt werden und ihnen z.T. juristisch begegnet wird. Daß sexueller Mißbrauch von Kindern in unserer Gesellschaft vorkommt, wird heutzutage nicht mehr geleugnet und ruft, wenn er publik wird, Entsetzen und Entrüstung hervor. Die körperliche Gewalt von Kindern gegen Eltern dagegen wie auch die sexuellen Mißhandlungen von Eltern durch die eigenen Kinder wird kaum öffentlich beachtet und von den betroffenen Eltern aus Scham und Ohnmacht so weit wie möglich verschwiegen, selbst wenn das Kind oder der Jugendliche sich bereits in psychiatrischer Behandlung befindet.

5.1 Mißhandlung und Mißbrauch von Kindern

5.1.1 Definitionen (nach Schulte-Markwort 1997)

- **Körperliche Vernachlässigung**, in deren Folge direkte Gesundheitsstörungen und/ oder körperliche Gedeih- und Entwicklungsstörungen auftreten können.
- **Emotionale Vernachlässigung**, bei der durch Abwesenheit und Verweigerung der Eltern eine ungenügende oder mangelnde emotionale Beziehung zu psychischen Beeinträchtigungen beim Kind führen kann.
- **Körperliche Mißhandlung** führt zu direkten oder indirekten Verletzungen oder Vergiftungen eines Kindes.

- **Seelische Mißhandlung** führt durch offene oder indirekte Feindseligkeit oder Ablehnung des Kindes zu einer emotionalen Überforderung und zu psychischen Störungen.
- **Sexueller Mißbrauch:** Jeder sexuelle Kontakt eines Erwachsenen zu einem Minderjährigen.

Der **Inzest** kennzeichnet die sexuelle Beziehung zwischen Blutsverwandten, Verschwägerten, zwischen Stiefeltern und Stiefkindern sowie zwischen Eltern und ihren adoptierten Kindern (Martin, Dauner 1985). Die häufigste Inzestform ist nach wie vor die zwischen Vater und Tochter. Wesentlich geringer findet der Inzest zwischen Großvater und Enkelin, zwischen Vater und Sohn und am wenigsten zwischen Mutter und Sohn statt. Bei den Tätern handelt es sich in der Regel nicht um sexuelle abnorme Persönlichkeiten. Meist werden Mädchen zwischen 12 und 14 Jahren über längere Zeiträume (ein bis drei Jahre) mißbraucht. Häufig sind die Mädchen passiv duldend; bei einem Viertel sind die Mädchen aktiv verführend (Martin, Dauner 1985).

Die Pädophilie ist ein typischer Tatbestand des Mißbrauches von Kindern (Näheres dazu III.3.3).

Symptome: Körperliche Symptome, die auf Mißhandlungen und Mißbrauch deuten, stellen sich häufig als Verletzungen an untypischen Stellen dar (Gesäß, Genitale, Rükken, Innenseiten der Oberschenkel). Auffällige Verletzungsmuster sind Hand- und Stockabdrücke am kindlichen Körper, Verbrennungen, Abschnürungen. Auch können stumpfe Bauchtraumata und subdurale Hämatome die Folgen von körperlichen Mißhandlungen an Kindern sein. Im kindlichen Genitalbereich werden Rötungen, Verletzungen, Abschürfungen und Pilzinfektionen gefunden, ebenfalls kann es zum Auftreten von HIV-Infektionen und Gonorrhoe kommen. Häufig finden sich bei der körperlichen Untersuchung gleichzeitig alte und frische Verletzungen.

Das klinische Bild ist bei allen Formen der Vernachlässigung und des sexuellen Mißbrauches in keiner Weise einheitlich. Zwar gibt es kein klar definiertes Mißbrauchssyndrom, aber andererseits gibt es auch keinen sexuellen Mißbrauch, der beim Kind nicht zu Verhaltensveränderungen oder psychischen Störungen führt, wobei alle Formen der psychischen Auffälligkeiten auftreten können. Sie reichen von Störungen des emotionalen Sozialverhaltens, von psychosomatischen Symptomen über Anpassungsstörungen bis zu schweren abnormen Persönlichkeitsentwicklungen, wie z.B. Borderline-Störungen.

Friedrich (1998) hat folgende Veränderungen beim Kind aufgeführt, die auf sexuellen Mißbrauch hindeuten können:

- Schlafstörungen,
- Schulleistungsstörungen (Konzentrationsschwäche, mangelnde Aufmerksamkeitsspanne, herabgesetzte Leistungsfähigkeit, Unfähigkeit, sich einfache Dinge zu merken, Wahrnehmungsschwierigkeiten),
- Eßstörungen,
- Störungen im Hygieneverhalten, z.B. Waschzwang,
- plötzliche Verhaltensänderungen, Aktivitätsänderungen (der Antrieb des Kindes ist deutlich gesteigert oder vermindert),
- Aggressivität, unerklärliche und für das Kind ungewöhnliche Handlungsweisen,
- Angst,
- Rückzug,

- Flucht in eine Phantasiewelt,
- Zwänge,
- Stimmungswechsel,
- Weglaufen,
- versteckte oder offene sexuelle Äußerungen, übermäßiger Gebrauch von Zoten und schmutzigen Witzen.

Wie die psychischen Störungen, die nach Mißbrauch auftreten, so sind auch die **seelischen Folgen** unspezifisch. Es sind auch nicht alle Kinder in gleicher Weise psychisch auffällig oder geschädigt.

Der sexuelle Mißbrauch ist um so **gravierender**,

- je jünger das Kind war,
- je näher die verwandtschaftliche Beziehung zwischen Täter und Opfer war und
- je langanhaltender der Mißbrauch stattgefunden hat.

Langjährig mißbrauchte Kinder werden zu ihrem eigenen psychischen Schutz emotional flacher. Deshalb erscheinen sie manchmal unglaubwürdig, weil die Kinder bei der Schwere des Erlittenen den Vorgang für den Außenstehenden unbeteiligt oder ironisierend wiedergeben. Die schwersten Folgen für die psychosexuelle Entwicklung eines Kindes entstehen nach langandauerndem Mißbrauch im engsten Familienkreis. Wird ein sexueller Mißbrauch entdeckt oder aufgeklärt, haben die übrigen Bezugspersonen die Möglichkeit, dem Kind verständnisvoll, haltgebend und tröstend zu begegnen und können damit die Folgen des Mißbrauchs verringern. Die psychische Verarbeitung bei Kindern wird erschwert, wenn die Umgebung ablehnend, verständnislos und manchmal sogar vorwurfsvoll reagiert und sie indirekt zu Schuldigen gemacht werden, wenn z.B. der Täter durch ein Strafverfahren die Familie verlassen muß. Deshalb wird allgemein gefordert, daß nach der Aufdeckung therapeutische und heilpädagogische Hilfe umgehend zu erfolgen hat, um das Geschehene beim Kind zu bearbeiten und die Heilung des verletzten Kindes zu sichern und um zu verhindern, daß lebenslange psychische Folgen bleiben (Friedrich 1998).

Therapierichtlinien: Bei Vernachlässigung und Mißhandlung ist oft eine meist zeitlich befristete Trennung zwischen Eltern und Kind angebracht. In schweren Fällen ist das Kind über einen längeren Zeitraum fremdunterzubringen (Heim, Pflegefamilie). Schulte-Markwort (1997) weist darauf hin, daß Notsituationen, die eine sofortige Herausnahme des Kindes aus der Familie oft über das Jugendamt z.T. unter Polizeischutz erforderlich machen, zusätzlich traumatisierend auf das Kind wirken können, wenn eine Bearbeitung der Situation nicht möglich ist. Er empfiehlt so mit den Eltern zu arbeiten, daß sie akzeptieren, daß sie mit der Kindererziehung überfordert sind und einen Antrag auf Fremdunterbringung beim Jugendamt selbst stellen.

Beim sexuellen Mißbrauch in der Familie führt die Trennung vom Täter (meist vom Vater bzw. Adoptivvater) zu einer Entlastung. Häufig jedoch fühlt sich das Kind schuldig an der Trennung der Eltern und daß weil die übrigen Geschwisterkinder dann ohne Vater sind. Wenn die Mutter sich voll mit dem Kind identifiziert, ist der seelische Schaden bei dem Kind zu begrenzen. Weit schwieriger sind Situationen, bei denen die Mutter stille und/oder offene Signale und Hilferufe des Kindes bagatellisiert und aus Scham oder Angst vor dem Zerfall der Familie verdrängt und somit das Kind nicht schützt. Hier hat die Psychotherapie behutsam die seelischen Verletzungen des Kindes als auch die gestörte Beziehung zwischen Mutter und Kind zu bearbeiten.

Neben der Trennung vom Täter gibt es Versuche, nach einem Gerichtsverfahren familientherapeutisch den Täter (den Vater) in das therapeutische Geschehen mit einzubeziehen. Ziele dieser Behandlung sind die Stärkung der mütterlichen Autorität, die den absoluten Schutz des Kindes gewährleisten soll, als auch den Erhalt der Familie anzustreben. Im Marlborough Family Day Service in London unter Leitung von Dr. Eia Asen erhalten inhaftierte Väter unter der Auflage, sich einer Familientherapie zu unterziehen, für die Dauer der täglichen gemeinsamen Behandlung mit der ganzen Familie Ausgang. Die Stabilisierung der Familie und die Vermeidung von Rückfällen gelingt in diesem therapeutischen Setting überraschenderweise in vielen Fällen.

5.2 Kindliche Gewalt gegenüber Eltern

Körperliche Mißhandlungen von Eltern durch Kinder werden in der Regel nicht angezeigt und sind noch weniger bekannt. Eltern stellen ihre Kinder, von denen sie geschlagen oder auch sexuell belästigt werden, wegen Verhaltensauffälligkeiten oder Schulschwierigkeiten vor. Sie geben später fast zufällig die schweren Aggressionen zu, die Kinder ihnen selbst zufügen.

Zur Erläuterung soll hier ein klinisches Beispiel angeführt werden.

Der 12jährige, schulisch leistungsstarke, körperlich gesunde Junge wurde wegen Verhaltensauffälligkeiten mit schweren Aggressionen gegen die Adoptivmutter von den Adoptiveltern vorgestellt. Seit einem halben Jahr reagiere er zunehmend aggressiv und böse gegen die Adoptivmutter, wenn er seinen Willen nicht bekäme. Er schlage mit Türen, schreie über lange Zeiträume, habe die Adoptivmutter wiederholt geschlagen und sie auch mit einem Messer verletzt. Auch zum Adoptivvater zeige der Junge Verhaltensschwierigkeiten, werde ihm gegenüber aber nicht aggressiv. Außerhalb der Familie verhalte er sich weitestgehend angepaßt. Bei unauffälliger frühkindlicher Entwicklung sei der Junge bereits im Kleinkindalter unruhig gewesen und wegen Verhaltensschwierigkeiten schon damals kinderpsychiatrisch ambulant behandelt worden. Die Familienverhältnisse sind nach außen völlig intakt, es herrschen gute Wohnverhältnisse und eine soziale Sicherheit. Bei sonst unauffälligen psychischen Befunden wirkt der Junge leicht distanzvermindert, altklug und selbst in der Untersuchungssituation rechthaberisch. Intellektuell ist er durchschnittlich differenziert (HAWIK-R: Verbal-IQ 94, Handlungs-IQ 104, Gesamt-IQ 98). Er verfügt über eine gute optische Kombinations- und Differenzierungsfähigkeit, testpsychologisch ist er jedoch leicht reiz- und frustrierbar. Im Subjektiven Familienbild nach Mattejat/Scholz wird der Adoptivvater als auch die Adoptivmutter vom Patienten ausgesprochen schwach erlebt. Die verunsicherten Adoptiveltern erleben eine emotionale Distanz zu dem Kind. In den Idealbildern wünschen sich alle Familienmitglieder ausgewogene wechselseitige Beziehungen.

Mit den Adoptiveltern konnte während der stationären Krisenintervention erarbeitet werden, daß ihre eigene Unsicherheit und teilweise Inkonsequenz dem Patienten gegenüber Folge eigener problematischer lebensgeschichtlicher Erfahrungen sind. Maßgeblich in der Therapie war für die Adoptiveltern die Bestärkung bezüglich einer intakten emotionalen Beziehung zwischen ihrem Adoptivsohn und ihnen und die Erarbeitung ihrer Erkenntnis, daß diese Beziehung auch durch die Erfordernisse pädagogischer Konsequenz belastbar ist. Selbst in den ersten Familientherapiesitzungen sprang der Patient zunächst frech und provozierend mit den Adoptiveltern um, diese standen dem machtlos gegenüber, versuchten mit agitierenden Reden bei eigener gehemmter Aggressivität den Jungen zu beeinflussen. Diese Situation wurde mit Hilfe einer Familienskulptur verdeutlicht. Der von den Adoptiveltern dann erkannte Handlungsbedarf und der selbst vom Jungen verbalisierte Wunsch nach Konsequenz der Adoptiveltern wurde von der Familie verinnerlicht, vorbesprochen und geübt. Die Verhaltensschwierigkeiten der Adoptiv-

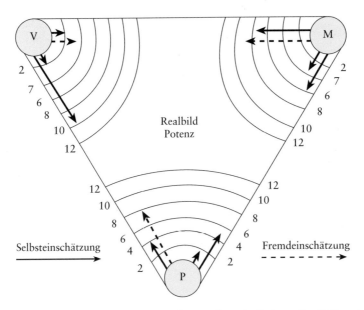

Abb. 9 Zu Beginn der Therapie erleben sich alle Familienmitglieder selbst (Selbsteinschätzung – durchgezogene Pfeile) schwach und abhängig zueinander. Lediglich der Vater (V) erlebt sich zu seinem Sohn (P) sicher. Der Sohn (P) erlebt dagegen auch seinen Vater (V) als sehr unsicher zu ihm (Fremdeinschätzung – gestrichelter Pfeil, der vom Vater (V) auf den Sohn (P) gerichtet ist).

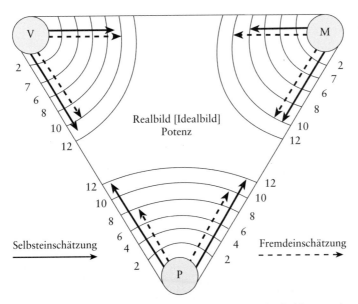

Abb. 10 In den Wunschvorstellungen aller Familienmitglieder (Idealbild) wünschen sich alle in der Selbsteinschätzung (durchgezogene Pfeile) und in der Fremdeinschätzung (gestrichelte Pfeile) autonomere und selbstsichere Beziehungen zueinander. Der Sohn (P) möchte allerdings weiterhin über seine Eltern dominieren (durchgezogene Pfeile, die von P auf V und M gerichtet sind).

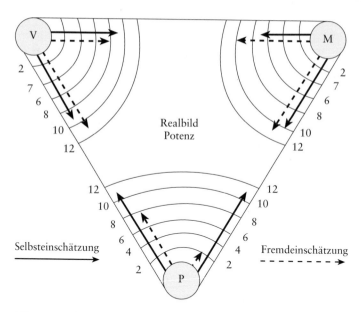

Abb. 11 Am Therapieende ist ein deutlicher Zuwachs an Autonomie und Selbstsicherheit in allen Beziehungen sichtbar. Der Sohn (P) erlebt seine Eltern sogar ihm gegenüber selbstsicherer als sie sich selbst empfinden (Vergleich zwischen durchgezogenen Pfeilen [Selbsteinschätzung der Eltern] mit den gestrichelten Pfeilen [Fremdeinschätzung durch den Sohn], die von V und M auf P gerichtet sind).

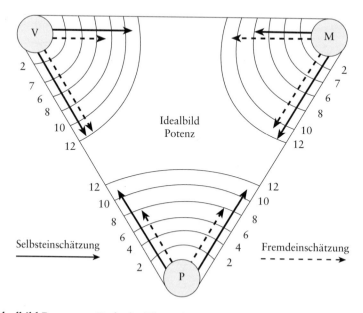

Abb. 12 Idealbild Potenz am Ende der Therapie.
Trotz des hohen Autonomiezuwachses der Eltern (Abbildung 3) wünscht sich der Sohn, daß die Eltern sich ihm gegenüber noch stärker und autonomer verhalten (gestrichelte Pfeile von V und M auf P gerichtet).

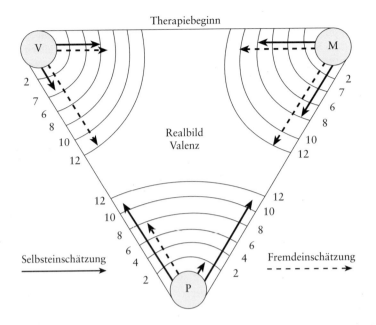

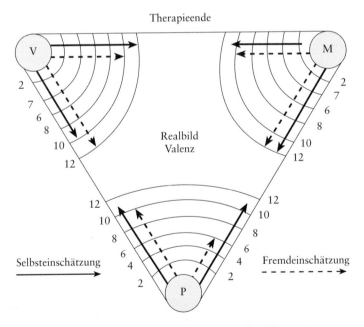

Abb. 13, 14 Zunahme der emotionalen Verbundenheit (Valenz Realbild) zwischen Eltern und Kind zu Beginn (Abb. 13) und am Ende der Therapie (Abb. 14).
Mit dem Zuwachs an Sicherheit der Eltern gegenüber dem Kind gewinnen sie auch gleichzeitig eine größere emotionale Verbundenheit (Zuwachs der durchgezogenen Pfeile, die von V [Vater] und M [Mutter] auf P [Sohn] gerichtet sind).

mutter an den Wochenendbeurlaubungen nahmen mit zunehmender Abgrenzung der Adoptivmutter von dem Jungen und deutlich werdender Konsequenz ab. Den Adoptiveltern gelang es, ihrem Adoptivsohn bei hoher emotionaler Zuneigung zunehmend klare Grenzen zu setzen. Bei wenigen ambulanten Nachbetreuungssitzungen kam es zu einer guten Konsolidierung der familiären Verhältnisse, anfängliche Aggressionen des Jungen gegenüber der Adoptivmutter beherrschte sie immer besser, z.T. durch gezieltes in der Familientherapie geübtes Festhalten. In den subjektiven Familienbildern wird der deutliche Zuwachs an Autonomie der Adoptiveltern gegenüber dem Jungen sichtbar.

6 Eßstörungen bei Erwachsenen

6.1 Die Magersucht

Die zur Zeit gebräuchlichen Klassifikationskriterien des amerikanischen Klassifikationsschemas DSM-IV (APA 1994) und der ICD-10 (Dilling et al 1991) weisen für die Krankheitsbilder der Eßstörungen keine wesentlichen Unterschiede auf. Leitsymptom der Magersucht ist die selbstinduzierte Mangelernährung mit Gewichtsverlust bis hin zur Kachexie. Der unerschütterliche Glaube, zu dick zu sein, steht im Vordergrund und damit verbunden der unbezwingbare Drang abzunehmen – mit welchen Mitteln auch immer. Hinter einem meist nur vordergründigen Krankheitsbewußtsein verbirgt sich häufig Stolz und Befriedigung über die Leistung der Gewichtsabnahme. Zur Kernsymptomatik zählt weiterhin die Körperschemastörung, worunter eine perzeptorische und konzeptionelle Störung des eigenen Körperbildes verstanden wird: trotz Untergewicht, ja teilweise kachektischem Ernährungszustand überschätzen anorektische Patientinnen ihren Körperumfang und fühlen sich zu dick. Die Körperschemastörung richtet sich vornehmlich auf charakteristische Körperpartien der weiblichen Fettverteilung wie Oberschenkel oder Hüften (Tab. 27).

Tabelle 27 Diagnostische Kriterien der Anorexia nervosa (ICD-10 1991)

1. Körpergewicht mindestens 15% unterhalb der Norm bzw. Body-Mass-Index (BMI) $< 17,5\,\mathrm{kg/m^2}$
2. Gewichstverlust ist selbst verursacht
3. Körperschemastörungen und „überwertige" Idee, zu dick zu sein
4. Endokrine Störung auf der Hypothalamus-Hypophysen-Gonaden-Achse
5. Bei Erkrankungsbeginn vor der Pubertät Störung der pubertären Entwicklung einschließlich des Wachstums, die nach Remission häufig reversibel ist

* BMI = Körpergewicht in kg/Körpergröße in m^2

Die beständige Gewichtsabnahme erfolgt bei der klassischen passiv-restriktiven Magersucht (non-purging type) mittels intermittierender Nahrungsverweigerung oder extrem kalorienarmer Ernährung. Zusätzliche Maßnahmen zur Gewichtsreduktion wie Erbrechen oder die Einnahme von Laxantien, Diuretika, Appetitszüglern oder Schilddrüsenhormonen ergeben das Bild der aktiven AN (purging type). Darüber hinaus läßt sich bei fast allen magersüchtigen Patienten ein übermäßiger Bewegungsdrang beobachten (Tab. 28).

Tabelle 28 Klinische Checkliste für die Diagnose einer Magersucht

- Überzeugung, zu dick zu sein trotz magerem oder kachektischen Ernährungszustand (Körperschemastörungen)
- unbezwingbarer Wunsch abzunehmen mit welchen Mitteln auch immer, u. a. auch medikamentös induzierte Gewichtsabnahme
- Nahrungsverweigerung bzw. extrem kalorienarme Ernährung
- beständiger unaufhaltsamer Gewichtsverlust
- Hyperaktivität wie z. B. mehrmaliges tägliches Joggen über weite Distanzen
- sekundäre Amenorrhoe
- Kontaktstörung und sozialer Rückzug
- häufig depressive Entwicklung

Epidemiologie: Nach einer als repräsentativ geltenden britischen epidemiologischen Untersuchung von Turnbull et al (1996) zur Inzidenz der Anorexia und Bulimia nervosa betrug die Inzidenz der AN 1993 4,2 auf 100 000 Einwohner. Die Prävalenzraten für die Anorexie schwanken je nach Strenge der angewandten Kriterien. Entsprechend der Mayo-Klinik-Studie liegt die Erkrankungshäufigkeit in der Gruppe der

- adoleszenten Mädchen zwischen 15 und 19 Jahren bei 0,3%, andere Studien sprechen von 0,7 bis 2,1%;
- Risikogruppen, wie Ballettschülerinnen oder Models, die unter einem hohen „Schlankheitsdruck" stehen, weisen eine Prävalenz von 7% auf (Hsu 1990);
- Die Prävalenz von Eßstörungen beim männlichen Geschlecht ist deutlich geringer und schwankt je nach Studie und Diagnosekriterien zwischen 5% und 10% aller Eßgestörten (Herpertz et al. 1997).

Ätiologie: Die Genese der Magersucht stellt ein Zwischenspiel genetischer, soziokultureller, familiärer und intrapsychischer Faktoren dar.

Genetische Befunde: Von einer genetischen Disposition kann bei der Magersucht ausgegangen werden. So weisen Zwillingsuntersuchungen eine Konkordanzrate für eineiige Zwillinge von etwa 50% auf gegenüber nur 10% bei dizygoten Zwillingspaaren (Treasure u. Jolland 1990). Auch bei Verwandten ersten Grades magersüchtiger Patientinnen läßt sich eine achtmal höhere Erkrankungsrate an AN im Vergleich zur Normalbevölkerung nachweisen (Strober et al. 1991).

Soziokulturelle Aspekte: Diätversuche sind als wichtiger Risikofaktor für die Manifestation der Anorexie anzusehen. Im Gegensatz zu Ländern der dritten Welt verzeichnen hochindustrialisierte Gesellschaften auf der einen Seite einen ausgeprägten Nahrungsüberschuß, gleichzeitig läßt sich ein immer rigider werdendes Figurdiktat beobachten. Jede Abweichung von gesellschaftlichen Normen, insbesondere dem gängigen Figur-/Schlankheitsideal kann insbesondere junge Menschen in schwere seelische Krisen stürzen und zwingt sie, durch immer rigidere Fastenregime der „Idealfigur" zu entsprechen.

Intrapsychische Aspekte: Spezifische für die Entwicklung einer Magersucht prädisponierende inter- oder intrapsychische Konflikte, wie sie von einzelnen psychotherapeutischen Schulen postuliert werden, lassen sich kaum objektivieren. Die früher geläufigere Bezeichnung „Pubertätsmagersucht" mit Verweis auf den Erkrankungsgipfel in der Pubertät, spiegelt allerdings den für diese Entwicklungsphase charakteristischen Autonomie-Abhängigkeitskonflikt, der bei nicht wenigen anorektischen jungen Mädchen zu beobachten ist. Erste Individuations- und Autonomieschritte gehen meist mit der Erfahrung der eigenen Insuffizienz einher, der Unfähigkeit, in der Trennung von den Eltern eine verläßliche Selbstkontrolle zu besitzen, Beziehungen zu Gleichaltrigen aufzubauen und auf die Umwelt konstruktiv Einfluß zu nehmen. Der Wunsch zu Fasten als Rückzug auf den eigenen Körper und letzte Bastion autonomer Einflußnahme gilt als Auslöser der anorektischen Symptomatik. In der Nahrungsverweigerung manifestiert sich ein Gefühl der Selbstkontrolle, der Autonomie und der Identität.

Für die Praxis und insbesondere für die Einschätzung des Schweregrades der Magersucht und ihrer Prognose lassen sich unterschiedliche Problemkreise benennen, die sich in der Magersucht artikulieren (Tab. 29).

Medizinische Befunde: Die medizinischen Befunde bei magersüchtigen Patientinnen sind in der Regel starvationsbedingt (Tab. 30).

Therapie: Die Behandlung der Magersucht als multifaktoriell bedingte Krankheit setzt in der Regel einen multimodalen Therapieansatz voraus. Eckpfeiler sind dabei idealtypisch die Bearbeitung des innerseelischen Konfliktgeschehens und des familiären und psychosozialen Umfeldes einerseits und die Rückkehr zu normalen Eßgewohnheiten und Verhaltensweisen andererseits, was eine Gewichtszunahme impliziert. Eine ausschließliche Fokussierung auf die psychische Problematik unter Ver-

Tabelle 29 Ausdrucksformen der Magersucht (nach Hänsel 1991)

Magersucht als Autonomieversuch
- Abgrenzung gegenüber familiären Ansprüchen, Autonomiebestrebungen innerhalb des familiären Systems
- Verselbständigungstendenzen
- Abgrenzung gegenüber eigenen triebhaften, sexuellen Impulsen
- konfliktreiche Entwicklung der eigenen Geschlechtsidentität

Magersucht als Beziehungsabwehr
- Störung auf der Objektbeziehungsebene
- Appell nach stützendem Objekt
- Hilfeleistung wird als eigene Ohnmacht, narzißtische Kränkung und Einbruch in die Autonomie gewertet
- Nähe-, Distanz-, Abhängigkeits-, Autonomiekonflikt

Magersucht als Lebensverweigerung
- Extreme, meist depressive Rückzugstendenzen mit ausgeprägten autodestruktiven Zügen
- prolongierte Suizidalität

Tabelle 30 Medizinische Befunde

Haut	Skelett	Herz-Kreislauf-System
trockene, schuppige Haut	Osteoporose	erniedrigter Blutdruck
Akrozyanose		verlangsamte Herzfrequenz
Cutis marmorata		Herzrhythmusstörungen
Ödeme		
brüchige Nägel		
Hausausfall		

nachlässigung der körperlichen Situation, der Gewichtszunahme und ernährungsrelevanter Kriterien erscheint ebenso problematisch wie eine einseitige Konzentration nur auf starvationsbedingte Folgeerscheinungen. Von daher ist die Indikation für eine integrierte stationäre Psychotherapie in der Regel gegeben, wobei sie für die meisten magersüchtigen Patientinnen nur den Charakter einer Etappe in einem ambulant-stationär-ambulanten Gesamtbehandlungsplan hat. Stationäre Behandlungssettings gestalten sich zusehends psychotherapieschulenübergreifend, wobei es zu einer Verbindung wie auch Integration vornehmlich des psychoanalytischen und verhaltenstherapeutischen Behandlungsansatzes kommt. Bei Kindern und Jugendlichen ist die Einbeziehung der Familie unerläßlicher Bestandteil jeder Behandlung. Die vertragliche Festlegung eines Zielgewichts vor und dessen fortlaufende Dokumentation während der Therapie hat sich in der Praxis bewährt.

Die Ziele der stationären Therapiephase sind zwangläufig begrenzt und umfassen

* eine Stabilisierung des körperlichen Zustandes auf einem klinisch vertretbaren Niveau;
* Wiedererlernen eines normalen Eßverhaltens;
* Einstieg in einen Entwicklungsprozeß mit Heranführung der Patientin an ein Verständnis der Erkrankung als notwendige Voraussetzung für die sich in der Regel anschließende ambulante Behandlung.

Prognose: Katamnestische Beobachtungen nach einem mittleren Zeitraum von vier bis fünf Jahren zeigen, daß etwa 40% der anorektischen Patientinnen einen guten Heilungserfolg aufweisen, jeweils 25 bis 30% haben einen mittelmäßigen oder schlechten Heilungserfolg (Herzog et al. 1992). Das Verlaufsergebnis scheint mit zunehmender Katamnesedauer eindeutiger zu werden, d.h. daß sich die Patienten mit mittelmäßigem Heilungserfolg auf die beiden Kategorien mit gutem und schlechtem Ergebnis verteilen. Nach längeren Beobachtungszeiträumen von 10–20 Jahren liegt die Mortalität bei 15% und ist mittlerweile die höchste aller psychosomatischen/psychiatrischen Krankheiten.

6.2 Bulimia nervosa

Nosologie: Bei der Bulimie (griechisch „bous": Ochse, Stier, „limos": Hunger, Heißhunger) handelt es sich um ein primär psychisch bedingtes Krankheitsbild, deren erste Falldarstellung, die aktuellen diagnostischen Kriterien genügt, von Wulff aus dem Jahre 1932 stammt. Ende der 40er Jahre beobachtete Bruch die ersten Patientinnen mit Bulimie. 1980 fand Russels Beschreibung dieses Krankheitsbildes Eingang in das amerikanische Klassifikationsschema DSM-III.

Diagnose: Die Bezeichnung Bulimie steht für den unwiderstehlichen Drang nach häufig hochkalorischer Nahrung. Phasen der übermäßigen unkontrollierten Nahrungsaufnahme wechseln mit gegenregulatorischen Maßnahmen, die der Gewichtskontrolle dienen, wie Fasten, Erbrechen, Laxanzien- und/oder Diuretikaabusus. Nach einer Eßattacke, bei der mehrere Tausend kcal konsumiert werden, stellen sich Schuldgefühle und Selbstvorwürfe ein, verbunden mit dem Wunsch nach Ungeschehenmachenwollen. Die in der Regel der Bulimie vorausgehenden Fasten- und Diätregime hatten schon ein normales Eßverhalten weitgehend aufgehoben. In ausgeprägten Fällen wechseln bulimische Kontrollverluste mit Hungerphasen. Mahlzeiten als basale

Zeitgeber und Kommunikationsmittel des sozialen Lebens verlieren ihre Bedeutung, die Beschäftigung mit Nahrungsaufnahme, Lebensmitteln und der Figur gewinnt absolute Priorität (Tab. 31, 32, 33).

Die sorgfältige Anamnese mit der Zusammenschau von Obstipationsneigung, Kreislaufbeschwerden, Oligo- oder Amenorrhoe, schlechtem Zahnstatus und jungem Alter der Patientin sowie den Hinweisen auf ausgeprägte Gewichtsschwankungen weisen auf eine bulimische Eßstörung. Für die Diagnosestellung erschwerend ist die typische Schamproblematik bulimischer Patientinnen, die ein einfühlsames Ansprechen der Eßstörungsdiagnose durch den Therapeuten angeraten erscheinen läßt.

Epidemiologie: Nicht nur infolge der problematischen Definition und der Abgrenzungsschwierigkeiten ist die Bulimie hinsichtlich ihrer Häufigkeit schwerer zu objektivieren als die Magersucht. Es kommt noch hinzu, daß bulimische Patienten ihre Symptomatik in hohem Maße verheimlichen, wodurch eine Abschätzung der Dunkelzimmer erschwert wird. Nach der Studie von Turnbull et al. (1996) betrug die Inzidenz 12,2 auf 100.000 Einwohner.

Tabelle 31 Diagnostische Kriterien der Bulimia nervosa nach ICD-10

- Andauernde Beschäftigung mit Essen und Heißhungerattacken, bei den große Mengen Nahrung in kurzer Zeit konsumiert werden.
- Versuche, dem dickmachenden Effekt des Essens durch verschiedene Verhaltensweisen entgegenzusteuern, z.B. selbstinduziertes Erbrechen, Laxantienabusus, Diät etc.
- Krankhafte Furcht, zu dick zu werden.
- Häufig Anorexia nervosa in der Vorgeschichte.

Tabelle 32 Subtypen der Bulimia nervosa

- „Purging"-Typus: Die Person induziert während der aktuellen Episode der Bulimia nervosa regelmäßig Erbrechen oder betreibt Laxantien-, Diuretikaabusus.
- „Nicht-Purging"-Typus: Die Person hat während der aktuellen Episode der Bulimia nervosa andere unangemessene, einer Gewichtzunahme gegesteuernde Maßnahme gezeigt wie beispielsweise Fasten oder übermäßige körperliche Betätigung, hat aber nicht regelmäßiges Erbrechen induziert oder Laxantien-, Diuretikaabusus betrieben.

Tabelle 33 Klinische Checkliste für die Diagnose einer Bulimie

- Angst vor Gewichtzunahme
- kognitive Kontrolle der physiologischen Hungersignale
- restriktives Eßverhalten
- intermittierende Fastenzustände
- suboptimales Gewicht (Körpergewicht unterhalb des individuellen konstitutionellen Gewichts)
- Kontrollverlust mit unbezwingbarem Drang zum „Freß"-Anfall mit Nahrungsmengen von mehreren Tausend kcal
- selbstinduziertes Erbrechen oder andere einer Gewichtzunahme gegensteuernder Maßnahmen wie rigides Diätverhalten, exzessiver Sport, Laxantien- oder Diuretikaabusus
- fakultativ sekundäre Amenorrhoe

Die Prävalenz bei jungen Frauen liegt bei 2,0 bis 4,5%; der Erkrankungsgipfel liegt bei 18 Jahren (Hsu 1990). Epidemiologische Untersuchungen führen den eindrucksvollen Anstieg von Eßstörungen in den Industriestaaten der Welt in erster Linie auf eine Zunahme der Bulimie zurück (Hsu 1990).

Ätiologie: Ähnlich wie bei der Magersucht handelt es sich auch bei der Bulimia nervosa um ein multifaktoriell bedingtes Krankheitsbild, in das genetische, inter- und intrapsychische wie auch neurobiologische Aspekte einfließen. Ein wichtiger ätiologischer Faktor stellt das gezügelte Eßverhalten dar.

Konzept des gezügelten Eßverhaltens („Restraint eating"): Im Vordergrund steht die Furcht, zu dick zu werden, was die Patientinnen veranlaßt, ein Gewicht unterhalb ihres konstitutionellen Gewichts anzustreben. Die Folge ist ein permanentes Fasten oder gezügeltes Eßverhalten. Sowohl Befunde an klinischen Populationen als auch Überlegungen zu möglichen biologischen Konsequenzen eines unphysiologischen Ernährungsverhaltens führten zu der Hypothese, daß Diätverhalten ein kausaler Faktor für die Pathogenese der Bulimie ist (Tuschl 1988). In der Mehrzahl geht der bulimischen Eßstörung ein Diätverhalten mit dem Ziel einer Körpergewichtsreduktion voraus. Unabhängig von der physiologischen Wahrnehmung von Hunger, Sättigung und psychischer Appetenz erfolgt die Regulation der Nahrungsaufnahme aufgrund einer der Schlankheitsnorm entsprechenden kognitiven Kontrolle. Quantität, Qualität und zeitliche Strukturierung der Nahrungsaufnahme werden unabhängig von physiologischen internen Signalen vorausgeplant. Natürliche Mechanismen der Nahrungsregulation treten zunehmend in den Hintergrund. Zahlreiche Untersuchungen konnten belegen, daß restriktives Eßverhalten unter bestimmten Bedingungen zu einem unkontrollierten Konsum größerer, hochkalorischer Nahrungsmengen führt.

Medizinische Befunde: Auf Grund der genannten gegenregulatorischen Maßnahmen geht die bulimische Eßstörung bei häufigem Erbrechen nicht selten mit erheblichen Zahnschäden einher. Weitaus gefährlicher sind die bedrohlichen Elektrolytentgleisungen, die insbesondere bei Erbrechen und zusätzlichen Abführmaßnahmen wie z.B. Laxantienabusus nicht selten zu beobachten sind und ernste Auswirkungen auf das Herz-Kreislaufsystem und die Niere haben können. Die Prävalenz von Eßstörungen bei Diabetikern scheint gegenüber der Normalbevölkerung nicht erhöht zu sein (Herpertz et al 1998), allerdings stellt sie wahrscheinlich einen ernstzunehmenden Risikofaktor für die frühzeitige Entwicklung von diabetischen Spätschäden dar (Nielsen & Molbak 1998).

Tabelle 34 Indikation zur stationären Psychotherapie bei Bulimia nervosa

1. **Eßstörungspathologie**
   schwerwiegende somatische Befunde
   (z.B. Elektrolytverschiebung)

2. **Soziale Situation**
   ausgeprägte familiäre Konfliktsituation,
   soziale Isolation; unzureichende ambulante Versorgungsmöglichkeiten

3. **Psychopathologie**
   Impulskontrollstörung
   (umfassende Störung der Impulskontrolle,
   Suchtkrankheiten, autoaggressives-, mutilatives Verhalten; Patienten mit
   schwerer Ich-struktureller Störungen, z.B. Borderline-Persönlichkeitsstörungen

Therapie: Bei der Bulimia nervosa ist in der Regel eine ambulante Psychotherapie indiziert. Dabei hat sich die Kombination von symptomzentrierten und psychodynamischen Therapieelementen bewährt. Bei fortgeschrittener Chronifizierung und Auflösung jeglichen situativen Zusammenhangs der bulimischen Eßstörung mit intra- und interpsychischen Konfliktkonstellationen meist vor dem Hintergrund tiefgreifender psychischer Störungen, ist eine stationäre Psychotherapie meist unumgänglich. Die Festlegung eines Basisgewichtes, welches nicht unterschritten werden sollte, erscheint vor ambulantem oder stationärem Therapiebeginn sinnvoll. Es ist individuell zu bestimmen, hat aber das Ziel, ein suboptimales Gewicht und damit verbunden die Fortsetzung eines gezügelten Eßverhaltens zu verhindern (Tab. 34).

7 Suizidologie

7.1 Einleitung

Die Suizidologie ist eine der jüngsten Spezialdisziplinen, welche sich innerhalb der Psychiatrie gebildet haben. Bemerkenswerte Einflüsse stammen auch aus nichtmedizinischen Fachgebieten, wie Geschichte, Philosophie (Ontologie, Ethik), Psychologie, Theologie und Jura. Sie ist befaßt mit verschiedenen Arten von Selbsttötungsverhalten und deren Evaluation, Vorbedingungen, Gefahren, Folgen und Behandlungsmöglichkeiten einschließlich der nichtprofessionellen Hilfsbereitschaften. Die wissenschaftliche Auseinandersetzung mit der Suizidalität begann vor 100 Jahren mit dem umfangreichen Werk Emile Durkheims „Le Suicide" (1897). Anthropologische Forschung kommt zu dem Schluß, daß Tiere sich nicht suizidieren können und daß wohl auch Grenzen bestehen, ab wann sich Kinder suizidieren können: Eine Vorstellung vom irreversiblen Tod gilt allgemein als notwendige Voraussetzung, die offensichtlich zwischen dem 8. und 10. Lebensjahr erworben wird.

7.2 Bewertungen

Historisch wurde der Suizid äußerst unterschiedlich bewertet: von 1. schärfster Verurteilung als Todsünde, bes. in der kirchlichen Tradition und im Islamismus, über 2. wertneutrale Differenzierung oder Ignoranz, z.B. in der griechischen Antike und der jüdischen Religion, bis zur 3. Verherrlichung als letzte und damit entscheidende Freiheit des Menschen, so in der römischen Antike, bei den Wickingern oder in der bürgerlich-existentialistischen Philosophie (Amery 1976). Es ist anzunehmen, daß es Selbsttötungen gibt, solange sich der Mensch seiner selbst bewußt wurde; als nachgewiesen gilt es, seit es geschriebene Geschichte gibt. Gegenwärtig wird die ethisch äußerst fragwürdige Tendenz diskutiert, dem Mediziner die Funktion der Suizidassistenz zuzuweisen, was z.B. in den Niederlanden bereits seit Jahren praktiziert wird. Die deutsche Ärzteschaft, vor allem die Deutsche Gesellschaft für Suizidprävention (DGS) lehnt dies entschieden ab.

Komplizierte forensische Fragen ergeben sich gelegentlich nach Sach- und Personenschäden durch Suizidhandlungen (Gasexplosionen, Feuer, herbeigeführte Auto- oder Eisenbahnunglücke, Wegnehmen von Tabletten durch Kinder / Jugendliche und anschließende Fragen der Verantwortung für die Verfügbarkeit von Suizidmitteln), vor allem aber bei Mitnahme anderer Personen in den Tod (mißlungener erweiterter Suizid, Gemeinschaftssuizid, s. u.).

7.3 Bedeutung

Der vollendete Suizid steht laut WHO in der allgemeinen Todesursachenstatistik an 10. Stelle, bei Kindern und Jugendlichen an 7. Stelle; im Berufsalter bei Frauen ist er die dritthäufigste und bei Männern die zweithäufigste Todesursache. Dabei ist zu berücksichtigen, daß wegen hoher Dunkelziffern seine tatsächliche Häufigkeit um 30 bis 100% höher liegt, als offiziell bekannt wird. Bei alten Menschen steigt seine absolute Häufigkeit exponentiell an, relativiert sich aber durch noch stärker zunehmende andere Todesursachen. Der Parasuizid (Suizidversuch) ist etwa 5 bis 10 mal häufiger, als der vollendete Suizid. In den Ländern Sachsen, Thüringen und Sachsen-Anhalt besteht, solange es Suizidstatistiken gibt, die höchste Suizidalität in Deutschland. Tatsache ist, daß sich mehr Suizide als Verkehrsunfälle ereignen, es sind in Deutschland zwischen 13 000 und 20 000 Menschen jährlich. In der Gruppe der 15- bis 24 Jährigen werden die mit Abstand meisten Suizidversuche verübt.

Das statistische Maß für die Suizidhäufigkeit ist die Suizidziffer: die Suizide pro 100 000 der Bevölkerung pro Jahr. Die Häufigkeit in Deutschland seit ca. 100 Jahren geht aus Abbildung 15 hervor. Im Sinne eines Ost-West-Gefälles, welches besteht, seit es offizielle Suizidstatistiken gibt, war die Häufigkeit in der ehemaligen DDR um 1/3 höher als in der Bundesrepublik (alt). Die Darstellung in Abbildung 16 enthält die Häufigkeiten auch für ausgewählte Jahre, bevor es die beiden deutschen Staaten gab.

7.4 Entstehungsbedingungen

Die Suche nach einem einheitlichen Radikal für Suizidalität hat bisher keine ausreichenden Erfolge erbracht. Es ist am ehesten ein psychologisches Konstrukt von depressiver Verstimmtheit, Angst, Hoffnungslosigkeit, Ärger und Verlust der Impulskontrolle, was Suizidalität ankündigt oder zur Verwirklichung bringt. Dahinter verbergen sich verschiedene Faktoren, die suizidale Handlungsintentionen determinieren können:

- **Biologische Faktoren:** Geschlecht (männlich), Neurotransmitter (Serotoninmangel), schwache Hinweise zur Erblichkeit, ungünstige Medikamentenwirkungen (MAO-Hemmer, gewisse Neuroleptika-Nebenwirkungen).
- **Psychologische Faktoren** in Form von gut beschriebenen, teilweise erwiesenen Modellen:
  - **Aggressionsmodell** (Freud 1917): psychoanalytische (triebpsychologische) Interpretation einer persönlichen Kränkung (z. B. durch Partnerverlust), welche Depressivität und Wut gegen das Objekt hervorruft; da das Objekt aber nicht mehr zur Verfügung steht, richtet sich der Haß gegen das internalisierte Objekt (sogen. Objektrepresentanz) und damit gegen sich selbst (Abb. 17).
  - **Narzißmusmodell** (Henseler 1974)): neuere psychoanalytische (ich-psychologische) Interpretation einer persönlichen Kränkung (z. B. durch Entwertung), die

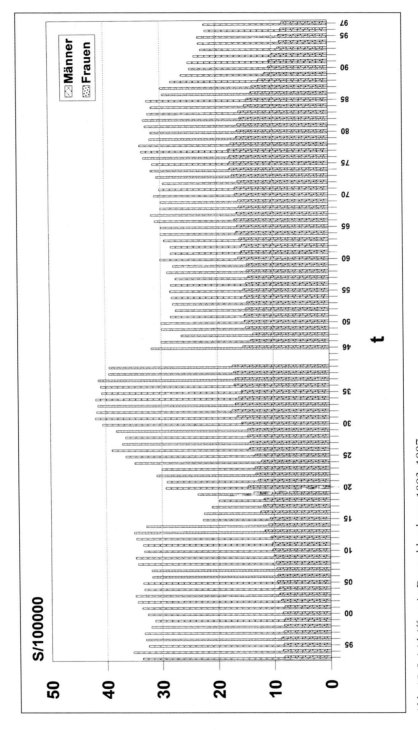

Abb. 15 Suizidziffern in Deutschland von 1893–1997

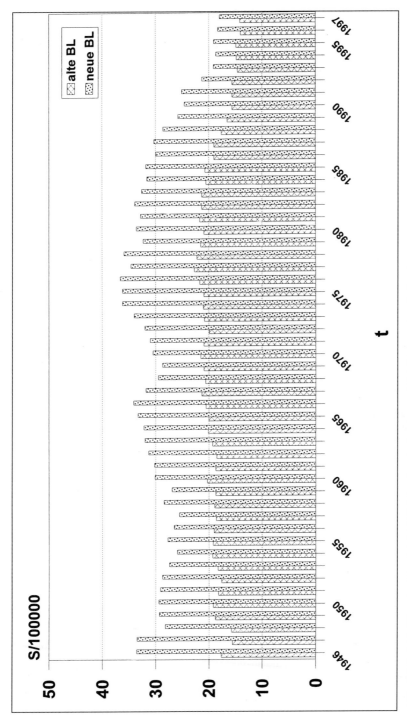

Abb. 16 Suizidziffern im Vergleich BRD/alte Bundesländer und DDR/neue Bundesländer

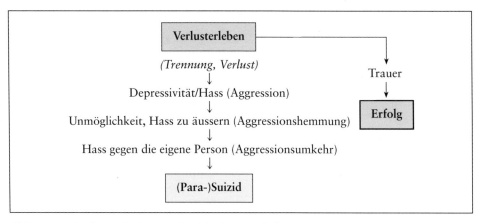

Abb. 17 Psychodynamik der Suizidgefährdung nach dem Aggressionsmodell

bei narzißtischen Persönlichkeiten mit unreifen Todesphantasien zum regressiven Rückzug in einen sogenannten harmonischen Primärzustand Anlaß gibt, welcher dem Tod gleichgesetzt wird (Abb. 18).

– *Kommunikationsmodell* (Stengel 1961): Der Parasuizid stellt neben latenten Todeswünschen auch einen appellativen Ruf nach Hilfe dar, der an den Signifikant Sozial Anderen gerichtet ist. Mit der Herausarbeitung dieser sozialen Funktion der nichttödlichen Suizidhandlung war der entscheidende Unterschied zwischen Suizid und Parasuizid deutlich geworden (Tab. 35).

– *Verhaltenstheoretisches Modell* (Schmidtke 1988): Betrachtung von suizidalen Handlungen als Modell, von dem eigenes Verhalten kopiert wird (Modelllernen, auch Werther-Effekt). Die Kenntnis dieser Zusammenhänge hat erhebliche Auswirkung z.B. auf die Darstellung suizidaler Ereignisse in der Öffentlichkeit.

Tabelle 35 Wesentliche Unterschiede zwischen Parasuizid und Suizid (Stengel)

Merkmale		Parasuizid	Suizid
Lebensalter	:	Gipfel zwischen 20 u. 30 Jahren, mit zunehmendem Alter immer seltener	Gipfel um 70 Jahre und höher, vom Jugendalter ansteigend bis ins hohe Alter
Geschlecht	:	Frauen : Männer = ca. 2 : 1	Frauen : Männer = ca. 1 : 2
Methoden	:	„weich" bzw. wenig gefährlich	„hart" bzw. hoch gefährlich
Motive	:	Konflikte der zwischenmenschlichen Sphäre (Familie, Ehe, Partnerschaft, Beruf u. a.) im Vordergrund	körperliche und psychische Krankheiten, Alkoholismus, existentielle Bedrohungen u. a.
Häufigkeit	:	etwa: 10 (Parasuizide)	zu 1 (Suizid)
Entwicklung	:	seit 1900 erheblich ansteigend, seit ca. 10 Jahren leicht sinkend	mit Schwankungen etwa gleich seit ca. 100 Jahren
subjektive Tötungsabsicht	:	eher gering bis ambivalent	stark, final orientiert

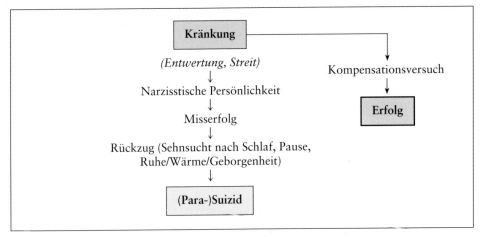

Abb. 18 Psychodynamik der Suizidgefährdung nach dem Narzißmusmodell

- **Soziologische Faktoren:** Einflüsse sozialer und kultureller Wirkkomponenten, deren Nachweis bisher nur teilweise gelang (Lebensstandard, soziale Rollen, familiäres Milieu, Arbeitslosigkeit, politisches System, religiöse Traditionen u. a.). In stärkerem Maße sind Kinder und Jugendliche von ihrer Umgebung abhängig, weshalb Überforderung, Vernachlässigung, Gewalttätigkeit und sexueller Mißbrauch häufige Auslöser suizidaler Reaktionen in dem Alter sind.
- **Philosophische Faktoren** sind als Modell eher fragwürdig, sie stellen den Versuch rationaler Interpretation von Suizidalität dar (Sinnlosigkeit des Daseins, Märtyrerdasein, Ekel der Existenz, Amery 1976), welche allenfalls für sehr wenige Fälle zutrifft (Bilanzsuizid).
- **Klinische Faktoren** fassen Suizidalität nach Störungsbildern (Krankheiten, Persönlichkeitsabweichungen) zusammen und vereinen damit biologische, psychologische und soziale Voraussetzungen in sich. Wesentliche Störungen sind:
  - *Depression:* Vor allem im Rahmen einer affektiven Erkrankung ist die Depression die Erkrankung mit der höchsten Suizidalität (Tab. 36). Dabei sind es besonders Depressionen mit Komorbidität von Angst- und Panikstörungen sowie Alkoholismus, die hochgradig zu Suizidalität jeder Art prädestiniert sind. Bis zu 50% depressiver Patienten leiden mindestens zeitweilig unter Suizidgedanken. Auch gibt es Hinweise dafür, daß wiederholte kurzauftretende Depressionen (Recurrent Brief Depression, RBD) allein oder zwischen den Phasen einer majo-

Tabelle 36 Medizinische Befunde zur Suizidalität bei Depressionen

- Langzeitkatamesen an affektiven Erkrankungen weisen aus, daß durchschnittlich 15% der depressiven Patienten durch Suizid versterben.
- Die Suizidziffern (Suizide pro 100 000 Einwohner pro Jahr) ehemaliger psychiatrischer Patienten sind bei Depressiven am höchsten und liegen um 600.
- Parasuizid-Rezidive (Suizidversuche nach einem Index-Parasuizid) ereignen sich bei Patienten mit schweren Depressionen doppelt so häufig wie bei Nichtdepressiven.
- Die Suizidziffer ehemaliger Parasuizidenten ohne Depressionen liegt um 500, mit Depressionen um 1500, mit ausschließlich psychotischer Depression um 2500.

ren Depression ein Suizidpotential aufweisen, welches dem Kliniker oft entgeht bzw. sogenannte unmotivierte Suizide erklären kann.

- *Schizophrenie:* Im Langzeitverlauf versterben 10 bis 12% schizophrener Patienten durch Suizid. Die suizidalen Handlungen tragen oft den Charakter besonders fremdartiger oder brutaler Vorgehensweise, die der Umgebung unverständlich bleiben. Als spezifische Motive gelten unmittelbar paranoid-halluzinatorische Symptome, z.B. imperative Stimmen, aber auch affektive Verstimmtheit oder Verflachung sowie reaktive Verarbeitung der Krankheit mit ungünstigem Verlauf.

- *Sucht:* 5 bis 10% süchtiger Karrieren enden durch Suizid, am wenigsten bei Medikamentenabhängigkeit, bedeutend mehr bei Alkoholismus, Drogenabhängigkeit und Polytoxikomanie. Auch „Drogentote" sind zu wesentlichen Anteilen Suizide, die sich als solche aber nur schwierig erweisen lassen.

Als weitere Störbilder sind zu nennen: Angststörungen (mit und ohne Panikstörung, vor allem mit komorbider Depression); Persönlichkeitsstörungen (emotional-instabile, impulsive, narzisstische, aggressive, depressive, komorbid-gemischte); körperliche Krankheiten (chronische oder anfallsartige Schmerzen, Tumoren, Multiple Sklerose, AIDS, Erbkrankheiten mit infauster Prognose), bei denen nicht selten eine komorbide Depression vorliegt; Impulskontrollstörung (bei Borderline-Organisation, Dissozialität, Kriminalität, geistiger Behinderung); sexuelle Deviationen (Transsexualismus, Pädophilie, Sadomasochismus, Homosexualität, seltene Formen).

- **Motivationale Faktoren** sind eher eine inkonstante, subjektive, zeitgebundene Größe, die aber zum verstehenden Zugang wichtiges beiträgt; zwischen Ursache und Motiv bestehen letztlich fließende Übergänge, was in einer Synopse als Schema zusammengefaßt ist (Tab. 37).

7.5 Erscheinungsformen

Die wichtigsten suizidalen Verhaltensweisen sind der **versuchte,** nicht tödlich endende, und der vollendete Suizid. Ersterer ist nicht ausschließlich ein versuchter Suizid, vielmehr hat er auch soziale (appellative) Funktionen, weshalb heute vom Parasuizid gesprochen wird.

Der **Parasuizid** ist eine nichttödliche Handlung, bei der sich ein Individuum selbst verletzt oder eine Substanz in einer Überdosis oder in einer nichtverschriebenen bzw. als therapeutisch anzusehenden Dosis sich zuführt (kurz: vorsätzliche Selbstbeschädigung ohne tödlichen Ausgang), wobei die Abgrenzung zu psychopathologisch motivierter Selbstschädigung und zu Suchterkrankungen schwierig sein kann. Aufgrund der Vielfältigkeit parasuizidaler Handlungen lassen sich unterschiedliche Typen des Parasuizids beschreiben.

Der **Suizid** ist ein durch die betreffende Person selbst herbeigeführter Tod mit eindeutig erkennbarer Tötungsabsicht (kurz: vorsätzliche Selbstbeschädigung mit tödlichem Ausgang), wobei die objektive Abgrenzung zum Unfall und Mord sowie die subjektive Abgrenzung zu psychopathologisch motivierter Selbstschädigung mit tödlichem Ausgang schwierig sein kann.

Im Vorfeld suizidaler Handlungen können eine Reihe von Leidenszuständen und Verhaltensweisen genannt werden: Suizidgedanken, -ideen, -ankündigungen, -drohun-

Tabelle 37 Motiv- und Kausalschichten von Suizidalität im biographischen Kontext mit Beispielen suizidfördernder Merkmale

Biographischer Kontext	Motiv-, Kausalschichten	Suizidfördernde Merkmale
Variabilität	Rationalität (i*)	(Bilanzierung)
	Life event, Stressor (i)	(Verlusterlebnis)
	Modulierende Zeitgeschichte (k*)	(Anomie)
	Methodenverfügbarkeit (k)	(Schußwaffen)
	Modellnachahmung (i)	(Coping)
	Prägende Zeitgeschichte (k)	(Kohorten)
	Kulturtradition (k)	(Bushido)
	Dysfunktionelle Familien (i)	(broken home)
	Suchtbereitschaft (i)	(Alkohol, Drogen)
	Körperliche Krankheit (i)	(chronischer Schmerz)
	Schizophrene Störung (i)	(beginnende Chronifizierung)
	Affektive Störung (i)	(mono-, bipolar, RBD*)
	Persönlichkeitsanlage (i)	(emotional Instabile)
Konstanz	Lebensalter (k)	(>50 Jahre)
	Geschlecht (k)	(Männlich)

* i = überwiegend individuelle Faktoren
  k = überwiegend kollektive Faktoren
  RBD = Recurrent Brief Depression

gen, parasuizidale Pausen, fokaler Suizid, chronischer Suizid, welche nur z.T. psychologische bzw. psychopathologische Bedeutung haben. Im allgemeinen werden sie als suizidale Krisen zusammengefaßt.

Von großer Bedeutung dagegen sind mehrheitlich begangene suizidale Handlungsweisen, die partiell auch mißlingen können und dann forensisch psychiatrische Bedeutung haben. Der **Gemeinschafts**-(auch **Familien)suizid** wird freiwillig von mehreren Personen gemeinsam begangen, die dazu bereit sind. Ein *erweiterter Suizid* bezeichnet die unfreiwillige Mitnahme einer meist nahestehenden Person durch den Suizidenten, häufig unter einem pseudoaltruistischen Motiv bei psychotisch Depressiven. Der **Massensuizid** betrifft eine große Zahl von gleichzeitigen Suiziden, bei denen ein kompliziertes Geflecht von massenpsychologischen Bedingungen wirksam wird, häufig geschehen in fanatischen Sekten oder Glaubensgemeinschaften unter großer Bedrängnis. Der Amoklauf mit finalem Suizid bleibt oft in seinen psychologischen Zusammenhängen unklar, betrifft wohl am ehesten triebhafte, oft krankhafte Täter in subjektiven Katastrophen.

7.6 Therapie

Die Behandlung von suizidalen Gefährdungen wird im allgemeinen als Suizidprophylaxe zusammengefaßt. Mehrere Ziele können dabei unterschieden werden (Abb. 19). Wichtige Spezifika antisuizidaler Therapie werden im folgenden zusammengefaßt:

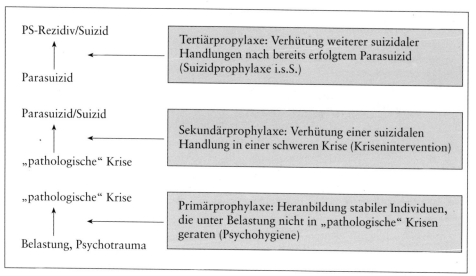

Abb. 19 Formen und Ziele von Suizidprophylaxe i. w. S.

1. Eckpunkt antisuizidaler Therapie im Erstkontakt mit suizidal Gefährdeten ist die **Beziehungsgestaltung.** Ihre Reflexion und Definition im Sinne von metakommunikativen Regeln sind ein unverzichtbarer Bestandteil von Psychotherapie ganz allgemein und Krisenintervention im besonderen. Hintergrund ist die Tatsache, daß der Kranke für den Therapeuten zugleich Subjekt (Ich-Du-Beziehung) und Objekt (Symptomträger) ist. Der Arzt spricht gleichsam mit dem Patienten als ‚Du‘, gleichzeitig aber spricht er mit dem Patienten über den Patienten als ‚Es‘, womit er dessen Krankheit meint, die ein Teil des Patienten ist. Der Arzt verhält sich also zwiespältig: Er spricht **mit** dem Patient **über** den Patient.

2. Eine zentrale Bedeutung erlangt ein **Behandlungsvertrag bei Krisenintervention.** Eine wichtige Voraussetzung ist die Fokussierung: Konzentration auf umschriebene seelische Konflikte, das Ansteuern konkreter therapeutischer Ziele im Bereich des absehbar Machbaren und die damit im Zusammenhang stehende zeitliche Begrenzung. Der Behandlungsvertrag beinhaltet eine Zusammenfassung der Hauptproblematik des Patienten/Klienten, eine Vereinbarung über die Ziele und Aufgaben sowie eine Spezifizierung der praktisch-strukturellen Details der Therapie, wie Zeitpunkt, Dauer und Ort der Sitzungen, eine Diskussion über die Rollen der Beteiligten (evtl. auch Partner, Angehörige), den Behandlungsprozeß und die Fokussierung im Sinne der Tiefe der Behandlung. Das Vorgehen wird in Tabelle 38 zusammengefaßt.

Da der Abschluß eines Vertrages rechtlich gleichwertige Partner voraussetzt, impliziert das aber auch die Akzeptanz der totalen Verweigerung, welche im (seltenen) Extremfall die Möglichkeit final-suizidaler Handlung einschließt. Juristische Ausnahmen davon sind gegeben bei Kindern und Jugendlichen, bei (auch verdachtsmäßig) psychotisch Kranken und bei (noch) bewußtseinsgestörten Patienten, bei denen eine volle Handlungsverantwortlichkeit nicht vorausgesetzt werden kann. Hier ist weder ein Behandlungsvertrag vorbehaltlos zuzumuten noch die Akzeptanz der Verweige-

Tabelle 38 Technik der Krisenintervention

1. **Anfangsphase (Beginn der KI)**
   - Sofortiger Beginn
   - Errichtung der Beziehung
   - Abschätzung des Zustandes (Schweregrad, Problematik des Patienten)
   - Erarbeitung eines Aktionsplanes, Nahziel definieren:

   Helfen, Hilfe anzunehmen, um sich selbst zu helfen

2. **Mittlere Phase (Durchführung der KI)**
   - Konfrontation mit der Krise unter gleichzeitiger Stützung des Selbstwertgefühls
   - durch kleine, wohldosierte Erfolgserlebnisse und Ermutgungen soll die Krise verstandesmäßig bewältigt werden
   - Angst, Aggressivität, Schuldgefühle bearbeiten
   - ggf. Psychopharmaka-Einsatz
   - Krisenanlaß reflektieren
   - frühere Krisenbewältigungen als Hilfe

3. **Endphase (Beendigung der KI)**
   - Ablösung, siehe Vereinbarung
   - Rückschau auf erzielte Fortschritte
   - Zukunftsplanung „Tür Spalt offen lassen"

4. **Kontrollphase (Wochen bis Monate nach KI)**
   - Bekräftigung, Nachschau,
   - Fernziel definieren:

   Es gibt Hilfe aus jeder Situation

rung hinzunehmen, vielmehr muß gerichtlich-vormundschaftlich mitentschieden werden.

3. Als eine Sonderform des Behandlungsvertrages haben Vertreter der Transaktionsanalyse eine Technik entwickelt, die unter dem Begriff **Nicht-Suizid-Vertrag** bekannt geworden ist. Es handelt sich dabei um eine Technik, sich mit dem Patienten auf einen schriftlichen Vertrag zu einigen, in dem schrittweise Ziele und Vorgaben formuliert sind. Im Gespräch wird dem Patienten erklärt, daß er seine eigene Verantwortung und Autonomie über sein Leben stärken kann, wenn er ein solches antisuizidales Bündnis eingeht.

4. Im **Umgang mit Depressiven** müssen wir stets davon ausgehen, daß eine potentielle Suizidgefährdung besteht. Therapeutische Sofortmaßnahmen sind in Tabelle 39 zusammengefaßt. Auch nach der weltweiten Einführung von Antidepressiva seit 40 Jahren ist keine gesicherte Senkung der Suizidrate gegenüber den Spontanverläufen festzustellen. Nur nach sehr systematischem Einsatz von Antidepressiva und gleichzeitiger Zusatzausbildung aller Ärzte kam es in einzelnen Studien zu einer Senkung der Suizidrate. Frühe depressive Rückfälle in die noch bestehende Phase können meistens verhindert werden durch kontinuierliche antidepressive Behandlung über 6 Monate nach Einsetzen der Besserung der Symptomatik. In Einzelfällen muß an eine Elektrokrampftherapie gedacht werden, die evtl. als Erhaltungs-EKT eine Zeit fortgesetzt werden muß. Für die Lithiumprophylaxe kann heute als gesichert gelten, daß sie eine antisuizidale Wirkung hat, was für andere Rezidivprophylaktika nicht nachgewiesen

Tabelle 39 Therapeutische Sofortmaßnahmen bei Selbst- und Fremdgefährdung

Kontrolle:	Sichere Betreuung, Überwachung, ggf. stationäre Einweisung
Gespräch:	Fokussierung unter dem Notfallaspekt, Beziehungsbasis auch für drastische Maßnahmen notwendig
Medikation:	Sedierung mit Tranquilizern und/oder Neuroleptika, z. B.:
	– *Faustan®* (Diazepam) 10 mg langsam i. v. – 10 –20 mg i. m.
	– *Neurocil®*, *Tisercin®* (Levomepromazin) 25 – 50(– 100) mg i. m. oder
	– *Dipiperon®* (Pipamperon) 40 mg oral = 2 Meßbecher Saft oder
	Ciatyl-Z-Acuphase® (Zuclopenthixol) 50 – 100 mg i. m.
Objektivierung:	Milieu, Angehörige o. ä. explorieren

ist. Psychotherapie, die vielleicht wichtigste Behandlung im unmittelbaren suizidalen Vorfeld, baut die Beziehung und damit den Zugang zum Patienten auf, ohne den die medikamentöse Behandlung und die vorausgesetzte Bereitschaft des Patienten nicht gelingen kann (Tab. 40).

5. Besonderheiten der antisuizidalen Therapie **bei Patienten mit schizophrenen Erkrankungen, bei Alkoholabhängigkeit, bei Angststörungen** und anderen Grunderkrankungen müssen jeweils krankheitsspezifische Phänomene berücksichtigen und erfordern vor allem auf lange Sicht die optimale Grundbehandlung.

6. **Störungsorientierte antisuizidale Therapie:** Tatsächlich lassen sich multiple Schichten im Entscheidungs- und Handlungsaufbau eines suizidalen Menschen zusammentragen, die Konstanten und Variablen, individuelle und kollektive Faktoren in mehr bewußten und mehr unbewußten Anteilen enthalten. Bei dem Versuch, eine Synopse der bisher beschriebenen wichtigsten Motive und Ursachen von Suizidalität darzustellen, muß man sich trennen vom ganzheitlichen Anspruch einzelner Faktoren (Tab. 37). Konkrete Fälle (s. Kasuistik) vereinigen letztlich regelhaft mehrere solcher Schichten zu einem Bündel, welches die Schwierigkeiten der therapeutischen Kontrolle verständlich machen kann. Deshalb sollte sich antisuizidale Therapie immer an der Grundstörung orientieren.

Tabelle 40 Antisuizidale Therapie bei Depressionen im Rahmen affektiver Störungen

1. **Akutbehandlung:** Tranquilizer/Neuroleptikum (+ Antidepressivum)
2. **Erhaltungstherapie:** Fortsetzung der Antidepressiva 3 – 6 Monate nach Beginn der Response (frühe Rezidive!)
3. **Elektrokrampftherapie**, ggf. **Erhaltungs-EKT:** bei schweren Fällen und Nonresponse, bes. bei wahnhafter Depression
4. **Rezidivprophylaxe:** insbesondere für Lithium antisuizidale Wirkung erwiesen
5. **Differentialdiagnostik:** monopolare Depression, bipolare Störung, Dysthymia, Zyklothymia, RBD (s. Langzeitbehandlung)
6. **Psychotherapie** als Basistherapie schulenübergreifend (z. B. Interpersonelle Psychotherapie)
7. **Somatische** („larvierte") bzw. **komorbide Depressionen** in der Allgemeinpraxis diagnostizieren (bei Krebs, Rheumatismus, Stroke, Colitis ulcerosa, Sucht, Schmerzsyndrom, Psychosomatosen, Epilepsie ..).

7.7 Prognostik

Zur Erkennung von Suizidalität wurden mehrere Instrumentarien und Gefährdungskataloge erarbeitet. Die bekannteste Kurzformel ist das Präsuizidales Syndrom nach Ringel (Abb. 20), welches eine breite, wenn auch unspezifische Bedeutung beansprucht. Für klinische Fragestellungen kann die Kriterienliste zur Abschätzung von Suizidalität nach Pöldinger oder der Fragebogen zur Beurteilung von Suizidalität nach Storck verwendet werden, deren Validität jedoch nicht ausreicht. Zur Prädiktion des Suizids nach Parasuizid hat sich eine typologische Einteilung des Parasuizids als besonders aussagefähig erwiesen. Abbildung 21 zeigt eine in sich geschlossene Typologie des Parasuizids, zu der es eine operationalisierte Merkmalsliste gibt (Felber 1993). In jüngster Zeit ließ sich über mehrdimensionale Merkmalsberechnungen (Diskriminanzanalyse) eine Prädiktion des Suizids nach Parasuizid in der Dresdner Patientenstichprobe errechnen (Abb. 22), deren Validität ausreichend gut ist. Unsicherheit bei solchen Vorhersagen bleibt dennoch erhalten, was sicher auch dem relativ breiten Spektrum undeterminierbarer Entscheidungen im Bereich menschlichen Verhaltens geschuldet ist.

Kasuistiken: Eine 24jährige Patientin war mit einer Tranquilizer-Intoxikation (20 Tabl. Diazepam á 5mg) in somnolentem Zustand in die Klinik für Innere Medizin aufgenommen worden, nachdem sich ihr Freund, Vater ihres Kindes, plötzlich von ihr getrennt hatte. Es war in der letzten Zeit zu heftigen Auseinandersetzungen gekommen, weil sie seine häufiger werdenden Kneipentouren nicht akzeptieren konnte. Er wiederum fühlte sich durch sie eingeengt, manipuliert, von seinen Freunden isoliert, wozu er nicht mehr bereit war. Ihre tiefe Befürchtung, daß es ihr so ergehen würde wie ihrer Mutter, von der sich ihr Ehemann getrennt hatte, als die Patientin 9 Jahre alt war, hatte sich jetzt realisiert, weshalb ihr auch das eigene Kind egal geworden war.
Epikrise: Appellativer Parasuizid einer psychologisch abhängigen, narzißtischen Persönlichkeit nach aktueller Kränkung durch Trennung durch ihren Partner.
Ein 69jähriger Mann war morgens gegen 6 Uhr mit multiplen Verletzungen nach Fenstersturz aus dem 3. Stock in die unfallchirurgische Klinik eingeliefert worden, der HNO- und der

---

1. **Einengung** des seelischen Lebensbereiches (Dynamik, Situation, Werte, Appetenz, Libido ...) mit Vereinsamung und Stagnation der seelischen Kräfte

2. **Aggressionshemmung, Aggressionsumkehr;** Aggressionen, die sich nicht gegen andere richten können, richten sich gegen die eigene Person

3. **Todes-, Selbsttötungsphantasien,** Träumen von Suizid, Todeswünsche tlw. mit konkreten Suizidmethoden

Schließlich kann die präsuizidale Situation in ein Stadium konkreter Vorbereitung zur Selbsttötung übergehen (Vorbereitungsstadium)

Abb. 20 Merkmale des präsuizidalen Syndroms (nach Ringel)

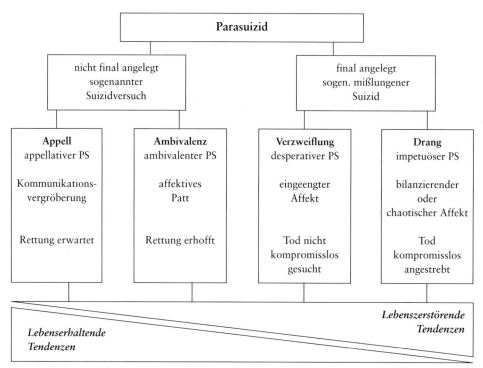

Abb. 21 Typologische Differenzierung verschiedener Parasuizide und ihre Bedeutungen

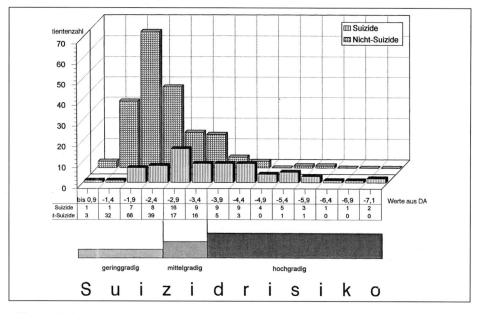

Abb. 22 Risikoabschätzung eines Suizids nach den Merkmalen des Index-Parasuizids (Werte
aus einer Diskriminanzanalyse)

Augenarzt mußten zur Primärversorgung mit einbezogen werden. In wahnhafter Verkennung seiner Lebenssituation meinte er, an diesem Tag abgeholt zu werden, weil er durch Falschaussagen ein Unheil heraufbeschworen habe, das seine ganze Familie ins Verderben stürze. Seit ca. 3 Wochen hatte er schwere Schlafstörungen, Appetitmangel, Gewichtsverlust, wirkte gedrückt, grüblerisch, ängstlich-unruhig und glaubte, den Verstand zu verlieren. Vor 3 Jahren hatte er im Zusammenhang mit seiner Pensionierung schon einmal ca. 8 Wochen lang Durchschlafstörungen, Angst, Passivität und Pessimismus, was sich dann aber wieder löste.

Epikrise: Dranghafter Parasuizid mit schwerwiegenden Traumafolgen nach Sturz aus der Höhe während einer schweren Episode mit psychotischen Symptomen im Rahmen einer rezidierenden depressiven Störung.

8 Psychotische Syndrome

8.1 Affektive Psychosen

Depressionen als häufigste Erscheinungsform gestörter Stimmungslage sind Verstimmungen pathologischen Ausmasses. Der Begriff umschreibt ein Hauptsymptom einer Vielzahl von affektiven Störungen mit gedrückter (deprimere = herabdrücken) Stimmungslage.

Die Grenze zwischen einer physiologischen, gleichsam situationsadäquaten Traurigkeit und einer psychopathologisch relevanten Verstimmung ist schwer zu ziehen, da die individuelle affektive Beteiligung an Verlusterlebnissen (z.B. Partnerverlust) bezüglich Tiefe und Dauer von Mensch zu Mensch sehr unterschiedlich sein kann.

Vom psychopathologischen bzw. psychologisch einfühlbaren Ausmaß der Verstimmung her ist die Grenzziehung schwierig. Psychoanalytisch gesehen tritt eine depressive Verstimmung im Sinne krankhafter Störung dann ein, wenn die innerseelische Trauerarbeit, durch die ein Verlust verarbeitet wird, mißlingt, sich das Subjekt vom Gegenstand der Trauer nicht lösen kann und sich die Gefühlslage gar ambivalent bezogen auf das verlorene Objekt gestaltet. Eine neurotisch bedingte Depression wäre die Folge. Die normale Trauerarbeit läßt sich in Phasen darstellen, die zunächst ein „Nicht-wahrhaben-Wollen", eine Phase der emotionalen Labilisierung und schließlich eine Phase des „Sich-Trennens", „Sich-selber-Wiederfindens" und des „Neue-Beziehungen-Setzens" erkennen lassen. Durch diese Arbeit kann der Verlorengegangene (Gestorbene) neu wiedergefunden werden, u.U. in einer transzendentalen Dimension.

Depressive Verstimmungen sind sehr häufig auftretende Störungen, die in der Praxis des Allgemeinmediziners, des Internisten und des Nervenarztes eine große Rolle spielen. Sie werden sehr häufig nicht als solche erkannt, weil sich die Beschwerden maskieren und von den Patienten als körperliche Beschwerden, als Schmerzen und allgemeine Mißbefindlichkeit angeboten werden. Dort, wo sich die depressive Verstimmung mit eindeutigen psychopathologischen Erscheinungen manifestiert, ist die Differenzierung und diagnostische Klassifikation nicht immer ganz leicht.

Verstimmungen treten generell in etwa 5–10 % der Bevölkerung zu irgendeinem Zeitpunkt einmal auf. Von ihnen suchen nur etwa 30 % einen Arzt auf. 0,5–1 % der Bevölkerung erkrankt an endogenen Depressionen. Frauen sind häufiger als Männer befallen – bei endogenen Erkrankungen im Verhältnis von 2 : 1.

Viele Depressionen, vor allem die endogenen, haben einen rezidivierenden Verlauf. Rezidivierungen und Chronifizierungen sind auch bei leichteren Verstimmungen möglich. Auf der anderen Seite sind die Hilfen, die ärztlich durch pharmakologische und psychotherapeutische Interventionen gegeben werden können, sehr erfolgversprechend. Insbesondere auch die Psychopharmakotherapie hat in den letzten 40 Jahren auf diesem Felde enorme Fortschritte gemacht.

Patienten mit Depressionen sind epidemiologisch gesehen stark mit Suizidgefahren belastet. Jeder 6. – 7. Patient mit schweren Depressionen stirbt am Suizid. Man kann davon ausgehen, daß jeder 6. Hausarztpatient an depressiven Verstimmungen leidet. Depressive Erkrankungen sind damit ein gesundheitspolitisch bedeutsames Problem.

8.1.1 Klassifizierung affektiver Verstimmungen

* Es lassen sich drei Prägnanztypen für den diagnostischen Umgang im Alltag herausstellen: Organisch bedingte Verstimmungen – als depressive Durchgangssyndrome bezeichnet – in der Folge direkter Schädigung des ZNS durch z. B. entzündliche Prozesse (Meningoenzephalitis), Tumoren, Schädelhirntraumen usw.,
* endogene affektive Syndrome, bei denen sowohl genetische wie persönlichkeitsspezifische und auch situative Konstellationen pathogenetisch bedeutsam sind (endogene Depression, manisch-depressive Erkrankung, Involutionsdepression) und
* reaktive (psychogen verursachte oder auf Grund eines neurotischen Persönlichkeitszustandes hervorgerufene) Verstimmungszustände (Abb. 23). Der Begriff Depression ist damit zunächst einmal ein ätiologisch neutraler; er muß durch Beiwörter näher charakterisiert werden. (zu reaktiven Verstimmungen s. a. III.1.3.5). Die diagnostische Bewertung hat dabei 2 Ebenen im Auge zu behalten: die Qualität bzw. Intensität der Störung im Sinne der Alternative psychotische oder nicht psychotische Störung – sie sagt Wichtiges über das aktuelle Handeln des Arztes aus (z. B. stationäre Einweisung) -
* und die Einordnung in die ätiologische Ebene im obengenannten Prägnanzbereich von organisch-endogen-reaktiv. Auch eine reaktive Verstimmung kann psychotische Ausmaße annehmen. (siehe auch S. 89f.)

Für eine Psychose können die nachfolgenden Charakteristika sprechen: eine alle Lebensbereiche erfassende Abwandlung der Daseinserfahrung, der Patient kann

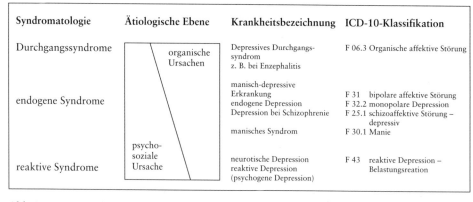

Abb. 23 Synopsis depressiver Syndrome

nicht etwa abgelenkt werden von seinen Leiden (die situative Unbeeinflußbarkeit der Verstimmung), die Uneinfühlbarkeit des Geschehens für den außenstehenden Beobachter, Wahnerlebnisse, die aus der Stimmung ableitbar sind (synthymer Wahn), schwere Störungen der vegetativen Funktionen (z.B. mit der Folge starken Gewichtsverlustes), schwere hypochondrische Befürchtungen, akute Suizidalität, Stupor oder Agitation, völlige Zukunftslosigkeit. Auch eine differentialdiagnostische Trennung von reaktiver und endogener psychotischer Verstimmung kann zunächst sehr schwierig sein. Einige hilfreiche Charakteristika weist Tabelle 41 auf.

8.1.2 Symptomatologie der Depression

Affektpsychotische Syndrome sind durch Störungen von Stimmung und Antrieb, pathologischen Gedankeninhalten und vegetativen Begleiterscheinungen bestimmt. Die Stimmung ist herabgedrückt, resignativ, niedergeschlagen, schwermütig. Die Mimik drückt den verzweifelten Zustand aus. Ein „Nicht-traurig-sein-können", „Nicht-weinen-können" wird geklagt. Seelisches und körperliches Leid verschmelzen und werden als schwerer Druck auf der Brust erlebt. Man spricht von gestörten Vitalgefühlen. Der Antrieb kann bis zu völliger motorischer Versteinerung gemindert sein. Die Patienten fühlen sich passiv und schwach. Im Gegensatz zu ihrer früheren Aktivität sind sie nicht mehr zu spontaner Leistung fähig. Denkinhalte werden von Versagen und Insuffizienz bestimmt, in deren Mittelpunkt die Körperlichkeit (hypochondrische Ängste) stehen kann.

- **Hypochondrie:** Überwertige Befürchtung, eine schwere Krankheit zu haben. Ängstliche Beobachtung der eigenen Körperlichkeit.

Selbstvorwürfe und Schuldgefühle beziehen sich auf das eigene Seelenheil und können zu panischer Verzweiflung führen. Befürchtungen um die materielle Existenz können hinzukommen. All diese Gedanken können zu einem fortlaufenden, sich immer wie-

Tabelle 41 Differentialdiagnose psychotisch-depressive Zustände

Endogene Depression	reaktive Depression
– Durchschlafstörung, Früherwachen	– Einschlafstörungen
– Morgentief im Rahmen typischer Tagesschwankungen	– Abendtief
– „Gefühl der Gefühllosigkeit"	– Stimmungswechsel
– Selbstanklage	– Tendenz, andere zu beschuldigen
– Wesensmerkmale vom „Typus melancholicus"	– andere neurotische Symptome (Angst, Ich-Schwäche)
– oft grundloses Auftreten	– Konfliktfelder erkennbar
– Verlaufscharakteristika im Sinne phasischer Verläufe	– Verlaufscharakterstika im Sinne früher Störungen und aktueller Anlässe
– Umweltstabilität	– Ablenkbarkeit
– genetische Belastung	– biografische Auffälligkeiten
– Wahn	

derholenden Grübeln führen und gegebenenfalls auch die Qualität von Wahn annehmen (synthymer Wahn).

- **Wahn:** Unerschütterliche Überzeugung (Evidenz) von einem von der Umwelt als irreal oder absurd erlebten Gedankeninhalt.
- **Synthymer Wahn:** Aus der Verstimmung ableitbarer Wahninhalt.

Aus der Hoffnungslosigkeit kann Suizidalität resultieren.

Neben den Störungen der Gedankeninhalte finden sich auch solche des Gedankenganges, der verlangsamt mühevoll (Denkhemmung) sein kann. Die Verstimmung muß natürlich nicht immer alle genannten Qualitäten erfüllen.

Ein weiterer häufiger Symptombereich sind Antriebsstörungen, Hemmungen des Wollens, Handelns, der allgemeinen Aktivität. Die Patienten erleben dieses ihrer sonstigen Lebensdynamik völlig entgegenstehende Gefühl der Lähmung als sehr einschneidend. Es können stuporöse Bilder auftreten. Im Kontrast zur völligen Ermattung der Lebensenergie kann eine innere ungezielte Erregung stehen (Agitiertheit).

Körperliche und vegetative Erscheinungen zeigen sich in Appetitlosigkeit, schweren, oft quälenden Schlafstörungen, Störungen von Stuhlgang und Wasserlassen, Potenzstörungen und diffusen Schmerzsensationen. Bestimmte Verlaufscharakteristika weisen in die Richtung endogener Verstimmungen. Hierzu gehören Tagesschwankungen (morgendliches Pessimum), phasenhafter Verlauf (s. Abb. 5 im Abschnitt II.2.2.6) mit hypomanischen Nachschwankungen nach einer Depression (Wechsel von depressiven und manischen Phasen ist dagegen eher selten. Von rapid-cycling-Syndrom spricht man, wenn in regelmäßiger Folge, mindestens 4 mal im Jahr manische und depressive Zustände aufeinander folgen.), Bindung der Verstimmung an bestimmte Jahreszeiten (saisonale Depressionen), Bindung an Reifungsstufen des Menschen (Involution). Weitere Symptome einer depressiven Verstimmung können Reizbarkeit, Dysphorie, Zwangsgedanken und Beziehungsstörungen sein.

Es sei ein kurzer Exkurs zum Begriff des Endogenen eingefügt, zumal er in der fachlichen Umgangssprache üblich ist, obwohl er der Logik der modernen Klassifikation der ICD 10 nicht mehr entspricht.

Ursprünglich wurde endogen (innerlich) als Kontrastwort zu exogen (symptomatisch durch Noxen hervorgerufen) verstanden. An den Begriff, der gleichsam zwischen somatischer und neurotischer Ursache steht, waren Verlaufstypologien (wie eben beschrieben) und Wesensmerkmale der Patienten (Ordentlichkeit) gebunden. Erbliche Faktoren wurden und werden auch heute noch mit dem Begriff verbunden. Die anthropologische Psychiatrie Deutschlands, eine geisteswissenschaftlich bedeutsame psychiatrische Schule, meinte damit eine aus der allen Menschen typischen Seinsweise entspringende mit Reifungsprozessen in Zusammenhang stehende Abwandlung des menschlichen Lebensrhythmus und der inneren Geschehniszusammenhänge, die letztlich in einem somatischen Grunde des Menschseins ruhen. Das Globale der Abwandlung der Befindlichkeit wurde im Gegensatz zum Reaktiven hervorgehoben sowie die Reversibilität der Störung. Der Begriff hat sich als tragend erwiesen und ist damit trotz aller ätiologischer Verschwommenheiten weiter benutzbar. Die meisten deutschsprachigen Lehrbücher der Psychiatrie bedienen sich weiterhin des Begriffes.

8.1.3 Manisches Syndrom

Vom Ätiologischen her betrachtet können manische Syndrome ebenfalls organisch bedingt sein (etwa im Rahmen eines erfaßbaren hirnorganischen Befundes, einer pharmakogenen Intoxikation) oder sie sind endogener Natur im Rahmen einer bipolaren oder monopolaren Störung. Reaktive Manien sind theoretisch denkbar (man sprach früher manchmal von Pressionsmanien), kommen aber praktisch nicht vor. Manische Zustandsbilder sind deutlich seltener als depressive; sie treten in 5% aller affektiven Psychosen auf.

Häufigkeit affektiver Psychosen: Morbiditätsrisiko	1%
Unipolare Depressionen	65%
bipolare-manisch-depressive Erkrankungen	30%
manische Syndrome	5%

Von der *Symptomatik* her sind manische Syndrome leicht bestimmbar, weil sie in den Auswirkungen auf die Umgebung eindrucksvoll in Erscheinung treten. Die Patienten befinden sich in einer erregt-gehobenen Stimmungslage, der Antrieb ist gesteigert. Sie sind motorisch unruhig, ideenflüchtig bis zur Verworrenheit, ihre beschleunigte Assoziationsfähigkeit läßt sie u.U. sehr schlagfertig erscheinen, so daß manche Patienten ansteckend heiter wirken. Euphorische Selbstüberschätzung, übermütig-kritiklose Situationsbewertung führen sehr häufig zu massiven, später oft nicht mehr korrigierbaren sozialen Folgen (Schulden machen, Ehescheidungen, unkontrollierte Partnerbeziehungen). Die Selbstüberschätzung kann bis zum Größenwahn gehen. Die Patienten sind logorrhoisch und ohne Krankheitseinsicht. Gesteigerte Reizbarkeit und Mißtrauen bis zum Verfolgungswahn sind möglich. Der Umgang mit den Patienten kann für die Angehörigen sehr belastend sein. Der unbedingt erforderlichen Einweisung ins Krankenhaus (nicht selten mit zivilrechtlichen Mitteln, s.a. V.4) setzen die Patienten massiven Widerstand entgegen. Während bei depressiven Patienten die Gefahr suizidaler Handlungen die Behandlungsstrategien wesentlich mitbestimmen muß, sind es bei den manischen Syndromen die massiven sozialen Folgen, vor denen die Patienten – wieder genesend – in großer Erschütterung nicht selten stehen.

8.1.4 Biologische Grundlagen der endogenen affektiven Psychosen

Während Ursachenzuschreibungen bei psychogenen und eindeutig hirnorganisch hervorgerufenen Verstimmungen relativ leicht gelingen, sind die Verhältnisse bei den endogenen Verstimmungen unübersichtlich und teils noch hypothetischer Natur. Dem Tenor dieses Buches entsprechend ist zunächst auch bei diesen Verstimmungen ein multifaktorielles Geschehen anzunehmen, in dem psychosoziale Aspekte (s. II.2.2.6) typologische Besonderheiten des Menschen und eben organische Faktoren anzunehmen sind. Letzere dokumentieren sich zunächst in empirisch nachgewiesenen genetischen Faktoren. Das Erkrankungsrisiko zwischen Verwandten ist deutlich höher (z.B. liegt es bei Kindern von 2 erkrankten Eltern bei mehr als 50%, bei eineiigen Zwillingen bei 50–90%). Molekulargenetisch gesicherte Befunde liegen allerdings noch nicht vor. Es ist wie auch bei den später zu behandelnden Schizophrenien anzunehmen, daß eine Vulnerabilität für die Erkrankung angeboren ist, die durch weitere Stressoren aktiviert werden. Auf biochemischer Ebene wird eine Imbalance im Transmitterstoffwechsel angenommen. Bei der Noradrenalinhypothese wird ein

Noradrenalinmangel an wichtigen Rezeptorstellen des Gehirns vermutet. Defizite im serotonergen System werden ebenso diskutiert. Neuerdings geht man mehr von einer verminderten Ansprechbarkeit postsynaptischer Rezeptoren aus.

Auf der molekularen Ebene, die nachhaltige Veränderungen der Genexpression bei solchen psychopathologischen Phänomenen einbezieht in die Hypothesen, lassen sich direkte Brücken zwischen organischer und psychologisch ausgelöster Symptomentstehung schlagen. Klare Ergebnisse sind noch nicht erkennbar, aber es ist zweifellos zu erwarten, daß über die Erfahrungen mit modernen Psychopharmaka und immer differenzierteren Kenntnissen des Transmitterstoffwechsels zunehmend pathogenetisch wichtige Zusammenhänge dargestellt werden können. Neben den biochemischen Störungen im Transmitterstoffwechsel lassen neuroendokrinologische Befunde und chronobiologische Faktoren vermuten, so daß wir es mit einem außerordentlich differenzierten und komplexen System innerer biologischer Zusammenhänge zu tun haben, die in direkter Beziehung zu den Besonderheiten der einzig menschlichen Art der Widerspiegelung von Welt und Selbst zu stehen und mit dem alten Begriff der Endogenität ein faßliches adaptierbares Etikett bekommen zu haben scheinen.

8.1.5 Anhaltende affektive Störungen

Neben den bisher genannten affektiven Störungen unterschiedlicher Genese gibt es eine Reihe Störungsbilder, die einmal durch ihr nichtpsychotisches Intensitätsniveau und die Dauer chrakterisiert sind. Man könnte sie den Persönlichkeitsstörungen zuordnen. Hierzu gehören die Zykothymia (F 34.0 ICD 10) und Dysthymia (F 34.1 ICD 10). Es sind dieses anhaltende, fluktuierende, gegebenenfalls ein Menschenleben durch die Dauerhaftigkeit des Gestörtseins ausgesprochen belastende Beschwerden.

Bei der **Dysthymia** besteht eine chronische gedrückte Stimmungslage, die die Leistungsfähigkeit lähmt, ohne den Bereich einer einschneidenden Erkrankung zu erreichen. Die Verstimmung hat allerdings Auswirkungen auf das soziale Feld mit gegebenenfalls konflikthaften Arrangements, weswegen die Störung auch früher als neurotische Depression bezeichnet wurde. Es scheinen aber eher Beziehungen zum endogenen Prägnanztyp hin zu bestehen.

Die **Zyklothymia** betont mehr den phasenhaften Wechsel bei Chronizität des Ablaufs der – wie gesagt – nicht psychotischen Störungen.

Diagnosekriterien:

Zyklothymia	Dysthymia
– subdepressive und hypomanische Gestimmtheit im Wechsel	– chronische nichtpsychotische Verstimmung
– dauerhaft (mindestens 2 Jahre)	– dauerhaft (mindestens 2 Jahre)
– Störungen der sozialen Anpassung	– Appetitlosigkeit oder übermäßiges Essen
– kein Hinweis auf organische Störung	– Energielosigkeit
– schwer von bipolaren Psychosen abgrenzbar	– Kombination mit anderen Persönlichkeitsstörungen

Kasuistik (Fall einer Patientin mit manisch-depressiver Erkrankung):

Patientin U. (44 Jahre) erkrankte erstmals an einer Verstimmung. Ohne erkennbaren äußeren Anlaß war es jetzt innerhalb weniger Tage zu einen für sie bis dahin völlig unbekannten Zustand der Traurigkeit, des fortlaufenden Grübelns über sich, über Fehler, die sie in der Erziehung ihrer Kinder gemacht zu haben glaubte und völliger Energielosigkeit gekommen. Zu allen Handlungen, z.B. den Erledigungen ihres Haushaltes, mußte sie sich übermächtig zwingen, was im völligen Gegensatz zu ihren sonstigen Haushaltabläufen stand. Sie galt und sah sich selbst als eine sehr perfekte, übergenaue, Pflichten sehr ernst nehmende Frau an.

Die totale Lähmung ihrer Aktivität sowie die Ängstigungen, was denn die Zukunft bringen könnte, die wie ein Berg vor ihr lag, waren morgens besonders ausgeprägt und ließen zum Abend hin spürbar nach. Der Schlaf war schwer gestört, Appetit und Stuhlgang funktionierten nicht mehr richtig.

Der aufnehmende Arzt der Klinik konstatierte einen schweren depressiven Affekt, völlige Hoffnungslosigkeit bis hin zu Suizidgedanken, eine verzweifelte Zukunftsangst und eine deutliche motorische und psychomotorische Erstarrung. Die körperliche Diagnostik erbrachte keinen pathologischen Befund. Familienanamnestisch wurde berichtet, daß sich ein Geschwister der Patientin suizidiert hatte.

Der Ehemann berichtete, seine Frau, mit der er ein Leben in Harmonie und Ausgeglichenheit bisher geführt hatte, habe 2 Jahre zuvor schon einmal kurz über wenige Wochen einen Zustand ungewohnter Abgeschlagenheit und Gedrücktheit geboten, der von einigen Tagen einer seltsamen, durchaus sympathischen Euphorie und Aufgekratztheit gefolgt war. Man habe sich darüber aber kaum Gedanken gemacht.

8.2 Schizophrene Psychosen und verwandte Störungen

8.2.1. Klassifikatorisch-terminologische Fragen

Störungen der Krankheitsgruppe der Schizophrenien kommen sehr häufig vor. Vielfältige Symptomgestaltungen sind möglich, so daß eine Gliederung einzelner Erscheinungsformen eher schwierig ist. Unterschiedliche Einteilungsprinzipien, vielfältige Begriffe für Störungen, die sich zum Teil überschneiden oder ineinanderübergehen, erschweren eine übersichtliche Darstellung.

Nachfolgend wird vom Syndromatologischen her das schizophrene Kernsyndrom beschrieben, wobei auch hier die These von der Unspezifität psychopathologischer Syndrome gilt.

Desweiteren werden schizophrenienahe Persönlichkeitsentwicklungen dargestellt und schließlich in einem besonderen Abschnitt auf die zwischen affektiven und schizophrenen Störungen liegenden sogenannten Mischpsychosen verwiesen.

Die Klassifikation der schizophrenen und schizophrenieähnlichen wahnhaften Störungen nach der ICD-10 stellt die Tabelle 42 dar.

Diese Einteilung betrifft in klassifikatorischer Hinsicht jene psychotischen Zustände, die wir als endogene im Sinne der herkömmlichen Bezeichnungen verstehen können, und es ist ersichtlich, daß es von Verlauf und Symptomgestaltung her sehr unterschiedliche Syndrome sein können. Für den sich neu mit dem Fachgebiet befassenden Leser ist es vielleicht hilfreich, sich zu vergegenwärtigen, daß ein paranoid-halluzinatorisches Syndrom ein diagnostisches Kernereignis schizophrener Erkrankungen ist.

Tabelle 42 Klassifikation der ICD-10 Schizophrenie, schizotype und wahnhafte Störungen

F 20	Schizophrenie
F 20.0	paranoide Schizophrenie
F 20.1	Hebephrene Schizophrenie
F 20.2	Katatone Schizophrenie
F 20.3	Undifferenzierte Schizophrenie (Sammeltopf für nicht eindeutig einordenbare schizophrene Zustandsbilder)
F 20.4	Postschizophrene Depression
F 20.5	Schizophrenes Residuum
F 20.6	Schizophrenia simplex
F 20.8	Sonstige Schizophrenie
F 20.9	Schizophrenie nicht näher bezeichnet
F 21	Schizotype Störungen
F 22	Anhaltende wahnhafte Störungen
F 23	Akute vorübergehende psychotische Störung (schizophrene Syndrome episodischen Charakters – unterhalb 4 Wochen Dauer)
F 24	Induzierte wahnhafte Störung
F 25	Schizoaffektive Störung
F 28	Sonstige nicht organische psychotische Störungen

Paranoid-halluzinatorische Syndrome können sich nun hinwiederum aus unterschiedlichen Ursachen heraus entwickeln, von denen das endogene Geschehen nur eins – wenn auch ein sehr häufiges – ist. Abbildung 24 macht deutlich, wie gleichsam über der Klassifikation der Tabelle 41 ein übergeordneter Ätiologieaspekt steht. Das heißt, es kann ein paranoid-halluzinatorisches Syndrom zur Gruppe der Schizophrenien gehören (ICD-10: F.20.0) oder auch Folge einer organisch faßbaren Erkrankung sein und hätte dann gegebenenfalls die ICD-10 Nr. F06.2 (Organische schizophreniforme Störung). Die wichtigsten Begriffe zur Beschreibung eines schizophrenen (Kern-) Syndroms müssen definiert werden.

Syndrom	Ätiologie	Terminologie	ICD-10
paranoid-halluzinatorische Syndrome	organisch	Durchgangssyndrome bei Enzephalitis …	F 06.2
	endogener Bereich	Schizophrenien	F 20
	psycho-sozial	psychogene Psychosen z. B. wahnhafte Entwicklungen	F 24

Abb. 24 Ursachen paranoid-halluzinatorischer („schizophrener") Syndrome

Definitionen wichtiger Termini:

Wahn: Eine subjektive irrationale absurde Überzeugung, die die Umwelt nicht teilt. Sie hat Evidenzcharakter, ist unkorrigierbar. Wahn tritt als subjektiver Einfall, als Umdeutung von Wahrnehmungen (Wahnwahrnehmung), als Wahnerinnerung usf. auf. Wahnsystem: umfangreiches Gebilde pathologisher Überzeugungen von Welt und Selbst. Wahnarbeit: systematische Ausformung einer Wahnwelt.

Halluzination: Trugwahrnehmung, Sinnestäuschung, die ohne objektive Wahrnehmungsquelle für den Patienten sinnlich hervortreten als akustische, optische, sensorische usw. Phänomene.

Ich-Störung: Gefühl der Beeinflussung eigener Gedanken von außen, des Gedankenentzugs, der Manipulation eigener Gedanken. Ein oft furchtbar erlebtes Eindringen Fremder in die zentrale Eigenwelt der Gedanken.

8.2.2 Schizophrenie (endogen) – epidemiologischer und syndromatologischer Aspekt

Die Schizophrenie ist eine sehr häufige Erkrankung. Etwa 1% der Bevölkerung erkrankt einmal im Leben an Schizophrenie. Sie tritt in unterschiedlichen Kulturkreisen auf und führte früher nicht selten zu langzeitigen, gar dauernden Hospitalisierungen. Das Krankheitsrisiko steht im engen Zusammenhang mit Erkrankungen in der engeren Familie. Männer und Frauen erkranken gleich häufig. Der Krankheitsbeginn liegt oft im Jugendalter, wobei Männer früher erkranken als Frauen. In den psychiatrischen Kliniken sind schizophrene Patienten die größte Behandlungsgruppe mit relativ langer Verweildauer. Nachweislich sind differenzierte ambulante Behandlungssettings kostengünstiger und für den Patienten sozial stabilisierender, weswegen sich die gesundheitspolitischen, aber auch innerfachlich-psychiatrischen Diskussionen um eine optimale Betreuung immer wieder gerade an dieser Krankheitsgruppe entzünden. Das Problem dieser Erkrankung ist weniger die Beseitigung bestimmter akuter Symptome, sondern mehr das einer Beeinflussung von Störungen der Persönlichkeit, die schon vor der Psychose bestanden und die nicht selten postpsychotisch verstärkt fortbestehen. Die episodische, kurze akute schizophrene Symptomatik (per definitionem spricht man erst von Schizophrenie, wenn bestimmte Symptome – s. u. – mindestens 4 Wochen bestehen) ist in der Regel kein Behandlungsproblem. Die Schwierigkeiten langfristiger Betreuungssysteme knüpfen sich an Patienten mit präpsychotischen Defizienzen in den sozialen Kompetenzen, sozialen Behinderungen in den Ursprungsfamilien und gegebenenfalls Defekten in bestimmten kognitiven Funktionen. Man unterscheidet die zunächst häufig das akute Syndrom bestimmenden produktivpsychotischen Symptome (auch Plussymptomatik genannt), von den mehr Antrieb, Kognition und Affektivität betreffenden Negativsymptomen (Minussymptomatik). In der Regel sind mehr oder weniger alle psychischen Funktionen des Menschen tangiert: Vorfeldfunktionen der Intelligenz wie Auffassung, Aufmerksamkeit und Konzentration (Intelligenzstörungen gehören nicht dazu), die Gedankeninhalte, Ich-Funktionen, Antrieb, Affektivität und Psychomotorik. Dementsprechend lassen sich im Einzelfall Prägnanztypen herausstellen, bei denen die eine oder andere Symptomgestaltung in den Vordergrund tritt. So spricht man von paranoid-halluzinatorischer, hebephrener (affektive läppische Gehobenheit der Stimmung), katatoner (psychomotorische Haltungsbizzarerien) und Schizophrenia simplex (vordergründig pseudoneurotisch wirkende den kognitiven und voluntativen Bereich betreffende Störungsbilder). Der Psychiater K. Schneider hat Symptome 1. Ranges herausgehoben, die für die Erkrankung eine besondere diagnostische Relevanz haben.

Symptome 1. Ranges:

* Stimmen in Rede und Gegenrede,
* Kommentierende Stimmen,
* Gedankenlautwerden,
* Ich-Störung (Gedankeneingebung, Gedankenentzug, gemachte Gedanken, Gedankenausbreitung (andere wissen, was ich denke),
* leibliche Beeinflussungserlebnisse,
* Wahnwahrnehmungen.

* *Symptome 2. Ranges* sind dann u.a.:
* Wahneinfälle,
* andere Halluzinationen,
* Gefühlsstörungen und
* Affektstörungen.

Die diagnostischen Leitlinien der ICD-10 richten sich ganz wesentlich nach dem Schneider'schen Konzept.

In der Prodromalphase akuter Erkrankungen kann die produktiv-psychotische Symptomatik in einer eigenartig unbestimmten, diffusen, für den Patienten schwer lebbaren (daher kommen bei Schizophrenen häufig auch Suizide vor) Situation der Wahnstimmung, allgemeiner Angst, des Verlustes von Interesse und einem Gefühl des irgendwie Ausgeliefertseins bestehen (Conrad sprach von apophänem Erleben). Unter Wahnstimmung versteht man in diesem Zusammenhang eine Situation der Unheimlichkeit, der Unfähigkeit, sich des beängstigend Bedeutungsschwangeren zu entziehen. Ein abnormes Bedeutungserleben tritt auf.

Dem Phänomen des Wahns als einer zentralen Erlebnisveränderung der Erkrankten kann man sich verstehend auf unterschiedlichen Ebenen zuwenden:

* Wahn vom Inhalte des Wähnens her:
  Eifersuchtswahn, Liebeswahn, Verfolgungswahn, Größenwahn,
* Wahn von der Struktur her:
  Wahneinfall, Wahnwahrnehmung, Wahnerinnerung,
* Wahn von der psychodynamischen Deutung her:
  Ich-Mythisierung (Überhöhung des Ich durch eine Größenidee als Ausdruck einer besonders radikalen Abwehr eines zentralen inneren ethischen Konflikts), Surrogat-Wir-Bildung (der extrem Isolierte erlebt im Wahn scheinbar Beziehung zur Welt),
* Wahn vom Verlaufstypologischen her:
  Wahnstimmung → Wahnerleben → Wahnarbeit → Wahnsystem.

Die Abbildungen 25 und 26 a, b zeigen graphische Darstellungen von abnormen Bedeutungen, Wahnerleben und Stimmungen der Unheimlichkeit zweier Patienten mit akuter Schizophrenie.

Zu weiteren Symptomen der Schizophrenie gehören Störungen des Gedankenganges: Zusammenhanglosigkeit des Denkens, Zerfahrenheit, Gedankensperren, Gedanken-

Abb. 25 Patientenzeichnung: Beobachtungswahn

drängen, Symbolismen, Neologismen (Wortneubildung), gezierte Sprache, Verbigerationen (sinnlose Silben), Stereotypien.

Die psychomotorischen Besonderheiten, die sich speziell in dem immer seltener werdenden katatonen Syndrom besonders zeigen können, sind Haltungsstereotypien, Bewegungsstereotypien, Grimassieren und Automatismen.

> **Perniziöse Katatonie:** Seltene lebensgefährliche Form der Schizophrenie mit hochakuter Symptomatik, febrilen Temperaturen, Tachykardie. Differentialdiagnostisch muß das maligne neuroleptische Syndrom bedacht werden.

Viele Schizophrene weisen Störungen der Affektivität auf. Gemeint sind an dieser Stelle nicht affektive Verstimmungen, die sich mit anderer schizophrener Symptomatik verbinden können (s. schizoaffektive Psychosen 8.4), sondern Formen affektiver Nivellierung, die den Eindruck (!) von Gefühlsverlust, Verlust des gemütlichen Rapports hervorrufen und mit Empfindungslosigkeit, Interessenlosigkeit und Abgestumpftheit sich umschreiben lassen. Diese Phänomene (sie sorgten früher mit dafür, daß man von „Verblödung", „Dementia praecox" sprach.) sind besonders problematisch in ihrer Bewertung. Zum einen können bestimmte affektiv-emotionale Defizienzen Ausdruck einer prämorbiden Persönlichkeitsentwicklung sein, zum anderen ist man sich gegenwärtig nicht sicher, ob derartige Symptome nicht auch durch die Pharmakotherapie zum Teil selbst mit produziert werden.

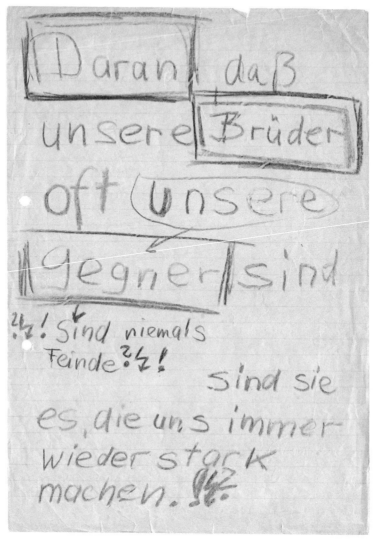

Abb. 26a Patientengraphik: Unheimlichkeit

In diesem Zusammenhang sind auch Störungen des Antriebs zu nennen, die sich in impulsivem Handeln, aber auch Antriebslosigkeit ausdrücken können (Negativismus: Verneinung, Abwehr; Stupor: starre Regungslosigkeit; Hypobulie: Willenslosigkeit). Von Minussymptomatik bei Schizophrenie wird gesprochen, wenn nachfolgende Symptome im Vordergrund stehen.

Minussymptomatik:

- emotionale Abstumpfung,
- mangelnde Aktivität,
- Antriebsverlust,
- Sprachverarmung,
- sozialer Rückzug,
- monotone Stimme,

Abb. 26b Rückseite der Graphik von Abb. 26a

- Denkstörungen,
- Autismus,
- Verschrobenheit,
- Interesseneinengung,
- nachlassende geistige Beweglichkeit.

Die Gegenüberstellung von positiven (produktiven) schizophrenen Symptomen und negativen Minussymptomen ist aus mehreren Gründen sehr pragmatisch. Zum einen hat die moderne Psychopharmakologie Präparate entwickelt, die in der Regel besonders gut auf die positiven Symptome wirken, deren Nebenwirkungsprofil zumindest in der Vergangenheit die Minussymptomatik eher förderten. Heute werden hingegen Präparate vorgehalten (atypische Neuroleptika), die dezidiert die Minussymptomatik beeinflussen. Auf diesem Felde ist derzeit eine sehr dynamische Entwicklung in der

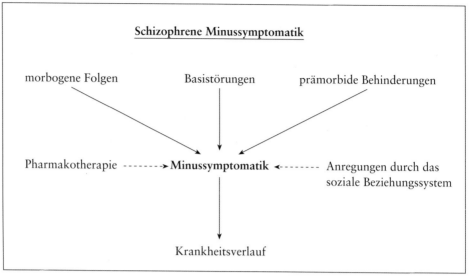

Abb. 27 Schizophrene Minussymptomatik

pharmakologischen Forschung im Gange. Zum anderen sind es gerade die Probleme mit der Minussymptomatik, die ein differenziertes soziotherapeutisches und psychotherapeutisches Vorgehen verlangen. Die Negativsymptomatik ist derzeit die entscheidende therapeutische Herausforderung der Schizophreniebehandlung. Es ist deshalb erforderlich, die Minussymptomatik hinsichtlich ihrer Ursachen wohl zu differenzieren und die morbogenen (primären) von sekundären Faktoren (floriden psychotischen Symptomen, Medikamentenwirkungen) zu trennen.

In enger Nachbarschaft mit der Minussymptomatik ist ein Konzept der Basisstörungen der Schizophrenie (Huber 1983) zu sehen. Es werden substratnahe (biologisch begründete) Basissymptome postuliert, die der eigentlichen Psychose vorausgehen. Es sind subjektiv vom Patienten registrierte Erfahrungen defizitären Charakters, die als Störungen wie Aufmerksamkeitsverlangsamung, Automatismusverlust, Ablenkbarkeit, Reizüberflutung, Entdifferenzierung sonst üblicher Denkhierarchien, allgemeine kognitive Störbarkeit auftreten. In einem weiteren Sinne fließen in diese Basisstörungen sowohl Vorpostensymptome (die schon Monate bis Jahre der Krankheit vorausgehen) als auch postpsychotische Defizienzen ein. Wir bewegen uns hierbei auf einem Felde schwer überschaubarer Interdependenzen, die aus ganz unterschiedlichen Quellen gespeist werden (Abb. 27).

Vom englischen Autoren Wing stammt ein Konzept der Behinderungen bei Schizophrenie, das die Dialektik unterschiedlicher Einflußfaktoren zu erhellen vermag.

Arten der Behinderungen bei Schizophrenie:

- Primäre morbogene Behinderungen: Defektsymptome wie Affektverflachung, Sprachverarmung, sozialer Rückzug (Minussymptomatik), floride Symptome, die unerkannt weiterbestehen (Wahn, Halluzination, Denkstörungen).
- Sekundäre Behinderungen: subjektive Reaktionen auf die Krankheit, nichtförderliche Einstellungen von Bezugspersonen (im Krankenhaus Hospitalisierungseffekte), Demotivationsphänomene (gegebenenfalls auch Nebenwirkungen von Psychopharmaka).

* Prämorbide Behinderungen: niedrige Intelligenz, Persönlichkeitsstörungen, mangelnde soziale Fertigkeiten, geringe berufliche Anpassung.

8.2.3 Verlaufsaspekt und ätiologische Erwägungen

Der Verlauf der Erkrankung wird, wie schon gezeigt wurde, von unterschiedlichen Behinderungen und morbogenen Eigengesetzlichkeiten bestimmt. Die Entwicklung der Therapiestrategien hat mit sich gebracht, daß im Gegensatz zur Zeit vor der Psychopharmakoaera Patienten kaum noch dauerhospitalisiert werden. Große Studien ergaben, daß etwa 1/3 der Patienten völlig remittieren, 1/3 mit gewissen Defizienzen und Rückfallgefahren sich arrangieren müssen und etwa 1/3 einen chronischen Verlauf nehmen. Das einzelne psychotische Geschehen kann episodisch, schubartig oder phasenhaft verlaufen. 10% der Patienten sterben immer noch am Suizid im Verlauf der Erkrankung. Günstige Prognosezeichen sind:

* höheres Alter zu Beginn,
* stabile prämorbide Persönlichkeit,
* ein differenziertes soziales Netz,
* hohe Akuität in der Psychose und
* gute Copingmöglichkeiten der Patienten.

Als ungünstige Prognosefaktoren werden angesehen:

* jugendliche Ersterkrankung,
* instabile praemorbide Situation,
* schleichender Verlauf,
* gestörte familiäre Beziehungen,
* Defektbildungen,
* schwache affektive Reaktionen,
* soziale Inkompetenzen.

Die ätiologischen Erwägungen sind vielgestaltig; sie können insoweit als aufgeklärt gelten, als angenommen werden darf, daß sich Dysbalancen und Störungen sowohl auf der genetischen Ebene, im Bereich der Neurotransmission, in psychodynamischer Hinsicht und auch in der Stellung zur sozialen Welt finden lassen bzw. zu vermuten sind. Die Auseinandersetzung mit der Ätiologie der Schizophrenie hat über die Jahrzehnte, seit es eine rationale Forschung auf dem Felde gibt, immer wieder unter Dämonisierungen partieller Blickwinkel zu leiden gehabt. Der ebengenannte Aspekt eines multifaktoriellen Geschehens findet seine beste Entsprechung im sogenannten **Vulnerabilitätskonzept nach Zubin** (1977). Unter Vulnerabilität versteht man dabei eine genetisch, biochemisch oder auch durch ein organisch erworbenes Schädigungsereignis hervorgerufene Disposition oder Empfindlichkeit, die im Zusammenwirken mit anderen Stressoren und einer Aktualsituation den Krankheitsprozeß zum Ausbruch bringt. Für die Schizophrenie wird dabei angenommen, daß genetische Anlagen, biochemische Dysbalancen und Stoffwechselirritabilitäten in bestimmten Hirnstrukturen, wenn sie mit prämorbiden Persönlichkeitsbesonderheiten und Defizienzen im sozialen Netzwerk zusammentreffen und ein aktueller sozialer Stressor (z.B. neue Rollenanforderungen in der Adoleszenz) hinzukommt, das Ursachenkonglomerat die Neigung zur Dekompensation über einen Schwellenwert hebt und die Psychose ausklinkt. In diesem Wechselspiel der Kräfte können unterschiedliche Ausprägungsgrade einzelner Glieder dieser Gleichung bestimmte Faktoren in den Vordergrund rücken lassen. Die unterschiedliche Bewertung solcher Teilfaktoren erklärt z. T. den erbitterten Ätiologiestreit, der die Psychiatrie, wie schon angedeutet, viele Jahre begleitet hat. Wir verfügen noch über wenig gesichertes Wissen, was die einzelnen Teilfaktoren angeht.

Gesichert sind genetische Einflüsse auf die Erkrankung durch Zwillings- und Adoptionsstudien. So liegt das Erkrankungsrisiko bei eineiigen Zwilligen bei fast 50%. Kinder von Eltern, die beide schizophren sind, tragen ein Erkrankungsrisiko von über 40%. – Ein polygener Vererbungsmodus ist anzunehmen. Die familiären Häufungen sind schon lange bekannt. Molekulargenetische Forschungen lassen hier substantielle Erkenntnisse in absehbarer Zeit erwarten. Im biochemischen Bereich werden aus den Wirkmechanismen der antipsychotischen Medikamente Hypothesen von Dysregulationen des Transmitteraufkommens geschlossen. Eine Dopaminhypothese der Schizophrenie besagt, daß eine Überfunktion dopaminerger Strukturen im mesolimbischen Bereich verantwortlich sei. Gestützt wird die Vorstellung u.a. auch dadurch, daß die antipsychotischen Medikamente Dopaminantagonisten sind und Dopaminagonisten psychotische Zustände provozieren können. Auch das glutamaterge und serotoninerge Transmittersystem wird in derartige Betrachtungen einbezogen. Aus der weiter oben erwähnten epidemiologischen Tatsache, daß Frauen später als Männer erstmals erkranken, wurde der Schluß gezogen, daß auch endokrine Faktoren (Oestrogeneinfluß auf das Transmittersystem) eine Rolle spielen.

Hirnmorphologische Besonderheiten ließen sich sichern, deren Bedeutung aber noch unklar ist (Hirnventrikelerweiterungen, Hypofrontalität bei Stoffwechselprozessen). Angenommen wird, daß anatomische Defekte in bestimmten Hirnregionen (medialer und temporaler Cortex, Thalamus, Hippocampus) Ausdruck von Entwicklungsdefiziten sind, die sich weit vor Erkrankungsbeginn einstellen. Auf neurochemischer Ebene werden pränatale Gaba-Läsionen angenommen, die eine Glutamatüberaktivität bewirken mit der Folge faßbarer Zelluntergänge in den genannten Regionen (Henn 1995). Es ist zu vermuten, daß die Fortsetzung der neurobiologischen Forschungen uns bald mehr Klarheit über das Phänomen Schizophrenie bringen wird, wobei davon auszugehen ist, daß der Begriff Schizophrenie ein syndromatologischer Sammeltopf von möglicherweise unterschiedlichen Erkrankungen ist.

Was den psychosozialen Teilaspekt angeht, so haben zeitweilig Erwägungen über ein pathogenetisch bedeutsames familiäres Milieu eine Rolle gespielt. Man nahm an, daß Wesenseigentümlichkeiten der Eltern (Kühle, emotionale Distanz), überfürsorgliche und einengende Haltungen, symbiotische ambivalente Bindungen in der Familie und deren Abgrenzung zum übrigen sozialen Raum ein krankheitsförderndes Milieu schufen und für die präpsychotischen Besonderheiten vieler Patienten verantwortlich seien.

Für prognostische Aussagen und damit für therapeutische Strategien relevant ist allerdings nur die gesicherte Tatsache, daß Patienten, die in ein spannungsgeladenes elterliches Milieu zurückkehren, ein hohes Rezidivrisiko tragen. Man spricht vom Konzept der expressed emotions. Leff und Vaughn (1976) beschrieben dieses Phänomen, welches allgemein anerkannt ist. Sie stellten eine Beziehung zwischen emotionalen Spannungen im Familienverband, Umfang des zeitlichen Kontaktes der Familie mit dem Kranken und Rezidiv in einem bestimmten postpsychotischen Zeitraum fest.

8.3 Schizophrenieähnliche Störungen

Die Einteilung schizophrenieähnlicher psychiatrischer Krankheitsbilder und Störungen stellt an die Ordnungsfähigkeit des Lesers – wie übrigens auch an den Psychiatrieerfahrenen – einige Ansprüche, treten doch unterschiedliche Betrachtungsebenen miteinander in Konkurrenz. Auf der einen Seite sind das ätiologische, die somatische, psychodynamische und soziale Aspekte zusammenführen, dann sind es syndromatologische, denen unsere modernen Klassifikationssysteme (s. II.1) entsprechen und schließlich haben berühmte Autoren an eindrucksvollen Fällen Krankheitsbilder beschrieben, die als spezielle Prägnanzen psychiatrischer Krankheitsbilder herausgehoben werden. Viele sich teilweise berührende oder überschneidende Begriffe sind im Umlauf. Um sich einen Weg zu eindeutigem interkollegialen Verständnis zu bahnen, wird im folgenden – der Intention des gesamten Buches folgend – die ICD-10-Klassifikation zugrunde gelegt und sich damit einer Fülle von Begriffen entledigt, die nur verwirrend sein könnten.

Die folgenden Ausführungen beziehen sich auf **schizotype Störung** (ICD-10, F 21), **schizoide Störung** (ICD-10 F 60.1); **anhaltende wahnhafte Störungen** (ICD-10 F 22), **induzierte wahnhafte Störung** (ICD-10 F 24).

8.3.1 Schizotype Störung (F 21)

Es handelt sich um eine – nahe am Psychotischen stehende, aber psychotische Symptome nur am Rande – gleichsam kurzfristig dekompensierend-aufweisende Dauerverfassung, die auf frühe Störungen der Individualentwicklung zurückgeht. Ähnliche Persönlichkeitsentwicklungen findet der Leser in unterschiedlichen Kapiteln dieses Buches (z.B. Borderline-Störung III.2; andere abnorme Entwicklungen III.3; Dysthymie III.8.6.). Die Persönlichkeitsstörungen beginnen in der Regel im frühen Erwachsenenalter, wenn Wesensbesonderheiten mit Anforderungen des täglichen Lebens stärker kollidieren, sich daraus Dekompensationen ergeben. Die erhebliche Abweichung von den Erwartungen der Umgebung und die ich-bezogene und rigide Interpretation der Weltbetrachtung führt zum subjektiven Leid.

Die schizotype Störung ist diesbezüglich durch ein hohes Ausmaß an verminderter Beziehungsfähigkeit, Denkstörungen, überwertigen bis wahnhaften Ideen, Eigentümlichkeiten des Verhaltens und nach außen wirkender emotionaler Distanz gekennzeichnet.

Mehrere der genannten Symptome müssen vorhanden sein, um eine schizotype Störung zu diagnostizieren (Begriffe, die ähnliche Symptomatik umschreiben, sind latente Schizophrenie, pseudoneurotische Schizophrenie). Die der schizotypen Störung zugrundeliegende Inkohärenz der Ich-Identität, der strukturellen Labilität und der Neigung zu massiver Projektion der innerseelischen Konflikte nach außen mit dem Zug des Bedrohlichen, Sonderlingshaften und Unnahbaren führen bei derartig gestörten Menschen zu ausgesprochen problematischen Lebensentwicklungen.

Schizotypische Störung (ICD-10 F 21)

- kalter unnahbarer Affekt
- seltsam-sonderlingshaftes Verhalten
- sozialer Rückzug – Einzelgänger
- zwanghaftes Grübeln aggressiven Inhaltes
- Derealisation, Depersonalisation
- metaphorische, umständliche, gedrechselte Sprache

- bizarre Überzeugungen
- psychotische Episoden
- chronischer Verlauf
- autistischer Selbstbezug

Entfremdungserlebnisse (ICD-10 F 48.1)

- Derealisation: Erlebnis der Unwirklichkeit und Abgerücktheit der Umgebung
- Depersonalisation: Fremdheitsgefühl sich selbst gegenüber; Störung des Ich-Erlebens unterhalb der psychotischen Ich-Störung.

Entfremdungserlebnisse sind unspezifische Phänomene bei vielen psychiatrischen Störungen.

8.3.2 Schizoide Störung (F 60.1)

Diese Störung könnte man als die leichtere Form einer schizotypen Störung ansehen. Die Hauptphänomene sind Distanziertheit in den sozialen Kontakten und Verminderung im Ausdruck emotionalen Erlebens; folgende Merkmale sind zu beobachten: kaum Freude an partnerschaftlichen Beziehungen, Anhedonie, Einzelgängertum, emotionale Kälte, kaum sexuelle Interessen, exzentrisches Verhalten. Unter definitiv schizophren Erkrankten findet sich dieser Persönlichkeitstyp als präpsychotische Variante menschlichen Seins relativ häufig.

Tabelle 43 faßt die Differentialdiagnose von schizoiden, schizotypen und schizophrenen Störungen zusammen.

Kasuistik (Fall einer Patientin mit schizoider Persönlichkeitsstörung):

Frau A. (32 Jahre) wird ins Krankenhaus eingewiesen, um ein Gutachten zu widerlegen, welches ihr das Sorgerecht über ihre Tochter entzogen habe. Sie äußert bei der Aufnahme, keinerlei Beschwerden zu haben. 2 Jahre zuvor war sie in einer Nervenklinik, in welcher die Diagnose einer schizoaffektiven Störung gestellt wurde.

Die Patientin stammt aus einem Elternhaus, in dem der Vater, welcher ihr nahestand, plötzlich starb, als sie 19 Jahre alt war. Von der Mutter fühlte sie sich nie angenommen, eher immer abgewertet. Zu einem 5 Jahre älteren Bruder bestand kaum Kontakt. In der Schule bis zur 10. Klasse erinnert sie sich gut integriert gefühlt zu haben. Sie hatte sehr gute Leistungen. Später holte sie ein Abitur auf der Abendschule nach. Zunächst arbeitete sie im gelernten Beruf als Kellnerin, später in einer Bibliothek. Ein Studienplatz im Bibliothekswesen konnte von ihr nicht genutzt werden, da sie schwanger wurde und mit 25 Jahren ein Kind bekam. Die Beziehung zum Kindesvater war locker und löste sich bald. Als ihr Kind 6 Jahre alt war, wurde ihr das Sorgerecht entzogen, weil sie den erzieherischen Aufgaben nicht mehr gewachsen war, den Haushalt vernachlässigte und 1994 einen schweren Suizidversuch beging, in dessen Folge das Kind, allein mit der komatösen Mutter in der Wohnung, in Gefahr geriet. In dieser Zeit begannen die psychiatrischen Behandlungen. Die Patientin schildert sich selbst als zunehmend isoliert. Sie habe große Kontaktschwierigkeiten, sei seit einigen Jahren völlig einzelgängerisch. Ihre Arbeit bereite ihr wenig Freude, einen Partner vermisse sie nicht. Ihren derzeitigen Krankenhausaufenthalt motiviert sie nur mit dem Wunsch, ihr Kind zurück zu bekommen. Die psychologische Persön-

Tabelle 43 Differentialdiagnose schizophrener, schizoider und schizotyper Störungen

schizoid F 60.1	schizotyp F 21	schizophren F 20
1. Anhedonie	1. kalter unnahbarer Affekt	1. Gedankenlautwerden, -eingebung, -entzug
2. emotionale Kühle	2. seltsam exzentrisches Verhalten	2. Gefühl des Gemachten, Kontrollwahn, Beeinflussungswahn
3. schwache Reaktion auf Lob und Kritik	3. sozialer Rückzug	3. kommentierende Stimmen
4. wenig Interesse an sexuellen Erfahrungen	4. bizarre Ideen	4. Wahneinfälle
5. Einzelgängertum	5. zwanghaftes Grübeln aggressiven Inhaltes	5. sonstige Halluzinationen
6. Mangel an vertrauensvollen Beziehungen	6. Depersonalisation – Derealisation	6. Denkstörungen
7. Mängel im Befolgen gesellschafter Regeln, exzentrisches Verhalten	7. Sprach umständlich metaphorisch ohne ausgeprägte Zerfahrenheit	7. katatone Symptome
	8. gelegentliche psychotische Episoden	8. negative Symptome
Leitlinie: Beginn in der Kindheit, subjektives Leid, Verminderung der sozialen Kompetenz	**Leitlinie:** 4 der Symptome mindestens 2 Jahre; früher darf keine Schizophrenie diagnostiziert worden sein	**Leitlinie:** 1 Symptom v. 1–4 2 Symptome v. 5–8 mindestens 1 Monat

lichkeitsdiagnostik erbrachte das Bild einer schüchternen, gehemmten, antriebsgeminderten Persönlichkeit mit erhöhten Introversionswerten und eingeschränkter Affektivität sowie geringer sozialer Potenz.

8.3.3 Anhaltende wahnhafte Störungen – Wahnentwicklungen (F 22)

Wahnerlebnisse sind ein besonderes Faszinosum in der Begegnung mit psychisch Kranken; deswegen sind die nachfolgend zu beschreibenden Störungen mit einer Fülle (wieder auf bestimmte Autoren bezogenen Begriffen belegt: Paranoia, expansiv-paranoisches Syndrom, sensitiver Beziehungswahn u. v.a.m.). Typisch für diese Syndrome sind langandauernde, sich nicht selten immer weiter generalisierende Wahnentwicklungen, die leider oft auch der Therapie sehr wiederstehen. Die Wahninhalte sind unterschiedlich (Verfolgungswahn, Größenwahn). Die Persönlichkeiten sind neben dem Wahngeschehen gegebenenfalls völlig alltagsbezogen und unauffällig. Je mehr der Wahn von der gesamten Lebenswelt des Menschen Besitz ergreift, um so mehr werden sie handlungswirksam und die Menschen können dann Nervenärzte, Gerichte und Politiker in ihrer Umgebung erheblich tangieren. Auch schwere Zwischenfälle (z.B. Anschläge auf Politiker) können im Einzelfall so ihre Erklärung finden.

Querulatorsiche Entwicklungen führen manchmal zur Begutachtung der Prozeßfähigkeit solcher Patienten. Die wahnhaften Entwicklungen scheinen einen besonders
engen Bezug zur individuellen Lebensentwicklung, bestimmten Persönlichkeitseigenschaften und einem typischen Auslöseereignis oder Auslösekonflikt zu haben. Man
sprach in diesem Zusammenhang früher auch von psychogenen Psychosen. Es sei hier
der sensitive Beziehungswahn (Kretzschmar 1918) kurz erwähnt, weil dieser Autor
als einer der ersten am Beispiel dieser Wahnentwicklung das Ineinandergreifen unterschiedlicher Ursachenelemente im Sinne einer mehrdimensionalen Ätiologiebetrach-
tung exemplifizierte.

Sensitiver Beziehungswahn (Kretschmar)

(Beispiel ätiologischer Sicht)

- Charaktermerkmale des Sensitiven, Kränkbaren, Asthenischen (mit stheni-
  schem Stachel),
- moralische Normen, die das Ausleben von Trieben tabuisieren bei erhöhter
  Triebspannung,
- Kontaktscheue,
- Erlebnis einer peinlichen Insuffizienz und blamablen Erniedrigung bezogen auf
  den ambivalent besetzten Wesens- und Lebenskonflikt,
- Abwehr dieses Geschehens durch Externalisierung ins Wahnerleben.

Konfliktbereiche können Sexualität, berufliche Rangordnung sein. Wahninhalte
können Liebeswahn, Verfolgungswahn, Größenwahn sein.

Wahnentwicklungen – syndromatologische Sicht

- Wahnerlebnisse (als Wahnwahrnehmungen, Wahneinfälle,Wahnerinnerung),
- im frühen und mittleren Lebensalter beginnend,
- mindestens 3 Monate sehr oft langdauernd,
- Ausfächerung der Wahnerlebnisse zu einem Wahnsystem,
- keine weiteren schizophrenen Symptome,
- ggf. neben dem Wahnthema unauffälliges soziales Agieren möglich.

8.3.4 Induzierte wahnhafte Störung (F 24)

Als Sonderfall einer seltenen Wahnerkrankung wird diese Störung aufgegriffen, weil
sich hier am ausgeprägtesten das Entstehen einer psychotischen Störung aus dem sozialen Kontext demonstrieren läßt.

Ein Partner ist psychotisch und leidet an Wahnerlebnissen und der andere in dieser zu-
meist engen emotionalen Bindung läßt sich vom krankhaften Gedankengut induzie-
ren und wähnt mit. Es wird das gleiche Wahnsystem geteilt. Frühere verwendete
Fachausdrücke belegen die spezielle Beziehung: Folie a deux, symbiontische Psychose.

Der vom Wahn des primär erkrankten Partners betroffene Andere ist meist ein nach-
giebiger, vom dominierenden Kranken bestimmter Mensch, dessen krankhafte Vorstellungen verschwinden, wenn sein Partner etwa gesundet.

8.4 Schizoaffektive Mischpsychosen (F 25)

Zwischen den affektiven und schizophrenen Psychosen haben viele Autoren eine speziell bezeichnete Einheit von Krankheiten eingeordnet, die Symptome der einen wie der anderen Gruppe aufweisen. Ausgehend von dem durchaus nicht selten zu beobachtenden Phänomen, daß ein Patient typische schizophrene Symptome aufweist, aber verlaufstypologisch einen phasenhaften Ablauf erkennen läßt oder aber, daß die Krankheitskarrieren zunächst affektive Psychosen später schizophrene Bilder zeigen, schließlich, daß sich die Symptomatik gar in der einzelnen Erkrankungsperiode vermischt, werden diese Syndrome beschrieben

Geht man von der Schichtenregel (s. II.2.5.) aus, könnte man natürlich sagen, und viele Autoren sehen dies auch so, daß eine Erkrankung ihre Klassifikation nach dem stärkst ausgeprägten Symptomverband bezüglich der Desintegration von Weltwahrnehmung erfährt; der Patient, welcher depressive Verstimmungsphänomene aufweist und zugleich Symptome 1. Ranges (s. III.8.2.2.) würde dann als schizophren diagnostiziert. Unabhängig davon, ob sich diese Psychosen „schichtregeln" (Marneros 1989) lassen, sie sind klassifikatorisch eine Realität und in die entsprechenden Manuale aufgenommen.

Strenge Definitionen, die Verlaufstypologie und das Querschnittsbild in sich aufnehmen, können von sehr praktischem Nutzen für die Therapie sein und insoweit gewinnt die Frage nach einer Spezifizierung einen Sinn. Wenn etwa entschieden werden soll, ob eine prophylaktische pharmakologische Dauereinstellung einen Phasenaspekt berücksichtigen soll (etwa durch Lithiumtherapie) oder mehr eine neuroleptische Dauereinstellung schwere schizophrene Eskalationen verhindern muß. Nach der Klassifikation der ICD-10 müssen in der gleichen Krankheitsphase sowohl schizophrene als auch affektive Symptome nachweisbar sein, um von einer schizoaffektiven Psychose sprechen zu können.

Von der Symptomatik her können schizomanische, schizodepressive Syndrome auftreten. Wichtig erscheint unter rehabilitativen Aspekten präpsychotische, affektiv gefärbte Vorpostensyndrome, Stimmungsstörungen und Antriebsmängel, die auch zum Verlauf der Schizophrenie gehören und postpsychotische Erschöpfungssyndrome der Schizophrenie wohl zu unterscheiden.

Die Prognose schizoaffektiver Psychosen scheint besser zu sein als die reiner Schizophrenien, eine Defektsymptomatik wird seltener beobachtet.

8.5 Psychotische Syndrome im Kindes- und Jugendalter

8.5.1 Definitionen

Psychosen sind komplexe Störungen des Realitätsbezugs, die auch bereits im Kindes- und Jugendalter beobachtbar sind. Typischerweise finden sich produktive Symptome wie Wahnphänomene und Halluzinationen (Positivsymptomatik), andererseits können sich Defizite im Bereich der kognitiven Verarbeitungsprozesse sowie Einbußen in der affektiven Kommunikation nachweisen lassen (Negativsymptomatik). In der Regel findet sich ein zeitlich intermittierender Verlauf, der die psychotische Episode als Einbruch in die Kontinuität der Entwicklung des Individuums erkennbar macht.

Nach Remschmidt (1988) können psychopathologische Syndrome unabhängig von der Ätiologie als Psychose bezeichnet werden, wenn sie diese Merkmale aufweisen. Die fundamentale Störung des Realitätsbezugs ist der Zusammenbruch jener überindividuellen Ordnungsstruktur der kindlichen Psyche, die im kommunikativen Kontext immer wieder neu konstruiert und umgestaltet wird. Realität als zwischenmenschliche subjektive Lebenswelt, in der verbindlich gehandelt werden kann, entsteht immer dort, wo verschiedene Individuen ihre persönlichen Empfindungen, Wahrnehmungen und Eindrücke soweit mit anderen abstimmen, daß die Bedeutungen, die der eine seinen Wahrnehmungen und Erlebnissen zumißt, dem anderen in gleicher Weise zugänglich sind (Resch 1996). Die Realitätskontrolle ist jener Abstimmungsvorgang, der aus persönlichen subjektiven Wahrnehmungen und Beurteilungen schließlich überindividuell gültige Bedeutungen hervorbringt. Störungen der Realitätskontrolle führen dazu, daß das betroffene kindliche oder jugendliche Individuum außergewöhnliche oder abnorme Erlebnisse und Erfahrungen macht, die von einem gesteigerten subjektiven Bedeutungsbewußtsein getragen sind, so daß das kindliche oder jugendliche Individuum schließlich Beurteilungen vornimmt und Ansichten für wirklich hält, die mit anderen Menschen nicht mehr kommuniziert werden können. Störungen des Realitätsbezugs können sich auf Einzelerlebnisse oder Interaktionen mit bestimmten Menschen konzentrieren oder aber allumfassend das gesamte Selbst-und Weltbild einbeziehen. Damit tritt das Individuum in eine Privatwelt ein, die von kommunikativen Prozessen abgekoppelt ist. Diese Abkoppelung des Denkens, Fühlens, Wahrnehmens und Handelns von der zwischenmenschlichen Kommunikation bezeichnet man auch als **Wahn**. Der Wahn tritt also an die Stelle der mitmenschlich gemeinsamen Realität.

Schon Emminghaus beschrieb im ersten Lehrbuch der Kinderpsychiatrie 1887 die kindliche Psychose. 1906 formulierte Santo de Sanctis den Begriff der Dementia praecoxissima, der eine besonders gravierende kindliche Verlaufsform der Kraepelinschen Dementia praecox darstellte. In den folgenden Jahrzehnten unseres Jahrhunderts unterlag der Begriff der kindlichen Psychose immer wieder unterschiedlichen Ausdeutungen und erhielt variable Begriffsumfänge. So wurden noch bis zur Internationalen Klassifikation psychischer Störungen IDC-9 autistische Störungen (nach Kanner) den kindlichen Psychosen zugerechnet. Erst in den neueren klassifikatorischen Systemen der ICD-10 und des DSM wurden die tiefgreifenden Entwicklungsstörungen von den kindlichen Psychosen differentialdiagnostisch abgegrenzt. Psychosen können im Rahmen von verschiedenen psychiatrischen Syndromen auftreten. Sie werden als Early Onset-Psychosen (EO) bezeichnet, wenn sie vor dem 18. Lebensjahr beginnen. Der Begriff „Very Early Onset" (VEO) kennzeichnet Psychosen, die vor dem 13. Lebensjahr ihren Anfang nehmen (Werry et al. 1991).

8.5.2 Nosologische Einteilung und Diagnostik

Schizophrene Syndrome des Kindes- und Jugendalters werden als Varianten der **adulten Schizophrenie** angesehen, die sich nur quantitativ von dieser Störung unterscheiden. Es finden sich jedoch eine höhere Rate an schleichendem Beginn, vermehrt entwicklungsneurologische Defizite, eine schlechtere prämorbide Anpassung, erhöhte Resistenz gegenüber antipsychotischer Behandlung, eine schlechtere Prognose sowie eine weniger ausdifferenzierte Symptomatologie (Resch 1992, Remschmidt 1993). Vor allem Wahnsyndrome und Halluzinationen sind oft nur flüchtig und wenig elaboriert. Früh beginnende Psychosen zeigen außerdem eine erhöhte Rate an familiärer Belastung mit Schizophrenie (Werry et al. 1991).

Auch **affektive Störungen** werden im Kindes- und Jugendalter beschrieben. Bipolare affektive Syndrome werden mit Sicherheit zu selten diagnostiziert, da retrospektive Untersuchungen ergeben haben, daß etwa ein Drittel von adulten bipolaren affektiven Störungen die erste Episode vor dem 20. Lebensjahr aufweisen (Übersicht bei Werry 1991). Es scheint eine höhere Rate von floriden bizarren psychotischen Syndromen als Erstmanifestation zu geben, die die Differentialdiagnose gegenüber schizoaffektiven und schizophrenen Syndromen erschweren. Auch das Auftreten von depressiven und dysthymen Störungen mit psychotischen Symptomen wird berichtet. Das Konzept der schizoaffektiven Störung setzt eine gleichzeitige Präsenz schizophrener und affektiver Symptome voraus. Die Diagnose ist kontroversiell und wird sicher in unterschiedlichen Zentren unterschiedlich gehandhabt. Euphorie, Depression und Irritabilität können oft unterbewertet oder übersehen werden.

Die Diagnose der **präpubertären Manie** wird durch die Symptomüberlappung mit dem Hyperkinetischen Syndrom verkompliziert. Weiter findet sich meist eine erhöhte Irritabilität, die mehr als die Euphorie das prädominante Symptom darstellt. Mischbildhafte Zustände depressiver und manischer Symptome und auch Rapid Cycling kommen vor. In einer großen Untersuchung an präpubertären Kindern zeigte sich, daß praktisch alle, die ein manisches Syndrom aufwiesen auch hyperkinetische Züge hatten, wobei nur 20% der Kinder mit Hyperkinetischem Syndrom auch die Kriterien für ein manisches Syndrom erfüllten.

Eine große Gruppe von präpubertären Kindern mit psychotischen Symptomen kann nicht in die klassischen Kategorien eingeordnet werden. Es wurde für diese Gruppe eine Kategorie multidimensionaler Störungen der kognitiven Funktion geprägt (Kafantaris 1996). Diese Kinder weisen

- flüchtige halluzinatorische Erlebnisse,
- affektive Instabilität mit Wutausbrüchen, Impulshaftigkeit und raschem Stimmungswechsel auf, wobei auch
- verminderte soziale Fertigkeiten bei vorhandenen Bedürfnissen, mit anderen Kontakt aufzunehmen, nachweisbar sind. Weiters finden sich
- altersinadäquate Phantasien, magisches Denken und eine mangelhafte Fähigkeit, zwischen Phantasie und Wirklichkeit zu unterscheiden.

Diese vier *Symptomkriterien* werden bei Kindern über sieben Jahren angewendet. Sie bestimmen die Diagnose des „**Multi-dimensionally Impaired Syndromes**". Dieses Syndrom zeigt eine starke Überschneidung mit der schizotypen Störung und kann auch als subklinische oder bei entsprechendem Verlauf als prodromale Psychose aufgefaßt werden.

Neben der kategorialen Systematik ist eine dimensionale Betrachtung unterschiedlicher psychopathologischer Phänomene bei psychotischen Zuständen sinnvoll. Gerade im Kindes- und Jugendalter, wo die Symptomatik immer wieder einem starken Wechsel unterliegen kann, erscheint eine globale Psychosedefinition und das genaue Monitoring unterschiedlicher Symptomfacetten sinnvoller. Früh beginnende Psychosen sind vielgestaltig und ergeben oft ein buntes Bild quer über nosologische Grenzen hinweg. Das nicht zuletzt, weil wir im Kindes- und Jugendalter oft inzipienten und subklinischen Psychosen gegenüberstehen, die noch nicht das Vollbild eines der klassischen Syndrome erfüllen.

Die Diagnosestellung einer Psychose des Kindes- oder Jugendalters sollte nur nach ausführlicher und sorgfältiger Evaluation erfolgen. Es ist sinnvoll, multiple Informanten einzusetzen und in subakuten Fällen mehrere Explorationen zur Erfassung eines differentiellen psychopathologischen Status abzuwarten. Eine adäquate und ausführliche Vorgeschichte im Sinne einer biograpischen Analyse muß erfolgt sein. Psychotische Symptome im Kindes- und Jugendalter erfordern häufig den Ausschluß eines organischen Prozesses, z.B. Effekten von Substanzmißbrauch oder Vergiftungen. Produktive Symptome können auch als Epiphänomen epileptischer Erkrankungen vorkommen. Vor allem das prämorbide Funktionsniveau muß ausführlich gewürdigt werden.

Die organische Differentialdiagnose schließt neben epileptischen Erkrankungen metabolische und hormonelle Störungen, virale Infekte, exogene Toxine und degenerative Systemerkrankungen ein. Beispielsweise können die metachromatische Leukodystrophie und die subakut sklerosierende Panenzephalitis in ihren Frühformen eine Phänokopie schizophrener Syndrome bilden. Weiters müssen pervasive hyperkinetische Syndrome sowie tiefgreifende Entwicklungsstörungen (Kanner-Syndrom, Asperger Syndrom oder tiefgreifende Entwicklungsstörungen – „not otherwise specified") abgegrenzt werden.

Die Epidemiologie der frühen Schizophrenie zeigt eine Prävalenz von weniger als 1 von 10.000 bei Kindern unter 12 Jahren. In Very Early Onset-Psychosen überwiegen Knaben im Verhältnis 3:1, bei Early Onset-Psychosen ist das Geschlechtsverhältnis im wesentlichen ausgeglichen, wobei ein leichter Überhang weiblicher Individuen in vielen Zentren zu beobachten ist (Resch 1992, Remschmidt 1993).

8.5.3 Entwicklungspsychopathologie psychotischer Symptome

Da der Zugang zur psychotischen Innenwelt des Patienten im wesentlichen über die Sprache erfolgt, ist die Diagnose psychotischer Symptome im Kleinkind- und Vorschulalter erschwert. Das Vollbild einer psychotischen Störung mit Positivsymptomatik erfordert auch entwicklungspsychologische Voraussetzungen auf kognitivem, affektivem und sozialem Sektor, die üblicherweise erst beim Grundschulkind erfüllt sind (Resch 1996). **Halluzinationen** können bereits bei Vorschulkindern vorkommen, vor allem unter Streß und in Angstsituationen. Solche Halluzinationen sind öfters optischer und taktiler Art und haben ihren Beginn in Schlaf-Wach-Übergängen. Prognostisch werden solche isolierten halluzinatorischen Phänomene als relativ benigne eingeschätzt. Aus entwicklungspsychopathologischer Sicht werden Wahnphänomene bei Kindern erst ab einem Zeitpunkt der sozialen Perspektivenübernahme (also etwa ab dem 5. – 7. Lebensjahr) anzunehmen sein. Nach Piaget (1973) ist in der präoperationalen Entwicklungsstufe (2. bis etwa 5. Lebensjahr) das Phänomen des Animismus und des magischen Denkens sowie ein kognitiver Egozentrismus normalerweise anzutreffen. Etwa mit Beginn des Schulalters (zwischen 5. und 7. Lebensjahr) nimmt bei Kindern deutlich die Häufigkeit lockerer Assoziationen, unlogischer Schlußfolgerungen und subjektivistischer Fehlinterpretationen ab. Das Phänomen des Konkretismus (d.h. eines Mangels an metaphorischem Denken) kann noch im Grundschulalter gefunden werden. Mit Beginn der Adoleszenz nimmt die Fähigkeit zur Selbstreflexion, zu objektivierendem modellhaftem Denken und zu abwägendem evaluativem Denken derartig zu, daß aus einer mehr subjektiven Sicht des Kleinkindes die relativierende Sicht des Adoleszenten entsteht. Die Fähigkeit zur Metaphorik ist ab der Pubertät voll ausgebildet, so daß konkretistische Mißverständnisse immer seltener sind (Resch 1992, 1996).

Während in der Zeit der konkreten Operationen nach Piaget (7. bis 12. Lebensjahr) halluzinatorische Phänomene oft Tiere und Monster beinhalten, finden wir ab dem Zeitpunkt der formalen Operationen (ab dem 12. Lebensjahr) immer mehr die komplexe Gestalt der Erwachsenenhalluzination. Wahnphänomene zeigen sich bei Sieben- bis Zwölfjährigen noch als diffuse Beziehungsideen oder Selbstbezugsstörungen, während ab dem 12. Lebensjahr immer deutlicher auch systematisierte Wahnphänomene nachweisbar sind. Denkstörungen sind im Grundschulalter als Assoziationslockerung und unlogische Denkvorgänge mit magischen Bezügen nachweisbar, während wir ab der Pubertät die klassischen Denkstörungen wie Sperrungen, Zerfahrenheit und Konkretismus ähnlich wie bei den Erwachsenen feststellen können (Tab. 44)

Psychotische Symptome des Kindes- und Jugendalters entstehen in der Regel über unterschiedliche Vorstadien, die auch als „**Prodrom**" bezeichnet werden. Solche Prodromi können von unterschiedlich langer Dauer sein und Zeiträume von wenigen Tagen bis mehreren Jahren einschließen. Mehrere Untersuchungen konnten nachweisen, daß die Dauer der prodromalen Symptomatik mit dem klinischen Therapieerfolg in kurzzeitiger und langzeitiger Perspektive einen Zusammenhang aufweist.

Prodromale Symptome, die nicht bis zur Ausbildung eines psychotischen Vollbildes voranschreiten, sondern sich wieder zurückbilden, werden auch als Vorpostensymptome bezeichnet. Prodromale Zeichen, die dem Ausbruch der psychotischen Störung vorangehen, sind weder nosologiespezifisch (d.h. hinweisend auf die Entwicklung eines schizophrenen oder affektiven Syndroms) noch psychosespezifisch (d.h. das Vorhandensein prodromaler Symptome läßt die Entwicklung eines psychotischen Zustandes nicht sicher vorhersagen). Wir finden nach Yung und McGorry (1986) bei psychotischen Ersterkrankungen folgende prodromalen Phänomene: Konzentra-

Tabelle 44 Entwicklungspsychopathologie psychotischer Symptome (modifiziert nach Volkmar 1996, Resch 1996)

Entwicklungsstufen	Halluzinationen	Wahn	Denkstörungen
sensomotorisch (0–2 Jahre)	–	–	–
praeoperational (2–5 Jahre)	einfach, optisch, taktil, selten, akustisch	magisches Denken, Animismus = normal	implizites Denken = normal, Diskursregeln werden erst erarbeitet
konkret operational (6–11 Jahre)	Wahrnehmungsunsicherheit, illusionäre Verkennungen, Tiere und Monster, auch akustisch	diffus, Beziehungs- und Beeinträchtigungsideen, Identitätsunsicherheit, abnormes Bedeutungsbewußtsein	Assoziationslockerung, Inkohärenz flukturierend, unlogische Schlüsse
formal operational (> 12 Jahre)	komplex, leibnah, wie bei Erwachsenen	Strukturaufbau und Inhalte wie bei Erwachsenen, aber weniger systematisiert	Inkohärenz, Sperrungen, Zerfahrenheit, Faseln, Konkretismus, wie bei Erwachsenen

tions- und Aufmerksamkeitsstörungen, Energieverlust, Beeinträchtigung von Motivation, traurige und depressive Verstimmungen, Schlafstörungen, Angst, sozialen Rückzug, erhöhtes Mißtrauen, Irritabilität und einen Leistungsknick in schulischen, beruflichen und sozialen Feldern. Klosterkötter (1992) und Huber (1997) bieten einen Ansatz zum Verständnis des Übergangs prodromaler Symptome in psychotische. Die sogenannte „Übergangsreihenhypothese" nach Klosterkötter macht die Psychoseentstehung als Prozeß einer zunehmenden Irritation faßbar. Ausgehend vom Konzept der sogenannten „Basissymptome", welche als subjektive Irritationszeichen gewertet werden, die Ausdruck einer schizophrenen Vulnerabilität sein könnten und als Spurensymptome des beginnenden psychotischen Prozesses aufzufassen sind, wird postuliert, daß in zunehmender Irritation durch Erhöhung einer affektiven Spannung uncharakteristische Basissymptome der Stufe 1 schließlich in mehr schizophreniecharakteristische Basissymptome der Stufe 2 übergehen. Basissymptome der Stufe 1 wären Erschöpfbarkeit, Konzentrationsschwäche, Lärmempfindlichkeit, Herzklopfen, Schlafstörungen oder hypochondrische Beschwerden. Diese gehen bei zunehmender Irritation in schizophreniecharakteristischere Basissymptome der Stufe 2 über, welche sich als formale Denkstörungen, Gedankenblockaden, Wahrnehmungsstörungen, Störungen des Handlungsablaufes oder Körpermißempfindungen darstellen. Bei Voranschreiten der Psychosegenese kommt es schließlich auf dem Boden solcher Basissymptome zu Depersonalisationserscheinungen, wobei in weiterer affektiver Spannungserhöhung schließlich Erstrangsymptome – also halluzinatorische Erlebnisse, Wahnwahrnehmungen – und andere Psychosephänomene auftreten. Vor dem Hintergrund der Tatsache, daß die Dauer der prodromalen Symptomatik einen Zusammenhang mit dem Therapieerfolg aufweist, können kindliche und jugendliche Krisenzeiten nicht ernst genug genommen werden. Genauso wie eine zu frühe und unkritische Psychosediagnose dem Kind Schaden zufügt, ist es auch unverantwortlich, sich verdichtende prodromale Zeichen nicht ernst zu nehmen, sondern zu bagatellisieren und damit die therapeutischen Chancen des Kindes zu vermindern. **Als Kinder- und Jugendpsychiater sind wir zur Prophylaxe aufgerufen, zur Früherkennung und Frühbehandlung psychotischer Zustände in dieser Altersstufe.**

8.5.4 Ätiopathogenese psychotischer Syndrome

Das fruchtbarste Entwicklungsschema für die Entstehung schizophrener Psychosen ist das von Ciompi bereits Anfang der 80er Jahre formulierte und von anderen weiterentwickelte Vulnerabilitätskonzept (Resch 1992, 1996). Es besagt, daß ein Set an pränatalen Faktoren (z.B. genetische Faktoren oder intrauterine Einflüsse) in Wechselwirkung mit weiteren biologischen Risikofaktoren (z.B. perinatalen und postnatalen Traumen, Entzündungen des zentralen Nervensystems) und psychosozialen Faktoren (familiäre Kommunikationsmuster, Störungen der Selbstentwicklung etc.) schließlich zu einer Vulnerabilität des Heranwachsenden führen kann, welche als spezifische Disposition eine besondere Erlebnisverarbeitung kennzeichnet, die unter Einwirkung unspezifischer Stressoren schließlich zur psychischen Dekompensation mit Ausprägung der klinisch psychotischen Symptomatik Anlaß gibt.

Bei schizophrenen Psychosen wird der Heredität in der Entstehung von Vulnerabilität ein deutliches Gewicht beigemessen. So liegt das Risiko bei Kindern mit einem schizophrenen Elternteil im Bereich von 12 bis 14%, selbst an einer Schizophrenie zu erkranken. Wenn beide Elternteile schizophren sind, steigt das Risiko auf über 46% an.

Untersuchungen an Kindern schizophrener Eltern (High-Risk-Forschungsansatz) ergaben, daß das Risiko des Kindes, psychotisch zu erkranken, um so höher ist, je mehr erkrankte Verwandte eine schizophrene Mutter hat.

Geburtskomplikationen werden bei Patienten mit schizophrenen Erkrankungen immer wieder in erhöhtem Prozentsatz berichtet. Kinder mit genetischer Belastung und Geburtskomplikationen waren in erhöhtem Maße schizophreniegefährdet gegenüber Kindern mit genetischer Belastung ohne Geburtskomplikation. Auch familiären Faktoren wird Bedeutung zugemessen. So haben Kinder schizophrener Mütter bei familiärer Instabilität ein erhöhtes Risiko zu erkranken. Ebenso ist der Stil negativer Affektäußerungen und Kommunikationsstörungen mit einer Erhöhung des Erkrankungsrisikos verbunden. Ein anderer Untersuchungsansatz bei Kindern schizophrener Mütter, die nach der Geburt wegadoptiert wurden, zeigte, daß auch Beziehungsstörungen unter den Adoptiveltern bei diesen Risikokindern die Schizophreniehäufigkeit erhöhten. Wir können am derzeitigen Wissensstand von einer Wechselwirkung zwischen genetischen Risikofaktoren und psychosozialen Risiken ausgehen.

Nach dem Vulnerabilitätskonzept sind psychosoziale Streßsituationen als Auslöser für produktive Symptome wirksam. Gerade solche Auslöser müssen aber aus entwicklungspsychopathologischer Sicht als alltägliche Mikrotraumen vor dem Hintergrund von entwicklungstypischen Aufgaben und Problemstellungen gesehen werden. Nicht was das psychosegefährdete Kind erlebt allein, sondern wie es dieses Erlebnis verarbeitet, macht den Risikogehalt aus. In einer eigenen Untersuchung fanden wir bei etwa der Hälfte von Adoleszenten mit Psychosen aus dem schizophrenen Formenkreis mückenstichartige Auslöser, die als Versagenserlebnisse, als Verlust einer öffentlichen Fassade bzw. als Verlust einer besonders wichtig erachteten sozialen Rolle faßbar wurden. Die Auslöser fallen im Rahmen des Prodroms bereits auf den Boden einer Irritation, d.h. die subjektive Erlebnisqualität ist bereits verändert und die Auslöseerlebnisse triggern nurmehr die letzte Stufe eines Verlustes der Realitätskontrolle nach dem Prinzip des letzten Tropfens: Die Erlebnisse werden also bereits auf eine Goldwaage subjektiver Bedeutsamkeit gelegt.

8.5.5 Verlauf psychotischer Erkrankungen des Kindes- und Jugendalters

Der Gesamtverlauf jugendlicher Psychosen aus dem schizophrenen Formenkreis wird als ungünstig eingeschätzt. Während schizophrene und schizoaffektive Ersterkrankungen im Verlauf einer stationären Behandlung innerhalb von acht Wochen noch zu 50% einen kompletten Rückgang der produktiven Symptomatik aufweisen (Resch 1992), zeigen Nachuntersuchungen, vor allem im Bereich der psychosozialen Anpassung, nach einigen Jahren bis zu 60% Einbußen der sozialen Funktionen. In einer 7-Jahre-Verlaufsstudie an schizophreniformen Erstepisoden zeigte sich, daß über 70% in den Folgejahren eine weitere Episode erlitten hatten und weitere psychiatrische Hilfe in Anspruch nehmen mußten (Schmidt et al. 1995). Eine Langzeituntersuchung an Patienten mit kindlicher Psychose ergab 25% komplette Remission, 25% Teilremission und 50% der Patienten, die persistierend Störungszeichen aufwiesen (Eggers und Bunk 1997). Diese negative Verlaufsbilanz sollte nicht nur biologisch-genetischen Faktoren zugeschrieben werden, sondern uns auch gegenüber unseren psychosozialen Therapie- und Nachsorgemaßnahmen kritisch machen: ein besseres Behandlungsangebot könnte die negative Verlaufsbilanz bessern helfen!

8.5.6 Therapeutische Ansätze

In der Psychosenbehandlung unterscheiden wir drei Therapiephasen mit fließendem Übergang (Resch 1994a, b)

- *Phase 1* zeigt eine klare Symptombezogenheit. Ziel ist dabei, die Mitigierung der psychotischen Symptomatik, der Rückgang von Halluzinationen und Wahnideen, um eine Kontakt- und Anpassungsfähigkeit des Patienten wiederherzustellen. Es gilt durch Reizbeschränkung und Abschirmung die Irritation zu verringern und durch positive und freundliche Milieubedingungen den Rahmen für eine klinische Desaktualisierung der Symptomatik zu erzielen. Die Milieubedingungen sollen also protektiv, streßvermindernd, durchschaubar, abschirmend, helfend und mütterlich pflegend sein.

- *Phase 2* ist durch die Betonung von Beziehungsaspekten gekennzeichnet. Psychotische Kinder und Jugendliche sollen durch diskrete – nicht angsterzeugende – Beziehungsangebote ermuntert werden, sich wieder auf eine neue soziale Realität einlassen zu können. Es soll dem Patienten erlaubt werden, durch Identifikationsprozesse sein Repertoire an Beziehungsstrukturen zu vergrößern, sein Weltverständnis zu verändern und die Realitätskontrolle als Überstieg zwischen Phantasie und Wirklichkeit wiederherzustellen. Die Arbeit mit der Familie hat in dieser Phase zum Ziel, die Betroffenheit der Angehörigen zu lindern und eine positive Bereitschaft zur Aufnahme des Kindes oder Jugendlichen in die Primärfamilie anzubahnen.

- In der *dritten Phase* wird schließlich der Aspekt der Entwicklungsförderung betont. Der Schwerpunkt liegt auf einer Förderungstätigkeit mit dem Ziel, die Fertigkeiten des Patienten zu verbessern, seinen Selbstwert zu erhöhen, Bewältigungsmechanismen und Streßvermeidungsstrategien zu erarbeiten. Eine Verbesserung des sozialen Netzwerkes wird angestrebt.

Das Behandlungsangebot für psychotische Kinder und Jugendliche schließt also regelhaft neben der pharmakologischen Intervention mit Neuroleptika auch psychotherapeutische und soziotherapeutische Maßnahmen mit ein. Schließlich geht es um die Wahrung von Entwicklungschancen für den kindlichen Patienten nach dem Abklingen der Psychose. Die therapeutische Begleitung eines jungen Menschen aus der Psychose in die Realität ist die Begleitung eines Prozesses, der sowohl protektive (also entwicklungsverlangsamende und Defizite ausgleichende) und progressive (entwicklungsfördernde und Anregungen setzende) Maßnahmen in individuell dosierter Abstimmung erfordert. Die Arbeit mit den Familien psychotischer Patienten und die rehabilitativen Bemühungen sollen ermöglichen, daß für das Kind und den Jugendlichen nach seiner Rückkehr in die zwischenmenschliche Realität auch ein Platz im sozialen Gefüge bereitgestellt wird. Es sollte unser Anliegen sein, das therapeutische Angebot an psychotische Patienten in jungen Lebensjahren möglichst optimal zu gestalten, damit diese trotz des massiven Einbruchs in ihre Lebenskontinuität Chancen auf einen gelungenen Lebensentwurf im Erwachsenenalter wahren können.

9 Hirnorganische Psychosyndrome

Organische Störungen sind psychische Krankheiten, die auf eine zerebrale oder systemische Krankheit zurückzuführen sind. Es liegen pathologische somatische Befunde vor und es besteht ein enger zeitlicher Zusammenhang der somatischen Befunde mit der Manifestation der psychischen Symptomatik. Störungen der Hirnfunktionen führen zu bestimmten psychischen Krankheitsbildern, die trotz der Unterschiedlichkeit der Noxe oder Grundkrankheit auffallend gleichartig sind. Die Art des Erscheinungsbildes ist im wesentlichen abhängig von dem Ausmaß und dem zeitlichen Verlauf der Hirnfunktionsstörungen.

Es können zwei große Krankheitsgruppen unterschieden werden:

- akute, typischerweise reversible organische Störungen (Funktionspsychosen, exogene Reaktionstypen),
- chronische in der Regel irreversible hirnorganische Psychosyndrome (Demenzen).

Die einzelnen exogenen Syndrome können im Verlauf einer Erkrankung fließend ineinander übergehen, je nach Akuität, Intensität und Persistenz der Störung.

9.1 Akute exogene Psychosen

Diese sind die Reaktion auf akute Störungen der Hirnfunktion im Rahmen von Hirn- oder Allgemeinerkrankungen. Leitsymptom der akuten exogenen Psychose ist die Bewußtseinsstörung. Dabei kann man verschiedene Grade der Bewußtseinsminderung (von Benommenheit über Somnolenz und Sopor zu Präkoma und Koma) wie auch andere Formen der Bewußtseinsstörungen, z.B. Bewußtseinseinengung oder eine Bewußtseinsverschiebung unterscheiden. Je nach der speziellen Ausprägung einzelner Symptome lassen sich drei Syndrome differenzieren:

- Verwirrtheitszustand,
- delirantes Syndrom bzw. Dämmerzustand.

9.1.1 Verwirrtheitszustand

Ein Verwirrtheitszustand (amentielles Syndrom) ist vor allem durch formale Denkstörungen im Sinne einer Inkohärenz und Verwirrtheit sowie Perseverationen gekennzeichnet. Weiterhin bestehen Konzentrations-, Auffassungs- und Orientierungsstörungen. Im Gegensatz zum Delir fehlt eine stärkere Bewußtseinstrübung. Die Vigilanz ist meist nur im Sinne der Benommenheit vermindert, wobei die Klarheit der Vergegenwärtigung des Erlebens eingeschränkt ist. Zusätzlich bestehen häufig Ratlosigkeit, Angst, Dysphorie oder Euphorie, Erregung und motorische Unruhe. Nach Abklingen der Symptomatik besteht Amnesie für das Erlebte. Häufigste Ursachen sind zerebrale Durchblutungsstörungen und Hirntraumata.

9.1.2 Delirantes Syndrom

Diagnostische Leitlinien nach ICD-10 F 05:

- Störung des Bewußtseins und der Aufmerksamkeit,
- Störungen der Kognition und der Wahrnehmung, wie Illusionen und optische Halluzinationen. Beeinträchtigung des abstrakten Denkens und der Auffassung, z. T.

mit flüchtigen Wahnideen, Inkohärenz, Beeinträchtigung des Kurzzeitgedächtnisses, Desorientiertheit.
- Psychomotorische Störungen (Hypo- oder Hyperaktivität).
- Störung des Wach-Schlaf-Rhythmus (Schlaflosigkeit, Umkehr des Schlaf-Wach-Rhythmus, nächtliche Verschlimmerung der Symptomatik, Alpträume).
- Affektive Störungen (Depression, Angst, Furcht, Reizbarkeit, Euphorie, Apathie, Ratlosigkeit).

Es finden sich Symptome einer sympatikotonen Übererregung (Tachykardie, Schwitzen, Tremor). Der Beginn ist gewöhnlich akut, im Tagesverlauf wechselnd, die Gesamtdauer der Störung beträgt weniger als 6 Monate. Delirante Syndrome treten bevorzugt jenseits des 60. Lebensjahres auf. In den meisten Fällen bilden sie sich innerhalb von 4 Wochen oder kürzerer Zeit zurück. Die häufigsten Ursachen sind akute ZNS-Erkrankungen, Stoffwechselstörungen, kardiopulmonale Erkrankungen oder Intoxikationen durch Medikamente oder Drogen (Tab. 45).

Folgende Medikamente bzw. Drogen können ein Delir auslösen: Alkohol, Benzodiazepine, Barbiturate, Drogen, anticholinerg wirksame Medikamente, z.B. trizyklische Antidepressiva, Phenothiazine, Biperiden, Atropin, dopaminerg wirksame Medikamente, z.B. L-Dopa, Bromocriptin, Antikonvulsiva, z.B. Phenytoin, Valproat, Antibiotika, Digitalis, Cortikosteroide. **Es muß deshalb stets die Medikation eines deliranten Patienten überprüft werden.**

Die zugrundeliegende Erkrankung wird durch eine exakte neurologische und internistische Untersuchung, inklusive Labor- und apparativer Diagnostik, ermittelt. Eine Frühdiagnose und eine frühzeitige Therapie tragen wesentlich dazu bei, irreparable Substanzschädigungen zu vermeiden. Therapeutisch steht die Beseitigung der Ursache, die zum Auftreten der exogenen Psychose geführt hat, im Vordergrund. Falls dies nicht möglich ist, müssen symptomatisch Psychopharmaka verabreicht werden. Bei Agitiertheit, Unruhe, Angst, optischen Halluzinationen und Wahnideen empfiehlt sich die Verabreichung von Haloperidol. Dosierung und Art der Applikation sind vom psychopathologischen Zustand und vom Alter des Patienten abhängig, z.B. 2 bis 10 mg/die, wobei die Hauptdosis zur Nacht verabreicht und Tropfen bevorzugt eingesetzt werden sollten. Bewährt hat sich auch die Kombination von Haloperidol mit Diazepam (10 bis 20 mg).

Tabelle 45 Mögliche Ursachen verschiedener deliranter Syndrome

ZNS-Erkrankungen	Stoffwechsel- störungen	Kardiopulmonale Erkrankungen	Verschieden Ursachen
Infektion	Urämie	Myokardinfarkt	Alkohol
Trauma	Hepat. Störungen	Kongestive Kardio-	Medikamente
Krampfanfall	Anämie	myopathie	Drogen
Neoplasma	Hypoglykämie	Kardiale Arrhythmie	Toxine
Gefäßerkrankungen	Thiaminmangel	Schock	Sepsis
Degenerative	Endokrinopathie	Ateminsuffizienz	Sensor. Deprivation
Erkrankungen	Elektrolytstörungen		Temperaturdys- regulation
			Zustand nach Operation

Für Delirien infolge eines Alkoholismus ist Clomethiazol indiziert. Wegen der Gewöhnungsgefahr ist nur eine zeitlich begrenzte Gabe erlaubt.

Bei Delirien, die durch anticholinerge Medikamente bedingt sind, sollten 2 ml Physostigmin i. m. oder langsam i. v. gegeben werden, eine weitere Applikation von jeweils 1 bis 4 mg kann in 20minütigen Abständen bei Bedarf erfolgen. Der Wirkmechanismus dieser Therapie besteht darin, daß Physostigmin die Cholinesterase reversibel hemmt und damit die Wirkung anticholinerger Pharmaka antagonisiert.

9.1.3 Dämmerzustand

Für einen Dämmerzustand ist die quantitative Bewußtseinsstörung im Sinne einer Bewußtseinsverschiebung charakteristisch. Dies bedeutet eine traumhafte Einengung und Veränderung des Bewußtseins mit fehlender Besinnung, wobei die Kommunikation mit der Umwelt beeinträchtigt sein kann. Die Orientierung kann partiell eingeschränkt oder vorhanden sein. Häufig sind Illusionen oder Halluzinationen. Situationsverkennungen und Angst können zu aggressiven Handlungen führen. Der Beginn und das Ende sind meist abrupt, die Dauer beträgt Stunden bis Tage und geht häufig in einen Schlaf über. Später besteht meist eine Amnesie. Dämmerzustände sind besonders häufig bei Epilepsien und bei pathologischen Rauschzuständen nach Drogenkonsum (LSD, Amphetamine, Ecstasy, Kokain).

Therapeutisch empfiehlt sich die Verabreichung von Diazepam oder Haloperidol.

9. 2 Dementielle Erkrankungen

Innerhalb weniger Jahrzehnte haben dementielle Erkrankungen zunehmend an Bedeutung gewonnen. Dies ist u.a. auf den Anstieg der mittleren Lebenserwartung und auf Fortschritte in der Behandlung chronischer körperlicher Erkrankungen zurückzuführen. Derzeit gibt es in Deutschland ca. 2 Mio. pflegebedürftige ältere Menschen, bei etwa der Hälfte liegt eine Demenz zugrunde. Die Prävalenz der Demenz beträgt bei Patienten im Alter zwischen 65 und 75 Jahren ca. 5%, bei über 80jährigen ca. 30%. Da die Zahl der sogenannten Hochbetagten (über 90jährige) in Deutschland drastisch ansteigt (1960: 40.000; 1994: 400.000), ist mit einer deutlichen Zunahme von Demenzen zu rechnen. Etwa jeder 4. Patient mit einer Demenz vom Alzheimer-Typ weist vor Beginn der dementiellen Symptomatik Depressionen auf. Etwa jeder 4. Patient mit einer Demenz vom Alzheimer-Typ leidet gleichzeitig an einer Depression.

Demenzen sind chronische hirnorganische Psychosyndrome mit diffusen Hirnschädigungen in Form von Atrophien, die meistens irreversibel sind. Dabei kommt es zu Beeinträchtigungen höherer kortikaler Funktionen, einschließlich Gedächtnis, Denken, Orientierung, Auffassung, Rechnen, Lernfähigkeit, Sprache und Urteilsvermögen. Das Bewußtsein ist meist nicht gestört. Die kognitiven Beeinträchtigungen sind meistens begleitet von Verschlechterung der emotionalen Kontrolle, des Sozialverhaltens oder der Motivation. Die wesentliche Voraussetzung ist der Nachweis einer Abnahme des Gedächtnisses und des Denkvermögens mit Beeinträchtigung der Aktivitäten des täglichen Lebens, wie Waschen, Ankleiden, Essen, persönliche Hygiene. Die Störung des Gedächtnisses betrifft typischer Weise Aufnahme, Speichern und Wiedergabe neuer Informationen. Früher gelerntes und vertrautes Material kann besonders in den späteren Stadien ebenfalls verloren gehen. Es besteht auch eine Beeinträchtigung des Denkvermögens, der Fähigkeit zu vernünftigem Urteilen und einer Verminderung des Ideenflusses. Die Informationsverarbeitung ist beeinträchtigt. Für den Betreffenden wird es immer schwieriger, sich mehr als einem Stimulus gleichzeitig aufmerksam zuzuwenden, z.B. an einem Gespräch mit mehreren Personen teilzunehmen. Nach der ICD-10 müssen die erwähnten Symptome und Störungen mindestens 6 Monate bestanden haben.

Zur Diagnose und Differentialdiagnose von Demenzen sind folgende Untersuchungsverfahren wichtig (Tab. 46).

Als Screening-Verfahren zur Frühdiagnostik hat sich der Mini-Mental-Status-Test (MMST) bewährt, in dem Fragen zur Orientierung, Merkfähigkeit, Aufmerksamkeit und Rechnen, Erinnerungsfähigkeit sowie Sprachvermögen und -verständnis gestellt

Tabelle 46 Diagnostisches Programm zur Differentialdiagnose der Demenzen

Untersuchungen	Klinische Beispiele, Verdachtsdiagnosen
Eigen- und Fremdanamnese:	– Alkoholmißbrauch, Wernicke-Korsakow-Syndrom – Schädel-Hirn-Trauma, Dementia purgilistica („Boxer-Demenz") – Medikamenten- und Drogenabhängigkeit, Lösungsmittel-Enzepahlopathie – durchgemachte Enzephalitis (z. B. Herpes-Enzephalitis) – Schlaf-Apnoe-Syndrom
Psychiatrische Untersuchung:	– depressive „Pseudodemenz" – dissoziative Störungen (z. B. Ganser-Syndrom) – schizophrener Residualzustand
Neurologische Untersuchung: *(incl.Neurophysiologie)*	– Parkinsonsche Krankheit, Parkinson-Plus-Syndrome – Chorea Huntington – Creutzfeldt-Jacob-Erkrankung – Hepatolentikuläre Degeneration (Mb., Wilson) – andere heredodegenerative Erkrankungen – progressive Paralyse
Internistische Untersuchung: *(incl. EKG, Labor: BSG, BB,* *Diff.BB, E'lyte, Gamma-GT,* *Kreatinin, T_4, TSH, Vit. B_{12},* *Folsäure)*	– chronische zerebrale Hypoxie bei Herzinsuffizienz, Anämie – Leber-, Nierenerkrankungen/-versagen, – Endokrinopathien (Diabetes mellitus, Schilddrüsen-, Nebenschilddrüsen-Funktionsstörung) – Hypovitaminosen – Autoimmunerkrankungen – paraneoplastische Syndrome (z. B. limbische Enzephalitis)
Neuroradiologische Untersuchung:	– vaskuläre Demenzen – raumfordernde Prozesse – Normaldruckhydrozephalus – fokale kortikale Atrophien (z. B. Mb. Pick) – entzündliche und degenerative Erkrankungen mit Beteiligung des Marklagers – HIV-Enzephalopathie

werden. Hinweise auf eine Demenz bestehen bei weniger als 24 von 30 möglichen Punkten. Bildgebende Verfahren wie Computertomographie, MRT oder PET lassen meist eine Hirnatrophie, eine Verringerung der allgemeinen oder regionalen Hirndurchblutung sowie eine Störung des Hirnstoffwechsels erkennen. Sensivität und Spezifität dieser Verfahren sind aber vor allem bei Frühformen der Demenz begrenzt. (s.a. VI.3)

Bei der Differentialdiagnose der Demenzen sind vor allem lang anhaltende und gering ausgeprägte Verwirrtheitszustände im Rahmen körperlicher Krankheiten oder im Zusammenhang mit medikamentösen Behandlungsverfahren, altersbedingte Gedächtniseinbußen, die depressive Pseudodemenz, die Minderbegabung und die hysterische Pseudodemenz zu berücksichtigen.

Bei den altersbedingten Gedächtniseinbußen finden sich geringgradige Gedächtnisstörungen, ohne daß die Kompetenz bei der Bewältigung von Alltagsaufgaben wesentlich vermindert ist.

Die häufigste Fehldiagnose sind Depressionen im höheren Lebensalter, die auch mit kognitiven Leistungseinbußen sowie Konzentrations- und Gedächtnisstörungen, Erschwerung und Verlangsamung des Denkens und Antriebsverarmung einhergehen. Charakteristika der Differentialdiagnose Depression/Demenz finden sich auf Tabelle 47.

Ist die Diagnose einer Demenz gesichert, so folgt als nächster Schritt die Zuordnung zu einer bestimmten nosologischen Kategorie. Dabei überwiegen Demenzen vom Alzheimer-Typ mit 60 bis 70%, gefolgt von vaskulären Demenzen mit ca. 15%, Mischformen degenerativ und vaskulär sowie Demenzen bei chronischem Alkoholismus ca. 5%. Bei 5 bis 15% aller Demenzen liegen unterschiedliche Ursachen vor (Chorea Huntington, Morbus Pick, Morbus Parkinson, Creutzfeldt-Jacob-Krankheit, Aids).

Die Differentialdiagnostik ist besonders wichtig für reversible Demenzen, das sind immerhin 5% aller Demenzen. Als Ursache dieser Demenzen kommen vorwiegend Endokrinopathien, Stoffwechselerkrankungen, Vitaminmangelzustände, Hämato-

Tabelle 47 Differentialdiagnose Depression – Demenz

Charakteristika	Depression	Demenz
Langsame Manifestation	Nein	Ja
Leidensdruck, psychische Notlage	Ja	Nein
Häufige Antwort: „Ich weiß es nicht"	Ja	Nein
Defizite, höherer kortikaler Funktionen (Aphasie, Apraxie)	Nein	Ja
Altgedächtnis weniger gestört als Neugedächtnis	Nein	Ja
Inkonsistente Ergebnisse der wiederholten mentalen Untersuchungen	Ja	Nein
Affektive Erkrankungen in der Vorgeschichte (auch familiär)	Ja	Nein
Kognitive Defizite bewußt	ja	Nein
Pathologische Ergebnisse der neuroradiologischen Untersuchungen	Nein	Ja

me, gutartige Hirntumore und der kommunizierende Hydrozephalus in Frage. Die verschiedenen Ursachen von Demenzen ergeben sich aus Tabelle 48.

Tabelle 48 Ursachen von Demenz

Degenerative (atrophische Hirnprozesse)	Alzheimer Demenz Mb. Pick Chorea Huntington Lewy-Körperchen-Demenz Guam-Parkinson-Demenz-Komplex Idiopathisches Parkinson-Syndrom Spinozerebellare, pontozerebellare und zerebellozerebrale Heredoataxien Progressive supranukleäre Ophthalmoplegie (Stelle-Richardson-Olszewski-Syndrom) u. a.
Gefäßbedingte Hirnerkrankungen	Hypertensive Enzephalopathie Subkortikale arteriosklerotische Enzephalopathie (Morbus Binswanger) Multiinfarkt-Syndrom Andere hämodynamisch/thromboembolisch bedingte vaskuläre Erkrankungen Vaskulitiden u. a.
Stoffwechselerkrankungen, Endokrinopathien	Diabetes mellitus Porphyrie Leber-/Niereninsuffizienz Lipidosen Glykogenosen Mitochondriale Enzephalopathien A-/Hypovitaminosen (vor allem B1, B6, B12, Folsäure, Nikotinsäure) Mb. Addison Mb. Cushing Hyper-/Hypothyreose Hyper-/Hypoparathreodismus u. a.
Chronische Intoxikation	Alkohol Medikamente/Drogen Schwermetalle (z. B. Blei) Organische Verbindungen z. B. Lösungsmittel) u. a.
Entzündliche Erkrankungen, Infektionen	Lues (Progressive Paralyse) Multiple Sklerose AIDS Jakob-Creutzfeld-Erkrankungen Meningoenzephalitiden u. a.
Raumforderungen	Intrakraniell: Hirntumoren, Schädelbasistumoren Extrakraniell: karzinomatöse Meningitis, paraneoplastisches Syndrom u. a.
Schädel-Hirn-Traumata	Contusio cerebri Chronisches Subduralhämatom u. a.
Zerebrales Anfallsleiden	Verschiedene Epilepsieformen

9.2.1 Alzheimer Demenz (F 00.1)

Der Morbus Alzheimer ist eine primär degenerative zerebrale Erkrankung, die seltener schon vor dem 65. Lebensjahr und häufiger im höheren Lebensalter auftritt. Sie beginnt gewöhnlich schleichend und entwickelt sich langsam über einen Zeitraum von 2 bis 5 Jahren. Erkrankungen mit präsenilem Beginn sind familiär gehäuft, zeigen einen rascheren Verlauf und besonders ausgeprägte Schädigungen temporal und parietal, einschließlich Dysphasie oder Dyspraxie. Besonders im Hippokampus, im Locus coeruleus sowie im temporoparietalen und frontalen Kortex findet sich eine ausgeprägte Minderung der Neuronen-Population. Histologisch sind charakteristisch, jedoch nicht spezifisch, die Alzheimerschen Fibrillen sowie die Plaques, die größtenteils aus abnormem phosphoryrilierten Amyloid-Precursor-Protein (APP) und Tau-Protein bestehen. Die Ätiologie ist multifaktoriell (genetische, toxische, infektiöse Faktoren, Neurotransmitterstörungen). Vor kurzem wurde bei familiären frühen Formen ein genetischer Defekt auf Chromosom 21 sowie Hinweise für Mutationen auf Chromosom 14 (präsenil) und 19 (senil) festgestellt, die für die amyloidartige Proteindegeneration relevant sind. Im weiteren wurden beim Morbus Alzheimer ein cholinerges Defizit sowie eine Reduktion der Phosphokinaseaktivität mit nachfolgender Veränderung des energieliefernden Glukosestoffwechsels gefunden.

Kasuistik: Bei der jetzt 65jährigen Patientin bestehen seit 5 Jahren langsam zunehmende Gedächtnisstörungen, vor allem für kürzer zurückliegende Ereignisse und Namen, sowie eine fortschreitende Minderung des Denkvermögens und der Urteilskraft. Seit 2 Jahren sind zusätzlich Orientierungsstörungen aufgetreten. Die Patientin kann den Haushalt nicht mehr führen, kann kaum noch kochen und weiß nicht mehr die wesentlichen Dinge für den Haushalt einzukaufen. Sie findet sich in der unmittelbaren Umgebung des Hauses nicht mehr zurecht und vernachlässigt zunehmend die körperliche Hygiene. Ohne Hilfe ist ihr eine Bewältigung der alltäglichen Anforderungen nicht mehr möglich. Die Patientin kann kaum noch in ganzen Sätzen sprechen und hat erhebliche Wortfindungsstörungen.

Psychopathologischer Befund: Bewußtseinsklar, in allen Qualitäten lückenhaft orientiert. Die Konzentrationsfähigkeit ist deutlich herabgesetzt. Im Altgedächtnis sind erhebliche Einbußen nachweisbar, neue Informationen kann die Patientin nicht speichern. Es fallen eine erhebliche Minderung des Denkvermögens und der Urteilsfähigkeit auf. Dies wird vor allem deutlich bei Fragen der gegenwärtigen Lebenssituation, der Krankheit sowie bei Fragen zu Gemeinsamkeiten und Unterschieden von Begriffen. Es finden sich Wortfindungsstörungen (amnestische Aphasie) sowie eine Dyskalkulie, Dysgraphie und Dyspraxie. Der Antrieb ist reduziert, der Affekt ist etwas flach, teilweise labil. Im Kontaktverhalten ist die Patientin freundlich und zugewandt. Sie nimmt nur zu einem geringen Teil ihre krankheitsbedingten Einbußen wahr.

In der neurologischen Untersuchung fallen feinmotorische Störungen auf (FNV, Diadochokinese). Im Computertomogramm ist eine ausgeprägte Mark- und Rindenatrophie mit fronto-temporaler Betonung sichtbar. Der Verlauf sowie das Fehlen von neurologischen und internistischen Grunderkrankungen weisen am ehesten auf eine Demenz bei Alzheimerscher Krankheit hin.

Im Verlauf der Erkrankung kann es zu Verwirrtheitszuständen mit Unruhe und Erregbarkeit sowie Mißtrauen mit Bestehlungs- und Verfolgungswahn kommen. Häufig findet sich dann auch eine Unfähigkeit, Gesichter naher Angehöriger wieder zu erkennen. Oft kommt es zu einer progredienten Kachexie, die meistens nach ca. 5 bis 10 Jahren zum Exitus durch interkurrente Erkrankungen führt. Bisher existieren nur symptomatische Behandlungsansätze, wobei mit Nootropika versucht werden sollte, die Progredienz der kognitiven Störungen hinauszuschieben. Bei Beginn der Erkrankung kann ein Behandlungsversuch mit dem Phytotherapeutikum Gingko biloba,

120 mg/die, erwogen werden. Von den vielen zugelassenen Nootropika haben nur folgende Substanzen in klinischen Studien eine Wirksamkeit gezeigt: Dihydroergotoxin (4–8 mg), Nicergolin (15–30 mg), Nimotipin (90 mg), Piracetam (2,4–4,8 g), Pyritinol (600 mg) Tacrin (160 mg) Donepezil (5–10 mg)

Bei Schlafstörungen und Unruhezuständen sind Melperon oder Pipamperon, bei Halluzinationen und Wahn Haloperidol indiziert. Depressive Verstimmungen sollten nicht mit trizyklischen Substanzen, sondern mit SSRI oder Moclobemid behandelt werden. Im weiteren ist ein kognitives Training und eine Bewegungstherapie notwendig. Besonders wichtig ist die psychosoziale Betreuung der Patienten unter Einbeziehung der nächsten Angehörigen und der Vermittlung sozialer Hilfen sowie psychotherapeutischer Beratung und Behandlung.

9.2.2 Multiinfarktdemenz (MID) (F 01.1)

Die MID ist auf ischämische Parenchymnekrosen und kleine Blutungen auf dem Boden einer zerebralen Arteriosklerose zurückzuführen. Typischerweise bestehen in der Vorgeschichte transistorisch-ischämische Attacken mit kurzen Bewußtseinsstörungen, flüchtigen Paresen oder Visus-Verlust. Die Demenz kann nach einer einzelnen ischämischen Episode abrupt auftreten oder sich allmählich entwickeln. Die Patienten klagen häufig über Kopfschmerzen, Schwindel, Müdigkeit, Leistungsminderung und nächtliche Verwirrtheitszustände (RR-Abfall). Die wichtigsten Risikofaktoren sind: Hypertonie, Hyperlipidamie, Diabetes mellitus, Hyperurikämie, Gerinnungsstörungen, kardiale Erkrankungen, z.B. Myokardinfarkt, Störungen der zerebralen Perfusion, z.B. TIA's, Hirninfarkte, Nikotinabusus.

Typisch für die MID sind neben dem plötzlichen Beginn und der schrittweisen Verschlechterung neurologische Herdzeichen sowie Affektlabilität, Affektinkontinenz, Enthemmung, Reizbarkeit und eine Zuspitzung früherer Persönlichkeitszüge. Zur Differenzierung zwischen MID und Alzheimer-Demenz kann die Haschinski-Ischämie-Skala herangezogen werden.

Die Therapie besteht in einer Beseitigung der vaskulären Risikofaktoren, z.B. Stabilisierung der Herz-Kreislauf-Situation, Behandlung des Diabetes sowie in der Verabreichung von Thrombozytenaggregationshemmern (z.B. Acetylsalicylsäure), Nootropika bei kognitiven Störungen und Neuroleptika (z.B. Melperon oder Pipamperon) bzw. Clomethiazol bei Schlafstörungen und Unruhezuständen.

9.2.3 Morbus Pick (F 02.0)

Das Erkrankungsrisiko beträgt ca. 0,1%, der Beginn liegt gewöhnlich zwischen dem 50. und 60. Lebensjahr und bei 20% der Fälle liegt ein genetischer Faktor zugrunde. Initial findet sich eine Persönlichkeitsveränderung, Triebenthemmung, Affektlabilität und entweder Apathie oder Ruhelosigkeit. Später kommt es zu kognitiven Störungen und gelegentlich auch zu extrapyramidalen Phänomenen. Neuropathologisch findet sich eine umschriebene Atrophie des Frontal- und Temporallappens, ohne über das normale Altersmaß hinausgehende neuritische Plaques und neurofibrilläre Verklumpungen. Ein Behandlungsversuch mit Nootropika ist sinnvoll, es kommt jedoch meistens innerhalb von 5 Jahren zum Exitus durch interkurrente Erkrankungen.

9.2.4 Chorea Huntington (F 02.2)

Die Störung ist autosomal-dominant erblich mit einem defekten Gen auf Chromosom 4. Der Beginn liegt im 3. bis 4. Lebensjahrzehnt. Initial finden sich häufig Depression, Angst, paranoide Symptome sowie Persönlichkeitsveränderungen. Neurologisch sind unwillkürliche choreiforme Bewegungen im Gesicht, an den Händen und Schultern oder am Gang festzustellen. Sie gehen gewöhnlich der Demenz voraus. Diese ist vorwiegend durch eine Beteiligung der Frontalhirnfunktionen bei noch länger, relativ gut erhaltenem Gedächtnis gekennzeichnet. Neuropathologisch finden sich eine Atrophie im Bereich des Striatums und der Frontalhirnrinde.

Seit wenigen Jahren ist eine humangenetische Beratung mit molekulargenetischer Untersuchung möglich. Bedingungen für eine prädiktive Testung bei klinisch Gesunden: volljährig, freiwillig, ausführliche humangenetische Beratung, psychotherapeutische Betreuung während und nach der Testung, Bedenkzeit vor der Ergebnismitteilung von mindestens einem Monat, Ergebnismitteilung mit Humangenetikern, Risikoperson und Psychotherapeut. Das Ergebnis wird nur mitgeteilt, wenn alle drei Personen damit einverstanden sind. Bei Kranken sollte eine differentialdiagnostische Testung durchgeführt werden, so lange der Patient einwilligungsfähig ist, eine humangenetische Beratung empfohlen wird und die Ergebnismitteilung durch einen Nervenarzt vorgenommen wird.

Eine kausale Therapie ist nicht möglich. Die Hyperkinesen kann man mit Neuroleptika, entweder starkpotenten Substanzen oder Clozapin, mildern.

9.2.5 Morbus Parkinson (F 02.3)

Ursache ist eine Atrophie der melatoninhaltigen Zellen in der Substantia nigra, die zu einem Dopamin-Mangel führt. Die Prävalenz beträgt 200 auf 100.000, die Inzidenz 20 auf 100.000. Die Krankheit beginnt im mittleren Lebensalter und führt langsam fortschreitend zu einem typischen Parkinson-Syndrom mit Rigor, Tremor und Akinese. Im weiteren kann es zu einem hirnlokalen Psychosyndrom mit allgemeiner Verlangsamung (Bradyphrenie), Antriebsmangel, Stimmungslabilität und schweren depressiven Verstimmungen kommen. Ein Intelligenzabbau wird oft nur durch die Akinese, monotone Stimme und Verlangsamung sowie durch das unwillkürliche Wiederholen von Sätzen und Wörtern (Palilalie) vorgetäuscht. Weitere Ursachen eines Parkinson-Syndroms können sein: akute CO-Intoxikation, Arteriosklerose, Enzephalitis, Hirntumoren. Starkpotente Neuroleptika können ein Parkinsonoid hervorrufen.

Zur Behandlung werden unterschiedliche Substanzgruppen empfohlen: Anticholinergika, Amantadin, MAO-B-Hemmer (Selegilin), Dopamin-Agonisten (Bromocriptin, Lisorid), Levodopa. Wirksamkeit, Dosierung und Verträglichkeit können hier nicht ausführlicher dargestellt werden.

9.2.6 Lewy-Körperchen-Demenz (LKD)

In Autopsie-Serien fand man eine Prävalenz von 5 bis 20%, zweithäufigste Demenzursache nach Morbus Alzheimer. Männer sind häufiger betroffen als Frauen. Das Ersterkrankungsalter entspricht dem Morbus Alzheimer. Auffällig sind frühe visuospaziale Störungen und Aufmerksamkeitsstörungen. In mehr als 50% der Fälle finden sich visuelle Halluzinationen, Depression oder paranoide Symptome. Die kognitiven Defizite verlaufen fluktuierend mit Episoden, die an ein Delir mit Bewußtseinsveränderung erinnern. Weiterhin typisch sind Parkinson-Symptome (Rigor, Tremor, Bradykinese, Gang- und Haltungsstörung). Die Abgrenzung von der Alzheimer-Demenz ist schwierig. Neuropathologisch sind Lewy-Körperchen als Zytoplasmaeinflüsse mit einer diffusen Verteilung in kortikalen und subkortikalen Regionen nachweisbar. Es wird spekuliert, daß die LKD eine Subform der Alzheimer-Demenz sein könnte. Die symptomatische Therapie umfaßt Antiparkinsonmittel, Neuroleptika und Nootropika.

9.2.7 Creutzfeldt-Jacob-Erkrankung (F 02.1)

Diese subakute spongiöse Enzephalopathie ist verwandt mit der bovinen spongiösen Enzephalopathie BSE. Als Ätiologie werden diskutiert eine Slow-Virus-Infektion, die Prionen-Theorie sowie die iatrogene Übertragung durch Transplantation von Dura und Kornea oder Behandlung mit Wachstumshormonen. Beginn gewöhnlich im Erwachsenen- oder späteren Lebensalter. Der Verlauf ist subakut und führt in ein bis zwei Jahren zum Tode. Folgende Trias legt die *Diagnose* nahe:

- rasch fortschreitende ausgeprägte Demenz,
- Myoklonus,
- triphasische Wellen im EEG.

9.2.8 Normaldruck-Hydrocephalus

Es handelt sich um eine Liquorzirkulations- und Resorptionsstörung, die auf eine posthämorrhagische oder postentzündliche Meningenverklebung zurückzuführen ist. Typisch sind die *Symptome*

- Ataxie,
- Harninkontinenz und
- Demenz.

Zur *Diagnostik* ist ein CCT und eine Liquorflußuntersuchung notwendig. Die kausale Behandlung besteht in einer Shuntlegung zur Liquorableitung, von der ca. 80% der Patienten profitieren.

9.3 Organische Wesensänderung und hirnorganisches Psychosyndrom

Eine Veränderung der Persönlichkeit kann Folge oder Begleitstörung einer generalisierten oder lokalisierten Schädigung oder Funktionsstörung des Gehirns sein. Die organische Wesensänderung ist charakterisiert durch eine auffällige Veränderung des gewohnten Verhaltens, das der Patient prämorbid gezeigt hat. Häufig findet sich eine emotionale Labilität mit inadäquatem Affekt und leichtem Wechsel zur Reizbarkeit und aggressiven Ausbrüchen. In manchen Fällen steht eher eine Apathie im Vordergrund. Kognitive Fähigkeiten sind nur in dem Sinne gestört, daß es schwierig ist, eigene Handlungen zu planen und ihre wahrscheinlichen, persönlichen und sozialen Konsequenzen vorauszusehen. Häufig sind dann Verhaltensstörungen sowie Vernachlässigung der Körperpflege, unangemessene sexuelle Annäherungsversuche und Delinquenz. Einzelne Patienten wirken mißtrauisch und paranoid. Der formale Gedankengang wirkt häufig umständlich und zähflüssig.

Nach der Lokalisation werden folgende hirnlokale Syndrome, deren Spezifität aber umstritten ist, unterschieden: Stirnhirn-Syndrom mit Antriebs- und Interesselosigkeit, Orbitalhirn-Syndrom mit Witzelsucht, Verlust des Taktgefühls, Distanzlosigkeit und Enthemmung, Stammhirn-Syndrom mit Dysphorie und Apathie, Zwischenhirn-Syndrom mit impulshaften Triebentladungen und das Temporalhirn-Syndrom mit Störungen des Sozialverhaltens, Mißtrauen und Umständlichkeit. Die Behandlung erfolgt symptomatisch analog den Demenzen.

9.4 Aids aus psychiatrischer und psychotherapeutischer Sicht

Das erworbene **Immunschwächesyndrom** (Aids – Aquired immune deficiency syndrome) wurde als neues Krankheitsbild seit Anfang der 80er Jahre bekannt, nachdem zwischen 1960 und 1970 erste Fälle dieser neuen Erkrankung mit dem HIV (human immunodeficiency virus) bekannt wurden. Zunehmend faßte die Seuche auch in Europa Fuß.

Aids ist das irreversible Endstadium einer chronisch progredienten HIV-Infektion, die durch zelluläre Immundefekte, lebensbedrohliche Sekundärinfektionen mit opportunistischen Erregern, Malignomen, neurologischen und psychiatrischen Erkrankungen einhergeht. Die Krankheit ist über die ganze Welt verbreitet. Man geht von 2,5 Millionen Erkrankten in der Welt aus. In der Bundesrepublik gehen die Neuerkrankungszahlen in letzter Zeit langsam zurück. In erster Linie erkranken Homosexuelle mit wechselnden Partnerbeziehungen, Drogensüchtige und in gewissem Umfang Transfusionsempfänger. Blut und sexuelle Kontakte sind der Hauptverbreitungsweg.

Psychiatrische Syndrome ergeben sich für Aidskranke einmal aus psychogenen Komponenten der Erkrankung bzw. der Krankheitsverarbeitung, aus dem Neurotropismus der Lentiviren mit der Folge von Demenzen und Durchgangssyndromen sowie pseudoneurasthenischen Folgesyndromen unterschiedlicher aids-bedingter Erkrankungen. Neurologische Komplikationen können Meningoenzephalitis in der Frühphase der Infektion, Polyneuropathiesyndrome und Myelopathien sein. 10% aller Aidskranken suchen wegen neurologischer oder psychiatrischer Störungen erstmals den Arzt auf.

Psychiatrische Syndrome im Zusammenhang mit Aids: Hirnorganische Psychosyndrome: Aus den USA werden relativ häufig Delirien beschrieben, die bei Drogenkranken nicht ganz leicht von drogeninduzierten Psychosen abzugrenzen sind. Demenzen treten in der Folge von chronischen Enzephalitiden auf, so daß man im Zusammenhang mit motorischen Störungen auch von einem Aids-Dementiakomplex spricht. Durchgangssyndrome bzw. exogene Reaktionstypen mit Bewußtseinsstörungen sind häufig.

Ätiologisch unspezifisch können Störungen von Antrieb (Energielosigkeit, Mattheit), fehlender Willensanspannung (Apathie, Abulie) und psychomotorische Verlangsamung sein. Sowohl hirnorganische Ursachen wie neurotisch-reaktive Befindlichkeitsstörungen kommen dafür infrage. Manche Autoren sprechen in diesem Zusammenhang von Aids-Lethargie.

Das reaktive Element in der Folge einer prognostisch noch extrem belasteten Erkrankung läßt sich auch aus der hohen Suizidalität Aidserkrankter erkennen. Das Suizidrisiko liegt nach amerikanischen Studien bei Männern 36 mal höher als der Durchschnitt der Bevölkerung.

Die psychosoziale und psychotherapeutische Betreuung Aidskranker muß sich mit der speziellen Situation derselben auseinandersetzen, die durch Resignation, sozialen Rückzug, gegebenenfalls kriminogener Gleichgültigkeit bezüglich der Infektionsgefahr für Partner auseinanderzusetzen hat angesichts einer Prognose, die das Ende des Lebens immer vor Augen hat.

Unter **Aidsphobie** versteht man ein Syndrom, bei dem Furcht vor dem Infektionsrisiko bzw. die Infektion erlitten zu haben, im Vordergrund stehen. Auf der Basis von Persönlichkeitsstörungen unterschiedlicher Art sind Symptomgestaltungen die Angst, Hypochondrie gar Wahn mit einer Krankheit, die ob ihrer Gefahren in aller Munde ist, in Verbindung bringen ganz verständlich. Derartige Aidsphobien sind wohl zu unterscheiden von den psychischen (z.B. Angst-)Reaktionen HIV-infizierter klinisch gesunder Menschen.

9.5 Intelligenzminderung – kinderpsychiatrische Syndrome

Für die **Intelligenzminderung** werden verschiedene Synonyme gebraucht wie geistige Behinderung Oligophrenie, Minderbegabung, Retardierung, Geistesschwäche, Schwachsinn.

Definition: Die Intelligenzminderung ist eine Verminderung der intellektuellen Fähigkeiten, der sprachlichen Entwicklung und der motorischen Fertigkeiten unterschiedlichen Grades mit der Einschränkung bzw. Unfähigkeit zur selbständigen, zweckmäßigen Lebensführung. Damit verbunden sind die Begrenzung der Lebensbewältigungstechniken, der sozialen Fertigkeiten und die Beeinträchtigung des schulischen Bildungsganges. Mitunter sind einzelne Intelligenzfunktionen unterschiedlich betroffen, z.B. gute Gedächtnisleistungen und rasche Kommunikationsfähigkeit bei gleichzeitigem Mangel an Urteils-und Abstraktionsfähigkeit. Der Begriff der geistigen Behinderung schließt im öffentlichen und juristischen Sprachgebrauch die im späteren Alter erworbenen Zustände mit ein und bezieht sich auf die beobachtbaren Erscheinungen. Der Begriff Schwachsinn sollte wegen seiner negativen Bedeutung aus der Umgangssprache getilgt werden. Der Anteil der geistig Behinderten beträgt weniger als 1% der Gesamtbevölkerung.

Diagnose: Sie stützt sich auf die genaue Kenntnis der frühkindlichen Entwicklung und die Anwendung standardisierter Verfahren zur Messung der Intelligenz. Die am weitesten verbreitete Einteilung der Weltgesundheitsorganisation richtet sich nach dem Intelligenzquotienten (IQ, s. Tab. 49) und umfaßt vier Schweregrade, denen auch unterschiedliche Anpassungsmöglichkeiten entsprechen. Sie sind eigentlich bei der kontinuierlichen Verteilungsform als willkürlich anzusehen, haben sich aber als praktisch brauchbar für das zu erwartende Lernverhalten, die Art der Fördermöglichkeiten und des Betreuungsaufwandes erwiesen:

- Geistig behinderte mit einer leichten intellektuellen Minderung (IQ von 50–69, Debilität, leichte Oligophrenie) können das Entwicklungsalter eines etwa 9- bis 12-jährigen Kindes erreichen. Sie sind zu konkreten, aber nicht zu formalen Denkope-

Tabelle 49 Intelligenzminderung und Fördermöglichkeiten

Intelligenz-minderung	IQ	Entwick-lungsalter	Denkleistung	Förder-möglichkeiten
Lern-behinderung	84–70	keine Einschränkung	formale Denkoperationen	Sonderschule für Lernbehinderte, evtl. Haupt- und Grundschule
leichte (Debilität)	69–50	9–12 Jahre	konkrete Denkoperationen, keine formalen Denkoperationen, erwerben üblicher Kulturtechniken (z.B. Sprache)	Sonderschule für Lernbehinderte
mittelgradige (Imbezillität)	49–35	6–9 Jahre	symbolische Denkfunktionen, keine konkreten Denkoperationen, wenige Kulturtechniken	Sonderschule für Geistigbehinderte
schwere (schwere Imbezillität)	34–20	3–6 Jahre	kein Erwerb von Kulturtechniken	pflegebedürftig
schwerste (Idiotie)	19–0	unter 3 Jahre	lernen allenfalls durch Ver-such-Irrtum und Imitation	immer pflegebedürftig

rationen in der Lage, können eine Sonderschule für Lernbehinderte (L-Schule) besuchen und erwerben übliche Kulturtechniken, z.B. die Sprache.

- Mittelgradig geistig Behinderte (IQ von 35–49, Imbezillität) erreichen das Entwicklungsalter eines 6- bis 9-jährigen Kindes. Sie sind nicht zu konkreten Denkoperationen in der Lage, sondern nur zu symbolischen Denkfunktionen und können eine Sonderschule für Geistigbehinderte (G-Schule) besuchen. Sie können sehr wenige Kulturtechniken erwerben.
- Schwer geistig Behinderte (IQ von 20–34, ausgeprägte Imbezillität) erreichen ein Entwicklungsalter eines 3-jährigen Kindes und können keine Kulturtechniken erwerben. Sie sind in der Regel pflegebedürftig.
- Schwerst geistig Behinderte (IQ von 0–19, Idiotie) erreichen das Entwicklungsalter eines unter 3-jährigen Kindes und sind allenfalls zum Lernen durch Versuch-Irrtum und Imitation fähig. Sie sind immer pflegebedürftig.

Über allen diesen intellektuellen Störungen liegt als unterste Normvariante die Gruppe der Lernbehinderten (IQ 70–84, unterdurchschnittliche Intelligenz, Grenzdebilität), deren Entwicklungsalter dem der Gesunden entspricht und die auch zu formalen Denkoperationen in der Lage sind und unter günstigen Umständen Grund- und Hauptschule besuchen können.

Intelligenzminderung kann eine Reihe verschiedener *Ursachen* haben:

- vorgeburtliche (pränatale) Schädigungen wie Chromosomenabweichungen (Langdon-Down-Syndrom), Embryopathien (Virusinfektionen, Stoffwechselerkrankungen, chemische und physikalische Schäden);
- Geburts- (perinatale) Schädigungen wie Hirnblutungen, Sauerstoffmangel oder mechanische Einwirkungen;

- postnatale Schädigungen wie Enzephalitis, Meningitis, Impfschäden, Anfallsleiden oder schwere Ernährungsstörungen. Dagegen spielen bei der Intelligenzminderung leichten Grades psychologische und umweltbezogene Ursachen eine größere Rolle (psychosoziale Benachteiligung und Deprivation).

Die *Therapie* richtet sich nach den Ursachen. Bei den kausal behandelbaren Formen wie den erblichen Enzymdefekten, z.B. bei der Phenylketonurie sind frühzeitige Präventionsmaßnahmen nötig wie genetische Beratung der Eltern, Schwangerschaftsvorsorge und Therapie bei den entwicklungsgefährdeten Kindern. Bei den nicht kausal behandelbaren Formen sind früh einsetzende, langfristige **Fördermaßnahmen** erforderlich wie Frühförderung über Sonderkindergärten, Sonderschulen und berufliche Rehabilitationen. *Therapeutische Maßnahmen* umfassen Sprach- und motorische Therapien, Musik- und Beschäftigungstherapie sowie ärztliche und psychologische Behandlung. Die Betreuung schließt auch die Angehörigen mit ein und beginnt mit ausführlichen Informationen über die Erkrankung und deren Konsequenzen, bietet Hilfe und Unterstützung bei der psychischen Bewältigung, ein behindertes Kind zu haben, hat Unter- und Überforderung im Gleichgewicht zu halten oder hilft auch bei auftretenden familiären Problemen. Eine medikamentöse Behandlung der Intelligenzminderung an sich gibt es nicht. Medikamente sind jedoch bei den vielfältigen begleitenden Störungen wie Aufmerksamkeitsstörungen, Antriebsschwäche, Unruhe und Erregungszustände oder nichtsteuerbare Hypersexualität äußerst hilfreich, jedoch stets im Zusammenhang mit den heilpädagogischen und ärztlich-psychologischen Maßnahmen. Schließlich ist Betreuung von geistig Behinderten mehrdimensional und interdisziplinär und erfordert absolute Kontinuität.

10 Weitere kinder- und jugendpsychiatrische Syndrome

10.1 Autismus

Das Störungsbild des Autismus wurde 1943 erstmals anhand von 11 Fällen von Leo Kanner beschrieben und 1944 durch 4 Fälle von Hans Asperger. Die wesentlichen Erscheinungsformen dieser Beschreibungen sind auch noch heute gültig und sind in den Grundzügen auch in den Beschreibungen in den Klassifikationen der ICD-10 bzw. DSM-IV enthalten. Seit der Etablierung des ICD-10 ist neben dem kindlichen Autismus auch das Asperger-Syndrom in das Kapitel F84: „Tiefgreifende Entwicklungsstörung" mit aufgenommen worden. Derzeit existieren extensive Untersuchungsinstrumente mit ausgefeiltem Algorithmus, so daß der Autismus zu den am besten beschriebenen und definierten psychopathologischen Störungen gehört.

Klinisches Erscheinungsbild: Der Autismus setzt sich aus 4 charakteristischen Symptombereichen zusammen:

- **Die qualitative Auffälligkeit der gegenseitigen sozialen Interaktion** ist durch die weitgehende Unfähigkeit gekennzeichnet, nicht verbales Verhalten zur Regulation sozialer Interaktionen zu verwenden. Damit geht ein deutlicher Mangel an direktem Blickkontakt einher, an sozialem Lächeln und einer eingeschränkten Mimik.

Eine weitere Problematik kennzeichnet die Unfähigkeit, Beziehungen zu Gleichaltrigen aufzunehmen, das heißt Freundschaften zu knüpfen und diese auch halten zu können; hier ist vor allem das fehlende Interesse an anderen Kindern, eine fehlende Reaktion auf die Annäherungsversuche durch andere Kinder, ein Mangel an Gruppenspielen mit Gleichaltrigen oder Freundschaften und das weitgehende Fehlen von Phantasiespielen mit Gleichaltrigen kennzeichnend. Des weiteren ist der deutliche Mangel charakteristisch, Freud oder Leid mit anderen zu teilen. Das autistische Kind nimmt kaum Angebote wahr, mit jemandem Bedürfnis oder Vergnügen zu teilen.

Der Mangel an „sozio-emotionaler Gegenseitigkeit" ist auch in der Unfähigkeit autistischer Personen zu erkennen, jemandem Trost zu spenden. Der Mangel in der Qualität der sozialen Kontaktaufnahme drückt sich durch die Unangemessenheit des Gesichtsausdruckes aus.

- Der zweite Symptombereich umfaßt die **tiefgreifende Auffälligkeit in der Kommunikation und der Sprache.** Die Hälfte der autistischen Kinder entwickeln keine verstehbare Sprache und die Verzögerung in der Entwicklung der Sprache ist durchweg deutlich (eine relativ gute Sprachentwicklung als Hauptsymptom einer Differenzierung besteht bei der autistischen Psychopathie nach Asperger, bei der die kommunikativen Probleme auch wesentlich subtiler sind). Autistische Kinder zeigen kaum konventionelle, zielgerichtete Gesten wie Nicken oder Kopfschütteln. Sie zeigen weiter einen erheblichen Mangel im phantasievollen Spielen. Es kommt auch kaum zum sozialen Lautieren oder Plappern im Kleinstkindesalter. Insgesamt bleibt lebenslang die wechselseitige Konversation stark vermindert.

- Der dritte Symptombereich umfaßt **repetitives, restriktives und stereotypes Verhalten.** Autistische Kinder, Jugendliche und auch Erwachsene zeigen eine umfassende Beschäftigung mit stereotypen und begrenzten Spezialinteressen. Letztere sind bei den intellektuell besser ausgestatteten Personen mit Autismus deutlicher, zum Beispiel beim Asperger-Syndrom. Weiter ist ein zwanghaftes Festhalten an nicht-funktionellen Handlungen oder Ritualen, zum Beispiel Wortritualen oder auch Zwangshandlungen deutlich. Damit einher geht auch ein heftiger Widerstand gegen Veränderungen. So stellen veränderte Gruppierungen der Möbel im Kinderzimmer, das Hinzukommen von anderen Personen oder jede neue Situation eine große Belastung für autistische Kinder dar. Schon der Eintritt in den Kindergarten, Schule oder Tagesstätte führt deshalb sehr häufig zu erhöhten Stereotypien und zu einer Zunahme der Symptomatik.

- Die Diagnose ist auch davon abhängig, daß diese auffälligen Entwicklungen bereits **vor dem Ende des 3. Lebensjahres** deutlich geworden ist.

Die Kernsymptomatik verändert sich in ihrer Struktur kaum. Auch intellektuell recht gut begabte Personen mit Autismus haben zeitlebens Schwierigkeiten, das emotionale Ausdrucksverhalten, z.B. Gesichtsausdrucksformen (freundlich gegenüber abweisend, dominant gegen unterwürfig, interessiert gegenüber gelangweilt) sicher zu unterscheiden oder auch die Qualität subtiler Berührungen oder den sprachlichen Tonfall. Deshalb ist auch das Niveau der aquirierten Sprache dem generellen Mangel an kommunikativen Fähigkeiten gegenüber unbedeutend; d.h. nicht der Schweregrad der sprachlichen Defizite ist entscheidend, sondern die Schwierigkeit mit irgendeinem Ausdrucksmittel die Intentionen und Gefühle eines anderen gezielt beeinflussen zu können. Dadurch unterscheidet sich der Autismus wesentlich auch von der geistigen Behinderung ohne Autismus, da dabei, wenn auch auf einem weniger gut entwickelten Niveau, zum Beispiel das Erkennen von sozialen und emotionalen Schlüsselreizen und die adäquate Beantwortung ausreichend möglich ist.

Zusätzlich zu diesen Kernbereichen des Autismus treten weitere fakultative Faktoren hinzu: Etwa die Hälfte der autistischen Kinder haben ein bedeutsames Problem wegen der begleitenden motorischen Unruhe und Konzentrationsstörung, etwa 2/3 der jüngeren und die Hälfte der älteren autistischen Personen leiden an Selbstverletzungen (Poustka & Lisch, 1993); Entwicklungsverzögerungen im Bereiche der Beherrschung der Ausscheidungsfunktionen, ein oft außergewöhnliches Eßverhalten und einer Reihe motorischer Störungen und die nicht seltenenen epileptischen Anfälle (s.u.) komplizieren das Zustandsbild.

Epidemiologie: Die Prävalenz beträgt 4,5–12,6 / 10.000 Kindern, wobei Jungen etwa drei- bis viermal häufiger betroffen sind als Mädchen.

Untersuchungsinstrumente: Eine gute diagnostische Zuordnung ermöglichen verschiedene (ältere) Fragebögen wie die Autismus-Beurteilungs-Skala (CARS; Schopler et al. 1980, bearbeitet von H.-C. Steinhausen, 1996) oder die Autismus-Verhaltensliste (ABC; Krug et al. 1980) bzw. die „Real-Life-Rating-Scale" (RLRS; Freeman et al. 1986); vor allem aber sind zwei standardisierte und strukturierte Instrumente zu empfehlen: das ADI-R als Elterninterview (dt.: Schmötzer et al.) und das ADOS-G (Rühl et al.) als standardisiertes Beobachtungsinstrument.

Genetik und Vorkommen: Seit dem Ende der siebziger Jahre wurden insbesondere von der britischen Forschergruppe um Rutter Zwillingsuntersuchungen wie auch Familienuntersuchungen durchgeführt, die eine genetische Grundlage des Autismus deutlich machen (Rutter et al, 1993). Danach ist lediglich von einer deutlichen horizontalen, nicht aber von einer vertikalen Transmission des Autismus in Familien auszugehen. Die zusammengefaßten Ergebnisse aus den zwei britischen Zwillingsuntersuchungen zeigten eine 60%ige Konkordanz für monozygote Zwillingspaare gegenüber 0% für dizygote.

Als genetische Grundlage des Autismus ist ein polygenetisches Modell mit einer interagierenden, multiplikativen Verknüpfung (Epistasis) von 3–4 Genen am wahrscheinlichsten (Rutter et al. 1993). Dafür sprechen die Resultate der ausgeprägten Differenz der Konkordanz der monozygoten Zwillinge gegenüber den dizygoten, ferner der radikale Abfall der familiären Häufigkeit, von erstgradiger zur zweit- und drittgradiger Verwandtschaft.

Neurologische Auffälligkeiten: Etwa 75% von 166 Personen mit Autismus zeigen neurologische Störungen, dies ist eine der höchsten Auffälligkeiten in einer kinderpsychiatrischen Diagnosekategorie. Diese Probleme stehen mit den erhöhten prä- und perinatale Störungen beim Autismus im Zusammenhang.

Auffälligkeiten im Elektroenzephalogramm und Epilepsie bei Autismus: Mehr als die Hälfte der Personen mit Autismus zeigen erhebliche Auffälligkeiten im EEG. Dies ist unabhängig vom Auftreten von Anfällen dabei sind meist alle Teile der Gehirnoberfläche betroffen, meist beidseitig. Epileptische Anfälle kommen in etwa 25 bis 30% der Fälle im frühen Erwachsenenalter vor.

Befunde im bildgebenden Verfahren: Die Untersuchungsergebnisse mit Hilfe der Magnetresonanztomographie sind weit weniger schlüssig. So haben Courchesne und Mitarbeiter seit Ende der 80er verschiedene Untersuchungen durchgeführt und eine Verminderung der Kleinhirnlappen, aber auch Vergrößerungen dieser Regionen mitgeteilt. Möglicherweise ist dies ein unspezifischer Effekt, weil dies bei einer Reihe von neurogenetisch bedingten Auffälligkeiten und auch beim fragilen X-Syndrom vorkommt. Dies betrifft auch eine Reihe weiterer Befunde wie erweiterte Hohlräume des Gehirns, einer Verminderung des Volumens des Hirnstamms (Mittelhirn und verlängerter Hirnstamm), der Verminderungen des Volumens im Bereiche des Scheitellappens des Gehirns bzw. des sogenannten Corpus Callosum; selten wurden auch Veränderungen der Furchungen (Verkleinerungen, Vergrößerungen, Verunstaltungen) gefunden, die auf einen Wanderungsdefekt in den ersten 6 Monaten der Schwangerschaft während der Gehirnentwicklung hinweisen könnten (Poustka 1998).

Interessante Ergebnisse zeigen Studien mit Hilfe des PET und SPECT. Siegel et al., (1995) fanden eine Reduktion der Energiefunktion im mittleren Frontalhirn, dies ging mit einer deutlich verminderten Aufmerksamkeitsleistung einher.

In ^{31}P markierten nuklearen Magnetresonanzspektroskopien wurden Zusammenhänge mit dem Schweregrad des Autismus, den Schwierigkeiten in der Planung und der Strategie bei der Bewältigung von bestimmen Aufgabenstellungen und einen verminderten Phosphat-und Membranphospholipid-Stoffwechsel gefunden.

Biochemische Befunde: Schon lange ist die Erhöhung des Serotonin in etwa $1/4$ bis $1/3$ der autistischen Personen und auch deren Verwandten bekannt. Daraus ergibt sich auch eine Grundlage dafür, daß die Gabe von Medikamenten, die einen Einfluß auf die Serotoninverfügbarkeit im Gehirn haben (Serotonin-Wiederaufnahme-Hemmer) eine günstigen Einfluß auf verschiedene Verhaltensaspekt beim Autismus zeigen.

Neuroanatomische Befunde: Die Untersuchungen der Forschungsgruppe um Bauman und Kemper (1994) fanden in post-mortem-Untersuchungen an 6 autistischen Patienten zwar keine groben anatomischen Veränderungen, jedoch verkleinerte und dichter gepackte Nervenzellen, dies betraf u.a. Kerne des Mandelkerns, das sogenannte Vorderhirn (Hippocampus und angrenzende Regionen); weiter waren Dentriten der Nervenzellen deutlich vermindert und in manchen Gehirnteilen erschienen die Nervenzellen ungewöhnlich groß. Alle Gehirne hatten abnorme Veränderungen im Kleinhirn mit einer bedeutsamen Verminderung der sogenannten Purkinje-Zellen (unabhängig von einem früheren Anfallsgeschehen oder dem Grad der Intelligenz). Da diese Veränderungen entwicklungsgeschichtlich schon vor der Geburt angelegt worden sein müssen, hängen die daraus resultierenden Funktionsdefizite möglicherweise mit der Verarbeitung von Informationen zusammen; diese Auffälligkeiten könnten aber auch eine unspezifische Folge einer Entwicklungsstörung vor der 30. Schwangerschaftswoche sein.

Therapie: Verschiedene Behandlungsansätze gehen heute von Verhaltensmodifikationen aus, dagegen haben tiefenpsychologische Therapien keine Wirksamkeit gezeigt. Die Verhaltensmodifikation geht dabei von verschiedenen Prämissen aus. Am Anfang der Therapie stehen die genauen Analysen sowohl der Defizite als auch der Möglichkeiten autistischer Personen in verschiedenen Situationen. Da autistische Kinder Schwierigkeiten haben, ihre erworbenen Fähigkeiten in einer bestimmten Situation (zum Beispiel in einer Tagesstätte) auf eine andere Situation (zum Beispiel in das häusliche Milieu) zu übertragen oder auch umgekehrt, ist immer ein umfassender Therapieansatz notwendig.

Im Zentrum der frühesten Bemühungen stand das Ziel, einen konsequenten Sprachaufbau zu ermöglichen. Mittlerweile geht man davon aus, daß ein **dauerhafter**

Sprachaufbau nur erfolgen kann, wenn, wie dies ja auch normalerweise geschieht, gewisse Einsichten in die Bedeutung und die Konsequenz innerhalb einer sozialen Interaktion zunächst verstanden werden, bevor eine expressive Sprache sich entwickelt.

Die Bemühungen um eine Entwicklung der Sprache sollten nicht endlos fortgesetzt werden. Statt dessen sollte eher ein **soziales Training** ohne Sprachaufbau erfolgen.

Zwei weitere Aspekte haben eine besondere Bedeutung, nämlich die frühe Intervention und der Abbau störender, defizitärer Verhaltensweisen. Frühförderungsprogramme verwenden ebenfalls Gruppentechniken zusammen mit kompetenten Gleichaltrigen.

Das sogenannte **Teacch-Programm** vermittelt einfache Techniken für den Schulunterricht und versucht über genaue Anweisungen eine berufliche Tätigkeit zu erreichen. Dabei wird mitunter eine genaue Raumaufteilung oder auch die Numerierung gewisser Schritte und Tätigkeiten vorgenommen und deren Beachtung eingelernt. Autistische Menschen benötigen auch dann, wenn sie eine relativ gute Intelligenz erreicht haben, genaue Anweisungen, auch bei sich wiederholenden Tätigkeiten, weil sie das damit einhergehende personale Kommunikationsgeflecht oft als sehr verwirrend und beängstigend erleben.

Einige Methoden werden mit großem Nachdruck propagiert, ohne daß ihre Wirksamkeit nachgewiesen wurde, wie zum Beispiel die „facilitated communication". Dabei sollen „verschüttete" Fähigkeiten durch die leichte Anleitung von Bezugspersonen so ausgenutzt werden, daß ein Ausdrucksverhalten über das Schreiben am Computer auch autistischen Probanden möglich wird, die diese Fähigkeiten nie hatten. Eine Reihe von Untersuchungen raten von derartigen Manipulationen dringend ab (Jacobson et al., 1995). Gleiches gilt auch für das auditorische Integrationstraining.

Häufig verursacht die große Belastung und die Hoffnung auf eine grundsätzliche Wende im Verhalten des autistischen Kindes andauernde depressive oder ängstliche Haltungen bei den Bezugspersonen. Deshalb sind zeitweilige Entlastungen durch Ferienlager, Familienhelfersysteme und Hilfegruppen sinnvoll.

Die **Prognose** ist besser, wenn wenigstens einige einfache Worte im Alter von 5–6 gesprochen werden können, die Intelligenz im leichten geistigen Behinderungsbereich oder darüber liegt und wenn besondere Fähigkeiten oder Interessen vorliegen (die oft gut als Ansatz für eine Behandlung genutzt werden können). Dagegen ist die Prognose bei anhaltenden sozialen und Verhaltensproblemen schlecht.

Psychopharmakologische Behandlung: Psychopharmaka können störende und überschüssige Verhaltensweisen abbauen. Eine grundsätzliche Verbesserung der Kommunikation und der sozialen Interaktionsfähigkeit vermögen sie aber nicht zu erreichen (Lisch und Poustka 1992).

Unter diesen Einschränkungen ist eine Medikation mit Serotonin-Wiederaufnahmehemmern (Fluvoxamin oder Sertralin, aber auch Fluctin in Saftform) möglich, wenn Zwänge, Stimmungsschwankungen, Gereiztheit und Impulsivität im Vordergrund stehen. Auf der anderen Seite können dopaminerge Medikationen wie Risperdal in kleinen Dosierungen günstig wirken. Die Kombination von Serotonin-Wiederaufnahmehemmern mit atypischen Neuroleptika kann ebenfalls versucht werden. Da viele autistische Kinder eine Hypermotorik mit Konzentrationsproblemen zeigen, kann eine milde Stimulanzientherapie (aber nicht in Kombination mit Serotonin-Wiederaufnahmehemmern wegen der Gefahr der serotonergen Krisen) versucht werden, sofern dies nicht zur Verstärkung der Stereotypien und Erregungszustände beiträgt.

10.2 Hyperkinetische Störungen

Motorische Unruhe, Impulsivität und mangelnde Aufmerksamkeit sind im Kindesalter nichts Unnatürliches. Je nach Entwicklungsstand, Temperament, Geschlecht und Situation zeigen gesunde Kinder momentan oder vorübergehend diese Verhaltensweisen. Stärke und Persistenz der Symptomatik ermöglichen die Abgrenzung des Normalen von der Störung. Als Störung ist hyperkinetisches Verhalten ein häufiges Problem. Die Tendenz zur Vereinfachung und das Bemühen, kausale Zusammenhänge zu sehen, haben dazu geführt, hyperkinetisches Verhalten als Einheit zusammenzufassen (Hyperkinetisches Syndrom) und mit Erklärungsmodellen auszustatten. Die Folge war und ist die zu häufige Anwendung der Diagnose ohne Abgrenzung der Komorbidität mit Teilleistungsschwächen, Sprachentwicklungsstörungen, emotionalen Störungen und vor allem Störungen des Sozialverhaltens.

Definition: Um bei einem Kind eine hyperkinetische Störung festzustellen, müssen nach ICD 10 folgende Symptome vorhanden sein:

- Störung der Aufmerksamkeit im häuslichen Milieu (wenigstens drei operationalisierte Kriterien) und in der Schule (wenigstens zwei Aufmerksamkeitskriterien und wenigstens zwei Aktivitätskriterien).
- Durch direkte Beobachtung erfaßtes abnormes Aufmerksamkeitsverhalten oder abnorm gesteigerte Aktivität.
- Ausschluß von tiefgreifender Entwicklungsstörung, Manie, Depression oder Angststörung.
- Beginn vor dem sechsten Lebensjahr, Dauer der Störung wenigstens sechs Monate, IQ höher als 50.

Das aus den USA kommende Klassifikationssystem DSM IV benennt in seiner deutschen Übersetzung die hyperkinetischen Störungen mit „Aufmerksamkeitsdefzit-/Hyperaktivitätsstörung". In Übereinstimmung mit der ICD-10 wird Hyperaktivität als Kernsymptom in den Vordergrund gerückt, andere Einzelsymptome wie Impulsivität werden jedoch nicht klar genug abgegrenzt. Die zuverlässigste Beschreibung hyperkinetischer Störungen findet sich in den Forschungskriterien gem. ICD-10.

Häufigkeit: Hyperkinetische Störungen zählen im Kindesalter zu den häufigsten Verhaltensauffälligkeiten. Da deren Diagnose aber von Definitionskriterien sowie Zuverlässigkeit und Vergleichbarkeit der benutzten Instrumente (Fragebogen vs. direkte Beobachtung) abhängt, variieren die Häufigkeitsangaben nach wie vor beträchtlich. Nachdem neuerdings die hyperkinetischen Störungen auf die Primärsymptome Überaktivität, Impulsivität und Störung der Aufmerksamkeit eingegrenzt und deren Kombination mit Störungen des Sozialverhaltens in einer eigenen Kategorie (ICD 90.1) zusammengefaßt wurden, dürfte die Häufigkeit, bezogen auf das Schulalter insgesamt, zwischen 2% und 4% liegen (Buitelaar und Engeland 1996). Jungen sind deutlich stärker betroffen als Mädchen, je nach Ausprägung im Verhältnis 2 bis 4:1 (Heptinstall und Taylor 1996).

Symptomatik: Die Hauptsymptome sind Hyperaktivität und beeinträchtigte Aufmerksamkeit. Es besteht ein Mangel an Ausdauer bei Beschäftigungen, die Informationsarbeit erfordern, und die Tendenz, von einer Tätigkeit zur anderen zu wechseln, ohne eine davon zu Ende zu bringen. Die Kinder „springen" mit ihrer Aufmerksamkeit. Hinzu kommt eine anhaltende und exzessive motorische Unruhe in unstrukturierten bzw. Wackeln, Zappeln und Aufstehen in strukturierten Situationen. Hyperkinetische Kinder sind oft achtlos und impulsiv, „platzen heraus" mit Verhaltensweisen und Sprachäußerungen, verletzen dabei meist unabsichtlich Regeln und bringen sich in Gefahr (Unfallneigung). Als assoziierte Problematik sind spezifische Lernstörungen, besonders Legasthenie, häufig. Im Kontakt zu anderen mangelt es oft an Distanz mit der Folge sozialer Ablehnung und Isolierung. Störungen des Sozialverhaltens, vor allem Aggressivität, treten häufig zusammen mit der hyperkinetischen Störung auf, eine Kombination, die wegen zahlreicher klinischer und theoretischer Indikationen eine gesonderte Betrachtung, Behandlung und Einordnung erfordert. Als gesonderte Problematik und nicht als Unterform der hyperkinetischen Störungen ist auch die alleinige Störung der Aufmerksamkeit zu betrachten.

Ätiologie und Pathogenese: Alle Versuche, die in der hyperkinetischen Störung zusammentreffenden Symptome als Krankheitseinheit zu verstehen und sie auf eine einzige Ursache zurückzuführen, müssen als gescheitert bezeichnet werden. Weder die lange favorisierte minimale Hirnfunktionsstörung, noch ein genetischer Defekt oder psychoreaktive Einflüsse konnten widerspruchsfreie Erklärungen liefern. Aber: Ein Zusammenhang pränataler Belastungen, z.B.: Alkohol, mit der hyperkinetischen Störung als Teil einer weitergehenden Symptomatik ist eindeutig. Kinder mit hyperkinetischen Störungen sind signifikant häufig von neuromotorischen Entwicklungsstörungen betroffen. Die Kombination mit neuropsychologischen Störungen ist häufig. Untersuchungen des Hirnstoffwechsels und der regionalen Hirndurchblutung haben Hinweise auf Störungen im prämotorischen Kortex und im Hirnstamm ergeben (Zametkin und Mitarb. 1990). Zwillingsstudien haben einen genetischen Anteil belegt (Goodman und Stevenson 1989). Und schließlich konnte mit neurochemischen Untersuchungen geklärt werden, daß nicht ein einzelner Transmitterdefekt als Ursache angeschuldigt werden kann, sondern eine Reihe von Systemen (Dopamin, Noradrenalin, Serotonin) Funktionsstörungen aufweisen und in ihrer Interaktion mit Neuropeptiden verändert zu sein scheinen. (Kado und Tagaki 1996). Für Pathogenese, Ausprägung und entwicklungsbegleitende Veränderung der Symptomatik sind offensichtlich die Sozialisationsbedingungen von entscheidender Bedeutung, vor allem dann, wenn Begleitstörungen wie Teilleistungsstörungen und/oder Störungen des Sozialverhaltens vorhanden sind.

Therapie: Ausgangspunkt für eine Behandlung muß die Feststellung sein, daß eine gesicherte hyperkinetische Störung für das betreffende Kind Probleme mit sich bringt, die durch einfache situative Änderungen nicht behebbar sind. In der Regel sind Probleme mit der schulischen Leistung und Verhaltensstörungen Anlaß für die Suche nach Hilfe. Die etablierte Behandlung hyperkinetischer Störungen ist multimodal. Sie kombiniert Behandlungsformen je nach Symptomatik und Schwere der Störung. Behandlungsformen mit nachgewiesener Wirksamkeit sind:

- Pharmakotherapie,
- kognitive Verhaltenstherapie,
- Elterntraining.

Die Pharmakotherapie der „reinen" hyperkinetischen Störungen erfolgt mit Metylphenidat, 0,3 mg/kg Körpergewicht, verteilt auf ein bis zwei Einzeldosen morgens und mittags. Alternativ ist die Behandlung auch mit D-Amphetamin, trizyklischen Antidepressiva oder dem MAO-Hemmer Moclobemid möglich. (s.a. IV.7.16)

Die kognitive Verhaltenstherapie entwickelt und stärkt die kindeigene Verhaltenskontrolle über erprobte Programme (Eisert 1995). In Verbindung mit den genannten Therapieansätzen ist die Elternberatung (und ggf. Lehrerberatung) immer notwendig, das Elterntraining dann, wenn Eltern mit der Erziehung hyperkinetischer Kinder überfordert sind (Döpfner und Lehmkuhl 1995).

Ergänzende Behandlungsmethoden sind Bewegungstherapie und Entspannungs-übungen. Diätetische Behandlungen sind in ihrer Wirkungsweise noch wenig er-forscht, in ihrer Wirksamkeit anderen Behandlungen unterlegen und in der Durch-führung aufwendig (Schulte-Körne und Mitarb. 1996.) Die Behandlung hyperkineti-scher Störungen bedarf der Ergänzung, falls assoziierte Störungen vorliegen. Teillei-stungsstörungen, z.B. Legasthenien, Sprachentwicklungsstörungen u.a. erfordern die Anwendung spezieller Übungsverfahren. Die hyperkinetischen Störungen des Sozial-verhaltens stellen besondere Anforderungen an die Behandlung, da häufig belastende Sozialisationsbedingungen vorliegen, die einer Intervention nur begrenzt zugänglich sind.

Prognose: Die „reine" hyperkinetische Störung hat eine überwiegend günstige Pro-gnose. Sie kann im Erwachsenenalter bestehen bleiben, ist aber in vielen beruflichen Feldern weniger störend als in der Schule. Sind assoziierte Störungen vorhanden, bestimmen eher diese die weitere Entwicklung. Schwere ausgeprägte Legasthenien persistieren häufig. Die hyperkinetische Störung des Sozialverhaltens ist ebenfalls mit hoher Persistenz und der Möglichkeit des Überganges in Drogenmißbrauch und Kriminalität erheblich belastet.

10.3 Umschriebene Entwicklungsstörungen der Sprache und des Sprechens

Begriffsbestimmung: Der Begriff der Entwicklungsstörung umfaßt gemäß ICD-10 (Dilling et al. 1992) und DSM-IV (Saß et al. 1994) umschriebene Lernstörungen der Sprache, der Motorik und der schulischen Fertigkeiten im Lesen, Rechtschreiben und Rechnen. Diesen Entwicklungsstörungen sind nach ICD-10 folgende Merkmale ge-meinsam:

- Der Beginn liegt ausnahmslos im Kleinkindalter oder in der Kindheit;
- die Entwicklungsstörung ist eng mit der biologischen Reifung des zentralen Ner-vensystems verknüpft;
- der Verlauf ist stetig und nicht durch Remissionen und Rezidive gekennzeichnet.

Grundsätzlich handelt es sich um **Störungen im Erwerb von Fertigkeiten** und nicht um Verlustsyndrome, wie sie etwa infolge einer Hirnschädigung im Sinne von Apha-sien, Dyslexien oder Dysgraphien erworben werden können. Definitorisch entschei-dend ist zudem, daß die Entwicklungsstörungen nicht durch organische oder neurolo-gische Erkrankungen, primäre psychische Störungen und nicht durch eine allgemeine Intelligenzminderung, kulturelle Unterschiede und mangelhafte Lernförderung er-klärbar sind.

Definition: Als Entwicklungsstörungen des Sprechens und der Sprache gelten erhebli-che Abweichungen von altersentsprechenden Sprachleistungen in Diskrepanz zum allgemeinen intellektuellen Entwicklungsniveau der betroffenen Person. Eine Sprach-entwicklungsverzögerung von mehr als zwei Standardabweichungen gilt als Störung.

Sie ist als eine „umschriebene Entwicklungsstörung" zu diagnostizieren, wenn der mit einem Intelligenztest bestimmte IQ mindestens eine Standardabweichung über dem Sprachniveau liegt (Bishop 1995).

Klassifikation und Subtypen: Die Klassifikation sieht nach ICD-10 folgende Subgruppen vor:

- Artikulationsstörungen (F 80.0),
- expressive Sprachstörungen (F 80.1),
- rezeptive Sprachstörungen (F 80.2).

Die Sprechstörungen (Stottern, Poltern) werden nach ICD-10 nicht zu den Entwicklungsstörungen gezählt, da sie den Definitionskriterien nicht ganz entsprechen. So kann etwa dem Stottern durchaus eine zuächst unauffällige Sprechentwicklung vorausgehen. Zu den Sprechstörungen zählen:

- Stottern (F 98.5),
- Poltern (F 98.6).

Epidemiologie: Die Prävalenzraten für die einzelnen Subgruppen werden für das Kindesalter zwischen 1 und 5% angegeben, wobei es aufgrund definitorischer Schwierigkeiten große Schwankungen gibt. Bis zum Ende des Jugendalters sinkt die Prävalenz nach Schätzungen auf 0,5 bis 0,8%. Die expressive Sprachstörung ist wahrscheinlich häufiger als die rezeptive Sprachstörung, wenngleich beide Störungen sehr oft gemeinsam auftreten. Rezeptive und expressive Sprachstörungen sind beim männlichen Geschlecht häufiger als bei Frauen.

Leichte und mäßige Sprachentwicklungsstörungen bilden sich bis zum Einschulungsalter zurück. Die Prognose der Artikulationsstörungen ist günstig, die der rezeptiven Sprachstörungen ist am ungünstigsten. Expressive Sprachstörungen, die im Vorschulalter bestehen, dauern zu 20% an, bei rezeptiven Sprachstörungen schwanken die Stabilitätsraten zwischen 40 und 80%.

Ätiopathogenese: Definitionsgemäß sind primäre neurologische Erkrankungen, Hörstörungen, Intelligenzminderung und unzureichende sprachliche Anregung als Ursache für die Sprachentwicklungsstörung ausgeschlossen. Dennoch sind diese Faktoren im Zusammenhang mit Sprachverständnisstörungen zu beachten.

Die sprachliche Anregung hat Einfluß auf den Verlauf der Entwicklungsstörungen, kann aber – abgesehen von schweren Deprivationssyndromen – nicht als ausschlaggebend gelten. So haben etwa Kinder taubstummer Eltern oder depressiver Mütter eine normale Sprachentwicklung.

Besonderheiten der hirnanatomischen und hirnfunktionellen Entwicklung spielen wohl eine entscheidende Rolle in der Genese der Sprachentwicklungsstörungen. Nach wie vor fehlen jedoch die „biologischen Marker", um im Einzelfall eine Sprachentwicklungsstörung einem bestimmten zerebralen Funktionsbereich zuzuordnen. Die Annahme einer dysfunktionellen Hemisphärenasymmetrie als Ursache ließ sich nicht sichern (Niebergall 1992).

Genetische Determinanten sind unbestritten. Das männliche Geschlecht ist im Verhältnis von 2:1 gegenüber Frauen häufiger betroffen. Es gibt Hinweise auf Verknüpfungen mit Chromosomenaberrationen, insbesondere bei zusätzlichem X-Chromosom. Auch das Marker-X-Syndrom ist mit Sprachentwicklungsstörungen assoziiert. Stammbaumanalysen sprechen dafür, daß es eine Subgruppe von Sprachentwicklungsstörungen gibt, die von einem dominanten Erbgang bestimmt ist (Hurst et al. 1990).

Psychische Begleitsymptome sind relativ häufig. Bei klinischen Populationen sind gleichzeitig Lese-Rechtschreibstörungen, fein- und grobmotorische Störungen und Verhaltensstörungen zu diagnostizieren. Bei Kindern, die wegen einer Sprachstörung kinder- und jugendpsychiatrisch vorstellig werden, ist bei bis zu 40% mit einer klinisch-psychiatrischen Diagnose zu rechnen, vor allen Dingen mit hyperkinetischen Störungen, Emotionalstörungen und Störungen des Sozialverhaltens. Bei über 50% bestehen fein- und grobmotorischen Beeinträchtigungen, etwa ein Drittel zeigt Defizite in der auditiven Merkfähigkeit.

Sprachentwicklungsstörungen sind ein Merkmal der autistischen Störungen und gehäuft bei Intelligenzminderungen und auch elektivem Mutismus anzutreffen (weiterführend Niebergall 1992, Amorosa 1998, Bishop 1995).

Symptomatologie: Die Subgruppen sind durch die Symptomatologie klassifikatorisch unterschieden. Sie sind aber auch hinsichtlich ihrer Ätiologie, Pathogenese und Prognose durchaus unterschiedlich zu beurteilen.

10.3.1 Artikulationsstörung (F 80.0)

Stammeln und **Dyslalie** sind Synonyme zur Artikulationsstörung. Der Begriff bezeichnet den verzögerten Erwerb der lautlichen Aussprache. Auslassungen, Verzerrungen oder Ersetzungen von sprachliche Lauten entsprechen nicht dem Entwicklungsalter der Person. Spätestens mit 11 bis 12 Jahren werden normalerweise annähernd alle Sprachlaute beherrscht. Beim partiellen Stammeln kann das Kind nur einige wenige Laute nicht aussprechen, beim multiplen Stammeln eine größere Anzahl und beim universellen Stammeln nahezu keine Laute adäquat artikulieren. Die Benennung folgt der Regel, daß der griechischen Bezeichnung des Lautes die Endungen „-tismus" oder „-zismus" angefügt wird: z.B. Sigmatismus, Rotazismus, Kapazismus. Die Lautfehlbildungen von s-c- und sch-Lauten werden als „Zischlautstörung" bezeichnet. Diese sind mit 33 bis 54% am häufigsten, während die Laute der dritten Artikulationszone (g, k, j, ch, r) bei 17 bis 28% der Betroffenen anzutreffen sind.

10.3.2 Expressive Sprachstörung (F 80.1)

Die expressive Sprachstörung ist eine Beeinträchtigung des mündlichen Sprachgebrauchs, während das Sprachverständnis normal ist. Expressive Sprachstörungen ohne jegliche rezeptive Sprachentwicklungsstörung sind selten. Die sprachliche Ausdrucksschwäche äußert sich in eingeschränktem Wortschatz, Wortfindungsstörungen und Dysgrammatismus. Sie ist anzunehmen, wenn zweijährige Kinder einzelne Worte nicht beherrschen oder dreijährige Kinder keine Zweiwortsätze sprechen. Die Satzlänge ist verkürzt, die Worte sind nicht immer zutreffend; Präpositonen, Pronomina und Artikel werden fehlerhaft gebraucht, die Beugung von Verben und Substantiven ist oft unrichtig. Der Gebrauch des gestischen und mimischen Ausdrucks ist unbeinträchtigt.

Begleitstörungen sind im Schulalltag gekennzeichnet durch Beeinträchtigungen im Sozialverhalten, in der emotionellen Entwicklung und durch Hyperaktivität und Aufmerksamkeitsstörung. Die Rate psychischer Begleitstörungen erscheint bis zu vierfach erhöht.

10.3.3 Rezeptive Sprachstörung (F 80.2)

Die Störung des Sprachverständnisses kann isoliert auftreten, in fast allen Fällen ist jedoch auch eine expressive Sprachbeeinträchtigung feststellbar. Eine Sprachverständnisstörung wird beim einjährigen Kind sichtbar, wenn es auf vertraute Namen nicht reagiert, beim 1½ jährigen Kind, wenn es den Namen häufig vorkommender Gegenstände nicht zuzuordnen weiß und wenn es im Alter von zwei Jahren einfachen Anweisungen nicht zu folgen versteht und diese Schwierigkeiten nicht auf eine allgemeine Intelligenzminderung zurückgeführt werden können.

Begleitstörungen sind bei Sprachverständnisstörungen besonders häufig. Es ist verständlich, daß die Kinder, die ihre Mitmenschen sprachlich nicht verstehen, relativ häufig durch Aufmerksamkeitsstörungen und motorische Unruhe, Disziplinschwierigkeiten und soziale Ängste auffällig werden (Amorosa 1994). Immer ist auch die Entwicklung der Fein- und Grobmotorik kritisch zu prüfen.

10.3.4 Stottern (F 98.5)

Stottern ist eine Störung des Sprechflusses. Hemmungen (tonisches Stottern) und Unterbrechungen (klonisches Stottern) des Sprechablaufes sind kennzeichnend. Wiederholungen oder Dehnungen von Lauten, Silben oder Wörtern, Zögern und Innehalten sind häufig, so daß der rhythmische Sprechfluß unterbrochen ist.

Bei Jungen tritt Stottern etwa dreimal häufiger auf als bei Mädchen, insgesamt sind 0,6 bis 1,5% der Bevölkerung betroffen.

Als Begleitstörungen werden insbesondere Tics, ein Zittern der Lippen oder des Gesichts, abnorme Atembewegungen oder ein Ballen der Faust beobachtbar. Soziale Ängste und beeinträchtigtes Selbstwertgefühl können resultieren. Die Symptomatik wird durch situative Belastungen verstärkt.

Der Beginn des Stotterns liegt fast immer vor dem 10. Lebensjahr, meist zwischen 2 und 7 Jahren. Die Remissionsrate liegt bei 60 bis 80% bis zum 16. Lebensjahr.

Ätiopathogenetisch wird beim Stottern eine biologisch begründete Sprechablaufstörung angenommen. Für die Bedeutung genetischer Faktoren spricht, daß das Risiko bei Verwandten ersten Grades dreimal höher als in der Allgemeinbevölkerung ist und die Disposition deutlich häufiger von der väterlichen Familie übertragen erscheint. Pathogenetisch werden Dispositionen, Temperamentseigenschaften und psychische Belastungen diskutiert.

10.3.5 Poltern (F 98.6)

Beim Poltern ist die Sprechflüssigkeit fehlerhaft, die Sprechgeschwindigkeit hoch. Es kommt jedoch nicht zu den für das Stottern typischen Wiederholungen oder Verzögerungen im Sprechablauf. Das Sprechen ist unrhythmisch, ruckartig, und es wird über die grammatikalische Satzstruktur hinweggesprochen, so daß die Satzmuster sich fehlerhaft anhören.

Poltern ist ebenso wie das Stottern im Alter zwischen 3 und 5 Jahren durchaus physiologisch. Das Poltern verbessert sich bei Aufmerksamkeitszuwendung, beim Stottern ist es umgekehrt.

Männer sind etwa viermal häufiger betroffen als Frauen.

10.3.6 Verlauf und Prognose der umschriebenen Entwicklungsstörungen der Sprache und des Sprechens

Bei der Prognose sind die Entwicklungen der Sprache bzw. des Sprechens zu unterscheiden von der psychischen Entwicklung und sozialer Integration.

Sprachentwicklungsstörungen remittieren, so daß sie im Erwachsenenalter seltener sind als in der Adoleszenz oder in der Kindheit. Die Artikulationsstörung ist prognostisch günstig, während die rezeptiven Sprachentwicklungsstörungen eine geringe Remissionsrate und eine hohe Resistenz gegenüber jeglicher Therapie haben (Rutter et al. 1992). Epidemiologische Daten sprechen dafür, daß etwa 60% der rezeptiv sprachgestörten Schüler auch lese- und rechtschreibschwach sind und über 90% schwerwiegende Schulleistungsprobleme haben. Etwa die Hälfte der Kinder besucht eine Sonderschule für Lernbehinderte. Bei Intelligenztestungen sind in der Regel wesentlich bessere nonverbale Leistungen festzustellen. Auf Schwächen des Kurzzeitgedächtnisses und der Konzentration ist zu achten.

Bei leichten und mäßigen Sprachstörungen ist mit einer normalen schulischen und beruflichen Laufbahn zu rechnen. Schwergradige Sprachentwicklungsstörungen lassen sich auch durch Therapie nur selten überwinden, so daß die Betroffenen regelhaft auf sonderpädagogische Maßnahmen angewiesen sind. In epidemiologischer Stichprobe waren 60% der Kinder mit Sprachentwicklungsstörungen im Alter von 13 Jahren psychisch auffällig, mit 18 Jahren waren es nur noch ein Drittel (Esser 1991).

10.3.7 Diagnose und Differentialdiagnose der umschriebenen Entwicklungsstörungen der Sprache und des Sprechens

Die Diagnose erfordert neben der kinder- und jugendpsychiatrischen Grunduntersuchung eine neuropädiatrische und pädaudiologische Diagnostik.

Die störungsspezifische Diagnostik beinhaltet:

- Beobachtung des Sprech- und Sprachverhaltens in verschiedenen Situationen (Spiel, Gespräch, beim Lesen, Zählen, bei rhythmischem und nichtrhythmischem Sprechen);
- Exploration der Eltern hinsichtlich Häufigkeit, Intensität und situative Abhängigkeit der Symptomatik; Erfassen der erzieherischen Normen und Bewertungen;
- Exploration der Entwicklungsgeschichte: Beginn der Symptomatik, korrelierte Lebenssituationen, familiäres Vorkommen;
- Exploration von psychischer Co-Morbidität: Entwicklung von Selbstwertgefühl; Frage nach Symptomen von sozialen Ängsten, psychosomatische Beschwerden und Vermeidungsreaktionen;
- Exploration hinsichtlich störungsrelevanter Rahmenbedingungen wie z.B. das Gehänseltwerden oder Probleme der Integration in Kindergarten, Schule und Beruf;
- pädaudiologische Diagnostik;
- Intelligenzdiagnostik (in der Regel mit sprachfreien Verfahren), spezifische Sprachentwicklungsdiagnostik (weiterführend Brack, Volpers 1993; Amorosa 1994).

Zu beachten ist, daß Kinder mit normaler Sprachentwicklung im Sprachentwicklungstest durchaus als auffällig erscheinen können und auch umgekehrt, daß klinisch signifikant sprachgestörte Kinder in den Testverfahren Normwerte erreichen. Nach wie vor ist das klinische Urteil und die explorative und anamnestische Alltagserfahrung diagnostisch richtungsweisend.

Differentialdiagnostisch sind abzugrenzen:

- physiologische Sprachstörungen (altersgemäße Sprachentwicklungsbesonderheiten),
- Hörstörungen,
- geistige Behinderung,
- frühkindlicher Autismus,
- Störungen des Sozialverhaltens,
- emotionale Störungen,
- erworbene Sprachstörungen (durch Deprivation),
- Sprachverlustsyndrome infolge von erworbenen Hirnschädigungen (Aphasien),
- elektiver Mutismus (Sprechverweigerung bei erhaltenem Sprachvermögen).

10.3.8 Therapie der umschriebenen Entwicklungsstörungen der Sprache und des Sprechens

Die Indikation zu einer spezifischen Sprachtherapie ist selten vor dem 4. Lebensjahr gegeben. Die Behandlung ist abhängig von Art und Schweregrad der Störung und dem Entwicklungsstand des Kindes sowie den Begleitstörungen. Eine Einzeltherapie oder Therapie in kleiner Gruppe ist notwendig. Eine teilstationäre oder stationäre Behandlung sind nur bei völlig unverständlicher Sprache und schwersten Sprachverständnisstörungen sowie bei massiven psychopathologischen Begleitsymptomen indiziert. Die einzelnen therapeutischen Schritte beinhalten regelhaft:

- Aufklärung über die Diagnose (Kind, Eltern, Erzieher, Lehrer).
- Elternanleitung hinsichtlich der Alltagsförderung der Sprache; dies ist insbesondere bei Kleinkindern unerläßlich.
- Erst nach Erreichen einer hinreichenden Verständigungsfähigkeit ist die Einzeltherapie durch eine logopädische Behandlung mit zweitem oder drittem Kind sinnvoll.
- Die Förderung des Sprachverständnisses ist vorrangig gegenüber der expressiven Sprachförderung.
- Neben der Sprachentwicklungsförderung ist die Behandlung psychiatrischer Begleitsymptome zu beachten (weiterführend Esser 1998; Brack, Volpers 1993).

Die Behandlung des Stotterns beschränkt sich vor dem Einschulungsalter regelhaft auf eine Erziehungsberatung der Eltern. Erst ab der zweiten Grundschulklasse empfiehlt sich eine spezifische Stottertherapie. Sie beinhaltet eine Rhythmisierung des Sprechens, Entspannungsübungen, Atemübungen bei älteren Kindern und Übungen zur Generalisierung in den gewöhnlichen Lebensalltag.

Jugendhilfemaßnahmen kommen in Frage, wenn mit der Sprachentwicklungsstörung die schulische oder berufliche Eingliederung gefährdet ist, so daß zumindest eine drohende seelische Behinderung gemäß § 35 a SGB VIII festzustellen ist.

10.4 Lese- und Rechtschreibstörungen

Definition: Der Begriff der Entwicklungsstörung des Lesens und Rechtschreibens bezeichnet die Beeinträchtigung im Erlernen des Lesens und Rechtschreibens, die nicht durch eine neurologische oder andere Erkrankung oder Behinderung, Seh- oder Hörstörung erklärbar ist und trotz hinreichender allgemeiner Intelligenz und normaler familiärer und schulischer Lernanregungen besteht (ICD-10, Dilling et al. 1991).

Die Symptomatik der **Lesestörung** ist durch folgende Fehler gekennzeichnet:

* Auslassen, Ersetzen, Verdrehen oder Hinzufügen von Worten oder Wortteilen;
* verlangsamtes Lesetempo;
* Startschwierigkeiten beim Vorlesen, langes Zögern oder Verlieren der Zeile im Text;
* ungenaues Phrasieren;
* Vertauschen von Wörtern im Satz oder von Buchstaben (Lautfolgen) in den Wörtern.

Das Leseverständnis kann zusätzlich beeinträchtigt sein.

Die Symptomatik der **Rechtschreibstörung** ist durch folgende Fehler erkennbar:

* Reveresionen (Verdrehungen von Buchstaben im Wort: p-q, b-d);
* Reihenfolgefehler (Umstellungen von Buchstaben im Wort);
* Auslassungen von Buchstaben oder Wortteilen;
* Einfügungen von falschen Buchstaben oder Wortteilen;
* Regelfehler (z.B. Fehler in Groß- und Kleinschreibung);
* „Wahrnehmungsfehler" (Verwechslung von d-t, g-k);
* Konstanz der Fehler: auch vielfach beübte Worte werden immer wieder unterschiedlich fehlerhaft geschrieben.

Eine Fehlertypologie des Lesens und Rechtschreibens, die allein die Diagnose ermöglichen würde, gibt es nicht.

Epidemiologie: Die Prävalenz der Lese- und Rechtschreibstörungen liegt bei 4–7%. Bei Patienten im Schulalter, die kinder- und jugendpsychiatrische Beratung in Anspruch nehmen, ist bei 8% mit umschriebener Lese-Rechtschreibschwäche zu rechnen.

Das Ausmaß der familiären Häufung läßt den Schluß zu, daß zumindet für Subgruppen der Lese-Rechtschreibstörungen ein dominanter Erbgang vorliegt. In Patientenpopulationen sind 60–80% männlich, in epidemiologischen Stichproben mit genetisch dominantem Erbgang ist das Geschlechterverhältnis weniger deutlich diskrepant.

Ätiopathogenese: Lese- und Rechtschreibstörungen sind polyätiologisch bestimmt. Die Übung des Lesens und Rechtschreibens und die Qualität des schulischen Unterrichts beeinflussen das Ausmaß der Beeinträchtigung, sie sind jedoch nicht als ausschlaggebend anzusehen.

Genetische Einflüsse: Familienuntersuchungen sprechen für einen polygenen, autosomal-dominanten Erbgang mit geschlechtsspezifischer Penetranz bei zumindest wichtigster Subgruppe der Lese-Rechtschreibstörungen. Erstgradig Verwandte einer Person mit Legasthenie sind zu 30 bis 60% betroffen, 45 bis 55% der Geschwister und 22 bis 32% der Eltern. Die Konkordanz bei eineiigen Zwillingen ist gegenüber zweieiigen Zwillingen signifikant höher.

Molekulargenetische Untersuchungen sprechen gegenwärtig dafür, daß Genorte auf den Chromosomen 6 und 15 liegen könnten.

Konstitutionelle Faktoren:

- Hirnstrukturelle Besonderheiten: Befunde aus neuroanatomischen und neurohistologischen Untersuchungen (Galaburda et al. 1985) konzentrieren sich vorwiegend linkshemisphärisch in Regionen, die für sprachliche und visuelle Informationsverarbeitung bedeutsam sind. Zusammenhänge werden vermutet mit abnormen anatomischen Strukturen der Hirnrinde (Ektopien, abnorme Rindenarchitektur, abnorme Gefäßbildungen) und mit abnormen Symmetrieverhältnissen sprachrelevanter Hirnregionen (z.B. Planum temporale). Schließlich wurden auch anatomische Abweichungen des Corpus callosum festgestellt (Rumsey et al. 1997). Alle genannten Befunde konnten nicht immer repliziert werden, so daß ein „struktureller hirnanatomischer Marker" der Lese-Rechtschreibstörung noch nicht gesichert ist.

- Hirnfunktionelle Besonderheiten: Besonderheiten der hirnfunktionellen Entwicklung wurden durch neurometabolische, elektrophysiologische und neuropsychologische Korrelate erklärungsrelevant. Bildgebende Verfahren deuten zum einen auf mögliche Defizite in der visuellen Informationsverarbeitung (Eden et al. 1996), vor allen Dingen aber auf Störungen in der sprachlichen Informationsverarbeitung (Paulesu et al. 1996). Hirnelektrische Korrelate bei Lese-Rechtschreibstörungen verweisen ebenso wie die Mehrzahl der hirnanatomischen und ein Teil der neurometabolischen Befunde auf Abweichungen zentraler Informationsverarbeitung linkshemisphärisch temporo-parieto-occipital betont (Warnke 1990). Insgesamt ist bemerkenswert, daß die wesentlichen hirnanatomischen und hirnhistologischen, stoffwechselkorrelierten und neuropsychologischen Forschungsergebnisse auf Areale der dominanten Hemisphäre verweisen, die für die Verarbeitung sprachlicher und visueller Informationen eine Rolle spielen. Dabei sprechen schließlich die neuropsychologischen Befunde überwiegend für eine Beeinträchtigung der sprachlichen Informationsverarbeitung bei lese-rechtschreibschwachen Personen. Insbesondere sind Personen gefährdet, die Worte nicht in ihre lautlichen Teile zu zerlegen vermögen, Laute (Phoneme) den Schriftzeichen (Graphemen) nicht zuordnen können, deren Lautunterscheidung mangelhaft ist (Defizite der sog. „phonematischen Bewußtheit"). Ein integrierender Erklärungsansatz geht davon aus, daß bei Personen mit Lese-Rechtschreibstörung die Übersetzung visueller Informationen in sprachliche Informationen dann nicht stattfindet, wenn alphabetische Schriftsprache abverlangt wird (Warnke, Wewetzer 1997).

Diagnose und Differentialdiagnose: Die Diagnose einer umschriebenen Entwicklungsstörung ergibt sich gemäß ICD-10 aus folgenden Kriterien:

- Die Lese-Rechtschreibleistungen im Deutschen sind mangelhaft oder ungenügend, geringer bewertet als bei 3% der Schulkinder.
- Der Leistungsstand liegt deutlich unter dem Intelligenzniveau (wenn meßbar, mindestens 1,5 Standardabweichungen oder 12 T-Wert-Punkte Diskrepanz).
- Die Lese-Rechtschreibstörung ist spätestens bis zum 5. Schuljahr sichtbar geworden.

Differentialdiagnostisch auszuschließen sind Lese- und Rechtschreibstörungen aufgrund von mangelhafter schulischer Förderung (Analphabetismus), von Seh- oder Hörstörungen und anderen neurologischen Erkrankungen (z.B. Aphasie nach erworbener Hirnschädigung) und primäre psychische Störungen, die zu Lernversagen führen können (z.B. Schizophrenie).

Die Diagnostik der Primärsymptomatik der Lese- und Rechtschreibstörung ist aus Tabelle 50 zu ersehen.

Verlauf und Prognose: Etwa 1% der Schulkinder sind trotz durchschnittlicher Intelligenzentwicklung des Lesens und Rechtschreibens kaum mächtig. Die Prognose hinsichtlich einer Normalisierung des Lese-Rechtschreibvermögens ist eher ungünstig und auch durch eine Übungsbehandlung relativ selten zu erreichen. Schüler, die in der 1. und zu Beginn der 2. Klasse zu den schwächsten Lesern gehören, sind dies in der Regel auch in der 8. Klasse, so daß sie am Ende der Pflichtschulzeit in etwa den Leistungsstand der guten Leser der 2. Grundschulklasse erreichen. Das Versagen im Erlernen des Lesens und Rechtschreibens hat im Schulalter Einfluß auf die psychische, schulische und berufliche sowie soziale Prognose. Im Schulalter finden sich vermehrt Verhaltensstörungen, die Kinder mit Lese-Rechtschreibstörungen haben im epidemiologischen Vergleich zu Schülern mit Lernbehinderung oder Schülern mit Sprachentwicklungsstörungen im Alter von 8, 13 und 18 Jahren die jeweils höchsten Raten psychischer Symptome von Krankheitswert. Insbesondere Schüler aus sozial schwachen Familien sind durch ihr Lese-Rechtschreibversagen dissozial gefährdet. Relativ zu Schülern mit anderen Entwicklungsstörungen und Schülern gleicher Intelligenz erreichen Personen mit Lese-Rechtschreibstörung statistisch gesehen ein geringeres schulisches und berufliches Ausbildungsniveau. Die Schullaufbahn und die Berufschancen scheinen weniger beeinträchtigt, wenn es gelingt, ein geeignetes Berufsfeld zu finden und wenn der familiäre Sozialstatus hoch ist (Esser 1991).

Therapie: Die Behandlung der Lese-Rechtschreibstörung hat vier Ansatzpunkte:

- Die Beratung der betroffenen Kinder, der Eltern und der unterrichtenden Lehrer; wichtig ist die Erklärung der Diagnose.
- Die spezifische pädagogische Förderung und Übungsbehandlung des Lesens und Rechtschreibens.

Tabelle 50 Diagnostik der Legasthenie, Primärsymptomatik (nach Niebergall, 1987)

1. Zahlendiktat
2. Buchstabendiktat
3. Abschreiben von Wörtern und Texten
4. Zahlenlesen
5. Buchstabenlesen
6. Leseprobe (Wörter, Text) (oft verlangsamt, stockend, falsch)
7. Lautieren von Wörtern
8. Schreiben von Wörtern (fehlerhaft, gestört)

Zusätzlich:

- Intelligenzdiagnostik
- Lese- und Rechtschreibtests
- Ärztliche Untersuchung (Sinnesbehinderungen; neurologische Erkrankungen; apparative und Labordiagnostik)
- Anamnese (Eigen- und Familienanamnese)

- Die Psychotherapie dann, wenn psychische Begleitstörungen von Krankheitswert bestehen (z.B. Schulangst) und wenn bei bleibender Lese-Rechtschreibschwäche psychotherapeutisch kompensatorische Fertigkeiten zur Förderung der Persönlichkeitsentwicklung gestützt werden müssen.
- Die Beratung hinsichtlich sozial-rechtlicher Hilfen (zum Schulrecht gemäß der kultusministeriellen Erlasse; Eingliederungshilfe gemäß § 35 a KJHG bei drohender oder bestehender seelischer Behinderung).

10.5 Erkrankungen mit Beeinträchtigungen im Bereich der Emotionen und mit körperlicher Symptomatik

Wenn auch der Begriff „Störungen" seit einigen Jahren sogar Einzug in die ICD-10 gehalten hat, bleibt er doch mechanistisch und eindimensional, damit auch abwertend. Außerdem behandelt man als Arzt Krankheiten und „beseitigt" keine „Störungen". Deswegen wurde dieser Begriff, auch bei den Überschriften, weitgehend vermieden.

Emotionale Beeinträchtigungen des Befindens von Kindern und Jugendlichen sind relativ häufige Erscheinungen, meist vorübergehend und in der Ausprägung an den jeweiligen Entwicklungsstand gebunden. Sie werden in der Regel durch die Kompetenz der Bezugspersonen bzw. anderer wichtiger Personen im sozialen Umfeld des Kindes gelöst.

Kompromißbildungen werden dabei unterstützt durch protektive Faktoren. Diese beinhalten auf seiten des Kindes: eine gute Begabung, Fähigkeiten zur Selbsthilfe und Kommunikation, Selbstkontrolle sowie ein positives Selbstkonzept. Als protektive Umgebungsfaktoren sind zu nennen: eine positive Zuwendung zum Kind durch seine Eltern und andere Erwachsene, ein geregelter Tagesablauf sowie Zusammenhalt unter den nächsten Bezugspersonen.

Mißlingen Kompromißbildungen, um Bedürfnisse auf angemessene Weise zu befriedigen, können bestehende Konflikte sich zu dauerhaften Spannungen, schließlich zu Erkrankungen entwickeln. Letzteres kann z.B. dann eintreten, wenn ein Kind auf Grund seiner genetischen Disposition angebotene Lösungsmöglichkeiten nicht oder nicht dauerhaft für sich nutzen kann.

Dennoch ist die Prognose bei den weitaus meisten Beeinträchtigungen im Bereich der Emotionen insgesamt günstig, abgesehen von einigen Formen der Phobien und Zwangsstörungen des Jugendalters.

10.5.1 Angsterkrankungen

Bei diesen Erkrankungsformen ist die Gebundenheit an das Alter besonders ausgeprägt.

Trennungsängste (F93.0 nach ICD-10) treten meist vom Säuglings- bis zum frühen Schulalter auf und äußern sich, im Gegensatz zur normalen Trennungsangst, durch einen außergewöhnlichen Schweregrad. Die Erscheinungsformen sind unspezifisch: Somatisierende Symptome (Übelkeit, Kopf- und Bauchschmerzen) wechseln sich ab mit Zeichen ausgeprägten Unglücklichseins (Wutausbrüche und sozialer Rückzug). Hintergründe eines derartigen Verhaltens sind als sehr bedrohlich erlebte, oft unzutreffende Befürchtungen, z.B. die Familie betreffende Gefahren. Nach realem Verlust, wie z.B. nach Scheidung, können die Erscheinungsformen weniger intensiv, häufig aber von längerer Dauer sein. Eine symptomorientierte Beratung oder Behandlung ist meist ausreichend.

Hauptsächlich im Kleinkindes- und Vorschulalter tritt der **Pavor nocturnus** auf, der in der ICD-10 zu den nichtorganischen Schlafstörungen (F51.4) gerechnet wird, wegen seiner Bedeutung im Kindesalter jedoch hier erwähnt werden soll.

Pavor nocturnus zeigt sich in nächtlichen Episoden äußerster Furcht und Panik mit heftigem Schreien, Bewegungen und ausgeprägter autonomer Erregung, in der Regel während des ersten Drittels des Nachtschlafes. Die Kinder sitzen dabei meist mit glasigen Augen im Bett, sind nicht ansprechbar, desorientiert, werden nicht wach und fallen nach etwa einer bis drei Minuten wieder in Schlaf. Eine Erinnerung an das Ereignis fehlt am nächsten Morgen. Es ist keine spezifische Behandlung bekannt. – Davon zu trennen sind Alpträume (Angstträume) (ICD F51.5), die weniger stark an bestimmte Altersgruppen und nicht an eine bestimmte Nachtzeit gebunden sind. Die Kinder oder Jugendlichen werden wach und haben eine detaillierte Erinnerung an den Trauminhalt, die meist noch am nächsten Tag vorhanden ist.

Bei der **Schulphobie** handelt es sich tatsächlich um eine Trennungsangst von der Hauptbezugsperson (meist Mutter – manchmal auch dieser von ihrem Kind), die einen Schulbesuch des Kindes verhindert. Neben somatisierenden Symptomen (siehe Trennungsangst) werden bei diesen Kindern häufig Passivität, Gehemmtheit, gelegentlich auch mangelnde Gleichaltrigenkontakte beschrieben.

Demgegenüber liegen bei der **Schulangst** entweder Ängste vor Lehrern, vor Mitschülern und/oder vor bestimmten Leistungserwartungen vor. Überschneidungen mit einer Schulphobie sind beschrieben worden.

Aktives schulvermeidendes Verhalten kann als Einzelsymptom vorkommen, aber auch Teil einer dissozialen Entwicklung sein.

Die **generalisierte Angststörung** (ICD F41.1) entspricht in Art und Ausprägung weitgehend der bei Erwachsenen.

Ätiopathogenetisch spielen bei den hier beschriebenen Angsterkrankungen neben dem Temperament des häufig empfindsamen Kindes Veränderungen im Lebensumfeld sowie ungünstige Erfahrungen im Umgang mit Belastungen in der familiären Umgebung eine entscheidende Rolle. Therapeutisch werden unterschiedliche psychodynamische Verfahren eingesetzt, selten ist eine medikamentöse Behandlung mit Antidepressiva angezeigt. Manchmal läßt sich eine stationäre Behandlung nicht vermeiden.

Phobien

Phobien sind besonders intensive Befürchtungen, die mit bestimmten Situationen, Erscheinungen oder Gegenständen verknüpft sind. In der ICD-10 werden einerseits vom Lebensalter unabhängige Phobien berücksichtigt, andererseits phobische Störungen des Kindesalters (ICD F93.1), die sich auf bestimmte, entwicklungsphasische Besorgnisse beziehen wie z.B. Angst vor körperlicher Verletzung, natürlichen Erscheinungen (Wetter, Dunkelheit, Tiere). Bei monosymptomatischen Phobien hat sich die systematische Sensibilisierung (Verhaltenstherapie), kombiniert mit Beratung der Familie, als erfolgreich gezeigt.

10.5.2 Depressive Erkrankungen

Erst seit einiger Zeit ist ein entsprechendes Krankheitsbild auch für Kinder und Jugendliche allgemein akzeptiert. In der ICD-10 findet dies jedoch nur in einer Form der Störung des Sozialverhaltens eine entsprechende Berücksichtigung, nämlich als Kombinierte Störung des Sozialverhaltens mit depressiver Störung (ICD F 92.0). Alle anderen Formen depressiver Erkrankungen werden wie jene erwachsener Patienten klassifiziert.

Hinsichtlich der **Ätiologie** wird in bezug auf biologische (d.h. neuroendokrinologische, biochemische und genetische) Faktoren ein ähnliches Bedingungsgefüge wie bei erwachsenen Patienten diskutiert. Psychosoziale Faktoren sind im Kontext mit der Entwicklung des Kindes und seinen damit im Zusammenhang stehenden Bindungen an Bezugspersonen von Bedeutung.

Hinsichtlich der **Klinik** muß zwischen depressiven Verstimmungen als Symptom, (z.B. im Rahmen einer Anpassungsstörung) und einer depressiven Erkrankung unterschieden werden, wenn dies auch im Einzelfall manchmal schwierig sein kann. Allgemein zeigt sich eine depressive Verfassung in dieser Altersgruppe in Traurigkeit, Weinen, Gefühlen von Unsicherheit, Angst, Gehemmtheit, Schlafstörungen, aber auch in aggressivem oder mutistischem Verhalten, Weglaufen oder Leistungsbeeinträchtigungen in der Schule.

Beim Säugling führt mangelnde Zuwendung über einen längeren Zeitraum nach einer Phase des Protestes (Weinen) zu Apathie. Ausgeprägte Formen, wie sie nach Vernachlässigung oder auch Mißhandlung entstehen können, werden als **anaklitische Depression** bezeichnet.

Bei Kleinkindern stehen neben den eingangs genannten Symptomen hauptsächlich psychosomatische Beschwerden wie Appetitstörungen, motorische Stereotypien und Kopfschmerzen im Vordergrund.

Schulkinder fallen demgegenüber häufig neben einer traurigen Grundstimmung und gereizter Unsicherheit durch Beeinträchtigungen von Konzentration und Aufmerksamkeit, Appetitstörungen (deutliche Zu- oder Abnahme) sowie durch Störungen des Sozialverhaltens (Entwendungen, Zündeln) auf. Oft wird dieses Verhalten als „Faulheit und Bösartigkeit" durch Erwachsene mißgedeutet.

Die Symptomatik älterer Schulkinder und Jugendlicher ist der Erwachsener ähnlich: vermehrtes Grübeln, Selbstabwertungen, psychosomatische Beschwerden stehen neben Suizidideen, -plänen und parasuizidalen Handlungen im Vordergrund.

Differentialdiagnostisch sind neben affektiven Erkrankungen, beginnenden schizophrenen Psychosen auch hirnorganische Erkrankungen (postinfektiöse Zustände, Tumore) auszuschließen.

Therapie: Die immer mehrdimensionale Behandlung umfaßt neben der Einzeltherapie des Kindes die Beratung der Familie, ggf. heilpädagogische Einflußnahmen und medikamentöse Unterstützung.

10.5.3 Zwangserkrankungen

Derartige Erkrankungen werden in Zwangsgedanken und Zwangshandlungen einge-teilt. Sie unterscheiden sich hinsichtlich diagnostischer Leitlinien (ICD-10: F42) sowie Ätiologie nicht von denen erwachsener Patienten.

Klinisch können Kinder und Jugendliche ihre Gedanken und Handlungen weniger als Erwachsene verbergen und beziehen häufiger ihre Bezugspersonen mit ein. Dadurch wird die Symptomatik rascher deutlich. Psychopatholgisch haben Zwänge eine angst-reduzierende Funktion und sind nicht selten mit depressiven Verstimmungen ver-mischt. Diese können sowohl primär als auch sekundär (als Folge sozialer Einengung) eintreten. Differentialdiagnostisch sind ähnliche Handlungsweisen bei Verzögerun-gen der geistigen Entwicklung (wie Stereotypien und Automutilationen), bei autisti-schen Entwicklungsstörungen, bei schizophrenen Psychosen, bei Depressionen sowie bei Anorexia nervosa zu berücksichtigen. Ticerkrankungen treten häufig zeitgleich neben Zwangserkrankungen auf.

Therapie: Die Behandlung wird von der Ausprägung der Symptomatik bestimmt: Bei den leichteren Formen ist meist eine Beratung der Eltern mit Änderung des Erzie-hungsverhaltens ausreichend, bei den verfestigten Zwängen ist häufig eine stationäre Behandlung mit verhaltenstherapeutischen Interventionen (Angstexposition) und meist begleitender medikamentöser Unterstützung (z.B. Clomipramin) erforderlich.

10.5.4 Dissoziative Erkrankungen

Dissoziative Störungen (ICD-10 F44) beschreiben Veränderungen von Körperfunk-tionen, denen jedoch seelische Konflikte zugrunde liegen. Vor Diagnosestellung müs-sen körperliche Erkrankungen ausgeschlossen sein. Betroffen von dieser Erkrankung sind überwiegend weibliche Jugendliche. Klassifikation, Ätiologie, Klinik, Therapie und Verlauf unterscheiden sich nicht von erwachsenen Patienten.

10.5.5 Psychische Erkrankungen mit körperlicher Symptomatik

Hierbei handelt es sich um eine Gruppe von Krankheiten, bei denen seelische Prozesse sowohl zur Entstehung als auch zum Verlauf der Erkrankung beitragen.

Somatoforme Erkrankungen

Kennzeichnend für somatoforme Erkrankungen (ICD-10 F45) sind rezidivierende, multiple körperliche Beschwerden, die nicht körperlich begründet, häufig jedoch An-laß vielfältiger körperlicher Untersuchungen sind. Im Kindesalter stehen Bauch- und Kopfschmerzen im Vordergrund. In der Adoleszenz nimmt die Zahl der betroffenen Körperteile zu, die Symptomatik wird fluktuierend und ist nun deutlich häufiger un-ter weiblichen Jugendlichen verbreitet. Um eine Chronifizierung der Krankenrolle zu verhindern, ist sowohl eine einzeltherapeutische Unterstützung als meist auch eine familientherapeutische Beratung sinnvoll. Differentialdiagnostisch sind unspezifische Belastungsreaktionen sowie dissoziative Erkrankungen (manchmal auch Komorbidi-tät) abzugrenzen.

Eßstörungen

Die Klassifikation der Eßstörungen (ICD-10 F50) unterscheidet nicht zwischen Kindern und Jugendlichen auf der einen und Erwachsenen auf der anderen Seite.

Die **Anorexia nervosa** ist überwiegend eine Erkrankung des weiblichen Geschlechts: 15mal bis 20mal häufiger als unter männlichen Jugendlichen bzw. Männern. Sie ist gekennzeichnet durch die Weigerung, ein, bezogen auf Alter und Körperlänge, zu erwartendes Normgewicht zu halten, eine Körperschemastörung, die Furcht vor dem Dickwerden sowie, beim weiblichen Geschlecht, eine meist sekundäre Amenorrhoe. Gewichtsabnahme bzw. fehlende Gewichtszunahme werden entweder durch Einschränkung der Nahrungsaufnahme (sog. Restriktionstyp), ständige sportliche Aktivität oder, insbesondere bei Heißhungerattacken (Bulimie), zusätzlich durch Erbrechen und den Mißbrauch von Laxantien oder Diuretika erreicht (sog. Purgativatyp).

Ätiologisch lassen sich individuelle Faktoren (vermindertes Selbstwertgefühl, prämorbide Gewichtsstörungen), familiäre Belastungen (genetische Disposition; affektive Erkrankungen und Alkoholkrankheit in der Ursprungsfamilie, geringe Konfliktlösungsstrategien) sowie soziokulturelle Entwicklungen (schlankes weibliches Körperideal westlicher Industriegesellschaften) feststellen. Erkrankungsbeginn vor der Pubertät oder nach dem 30. Lebensjahr ist selten. Präpubertärer Erkrankungsbeginn ist durch das Risiko verzögerter Pubertät, Minderwuchs und ausbleibender Brustentwicklung belastet. Beim männlichen Geschlecht besteht zusätzlich die Gefahr einer abweichenden Geschlechtsrollenfindung. Häufige (unspezifische) krankheitsauslösende Faktoren sind Trennungs- und Verlusterlebnisse, Zerbrechen familiärer Gleichgewichte, neue Anforderungen der Umgebung sowie aktuelle Bedrohungen des Selbstwertgefühles (besonders bei labilem Körperselbstkonzept).

Differentialdiagnostisch sind Zwangserkrankungen, Somatisierungsstörungen und eine schizophrene Psychose auszuschließen. Die Differentialdiagnose zur depressiven Erkrankung kann schwierig sein, zumal auch Komorbidität vorkommt.

Die **Bulimia nervosa** (Heißhungeranfälle) ist im Gegensatz zur Anorexie nicht an ein bestimmtes Gewicht gebunden: Sie kann mit einer Anorexie, mit Normal- oder auch mit Übergewicht verknüpft sein. Die Prävalenz der Bulimie liegt etwas höher als die der Anorexie. Sie tritt später auf, zumal sie offenbar häufig als Folge vergeblicher Diätversuche, beispielsweise auch im Rahmen einer Anorexie, erscheint. Ätiologisch scheinen bei jugendlichen Patienten mit einer Komorbidität von Anorexie und Bulimie prämorbide Persönlichkeitsstörungen und familiäre Belastungen ausgeprägter zu sein als bei Jugendlichen, die an einer isolierten Anorexie leiden. Ansonsten finden sich zu Klinik, Therapie und Verlauf keine entscheidenden Unterschiede zu erwachsenen Patienten (s. III.6 und Fallbeispiel IV./8.1).

Enuresis

Als Enuresis (ICD-10 F98.0) wird der mindestens mehrmals wöchentlich eintretende unwillkürliche Harnabgang ab dem fünften Lebensjahr bezeichnet, dem keine organische Schädigung zugrunde liegt. Die weitere Unterteilung erfolgt nach dem Zeitpunkt des Harnabganges: Eine Enuresis diurna wird von einer Enuresis diurna et nocturna und einer Enuresis nocturna unterschieden. Bis zum Alter von sieben Jahren finden sich keine Geschlechtsunterschiede, danach sind mehr Jungen als Mädchen betroffen. Die Diagnostik umfaßt neben einer differenzierten Erfassung der Symptomatik insbesondere den Ausschluß organischer Entstehungsbedingungen fehlender Kontrolle der Harnblase (z.B. Harnwegsinfekte, Mißbildungen des Urogenitaltraktes, Epilepsie).

Bei der **Enuresis diurna** werden ätiopathogenetisch drei verschiedene Unterformen vorgeschlagen (von Gontard und Lehmkuhl, 1997):

- die idiopathische Dranginkontinenz (periphere Detrusorinstabilität, die zur hohen Miktionsfrequenz und rezidivierenden Harnwegsinfekten führt) mit eher sekundärer seelischer Begleitsymptomatik, oft mit Enuresis nocturna, manchmal auch mit Einkoten verbunden. Therapeutisch wird ein symptomorientiertes kognitiv-verhaltenstherapeutisches Vorgehen empfohlen.
- Harninkontinenz bei Miktionsaufschub (weitgehend seelische Ursache, z.B. kann ein hyperkinetisches Syndrom damit verbunden sein). Behandlung zunächst wie oben, meist aber zusätzlich Familienberatung und medikamentöse Unterstützung (z.B. Stimulantien) erforderlich.
- Detrusor-Sphinkter-Dyskoordination (Ätiologie noch ungeklärt: erlerntes Verhalten oder Reifungsverzögerung), eher selten, häufig mit Enuresis nocturna, Harnwegsinfekten, Obstipation und Enkopresis assoziiert. Wegen z.T. lebensbedrohlicher Langzeitfolgen (Niereninsuffizienz) ist meist eine stationäre Behandlung erforderlich (Biofeedback-Programm, Einzelpsychotherapie).

Bei der **Enuresis nocturna** wird eine 1. primäre (ohne Zeit der Harnkontrolle), monosymptomatische, von einer 2. primären, symptomatischen (mit Miktionsauffälligkeiten) und von einer 3. sekundären (Harnkontrolle über einen Zeitraum von sechs Monaten) unterschieden. Die genetische Belastung ist insgesamt hoch, wird über endokrine und physiologische Faktoren vermittelt und durch Umwelteinflüsse moduliert. Während bei den primären Formen ein verhaltenstherapeutisches Training meist ausreichend ist, ist bei der sekundären Form neben einer Einzelbehandlung des Kindes oft eine Beratung der Familie erforderlich, da häufig eine seelische Begleiterkrankung vorliegt. Ergänzend läßt sich bei der Enuresis nocturna auch ein Weckapparat einsetzen, nur selten ist eine spezifische medikamentöse Unterstützung (z.B. Imipramin) angebracht.

Enkopresis

Unter Enkopresis (ICD-10: F98.1) wird das wiederholte willkürliche oder unwillkürliche Absetzen von Faeces normaler oder fast normaler Konsistenz ab dem Alter von vier Lebensjahren an Stellen verstanden, die im sozio-kulturellen Umfeld dafür nicht vorgesehen sind. Es wird zwischen primärer Enkopresis (fehlende Stuhlkontrolle) und sekundärer Enkopresis (Inkontinenz nach vorübergehender Stuhlkontrolle) unterschieden. Ätiologisch überwiegen interaktionelle Prozesse zwischen den Eltern und ihrem Sohn (Töchter nur zu etwa 25% betroffen): Inkompetenz und ständiger Streit der Eltern, seelische Vernachlässigung des Kindes. Diagnostisch muß die häufig bestehende Obstipation erkannt werden, die zu einer Überlaufenkopresis führen kann. Selten ist röntgenologisch ein Morbus Hirschsprung auszuschließen. Therapeutisch ist meist ein gezieltes Sauberkeitstraining und begleitende Elternberatung ausreichend.

10.5.6 Psychische Störungen bei chronischen körperlichen Erkrankungen

Fortschritte in der Organmedizin haben mit einiger Wahrscheinlichkeit dazu geführt, daß die Zahl chronisch kranker Kinder (die früher ihre Erkrankung nicht überlebt hätten) angestiegen ist und heute bei etwa 10% aller Altersgruppen liegt. Die vielfältigen Möglichkeiten seelischer Beeinträchtigungen bei chronischen körperlichen Erkrankungen (z.B. angeborene Herzfehler, Körperbehinderungen, Tumoren, Diabetes mellitus) haben zum Konzept der psychosozialen Anpassung geführt. Darunter werden sowohl gelungene als auch mißlungene Adaptionen an die Folgen der Erkrankung erfaßt. Einfluß auf die psychosoziale Anpassung haben neben der Grunderkrankung und den damit verbundenen Beeinträchtigungen die Begabung und die Persönlichkeit des Kindes, seine unmittelbare Umgebung (Familie oder Heimeinrichtung) und die Reaktionsweise in seinem weiteren Umkreis. Dabei hilft das kinderpsychiatrische Konzept von Schutz- und Risikofaktoren, die Interaktion jener Einflußgrößen zutreffend zu beschreiben, die bei der Bewältigung chronischer Krankheiten wirksam sind.

10.5.7 Störungen des Sozialverhaltens

Auffälligkeiten im Sozialverhalten stellen neben Erkrankungen mit Beeinträchtigungen im Bereich der Emotionen den häufigsten Anlaß für eine kinder- und jugendpsychiatrische Untersuchung dar.

Abgesehen von verschiedenen, eher isolierten Formen der Störungen des Sozialverhaltens (F91) sind diese häufig mit anderen Erkrankungen verbunden: Anpassungsstörungen (F43.24 ...mit vorwiegender Störung des Sozialverhaltens), Hyperkinetische Syndrome (F90.1: Hyperkinetische Störung des Sozialverhaltens) sowie als Kombination mit Erkrankungen im Bereich der Emotionen (F92: Kombinierte Störung des Sozialverhaltens und der Emotionen). Störungen des Sozialverhaltens stellen also weniger eine Krankheitseinheit dar (wie z.B. Anorexie) als vielmehr eine Kombination von Merkmalen, bei deren Bewertung auch Annahmen über die tatsächliche oder vermeintliche Sozialschädlichkeit von Verhaltensweisen einfließen.

Generell lassen sich zwei Dimensionen gestörten Sozialverhaltens unterscheiden: offenes, unmittelbar gegen Menschen gerichtetes, aggressives Verhalten einerseits, eher verdeckte Störungen des Sozialverhaltens, die sich gegen Sachen richten, andererseits. Loeber und Stouthamer-Loeber (1998) schlagen ergänzend eine dritte Dimension vor, die konflikthaftes Verhalten gegenüber Erziehungspersonen umschreibt und in ihren Auswirkungen zwischen den beiden anderen Verhaltensweisen liegt. Alle drei Entwicklungspfade treten sehr viel zahlreicher bei Jungen als bei Mädchen auf, sind in schwacher Ausprägung häufiger und kommen dann eher in jüngeren Jahren (beginnendes Grundschulalter) vor. Überschneidungen zwischen den genannten Entwicklungen sind möglich. Im einzelnen werden folgende Entwicklungen beschrieben:

1. offen aggressives Verhalten: ärgern, einschüchtern und schikanieren anderer Gleichaltriger; → körperliche Auseinandersetzungen einzeln oder in Gruppen; → ausgeprägte körperliche Gewalt, schwerer Raub, Vergewaltigung,

2. Autoritätskonflikte: stures Verhalten; → Ungehorsam, Trotz; → Umgehung von Autoritätspersonen (Fernbleiben von der Schule, Weglaufen, spät nach Hause zurückkehren),

3. verdecktes aggressives Verhalten: häufiges Lügen, Ladendiebstahl; → Zerstörung von Eigentum (Brandstiftung, „Vandalismus"); → schwerer Diebstahl, Einbruch, Betrug.

Die Entwicklungspfade 1. und 3. münden häufig in Verhaltensweisen, welche dann als delinquent oder auch als kriminell bezeichnet werden. Unter Delinquenz werden Handlungen verstanden, die von offiziellen Kontrollinstanzen (z. B. Jugendamt, Vormundschaftsgericht) verfolgt werden, unabhängig davon, ob Gesetze dafür eine Bestrafung vorsehen oder nicht. Kriminell sind Handlungen, die nach dem Gesetz mit Strafe bedroht sind. Die strafrechtliche Verantwortlichkeit beginnt in der Bundesrepublik mit 14 Jahren (s. a. V. 4).

Hinsichtlich offen aggressiven Verhaltens nehmen nur die ausgeprägten Formen im Laufe des Alters zu, während diese Einschränkung für die verdeckte Form nicht zutrifft.

Eine Unterscheidung der verschiedenen Formen aggressiven Verhaltens wird auf unterschiedliche Prägungen hinsichtlich Befindlichkeit, Wahrnehmung und Verhalten zurückgeführt. Diese können ihre Ursachen in familiären Bedingungen, physiologischen Merkmalen und genetischen Einflüssen haben. Familiäre Lebensbedingungen wie elterlicher Streit und Gewalt als Stil der Konfliktbewältigung führen eher zur Entwicklung offen aggressiver als zur Entwicklung verdeckt aggressiver Verhaltensstile. Wenig grenzsetzende Erziehungsstile und Vernachlässigung auf der einen, rigides Erziehungsverhalten auf der anderen Seite können eher zu verdeckt aggressivem Verhalten führen. Physiologische Faktoren umfassen neben anderen den Einfluß hormoneller Regelungskreise sowie die Reaktionsbereitschaft („arousal") des autonomen Nervensystems. Niedrige Serotoninspiegel und niedriges Cortisol im Speichel sind offenbar häufig mit offen aggressivem Verhalten verbunden. Während niedrigere Herzfrequenz eher mit offen aggressivem Verhalten assoziiert wird, begünstigt ein herabgesetzter Hautwiderstand offenbar eher verdeckt aggressives Verhalten. Die Ergebnisse genetischer Studien sind demgegenüber bisher hinsichtlich der Richtung ihrer Feststellungen nicht übereinstimmend. Untersuchungen zu Entstehungsbedingungen von Störungen des Sozialverhaltens, die sowohl biologische als auch psychosoziale Einflußfaktoren berücksichtigen, liegen bislang nicht vor.

Einflußnahmen sind meist (nur dann) erfolgreich, wenn sie möglichst früh einsetzen, auf konkrete Problemlösung hin orientiert sind und das gesamte (familiäre) Umfeld erfassen. Sofern die Störungen des Sozialverhaltens nicht mit einer Komorbidität (depressive Störung, hyperkinetisches Syndrom) einhergehen, kann eine medikamentöse Unterstützung nur unspezifisch (z. B. Pipamperon) sein.

10.5.8 Sexuelle Störungen

Die sexuelle Identität von Kindern und Jugendlichen wird von chromosomalen, gonadalen, hormonellen Merkmalen sowie von psychosozialen Einflüssen bestimmt. Dabei liegen die entscheidenden Unterschiede zum Erwachsenen im Bereich psychosozialer Einflüsse, da hierbei die Interaktion entwicklungsbezogen-individuell mit gesellschaftlich-kulturellen Faktoren wirksam wird. Man kann davon ausgehen, daß jedes sexuelle Verhalten durch Einstellungen geprägt wird. Diese werden wiederum zum einen durch Wissen über, zum anderen durch Erfahrungen mit Sexualität bestimmt. Dabei speist sich das Wissen über Sexualität aus Gelesenem, Gehörtem (in Schule, Elternhaus, unter

Gleichaltrigen usw.) sowie Gesehenem (z.B. in unterschiedlichen Pornomedien, aber auch beobachtete Zärtlichkeit unter Angehörigen, Freunden und Fremden); dadurch wird insgesamt die Summe aller Kenntnisse gebildet. Erfahrungen mit Sexualität umfassen im weitesten Sinne Handlungen, nämlich autoerotische, hetero- und homosexuelle, die aktiv durchgeführt und/oder passiv erlebt wurden.

Sexuelle Störungen unter Kindern und Jugendlichen beziehen sich zum einen auf Störungen der sexuellen Identität, zum anderen auf abweichendes, auch kriminelles Sexualverhalten.

Kennzeichen einer gestörten Geschlechtsidentität im Kindesalter (F 64.2) sind bei Jungen sehr viel häufiger als bei Mädchen. Die Symptomatik beginnt meist vor dem vierten Lebensjahr und äußert sich in einer Ablehnung der gonadalen Prägung des Geschlechts sowie in dem Wunsch, sowohl äußerlich (anatomisch) als auch sozial die andere Geschlechtsrolle zu übernehmen. In der Behandlung wird versucht, die Kinder auf ihre chromosomal, gonadal und hormonell geprägte Geschlechtsrolle im weitesten Sinne vorzubereiten, sofern nicht organische Befunde (z.B. Intersexualität) ergänzende/andere Therapiemaßnahmen erfordern. Verlaufsuntersuchungen zeigen, daß psychotherapeutische Maßnahmen jedoch nur z.T. erfolgreich sind und sich häufig eine homosexuelle bzw. bisexuelle Orientierung bei Jungen durchsetzt.

Obwohl sehr viel häufiger und in ihren Auswirkungen sehr viel nachhaltiger, sind unangemessene bzw. sexuell aggressive Verhaltensweisen durch (meist männliche) Jugendliche bisher nur marginal untersucht worden. Dabei werden alleine in Westdeutschland jährlich mehr als 600 Jugendliche und Heranwachsende wegen Verstößen gegen die sexuelle Selbstbestimmung verurteilt (Hummel, 1988). Insgesamt handelt es sich um eine heterogene Gruppe, die durch unterschiedliche Tat- und Persönlichkeitsmerkmale bestimmt wird. Ergebnisse an einer definierten und kontrollierten Stichprobe zeigen, daß sich Jugendliche, die Kinder sexuell mißbrauchen, hinsichtlich Persönlichkeitsentwicklung und familiärer Merkmale deutlich von solchen Jugendlichen unterscheiden, die gegenüber weiblichen Jugendlichen oder Frauen sexuelle Gewalt ausüben. Sexueller Mißbrauch in der Vorgeschichte der Täter hat offenbar nur bei einigen Auswirkungen auf Alter und Geschlecht der Opfer sowie auf die Rückfallgefährdung. Schließlich sind die bisherigen diagnostischen Zuordnungsmöglichkeiten der ICD-10 unzureichend, da einige Jugendliche bis auf ihr sexuell auffälliges Verhalten keine weiteren psychopathologischen Störungen zeigen. Von Beier (1995) wurde für Erwachsene deswegen der Begriff der Dissexualität vorgeschlagen.

10.6 Tic-Störungen (F 95) und das Gilles-de-la-Tourette-Syndrom (F 95.2)

Definition: Ein Tic ist eine unwillkürliche, zwecklose, rasch sich wiederholende, nicht rhythmische Bewegung umschriebener Muskelgruppen oder eine plötzlich einsetzende sinnlose Lautäußerung. Tics können zeitlich begrenzt unterdrückt werden und unter emotionaler Erregung verstärkt auftreten. Motorische und lokale Tics können in einfacher und komplexer Form auftreten.

Einfache motorische Tics sind Blinzeln, Gesichts- und Schulterzucken und Grimassieren. **Einfache vokale Tics** sind Schnüffeln, Räuspern, Zischen und Bellen. **Komplexe motorische Tics** sind Springen, Greif- und Schreitbewegungen und sich selbst schlagen. Bei **komplexen vokalen Tics** werden Laute und Wörter wiederholt, die bekannt oder erfunden sind und manchmal obszönen Inhalt haben (Koprolalie). Treten kombinierte vokale und multiple motorische Ticstörungen gleichzeitig auf, spricht man vom **Gilles-de-la-Tourette-Syndrom** oder kurz Tourette-Syndrom (F 95 bzw. F 92.5 ICD.10).

Differentialdiagnostisch sind sowohl organische als auch psychogene Störungen auszuschließen, wie Epilepsie, Blepharospasmus, Konversionsstörungen und Manirismen im Zusammenhang mit psychotischen Erkrankungen.

Tics kommen mit einer familiären Häufung von 10 bis 40% vornehmlich bei Jungen vor. Vorübergehende Tics treten bei Kindern bei psychischen Belastungen oder zwischen den einzelnen Entwicklungsstufen (z.B. zu Beginn der Pubertät) gehäuft auf. Am häufigsten werden Ticerscheinungen bei Kindern im Alter von 4 bis 7 Jahren beobachtet. Beim Gilles-de-la-Tourette-Syndrom treten die motorischen und vokalen Ticerscheinungen nicht immer zu gleichen Zeit auf. Vorläufer sind oft einfache Tics in der Kindheit, die in der Adoleszens meist zur vollen Ausbildung gelangen. Viele Kinder mit Ticstörungen zeigen gleichzeitig noch hyperkinetische Störungen. Auch Lernschwierigkeiten und Konversationsstörungen sind oft mit Ticerscheinungen vergesellschaftet.

Bei Kindern mit Ticstörungen ist eine sorgfältige Anamnese zu erheben. Es sind auslösende und verstärkende Situationen zu eruieren. Die neurologische Untersuchung ist obligatorisch, Zusatzuntersuchungen, wie EEG, CT oder MRT, sind bei Verdacht auf organische Bewegungsstörungen (Chorea, Athetose, Ballismus) durchzuführen. Wegen der Komorbidität mit Lernschwierigkeiten und den hyperkinetischen Störungen sind die Konzentrationsdiagnostik und die Überprüfung der Intelligenz notwendig.

Für die übrigen Familienmitglieder sind chronische Ticstörungen sehr belastend. Bei ungenügender Aufklärung über die Ursachen glauben Eltern manchmal, das Kind könnte willentlich die Symptomatik unterdrücken. Solche elterlichen Aufforderungen und Ermahnungen, sich zu beherrschen, lassen das Kind lediglich unter emotionale Spannung geraten und erhöhen das Auftreten von Tics.

Ätiopathogenetisch ist eine genetische Prädisposition anzunehmen. Die Prävalenz bei monozygoten Zwillingen liegt zwischen 60 und 70%, bei dizygoten nur zwischen 12 und 24%. Da Ticerscheinungen durch Dopamin-Rezeptoren blockierende Medikamente beeinflußt werden können, wird hypothetisch eine dopaminerge Überfunktion in den kortikostriären und nigrostriären Bahnen des Gehirns vermutet. Klinisch bekannt ist das gehäufte Auftreten von Ticerscheinungen bei ängstlicher Gespanntheit oder motorischer Erregung. Eine zufriedenstellende kausale Erklärung für Ticerkrankungen steht noch aus.

Therapie und Verlauf: Zunächst sollte eine Aufklärung der Kinder und ihrer Familien erfolgen. Dabei sind für das Verständnis der Eltern und zur Entlastung des betroffenen Kindes die Tatsachen besonders wichtig, daß Ticbewegungen willentlich nicht langfristig beeinflußt werden können sowie bei Streß und Aufregung verstärkt auftreten. Entspannungsverfahren (autogenes Training, konzentrative Entspannung) sowie verhaltenstherapeutische Maßnahmen können Spannungssituationen mindern, und helfen Bewältigungsstrategien aufzubauen. Beim therapeutischen Reiten sistieren selbst schwerste Ticerscheinungen oft zur Überraschung der zuschauenden Eltern und der betroffenen Kinder selbst, da die unwillkürlichen Aktivitätsmuster des Tics in die vom Pferd determinierten rhythmisch wiegenden Bewegungen einfließen und psychische Spannung sich löst und bei den meisten Kindern in freudvolle Aufmerksamkeit beim Reiten und durch den direkten Körperkontakt zum Pferd in Entspannung konvertiert. Da das therapeutische Reiten außerdem bei vielen Kindern ein gestörtes Selbstwertgefühl verbessern kann, hat es als flankierende Therapie einen stabilisierenden Effekt, der beim Ticsyndrom häufig auch eine generalisierende Wirkung zeigt. In der Pharmakotherapie hat sich Tiaprid bewährt (5 bis 10 mg pro kg Körpergewicht), das deutlich die Symptomatik lindern kann. Bei therapieresistenten Ticstörungen sowie bei dem Gilles-de-la-Tourette-Syndrom sind neben der medikamentösen Unterstützung aufwendigere psychotherapeutische Behandlungen angebracht.

Medikamentös kommen Neuroleptika zur Anwendung:

* Pimozid (initial 0,3–0,01 mg/kg Körpergewicht, dann 0,3–0,1 mg/kg Körpergewicht, max. 8 mg/d),
* Haloperidol (0,15 mg/kg Körpergewicht oder 1,5–4 mg/d, max. 10–15 mg/d),
* Clonidin (einschleichend 0,05 mg/d bis 0,15–0,3 mg/d, 2–3 µg/kg Körpergewicht/d).

Prognose: Auch bei länger bestehenden Ticerscheinungen ist eine gute Prognose anzunehmen, da etwa die Hälfte sich mit der Adoleszenz verlieren oder deutlich verbessern. Bei höherer genetischer Belastung ist die Prognose schlechter. Jungen haben insgesamt eine schlechtere Prognose als Mädchen. Die Prognose des Gilles-de-la-Tourette-Syndroms ist wesentlich ungünstiger und es tritt sehr häufig noch im Erwachsenenalter auf, mit jedoch meist abgeschwächter Symptomatik.

Literatur

American Psychiatric Association; Committee on Nomenclature and Statistics. Diagnostic and statistical manual of mental disorders, Washington: American Psychiatric Association, 1994. Ed. 4th

Améry J (1976) Hand an sich legen. Diskurs über den Freitod. Stuttgart: Klett

Amminger GP, Resch F, Mutschlechner R, Friedrich MH, Ernst E (1997) Premorbid Adjustment and Remission of Positive Symptoms in First-Episode Psychosis. European Child and Adolescent Psychiatry 6: 212–218

Amorosa H (1994) Die Weiterentwicklung einer differenzierenden Diagnostik der Sprachentwicklung im Kindesalter. In: Martinius J, Amorosa H (Hrsg): Teilleistungsstörungen.München: Quintessenz

Amorosa H (1998) The Classification of Speech and Language Disorders. In: Rispeus et al (eds.): Perspectives on the classification of specific developmental disorders.Academic Amsterdam: Klüwer Publishers. pp 155–180

Anderson P, Cremona, A Paton A, Turner C, Wallace P (1993) The risk of alcohol. Addiction 88: 1493–1508

Angermeyer M, Döhner D (Hrsg) (1981) Chronisch kranke Kinder und Jugendliche in der Familie.Stuttgart: Enke

Babor TF, Hofmann M, DelBoca FK, Hesselbrock V, Meyer RE, Dolinsky ZS, Rounsaville B (1992) Types of alcoholics, I. Evidence for an empirically derived typology based on indicators of vulnerability and severty. Arch Gen Psychiatry 49: 599–608

Barbaree HE, Marshall WL, Hudson SM (Eds.) (1993) The juvenile sex offender. New York: The Guilford Press

Baumann M, Kemper TL (1994) Neuroanatomical obervations of the brain in autism. In: Baumann M, Kempe TL: The neurobiology of autism. pp.119–145. Baltimore: The John Hopkins University press

Beier KM (1995) Dissexualität im Lebenslängsschnitt. Theoretische und empirische Untersuchungen zu Phänomenologie und Prognose begutachteter Sexualstraftäter. Berlin: Springer

Biek JE (1981) Screening test for identifying adolescents adversely affected by a parental drinking problem. Journal of Adolescent Health Care 2: 107–113

Bieber-Martig B, Poustka F (1998) The role of pre- and perinatal factors in the etiology of autism (in Vorbereitung)

Birchwood M, McGorry P, Jackson H (1997) Early Intervention in Schizophrenia. British Journal of Psychiatry 170: 2–5

Bishop DVM (1995) Developmental Disorders of Speech and Language. In: Rutter M, Taylor E, Hersov L (ed.): Child and Adolescent Psychiatry. Modern Approaches.pp 546–568. Oxford: Blackwell Science

Brack U, Volpers F (1993) Sprach- und Sprechstörungen. In: Steinhausen H-C, von Auster M (Hrsg): Handbuch Verhaltenstherapie und Verhaltensmedizin bei Kindern und Jugendlichen. S 99–129. Weinheim: Beltz

Brühl-Cramer Cv (1819) Ueber die Trunksucht und eine rationale Heilmethode derselben. Berlin: Nicolai

Bührs R (1993) Jugendalkoholismus und Drogen. Eine epidemiologische Untersuchung. Teil 2: Alkohol – Arzneimittel – illegale Drogen. Ahlhorn

Bush B, Shaw S, Cleary P, Delbanco TL, Aronson MJ (1986) Screening for alcohol abuse using the CAGE questionnaire. Am J Med 82: 231

Caplan R (1994) Childhood, Schizophrenia, Assessment and Treatment. A Developmental Approach. Child and Adolescent Psychiatric Clinics of North America 3: 15–30

Carlat DJ, Camargo CA, Herzog DP (1997) Eating Disorders in Males: A Report on 135 Patients

Cotton J (1979) The familial incidence of alcoholism. J Stud Alcohol 40: 89–116

Ciompi L (1982) Affektlogik. Stuttgart: Klett-Cotta

Cloninger CR (1987a) A systematic method for clinical description and classification of personality variants. Arch Gen Psychiatry 44, 573–588

Cloninger CR (1987b) Neurogenetic adaptive mechanisms in alcolism. Science 236: 410–416

Deutsche Hauptstelle gegen die Suchtgefahren (1993) Jahrbuch Sucht '94. Geesthacht: Neuland

Deutsche Hauptstelle gegen die Suchtgefahren (1997) Jahrbuch Sucht '98. Geesthacht: Neuland

Dilling H, Mombour W, Schmidt MH (Hrsg) (1991) Internationale Klassifikation psychischer Störungen – ICD-10 Kapitel V (F). Weltgesundheitsorganisation (WHO). Bern: Huber

Döpfner M, Lehmkuhl G (1995) Elterntraining bei hyperkinetischen Störungen. In: Hyperkinetische Störungen im Kindes- und Jugendalter. Steinhausen HCh (Hrsg) Stuttgart-Berlin-Köln: Kohlhammer

Durkheim E (1973) Der Selbstmord.Berlin: Luchterhand Neuwied

Du Bois R (1988) Körpererleben und psychische Entwicklung. Göttingen-Toronto-Zürich : Hogrefe

Eggers C (1988) Schizoaffective Psychosis in Childhood: A Follow-up Study. Journal of Autismn and Developmental Disorders 19: 327–342

Eggers C, Bund D (1997) The Long Term Course of Childhood onset Schizophrenia: A Fourty-two-year-follow-up. Schizophrenia Bulletin 23: 105–117

Eisert HG (1995) Kognitive verhaltenstherapeutische Behandlung hyperaktiver Kinder. In: Hyperkinetische Störungen im Kindes- und Jugendalter. Steinhausen HC (Hrsg.) Stuttgart-Berlin-Köln: Kohlhammer

Emminghaus H (1887) Die psychischen Störungen des Kindesalters. Tübingen: Laupp

Esser G (1991) Was wird aus Kindern mit Teilleistungsschwächen? Der langfristige Verlauf umschriebener Entwicklungsstörungen.Stuttgart: Enke

Ewing JA (1984) Detecting alcoholism: the CAGE questionnaire. JAMA 252: 1905–1907

Felber W (1999) Typologie des Parasuizids. Suizidale Gefährdung, taxonomische Auswirkung, katamnestisches Ergebnis. Regensburg: Roderer 2. verb. Auflage

Freud S (1917) Trauer und Melancholie. Int Z ärztl Psychoanalyse 6: 288–301

Freeman BJ, Ritvo ET, Qokota A, Ritvo A (1986) A scale for rating symptoms of patients with the syndrome of autism in real life settings. Journal of the American Academy of Child Psychiatry 25: 130–136

Friedrich MH (1998) Tatort Kinderseele. Wien: Ueberreuter

Geyer M (1990) Methodik des psychotherapeutischen Einzelgesprächs. Leipzig: Barth

Gontard Av, Lehmkuhl G (1997) Enuresis nocturna – neue Ergebnisse zu genetischen, pathophysiologischen und psychiatrischen Zusammenhängen. Praxis der Kinderpsychologie und Kinderpsychiatrie 46: 709–726

Gontard Av, Lehmkuhl G (1997) „Enuresis diurna" ist keine Diagnose – neue Ergebnisse zur Klassifikation, Pathogenese und Therapie der funktionellen Harninkontinenz im Kindesalter. Praxis der Kinderpsychologie und Kinderpsychiatrie 46: 92–112

Goodman R, Stevenson J (1989) A twin Study of hyperactivity: II. The etiological role of genes, family relationships and perinatal adversity. J. Child Psychol. Pychiat. 30: 691–709

Goodwin DW (1987) Adoption studies of alcoholism. In: Genetics and alcoholism, edited by HW Goedde and DP Agarwal. pp 60–70. New York: Liss

Grawe K (1998) Psychologische Therapie. Göttingen: Hogrefe

Häfner H, Riecher A, Maurer K, Fätkenheuer B, Löffler W, an der Heiden W, Munk-Jorgensen P, Strömgren E (1991) Geschlechtsunterschiede bei schizophrenen Erkrankungen. Fortschritte der Neurologie und Pychiatrie 59: 343–360

Hänsel D (1991) Ein Versuch zur Untergruppenbildung beim Anorexie-Syndrom. Krankenhauspsychiatrie 2: 120–123

Heigl-Evers A, Heigl F, Ott J (1993) Lehrbuch der Psychotherapie. Stuttgart, Jena: Fischer

Henn AF (1995) Neurobiologie der Schizophrenie. Schweiz. Archiv Neurol. Psychiat. 146: 224–229

Henseler H (1974) Narzißtische Krisen – Zur Psychodynamik des Selbstmords. Reinbeck b. Hamburg: Rowohlt

Heptinstall E, Taylor E (1996) Sex differences and their significance. In: Hyperactivity Disorders of Childhood. Sandberg S (Hrsg). Cambridge: Cambridge University Press

Herpertz S, Albus Ch, Wagener R, Kocnar M, Wagner R, Henning A, Best F, Schulze Schleppinghoff B, Förster K, Thomas W, Mann K, Köhle K, Senf W (1998) Comorbidity of diabetes mellitus and eating disorders: Does diabetes control reflect disturbed eating behavior? Diabetes Care 21: 1110–1116

Herpertz S, Kocnar M, Senf W (1997) Bulimia nervosa beim männlichen Geschlecht. Z. Psychosom Med Psychoanal 43: 39–56

Herzog W. Rathner G, Vandereycken W (1992) Long-term course of anorexia nervosa: a review of the literature. In: Herzog W, Deter H-C, Vandereycken W (Hrsg.) The course of eating disorders. S 15–19. Berlin Heidelberg New York: Springer

Hsu LKG (1990) Eating Disorders. pp 59–77. New York London: The Guilford Press

Huber G (1983) Das Konzept substratnaher Basissymptome und seine Bedeutung für Theorie und Therapie schizophrener Erkrankungen. Nervenarzt 54: 23–32

Huber G, Gross G (1997) Advances in Therapy and Prevention of Schizophrenic Disorders. Neurology, Psychiatry and Brain Research 5: 1–8

Hüllinghorst R, Dembach B, Lindemann F (1997) Jahrbuch Sucht '98. Geesthacht: Neuland

Hummel P, Guddack S (1997) Psychosocial stress and adaptive functioning in children and adolescents suffering from hypohidrotic extodermal dysplasia. Pediatric Dermatology, 14: 180–185

Hummel P (1988) Der gegenwärtige Forschungsstand zur Sexualdelinquenz im Jugendalter. Praxis der Kinderpsychologie und Kinderpsychiatrie 37: 198–204

Hummel P, Thömke, V, Haag S, Haag M (1998) Der Einfluß elterlichen Alkoholmißbrauchs auf die Entwicklung der Töchter. Untersuchung der Inanspruchnahmepopulation eines Mädchenwohnheims. Sucht 44: 207–215

Hurst JA, Baraitser M, Auger E, Graham F, Norell S (1990) An extended family with a dominantly inherited speech disorder. Developmental Medicine and Child Neurology 32: 352–355

Huss M (1852) Chronische Alkoholkrankheit oder Alcoholismus chronicus. Stockholm: Fritze

Jacobson JW, Mulick JA, Schwartz AA (1995) A history of facilitated communication. Science, pseudoscience and antiscience. Science working group on facilitated communication. American psychologist 50: 750–765

Jacobson GR (1983) Detection, assessment and diagnosis of alcoholism: current techniques. Recent Dev Alcohol 1: 377–413

Jellinek EM (1952) Phases of alcohol addiction. Quart J Stud Alc 13: 673

Jellinek EM (1960) The disease concept of alcoholism, New Brunswick: NJ: Hillhouse Press

Jungjohann E (1996) Das Dilemma des mißhandelten Kindes. Frankfurt/M.: Fischer

Kado S, Tagaki R (1996) Biological Aspects. In: Hyperactivity Disorders of Childhood .Cambridge: Cambridge University Press

Kafantaris V (1996) Diagnostic Issues in Childhood Psychosis. Current Opinion in Psychiatry 9: 247–250

Kernberg O (1993) Borderline-Störungen und pathologischer Narzißmus.Frankfurt/M.: Suhrkamp

Kerns LL (1997) Hilfen für depressive Kinder. Ein Ratgeber. Bern: Huber

King RA (1994) Childhood onset Schizophrenia: Development and Pathogenesis. Child and Adolescent Psychiatric Clinics of North America 3: 1–13

Klosterkötter J (1992) Wie entsteht das schizophrene Kernsyndrom? Ergebnisse der Bonner Übergangsreihenstudie und anglo-amerikanische Modellvorstellungen – Ein Vergleich. Nervenarzt 63: 675–682

Knölker U, Mattejat F, Schulte-Markwort M (1997) Kinder- und Jugendpsychiatrie und Psychotherapie systematisch. Bremen und Lorch/Württemberg: UNI-MED

Knorring AL v, Bohman M, Knorring Lv, Oreland L (1985) Platelet MAO activity as biological marker in a subgroup of alcoholism. Acta Psychiatr Scand 72: 51–58

Kovacs M (1997) Depressive Disorders in Childhood: An Impressionistic Landscape. Journal of Child Psychology and Psychiatry 38: 287–298

Kraepelin E (1903) Psychiatrie – Ein Lehrbuch für Studierende und Ärzte. Leipzig: Barth

Kreitmann N (1980) Die Epidemiologie von Suizid und Parasuizid. Nervenarzt 51: 131–138

Kretschmar E (1918) Der sensitive Beziehungwahn. Ein Beitrag zur Paranoiafrage und psychiatrischen Charakterlehre. Berlin: Springer

Krug DA, Arick J, Almond P (1980) Behavior checklist for identifying severely handicapped individuals with high levels of autistic behavior. Journal of Child Psychology and Psychiatry 21: 221–229

Lempp R (1973) Psychosen im Kindes- und Jugendalter – Eine Realitätsbezugsstörung. Bern – Stuttgart – Wien: Huber

Lesch OM, Walter H (1996) Subtypes of alcoholism and their role in therapy. Alcohol 31 Suppl 1: 63–67

Lisch S, Poustka F (1992) Pharmakotherapie beim Autismus. Hilfe für das autistische Kind. Regionalverband Rhein-Main, 3. Informationsschrift 39–41

Loeber R, Stouthamer-Loeber M (1998) Development of juvenile aggression and violence. Some common misconceptions and controversies. American Psychologist 53: 242–259

Lou, HC, Henriksen L, Bruhn P (1990) Focal cerebral dysfunction in developmental learning disabilities. Lancet 335: 8–11

Marneros A (1989) Schizoaffektive Psychosen. Berlin, Heidelberg, New York, Tokyo, London, Paris, Hongkong: Springer

Martin M, Dauner I (1985) Störungen der Sexualentwicklung und des Sexuallebens. In: Remschmidt H, Schmidt MH: Kinder- und Jugendpsychiatrie in Klinik und Praxis, Band III. Stuttgart: Thieme

Mayfield D, McLeod G, Hall P (1974) The CAGE questionnaire: validation of a new alcoholism screening instrument. Am J Psychiatry 131: 1121

McGorry PD (1994) The Influence of Illness Duration on Syndrome Clarity and Stability in Functional Psychosis: Does the Diagnosis emerge and stabilize with Time? Australian and New Zealand Journal of Psychiatry 28: 607–619

Mednick SA, Parnas J, Schulsinger F (1987) The Copenhagen High Risk-Project, 1962–1986. Schizophrenia Bulletin 13: 486–495

Meyer RE (1996) The disease called addiction: emerging evidence in a 200-year debate. Lancet 347: 162–166

Niebergall G (1992) Neuropsychologie der Sprachstörungen. In: Steinhausen HC (Hrsg.): Hirnfunktionsstörungen und Teilleistungsschwächen. S. 121–134 Berlin-Heidelberg-New York: Springer

Nielsen S, Molbak AG (1998) Eating Disorder and Type 1 Diabetes: Overview and Summing-Up. European Eating Disorders Review 6: 1–24

Nüchterlein KH (1987) Vulnerability Models for Schizophrenia State of the Art. In: Häfner H, Gattaz WF, Janzarik W (1987) Search for the Causes of Schizophrenia, S. 297–316. Berlin-New York-Tokio: Springer

Piaget J (1973) Das Erwachen der Intelligenz beim Kinde. Stuttgart: Klett-Cotta

Poustka F (1998) Zur Genetik des Autismus. Tagungsbericht, 9. Bundestagung, Bundesverband „Hilfe für das autistische Kind" (Hrsg.), Hamburg (im Druck)

Raine, A (1993) The psychopathology of crime. Criminal behavior as a clinical disorder. San Diego: Academic Press

Remschmidt H (1988) Schizophrene Psychosen im Kindesalter. In: Kisker KP, Lauter H, Meyer JE, Müller C, Strömgren E: Psychiatrie der Gegenwart, Band 7, Kinder- und Jugendpsychiatrie. S. 89–117. Berlin-Heidelberg-New York-Tokio: Springer

Remschmidt H (1993) Childhood and Adolescent Schizophrenia. Curent Opinion in Psychiatry 6: 470–479

Resch F (1992) Therapie der Adoleszentenpsychosen. Psychopathologische, psychobiologische und entwicklungspsychologische Aspekte aus therapeutischer Sicht. Stuttgart-New York: Thieme

Resch F (1994 a) Beiträge zur Phänomenologie und Therapie der Schizophrenien aus individualpsychologischer Sicht. Zeitschrift für Individualpsychologie 19: 243–261

Resch F (1994 b) Psychotherapeutische und soziotherapeutische Aspekte bei schizophrenen Psychosen des Kindes- und Jugendalters. Zeitschrift für Kinder- und Jugendpsychiatrie 22: 275–284

Resch F (1996) Entwicklungspsychopathologie des Kindes- und Jugendalters. Ein Lehrbuch. Psychologie. Weinheim: Beltz

Ringel E (1953) Der Selbstmord – Abschluß einer krankhaften psychischen Entwicklung. (Eine Untersuchung von 745 geretteten Selbstmördern.) In: Hoff H, Plötzl O (Hrsg.): Wiener Beiträge zur Neurologie und Psychiatrie, Band III. Wien: Maudrich

Rohde-Dachser C (1995) Das Borderline-Syndrom. Bern: Huber

Rühl D.: ADOS – Beobachtungs- und Interviewinstrument zur Untersuchung von Kindern mit autistischem Syndrom. Deutsche Übersetzung des Autism Diagnostic Autism Observation Schedule von Lord, C.; Rutter, M.: DiLavore: P.: Autism Diagnostic Observation Schedule – Generic. (1996) und DiLavore PC., Lord C., Rutter M.: The pre-linguistic autism diagnostic observation schedule. Journal of Autism and Developmental Disorders 25(4): 355–379, 1995.) Kinder- und Jugendpsychiatrie, Universitätsklinikum Frankfurt/M., Eigendruck, 1991 (ADOS-G: 1996, 1998)

Rydelius, P-A (1997) Annotation: Are children of alcoholics a clinical concern for child and adolescent psychiatrists of today? Journal of Child Psychology and Psychiatry 38· 615–624

Saß H, Wittchen H-U, Zaudig M (1994) Diagnostisches und statistisches Manual psychischer Störungen. DSM-IV. Göttingen: Hogrefe

Schmidtke A (1988) Verhaltenstheoretisches Erklärungsmodell suizidalen Verhaltens. In: Pohlmeier H (Hrsg.): Beiträge zur Erforschung selbstdestruktiven Verhaltens, Band 4. Regensburg: Roderer

Schmötzer G, Rühl D, Thies G, Poustka F: Autismus: Diagnostische Interview – R Forschung. Deutsche Übersetzung 1991; 3rd ed. revised 1994. (Nach: Lord C, Rutter M, Le Couteur A: Autism Diagnostic Interview-Revised: A Revised Version of a Diagnostic Interview for Caregivers of Individuals with Possible Pervasive Developmental Disorders. Journal of Autism and Developmental Disorders, 24:5 659–685, 1994) Eigendruck, Kinder- und Jugendpsychiatrie, Universitätsklinikum Frankfurt/M.

Schuckit MA (1995) Drug and alcohol abuse. A clinical guide to diagnosis and treatment. Ed.4th. New York: Plenum Publishing Corp

Schulte-Körne G, Deimel W, Gutenbrunner G, Henninghausen K, Blank R, Rieger Ch, Remschmidt H (1996) Der Einfluß einer oligo-antigenen Diät auf das Verhalten von hyperkinetischen Kindern. Z. Kinder- und Jugendpsychiat. 24 : 176–183

Sieber M (1993) Drogenkonsum: Einstieg und Konsequenzen. Ergebnisse von Längsschnittuntersuchungen und deren Bedeutung für die Prävention. Bern: Huber

Siegel BV Jr, Nuechterlein KH, Abel L, Wu JC, Buchsbaum MS (1995) Glucose metabolic correlates of continuous performance test performance in adults with a history of infantile autism, schizophrenics, and controls. Schizophr Res. 17: 85–94

Specht F (1985) Dissozialität, Delinquenz, Verwahrlosung. In: Remschmidt H, Schmidt MH (Hrsg.): Kinder- und Jugendpsychiatrie in Klinik und Praxis, Band 3.Stuttgart: Thieme

Soyka M (1995) Die Alkoholkrankheit – Diagnose und Therapie. Weinheim: Chapman & Hall

Spohr, HL, Steinhausen HC (Hrsg.) (1996) Alcohol, pregnancy and the developing child. Cambridge: University Press

Steiner H, Lock J (1998) Anorexia nervosa and Bulimia Nervosa in Children and Adolescents: A Review of the Past 10 Years. Journal of the American Academy of Child and Adolescent Psychiatry 37: 352–359

Steinhausen HC (1984) Chronisch kranke Kinder. In Steinhausen HC (Hrsg.): Risikokinder. Stuttgart: Kohlhammer

Steinhausen HC (1996) Psychische Störungen bei Kindern und Jugendlichen. München: Urban und Schwarzenberg (Anhang: Autismus-Beurteilungsskala (CARS, Schopler und Mitarbeiter, 1980, bearbeitet von HC Steinhausen)

Stengel E (1961) Selbstmord und Selbstmordversuch. In: Gruhle HW, Jung R, Mayer-Gross W, Müller M (Hrsg): Psychiatrie der Gegenwart. Forschung und Praxis. Band III: Soziale und angewandte Psychiatrie. S. 51–74. Berlin-Göttingen-Heidelberg: Springer

Stibler H (1991) Carbohydrate-deficient transferrin in serum: a new marker of potentially harmful alcohol consumption reviewed. Clin Chem 37: 2029–2037

Strober M (1991) Family-genetic studies of eating disorders. J Clin Psychiatry 52 (10. Suppl.): 9–12

Treasure J, Holland A (1990) Genetic vulnerability to eating disorders: evidence from twin and family studies. In: Remschmidt H, Schmidt MH (Hrsg.) Anorexia nervosa. Child and Youth Psychiatry: European Perspectives Vol 1. S 59–69. Göttingen:A Hogrefe & Huber Publishers

Turnbull S, Ward A, Treasure J, Jick H, Derby L (1996) The demand for eating diorder care. An epidemiological study using the General Practice Research Database. Br J Psychiatry 169: 705–712

Tuschl RJ, Leassle RG, Kotthaus BC, Pirke KM (1988) Vom Schlankheitsideal zur Bulimie: Ursachen und Folgen willkürlicher Einschränkungen der Nahrungsaufnahme bei jungen Frauen. Verhaltensmodifikation und Verhaltensmedizin 9: 195–216

Vaugh CE, Leff I (1976) The influence of family and social factors on the course of psychiatric illness. Br. J. Psychiatry 129: 125–137

Völker U (1982) Überlegungen zur Prophylaxe des Jugendalkoholismus. Soziale Arbeit 2: 57–65

Volkmar FR (1996) Childhood and Adolescent Psychosis: A Review of the Past Ten Years. Journal of the American Academy of Child and Adolescent Psychiatry 35: 843–851

Werry JS, McClellan JM, Chard L (1991) Childhood and Adolescent Schizophrenic Bipolar and Schizoaffective Disorders: A Clinical and Outcome Study. Journal of the American Academy of Child and Adolescent Psychiatry 30: 457–465

West M, Prinz RJ (1987) Parental alcoholism and childhood psychopathology. Psycholgical Bulletin 120: 204–218

WHO (1980) Problems related to alcohol consumption. Report of a WHO expert committee. Tech Rep Scr 650

Wing IK (1963) Rehabilitation of psychiatric patients. Brit. J. Psychiat. 109: 635–641

Yung AR, McGorry PD (1996) The Prodromal Phase of First Episode Psychosis: Past and Current Conceptualisations. Schizophrenia Bulletin 22: 353–370

Zametkin AJ, Nordal TE, Gross M, Kind AC, Semple WE, Rumsey J, Hamburger S, Cohen RM (1990) Cerebral glucose metabolism in adults with hyperactivity of childhood onset. New England J. Med. 323: 1361–1366

Zubin J, Spring B (1977) Vulnerability – a new view of schizophrenia. J. abnorm. Psychol. 86: 103–126

IV Therapeutische Strategien

1 Psychotherapie

1.1 Überblick

Psychotherapeutische Vorgehensweisen sind von Anfang der Menschheitsgeschichte an Bestandteile der Heilkunde. Den Heilberuf des ärztlichen und psychologischen Psychotherapeuten gibt es erst seit ca. 100 Jahren. Derzeitig sind in Deutschland ca. 8.000 Ärzte und ca. 10.000 Psychologen im Rahmen der kassenärztlichen Versorgung psychotherapeutisch tätig. Darüber hinaus gibt es ca. 10.000 stationäre Behandlungsplätze in Psychotherapie/Psychosomatik-Kliniken, nicht gerechnet jene mehrere tausend Betten, die innerhalb der Fachgebiete Psychiatrie, Kinder- und Jugendpsychiatrie und Psychotherapie, Innere Medizin oder Kinderheilkunde eine fachgebietstypische psychotherapeutische Behandlung anbieten. Hauptberufliche ärztliche (Fachärzte für Psychotherapeutische Medizin) und Psychologische Psychotherapeuten bilden inzwischen innerhalb der Kassenärzte eine eigene Gruppe.

1.1.1 Definition und allgemeine Merkmale von Psychotherapie

Psychotherapie ist medizinische Heilbehandlung mit Hilfe der zwischenmenschlichen Kommunikation.

Es besteht weitgehender Konsens über folgende notwendige Merkmale einer medizinischen Psychotherapie:

- Psychotherapie stellt eine geplante, zielorientierte Maßnahme dar, die zu Änderungen führt (insofern entsprechen Plazebowirkungen zwar psychotherapeutischen Wirkprozessen (s. Kap. IV.1.2.2 „Induktion einer Heilungserwartung"), vollziehen sich jedoch auch außerhalb des Rahmens methodischer Psychotherapie).
- Die Maßnahmen sind im Zusammenhang mit Verhaltensstörungen und krankheitswertigen Leidenszuständen und Symptomen zu sehen, die als behandlungsbedürftig angesehen werden (Ziele wie Persönlichkeitsreifung, „Erleuchtung" etc. rechtfertigen keine medizinische Psychotherapie).
- Zur Veränderung werden psychologische Maßnahmen eingesetzt, d.h. Vorgehensweisen, die im Erlebens- und Verhaltensbereich ihren Ansatzpunkt haben (damit zu unterscheiden von physikalischen, medikamentösen, chirurgischen oder von sozialen Maßnahmen).
- Psychotherapie erfolgt durch Personen, die dafür ausgebildet worden sind, also durch professionelle Helfer (in Deutschland in erster Linie durch ärztliche und psychologische Psychotherapeuten).
- Psychotherapie ist ein Prozeß, der theoretisch fundiert sein muß und zwar bezüglich der Zielsetzung und Realisierung der Maßnahmen, der behandelten Personen (Theorien über gesundes/normales und gestörtes, beeinträchtigtes, krankes Verhalten/Erleben), der behandelnden Personen und deren Interaktion untereinander.
- Medizinische Psychotherapie ist in ihrer Wirksamkeit wissenschaftlich überprüft.

1.1.2 Wirkungen

Die Wirkungen der wissenschaftlichen Psychotherapie sind in mehr als 4000 experimentellen und klinisch kontrollierten Studien nachgewiesen. Dauerhafte Erfolge können bei ca. 80% der Patienten mit neurotischen- und Persönlichkeitsstörungen erreicht werden. Als Begleittherapie vermag Psychotherapie die Effekte anderer somatischer Therapieansätze deutlich zu verstärken. Nachgewiesen sind diese Effekte in der Therapie des Asthma bronchiale, der Colitis ulcerosa, vieler Haut-, urologischer, orthopädischer und anderer Erkrankungen. In den meisten Fällen erzielen gut ausgebildete Psychotherapeuten innerhalb von Behandlungen bis zu 50 Stunden hinreichende Erfolge. Bei Langzeitbehandlungen schwerer Störungen besteht eine Dosis-Wirkungs-Beziehung, d.h. je länger die Behandlungsdauer, desto besser der Therapieerfolg. Bei unzureichend ausgebildeten Ärzten wie auch bei Laienberatern, Heilpraktikern etc. besteht diese Dosis-Wirkungsbeziehung nicht. Hier fällt die Wirkung deutlich ab, wenn nach den ersten Stunden keine Besserung eingetreten ist, d.h., wenn die Placebowirkungen der Therapeut-Patient-Beziehung aufgebraucht ist (s.a. Wirkprinzipien!).

Psychotherapie bewirkt Veränderungen, die sich gewöhnlich in einer Abfolge von drei unterschiedlichen Wirkungen zeigen.

Zunächst kommt es zu einer Verbesserung des

1. Wohlbefindens. Mit einer gewissen Verzögerung werden 2. Besserungen der Symptomatik erreicht. Schließlich treten 3. Verbesserung der sozialen Anpassung (Änderungen des Verhaltens in sozialen Beziehungen) ein.

Diese drei unterschiedlichen Aspekte von Besserung werden meist zeitlich deutlich versetzt sichtbar. Bei schweren Störungen und entsprechend intensiven Behandlungen vollzieht sich diese Abfolge mehrfach auf unterschiedlichen Niveaus von Mißbefinden und Symptomdruck. Damit bestimmte hartnäckige Symptome schwinden, muß nicht nur eine gewisse allgemeine Befindensstabilität, sondern auch eine Besserung der Fähigkeit, Beziehungen bedürfnisgerecht zu gestalten, erreicht sein. Andererseits wird die Erfahrung, daß mit einem veränderten Beziehungsverhalten auch Symptome kontrolliert werden können, diesen Kreislauf weiter beschleunigen etc.

1.1.3 Psychotherapeutische Versorgung und psychotherapeutischer Versorgungsbedarf in Deutschland

Die auf repräsentativen Bevölkerungsstudien basierenden Schätzungen gehen davon aus, daß jeder vierte Erwachsene im Laufe seines Lebens durch psychogene Störungen so beeinträchtigt ist, daß er medizinischer Hilfe bedarf (Schepank 1986). Die Hälfte dieser psychotherapiebedürftigen Menschen benötigt ambulante psychotherapeutische Maßnahmen.

Weitere knapp 20% sollten stationäre Psychotherapie in Anspruch nehmen können.Etwa 30% sind nur in Kombination somatischer und psychotherapeutischer Verfahren zu helfen. In Allgemeinkrankenhäusern, in denen ein vorbildlicher psychosomatischer Konsiliardienst existiert, wird etwa jeder zehnte Patient vorgestellt. Die epidemiologischen Daten zeigen, daß in der Allgemeinbevölkerung zu jedem Zeitpunkt (Punktprävalenz) 7,2% Psychoneurosen, 5,7% Persönlichkeitsstörungen und 11,6% psychosomatische Störungen existieren. Die lebenslange Prävalenz psychogener Symptome überhaupt beträgt 95%, d.h. fast jeder Erwachsene hat im Laufe seines Lebens psychogene Störungen, wobei nur jeder 4. Erwachsene tatsächlich psychotherapeutisch-medizinische Hilfe benötigt.

Entsprechend der großen Verbreitung solcher Störungen und Krankheiten, die psychotherapeutisch-psychosomatische Diagnostik oder Therapie erfordern, sind auf allen Ebenen der Versorgung psychotherapeutische Kenntnisse und Fertigkeiten notwendig. In diesem Zusammenhang kann man drei Ebenen der psychotherapeutischen Versorgung unterscheiden:

1. Ebene oder Basisebene ist die **psychosomatische Grundversorgung.** Jeder klinisch tätige Arzt bekommt im Laufe des Studiums und der Facharztweiterbildung diagnostisch-therapeutische Grundkenntnisse mit, die es ihm ermöglichen, psychotherapiebedürftige Krankheiten zu identifizieren und eine entsprechende Indikation zum weiteren therapeutischen Vorgehen zu stellen.

Die *2. Ebene* umfaßt die **psychotherapeutische Qualifikation,** die im Rahmen der sogenannten „Bereichsbezeichnung Psychotherapie" eines Internisten, Pädiaters, Allgemeinmediziners, Gynäkologen, Dermatologen u.a. Disziplinen erworben wird. Fachärzte der verschiedenen Richtungen sind mit einer solchen Qualifikation in der Lage, zusätzlich zu ihren sonstigen therapeutischen Ansätzen im Fachgebiet ihre Patienten auch psychotherapeutisch zu versorgen. Es handelt sich also nicht um überwiegend oder ausschließlich psychotherapeutisch tätige Ärzte, sondern um solche, die maximal 20–30% ihrer Tätigkeit psychotherapeutischen Aufgaben widmen.

Die *3. Ebene* wird von den **Psychotherapiespezialisten** gebildet, jener Personengruppe, die ausschließlich psychotherapeutisch tätig ist. Sie besteht vorwiegend aus Fachärzten für Psychotherapeutische Medizin und Psychologischen Psychotherapeuten. Diese Gruppe repräsentiert die Psychotherapie als Spezialdisziplin der Medizin, während die beiden ersten Ebenen den Querschnittscharakter der Psychotherapie und Psychosomatik ausmachen. Es versteht sich von selbst, daß in erster Linie die auf der dritten Ebene Tätigen die Psychotherapie als Disziplin vertreten und sie wissenschaftlich als Methode weiterentwickeln.

1.2 Psychotherapeutische Wirkebenen und allgemeine Wirkprinzipien aller psychotherapeutischen Verfahren

1.2.1 Wirkebenen und Wirkprinzipien

Erst dank einer außerordentlich umfangreichen klinischen und Grundlagenforschung ist es in den letzten 20 Jahren gelungen, einzelne Wirkprinzipien der Psychotherapie zu isolieren, die in der therapeutischen Praxis eng miteinander verflochten sind und in unterschiedlicher Weise zu den drei o.g. Veränderungsaspekten beitragen. So unterscheiden wir drei komplexe Wirkebenen, die in den wissenschaftlich begründeten Psychotherapieverfahren (d.h. den psychoanalytisch orientierten (psychodynamischen, tiefenpsychologischen) sowie den verhaltenstherapeutischen (kognitiv-behavioralen) Richtungen in unterschiedlicher Zusammensetzung wirksam sind. Es handelt sich um folgende drei Wirkebenen mit fünf Wirkprinzipien:

- Wirkebene 1 mit dem Wirkprinzip **„Induktion einer Heilungserwartung",** das unspezifischste Wirkprinzip einer helfenden Beziehung, in der Medizin am besten bekannt als „Plazebo", das über die Nutzung der in einer Kultur im Individuum jeweils verinnerlichten Heilungsvorstellungen wirkt;

* Wirkebene 2 **„Unterstützung und Entwicklung"**, mit den Wirkprinzipien
  – 2 a „Unterstützung" („supportive und komplementäre" Hilfe) und
  – 2 b „Entwicklung"/„Beziehungsdifferenzierung";
* Wirkebene 3 **„Klärung und Bewältigung"** mit den 2 Wirkprinzipien
  – 3 a „Motivationale Klärung"/ „Einsichtsgewinnung" und
  – 3 b „Problembewältigung".

Wie Abbildung 28 zeigt, stehen diese drei in sich gegliederten Wirkebenen in einer Art hierarchischer Ordnungsbeziehung zueinander. So sind die ersten beiden Wirkebenen „Induktion einer Heilungserwartung" und „Unterstützung / Entwicklung" außerordentlich komplex. Ihre Wirkprinzipien tragen zur Effektivität aller Psychotherapiemethoden bei, wobei ihr Einfluß je nach Verfahren für 60–90% der anfänglichen Besserung verantwortlich sein dürfte. Die dritte Wirkebene „Klärung"/„Bewältigung" enthält zwei methodisch ausformulierte Beeinflussungsprinzipien, die zur Schwerpunktsetzung der wissenschaftlichen Hauptmethoden dienen. Während die von der Psychoanalyse abgeleiteten Verfahren vorwiegend „klärungsorientiert" ausgerichtet sind (Analyse der Motive, Einsichtsgewinnung in unbewußte Konflikte etc.), arbeiten Verhaltenstherapeuten traditionell „bewältigungsorientiert" (direkte Beeinflussung störungsspezifischen Verhaltens, Training von Verhaltensalternativen etc.).

Ungeachtet ihrer Nähe zu einer bestimmten Methode müssen die Wirkprinzipien Klärung und Bewältigung immer auch als Bestandteile der beiden anderen Wirkdimensionen gesehen werden. Hat ein Patient bereits Vertrauen und fühlt sich unterstützt, kann beispielsweise eine Klärungsstrategie (z.B. eine Deutung) zu einer weiteren un-

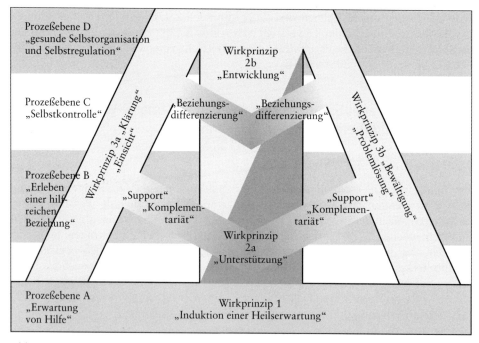

Abb. 28 Wirkprinzipien der Psychotherapie

terstützenden Maßnahme (Wirkebene 2) werden, andererseits aber auch die Erwartungen des Patienten weiter stärken, daß ihm zu helfen ist (Wirkebene 1). Unter anderen Bedingungen dagegen kann die gleiche Deutung negative Wirkungen im Sinne der weiteren Verunsicherung entfalten, wenn ein Patient aufgrund seiner Zweifel an der Kompetenz des Therapeuten und seiner Hilflosigkeit zunächst weniger neue Selbsterkenntnis braucht als Sicherheit, Vertrauen und Fürsorge. Ebenso verhält es sich mit Anforderungen, die in das Spektrum der Bewältigungsstrategien der Verhaltenstherapie fallen. Ein Patient mit elementaren Problemen der Nähe-Distanzregulierung wird keinen Vorteil aus einem Selbstsicherheitstraining ziehen können, solange er nicht in einem vorgeschalteten Therapieabschnitt gelernt hat, sich anderen Menschen in alltäglichen Situationen zu nähern und die Annäherung in für ihn erträglicher Weise zu steuern.

1.2.2 Das Wirkprinzip 1 „Induktion einer Heilungserwartung"

Jede Arzt-Patient-Interaktion hat zunächst eine therapeutische Wirkung. Viele Ärzte halten diese Wirkung für die Folge einer spezifischen Maßnahme, z.B. einer Verordnung oder eben ihrer speziellen Gesprächstechnik. Oft trifft dies nicht zu, weil nicht die gewählte Technik, sondern die Situation selbst wirksam war. So kommt es, daß am Anfang einer Behandlung unterschiedlichste Herangehensweisen an eine Störung recht ähnliche Resultate zeigen. Eine Kalktablette mit Bitterstoffen, das Ritual eines Kurpfuschers, die Injektion einer wirksamen Menge Salizylsäure oder eine psychotherapeutische Maßnahme sind alle zunächst in der Lage, eine organisch begründete Schmerzsymptomatik bei bis zu 80% der Patienten zum Verschwinden zu bringen, solange der Faktor „Heilungserwartung" wirkt. Erst später zeigt sich, ob und auf welche Weise eine spezielle Methode wirklich erfolgreich angewendet wurde. Wie ist diese jeder heilenden Institution eigene Wirkung zu erklären?

Die vertrauensvolle Beziehung zum Arzt oder Therapeuten, zur Institution „Medizin", hat eine ordnende und stabilisierende Funktion. Sie entspricht einer Interaktion, in der die tief im Bewußtsein gründende Vorstellung „Hier kann ich gesund werden!" direkten „ordnenden"Einfluß auf biotische Prozesse gewinnt. Die Arzt-Patient-Beziehung als eine psychosoziale Konstellation bringt also psycho-organische Saiten zum Klingen.

Die systematische Nutzung oder Herstellung einer solchen Heilungserwartung, die in jedem Menschen unseres Kulturkreises bereitliegt, gilt als allgemeinstes Wirkprinzip. Solche Wirkungen gehen von Ärzten oder seriös ausgebildeten Therapeuten, aber auch von obskuren Gurus oder Kurpfuschern aus. Früher nutzten Schamanen, Medizinmänner und -frauen, Zauberer und Priester diese Wirkdimension. Wirkungen dieser Art sind identisch mit denen des sogenannten „Plazeboeffektes", der 20–80% aller positiven Effekte auch spezifisch wirksamer Medikamente erklärt, aber eben auch chemisch unwirksamen Medikamenten positive Effekte beschert, weil Patienten erwartete Effekte nicht nur psychisch, sondern auch körperlich realisieren.

Als Ergebnis der Verinnerlichung kultureller Werte in der Sozialisation („der Arzt macht den Menschen gesund") wird innerhalb dieser Interaktion die Basisschicht menschlicher Subjektivität berührt, und damit erklärt sich auch der auf allen Ebenen der biosozialen Organisation des Menschen nachzuweisende Einfluß einer therapeutischen Beziehung. Der Arzt verfügt mit dieser unspezifischen psychotherapeutischen

Kapazität gleichsam über einen Vorschuß an therapeutischer Wirksamkeit, noch bevor eine spezifische Therapiemethode überhaupt wirken kann. Er ist gut beraten, diese therapeutische Kapazität, die dem Arzt-Patient-Verhältnis als kultureller Institution eigen ist, zu nutzen und bewußt zu handhaben (durch Identifikation mit der Arzt-Rolle und der damit verbundenen Bedeutung und Macht etc).

1.2.3 Die Wirkebene 2 „Unterstützung und Entwicklung" (a. „Ressourcenaktivierung")

In dieser Wirkdimension geht es um die **Art und Weise**, wie der Therapeut die **Beziehung zum Patienten** strukturiert. Dies erfordert ein im engeren Sinne psychotherapeutisches methodisches Konzept.

Wirkungen lassen sich in dieser Dimension dadurch erzielen, daß kommunikative Ressourcen des Patienten entweder durch die gezielte Unterstützung freigesetzt oder aber durch ein spezielles Verhalten des Arztes entwickelt werden. Die Aspekte „Unterstützung"/„Komplementarität" einerseits und „Entwicklung"/„Beziehungsdifferenzierung" andererseits stellen die Rahmenbedingungen fördernder zwischenmenschlicher Interaktionen dar. Sie spielen in jedem menschlichen Entwicklungsprozeß die wesentliche Rolle, weil sie die zwischenmenschliche Basis schaffen, von der aus Menschen von allen möglichen Vorgängen und Lernangeboten profitieren können. Das Wirkprinzip „Unterstützung" wird auch „Ressourcenaktivierung" (Grawe 1998) genannt, da dem Patienten ermöglicht wird, im Rahmen der unterstützenden Beziehung sonst brachliegende Fähigkeiten der Selbstregulation und Kommunikation zu nutzen.

1.2.3.1 Supportive und komplementäre Hilfe

„Support"(= **Unterstützung**) ist menschlicher Beistand durch Ermutigung sowie direkte Hilfe und Anleitung beim Handeln. Supportive Hilfe findet dann statt, wenn der Patient das Gefühl hat, er profitiert vom Therapeuten und/oder er profitiert durch die Möglichkeit gemeinsamer Arbeit mit dem Therapeuten. Dazu gehört auf Seiten des Arztes die Fähigkeit,

- dem Patienten den Eindruck zu vermitteln, er werde verstanden (Fähigkeit zur Empathie!),
- dem Patienten das Gefühl zu geben, daß er in seinen eigenen Zielen unterstützt, als Person akzeptiert und respektiert wird,
- in der Beziehung ein „Wir-Gefühl" entstehen zu lassen („Beide arbeiten zusammen, um das Ziel des Patienten zu erreichen!").

„Komplementarität" (**Ergänzung von etwas Fehlendem, Schlüssel-Schloß-Verhältnis**) meint Unterstützung durch gezielten und teilweise sehr speziellen Ausgleich von etwas Fehlendem durch das Verhalten des Arztes.

In der Medizin kommt das Prinzip komplementärer Hilfe auf ganz unterschiedlichen Ebenen der biosozialen Organisation des Menschen zur Anwendung: im vorübergehenden oder dauernden Ersatz von Körperteilen, -flüssigkeiten und -funktionen, in der pharmakotherapeutischen Unterstützung der Produktion oder Substitution von Substanzen, die für biologische Regulationsprozesse wichtig sind, aber auch in der Sozialmedizin in der Herstellung sozial stützender Verhältnisse durch Eingriff in den Sozialraum und Milieutherapie.

Durch psychotherapeutische Komplementarität wird nicht ein fehlendes Körperteil oder ein Körpersaft ergänzt, sondern die Defizite des Patienten bei der Herstellung einer angstfreien Beziehung bzw. einer bedürfnisgerechten Kommunikation.

Die Prinzipien komplementärer Hilfe können als „Hilfe durch Ausgleich von Defiziten der Beziehungsregulierung" und „Hilfe durch Übernahme einer komplementären Rolle" (Rollenresponsivität) bezeichnet werden.

Komplementäre Hilfe durch Ausgleich von Defiziten der Beziehungsregulierung:

Die Fähigkeit zur Beziehungsregulierung meint eine meist unbewußte Aktivität, die darauf ausgerichtet ist, angsterregende Beziehungskonstellationen zu vermeiden, indem in einem ständig ablaufenden Regulierungsprozeß

- erträglicher Abstand zum anderen eingehalten wird (Distanzregulation),
- die Macht bzw. Dominanz so verteilt wird, daß kein Gefühl der Ohnmacht oder absoluten Unterordnung oder Abhängigkeit entstehen kann (Macht-Ohnmacht-Regulation) und
- die Aktivität in einer Beziehung so verteilt wird, daß die Anteile eigenen Wünschen, Bedürfnissen und Zielen entsprechen (Aktivitäts-Passivitäts-Regulation).

Diesbezügliche Inkompetenzen sind regelhafte Merkmale einer strukturellen bzw. Persönlichkeitsstörung. Ihr Ausgleich ermöglicht in vielen Fällen erst das Sich-Einlassen des Patienten in eine helfende Beziehung, da nur eine halbwegs angstfreie Kommunikation die aktive Mitarbeit des Patienten in der Behandlung zuläßt. Methodisch wird dieses Prinzip so umgesetzt, daß der Therapeut durch Empathie (einfühlendes Verstehen) das spezielle Defizit erkennt und mehr oder weniger aktiv die Kommunikation so gestaltet, daß der Patient gar nicht erst das Gefühl bekommt, in zu großer Nähe seine Grenzen zu verlieren oder durch eine übermächtige Person seine Selbststeuerung und Autonomie einzubüßen oder keinen eigenen Beitrag zur Kommunikation leisten zu können.

Dieses Wirkprinzip stellt das wichtigste Mittel des Therapeuten zur Aktivierung der Ressourcen schwerer gestörter Patienten dar, indem dem Patienten ein angstfreier und befriedigender Austausch in einer Beziehung und darüber hinaus ein Rückgriff auf alle vorhandenen, aber in Beziehungen ohne eine solche Unterstützung brachliegenden kommunikativen Fähigkeiten ermöglicht wird. Konzeptualisiert wird das entsprechende therapeutische Vorgehen im Rahmen tiefenpsychologisch fundierter Psychotherapie (s. dort!).

Hilfe durch Übernahme einer komplementären Rolle:

Vom Therapeuten wird die Fähigkeit zur Einnahme einer zur Patientenrolle komplementären (ergänzenden, ausgleichenden) Rolle verlangt. Die üblichen komplementären Rollenmuster, die häufig in der Ausgestaltung der Arzt-Patient-Beziehung wiederzuerkennen sind, sind „Mutter- Pflegling", „Führer-Geführter", „Bewunderter-Bewunderer", „Dominanter Mann-sich unterordnende Frau" und alle Spielarten solcher Ergänzungsverhältnisse. Patienten sind je nach Störungsgrad mehr oder weniger angewiesen darauf, daß der Arzt zumindest solange den komplementären Part spielt, wie die gewohnte Beziehungsform zur Stabilität gebraucht wird. (Die Flexibilisierung derartiger Beziehungsformen kommt durch das Wirkprinzip „Entwicklung/Beziehungsdifferenzierung" zustande. Die methodische Handhabung beider Prinzipien ist Bestandteil der psychodynamischen Behandlungsmethodik.)

Supportive (unterstützende) und komplementäre (etwas Fehlendes ergänzende) Hilfe dienen dem Ziel, die aktuelle Selbstregulationsfähigkeit des Patienten zu verbessern. Sie begründen eine helfende Beziehung, in der der Patient das Gefühl hat, befriedigender und zielgerichteter zu kommunizieren als außerhalb dieser Beziehung. Je spezifischer sich der Therapeut „komplementär" auf den Ausgleich von Inkompetenzen des Patienten einstellt,

- desto geringer ist die Gefahr maligner regressiver Prozesse, die den Patienten situativ hilflos und abhängig und die Beziehung destruktiv geraten lassen,
- desto größer wird die Chance, daß eine helfende Beziehung entsteht, in der der Patient im Sinne einer therapeutischen Regression sowohl zu seiner Hilfsbedürftigkeit stehen als auch von therapeutischer Hilfe spürbar profitieren kann.

1.2.3.2 Das Wirkprinzip „Entwicklung/Beziehungsdifferenzierung"

Während die Prinzipien „Support" und „Komplementarität" durch aktives Handeln und Sicheinbringen des Therapeuten gestaltet werden, erfordert das Prinzip „Entwicklung"/„Beziehungsdifferenzierung" eher die **Zurücknahme aktiven Einflusses.** Der dank therapeutischer Unterstützung stabilisierte Patient macht in diesem Rahmen Schritte in Richtung zu mehr Eigenständigkeit. Wirksam ist innerhalb dieses Prinzips eine Art der Beziehungsgestaltung, die dem Patienten autonome Handlungen abverlangt, aber auch ermöglicht. Die diesbezüglichen therapeutischen Techniken sind insbesondere im Kapitel Praxis der tiefenpsychologisch fundierten Psychotherapie weiter unten dargestellt.

1.2.4 Zur Wirkebene 3 „Klärung/Bewältigung"

Die beiden Wirkprinzipien „Motivationale Klärung"/„Einsicht" sowie „Bewältigung"/„Problemlösung" entsprechen den jeweiligen inhaltlichen Ausrichtungen der beiden wissenschaftlichen Hauptmethoden.

Das Prinzip „motivationale Klärung oder Einsichtsbildung" entspricht dem klassischen „bottom up"-Prinzip der Psychoanalyse (von unten, also an den Ursachen ansetzend nach oben, d.h. auf Symptome wirkend). Im Patienten entsteht ein Verständnis seiner teilweise unbewußten Motive und konflikthaften Wünsche und ihres Zusammenhanges mit Beziehungsproblemen und körperlichen oder psychischen Symptomen. Dieses Prinzip realisiert sich über die Klärung der Störungsursachen bei gleichzeitiger Erwartung, daß sich damit auch die Folgen beeinflussen lassen. Es handelt sich – wie bereits erwähnt – um das ursprüngliche Handlungsfeld der Psychoanalyse bzw. der psychodynamisch/tiefenpsychologischen Therapierichtungen.

Das Prinzip „Bewältigung" bzw. „Problemlösung" stellt das klassische „top down" -Prinzip (an der Spitze, den Folgen bzw. Erscheinungen selbst ansetzend) der Psychotherapie insofern dar, daß es nicht an den Ursachen, sondern am störungsspezifischen Verhalten direkt ansetzt, d.h. die therapeutische Maßnahme zielt direkt auf das Symptom, und der Patient wird durch eindeutige Anweisungen dazu gebracht, ein störendes Verhalten nicht zu praktizieren, ein alternatives Verhalten zu trainieren bzw. zu erlernen, sich bislang vermiedenen Situationen zu stellen etc.. Es handelt sich um das ursprüngliche Handlungsfeld der Verhaltenstherapie (bzw. der kognitiv-behavioralen Therapien). Fast alle in der Verhaltenstherapie entwickelten Beeinflussungsverfahren lassen sich hier wirkungsmäßig einordnen.

1.2.5 Abschließendes zu den allgemeinen Wirkprinzipien der Psychotherapie

Gegenwärtig fällt es den Vertretern der beiden Hauptmethoden, den Psychoanalytikern bzw. psychodynamisch orientierten Therapeuten und den Verhaltenstherapeuten noch sichtlich schwer, ihre Verfahren als methodische Varianten, die die beschriebenen Wirkprinzipien einerseits gemeinsam, andererseits aber auch sehr spezifisch nutzen, zu verstehen. Kein Lehrbuch kann daher z.Z. eine Darstellung beider Methoden innerhalb eines gemeinsamen theoretischen Rahmens anbieten. Daher werden auch hier zunächst die psychoanalytisch orientierten und dann die verhaltenstherapeutischen Methoden getrennt voneinander behandelt. Es ist jedoch eine Zeit absehbar, wo der jetzt noch praktizierte Anspruch, jeweils mit der eigenen Methode alle psychotherapeutischen Aufgaben abdecken zu können, aufgegeben wird und psychotherapeutisch Tätige sich in erster Linie als Psychotherapeuten – nicht als Psychoanalytiker oder Verhaltenstherapeuten – verstehen, die unterschiedliche Verfahren indikationsorientiert einsetzen.

1.3 Psychoanalytische Therapieformen

1.3.1 Übersicht über psychoanalytische einzeltherapeutische Verfahren

Drei Typen einzeltherapeutischer Verfahren werden durch folgende Merkmale voneinander abgegrenzt (Tabelle 51).

1.3.2 Theoretische Grundlagen und gemeinsame Begriffe der psychoanalytisch orientierten Therapieformen (analytische Psychotherapie und tiefenpsychologisch fundierte Psychotherapie)

1.3.2.1 Therapietheoretische Grundlagen

Die psychoanalytisch orientierten Therapieverfahren sind heute durch die Existenz unterschiedlicher Schulen (Freud, Jung, Adler, Klein u.a.) und die Anpassung der Methoden an unterschiedliche Störungsformen weder von ihrer Form noch von ihrer theoretischen Basis her völlig einheitlich.

Tabelle 51 Psychoanalytisch orientierte Verfahren (als Einzeltherapie)

	Psychoanalyse	analytische Psychotherapie	tiefenpsycholog. fundierte Psychotherapie analytische Fokaltherapie analytische Kurztherapie
Dauer	> 240 Stunden 4 Stunden/Woche	< 240 Stunden 2–3 Stunden/Woche	bis 80 Stunden 1 bis 2 Stunden/Woche
Ziel	Persönlichkeitsentwicklung	begrenzte Umstrukturierung der Persönlichkeit	Bearbeitung eines pathogenetisch wesentlichen Problems (Konflikt, Verhalten)
Setting	im Liegen tiefe Regression	vorwiegend im Liegen tiefe Regression	im Sitzen, begrenzte Regression stützende und fokusbezogene Techniken

Als „psychoanalytisch orientiert" oder – im angloamerikanischen Sprachraum – „psychodynamisch" gelten alle Verfahren, die auf folgenden drei theoretischen Voraussetzungen basieren:

1. Probleme und Symptome des Patienten verweisen auf Konflikte zwischen bewußten und unbewußten Persönlichkeitsanteilen.
2. Diese Konflikte sind im Umgang mit entwicklungspsychologisch frühen, wichtigen Bezugspersonen entstanden und werden in gegenwärtigen Beziehungen reinszeniert. Dabei verhindert Angst eine bessere Lösung als die zur Symptomatik führende. Von daher hat der Therapeut das Ziel, einerseits eine Beziehung herzustellen, in der diese Wiederholung zumindest tendenziell stattfinden kann, andererseits jedoch diese Beziehung im Sinne einer besseren Konfliktlösung zu verändern. Um dieser Aufgabe gerecht zu werden, ist die Bereitschaft zur komplementären Rollenübernahme der dem Therapeuten vom Patienten unbewußt zugeschriebenen Rollen ebenfalls essentiell (Komplementarität: Gegenübertragung).
3. Jede psychodynamische Therapie enthält als grundlegendes Element das Konzept der hilfreichen Beziehung. Dieses Konzept enthält die Erfahrung des Patienten, daß der Therapeut unterstützend und hilfreich ist, sowie das Erleben, aktiv innerhalb einer Kooperationsbeziehung an der Lösung seiner Probleme arbeiten zu können.

1.3.2.2 Einige grundlegende Begriffe

„Widerstand"

Widerstand meint alle Verhaltensweisen eines Patienten, die darauf gerichtet sind, therapeutischen Fortschritt zu verhindern. Die heutige Sichtweise des Widerstandes sieht solche Verhaltensweisen als (meist unbewußten) Ausdruck der Beziehungsregulierung. Der Patient versucht, sich Beziehungsangeboten des Therapeuten zu entziehen, die seine Abwehr überfordern. Typische Widerstandsformen sind das Zuspätkommen, das Schweigen, das Ausagieren von Problemen außerhalb der therapeutischen Situation, die eigentlich in der Therapie besprochen werden müssen, und anderes.

„Übertragung"

Übertragung ist die während der Therapie entstehende Projektion früherer, meist kindlicher Beziehungserfahrungen auf den Therapeuten. Der Patient konstelliert dann die Beziehung zum Therapeuten in Abhängigkeit von diesen Projektionen. Voraussetzungen für den Übertragungsprozeß sind:

- eine therapeutische Beziehung, die zumindest so vertrauensvoll ist, daß Bedürfnisse nach Hilfe und Unterstützung (und damit auch solche Bedürfnisse, die den regressiven Aspekten der Kind-Elternbeziehung ähnlich sind) entstehen können (therapeutische Regression);
- sogenannte Übertragungstrigger (Merkmale des Therapeuten mütterlicher, väterlicher, geschwisterlicher usw. Art, die die gefühlsmäßige Brücke zu früheren Personen darstellen). Es genügen aber auch situative Merkmale, die an frühere Situationen erinnern. Meist wird unbewußt an die Beziehungsform „Helfer-Hilfesuchender" angeknüpft, die gefühlsmäßige Ähnlichkeit mit Eltern-Kind- oder Lehrer-Schüler-Beziehungen aufweisen kann.

Der Vorgang der Übertragung ist, psychologisch gesehen, lediglich ein spezieller Aspekt des generellen Vorganges der Verallgemeinerung früherer Erfahrungen in gegenwärtigen Situationen. Dabei handelt es sich um ein Grundprinzip sozialen Lernens und Erkennens. Insofern ist der Wunsch nach **Vertrautheit** das Grundmotiv aller Übertragungsvorgänge, die wir ständig und überall vornehmen.

Aus therapeutischer Sicht ist die Übertragung die Voraussetzung eines analytischen Prozesses.

Die Übertragung ist gleichsam die Reinszenierung eines Beziehungsmusters, das damit im Hier und Jetzt der therapeutischen Situation erfaßbar und bearbeitbar wird. Wesentlich ist, daß der Therapeut erkennt, daß das allgemeine Grundmotiv der Übertragung (die Wiederholung einer frühkindlichen Beziehungserfahrung) bei einem an solcher Beziehungsform leidenden Menschen eng verbunden ist mit dem Wunsch, eine bessere Beziehungserfahrung an die Stelle der früheren zu setzen. Insofern ist die Übertragung in der therapeutischen Situation immer auch ein Test des Therapeuten, ob er tatsächlich in der Lage ist, dem Patienten eine neue und bessere Beziehungserfahrung zu ermöglichen.

„Gegenübertragung"

Die Gegenübertragung ist die **Übertragung des Therapeuten auf den Patienten.** Der gut ausgebildete Therapeut kann es dabei vermeiden, konflikthafte Beziehungswünsche aus der eigenen Kindheit auf den Patienten zu übertragen. Statt dessen läßt er sich komplementär auf die Übertragungswünsche des Patienten ein, die er nicht zuletzt durch die Reflexion der Gegenübertragungsgefühle erkennt, die bei ihm die Übertragungswünsche des Patienten auslösen.

Die Übertragungswünsche des Patienten nach Geborgenheit, konstanter Zuwendung und bedingungsloser Akzeptanz erzeugen beim Therapeuten komplementäre Gefühle mütterlicher oder väterlicher Zuwendung und Beschützens. Die Wünsche des Patienten nach Versorgung erzeugen entsprechende Helfergefühle. Die Wünsche des Patienten nach Kontrolle und Macht in der Situation erzeugen beim Therapeuten das Gefühl, sich unterordnen zu müssen (und führt bei entsprechenden Autoritätsproblemen des Therapeuten zur Verstärkung autoritärer Einstellungen). Die Wünsche des Patienten nach männlicher oder weiblicher Bestätigung können im Therapeuten komplementäre Wünsche (d.h. Bedürfnisse, diesen Wünschen zu entsprechen) anregen. Ein gut ausgebildeter Therapeut ist in der Lage, mit derartigen Wünschen verantwortlich umzugehen und die entsprechende therapeutische Abstinenz einzuhalten.

„Regression"; „Therapeutische Regression"

Ursprünglich wurden im Begriff der Regression Erscheinungen zusammengefaßt, die eine Reaktivierung älterer Verhaltensweisen zur Bewältigung ungewöhnlicher Situationen, zur Abwehr situativer Anforderungen oder zum Ersatz von Fertigkeiten der späteren ontogenetischen Entwicklung beschreiben. Für regressive Erscheinungen bei Tieren und Menschen gibt es eine Fülle von Befunden. Regressionen lassen sich experimentell in Belastungssituationen, aber auch in Hypnose reproduzieren. In der Tiefhypnose ist es möglich, Regressionen in das Säuglingsalter hervorzurufen, wobei auch Reflexe von Neugeborenen, diskoordinierte Augenbewegungen, das Symptom der fächerartigen Zehenstellung mit positivem Babinski-Reflex usw. hervorzurufen sind.

Am häufigsten verwendet man den Begriff unter dem **Aspekt eines Rückzuges** auf eine unmittelbar befriedigende Beziehungsform. Angesichts anhaltender starker Unlustgefühle und Spannungen sucht das Individuum „Erholung" in einer Beziehungsform, die es nicht als aktive, rational handelnde Person fordert, sondern unmittelbare Befriedigung von Bedürfnissen nach Versorgung, Passivität, Abhängigkeit, Selbstaufgabe gestattet. Auslösend wirken anhaltende Konflikte, Überforderung, Stabilitätsverluste durch Krankheiten, plötzliche Veränderung der Anforderung (z.B. überraschende Konfrontation mit der Krankenrolle), aber auch die Möglichkeit, sich nach Perioden der Überforderung plötzlich „gehen zu lassen" (z.B. in der versorgenden Atmosphäre des Krankenhauses oder als sich dem dominierenden Arzt passiv anvertrauendes Objekt). Die Umwelt erlebt Regression als Flucht aus der Anforderungssituation in eine Beziehungsform der Abhängigkeit, Unselbständigkeit, hilflosen Anklammerung, infantil anmutenden Verhaltens. Es treten unreife Muster der Bedürfnisbefriedigung wieder auf, die vom Individuum längst verlassen worden sind: trotziges Durchsetzen, erpresserisches Gekränktsein, massive Versorgungswünsche (Schonungsverlangen, Rentenbegehren etc.), Ablehnung eigenverantwortlicher Entscheidungen, Rückkehr zu früheren Verhaltensstörungen bzw. -praktiken: Neigung zu hysterischer Symptombildung, Wiederauftreten früherer Symptome (z.B. Enuresis), früherer sexueller Praktiken (Masturbation).

In abgeschwächter Form findet man regressives Verhalten auch als „pseudo-progressive" Aktivität getarnt: Angesichts bestimmter Anforderungen entwickeln die meisten Menschen die Tendenz, ihren Körper, ihre Umgebung, ihre Situation zu verändern. Statt zu lernen, beginnt beispielsweise der Student zu essen, zu trinken, zu rauchen, säubert sich die Nägel, die Nase, ordnet Arbeitsmittel, Bücher und Zettel, räumt Zimmer und Wohnung auf, schreibt Briefe, repariert Schäden und liest liegengebliebene Zeitungen. Das Herumzupfen an den Kleidern in Spannungssituationen oder vermehrte Berührungen von Gegenständen oder anderen Personen sind ebenfalls dort einzuordnen (Lüders 1974). In Abhebung von derartigen mehr oder weniger unbewußten Prozessen gibt es ein breites Spektrum bewußt angesteuerter regressiver Verhaltensweisen zur Ich-Stärkung. Bewußt angestrebte Befriedigung von Bedürfnissen nach Passivität, Versorgung, Aufgabe der Selbstkontrolle, ekstatischer Selbstentäußerung innerhalb sichernder Beziehungen dienen der Stabilisierung der Person. Solcherart regressive Verhaltensweisen sind in allen Kulturen tradiert: in Form von Festritualen mit systematischer Erzeugung von ekstatischen Rauschzuständen; in der Trauer bzw. Verarbeitung von Schmerzen als lautes Klagen, Schreien, Außer-sich-Geraten; als Bestandteil der Patientenrolle, die Hilflosigkeit und Infantilismen zuläßt. Das Individuum sucht regressive Entlastung mittels Alkohol oder anderer Mittel ebenso zu erreichen wie durch Ausweinen beim Partner oder Vertrauten.

Die erhaltene Befriedigung dient normalerweise der Stabilisierung der Person, die dadurch fähiger wird, sich mit der realen Belastung auseinanderzusetzen. Diese Form der Einnahme passiv-regressiver Positionen dürfte die Voraussetzung zur Gesunderhaltung angesichts real belastender Situationen sein, birgt aber auch stets die Gefahr der Fixierung in abhängigen Positionen. Regressionen verlieren ihren positiven, auf Verbesserung der Autonomie des Verhaltens in menschlichen Beziehungen gerichteten Charakter, wenn sie nicht mehr der Abwehr von Bedrohungen dienen, die aus Bedürfnissen kommen (also Bedürfnisspannungen reduzieren), sondern zur Abwehr der Bedrohung durch äußere Anforderungen (denen prinzipiell nur durch spezielle Leistungen begegnet werden kann) umfunktioniert werden.

Therapeutische Regression meint einen Aspekt der positiven Regression, in der der Patient Hilfe annehmen kann und in der es zur Übertragung und auch Befriedigung frühkindlicher passiver Wünsche und Abhängigkeitsbedürfnisse kommen kann.

„Therapeutische Abstinenz"

Abstinenz ist der Verzicht, den der Therapeut in einer Therapie dadurch leistet, daß er sich selbst die Befriedigung persönlicher Bedürfnisse versagt. Dies betrifft nicht nur sexuelle Bedürfnisse, sondern auch den nichttherapeutischen Umgang mit dem Patienten und alle Formen direkter Beeinflussung.

„Der therapeutische Fokus"

Im Fokus (Brennpunkt) bündeln sich alle erfaßten Lichtstrahlen. Analog bündeln sich im therapeutischen Fokus alle möglichen Informationen, die etwas über das Beziehungsverhalten eines Patienten aussagen, das in direktem Zusammenhang mit der zur Behandlung führenden Symptomatik steht. Der Fokus ist also eine Beschreibung der wesentlichen Merkmale des mehr oder weniger unbewußten pathogenetisch bedeutsamen Beziehungskonfliktes oder „Beziehungsthemas".

Ein solches Beziehungsthema erscheint in allen Erzählungen eines Patienten über vergangene und gegenwärtige Beziehungsepisoden, also Begegnungen mit Menschen, von denen man etwas möchte. Wenn eine Patientin beispielsweise berichtet „Als meine Schwester es fertigbekommen hat, daß ich nicht mitspielen durfte, bin ich zu meiner Mutter gerannt und wollte, daß sie mich tröstet, aber dann hat sie gesagt, du störst mich, geh in dein Zimmer und dann kam ich tagelang nicht aus meiner Ecke", lassen sich mühelos die Bestandteile des Themas (Luborsky) eruieren:

- Wunsch: „die Mutter soll trösten und für Gerechtigkeit sorgen".
- Die Reaktion der Mutter (psychoanalytisch die „Objektreaktion"): „sie weist mich zurück!"
- Die Reaktion der Patientin auf diese Zurückweisung (die sogen. „Subjektreaktion"): „ich ziehe mich zurück, bin gekränkt und traurig".

Zu einem „dynamischen" therapeutischen Fokus, der zum Hauptgegenstand der Therapie wird, gehörte die Entdeckung des Themas nicht nur in der symptomauslösenden Situation („Als ich zu meiner Vorgesetzten kam, um mich über diese Zumutung zu beschweren, bekam ich nur Ausflüchte zu hören. Kurz darauf ging es mit den Schmerzen los und der Notarzt kam."), sondern auch im Hier und Jetzt der therapeutischen Beziehung („Als ich vorige Woche von hier nach Hause kam, ging es wieder los mit den Beschwerden; ich dachte, was sollst du dort eigentlich, wenn der sowieso nicht versteht, was in meiner Familie los ist und sich auf die andere Seite stellt...").

In allen drei Episoden findet sich als zentraler Beziehungskonflikt bzw. zentrales Beziehungsthema (Luborsky) eine immer wieder gleiche Konstellation, charakterisiert durch den Wunsch nach Unterstützung durch eine mächtigere Person, die diesem Wunsch nie nachkommt; was Kränkung im seelischen oder körperlichen Bereich zur Folge hat und zur Vermutung Anlaß gibt, daß die Patientin bereits in der Art der Gestaltung der Ausgangssituation systematisch den ungünstigen Ausgang programmiert.

1.3.2.3 Gemeinsamkeiten psychoanalytisch orientierter Verfahren in den therapeutischen Zielsetzungen

Folgende miteinander verbundene Zielsetzungen lassen sich unterscheiden:

- Die Ermöglichung der Annahme von Hilfe, d. h. der Nutzung unterstützender (supportiver) zwischenmenschlicher Beziehungsformen. Die Patient-Therapeut-Beziehung als supportive Struktur dient darüber hinaus auch dem Patienten dazu zu, lernen, wie man Hilfe in Anspruch nimmt (s. a. Wirkprinzip „Unterstützung/Komplementarität").
- Die Förderung der Integration abgewehrter und abgespaltener Selbstrepräsentanzen (Gefühle, Bedürfnisse, Wünsche, Selbst- und Körperbildrepräsentanzen und die damit verbundene Beziehungserfahrung) ins Selbst. Dieser Prozeß ist mit der Gewinnung von Einsicht und Selbstkohärenz verbunden (s. a. Wirkprinzip „Klärung"!).
- Die Veränderung des Erlebens und Verhaltens in aktuellen Beziehungen, angefangen mit der Patient-Therapeut-Beziehung. Dieser Prozeß ist mit dem systematischen Umbau der therapeutischen Beziehung und entsprechenden Beziehungserfahrungen verbunden (Prozeß der therapeutischen Regression und Progression; s. a. Wirkprinzip „Entwicklung/Beziehungsdifferenzierung"!).

1.3.2.4 Methodisch-technische Gemeinsamkeiten

Die psychoanalytisch orientierten Verfahren nutzen neben den Wirkebenen 1 und 2 (s. Kap. Allgemeine Psychotherapie!) besonders das Wirkprinzip 3a „Klärung". Trotzdem lassen speziell die tiefenpsychologisch fundierten Verfahren genügend Spielraum für das Wirkprinzip 3b „Bewältigung", insbesondere im Zusammenwirken unterstützender und beziehungsdifferenzierender Techniken.

Im wesentlichen werden folgende Techniken in allen psychoanalytisch orientierten Verfahren eingesetzt:

1. supportive (unterstützende) Techniken
2. Techniken der „Einsichtsförderung" („expressive Techniken", „Deutung", „Klarifizierung")
3. Techniken der „Differenzierung der therapeutischen Beziehung" (Ermöglichung von regressiven und progressiven Bewegungen des Patienten; Autonomieentwicklung)

Supportive Techniken werden in folgender Weise angewendet:

Die Selbststabilisierung des Patienten wird ermöglicht,

- indem der Therapeut dem Patienten hilft, den für ihn am wenigsten angsterregenden gefühlsmäßigen Abstand herzustellen bzw. verhindert, daß sich der Patient in der therapeutischen Situation hilflos oder ohnmächtig fühlt (komplementäre Hilfe s. d.!);
- indem er sich in die Situation des Patienten einfühlt und die Ergebnisse dieses Einfühlungsprozesses dem Patienten zur Verfügung stellt (Hilfs-Ich-Funktion: „An Ihrer Stelle hätte ich jetzt doch ziemliche Wut...");
- indem er sich als Modell zur Verfügung stellt, wenn es um die Wahrnehmung sozialer und psychischer Vorgänge geht;
- indem er die vom Patienten angebotene Rolle zumindest vorübergehend annimmt, wodurch ebenfalls Selbststabilisierungsprozesse unterstützt werden;

- indem er auch durch andere Maßnahmen dafür sorgt, daß sich der Patient unterstützt fühlt und die Beziehung als hilfreich erlebt.

Expressive Techniken, die der Förderung von Einsicht dienen, werden meist in Form von Deutungen, von Interpretationen, des Durcharbeitens der Übertragung und der Klarifizierung angewendet.

Deutungen richten sich bevorzugt auf folgende Vorgänge:

- die Übertragung,
- den Widerstand.

Den Äußerungen und Erscheinungen im Verhalten des Patienten wird durch eine Deutung jeweils eine Bedeutung im Zusammenhang mit unbewußten Projektionen oder anderen Abwehrprozessen verliehen.

Deutungen dienen dazu:

- gegenwärtiges Verhalten im Zusammenhang mit früheren Ereignissen zu erklären. In dieser Hinsicht geht es darum, pathogene Kindheitskonflikte bewußt werden zu lassen und ihre Auswirkungen auf das aktuelle Verhalten zu klären;
- psychischen Inhalten eine andere Bedeutung zu verleihen. So erweitert sich die Bedeutung einer Situationsangst zu einer gefühlsmäßig zwiespältigen Verfassung in der Partnerschaft und entsprechenden Beziehungskonflikten; Schüchternheit erweitert sich zu Wut und Ohnmacht; in sadistischen, aggressiven Vorstellungen können Wünsche nach Selbstbestätigung entdeckt werden.

Deutungen und Klarifizierungen werden also zum therapeutischen Mittel, das nicht nur Selbsterkenntnis bzw. Selbstverständnis befördert, sondern auch dem Ich ermöglicht, vorher abgewehrte Gefühle, triebhafte Impulse und Bedürfnisse wieder als etwas Eigenes, zum Selbst Gehörendes zu integrieren. Damit reduziert sich die innere Spannung und Inkohärenz und erhöht sich Stabilität und Selbstvertrauen.

Von Einsicht als therapeutischem Vorgang wird sinnvollerweise in psychoanalytischen Therapieformen nur dann gesprochen, wenn die Einsicht direkt mit einer therapeutischen Änderung des Befindens oder Verhaltens verbunden ist.

Die therapeutische „**Differenzierung der Beziehung**" wird ebenfalls in allen psychoanalytisch orientierten Therapieformen technisch konzeptualisiert.

Dieser Begriff hebt ab auf die Herstellung und Veränderung der Übertragungsbeziehung. In der Übertragung entfaltet sich (auch) das Muster, das den zentralen Beziehungskonflikt erkennen läßt. Dieses Muster, in dem sich der wesentliche pathogene Konflikt darstellt, wird systematisch in folgenden Schritten verändert:

- Verstehen des Musters. Der Therapeut identifiziert über seine Selbstwahrnehmung (Gegenübertragungsgefühle) und Einfühlung in den Patienten (Empathie) die jeweilige Beziehungsform.
- Es erfolgt eine Verständigung mit dem Patienten über das, was der Therapeut als Beziehungsmuster wahrgenommen hat (Deutungen, Interpretationen).
- Neubeginn. Nachdem eine Einigung über die Art des zentralen Beziehungskonfliktmusters erreicht worden ist, werden die wechselseitigen Rollenzuweisungen immer mehr in Frage gestellt. Ansätze eines anderen Umgangs mit Gefühlen ermöglichen eine sukzessive Veränderung des Beziehungsverhaltens des Patienten, dem der Therapeut entsprechend unterstützend folgen muß. Auf einen Nenner gebracht, werden dem Patienten innerhalb dieses Differenzierungsprozesses Beziehungserfah-

rungen sowohl positiv regressiver Art (sich anvertrauen können, Abhängigkeitsbedürfnisse befriedigen können) wie auch positiv progressiver Art (sich abgrenzen
können, eigenständig etwas leisten können) ermöglicht (siehe die Anwendung
dieses Prinzip im Fall Sybille B. im Kap. Praxis des psychotherapeutischen Prozesses!).

1.3.3 Die wesentlichen Verfahren psychoanalytisch orientierter Einzeltherapie

1.3.3.1 Psychoanalyse und analytische Psychotherapie

Die von Sigmund Freud (1856–1938) und seinen Schülern entwickelte psychoanalytische Methode ist die hochfrequente (mehr als drei Wochenstunden durchgeführte)
Langzeittherapie (mit mehr als 240 Stunden Dauer). Diese Methode, die klassische
„Psychoanalyse", auch das „Standardverfahren" genannt, wird heute vor allem im
Rahmen der Lehranalyse (der Selbsterfahrung angehender analytischer Psychotherapeuten) angewandt, die mindestens 250 Stunden umfaßt. Diesem Verfahren am ähnlichsten ist die zu Heilzwecken angewandte und von den Kassen finanzierte „analytische Psychotherapie". Sie unterscheidet sich von der Psychoanalyse vor allem durch
die Begrenzung der Stundenzahl auf maximal 240 Stunden sowie ihre ausdrücklich
medizinische Zielstellung (Heilung einer Krankheit durch begrenzte Umstrukturierung der Persönlichkeit).

Die analytische Einzelpsychotherapie hat folgende Merkmale:

- mindestens drei Behandlungsstunden pro Woche,
- Ruhelage des Patienten auf der Couch,
- Regel der freien Assoziation des Patienten (der Patient teilt unzensiert alles mit, was
  ihm durch den Kopf geht),
- gleichbleibende Aufmerksamkeit des Therapeuten (d.h. eine Aufmerksamkeitshal-
  tung gegenüber den Äußerungen des Patienten wie auch gegenüber den eigenen
  Einfällen, die durch diese Äußerungen wachgerufen werden. Bilder, Fantasien und
  Empfindungen verdichten sich für den Analytiker zu einer bildhaften Gestalt, die
  die Beziehung zwischen Analytiker und Patienten repräsentiert. Der Analytiker
  wird gleichsam zum Resonanzraum, auch für die Vorgänge im Patienten.)
- Abstinenzhaltung des Analytikers (Es werden keine Anweisungen oder Ratschläge
  gegeben oder Handlungen initiiert; alle in der Analyse aufkommenden Bedürfnisse
  werden nicht durch Befriedigung gestillt, sondern auf ihre unbewußten Motive hin
  analysiert. Der Kontakt zwischen Analytiker und Patient wird auf die Behandlungsstunden beschränkt.)
- Die Deutung ist das hauptsächliche Mittel der Einflußnahme (Als Deutungstypen
  werden unterschieden:
  1. Inhaltsdeutungen: sie beziehen sich auf die Verknüpfung eines erzählten Geschehens mit einem unbewußten Motiv, z.B. eine situativ entstandene Aggressivität
  wird als Folge einer unbewußten Angst gedeutet.
  2. Übertragungsdeutungen beziehen sich auf den Zusammenhang zwischen dem
  Inhalt des Mitgeteilten und dessen Bedeutung für die gegenwärtige Arzt-Patient-
  Beziehung.
  3. Die Widerstandsdeutung bezieht sich auf die Deutung von Verhaltensweisen des
  Patienten wie z.B. Zuspätkommen, Einschlafen auf der Couch etc. als Widerstand
  gegen die Beschäftigung mit unbewußten Motiven).

- Die Konzentration auf die Analyse von Übertragung und Widerstand zur Auflösung der zur Symptomatik führenden Beziehungsmuster.

Die Methode verlangt wegen des mit ihr verbundenen Aufwandes eine restriktive Indikationsstellung. Sie ist beschränkt auf Patienten, deren in ihrer Persönlichkeit tiefer verwurzelten Neigung zu typischen Konflikten einerseits krankheitswertige Symptome bedingt, andererseits aber auch den Patienten nicht daran hindert, von einer intensiven Regression (d.h. einer starken Abhängigkeit vom Analytiker mit entsprechender intensiver Wiederholung und allmählichem Umbau der pathogenen Beziehungskonflikte) zu profitieren. Damit ist die Methode besonders indiziert bei Krankheiten mit unterliegenden narzißtischen Persönlichkeitsstörungen sowie auch leichteren Persönlichkeitsstörungen vom Borderline-Typ mit nicht so stark ausgeprägter Inkohärenz des Ich.

1.3.4 Die tiefenpsychologisch fundierte Psychotherapie (auch analytisch orientierte Therapie, psychodynamische Therapie, psychodynamische Fokal- oder Kurztherapie)

1.3.4.1 Definition und Merkmale der tiefenpsychologischen Verfahren

Als tiefenpsychologisch fundierte Verfahren werden alle methodischen Therapievarianten bezeichnet, die die unter 2.2 aufgeführten theoretischen Annahmen zur Grundlage haben, deren Techniken jedoch vom ursprünglichen psychoanalytischen Standardverfahren deutlicher abweichen als die unter 2.3 beschriebene analytische Psychotherapie. Während letztere einen deutlich begrenzten Indikationsbereich aufweist, ist die tiefenpsychologisch fundierte Psychotherapie bei beinahe allen Störungsformen zumindest als Basistherapie indiziert und kann prinzipiell auch mit anderen Verfahren (z.B. verhaltentherapeutischen Elementen) kombiniert werden.

Die verbindenden Standards der tiefenpsychologischen Verfahren sind:

- eine geringere Behandlungsfrequenz von durchschnittlich einer Wochenstunde und maximal 90stündiger (meist jedoch 15 bis 50stündiger) Therapiedauer,
- die bevorzugte Nutzung supportiver Wirkprinzipien und entsprechende Konzentration auf positive Übertragungselemente,
- die Ausrichtung aller Therapietechniken am Fokus bzw. dem sog. Fokalkonflikt, d.h. die Deutungsstrategie des Therapeuten konzentriert sich ausschließlich auf den für die Symptomatik verantwortlichen Beziehungskonflikt; Widerstand und Übertragung werden ebenfalls nur mit Bezug zum Fokus behandelt,
- das Abstinenzverständnis des Therapeuten bezieht ausdrücklich die Möglichkeit stützender, ermutigender, grenzensetzender oder auch beratender Interventionen ein,
- tiefenpsychologische Techniken finden nicht nur in der Einzeltherapie, sondern auch im Rahmen der Familien-, Paar- und Gruppentherapie Anwendung. Darüber hinaus erfolgt deren Übertragung auch in die Spezialverfahren der tiefenpsychologischen Musik-, Gestaltungs- und Bewegungstherapie.

1.3.4.2 Praxis der tiefenpsychologisch fundierten Psychotherapie

Ein Arbeitsmodell des psychotherapeutischen Prozesses

Jeder Therapieverlauf kann in einer Abfolge unterschiedlicher Etappen, Studien oder Phasen beschrieben werden. Im Zentrum einer psychodynamisch/tiefenpsychologischen Verlaufsbetrachtung steht die Fähigkeit des Patienten, die für die Symptomentstehung wichtigen Beziehungskonflikte zu erkennen und die damit verbundenen unbewußten Wünsche und Bedürfnisse zu integrieren. Dieser Vorgang findet innerhalb der Übertragungsbeziehung zum Therapeuten statt. Insofern kann die Art und Weise, wie sich die Übertragungsbeziehung entfaltet, wie sie therapeutisch genutzt wird und wie sie allmählich wieder aufgelöst wird, als allgemeinste Beschreibung des therapeutischen Prozesses dienen. Betrachten wir auf diese Weise die einzelnen Phasen der Therapie zunächst im Überblick.

Phase 1 – Einleitungsphase: Die erste therapeutische Aufgabe besteht darin, dem Patienten die Inanspruchnahme psychotherapeutischer Hilfe zu ermöglichen. Am Ende dieser Phase sollte die Erwartung des Patienten stehen, von **diesem** Therapeuten und **der** angebotenen Behandlung profitieren zu können. Damit verbunden sollte die Bereitschaft sein, sich in dieser Beziehung auch gefühlsmäßig zu öffnen.

Phase 2 – Komplementaritätsphase: Die Übertragungsbeziehung entfaltet sich vorwiegend in ihrer positiven gefühlsmäßigen Ausprägung. Der Patient erfährt die positiven Auswirkungen der therapeutischen Regression, in der er dank der gezielten Unterstützung des Therapeuten positive Veränderungen des Befindens und der Beschwerden erlebt. Im Schutze der therapeutischen Regression kann der Patient bislang abgewehrte Gefühle, Wünsche oder Bedürfnisse zum bewußten Erleben zulassen. Damit verbunden sind Symptom- und Befindensbesserungen, die eindeutig mit der helfenden Beziehung zusammenhängend erlebt werden. (Patienten stellen am Ende dieser Phase fest: „Psychotherapie beeinflußt meine Beschwerden. Ich sehe einen Zusammenhang zwischen dem, was in der therapeutischen Situation vorgeht und meinen Symptomen".)

Phase 3 – Entwicklungsphase: Der mehr oder weniger regressive, auf therapeutische Unterstützung angewiesene Patient übernimmt schrittweise Kontrolle über sein Verhalten und die mit der Symptombildung zusammenhängenden pathogenetischen Vorgänge in Beziehungen. Es handelt sich um einen Prozeßabschnitt, der beim Patienten jene autonomen Funktionen ausprägt, die für die symptomfreie Problembewältigung notwendig sind. Die „Bewegungen" des Patienten finden in diesem spezifischen Entwicklungsprozeß zwischen den Polen regressiven Sich-Anvertrauens (was Erholung, Entlastung und vorübergehende Abgabe von Verantwortung einschließt) einerseits und aktiver, selbstverantworteter progressiver Leistung andererseits statt.

Phase 4 – Trainingsphase: Die bislang erreichten progressiven Verhaltensmöglichkeiten werden in immer neuen Konstellationen wiederhergestellt (Prozeß des „Durcharbeitens"). Damit erreicht der Patient zunehmende Kontrolle über die Symptomatik und Autonomie in unterschiedlichen Varianten konfliktträchtiger Beziehungen.

Phase 5 – Trennungsphase: Der Transfer des Erreichten in den Alltag des Patienten und die Lösung aus der therapeutischen Beziehung charakterisieren die Trennungsphase, in der schließlich der Therapeut überflüssig wird.

Die Grundzüge tiefenpsychologisch fundierter Kurz- oder Fokaltherapie werden im folgenden am Beispiel von zwei Therapieverläufen dargestellt. Es wird dabei besonderer Wert auf die Herausarbeitung der typischen Aspekte der einzelnen Phasen gelegt, um die jeweils vorherrschenden therapeutischen Strategien und die mit diesen korrespondierenden Wirkprinzipien erkennen zu können. Trotzdem kann mit solchen Fallvignetten nur ein winziger Ausschnitt eines sehr komplexen Geschehens illustriert werden. Anhand der Geschichte von Frau S. wird die relativ unkomplizierte 15stündige Kurztherapie einer eher leichten neurotischen Störung geschildert. Der 2. Fall, Sybille B., demonstriert die 30stündige Fokaltherapie einer deutlich schwereren borderline-artigen Persönlichkeitsstörung.

Kasuistik einer 15stündigen Kurztherapie: Frau S., 37 Jahre, verheiratet, 2 Kinder, kaufmännische Angestellte.

Symptome: Seit ca. 2 Jahren zunehmend häufigeres Auftreten von anfallsartigen Tachykardien, die zu Befürchtungen, herzkrank zu sein, sowie agoraphobischen Ängsten geführt haben. Den eigentlichen Behandlungsanlaß stellen typische halbseitige Migräneanfälle von mehrstündiger Dauer dar, die beinahe täglich auftreten und sie dann völlig lahmlegen. Keine organisch-somatischen Störungen.

Diagnose: Somatoforme autonome Funktionsstörungen mit agoraphobischer Komponente, zwanghafte Persönlichkeitszüge mit Neigung zum Perfektionismus, Selbstüberforderung und überangepaßtem Verhalten bei Leistungsanforderungen.

1. Phase – Einleitungsphase: Bei der Ärztin für Psychotherapeutische Medizin erscheint die Patientin gut informiert über das psychotherapeutische Vorgehen. Sie hat ein Lehrbuch studiert und weiß, daß sie sich möglichst vorbehaltlos öffnen soll. Sie verwickelt die etwas jüngere Therapeutin sofort in ein lebhaftes Gespräch über ihre familiären Verhältnisse und beruflichen Lebensumstände. Sie verbindet dies mit Erkenntnissen aus dem diagnostischen Vorgespräch mit dem überweisenden Kollegen. Ihr Bestreben, jede Situation möglichst perfekt zu gestalten, z. T. mit großem Aufwand, ist ihr bereits als problematisch bekannt. Sie arbeitet diszipliniert Situation für Situation ab, deren Bewältigung durch diese Haltung nicht gelingt und die sie als beschwerdeauslösende Situation begreifen kann. Sie berichtet über ihre Probleme mit Mitarbeitern, die sie ständig kontrollieren müsse, ihre Orgasmusstörungen, die ständige gespannte familiäre Situation. Dabei bricht sie mitunter in Tränen aus, wirkt ausgesprochen hilfsbedürftig, und dies auf eine sehr sympathische Art. Die Therapeutin hat keinerlei Probleme, sich der aktiven, vernünftigen und therapeutischen Optimismus verbreitenden Frau zuzuwenden, und sie fühlt sich bezüglich des Therapieerfolges sehr sicher. Sie redet relativ viel und hilft der Patientin durch kontinuierliche, einfühlende Stellungnahmen zum direkteren Ausdruck ihrer Vorstellungen. Nach dreißigminütiger Gesprächsdauer ist bereits eine erste gemeinsame Zielstellung herausgearbeitet: Man wolle in maximal 20 Gesprächen versuchen, die beschriebenen perfektionistischen Tendenzen zu relativieren, indem sie fähig würde, Gefühle eher zu ertragen, die etwas mit dem Erleben von Unfertigkeit, mangelnder Kontrolle, Unklarheit, vielleicht auch mit Hingabe an eine nicht gänzlich kontrollierbare Situation zu tun haben. Vielleicht wäre sie dann eher fähig, sich auch einmal »gehen zu lassen« und dies zu genießen. Damit ist bereits ein erster gemeinsamer Nenner in Form eines gemeinsam erarbeiteten Therapieziels gefunden. Beide glauben, daß sie miteinander arbeiten können.

Kommentar: Der Patientin wurde durch die sorgfältige Abklärung und Vorbereitung auf die therapeutische Situation bereits ein hohes Ausmaß von Situationskontrolle ermöglicht, das durch die initiale Anpassung der Therapeutin an die Beziehungsregeln der Patientin noch verstärkt wird. Da die Beziehungsregel der Patientin »Ermögliche mir weitgehende Übersicht und Klarheit (Kontrolle) in der Situation« prinzipiell durchgesetzt werden kann, findet eine gewisse Stabilisierung statt. Nun können auch Bedürfnisse und Wünsche, deren Befriedigung an diese Beziehungsregeln geknüpft sind, gezeigt und befriedigt werden: Die Patientin kann ihren Wunsch, sich der Situation anzuvertrauen, immerhin durch die frühzeitige Wahl intimer Themen, das Weinen und andere Signale der Hilfsbedüftigkeit ausdrücken.

2. Phase – Komplementaritätsphase: Die Therapeutin sorgt während der ersten und zweiten Stunde aktiv für die Aufrechterhaltung der Bedingungen, die Frau S. an die Beziehung stellt. Sie übernimmt einen relativ hohen Anteil der Gesprächsaktivität (ca. 40%), geht verbalisierend oder spiegelnd auf beinahe jede Äußerung der Patientin ein und versucht – entsprechend den Angeboten der Patientin – vor allem das Beziehungsthema „gegenwärtig draußen" – zu differenzieren. In diesem Abschnitt thematisiert die Patientin ihre Unzufriedenheit immer präziser: »Ich möchte ständige Kontrolle über die Situation, aber auch Gewißheit, daß mir der andere (mein Mann, meine Kollegen) positive Gefühle entgegenbringt. Aber wenn ich es durchsetze, die Situation zu kontrollieren, ist der andere unzufrieden, und ich verliere seine Zuwendung. Wenn ich mich so verhalte, daß ich gemocht werde (z.B. meinem Mann sexuell entgegenkomme), fühle ich mich unerträglich gezwungen und unfrei«.

Der Patientin wird in der dritten Stunde mit Hilfe der Therapeutin klar, wie stark sie jede Form von Ungewißheit belastet und wie sehr sie von entsprechenden Aktivitäten ihrer Therapeutin abhängig ist: Jedesmal, wenn diese nicht sofort eine Äußerung bestätigt oder mit irgendeiner Form empathischer Rückkoppelung reagiert, wird Frau S. deutlich unsicher. Bereits ein wohlwollendes Schweigen auf eine Äußerung bringt sie aus dem Konzept. Sie fordert mehr Aktivität von der Therapeutin und erlebt jedes Eingehen auf diese Forderung als entlastend. Der Fokus bekommt nun einen dynamischen Akzent: Frau S. erkennt im Hier und Jetzt ihr Problem, nicht anders als mit Verkrampfungen und/oder Aktivität um jeden Preis auf eine Situation reagieren zu können, in der ein gewisses Maß an Kontrollverlust und Unsicherheit einfach die Voraussetzung dafür bildet, zu sich und seinen eigentlichen Wünschen zu kommen.

Kommentar: Frau S. bedarf angesichts der Bewußtseinsnähe des pathogenetisch relevanten Konfliktes und ihrer weitgehend intakten Fähigkeit der Basisregulierung von Beziehungen nur einen relativ kurzfristigen komplementären Einsatz der Therapeutin. Die Verringerung des komplementären Aktivitätsanteils führt einerseits zur erträglichen Selbstkonfrontation mit der spezifischen eigenen Inkompetenz in der Beziehungsregulation und andererseits zur Bildung des dynamischen Fokus als zukünftiger präzisierter Leitlinie. Andererseits kommt es zu einer mäßigen Regression der Patientin, die nunmehr ihr Angewiesensein auf die Therapeutin deutlicher spürt und Abhängigkeitsbedürfnisse in gewisser Weise zuläßt. Die negativen Gefühle der Enttäuschungswut bzw. die ambivalenten (zwiespältigen) Gefühle in der therapeutischen Abhängigkeit werden nicht in den Vordergrund gerückt.

3. Phase – Entwicklungsphase: Die in der dritten Stunde eingetretene Labilisierung und das damit verbundene Erleben von Abhängigkeit und in gewisser Weise auch Hilflosigkeit bestimmen das Thema der vierten Stunde. Die Ambivalenz »Ich möchte mich eigentlich gehen lassen und die Kontrolle lockern, aber ich habe Angst davor, weil ich vielleicht hilflos/handlungsunfähig werde, und will daher lieber die Kontrolle behalten« wird anhand der aktuellen Situation konkretisiert. Eine Redepause führt nicht mehr sofort zu körperlichen oder affektiven Reaktionen. In Ansätzen wird sie bereits positiv erlebt (Wenn ich mich jetzt gehen ließe, würde es mir vielleicht zu gut gefallen?). In den folgenden Stunden 5 bis 7 kann sich die Patientin immer mehr mit ihren Wünschen nach Abhängigkeit, Passivität und ungeteilter Zuwendung konfrontieren. An dieser Stelle arbeitet sie Biographisches durch. Ihre in puncto elterliche Zuwendung unbefriedigende Position als Älteste der Geschwisterreihe, ihre Neidgefühle einer bevorzugten jüngeren Schwester gegenüber … Sie beginnt nun, die ungeteilte Zuwendung ihrer Therapeutin zu genießen, realisiert jedoch gleichzeitig deren vorübergehenden Charakter. Zwischen 5. und 6. Stunde läßt sich die Patientin wegen schwerer Krämpfe im linken Unterbauch untersuchen. Gemeinsam wird das Ereignis als Signal dafür interpretiert, daß sie auf situativ entstandene regressive Bedürfnisse nach Versorgung wiederum verkrampft reagiert habe. Danach übernimmt die Patientin zunehmend mehr die Interpretation der Situation und die Verantwortung für symptomatisches Verhalten. Sie reflektiert jetzt auch in früher peinlichen Pausen ihre Befindlichkeit, ihre Unzufriedenheit, aber zunehmend auch ihre Zufriedenheit. Die Patientin arbeitet nunmehr in einer Form der therapeutischen Partnerschaft, die deutlich paritätische Züge trägt.

Kommentar: Das Hauptbeziehungsproblem der Patientin, die Unfähigkeit, eine Beziehung sowohl unter Berücksichtigung ihrer Zuwendungs- und Passivitätsbedürfnisse als auch ihrer Autonomiewünsche zu gestalten, wird in relativ kurzer Zeit (was der konsequenten Fokussierung auf ein Thema zu verdanken ist) in der therapeutischen Beziehung selbst sozusagen paradigmatisch gelöst. Das symptomatische Verhalten kann von der Patientin im Kontext ihres Konfliktes gesehen werden. Rückfälle werden von der Patientin weitgehend abgefangen. Sie wehrt nicht mehr einen Pol der Ambivalenz ab und kann nun zunehmend realitätsbezogener und lockerer an der therapeutischen Aufgabe mitarbeiten. Wichtig erscheint der Hinweis, daß die Patientin nicht nur Einsichten gewonnen hat, sondern sich ihre Position innerhalb der therapeutischen Beziehung real geändert hat.

4. Phase – Trainingsphase: Diese Phase umfaßt in der Therapie der Patientin S. etwa 5 Stunden (7./8. bis 12. Stunde). In diesem Abschnitt wird am Beziehungsproblem sowohl inner- als auch außerhalb der Therapeut Patient-Beziehung gearbeitet. Nachdem die Patientin sich meist gestatten kann, in der therapeutischen Situation zu sich zu kommen, sich gehen zu lassen und „peinliches" Schweigen ohne Aktivität um jeden Preis zu ertragen, gibt es doch immer wieder Situationen sowohl »drinnen« als auch »draußen«, die sie überfordern und Symptome provozieren. So reagiert sie – anstatt wütend zu sein bzw. eine klärende Aussprache zu führen – mit Herzbeschwerden (Tachykardien und Angst) auf Spannungen im Verhältnis zu einer Nachbarin; in Situationen, die ihre Fähigkeit, sich passiv zu überlassen, überfordern (Entspannungstraining, der Abend zu Hause) kommt es immer wieder zu Verkrampfungen; Anflüge von Migräne weisen sie auf ihre Schwierigkeiten hin, bei ungewissen Anforderungen gelassener zu reagieren. Sie ist geradezu neidisch auf Personen, die nicht ständig „wütend" sein müssen, wenn sie einmal etwas nicht im Griff haben, merke aber auch, wie gut es ihr tut, Probleme direkt anzusprechen. In der 12. Stunde berichtet sie erstmalig von einem Wochenende, das entspannend war. Intime Kontakte mit dem Ehemann werden wieder zugelassen. Sie spricht jetzt mit ihrem Mann über ihre Verkrampfungen beim Verkehr und erlebt zu ihrer Überraschung, daß er ihr Problem auch zu seinem macht. Danach äußert die Patientin, sie sei mit dem bislang Erreichten zufrieden und würde bald einen Versuch machen wollen, ohne Therapeutin ihre Probleme zu bewältigen.

Kommentar: Die von vornherein begrenzte Zielstellung war für Frau S. offensichtlich dann erreicht, als sie sich wieder im Besitz der Kontrolle über ihren Körper, ihr Verhalten und über wichtige Situationen fühlte. Es scheint für sie weniger wichtig zu sein, hin und wieder Beschwerden zu haben, als der Fähigkeit gewiß zu sein, diese Signale als „Fehler" identifizieren und durch verändertes Handeln kontrollieren zu können. Die hier möglichen Angebote, durch übende Verfahren, z.B. durch eine Sexualtherapie nach Masters und Johnson die sexuellen Probleme direkter zu beeinflussen (dieses Angebot wurde in der 14. Stunde unterbreitet), sind für Frau S. offenbar nicht attraktiv, da sie ihren eigenen Potenzen vertraut.

5. Phase – Trennungsphase: Bereits in der 7. Stunde, also genau in der Mitte der Therapie, wird erstmalig ein Trennungsproblem thematisiert. Als sie ein Wohlgefühl angesichts der ungeteilten Zuwendung der Therapeutin artikuliert, fragt sie sich: »Wo erlebe ich so etwas wieder, wenn die Therapie zu Ende ist?«. Am Ende der Therapie (15. Stunde) entgegnet sie auf ein Angebot der Therapeutin, sie bei der Lösung eines familiären Problems (durch ein Gespräch mit Familienmitgliedern) zu unterstützen: » Sie sind doch nicht immer dabei, das muß ich selbst regeln«. Zwischen diesen beiden Äußerungen sind nur wenige direkte Anspielungen auf die Trennung zu eruieren. Unausgesprochen dominiert dieses Thema die letzten 2 bis 3 Stunden, in denen Transferprobleme und die Eigenverantwortlichkeit der Patientin bei der Lösung ihrer aktuellen

Probleme »draußen« im Vordergrund stehen. Bevor man sich verabschiedet (ein letzter Kontakt wird nach 4 Monaten zur Führung des Katamnesegespräches vereinbart), teilen sich die beiden Frauen mit, daß sie diese unvermeidliche und von vornherein angezielte Trennung irgendwie auch bedauern.

Im Katamnesegespräch, dem letzten persönlichen Kontakt, 4 Monate danach, berichtet die Patientin eine befriedigende Besserung der zur Behandlung führenden Beschwerden: Die Migräne trete nur ganz selten in Erscheinung, Anflüge könne sie kupieren. Herzbeschwerden seien nicht mehr vorhanden. Im sexuellen Bereich gebe es Fortschritte. Darüber hinaus könne sie besser zuhören und fühle sich nicht mehr so angewiesen auf andere. Sie sei großzügiger, lockerer und viel direkter im Umgang mit ihren Mitarbeitern. Ihre Vorgesetzten hätten diese Veränderungen auch bemerkt. Möglicherweise könne sie mit einer Beförderung rechnen.

Kommentar: Die Trennungsphase läßt sich nur schwer von anderen Phasen abgrenzen. Sie überlappt sie gleichsam. In diesem Verlauf dient die frühe Selbstkonfrontation mit dem baldigen Ende der Therapie zweifellos der Abwehr andrängender regressiver Bedürfnisse, der Begrenzung der Wünsche nach Abhängigkeit. Dieser Vorgang stand jedoch dem Therapieplan und insbesondere der strikten Fokussierung des Beziehungsthemas nicht im Wege, d.h. die erreichte Tiefe der Regression schien für diese Therapie ausreichend, so daß die frühe Thematisierung der Trennung bei der Kürze der Therapie als eher förderlich betrachtet werden kann. Ausreichend dürfte in diesem Fall auch die Thematisierung der Gefühle des Verlustes beim Abschied gewesen sein, wodurch verhindert wird, den Trennungskonflikt zu agieren (beispielsweise durch einen Rückfall mit der Notwendigkeit, weitere Gespräche anzuhängen).

Kasuistik einer dreißigstündigen Kurztherapie: Sybille B., 18 Jahre, ledig, keine Kinder, Sekretärin.
Symptomatik: Mehrere Suizidversuche, chronische suizidale Verfassung, Dauer nicht exakt bestimmbar, mindestens seit 4 Jahren.
Diagnose: Narzißtische Persönlichkeitsstörung mit Borderline-Zügen
Auf dem Überweisungsschein des Kollegen, der die Patientin nach einem Suizidversuch mit Schlaftabletten kurz nach der Einweisung in die Notaufnahme einer Klinik sieht, heißt es „mehrfache Suizidversuche ohne nachfühlbaren Grund". Mehrere Behandlungsversuche in den letzten drei Jahren scheiterten jeweils kurz nach Beginn am Wegbleiben der Patientin. Einem erneuten Therapieangebot gegenüber besteht höchstes Mißtrauen. Eine Vorbereitung auf die Psychotherapie sei nur vage gelungen. Er sei froh gewesen, daß die Patientin ihm versprochen habe, mal bei der „Psychotherapeutin" vorbeizuschauen.

1. Phase – Einleitungsphase: Im ersten therapeutischen Gespräch äußert die Patientin bezüglich ihrer Erwartungen an eine Behandlung zwei scheinbar unverbundene Punkte. Einmal wolle sie ihre ständigen Selbstmordideen loswerden. Daneben stellt sie den Satz: »Meine Mutter ist an allem Schuld, sie behandelt mich nicht wie eine Erwachsene, sie hört nicht zu; sie akzeptiert nicht meine Meinung«. Als Beispiele ihrer Suizidversuche berichtet sie lapidar und ohne Affekt zwei Szenen. Einmal habe sie sich auf einem Betriebsausflug nicht gut gefühlt (Stunden später wird klar, daß sie sich sehr allein gefühlt habe). Noch während der Fahrt habe sie 20 Schlaftabletten eingenommen. Ein anderes Mal sollte sie ihren Arbeitsplatz aus betrieblichen Gründen für eine begrenzte Zeit wechseln. Mit Glasscherben habe sie sich eine Pulsader geöffnet. Sie erzählt dies in laxem, gleichgültigem Ton. Auch als sie ihre Vorstellungen äußert, immer irgendwie ausgestoßen zu sein, spürt man nur eine kurze Betroffenheit, die sofort in Gelächter oder ironische Bemerkungen mündet.

Die Therapeutin registriert das Bestreben der Patientin, die Beziehung emotional möglichst unverbindlich zu gestalten. Jeder Versuch der Annäherung wird mit einer Zunahme mißtrauischer verbaler oder mimischer Äußerungen beantwortet, oder die Patientin schweigt. Die Therapeutin versucht, die von der Patientin vorgegebene Distanz zu akzeptieren, obwohl sie nicht das Gefühl eines belangvollen Umgangs miteinander hat.

Diese Rücksicht auf das Distanzbedürfnis der Patientin scheint die Patientin etwas sicherer zu machen. Besonders der Versuch der Therapeutin, sich an die etwas legere Ausdrucksweise der Patientin anzupassen, läßt sie etwas offener werden. Die Therapeutin bleibt weiterhin bemüht, die von der Patientin gesetzten Grenzen möglichst zu beachten und sich auch durch die wenig ermutigenden Äußerungen über die Sinnlosigkeit einer Therapie nicht beeindrucken zu lassen. Als die Patientin zur nächsten Stunde erscheint (später einmal äußert sie, daß sie nur wiedergekommen sei, weil die Therapeutin sie nicht zu etwas gezwungen habe), stellt sie erst einmal klar, daß sie keinerlei Sinn in der Therapie sehe. Sie beschwert sich dann wieder über die Mutter, mit der sie nicht reden könne, die sie nicht haben wolle. Auf vorsichtige Fragen der Therapeutin, was in einer Therapie zur Lösung des Problems getan werden könnte, schlägt schließlich die Patientin vor, sie könne vielleicht lernen, eigene Entscheidungen zu treffen, also irgendwie aus Abhängigkeiten loszukommen und sich anders auseinanderzusetzen. Nach diesem Zugeständnis, der therapeutischen Beziehung doch irgendeine persönliche Bedeutung zugemessen zu haben, zieht sie sich sofort wieder zurück. Sie sehe ohnehin keinen Ansatz für solche Ziele. Immerhin erscheint sie auch zum nächsten Gespräch, dessen Inhalte sich nun um solche Themen wie Abgrenzungen von der Mutter und aggressive Auseinandersetzung mit ihr drehen. Die Therapeutin vermeidet weiterhin alles, was die Patientin als Grenzverletzung auffassen könnte. Sie hat jedoch zunehmend das Gefühl einer gewissen Verbindlichkeit der Beziehung.

Kommentar: Bei der hier vorliegenden fundamentalen Störung der Beziehungsregulierung, insbesondere der Steuerung der sozialen Distanz, muß die Therapeutin von Anfang an eine Hilfsfunktion bei der Distanzregulierung einnehmen. Sie tut dies, indem sie aktiv für die Aufrechterhaltung der Abstände (und Grenzen) sorgt, die der Patientin eine Mitarbeit überhaupt erst ermöglichen. Die Therapeutin reagiert beinahe ausschließlich unter Bezug auf die Ebene der Basisregulierung der Therapeut-Patient-Beziehung und versucht, der Patientin zu einer möglichst angstfreien (weil abständigen) Kommunikation zu verhelfen. Die Inhalte, so aufschlußreich sie sein mögen, spielen in dieser Phase keine wesentliche Rolle. Beispielsweise würde eine „Verbalisierung wesentlicher internaler Inhalte", wie sie ein klientzentrierter Gesprächstherapeut vornehmen würde, ebenso wie eine am Inhalt orientierte Interpretation eines Analytikers ganz unabhängig von ihrer inhaltlichen Stimmigkeit als ein Zu-nahe-Treten des Therapeuten aufgefaßt und u.U. (wie in früheren Behandlungen passiert) mit einem Abbruch der Therapie quittiert. Es wird also zugelassen, daß die zaghaften Distanzierungs- und Nähewünsche jeweils in der Beziehung realisiert werden, ohne daß sie mit Bezug auf diese Beziehung zur Sprache und zum Bewußtsein kommen. Die Therapeutin etabliert somit eine Beziehungsform, die eine gänzlich an die Möglichkeiten der Patientin angepaßte therapeutische Kooperation ermöglicht. Das von der Patientin vorgeschlagene initiale Ziel der Therapie, Abgrenzung und Auseinandersetzung zu lernen, ist ebenso auf die Ebene der Störungsform zu transformieren: Es geht erst einmal um die Steuerung der grundlegenden Prozesse, die dazu führen, daß in einer Beziehung die Identität und Realitätskontrolle aufrechterhalten werden kann. Dazu muß u.U. auch auf direkte und aggressive Weise vor allem gesichert werden, daß die Intimitätszone unverletzt bleibt. Indem die Therapeutin bei deren Sicherung mithilft, bereitet sie gleichzeitig den Boden für die »Verteidigungsübungen«, die die Patientin bei ihrer Zielstellung primär im Auge hat.

2. Phase – Komplementaritätsphase: Die Therapeutin bemüht sich eine Reihe von Stunden, den instabilen Kontakt nicht abreißen zu lassen (s. Phase 1). Die Patientin reagiert außerordentlich empfindlich auf jede Annäherung oder/und Distanzierung. Nachdem sie in der 3. Stunde bei der Schilderung der vielen ihr durch die Mutter zugefügten Verletzungen und Kränkungen (»Schon vor der Geburt war ich ihr im Wege, danach störte ich nur ihre Männerbeziehungen.«) in stärkere affektive Bewegung gerät, rückt sie sofort wieder ab: »Wenn meine Mutter mich nicht will, warum soll mich überhaupt jemand wollen?« »Das einzige, was hier heraus kommt, ist Enttäuschung.« »Mit mir kommen Sie nicht zurecht, ich bin wie das Aprilwetter.« Als die Therapeutin in der 5. Stunde einen ersten vorsichtigen Versuch macht, die Beziehung zu beschreiben (»Ich gebe mir alle Mühe, Sie nicht zu verletzen, aber es scheint Sie nur zu stören.«), droht sie mit sofortigem Kontaktabbruch: »Was wollen Sie eigentlich von mir? Lassen Sie mich in Frieden!« (Sie schweigt bis zum Ende der Stunde). In der darauffolgenden Stunde thematisiert sie aktuelle Suizidideen. Die in der vorangehenden Stunde erfahrene »Kränkung«, ihre Verletzlichkeit, können dazu in Beziehung gesetzt werden. Insbesondere der Zusammenhang zwischen der aktuellen »Verletzung« und den aggressiven, insbesondere selbstzerstörerischen Tendenzen kann besprochen und in Ansätzen auch ihre „Launenhaftigkeit" hier eingeordnet werden. Das Beziehungsthema bekommt erst jetzt Konturen: »Es ist mir unerträglich, Abhängigkeit zu spüren: Entweder ich zerstöre die Beziehung oder mich selbst. – Ich möchte um jeden Preis vermeiden, in diese Situation zu kommen. Ehe ich zugebe, daß ich jemanden brauche, tyrannisiere ich ihn durch Launenhaftigkeit. – Möglicherweise möchte ich aber, daß sich jemand um mich kümmert, sonst wäre ich nicht so verletzbar bei kleinsten Störungen und weniger wütend«.

Abgesehen von diesen Einsichten, bleibt die Beziehung weiter eine zwischen »Mimose und Gärtner«. Geringste Berührungen führen jeweils zum Kollaps, d.h. zur Aufkündigung der Mitarbeit. Zunehmend läßt die Patientin jedoch zu, daß die Beziehung selbst zum Gegenstand des Dialogs wird und reflektiert auch die enormen Schwankungen in der Beziehung. Einerseits nehme sie befriedigt wahr, wie sich die Therapeutin um sie bemühe, andererseits beiße sie sich lieber die Zunge ab, als so etwas zuzugeben; denn was wäre, wenn es eine ernsthafte Auseinandersetzung gäbe? Immer noch (12. Stunde) gelingt es nicht, eine halbwegs gleichmäßige emotionale Bezogenheit – trotz der ausgleichenden und stützenden Aktivitäten der Therapeutin – über den Zeitraum einer Therapiestunde aufrechtzuerhalten. Kommentar der Patientin: »Ich mache es so, damit Sie mir nicht näherkommen.« In diesem Zeitraum wehrt die Therapeutin auf das Bitten der Patientin einen Versuch der Mutter ab, Einfluß auf die Behandlung zu nehmen (später stellt sich heraus, daß diese selbst therapeutischer Hilfe bedarf). Die enorme Wut, die die Patientin angesichts eines Versuches einer älteren Bekannten entwickelt, sie zu dirigieren, erschreckt sie. Erstmalig kann sie die Angst vor der eigenen Unberechenbarkeit in Verbindung mit ihrem Beziehungsproblem sehen: »Ich habe einen Tiger in mir. – Ich habe immer Angst gehabt, jemanden zu lieben. Was ist, wenn einer sauer ist auf den anderen?« Diesmal fällt es nicht mehr so schwer, diese Frage auch als eine an die Therapeutin zu verstehen: »Was passiert, wenn die auf mich böse ist, bin ich dann wieder alleingelassen?«

Das Gespräch über die nun doch aufkommenden Wünsche nach zuverlässiger Unterstützung und Zuwendung, ihre Befürchtungen, durch eigene Launenhaftigkeit und chaotisches Verhalten die entstandene Bindung zu gefährden und die Unsicherheit in bezug auf den Grad der Zuverlässigkeit der Therapeutin bringt eine neue Qualität der Beziehung: Die Patientin wirkt im Affekt ausgeglichener, stetiger, konzentrierter; die Stimmung ist besser, die Verstimmbarkeit reduziert. Patientin reflektiert diese Veränderung als Fortschritt.

Kommentar: Ehe sich der helfende, supportiv-komplementäre Charakter der therapeutischen Beziehung für Sybille B. spürbar entfaltet, vergehen mehr als 12 Stunden. Die Therapeutin hält in diesem Zeitraum streng am Konzept fest, die Inkompetenzen der Patientin in der Regulierung der Beziehung (in erster Linie die Distanz-Nähe-Regulierung) auszugleichen, dadurch ein gewisses Maß an Kooperation zu sichern und über die damit verbundenen Handlungen zu einer weiteren Differenzierung der Beziehung zu kommen. Inhaltlich orientiert sie sich an dem relativ allgemeinen Beziehungsthema »Gefühle und Wünsche, jemanden zu haben, müssen unter allen Umständen vermieden werden, weil ..." und erreicht schließlich, daß die Patientin die real vorhandene Ambivalenz »wenn ich zu meinen Wünschen stehe, bin ich ausgeliefert, verletzlich, destruktiv usw.« zu einem gewissen Teil in der konkreten Interaktion ertragen kann. Das gelingt jedoch nur in einer komplementären Beziehungsform, die im Supervisionsgespräch über diese Therapie als „Mimose-Gärtner-Beziehung" bezeichnet wird. Trotz Vorsicht und ständiger Pflege kommt es zu dramatischen Zuspitzungen. Die Patientin versucht alles mögliche, die Stabilität der Therapeutin zu testen: Unverschämte Beschimpfungen, Suiziddrohungen, beleidigende Bemerkungen über die Therapeutin zu Dritten etc. Sicherheit gibt der Therapeutin in diesem Teil der Behandlung nicht zuletzt der Umstand, daß die Patientin von Anfang an in der therapiebegleitenden Diagnostik ihren Wunsch nach Nähe ausdrückt und beibehält (auch in Situationen, in denen sie bewußt eine solche Nähe verhindert). Am Ende dieser Phase läßt die Patientin real und konstant mehr Nähe zu und reflektiert den helfenden Aspekt der Beziehung ausdrücklich.

Als am Ende der Behandlung rückblickend eingeschätzt wurde, welche Bedingungen möglicherweise dafür ausschlaggebend waren, daß die Patientin nicht abgebrochen hat, wurde besonders die Fähigkeit der Therapeutin herausgestellt, eine konkrete, komplementäre Antwort auf jede Fragestellung der Patientin (Erträgst du mich? Bist du zuverlässig? Hast du etwas für mich übrig?) zu geben. Deutungen wurden nur im Sinne der sprachlichen Kodierung konkret faßbarer Vorgänge direkt in der Beziehung formuliert. Damit wurde der Patientin offenbar ermöglicht, die Beziehung als ausreichend stabil und sicher zu erleben, d.h. die Therapeutin hat den Test – anders als die Mutter zu sein – bestanden.

3. Phase – Entwicklungsphase: Zwischen 14. und 16. Stunde werfen einige Ereignisse neue Fragen über den Charakter der Beziehung auf. Die Therapeutin stellt sich einige Male schützend vor die Patientin, als Arbeitgeber und Familie Forderungen stellen. Patientin registriert dies mit Befriedigung, erscheint aber weniger erregt und engagiert als ihre Beschützerin. Es wird einerseits die nun erreichte Kontinuität im Verhältnis beider zueinander besprochen, andererseits die Einseitigkeit im Hinblick auf Verantwortung (und Versorgung) zur Diskussion gestellt. Die Frage »Wie verläßlich ist die Patientin?«, provoziert eine Auseinandersetzung, die allerdings erstmalig die Beziehung nicht grundsätzlich in Frage stellt. In den folgenden Stunden stellt Sybille B. mehrfach in direkter und indirekter Form die Forderung, bei der jetzigen schützenden Beziehung zu bleiben und Fragen der Wechselseitigkeit von Verbindlichkeit und Verantwortlichkeit auszuklammern: Ich möchte, daß ich selbst möglichst wenig engagiert bin, dann tut es am Ende weniger weh. Wenn ich wirklich Ernst mache, kann ich die Grenzen nicht mehr sehen. Solange du Verantwortung für beide übernimmst und unsere Aufgabe bestimmst, kann ich besser mitarbeiten. usw. In einem längeren Prozeß der Verständigung wird das Muster, in das sich beide verstrickt haben und das nun zunehmend den Fortschritt der Therapie behindert, identifiziert: Da die Therapeutin beschützt, die Verständigung erleichtert und die Verantwortung für das ganze Geschehen trägt, bleibt der Patientin erspart, die Bedeutung ihres eigenen Verhaltens realer zu sehen, sich verantwortlich dafür zu fühlen und das Risiko mangelnder Übereinstimmung mit den Zielen der Therapeutin einzugehen. Es fällt der Patientin außerordentlich schwer, das jetzt weniger schützende Verhalten der Therapeutin nicht als Ablehnung aufzufassen. Zumindest werden (19. Stunde) wieder Suizidideen und die Sinnlosigkeit aller Bemühungen, aber auch das Bedürfnis nach weiterer Hilfe thematisiert. In der 20. Stunde schließlich kann sie direkt über ihr Gefühl, abgelehnt zu werden, reden. Ausgehend von den Selbsttötungsphantasien, stellt sie einen direkten Zusammenhang mit der aktuellen Infragestellung der schützenden Beziehung her. »Das kann ich nicht aushalten, da denke ich an Selbstmord. Nie wollte mich jemand haben. Warum soll mich jemand für nichts mögen können? Wenn ich denke ‚sie ist nicht zufrieden' oder so ähnlich, denke ich sofort, alles ist aus ...«. Das gibt der Therapeutin Gelegenheit, ihren Standpunkt zu präzisieren und deutlich zu machen, daß sie Wert darauf lege, daß die Verantwortung für das Erreichen der therapeutischen Zielstellung gemeinsam getragen werde. Möglicherweise sei ihr Interesse an einer partnerschaftlicheren Form der Zusammenarbeit doch mit mehr Problemen für die Patientin verbunden als sie gesehen habe, so daß diese sich abgelehnt fühlen mußte. Nach dieser Stunde verändert sich erstmalig (auch begleitdiagnostisch) meßbar die Beziehungsform.

Kommentar: Erst am Beginn dieser Phase kommt es zu einer stabileren Beziehungsform. In einer kritischen Stunde (18. Stunde), in der erstmalig die therapiehinderliche Seite der Regression zur Sprache kommt, belasten zwar projektive Abwehrmechanismen, Selbstentwertung und Angst die Beziehung, jedoch kommen (auch begleitdiagnostisch sichtbar) keine groben Distanzierungen mehr vor. Die Beziehung hält jetzt mehr Konfliktspannungen aus. Das bis dahin ausgesparte Problem der Wechselseitigkeit von Verantwortung für die gemeinsame Arbeit kann jetzt in seiner ganzen Tragweite thematisiert werden. Damit kommt der Prozeß der Lösung aus regressiven Positionen in Gang. Von größter Bedeutung erscheint nun, daß alle frustrierenden Aspekte dieses Vorganges zunehmend offener in der Beziehung selbst behandelt werden können. Indem die Therapeutin ihren Anspruch auf Teilung der Verantwortung als eigenes Problem aufwirft und bereit ist, ihr eigenes Verhalten zu hinterfragen und zu ändern, wird sie für die Patientin zur Partnerin (nicht mehr ausschließlich „Mutter"). Im Spannungsfeld regressiver und progressiver Bestrebungen (beide bekennen sich jetzt sowohl zu ihren regressiven Ansprüchen an den anderen als auch zu ihrer Bereitschaft, eine progressive Leistung für den anderen zu erbringen) gewinnt die Beziehung Lebendigkeit. Die realen Spannungen können zunehmend als gemeinsames Problem behandelt und Pseudolösungen (wie Flucht aus der Beziehung, Symptomproduktion) kritisch betrachtet werden. Die Patientin beginnt nun, sich auch um die Bedürfnisse ihrer Therapeutin zu kümmern und sieht sich in der 20. Stunde erstmalig in der Lage, „paritätisch" mitzuarbeiten.

4. Phase – Trainingsphase: Der in der 20. Stunde vollzogene Neubeginn prägt merklich das Klima der therapeutischen Situation. Sybille B. beginnt eigenes Verhalten in konstruktiver Weise in Frage zu stellen. Sie entdeckt, daß sie, ohne es bisher bemerkt zu haben, andere Personen häufig vor den Kopf stoße, z. B. weil sie Rückfälle in mißtrauisches oder launenhaftes Verhalten zu spät unter Kontrolle bekomme. In der 22. Stunde berichtet sie nicht ohne Stolz, daß sie sich bei einer Bekannten entschuldigen konnte, die sie gefühlsmäßig mit ihrer Mutter verwechselt und gekränkt habe.
Es sei eine völlig neue Erfahrung für sie, die Welt einmal aus der Perspektive der anderen zu betrachten, und sie sehe, welchen persönlichen Gewinn es bringen könne, sich zu verständigen. Sie bespricht in den nächsten Stunden weitere Entdeckungen: wie hilfsbedürftig ihre Mutter in Wirklichkeit sei; daß sie möglicherweise andere Ansprüche an das Leben stelle, als ihr bis jetzt klar gewesen sei; daß sie ihr Leben, besonders ihre berufliche Position verändern wolle. Sie kümmerte sich inzwischen selbständig um eine andere Tätigkeit. In der 25. Stunde teilt sie der Therapeutin mit, daß sie zum nächsten Ersten in einer benachbarten Großstadt ihre neue Stelle antreten wolle.

Kommentar: Die hier zu beobachtende relativ rasche Orientierung auf relevante Lebensbereiche außerhalb der Therapie findet gewöhnlich dann statt, wenn neue Handlungsmöglichkeiten erschlossen worden sind, die reale Chance einer Verbesserung der Lebensumstände gesehen wird und die therapeutische Beziehung in Richtung einer mehr paritätischen Verteilung von Kontrolle und Verantwortung verändert worden ist. Auch anhand der Begleitdiagnostik läßt sich dieser letztere Trend bestätigen: Offensichtlich ist es der Patientin gelungen, regressive Positionen zu verlassen und unrealistische Erwartungen an die Therapeutin zu reduzieren.

In einem Supervisionsgespräch wird versucht, die Frage zu klären, ob dieser angesichts der zweifellos ausgeprägten Störung relativ geringe regressive Therapiezeitraum ausreichen könne, um die erforderlichen Prozesse der Umstrukturierung nachhaltig in Gang zu bringen. Es wird entschieden, der Patientin eine Fortsetzung der Therapie für den Fall anzubieten, daß im ersten Katamnesezeitraum (3 bis 4 Monate nach Beendigung) die erzielten Erfolge nicht anhalten sollten. Andererseits scheint die Patientin tatsächlich eine Entwicklung vollzogen zu haben, was sich in der Fähigkeit ausdrückt, Beziehungsprobleme innerhalb der Beziehung zu klären und weniger zu agieren. Sie ist zunehmend in der Lage, die weiterhin vorkommenden überschießenden Kränkungsreaktionen unter Kontrolle zu bekommen. In Anbetracht der von der Patientin selbst reflektierten Gefährdung, in regressive Positionen zurückzufallen, wenn sie entsprechende Versuchungen und Frustrationen überfordern, scheint der Zweck der weiteren Arbeit darin zu liegen, möglichst viele derartige Gefährdungen in der restlichen Zeit gemeinsam durchzuarbeiten. Das durch die Patientin gesetzte Limit mußte dabei akzeptiert werden.

5. Phase – Trennungsphase: Das Faktum einer auf 20 bis 30 Stunden begrenzten Dauer der Therapie spielte von Anfang an eine wichtige Rolle in den Gesprächen. Die anfängliche Weigerung, die Beziehung überhaupt als relevant zu betrachten, wurde verschiedentlich mit dem Hinweis auf ihre Endlichkeit begründet.
Insbesondere in der 2. und 3. Phase trug der Umstand der Limitierung dazu bei, daß relativ häufig die Frage gestellt wurde: »Und was« mache ich ohne Sie nach der Behandlung?« In den letzten 3 Stunden stand dieses Thema ganz im Vordergrund. Es wurden einerseits die neu gewonnenen Möglichkeiten der Selbst- und Situationskontrolle ohne Therapeutin anhand konkreter Beispiele aus dem Alltag der Patientin erörtert. Andererseits wurde mehrere Male darüber gesprochen, daß die entstandenen Bindungen nicht ohne Schmerzen gelöst werden könnten. Es schien jedoch der Therapeutin das Loslassen schwerer zu fallen als der Patientin, die in diesem Zeitraum zwar etwas wehmütig die vergangene Zeit, aber auch recht optimistisch die vor ihr liegenden Aufgaben betrachtete.
Im Katamnesegespräch, das aus verschiedenen Gründen erst 6 Monate später stattfand, berichtete die Patientin folgendes: Sie bedaure nicht ihren Stellungswechsel, obwohl sie eine schwere Eingewöhnungszeit durchgemacht habe. Sie habe aber entdeckt, daß sie höhere Ansprüche sowohl beruflicher als auch partnerschaftlicher Art stelle und sei bereit, dafür auch etwas zu tun. Zur Mutter habe sie ein entspannteres Verhältnis. Sie habe sich weitgehend mit den gefühlsmäßigen Grenzen der Mutter abgefunden. Nach wie vor sei sie mißtrauisch, und es dauere recht lange, ehe sie sich in Beziehungen einlasse. Mitunter stelle sie fest, daß sie dadurch Möglichkeiten versäume. Das seinerzeit gemachte Angebot auf eine Zweittherapie wolle sie nicht in Anspruch nehmen. Sie hätte in der Therapie gelernt, problematische Situationen zu analysieren und ihr Verhalten, insbesondere den Ablauf ihrer Kränkungsreaktionen, zu beeinflussen.

Kommentar: Die Trennungsphase von Sybille B. enthält ihre typischen Elemente: zunehmende Außenorientierung, Durchspielen verschiedener Anforderungssituationen unter dem Gesichtspunkt des Transfers von neu gewonnenen Möglichkeiten in den Alltag, Bewältigung des Trennungsschmerzes und der mit Loslösung verbundenen affektiven Probleme. Daß die Therapeutin scheinbar oder tatsächlich größere Schwierigkeiten im Loslassen hat, ist nicht ungewöhnlich, in jedem Fall jedoch zu problematisieren. Die Gefahr, Trennungskonflikte von seiten des Therapeuten in Form vom „Nichtloslassen" zu agieren, wurde rechtzeitig erkannt.

1.4 Verhaltenstherapie

1.4.1 Was ist Verhaltenstherapie?

Die Entwicklung der Verhaltenstherapie kennt im Unterschied zu anderen Therapieverfahren keinen „therapeutischen Übervater", auf den Theoriebildung und Praxis zurückgeführt werden könnten. Auch kann man in der Modellbildung kein einheitliches Grundmodell ausmachen – in der Konsequenz, daß das Modell der Verhaltenstherapie heute am ehesten noch in einem sehr umfassenden systemischen Selbstregulationsmodell beschrieben werden kann (Kanfer et al. 1996). Dabei werden die unterschiedlichen Einflüsse auf menschliches Verhalten auf verschiedenen Ebenen in einer „multiplen Regulation des Verhaltens" (Kanfer et al. 1996) konzeptualisiert. Alle Erkenntnisse der empirischen Psychologie sollten darin Berücksichtigung finden. Insofern ist es schwierig, von Verhaltenstherapie im Sinne einer Therapieschule zu sprechen, vielmehr erscheint es mit Margraf (1996) sinnvoller zu sein, Verhaltenstherapie als **psychotherapeutische Grundorientierung** zu konzeptualisieren. Margraf definiert Verhaltenstherapie in diesem Sinne:

„Die Verhaltenstherapie ist eine auf der empirischen Psychologie basierende psychotherapeutische Grundorientierung. Sie umfaßt störungsspezifische und -unspezifische Therapieverfahren, die aufgrund von möglichst hinreichend überprüftem Störungswissen und psychologischem Änderungswissen eine systematische Besserung der zu behandelnden Problematik anstreben. Die Maßnahmen verfolgen konkrete und operationalisierte Ziele auf den verschiedenen Ebenen des Verhaltens und Erlebens, leiten sich aus einer Störungsdiagnostik und individuellen Problemanalyse ab und setzen an *prädisponierenden, auslösenden und/oder aufrechterhaltenden Problemänderungen* an. Die in *ständiger Entwicklung* befindliche Verhaltenstherapie hat den Anspruch, ihre Effektivität empirisch abzusichern". (Margraf 1996)

Die in dieser *Definition* angesprochenen verschiedenen Ebenen des Verhaltens werden üblicherweise unterschieden in beobachtbares Verhalten, physiologische Reaktionen und kognitive Prozesse (s.a. Reinecker 1996). Bei diesen Ebenen handelt es sich jedoch nicht um getrennte, sondern interagierende Prozesse, die unterschiedlichen Einflußmöglichkeiten unterliegen.

Beim Verhalten laufen also immer Prozesse auf den unterschiedlichen Ebenen parallel ab, wobei keine der Ebenen jemals auf „Null" gesetzt ist. In unterschiedlichen Verhaltenssequenzen werden diese Ebenen nur unterschiedlich stark aktiviert und dem Individuum unterschiedlich stark bewußt.

Verhalten kann als Resultat des Einflusses von drei Variablenklassen verstanden werden (Kanfer und Schefft 1988):

*   den **Alpha-Variablen**, die alle Einflüsse der physikalischen, externalen Umwelt umfassen,
*   den **Beta-Variablen**, die alle intrapersonalen Prozesse abbilden und
*   den **Gamma-Variablen**, die die genetischen und biologischen Faktoren bezeichnen.

Dabei können die Interaktionsmuster dieser drei Variablenklassen emotionale und Verhaltens-Syndrome verursachen, die dann von der sozialen Umwelt als pathologisch bezeichnet werden.

1.4.2 Die Verhaltensanalyse

Das Kernstück der verhaltenstherapeutischen Grundorientierung ist die **Verhaltens-analyse.** Im Unterschied zum sog. Medizinischen Modell wird in der Verhaltensana-lyse nicht primär nach Ursachen einer Störung gesucht, sondern es werden Bedin-gungen herausgearbeitet, unter denen ein bestimmtes (Problem-) Verhalten auftritt. Dabei kann es sich um auslösende oder vorausgehende Bedingungen handeln, um begleitende oder um nachfolgende. Diese Bedingungen werden auf verschiedenen Ebenen analysiert (z.B. externe Stimuli, physiologische Ebene, motorische Ebene, kognitiv/emotionale Ebene) und in einem hypothetischen **Bedingungsmodell** abge-bildet.

Kasuistik: Mit einer Patientin mit Bulimia nervosa könnte folgende Verhaltensanalyse erstellt werden:

Auslösende Bedingungen	external: Interaktionsproblem mit Chef
Begleitende Bedingungen	internal emotional: Wut
	internal kognitiv: Kontrolle behalten
	internal physiologisch: Steigerung der Anspannung
	motorisch: Bewegungslosigkeit
Physiologischer Zustand:	(Gamma-Variable) Durch Verzicht auf Frühstück leichte Unterzuckerung
Verhalten:	motorisch: Unruhe
	physiologisch: Hunger
	kongnitiv/emotional: Ich muß mir etwas Gutes tun
führt zu	Eßattacke
führt zu nachfolgender Bedingung	kongnitiv: Ich nehme zu, ich muß die Kalorien loswer-den
ist auslösende Bedingung für Erbrechen	
nachfolgende Bedingungen	physiologisch: Entspannung
	kognitiv/emotional: Erleichterung, gemischt mit Gefühlen des Ekels und der Verachtung, dieses hinwie-derum

ist auslösende Bedingung für neuen Spannungsaufbau und langfristig Voraussetzung für das Entstehen einer neuen Eßattacke.

So könnte die Verhaltensanalyse einer Patientin mit Bulimia nervosa aussehen, die therapeutische Interventionsmöglichkeiten an den verschiedensten Stellen zuläßt, oh-ne daß eine „Ursache" dieses Verhaltens geklärt sein müßte. Man könnte sich vorstel-len, im Hinblick auf die auslösenden Bedingungen assertives Verhalten einzuüben, die begleitenden Bedingungen (durch kognitive Umstrukturierung) zu modifizieren, die Gamma-Variable (durch Veränderung bei den Eßgewohnheiten) zu verändern oder auch die nachfolgenden Bedingungen (durch Veränderung der Kognitionen) zu beein-flussen. Die Frage, auf welcher Verhaltensebene der Ansatz für eine therapeutische Intervention gesucht wird, wird in der Verhaltenstherapie pragmatisch gelöst: Immer dort, wo die Relation des Aufwands zum erwarteten therapeutischen Ergebnis prog-nostisch günstig erscheint, kann interveniert werden.

Theoretische Grundlagen

Wie schon oben ausgeführt, kann die Verhaltenstherapie nicht auf ein Theoriemodell reduziert werden. Sie basiert auf den Erkenntnissen der wissenschaftlich-empirischen psychologischen Forschung und Theoriebildung mit enger Vernetzung zu biologischen, neurologischen und physiologischen Nachbarfächern. Dennoch gibt es einige wichtige Bestandteile der Theoriebildung, die im folgenden kurz beschrieben werden sollen:

Klassische Konditionierung: Der russische Physiologe Iwan Pawlow stieß bei seinen Untersuchungen zu den Speichelreflexen bei Hunden auf das Problem, daß der Reflex einsetzte, bevor die Hunde das Futter zu Gesicht bekamen. Aus diesem Störeffekt heraus entdeckte Pawlow, daß nicht nur die Essensreize, sondern auch andere Reize die Speichelproduktion auszulösen imstande waren. Er entwickelte daraufhin das bekannte Experiment, in dem er einen Klingelreiz mit dem natürlichen Futterreiz gleichzeitig darbot (konditionierte) und nach mehrmaligem Darbieten feststellte, daß allein schon der Klingelreiz genügte, um die Speichelproduktion auszulösen. Dieser übernahm also die Funktion des natürlichen (unkonditionierten) Reizes. Dies war die Geburtstunde des ersten Lerngesetzes der Konditionierung, das in seiner Bedeutung häufig unterschätzt wird. Ein Leben ohne die Mechanismen der klassischen Konditionierung wäre kaum vorstellbar, eine Vielzahl von Abläufen in allen Lebensbereichen beruhen auf diesem Prinzip: In der Werbung wird an eine Zigarettenmarke das Image von Freiheit und Abenteuer konditioniert, im Wartezimmer beim Zahnarzt löst allein schon der Geruch Ängste aus, vor der Prüfung fängt das Herz an zu rasen.

Dieses Lerngesetz besagt, daß ein konditionierter, vorausgehender Reiz ein bestimmtes Verhalten auslöst, das ursprünglich (vor der Konditionierung) auf diesen Reiz hin nicht ausgelöst worden wäre.

Operantes Konditionieren: Aufbauend auf den Arbeiten Thorndikes (1874–1949) erforschte Burrhus Skinner die Beeinflussung der Verhaltenshäufigkeit durch nachfolgende Belohnungen oder Strafreize. Er konnte dabei feststellen, daß die Auftretenswahrscheinlichkeit eines Verhaltens erhöht wird, wenn entweder ein positiver Reiz folgt (**positive Verstärkung**) oder ein negativer Reiz vermieden wird (**negative Verstärkung**). Die Auftretenswahrscheinlichkeit eines Verhaltens wird erniedrigt, wenn ein negativer Reiz folgt (**Bestrafung**) oder ein positiver entzogen wird (**indirekte Bestrafung** oder **Löschung**).

Beispiel: Sie geben in einer fröhlichen Runde einen Witz zum Besten, nach dessen Pointe sich alle Anwesenden brüllend vor Lachen auf die Schenkel schlagen und Tränen lachen. Durch diese Reaktion (positive Verstärkung) wird die Auftretenswahrscheinlichkeit Ihres Verhaltens (Witz erzählen) bei nächstbester Gelegenheit gesteigert. Erleben Sie bei anderer Gelegenheit nach vorgebrachtem Witz jedoch nur einige Momente der Ruhe (indirekte Bestrafung), bis sich ein Freund erbarmt und sagt: „Da fällt mir ein: Kennt Ihr eigentlich den …?", so wird die Auftretenswahrscheinlichkeit Ihres Verhaltens vermutlich gesenkt.

Besonderheiten beim operanten Konditionieren: Zunächst muß der Verstärker für das jeweilige Individuum einen **Verstärkerwert** besitzen. D.h., Verstärker müssen, abgesehen von meistens universell einsetzbaren Verstärkern wie Geld, auf das einzelne Individuum zugeschnitten sein und somit vom jeweilig Betroffenen als anstrebenswerte Belohnung akzeptiert werden. Warum manche Fluggesellschaften beispielswei-

se mit ihren Programmen „miles and more" Schwierigkeiten haben, liegt daran, daß
für Vielflieger oftmals ein weiterer Freiflug keinen so großen Verstärkerwert besitzt
wie beispielsweise für Menschen, die selten fliegen.

Eine weitere Besonderheit ist die sog. **intermittierende Verstärkung.** Dies bedeutet,
daß die Verstärkung nicht nach jedem gezeigten Verhalten eintritt, sondern entweder
nach einer bestimmten Zahl von Verhaltensweisen oder wenig vorhersehbar (wie
beim Angeln oder beim Glücksspiel). Diese intermittierende Verstärkung führt zu sehr
stabilen und löschungsresistenten Verhaltensmustern. Häufig begegnet uns in der Erziehung von Kindern ein (problematischer) Erziehungsstil, der durch das Prinzip der
intermittierenden Verstärkung geprägt ist. Wenn für das gleiche Verhalten des Kindes
einmal Heiterkeit und Lob, ein anderes Mal jedoch Strafe und Schimpfen die Folge
sind (möglicherweise je nach Nervenkostüm oder Laune des Erwachsenen), wird das
Verhalten des Kindes stabiler und löschungsresistenter.

Die Zwei-Faktoren-Theorie als Kombination der beiden Lerngesetze: Da wir Lernen
als einen sehr komplexen und vielschichtigen Prozeß konzipieren müssen, kann die
strikte Trennung zwischen operantem und klassischem Konditionieren so wohl nicht
mehr aufrechterhalten werden. In seiner „Zwei-Faktoren-Theorie des Lernens" formulierte Mowrer (1960) die Kombination dieser zwei Lernprinzipien: Eine klassisch
konditionierte Angstreaktion (neutraler Stimulus wie Kaufhaus übernimmt Auslöse-
funktion für Angstattacke) wird deswegen nicht gelöscht, weil neue Lernerfahrungen
durch **Vermeidungsverhalten** vermieden werden (**negative Verstärkung**).

Modelllernen: Der Erwerb vieler Verhaltensweisen wäre nur über Mechansimen der
klassischen oder operanten Konditionierung nicht erklärbar. Bandura (1969) war
maßgeblich an der Entwicklung der Theorie des Modelllernens beteiligt. Danach ist
ein Individuum in der Lage, nur durch Beobachtung des Verhaltens einer anderen Person neues Verhalten in das eigene Verhaltensrepertoire aufzunehmen. Die Bedeutung
für die therapeutische Praxis ist hoch, Verwendung finden Prinzipien des Modeller-
nens beispielsweise beim Rollenspiel, in gruppentherapeutischen Settings oder bei der
Supervision von Therapeutenverhalten.

Problemlöseansätze als zentrale Weiterentwicklung in der Verhaltenstherapie: Weit
bedeutsamer als die einzelnen Lerngesetze sind in der Verhaltenstherapie inzwischen
die Phasenmodelle des Problemlösens geworden. Ausgehend von den handlungstheo-
retischen Überlegungen von Miller, Galanter und Pribram (1960) wurden Verhaltensweisen als zielgerichtete Transformationsprozesse von einem unbefriedigenden Ist-
Zustand in einen als befriedigend antizipierten Soll-Zustand konzipiert. Weite Teilge-
biete der allgemeinen Psychologie fanden somit Eingang in die therapieorientierten
Überlegungen. Informationsverarbeitungsprozesse, Lernen und Gedächtnis, Emotion
und Motivation wurden zentrale Bestandteile der weiteren verhaltenstheoretischen
Theorieentwicklung.

1.4.3 Ein Prozeßmodell von Psychotherapie

Das 7-Phasen-Modell therapeutischer Veränderung von Kanfer und Grimm (1981)
bildet in seinen Fortschreibungen (Kanfer und Schefft 1988) sowie der deutschen
Adaptation (Kanfer, Reinecker und Schmelzer 1996) die Basis zum Verständnis eines
geplanten Veränderungsprozesses in der Verhaltenstherapie.

Das Modell betont die Wichtigkeit des sequentiellen Ablaufs der verschiedenen Pha-

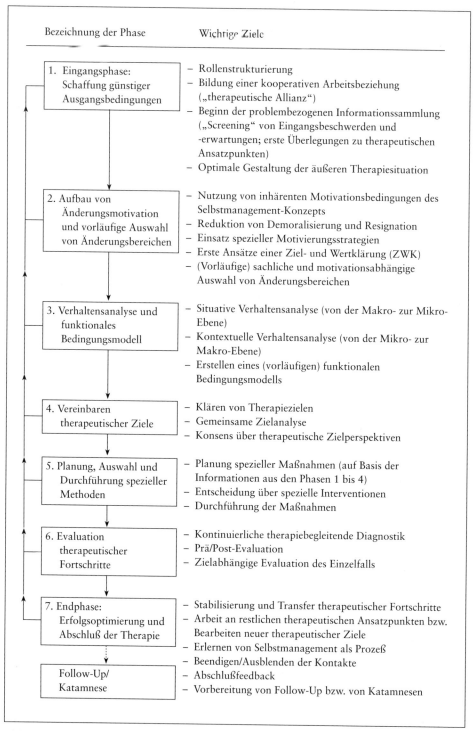

Bezeichnung der Phase   Wichtige Ziele

1. Eingangsphase:
   Schaffung günstiger
   Ausgangsbedingungen

   – Rollenstrukturierung
   – Bildung einer kooperativen Arbeitsbeziehung
     („therapeutische Allianz")
   – Beginn der problembezogenen Informationssammlung
     („Screening" von Eingangsbeschwerden und
     -erwartungen; erste Überlegungen zu therapeutischen
     Ansatzpunkten)
   – Optimale Gestaltung der äußeren Therapiesituation

2. Aufbau von
   Änderungsmotivation
   und vorläufige Auswahl
   von Änderungsbereichen

   – Nutzung von inhärenten Motivationsbedingungen des
     Selbstmanagement-Konzepts
   – Reduktion von Demoralisierung und Resignation
   – Einsatz spezieller Motivierungsstrategien
   – Erste Ansätze einer Ziel- und Wertklärung (ZWK)
   – (Vorläufige) sachliche und motivationsabhängige
     Auswahl von Änderungsbereichen

3. Verhaltensanalyse und
   funktionales
   Bedingungsmodell

   – Situative Verhaltensanalyse (von der Makro- zur Mikro-
     Ebene)
   – Kontextuelle Verhaltensanalyse (von der Mikro- zur
     Makro-Ebene)
   – Erstellen eines (vorläufigen) funktionalen
     Bedingungsmodells

4. Vereinbaren
   therapeutischer Ziele

   – Klären von Therapiezielen
   – Gemeinsame Zielanalyse
   – Konsens über therapeutische Zielperspektiven

5. Planung, Auswahl und
   Durchführung spezieller
   Methoden

   – Planung spezieller Maßnahmen (auf Basis der
     Informationen aus den Phasen 1 bis 4)
   – Entscheidung über spezielle Interventionen
   – Durchführung der Maßnahmen

6. Evaluation
   therapeutischer
   Fortschritte

   – Kontinuierliche therapiebegleitende Diagnostik
   – Prä/Post-Evaluation
   – Zielabhängige Evaluation des Einzelfalls

7. Endphase:
   Erfolgsoptimierung und
   Abschluß der Therapie

   – Stabilisierung und Transfer therapeutischer Fortschritte
   – Arbeit an restlichen therapeutischen Ansatzpunkten bzw.
     Bearbeiten neuer therapeutischer Ziele
   – Erlernen von Selbstmanagement als Prozeß
   – Beenden/Ausblenden der Kontakte

Follow-Up/
Katamnese

   – Abschlußfeedback
   – Vorbereitung von Follow-Up bzw. von Katamnesen

Abb. 29 7-Phasenmodell

sen und unterstreicht den umfassenden Therapieanspruch von Verhaltenstherapie im Gegensatz zu einem Kanon verschiedener Techniken (Abb. 29).

In der *Phase 1* geht es darum, durch das Schaffen günstiger Ausgangsbedingungen die Voraussetzungen für therapeutisches Arbeiten herzustellen. Dazu gehört das Herstellen einer freundlichen und warmen Atmosphäre, die Klärung von Rollen im therapeutischen Prozeß, der Beginn der problemorientierten Informationssammlung sowie die Vereinbarung einer therapeutischen Allianz. Ziel dieser Phase ist u. a., ein Wiederkommen des Klienten zu sichern. Dazu muß der Klient die Hoffnung entwickeln, daß dieser Therapeut in der Lage ist, mit ihm zusammen an einer erfolgreichen Bearbeitung des Problems mitzuwirken.

Phase 2 ist dem Aufbau von Veränderungsmotivation gewidmet. Da es in der Verhaltenstherapie durch Integration motivationstheoretischer Überlegungen den Begriff der „Unmotiviertheit" nicht gibt, d. h. die Überzeugung besteht, daß jeder Mensch zu jedem Zeitpunkt prinzipiell motiviert ist, kommt es in dieser Phase darauf an, vorhandene motivationale Aspekte beim Patienten zu stärken und mit therapeutischen Überlegungen in Einklang zu bringen. Der Patient sollte in dieser Phase zu der Überzeugung gelangen, daß ein vorhandenes Problem mit Unterstützung des Therapeuten prinzipiell veränderbar ist, daß diese Veränderung eine signifikante Verbesserung im Leben darstellt und daß sich die Kosten der Änderung geringer halten als der erwartete Nutzen.

Phase 3 enthält die funktionale Bedingungsanalyse auf verschiedenen Verhaltensebenen. Hier werden die auslösenden Bedingungen für das Problemverhalten beschrieben, die vorhandenen Organismusvariablen, das Problemverhalten selbst auf den verschiedenen Verhaltensebenen sowie die nachfolgenden Bedingungen (Verstärkung, Bestrafung, negative Verstärkung). Die Verhaltensanalyse stellt ein hypothetisches Bedingungsmodell auf, das das Auftreten sowie den Fortbestand von Störungen erklären soll. In einem Vorgehen, das sich von der „Mikroebene zur Makroebene" (Kanfer, Reinecker und Schmelzer 1996) bewegt, werden aus konkreten Verhaltenssequenzen Rückschlüsse auf Verhalten in anderen situativen oder zeitlichen Kontexten gezogen. Diese horizontale Analyse wird ergänzt durch die vertikale Bedingungsanalyse (Caspar 1995), die die kognitiven Bedingungen erfaßt und in einem System hierarchisch angeordneter Kognitionen (Pläne) verhaltensrelevante Überzeugungen identifiziert oder Konflikte zwischen unterschiedlichen Kognitionen aufdeckt.

Dieses hypothetische Bedingungsmodell wird mit dem Patienten zusammen erarbeitet und transparent gemacht. Die weiteren therapeutischen Überlegungen wie Zielvereinbarungen oder Methodenauswahl beziehen sich direkt auf die Ergebnisse der Bedingungsanalyse.

In der *Phase 4* steht das Vereinbaren therapeutischer Ziele im Mittelpunkt. Vor allem bislang unklare, vage und allgemeine Therapieziele sollen hier präzisiert und operationalisiert werden. Die Ziele sollen im Konsens zwischen Patienten und Therapeuten formuliert werden und in ihren Auswirkungen auf individuelles Befinden aber auch auf das soziale Umfeld hin beurteilt werden.

In der nächsten Phase (*Phase 5*) steht die Auswahl und der Einsatz spezifischer Methoden im Mittelpunkt. Diese Phase wird häufig fälschlicherweise mit Verhaltenstherapie gleichgesetzt, sie beinhaltet jedoch nur die technische Umsetzung der in den Phasen drei und vier gewonnenen Erkenntnisse. Die hier verwendeteten Methoden sind vor allem unter dem „Prinzip der minimalen Intervention" (Kanfer, Reinecker und Schmelzer 1996, S. 308) zu planen und sollen zielgerichtet zur Veränderung auf den einzelnen Verhaltensebenen oder der Umweltbedingungen eingesetzt werden. Man kann dabei in Methoden zum Aufbau defizitären Verhaltens, in Methoden zum Abbau exzessiven Verhaltens sowie in Methoden zur Anpassung an veränderte Lebensbedingungen unterscheiden (Überblick bei Margraf 1996 oder Reinecker 1996). Eine zentrale Methode stellt das Rollenspiel dar, da durch die gleichzeitige Aktivierung aller Verhaltensebenen die Lernerfolge offensichtlich stabiler sind (Kanfer, Reinecker und Schmelzer 1996). Diese Methode findet, wenn möglich, ihre Fortsetzung in der In-vivo-Erprobung, also der Umsetzung in den Alltag. Der Einsatz von Methoden in der Verhaltenstherapie folgt dem Prinzip des Umlernens durch das Sammeln neuer Erfahrungen.

In der *Phase 6* geht es um die Evaluation therapeutischer Fortschritte. Neben einer prä-post Erfassung von Veränderungen kann hier auch eine therapiebegleitende Diagnostik zum Einsatz kommen. Erfolge können in der Verhaltenstherapie nur dann gewertet werden, wenn ein Erreichen der vorher festgelegten Therapieziele durch den Einsatz von Messungen nachgewiesen werden kann. Diese Messungen können Befragungen, Beobachtungen oder Selbstbewertungen sein, sie sollten jedoch maßgeschneidert auf die zu verändernden Problembereiche fokussieren.

Phase 7 beinhaltet die Stabilisierung therapeutischer Erfolge und den Transfer auf andere Problembereiche sowie das Erlernen von Selbstmanagementstrategien als Grundprinzip der Problemlösung. Diese bestehen aus einer Phase der **Selbstbeobachtung**, des Einsatzes von **Copingstrategien** und der abschließenden **Bewertung** des Veränderungserfolgs. Dabei lernt der Patient am Beispiel des eigenen Problemlöseprozesses mit Hilfe des Therapeuten die Verallgemeinerung auf andere Problemstellungen sowie den Transfer der gelernten Strategien auf andere Situationen. In dieser Phase kommt auch der Rückfallprophylaxe eine große Bedeutung zu, bevor die Kontakte beendet oder ausgeblendet werden.

1.4.4 Die Methoden der Verhaltenstherapie

Es geht aus dem Prozeßmodell der Verhaltenstherapie hervor, daß die Anwendung von Methoden nur einen kleinen Teil der Verhaltenstherapie ausmacht. Fälschlicherweise wird Verhaltenstherapie oft mit der Anwendung bestimmter Methoden gleichgesetzt. Vor der Anwendung von Methoden müssen jedoch die Phasen 1–4 des oben skizzierten Phasenmodells erfolgreich durchlaufen sein. Erst danach ist an einen Einsatz von Methoden zur Veränderung von Verhalten zu denken.

1.4.4.1 Methoden zum Abbau exzessiven Verhaltens

Stimuluskontrolle: Durch die Modifikation von auslösenden Bedingungen wird der Ablauf der Verhaltenskette unterbrochen. So kann es sehr sinnvoll sein, bei einer Patientin mit massivem Übergewicht eine Veränderung bei der Verfügbarkeit von kalorienreichen Nahrungsmittel vorzunehmen. In der Regel geschieht dies beispielsweise durch Vereinbarungen, wie z.B. keine Pralinen o.ä. mehr in der Wohnung aufzubewahren oder Nahrungsmittel nur in der Küche zu lagern.

Konfrontation: Bei starkem Vermeidungsverhalten, wie es bei Angststörungen oder Zwangsstörungen vorzufinden ist, wird mit Techniken der Reizkonfrontation oder

Exposition gearbeitet. Dabei wird der klassisch konditionierte Anteil der Störung durch eine wiederholte Konfrontation mit dem symptomauslösenden Stimulus über den Mechanismus der Habituation gelöscht.

Systematische Desensibilisierung: Nach dem Erlernen eines Entspannungstrainings werden meist angstbesetzte Situationen nach Grad der Angstauslösung hierarchisch geordnet und dann stufenweise in sensu während der Entspannung dem Patienten angeboten. Die nächsthöhere Stufe soll erst beschritten werden, wenn auf der vorhergegangenen keine Angstreaktion mehr stattfand.

Entspannungsverfahren: Verfahren zur Beeinflussung physiologischen Verhaltens finden wir bei den Entspannungsverfahren. Die progressive Muskelrelaxation nach Jacobson ist das gebräuchlichste Verfahren in Kombination mit Verhaltenstherapie und am besten empirisch abgesichert. Andere Verfahren wie Atementspannungstechniken können ebenfalls kombiniert werden. Ansätze zur Integration von körpertherapeutischen Verfahren werden z.Z. entwickelt.

1.4.4.2 Methoden zum Abbau defizitären Verhaltens

Training sozialer Kompetenz: Ängste in sozialen Situationen, mangelhafte Durchsetzungs- oder Abgrenzungsstrategien bilden häufig den Boden, auf dem sich psychische Störungen ausbreiten können. Situationsadäquate Interaktionsweisen werden in Rollenspielen und in vivo eingeübt und sollen gezielt in symptomauslösenden Situationen soziale Kompetenzen stärken.

Rollenspiel: Sowohl zu Zwecken der Diagnostik als auch zum Einüben von verändertem Verhalten gehört das Rollenspiel zu einer der am häufigsten angewandten Techniken der Verhaltenstherapie. Durch die gleichzeitige Aktivierung mehrerer Verhaltensebenen sind die im Rollenspiel erreichten Lernfortschritte auch größer und stabiler als mit Methoden, die sich nur auf eine Verhaltensebene beziehen (Kanfer et al. 1996).

Programme zur Förderung euthymen Verhaltens: Gesundheitsförderungsprogramme oder das Genußtraining leisten Beiträge zum Aufbau von Verhaltensweisen, die offensichtlich Gesundheit zu schützen imstande sind. Besonders im Bereich der Streßverarbeitung, bei Depressionen oder bei chronischem Schmerz können diese Ansätze neue therapeutische Möglichkeiten eröffnen.

1.4.4.3 Methoden zur Veränderung von Einstellungen

Kognitive Umstrukturierung: In der Analyse und dem „Sich-Beteiligen" am kognitiven System des Patienten werden logische Brüche, ungeprüfte Annahmen oder Vorurteile identifiziert. Durch das Einüben alternativer Gedanken wird die Möglichkeit zum Ausprobieren anderer Einstellungen und Selbstinstruktionen gegeben.

1.4.5 Die therapeutische Beziehung in der Verhaltenstherapie

Lange Zeit wurde das Vorurteil geprägt, die therapeutische Beziehung spiele in der Verhaltenstherapie eine randständige Rolle. Die Beziehung zwischen Therapeuten und Patienten in der Verhaltenstherapie kann jedoch vom verhaltenstherapeutischen Vorgehen nicht abgekoppelt betrachtet werden, da jede Intervention auch Beziehungsaspekte beinhaltet. Es gibt keine Verhaltenstherapie ohne Beziehung, keinen

Einsatz von Interventionen ohne Aufbau von Vertrauen, Akzeptanz und Wertschätzung. Hoffmann formuliert die therapeutische Beziehung im Therapieprozeß wie folgt: „Weiterhin jede Sympathie mit dem betroffenen Menschen, aber eine zunehmende Opposition zur Störung, sowohl im Umgang mit dem Patienten als auch als Modell für ihn." (Hoffmann 1996) Für Kanfer et al. (1996) ist die therapeutische Beziehung **zielgerichtet, besitzt Arbeitscharakter und ist von begrenzter Dauer.** Diese Beziehung ist auch unidirektional (von Therapeut in Richtung Patient) und unterscheidet sich fundamental von sozialer Beziehung. Sie stellt den Rahmen für die Informationserhebung und die Durchführung von Interventionen – ist an sich aber noch keine ausreichende Bedingung zur Initiierung von Veränderungsprozessen.

Die verhaltenstherapeutische Grundhaltung ist ziel- und lösungsorientiert. Sie arbeitet an konkret beschreibbarem Verhalten auf der Grundlage von Hypothesen und deren Überprüfung. Sie versucht, den Patienten möglichst früh im therapeutischen Prozeß zur Übernahme von Verantwortung für eine eigene Problemlösung zu bewegen und ihn zum Experten seiner eigenen Störung zu machen. Damit ist das Menschenbild der Verhaltenstherapie stark durch Autonomie und Weiterentwicklung geprägt.

Kanfer et al. (1996) entwickeln sechs didaktische Grundregeln für die verhaltenstherapeutische Arbeit.

Verhaltensorientiert denken: Diese Regel sagt aus, daß sich Probleme leichter fassen lassen, wenn sie in Verhaltenskategorien ausgedrückt werden und nicht in unklaren Konstrukten („ich bin wohl doch zu unselbständig"). Verhaltenskategorien umfassen das gesamte Verhaltensspektrum incl. der Kognitionen und Emotionen. Anhand von Beispielssituationen wird der Patient gebeten, eine Situation präzise zu beschreiben und zu berichten, welche Gedanken, Emotionen und physiologischen Aktivitäten das offene Verhalten begleiteten. Dieses Vorgehen zielt in Richtung der prinzipiellen Veränderbarkeit von Verhalten und führt den Patienten von einer statischen Problembeschreibung zu einer prozessualen.

Lösungsorientiert denken: Oft stehen bei Betrachtungen von Schwierigkeiten die Probleme und nicht Lösungen im Mittelpunkt. Dies führt bei Patienten häufig zu einer Demoralisierung und zur Resignation. Die Aufgabe einer Therapie ist jedoch demgegenüber eine Remoralisierung und das Aufsuchen von Veränderungsschritten, die in Richtung Problemlösung zielen. Dazu verstärkt der Therapeut jede kleine in Angriff genommene Veränderung als hilfreich im Sinne einer Lösungsorientierung.

Positiv denken: Diese Regel, die zunächst etwas „amerikanisch" und nach allgemeiner Lebenshilfe klingt, erweist sich auf den zweiten Blick als ein wichtiger Bestandteil von Psychotherapie. Es muß Bestandteil einer guten Therapie sein, daß nicht nur immer neu hinzukommende Probleme thematisiert werden, sondern positive Veränderungen abgefragt werden und sich der Aufmerksamkeitsfocus auf therapeutische Fortschritte richtet. Die Frage: „Welche positiven Erfahrungen haben Sie seit unserem letzten Treffen gesammelt?" wird einen völlig anderen Stundenverlauf bewirken als der Einstieg: „Wir haben in unserer letzten Sitzung herausgearbeitet, daß Sie große Schwierigkeiten haben, sich von anderen Menschen akzeptiert zu fühlen. Haben Sie in diesem Sinne noch weitere Erlebnisse gehabt?" Patienten sollen in der Verhaltenstherapie lernen, daß auch zunächst negativ bewertete Erlebnisse häufig positive Aspekte beinhalten und daß sie selbst in der Lage sind, ihre Situation günstig zu beeinflussen.

In kleinen Schritten denken: Das Denken in kleinen Schritten erleichtert Problemlösungen. Häufig neigen Patienten dazu, durch ein Anhäufen von Problemen Lösungsmöglichkeiten zu minimieren. Das Denken in kleinen Schritten führt zum Vereinbaren therapeutischer Teilziele und ist somit Bestandteil eines therapeutischen ergebnisorientierten Prozesses.

Flexibel denken: Ein rigides Festhalten an fehlgeschlagenen Lösungsversuchen ist nicht selten eines der Hauptprobleme, die zum Auftreten psychischer Störungen führen. Patienten sollen ermutigt werden, unkonventionelle Lösungen auszuprobieren und gewohnte Verhaltenssequenzen zu verlassen. Auch können unvorhergesehene Ereignisse in der Regel nur gemeistert werden, wenn eine Flexibilität im Denken eingesetzt wird.

Zukunftsorientiert denken: So sinnvoll es für das Verstehen eines Problemverhaltens sein mag, sich ausgiebig mit der Vergangenheit und der Biographie eines Individuums zu beschäftigen, so wichtig ist es auch, sich danach nach vorne zu orientieren und Lösungen in der Zukunft anzustreben. Dies ist Bestandteil eines zielorientierten Therapieprozesses, der dem Individuum helfen soll, positive Lebensentwürfe zu entwickeln. Häufig definieren Patienten ihre Therapieziele als „frei sein von" ohne positive Vorstellung, wie sich ihr Leben ohne die Störung verändern würde.

1.4.6 Verhaltenstherapie in Kooperation mit somatischer Medizin

Ende der siebziger Jahre fand eine Entwicklung statt, die verhaltenstherapeutische funktionale Bedingungsmodelle nicht nur auf den Bereich der psychischen Störungen sondern auch auf somatische Störungsbilder bezog. Das aufkommende bio-psychosoziale Modell erweiterte die Sichtweise in vielen Bereichen der medizinischen Versorgung und führte zu einer Reihe gut dokumentierter verhaltensmedizinischer Versorgungsansätze. Dabei setzte sich die Erkenntnis durch, daß jedes körperliche Geschehen in einer Interaktion mit psychischen Prozessen steht und umgekehrt. Dazu kam die durch Antonovsky (1987) vertretene Sichtweise, daß Gesundheit und Krankheit nicht als sich ausschließende Kategorien konzeptualisiert werden können, sondern daß sie Pole eines Kontinuums darstellen. Die sich stark verändernde Alterspyramide und die steigende Lebenserwartung durch die Fortschritte in der medizinischen Versorgung führen zudem zu veränderten Problemstellungen in der Versorgung vor allem chronisch körperlich Kranker. Hier kommen Verarbeitungsprozessen eine entscheidende Bedeutung zu.

Die Verhaltenstherapie hat Angebote für die Patienten entwickelt, die Probleme im Umgang mit den Auswirkungen chronischer Krankheiten hatten (Broda u. Muthny 1990). In einigen Behandlungsfeldern wie der Therapie chronischer Schmerzen sind verhaltenstherapeutische Maßnahmen nicht mehr wegzudenken. Im Mittelpunkt steht in den meisten Fällen nicht die Beseitigung der Erkrankung, sondern der Umgang mit und die Integration von Krankheit in den Alltag.

1.4.7 Verhaltenstherapie als integrative Grundorientierung

Anhand einer Reihe von neueren Publikationen zeichnet sich ein Richtungswandel in der deutschsprachigen Psychotherapielandschaft ab. Die umfangreiche Metaanalyse von Grawe et al. (1994) gibt Anstösse, in Richtung einer allgemeinen Psychotherapie weiterzudenken. Eine mögliche Integration der großen psychotherapeutischen Grundverfahren wird von Senf und Broda (1996, 1997) vorgestellt. Reinecker (1996) sieht in der Verhaltenstherapie einen optimalen Rahmen für Integrationsüberlegungen in der Psychotherapie, da sie sich „als offenes Programm, offen für Kritik, offen für Veränderungen und Weiterentwicklungen" (1996 S. 181) darstellt. Dieses hat die Verhaltenstherapie in den letzten Jahrzehnten unter Beweis gestellt. In der sog. kognitiven Wende wurde die verhaltenssteuernde Wirkung von Kognitionen sowie Ergebnisse der Informationsverarbeitung und Problemlösetheorien integriert. In der emotionalen Wende wurden die Ergebnisse der Emotionsforschung rezipiert. Es gibt Ansätze zur Integration von körperorientierten Verfahren, neuere Gedächtnistheorien erleichtern das Verständnis für unbewußt ablaufende Prozesse oder die Rolle von Emotionen. Insgesamt hat sich die Verhaltenstherapie seit den ersten Ansätzen nicht nur zu einer unvergleichlich erfolgreichen Therapieform entwickelt (Grawe et al. 1994), sie stellt einen wichtigen Teil unserer Gesundheitsversorgung dar und bietet in ihren systemtheoretischen Erweiterungen (Kanfer et al 1996) Raum für die Integration weiterer Schulansätze und Therapietechniken.

1.5 Klientzentrierte Therapie

Die klientzentrierte Therapie (Synonym „Gesprächstherapie") ist neben tiefenpsychologisch orientierter und Verhaltenstherapie eine der häufigsten psychotherapeutischen Vorgehensweisen. Sie wird besonders im Rahmen der psychologischen Ausbildung an vielen Universitätsinstituten vermittelt, gilt aber auch als ein besonders praktikables Verfahren in der psychiatrischen Psychotherapie. Die Gesprächspsychotherapie verfügt über ein komplexes theoretisches Konzept, klare Regeln der Therapiegestaltung und wohldefinierte Ausbildungsrichtlinien. Die Gesprächstherapie kann als ein personenzentrierter Ansatz der Psychotherapie betrachtet werden, sie ist mit dem Namen Carl Rogers verbunden. Er entwickelte sein Konzept zwischen 1930 und 1940 als Berater sozial auffällig gewordener Kinder. Seine Erfahrung, daß das Verhalten dieser Kinder änderbar sei, wenn es gelänge, die Eltern zu mehr Selbstakzeptanz zu führen (damit sie die Kinder besser akzeptieren können), galt damals als sehr progressiv. Rogers führte auch die Psychotherapie-Supervision mit Hilfe von Tonträgern ein. Aus seiner Sicht war das Ziel von Psychotherapie nicht so sehr die Beseitigung von Symptomen, sondern mehr die Förderung der Persönlichkeitsreifung. In einem seiner Hauptwerke (deutsch 1973) formulierte er Thesen der Theorie einer Persönlichkeit, die sich wie folgt zusammenfassen lassen: Der Mensch lebt in einer Welt sich ständig ändernder Erfahrungen. Die Wahrnehmung der Welt ist nur ein begrenztes Feld subjektiver Widerspiegelung. Es liegt in der Natur des gesunden Menschen, sich in Richtung höherer Selbstverantwortlichkeit hin zu entwickeln und die Differenz zwischen realer Welt und subjektiver Erfahrung zu verringern. Das Verhalten einer Person wird von seinem inneren Bezugssystem bestimmt. Aufgabe einer Therapie sei es, die für den Außenstehenden nur begrenzt bekannten inneren Bezüge einfühlend zu erhellen und sie damit auch stärker ins Bewußtsein des Probanden zu heben. Diesem Prozeß komme die Neigung des Menschen entgegen, über sein Innenleben zu kommunizieren. Wertbestimmende Interaktionen führen zu einer Neustrukturierung des Selbst durch diesen Kommunikationsprozeß. Erfahrungen, die mit den subjektiven Bildern der Welt nicht übereinstimmen, können zu verzerrter Wahrnehmung oder zur

Leugnung (Verdrängung in der Tiefenpsychologie) führen. Neurotische Verhaltensweisen sind Versuche, die Bedürfnisbefriedigung durch ein Verhalten zu erreichen, welches mit der gegenwärtigen Selbststruktur in Übereinstimmung steht. Die Folge solcher Scheinlösungen können Angst und Spannung (Symptome) sein bzw. interpersonelle Beziehungen verzerren. Der therapeutische Prozeß sollte deshalb versuchen, das innere Konzept der Welt mit den von außen herantretenden Erfahrungen in Übereinstimmung zu bringen. Man könnte sagen, daß das theoretische Konzept der klientzentrierten Therapie über eine Persönlichkeitstheorie verfüge, in der das Selbstkonzept des Menschen die entscheidende Rolle spielt. Durch fehlerhafte Lernprozesse wird das Selbstkonzept derangiert, und der Mensch kann seine Wahrnehmungen mit seinen inneren Konzepten nicht in Einklang bringen. Die Therapietheorie geht von der Prämisse aus, daß in einer akzeptierenden Atmosphäre die Selbststruktur so reorganisiert werden kann, daß bedrohende Widersprüche zwischen den Wahrnehmungen von sich selbst und der Welt ausgetragen werden können. Um dieses zu erreichen, wird vom Therapeuten (Berater) ein Vorgehen erwartet, das sich in sogenannten Basisvariablen darstellen läßt. Das Prinzip der Patient-Therapeut-Beziehung wird als eine Begegnung charakterisiert, in der einfühlendes Verstehen, Selbstkongruenz des Therapeuten (Echtheit seines Agierens) und emotionale Zuwendung (bedingungsfreies Akzeptieren) Wandlungsprozesse im Patienten in Gang bringen sollen. Es steht also die Begegnung mit der Person – etwa im Gegensatz zur Übertragung von Gefühlsgehalten in der Psychoanalyse – als Agens der Therapieentwicklung im Vordergrund. Der dialogische Charakter der Beziehung im klientzentrierten Vorgehen soll ein Zur-Sprache-Bringen augenblicklicher Befindlichkeit ermöglichen und die Selbstwahrnehmung erweitern. Der Therapeut darf sich dabei nicht auf eine professionelle Helferrolle zurückziehen (die bei anderen Psychotherapiemethoden sehr sinnvoll sein kann), sondern er soll sogar den Prozeß der Selbsterfahrung des Patienten vertiefen durch Mitteilung eigenen Erlebens in der Therapiebeziehung.

Diese förderlichen Haltungen von Personen, die in einem psychologischen Sinne helfen wollen und helfen sollen, können als Grundprinzipien im Umgang mit hilfebedürftigen Menschen zunächst einmal jeder Form von Psychotherapie zugeordnet werden. Insofern sind die Basisvariablen vor jeder intensiveren Psychotherapie Verhaltensnormen, die im therapeutischen Setting allen am Therapieprozeß Beteiligten (Ärzten, Schwestern, Ergotherapeuten usf.) eigen sein sollen.

Einfühlendes Verstehen (Empathie) ist dabei ein Erfassen gefühlsmäßiger Erlebnisinhalte, das dem Klienten signalisiert, der Zuhörer sucht die innere Erlebniswelt zu verstehen. Er hört feinfühlig zu und teilt auf taktvolle Weise mit, was er verstanden zu haben glaubt. Dieser Prozeß aktiven Zuhörens muß das floskelhafte bewertende, diagnostizierende Element vermeiden. Der Patient erlebt den Therapeuten verständnisvoll und ermöglicht so, möglichst angstfrei tiefer in sich hineinzuhören und die Selbstexploration zu fördern.

Emotionale Zuwendung (Akzeptieren) drückt eine Haltung der Wertschätzung und des Akzeptierens der Positionen des Gegenüber aus. Den Äußerungen des Patienten wird mit Respekt begegnet, was nicht bedeuten muß, etwa bei schwergestörten Patienten Absurdes nicht als absurd zu bezeichnen. Offenheit und Vertrauen sollen ermöglichen, diskrepante Sichten auch zu artikulieren, den subjektiven Sinn hinter vermeintlichen Unsinn zu erkennen. Es geht z.B. weniger um die Frage, ob eine Schilderung von wahnhaftem Erleben irrational sei, sondern z.B. um die Frage, welche

Bedeutung das pathologische Erleben jetzt und hier für den Patienten hat. Wertschätzung wird nicht gefährdet durch die Feststellung divergierender Bewertung, sondern durch das Erwecken des Gefühls im Patienten, die unterschiedliche Bewertung betreffe auch ihn als Person. Das Element der Anteilnahme scheint wesentlich. Im Gesprächspartner weckt diese Haltung das Vertrauen, für ihn bedeutsame, auch bedrohliche Erfahrungen zu äußern.

Echtheit und Kongruenz stellen Therapeutenhaltungen dar, die in besonderer Weise über Training und Reflexion erworben werden müssen, weil heilende Berufe wie auch erziehende und beratende eine besondere Neigung haben, sich in professionellen Attitüden zu realisieren. Echtheit und Transparenz als hilfreiche Grundhaltung sollen das eigene Fühlen und Denken deutlich werden lassen und den Therapeuten als individuellen Menschen erkennbar werden lassen. Im Umgang mit antitherapeutischen Verhaltensweisen erweist sich die Vermittlung eigener Botschaften darüber, was dem Therapeuten in der Beziehung mißfalle, als ein wesentliches Element des Umgangs mit Besonderheiten des Patienten. Die Basisvariablen der Gesprächstherapie werden als hinreichend für eine förderliche Therapeut-Patient-Beziehung angesehen. Sie schließen nicht aus, andere Elemente in die Therapiearbeit einzubeziehen: Beratung, Information, Konditionierung, therapeutische Aufträge.

Die Therapeutenvariablen wie auch die Patientenempfindungen im Therapieprozeß lassen sich erfassen und skalieren, so daß eine Supervision therapeutischer Prozesse wirksam werden kann und das therapeutische Vorgehen auch lernbar wird. Davon unabhängig lehrt die Erfahrung, daß es Therapeuten gibt, die eine natürliche Begabung für den förderlichen Umgang mit ihren Patienten haben.

Das Basiskonzept der klientzentrierten Therapie ist vielfältig weiterentwickelt und störungsspezifisch modelliert worden; von der psychosozialen Arbeit im allgemeinen bis zu differenzierten psychotherapeutischen Strategien haben sich manche Variationen ergeben, die der Tatsache gerecht werden, daß unter Umständen spezifische Problembearbeitung, gezielte Gestaltung des therapeutischen Prozesses, Interventionsstrategien erforderlich sind. In diesem Sinne sind Variablen wie Konkretheit (des Ausdrucks), Spezifizieren, Verallgemeinern, Konfrontation einbezogen worden (Sachse 1993).

Bedeutsam für das therapeutische Vorgehen ist, daß die geschilderten Basisvariablen nicht selbst zur Schablone werden, sondern Ausdruck einer inneren Haltung des Therapeuten sind, die dem Anspruch einer humanen zwischenmenschlichen Beziehung gerecht werden.

Die klientzentrierte Therapie ist sowohl in der Einzelsituation wie in der Gruppe durchführbar. In der Gruppe können sich spezifische Wirkungen, die sich aus dem Erlebnis von Bindung, Modellen, Fremderfahrungen und einem Wir-Gefühl ergeben, mit den gesprächstherapeutischen Elementen eines gebündelten aktiven Zuhörens einer Wir-Exploration und Elementen einer vom Vertrauen getragenen Sachklärung intergruppaler Beziehungen ergänzen.

Die klientzentrierte Therapie ist für psychiatrisch-psychotherapeutische Settings sehr interessant, weil sie sehr breit auf unterschiedliche Befindlichkeitsstörungen bezogen angewendet werden kann. Mit ihr ist auch der übersensible, ich-schwache Patient mit einer schizophrenen Erkrankung behandelbar, bei dem ein tiefenpsychologischer Therapieansatz unter Umständen problematisch sein könnte. Sie betont dezidiert den

Aspekt der Hilfe zur Selbsthilfe. In aufwendigen Studien über die Therapieeffizienz erwies sich die klientzentrierte Gesprächstherapie als wirksam. Sie unterschied sich diesbezüglich nicht von psychoanalytischer – und Verhaltenstherapie.

1.6 Interpersonelle Psychotherapie (IPT)

Die IPT wurde von den Amerikanern Klerman und Weissman begründet und als eine fokusierte Kurzpsychotherapie zunächst speziell auf depressive Störungen hin entwickelt. Es ist eine pragmatische Therapie, deren Vorgehen nahe am wissenschaftlichen Habitus des erfahrenen von der biopsychosozialen Einheit des Menschen ausgehenden klinischen Psychiaters liegt. Weissman selbst hat die Therapie als pluralistisch, undoktrinär und erfahrungsbestimmt charakterisiert (Klerman et al. 1984). Zunächst ging man von Verstimmungen aus, die auf der Basis interpersoneller Konflikte entstehen, bezog aber späterhin andere Ursachen bzw. Vulnerabilitätsfaktoren der Entstehung von Depressionen mit ein. Die Therapie läßt sich von daher auch gut in ein mehrdimensionales (u.a. pharmakologisches) Therapiesetting einbeziehen. IPT ist keiner speziellen Psychotherapieschule zuordenbar. Der Therapeut wird in ihr auch Elemente der Gesprächstherapie, der Verhaltenstherapie und der tiefenpsychologischen Therapie realisieren können, sofern Grundvoraussetzungen akzeptiert sind. Im deutschsprachigen Raum gewinnt die Therapie zunehmend an Raum, weil Metaanalysen die Wirksamkeit bestätigen konnten. Insbesondere auch unter ökonomischen Aspekten ist dieses Therapieverfahren als Kurzzeittherapie mit klaren Zielstellungen relevant. Der Therapieverlauf gliedert sich in drei Etappen:

- In den ersten (1–3) Sitzungen, die der Therapieplanung (Ziele der Therapie), Aufbau einer Patient-Therapeuten-Beziehung, der Akzeptanz der Krankenrolle und den Gewinn von Zukunftsperspektiven sowie der Symptombewältigung dienen, wird eine therapeutische Basis gelegt.
- Im mittleren Teil (bis zur 12. – 13. Sitzung) werden interpersonelle Defizite diskutiert und individuelle Lösungen für die gegenwärtigen Schwierigkeiten zu finden gesucht. Kommunikationsanalysen sollen u.a. eine Verbesserung der interpersonellen Beziehungsgestaltung ermöglichen.
- In der Abschlußphase (2–3 Sitzungen) werden Fragen der Zukunftsentwürfe, der Ermutigung zu neuen Zielen, der Lösung vom Therapiebereich und der Krankheitsverarbeitung erörtert.

Das therapeutische Setting ist das Einzelgespräch, das relativ frequent (mehrmals in der Woche) absolviert wird. Der Therapeut hat vor allem in der ersten Phase eine aktive Rolle, nimmt sich dann aber zunehmend zurück. Die Einzelgespräche sind in den Gesamttherapieplan eingebaut, der u.a. aus Ergotherapie, Pharmakotherapie und Angehörigenarbeit bestehen kann. Entscheidungskriterien für Kombinationsbehandlungen sind die Schwere des depressiven Syndroms, die Chronizität desselben und therapeutische Vorerfahrungen des Patienten.

Der empirische Hintergrund der Therapie wird von Elementen der Forschung zur sozialen Unterstützung, der Life-event-Forschung und der systemischen Paartherapie bestimmt. Trotz dieser Fakten ist festzustellen, daß die interpersonelle Psychotherapie nicht über eine ausgefeilte theoretische Konzeption verfügt, wie die in diesem Buche schon ausführlicher dargestellten psychotherapeutischen Hauptschulen. Die Indikationen sind nichtpsychotische depressive Patienten, Patienten mit psychosozialen (insbesondere partnerschaftlichen) Schwierigkeiten.

Der Therapeut soll im Therapieprozeß eine unterstützende aktive, gegebenenfalls anleitende Rolle übernehmen. Übertragungsbeziehungen werden nur dann thematisiert, wenn sie direkt den Therapieablauf negativ beeinflussen.

Die interpersonelle Psychotherapie ist für den einigermaßen in der allgemeinen psychiatrischen Therapie Erfahrenen relativ schnell erlernbar. Ein Manual (Schramm 1996) führt in das Vorgehen ein. Supervisionen zur Therapiekontrolle und der Erfahrungsvertiefung sind erforderlich.

1.7 Weitere Verfahren in der Psychotherapie

Neben den klassischen Hauptverfahren (Psychoanalyse bzw. Tiefenpsychologie und Verhaltenstherapie) gibt es in der Psychotherapie zahlreiche andere Behandlungsmethoden, die von den Hauptverfahren abgeleitet oder eigenständige Methoden sind. Im folgenden wird eine Auswahl vorgestellt.

1.7.1 Suggestive Verfahren

„Suggerere" kommt aus dem Lateinischen und bedeutet „einreden".

Unter „**Suggestion**" versteht man die Beeinflussung des Denkens, Fühlens, Wollens oder Handelns eines Menschen unter Umgehung seiner kognitiven Ich-Funktionen (z.B. der Fähigkeit zur realitätsgerechten Wahrnehmung, des Urteilsvermögens, der Realitätsprüfung) auf der Grundlage eines zwischenmenschlichen, zur affektiven Resonanz führenden Geschehens, und „**Suggestibilität**" ist die Empfänglichkeit eines Menschen für eine solche Beeinflussung.

Suggestionen modulieren alle ärztlichen Interventionen. So werden beispielsweise die hervorragende Wirkung eines Placebos, das mit einer engagierten Darstellung der gewünschten Wirkung verordnet wird und die Unwirksamkeit eigentlich hochwirksamer Medikamente bei Rezeptierung durch einen vom Medikament nicht überzeugten Arzt durch Suggestionen hervorgerufen.

Als psychotherapeutische Verfahren bedienen sich die Hypnose und das Autogene Training in besonderer Weise der Suggestion.

1.7.1.1 Klassische Hypnose

Hypnotische Techniken wurden bereits in frühen antiken Kulturen zu Heilzwecken gezielt angewendet. So berichten schon altägyptische Darstellungen mehrere Jahrtausende vor unserer Zeit von der therapeutischen Nutzung hypnotischer Phänomene. Eine besondere Bedeutung gewann die Hypnose in der griechischen Antike, in der sie als sog. „Tempelschlaf" in Asklepien (z.B. im berühmten Asklepion am Fuße des Burgberges von Pergamon) zur Behandlung von funktionellen Störungen und Überlastungserscheinungen eingesetzt wurde. Die Entwicklung der therapeutischen Hypnose im Europa der letzten 2 Jahrhunderte geht wesentlich auf Franz Anton Mesmer („Animalischer Magnetismus"), James Braid („Hypnose") und die sog. „Schule von Nancy" (Liébeault, Bernheim) zurück. Auch Sigmund Freud wandte sich zu Beginn seiner beruflichen Laufbahn gemeinsam mit Josef Breuer der Hypnose zu, bevor er seine psychoanalytische Theorie entwickelte.

Das Prinzip einer Hypnose besteht darin, daß der Hypnotisant durch den Hypnotiseur passager in einen regressiven Zustand versetzt wird, in dem er eine Neigung zu Passivität und Hingabe und zur Identifikation mit dem Hypnotiseur entwickelt, und in dem er seine rationale Kontrolle abgibt. In diesem Zustand werden durch den Hypnotiseur therapeutische Suggestionen appliziert, die auf den gewünschten therapeutischen Effekt fokussieren. Eine Hypnose gegen den Willen des Hypnotisanten und Suggestionen, die gegen dessen Wertvorstellungen gerichtet sind, sind nicht möglich.

Die therapeutische Technik der Hypnose ist durch einen phasenhaften Ablauf gekennzeichnet. Die Durchführung der eigentlichen Hypnose ist erst nach einer Vorbereitungsphase möglich. Diese Phase dient der diagnostischen Abklärung, der Herstellung eines vertrauensvollen Kontaktes zwischen Patient und Therapeut, der Information und Entängstigung des Patienten und der Prüfung seiner Suggestibilität. Die eigentliche Hypnose besteht aus einer Einleitungsphase, einer Ruhephase, einer Therapiephase und aus der Rückführung. Zur Einleitung werden meist Verbalsuggestionen („Sie werden ruhig und entspannt.") oder die Fixationsmethode (physiologische Ermüdung der Augen durch Fixierung eines Gegenstandes) eingesetzt. Es folgen Suggestionen der Wärme, Schwere und Entspannung, wodurch sich ein Zustand der Ruhe und des Wohlbefindens einstellt, der oft schon ausreicht, um therapeutische Effekte zu erzielen. Spezielle störungsbezogene Suggestionen können nachfolgend appliziert werden. Die ordnungsgemäße Rückführung in den „Normalzustand" des Patienten und eine gemeinsame Nachbesprechung schließen die Behandlung ab.

Die klassische Hypnose ist kein eigenständiges Therapieverfahren, sondern verlangt die Einbindung in einen psychotherapeutischen Behandlungsplan. Sie kann durch entsprechend ausgebildete Therapeuten bei einer Vielzahl psychosomatischer und somatopsychischer Erkrankungen eingesetzt werden. Hypnose ist bei allen Erkrankungen kontraindiziert, bei denen eine weitere Minderung der Realitätsprüfung zu verhindern ist (bei allen psychotischen Störungen).

1.7.2 Entspannungsverfahren

Die meisten psychosomatischen und somatopsychischen Störungen sind mit einer Steigerung der vegetativen Erregbarkeit und mit einer Erhöhung des Muskeltonus verbunden, gegen die symptomatisch verschiedene Entspannungsverfahren zum Einsatz kommen.

1.7.2.1 Autogenes Training

Die selbstsuggestive Entspannungsübung „Autogenes Training" wurde durch J.H. Schultz in den 20er Jahren aus fernöstlichen Meditationstechniken entwickelt. In der Grundstufe des Autogenen Trainings werden solche vegetativen Abläufe durch Selbstsuggestionen verstärkt, die zum Erleben von Entspannung und Ruhe führen (Schwere- und Wärmegefühl in Armen und Beinen, ruhiger Herzschlag, freie Atmung, Wärme im Sonnengeflecht, Stirnkühle), und im Rahmen der sog. formelhaften Vorsatzbildung werden Selbstsuggestionen appliziert, die den eigenen Selbstwert und das eigene Leistungsvermögen steigern sollen (z.B. „Ich schaffe die Prüfung.").

Das Autogene Training hat keine negativen Wirkungen und ist gut praktikabel. Es kann in nahezu allen therapeutischen Bereichen, aber auch zur Prophylaxe von Streßerscheinungen und zur allgemeinen Psychohygiene in Beruf und Sport eingesetzt werden.

1.7.2.2 Progressive Muskelrelaxation

Die progressive Muskelrelaxation (nach Jacobson) ist eine Selbstentspannungstechnik, bei der es durch systematisches An- und Entspannen bestimmter Muskelgruppen zu einer fortgesetzten Reduktion des Muskeltonus mit ausgeprägtem allgemeinem Entspannungserleben kommt. Durch systematisches Üben stellt sich eine „Gewohnheit der Ruhe" ein, die sich als Haltung automatisiert.

1.7.2.3 Konzentrative Entspannung

Bei der konzentrativen Entspannung wird das Erleben von Ruhe und Entspannung darüber erreicht, daß die Konzentration auf bestimmte Körperteile (z.B. Auflagefläche beim Liegen, Atemexkursionen) gelenkt wird. Unter dieser intensiven Wahrnehmung des eigenen Körpers werden zweigliedrige Übungen durchgeführt, die aus einer willensbetonten, aktiven Handlung und einer mehr passiven Rückkehr in die Ausgangs- oder Ruhelage bestehen (z.B. aktives Heben des Armes und Zurück-Sinken-Lassen bis er wieder auf dem Boden liegt).

1.7.3 Körperbezogene und nonverbale Verfahren

Körperbezogene und nonverbale Verfahren werden ergänzend zu verbalen psychotherapeutischen Verfahren eingesetzt. Sie fördern durch Mittel der Gestaltung und Bewegung die Wahrnehmung emotionaler, körperlicher und interaktioneller Vorgänge und erleichtern deren Mitteilung. Wesentliche Methoden sind das „Psychodrama", das „Katathyme Bilderleben", die „Analytische Gestaltungstherapie", die „Musiktherapie" und die „Konzentrative bzw. Kommunikative Bewegungstherapie".

1.7.3.1 Psychodrama

Im Psychodrama erfolgt eine spielerische Darstellung von Konfliktsituationen, die es den Gruppenmitgliedern ermöglicht, bestimmte individuelle Erlebens- und Verhaltensweisen zu erkennen und ggf. zu korrigieren.

1.7.3.2 Katathymes Bilderleben

Das Katathyme Bilderleben beruht auf der Annahme, daß Bilder oder Geschichten, die in einem hypnoiden Zustand phantasiert werden (Tagträume) symbolhaft innerseelische Zustände abbilden. Die Patienten werden, meist durch Suggestionen der Ruhe, in einen hypnoiden Zustand versetzt. Danach werden sie aufgefordert, sich bestimmte Motive vorzustellen (z.B. „Stellen Sie sich eine Wiese (Bachlauf, Berg, Haus, Waldrand) vor!"), die der Patient in Abhängigkeit von seinen Bedürfnissen und von seinen inneren Konflikten individuell ausgestaltet. Die dem Therapeuten mitgeteilten Erlebnisse werden nach den allgemeingültigen Regeln der Traumdeutung interpretiert.

1.7.3.3 Analytische Gestaltungstherapie

Die Analytische Gestaltungstherapie verfolgt das Ziel, dem Patienten mit gestalterischen Mitteln (z.B. Malen, Tonarbeiten) den Zugang zu seiner Emotionalität und seinen unbewußten inneren Konflikten zu erleichtern.

1.7.3.4 Musiktherapie

Musiktherapie ist die Anwendung von Musik zu Heilzwecken.

Die **rezeptive Musiktherapie** (Hören von Musik) wird angewendet, um eine allgemeine Entspannung zu erreichen und Gefühle und Phantasien anzuregen.

Die **aktiv-produzierende Musiktherapie** (eigene Gestaltung von Tönen und von Musik) wird genutzt, um bestimmte individuelle Erlebens- und Vehaltensweisen deutlich zu machen. Dazu werden leicht handhabbare, zum Spielen verführende Musikinstrumente angeboten. Interpretiert wird beispielsweise die Wahl des Musikinstrumentes, welches Gruppenmitglied den Rhythmus angibt, wer den Gruppenrhythmus stört usw.

1.7.3.5 Konzentrative bzw. Kommunikative Bewegungstherapie

In der Kommunikativen (Konzentrativen) Bewegungstherapie werden bestimmte individuelle Erlebens- und Verhaltensweisen und interaktionelle Prozesse durch deren körpersprachlichen Ausdruck deutlich gemacht. Dazu werden Übungen wie beispielsweise „Stellen Sie Sich und die Gruppe als einen Baum (ein Märchen, eine Kutsche etc.) dar!" angeboten.

2 Familien- und Paartherapie

2.1 Einleitung

Neben tiefenpsychologischen Therapien und der Verhaltenstherapie ist die Paar- und Familientherapie eine der drei wichtigen Säulen der allgemeinen Psychotherapie. Die theoretischen Grundlagen sind in der **soziologischen Gruppendynamik** und der **Systemtheorie** zu finden. Die Familientherapie hat sich vom linear-kausalen Denken mit dem Ursache-Wirkungs-Prinzip, das sowohl in der allgemeinen Medizin, aber auch in Psychoanalyse und der Verhaltenstherapie vorherrschend ist, getrennt und fühlt sich dem systemisch-zirkulären Prinzip verpflichtet. Das Kreisprinzip setzt auf wechselseitige Abhängigkeiten und interpersonelle Beziehungseinflüsse. Eine psychische Erkrankung ist danach immer abhängig von dem Beziehungsnetz des Patienten (Familie, soziale Gruppe u.a.), das wesentlich die subjektive Befindlichkeit einer Person, aber auch die Bewältigung einer Störung beeinflußt. In der Kinder- und Jugendpsychiatrie und Psychotherapie ist die Familientherapie durch die natürliche emotionale Gebundenheit des Kindes und des Jugendlichen in das familiäre Milieu ein wesentlicher therapeutischer Baustein. In der Behandlung von psychischen Störungen im Erwachsenenalter steht häufig die Paarbeziehung oder die Lösung und der reife Umgang mit elterlichen Beziehungen im therapeutischen Geschehen. In solchen Fällen wie auch bei der Bewältigung psychischer und organischer Erkrankungen sind Paar- und

Familientherapien äußerst hilfreich. Kontrollierte Therapiestudien (Maudsley-Studien, Ivan Eysler u. a. 1997) konnten zeigen, daß die Familientherapie langfristig bei Eßstörungen im Jugendlichenalter zu signifikant besseren Ergebnisse führt als die üblichen Individualtherapien. Die Familientherapie versucht, wie kaum eine andere Methode die in der Familie liegenden Ressourcen wachzurufen und vermittelt damit die wichtige Erfahrung, daß die Familie schließlich aus eigener Kraft in der Lage ist, Lösungen zu finden und mit Problemen konstruktiver umzugehen.

2.1.1 Theoretische Grundlagen

In den folgenden theoretischen Grundlagen (s. a. IV.2.3) stimmen die verschiedenen familientherapeutischen Schulen im wesentlichen überein.

- Das Verhalten und Erleben sowie die psychische Störung eines Individuums sind nicht allein aus seiner eigenen Lebensgeschichte und seiner Biologie zu erklären, sondern werden teilweise erst im **Kontext seiner sozialen Systeme** verständlich, in die es involviert ist (Familien, Gruppe, Gesellschaft, Kultur).
- In jeder Familie existieren tradierte **Normen, Wertvorstellungen und Rituale**, die von Generation zu Generation weitergegeben werden. Sie beeinflussen meist unbewußt das Verhalten des Einzelnen und die Beziehungen in der jetzigen Familie.
- Das **Beziehungsgefüge** einer Familie unterscheidet sich qualitativ von den individuellen Eigenschaften der einzelnen Mitglieder (das System ist mehr als die Summe seiner Teile).
- Die Mitglieder einer Familie oder ein Paar (Elemente eines Systems) bedingen sich in ihrem Verhalten und Erleben gegenseitig (**zirkuläre Kausalität**).
  Beispiel für eine zirkuläre Kausalität: „Das Kind näßt ein, weil die Mutter so viel schimpft. – Die Mutter schimpft so viel, weil das Kind einnäßt."
  Beispiel für eine lineare Kausalität: „Wenn es regnet, spannen die Leute den Schirm auf." Unsinn wäre hier die Umkehrung: „Wenn die Leute den Schirm aufspannen, regnet es."
  In **Kreisprozessen** stehen also Ursache und Wirkung in Wechselwirkung. So ist es oft nicht möglich, Ursache und Wirkung einer psychischen Störung genau zu bestimmen.
- Jedes Familienmitglied hat seine eigene Sichtweise (**Interpunktion**), seinen eigenen Bezugsrahmen, der seine Wahrnehmung beeinflußt. Extrem divergierende Sichtweisen innerhalb einer Familie können das Symptom eines Mitglieds unterhalten.
- Die **Interaktions- und Beziehungsmuster** sind gekennzeichnet durch die Dimensionen **Autonomie** und **emotionale Verbundenheit** zwischen den Mitgliedern. Der Grad der Autonomie ist von der Entwicklungsstufe des Kindes abhängig. Insgesamt schaffen hohe Autonomie und stabile emotionale Verbundenheit mit einem hohen Konsens im gegenseitigen Erleben der Mitglieder günstige Entwicklungsbedingungen (**präventive familiäre Faktoren**).
- Die Qualität der **Grenzen** zwischen den Subsystemen (Eltern, Kinder) bestimmen die Funktionsfähigkeit der Familie. So erleichtern klare Generationsgrenzen und funktionale Hierarchien die Orientierung der Mitglieder im sozialen Raum der Familie. Jedes Familiensystem grenzt sich auch gegenüber der sozialen Umwelt ab. Sind die Grenzen nach außen oder auch innerhalb der Familie zu starr und zu undurchlässig, wird der Austausch von Informationen, Meinungen, Wahrnehmungen und Gefühlen gehemmt. Sind sie zu durchlässig, so kommt es zu emotionalen Über-

flutungen und Grenzüberschreitungen (Kontrollmechanismen, Spielräume, Grenz-setzungen, z.B. „Wer macht was mit wem, wann und wo?") Im Lebenszyklus eines jeden Menschen kommt es immer wieder zu Grenzveränderungen. Die Grenzen, die einem Baby, einem Schulkind oder einem Jugendlichen gesetzt werden, sind unterschiedlich. In Paarbeziehungen sind Grenzsetzungen von dem **Lebenszyklus** des Paares abhängig, aber auch von den individuellen Bedürfnissen beider Partner (das erklärt sich aus wahrscheinlich auch angeborenen, unterschiedlichen Bedürfnissen nach Distanz und Nähe).

- Divergierende Ansichten über die wechselseitigen Beziehungen, gestörte Autonomien, Hierarchieumkehrungen, verschwommene Generationsgrenzen und geringe emotionale Verbundenheit fördern Beziehungsstörungen, führen zu Mißverständnissen, Grenzüberschreitungen, Verletzungen und Konflikten (**familiäre Belastungsfaktoren**).
- Zusätzliche Belastungen, wie gravierende Lebensereignisse, organische und psychische Krankheiten von Mitgliedern, werden dadurch schwerer kompensiert. Psychische Krankheiten können durch solche familiären Belastungsfaktoren unterhalten werden.

2.2 Haltungen des Familientherapeuten

Allen therapeutischen Schulen, so auch der Familientherapie, ist eine akzeptierende empathische Haltung des Therapeuten gemeinsam. Im Gegensatz jedoch zur oft abstinenten Haltung tiefenpsychologischer Therapeuten, die in der Regel Patienten viel Raum lassen, oder Verhaltenstherapeuten, denen es vornehmlich um eine exakte Verhaltensanalyse und eine systematische Verhaltenskorrektur geht, sind Familientherapeuten wesentlich aktiver. Ein Familientherapeut hat außerdem eine **Allparteilichkeit** (Allozentriertheit) zu wahren. Er hat seine empathische Aufmerksamkeit (präzises Einfühlen in die Befindlichkeit des anderen) auf alle anwesende Familienmitglieder zu richten. Gerade in familiären Sitzungen, die Einzeltherapien begleiten, sollte der Therapeut Familienmitglieder, zu denen er keinen oder wenig Kontakt hat, zunächst besonders beachten („anwärmen"). Die Bedeutung ihrer Anwesenheit sollte angemessen unterstrichen werden, sie sind über das therapeutische Geschehen zu informieren. Dagegen haben familientherapeutische Anfänger in der Kinder- und Jugendpsychiatrie meist einen guten Kontakt zu dem Kind und vergessen jedoch den angemessenen Beziehungsaufbau zu den übrigen Familienmitgliedern. Die deutlich **aktivere Arbeitshaltung** des Familientherapeuten ist notwendig, um das interaktionelle Geschehen in Gang zu bringen und zu bewegen. Mit empathischen Interesse sollte er nicht müde werden, alle in der Runde Versammelten aus den individuellen Sichtweisen ihrer Wahrnehmungen zu den Sichtweisen der Anderen zu führen, ihre eigenen Ressourcen zu entdecken, damit die Familie alternative Lösungen finden kann.

2.3 Familientherapeutische Techniken

2.3.1 Systemisch-zirkuläres Familiengespräch

Das systemische Familiengespräch ist die allgemeine Basis jeder Familientherapie und ist die praktikabelste Form für ein Familienerstgespräch. Durch **zirkuläres Fragen** werden die Sichtweisen aller Familienmitglieder transparent, die Einbeziehung aller Mitglieder möglich (Allozentriertheit), die Beziehungsvernetzungen deutlich aber auch die unterschiedlichen Ziele und Erwartungen der verschiedenen Mitglieder sowie die familiären Ressourcen und Begrenzungen eruiert. Durch zirkuläres Fragen werden eingeengte Sichtweisen aufgebrochen, ohne dabei die Teilnehmer zu verletzen.

Beispiele für systemisches Fragen an einen anorektischen Jugendlichen:

- „Wenn Du Schwierigkeiten mit dem Abendessen hast, wen stört das am meisten – Deine Mutter, Deinen Vater oder Deinen Bruder?" (**Einstellungsdifferenzierung**).
- „Wenn Deine Mutter versucht, daß Du Dein Abendbrot ißt, was macht dann Dein Vater, was macht Dein Bruder?" (**individuelle Verhaltensunterschiede**).
- „Wären Deine Großeltern bei einem solchen Abendessen dabei, würde dann sich jemand anders verhalten?" (**Veränderungen im Beziehungsverhältnis**).
- „Was könnte Dein Vater tun, daß Deine Mutter nicht so verzweifelt ist, wenn Du Dein Abendbrot nicht ißt?" (**Ressourcen**).
- „Was wäre Dir lieber? Sollte er sich weiter zurückhalten oder sollte er Deine Mutter unterstützen oder könnte er etwas anderes tun, daß Du überhaupt mit dem Essen fertig wirst?" (**Verhaltensmodifikation im Kontext des Beziehungsverhältnisses**).
- „Was würde passieren, wenn tatsächlich Dein Vater die Essenskontrolle übernehmen würde? Würdest Du das Deinem Vater überhaupt zutrauen, und wäre es tatsächlich eine Hilfe für Deine Mutter oder ist Deine Mutter für all Deine Probleme verantwortlich?" (**Antizipation von hypothetischen Veränderungen**).

Asen (1997) beschreibt im Rahmen des systemischen zirkulären Familiengesprächs ein **Fünf-Schritt-Modell für therapeutische Interventionen**. Es hat sich als Handlungsanweisung für den Einstieg in systemisches Arbeiten bewährt, wobei zirkuläres Fragen in einen praktischen Handlungsvollzug übergehen kann.

Beobachtungen des Therapeuten: „Ich sehe/beobachte/bemerke, daß … Sie immer wieder miteinander sprechen wollen, aber Ihr Junge ständig dazwischenfunkt.

… jedesmal wenn Sie, Frau Schmidt, sprechen, Ihr Mann sie unterbricht"

Subjektive Beurteilung der Situation: „Wollen Sie, daß es so ist? Ist Ihnen das recht?"

Wünsche nach Veränderung bzw. Nichtveränderung: „Wie würden Sie es gern haben?"

Verhaltensmodifikation: „Was müßten Sie wohl jetzt tun oder sagen, damit alles so wird, wie Sie es wollen?"

Praktische Verhaltensmodifikation: „Was wäre denn der erste Schritt, den Sie machen müßten, um das zu erreichen? Was hindert Sie daran, daß zu tun?" (individuelle Ängste, Unsicherheiten, intrafamiliäre Loyalitätskonflikte, Abhängigkeiten).

2.3.1.1 Techniken zur Anregung von ‚Live' Familien- und Paarinteraktionen

Aufbauend auf der systemischen Familientherapie hat E. Asen (1996) Instruktionen zusammengestellt, die bei spezifischen Problemsituationen die Interaktion zwischen Eltern und Kindern oder zwischen Paaren in der Sitzung anregen können. Damit können Kommunikations-und Beziehungsmuster sichtbar und anschließend bearbeitet werden.

Verantwortlichkeit der Eltern für die Kinder: Könnten Sie bitte, solange wir uns in diesem Raum befinden, voll für die Kinder verantwortlich sein. Machen Sie die Situation bequem für die Kinder, nehmen Sie sich Zeit und versuchen Sie, mich zu ignorieren.

Anregung zur Beschäftigung miteinander, jetzt darüber zu reden: Könnten Sie bitte beide (Eltern) diskutieren, was Ihre Kinder jetzt tun sollten... Wie sollten Sie nun mit Ihren Kindern umgehen? Sind Sie zu einer Entscheidung gekommen? Was werden Sie jetzt also machen? Also dann machen Sie es bitte ... ich verschwinde mal in den Hintergrund.

Eltern zur konflikthaften Auseinandersetzung mit ihren Kindern animieren: Was müßten Sie jetzt tun oder sagen, damit Ihr Kind das Verhalten zeigt, das Sie so schwierig finden (welches Sie veranlaßt hat herzukommen)?

Kind tut nicht, was Eltern wollen. Eltern ignorieren ihre eigene Intention: Ihr Kind macht nicht das, was Sie wollen! Ist das in Ordnung für Sie? Wenn Sie also nicht einverstanden sind, was wollen Sie dann machen? Was hindert Sie, gleich einzugreifen? Warum tun Sie nicht, wozu Sie sich entschieden haben?

Anregung zum gemeinsamen Spiel: Zeigen Sie mir bitte, wie Sie alle miteinander spielen.

Findung positiver Bindungen: Was ist gut an Ihrem Kind? Erzählen Sie mir bitte etwas über seine guten Seiten, etwas, worauf Sie stolz sind. Und jetzt sagen Sie ihrem Kind bitte, was Sie gut an ihm finden. Wußtest Du, daß Deine Mutter das gut an Dir findet?

Kindesmißhandlung: Können Sie beide jetzt miteinander darüber sprechen, was Sie machen können, daß Ihr Kind in der Zukunft nicht verletzt, mißhandelt usw. wird?

Gespräch des Therapeuten allein mit dem Kind: Ich würde jetzt gern Ihr Kind allein sehen. Können Sie ihm das erklären?

Antizipation von Krisen für Paare, Familien und Eltern-Kind-Beziehungen: Ich möchte, daß Sie die nächste Krise voraussagen können. Eine Situation, wo Sie denken, daß Sie die Kontrolle verlieren könnten. Was ist die wahrscheinlich nächste Krisensituation? Heute Nachmittag z.B. ... Was könnten Sie prophylaktisch machen?

Anregung zur konflikthaften Auseinandersetzung zwischen Paaren: Haben Sie und Ihr Partner je irgendwelche Differenzen? Was ist ein Beispiel dafür, wie Sie in Streit geraten könnten? Welche Thematik müßten Sie jetzt ansprechen, um einen Streit anzufangen? Können Sie das nun beide zusammen diskutieren? Was können Sie machen, damit es nicht zu sehr eskaliert?

Anregung zur Kommunikation zwischen Paaren: Er/sie hat gerade das ... gesagt. Können Sie darauf reagieren? Wie würden Sie das beantworten? Was wäre, wenn Sie ihm das direkt sagen?

2.4 Die Familienskulptur

2.4.1 Einleitung

Die Familienskulptur ist ein psychotherapeutisches Verfahren, bei dem die Familienmitglieder ihre Beziehungen, die sie zu einem bestimmten Zeitpunkt zueinander haben, körperlich und räumlich darstellen. Jede Person schafft aus eigenen Erfahrungen und Empfindungen heraus ein subjektives Bild von der Familie, das für alle sichtbar wird. Die Familienskulptur kann sowohl diagnostisch als auch therapeutisch verwendet werden. Sherman und Fredman zählen sie zu den soziometrischen Techniken, bei denen eine direkte Beziehung zwischen familiärer Struktur und Funktion angenommen wird (1986). Jedes Familienmitglied kann sofort seinen Platz im Familiensystem erkennen, seine Beziehungen zu den anderen und wie es sich auf diesem Platz fühlt. Wie die meisten soziometrischen Techniken geht auch die Familienskulptur auf das Psychodrama und das Stegreifspiel von Moreno zurück.

Die Familienskulptur bietet viele Vorzüge, die hier in Anlehnung an Sherman und Fredman (1986) zusammengestellt sind:

- Sie erweitert das reine psychotherapeutische Gespräch durch das nonverbale Erleben intrafamiliärer Beziehungen.
- Sie reduziert rationalisierende Abwehrmechanismen.
- Sprachlich weniger versierten Familien fällt die nonverbale Darstellung ihrer Beziehung weniger schwer und sie können danach oft leichter darüber reden.
- Der Fokus des Geschehens ist immer das soziale System der Familie. Dadurch wird die Aufmerksamkeit vom kranken, identifizierten Patienten auf das Beziehungsgeflecht gerichtet, womit die Familientherapie beginnt.
- Sie schafft eine Form von Metakommunikation. Die greifbare Realität der Beziehungen, die davon stimulierten Empfindungen, werden zwingend erlebt. Nähe und Distanz, Wärme und Ablehnung, Individuations- und Autonomiebestrebungen, Koalitionen und Triangulationen und die daraus entstehenden Konflikte werden nicht nur verbalisiert, sondern sie werden ohne den verhüllenden Schutz sprachlich gebundener Abwehrmechanismen für jeden sichtbar und fühlbar .
- Ohne Schwierigkeiten können nicht nur das gegenwärtige Erleben, sondern auch Beziehungssituationen aus vergangenen Krisenzeiten, künftige Erwartungen und Wünsche simuliert und damit erlebt und reflektiert werden. Wir können uns an die Vergangenheit erinnern, aber wir können nicht in der Vergangenheit leben, wir können uns die Zukunft vorstellen, aber wir können nicht in der Zukunft leben. Indem wir aber das vergangene und antizipierte Geschehen in das Hier und Jetzt hereinholen, können wir unsere Wahrnehmung, unser Verstehen, unsere Absichten, unser Verhalten überdenken und verändern.
- Die Skulptur akzentuiert und dramatisiert familiäre Rollen und Rollenwahrnehmungen. Jeder beobachtet sehr genau den anderen, wie dieser das Geschehen wahrnimmt und welche Rückwirkungen (reinforcement) sein Rollenverhalten hat.
- Empfindungen, Gefühle und Eigenschaften werden konsequent im interaktionellen Kontext ausgedrückt und können somit überprüft und modifiziert werden.
- Die Familienskulptur unterscheidet sich beträchtlich von dem, was Familien normalerweise von einer Therapie erwarten. Das kann motiveren, Widerstände verringern und die Spontaneität der Familie fördern und sie neuen Erfahrungen gegenüber aufgeschlossen machen.

2.4.2 Durchführung

Die Familienskulptur kann zu jedem Zeitpunkt der Behandlung zu diagnostischen und therapeutischen Zwecken durchgeführt werden. Günstig ist, wenn mindestens drei Mitglieder der Familie anwesend sind. Fehlende Mitglieder können durch Symbole wie Puppen, Plüschtiere und Stühle oder durch Mitarbeiter ersetzt werden. Der Familie wird erklärt, daß die Skulptur zeigen kann, wie es in der Familie aussieht. Es kann auch hilfreich sein, nur über Schwierigkeiten zu reden. Jedes Familienmitglied kann dabei seine eigene Sichtweise darstellen. Dabei sollen die Stellung und der räumliche Abstand die Empfindungen zu den anderen Mitgliedern ausdrücken.

Eine Instruktion könnte an den Protagonisten folgendermaßen formuliert sein:

Stell Dir bitte vor, Du wärst jetzt ein Bildhauer. Ich möchte gern, daß Du eine Plastik (Skulptur) von Deiner Familie machst, wie Du sie siehst, wie Du sie erlebst. Jeder ist jetzt so beweglich und geschmeidig, als wäre er aus Lehm (Knete) oder wie eine Schaufensterpuppe. Du kannst jetzt jeden in jede Stellung bringen und an jeden Ort stellen. Du kannst auch den Gesichtsausdruck verändern. Sie sind alle beweglich und gehorchen Dir ganz und gar. Und keiner von ihnen darf jetzt sprechen oder Dich stören.

Der „Bildhauer" stellt nun jede Person so, wie er es am besten empfindet. Der Therapeut sollte die anderen Mitglieder animieren, sich willfährig stellen und bewegen zu lassen und möglichst dabei nicht zu sprechen. Es ist wichtig zu betonen, daß der „Bildhauer" völlige Entscheidungsfreiheit über sein Bild hat und alle anderen ebenso unbeeinflußt ihre eigene Version noch stellen werden. Alle verbalen oder nonverbalen Proteste oder Zustimmungen sind in dieser Phase zwar vom Therapeuten zu registrieren, aber möglichst zu dämpfen. Um den Protagonisten nicht zu sehr zu beeinflussen, auferlegen wir der übrigen Familie hier auch ein Sprechverbot.

Mit Fragen kann man dem „Bildhauer" zusätzlich helfen:

„Hier ist Dein Vater. Sollte er sitzen oder lieber stehen? Wie soll er die Hände halten? Berührt er Deine Mutter? Welchen Ausdruck soll er haben? Wie soll er zu Deiner Schwester stehen? Bewege ruhig ihre Schulter so, wie es Dir richtig scheint. Was sollte sie für einen Blick haben? Komm jetzt zu mir und sieh Dir alles nochmal genau an! Ist es jetzt so, wie Du Dir es vorgestellt hast? Oder willst Du vielleicht noch etwas ändern?"

Der Protagonist (Bildhauer) sollte unbedingt ermutigt werden, auch verschiedene Positionen auszuprobieren.

Der weitere Verlauf wird recht unterschiedlich gehandhabt. Wir lassen am Ende jedes Bildes den Bildhauer (Protagonist) sich selbst stellen und die Familie einen Augenblick in dieser Stellung verharren (Hinweis etwa: Geben Sie bewußt acht auf die Gefühle, die Sie jetzt haben.) Der „Bildhauer" (Protagonist) beginnt mit einem sogenannten „Blitzlicht". In einem Blitzlicht werden kurz momentane Empfindungen ausgedrückt. Dann folgen die Rückmeldungen der anderen. Bei Sherman und Fredman nimmt der Therapeut die Stellung des Protagonisten in der Familie ein. Die Betrachtung von außen schafft eine helfende Distanz, die erlebte eigene Position bietet andere Vorteile. Es läßt sich beides auch gut verbinden. Wir schaffen manchmal Abstand, in dem die Familie anschließend Platz nimmt und dann über ihre Wahrnehmungen und Meinungen spricht.

Manche lassen den Protagonisten zu jeder Person ein Wort oder eine Metapher suchen, die deren typisches Verhalten am besten trifft. Die Familienmitglieder werden dann gebeten, dieses Wort nachzusprechen. Auf diese Weise wird der Eindruck auch noch akustisch verstärkt. Andere Therapeuten lassen die Skulptur aus verschiedenen Blickrichtungen betrachten. Wir zeichnen die Skulptur mit einer Videokamera auf und spielen sie der Familie zu einem späteren Zeitpunkt, auch im Vergleich zu einer neuen Skulptur wieder ein (Videofeedback).

Sherman und Fredman haben folgende Fragen zusammengestellt:

1. (an jede Person) Wie fühlen Sie sich an diesem Platz in der Familie?
2. (an die Familie) Haben Sie gewußt, daß der „Bildhauer" Ihre Familie so wahrnehmen würde?
3. (an jede Person) Haben Sie gewußt, daß der „Bildhauer" Sie so wahrnehmen würde?
4. (an die Familie) Sind Sie damit einverstanden, daß die Familie so funktioniert?
5. (an den „Bildhauer" oder an die Familie) Welche Veränderungen würden Sie sich wünschen, damit Ihre Familie anders funktioniert?
6. (an den „Bildhauer" vor jeder Diskussion) Können Sie der Szene einer Überschrift geben?

Andere Therapeuten vermeiden jede Diskussion während der Sitzung und überlassen es der Familie, wie sie ihre Erfahrungen auf ihre Art und Weise integriert.

Die Skulptur kann auch von einer einzigen Person allein gestellt werden, indem verschiedene Symbole die anderen Familienmitglieder oder in der Paartherapie den Partner versinnbildlichen können. Das kann helfen, die subjektive Sichtweisen der anderen innerhalb der Familie dem Betroffenen zu verdeutlichen (Beispiel einer Familienskulptur in III.8.1).

2.5 Familienverträge

Die Familientherapie hat die aus der Verhaltenstherapie stammende Verwendung von schriftlich fixierten Verträgen als therapeutische Methode übernommen. Gemeinsam werden mit der Familie feste Absprachen getroffen, die aufgeschrieben werden und umschriebene Verhaltensaspekte beinhalten. Bei Familien mit Kindern und besonders Jugendlichen werden damit einerseits sinnvolle Forderungen der Eltern beim Patienten durchgesetzt. Er wird mit notwendigen Verhaltensänderungen konfrontiert, die über diesen Vertrag von den Eltern kontrolliert werden und auf der Seite des Jugendlichen wird ihm von den Eltern Verantwortung übergeben, die sie bisher ihm nicht zuzugestehen wagten. In gleicher Weise können Kommunikationsregeln in Konfliktsituationen festgelegt werden. Über solche schriftlichen Arrangements lassen sich Störungs- und eingeschliffene Konfliktmuster dämpfen und Familienbeziehungen indirekt verändern. Bei der Aufstellung von solchen Verträgen ist die aktive Beteiligung der Familienmitglieder nötig. Die fixierten Verhaltensänderungen sollten praktisch erfüllbar sein und die Familienmitglieder zu einer Verhaltensänderung motivieren. Der Familientherapeut kann Familien solche Verträge in Spannungssituationen vorschlagen, aber sie sollten immer gemeinsam mit der Familie erarbeitet werden.

2.6 Symptomverschreibung

Symptomverschreibungen, die ursprünglich aus der Existenzanalyse von Victor Frankl stammen, können in Situationen, in denen festgefahrene Verhaltensmuster oder schwer gestörte Interaktionsformen nicht durch die bisher erwähnten familientherapeutischen Techniken aufzulösen sind, in paradoxer Weise vom Therapeuten verordnet werden. Emotionale und interaktionale Verstrickungen kommen in therapeutischen Situationen immer wieder vor. Sie beruhen häufig auf dem Wunsch der Familienmitglieder nach Veränderung, die aber gleichzeitig durch die Angst vor Veränderungen unmöglich werden („Wasch' mich, aber mach' mich nicht naß!") Schon allein die Empfehlung des Therapeuten bis zur nächsten Sitzung das Symptom unbedingt beizubehalten und nicht zu verändern oder sich weiter in der bisher üblichen Art zu streiten, können paradoxerweise zu Symptom- und Verhaltensänderungen führen. Die Familie kann auch in der Sitzung aufgefordert werden, etwas weiter zu tun, was sie ohnehin in der Alltagssituation nicht lassen würde. „Bitte fahren sie fort, sich so zu streiten, damit ich endlich verstehe, warum Sie sich nicht anders verhalten können."

Auf keinen Fall sollten Symptomverschreibungen vom Therapeuten distanziert oder arrogant vermittelt werden, so daß der Eindruck von therapeutischen Tricks bei der Familie entsteht und sie sich manipuliert fühlt. Mattejat (1997) betont zu recht, daß solche Manipulationen, da sie nicht ehrlich gemeint sind, „ethisch nicht akzeptabel sind". Auch eine Symptomverschreibung sei nur gerechtfertigt, „wenn der Therapeut das, was er sagt, auch ernst meint". „Dabei können wir uns sehr wohl bewußt dessen sein, daß psychotherapeutische Kommunikation immer paradoxe Momente enthält, und daß wir uns diesen Paradoxien nicht entziehen können." (Mattejat 1997)

Symptomverschreibungen können schließlich in einer therapeutischen Familienarbeit nur Anwendung finden, wenn ich bereits zur Familie eine stabile, tragfähige emotionale Beziehung hergestellt habe.

3 Psychotherapie und flankierende Behandlungsmethoden im Kindes- und Jugendalter

Die in der Kinder- und Jugendpsychotherapie eingesetzten einzel- und gruppentherapeutischen Technik basieren auf den großen Schulen, der Tiefenpsychologie/Psychoanalyse, der Verhaltenstherapie, der klientzentrierten Psychotherapie und der Familientherapie. Dazu kommen handlungsorientierte Techniken, die aus der Gestalttherapie, dem Psychodrama, dem Rollenspiel und der Pantomime entnommen sind. Diese Konzepte sind für den Erwachsenenbereich im vorhergehenden Abschnitt dargestellt. Stärker noch als in der Behandlung von Erwachsenen haben sich in der Kinder- und Jugendpsychotherapie pragmatische schulenübergreifende Therapiestrategien durchgesetzt, die den andersartigen, alters- und entwicklungsbedingten Voraussetzungen bei Kindern und Jugendlichen eher gerecht werden.

Die wichtigsten **Unterschiede in der Therapie zwischen Erwachsenen und Kindern** und Jugendlichen sind folgende:

- Kinder und Jugendliche haben im Gegensatz zu Erwachsenen in der Regel **keine eigene Therapiemotivation**. Die Kinder kommen nicht auf eigenes Betreiben zur Psychotherapie, sondern werden aufgrund der für die Erwachsenen (Eltern, Lehrer) auffälligen Verhaltensweisen zum Kinderpsychiater gebracht. Ihre Symptomatik – außer bei Zwangsstörungen – stört sie bei weitem nicht so, wie andererseits Erwachsene unter ihren Ängsten und Versagenszuständen leiden.

- Die **geringe sprachliche Reflektionsfähigkeit:** Besonders Kinder wollen und können über ihre Empfindungen, ihr Verhalten und über ihre psychosomatischen Störungen sprachlich nicht reflektieren, eine Voraussetzung für die Therapie, die im Erwachsenenalter selbstverständlich ist.
- **Kinder projizieren** zum Selbstschutz Ursachen ihrer Störung viel **stärker** als Erwachsene **nach außen** und suchen weniger die Ursachen bei sich selbst. Reflektierende Betrachtungen über sich selbst setzen ein hohes Abstraktions-und Selbstreflektionsvermögen voraus, das sich erst im Jugendlichenalter entwickelt. Kinder, aber auch Jugendliche, drücken ihre Befindlichkeitsstörungen viel stärker im Spiel und in der handelnden Tätigkeit aus als über die Sprache.
- Die schnellen **entwicklungsbedingten Veränderungen** und die starke **Gegenwartsbezogenheit:** Kinder und Jugendliche durchlaufen viel stärker als Erwachsene psychische und körperliche Veränderungen. Deshalb sind für sie langfristige (psychoanalytische) Therapien nicht überschaubar (Schulte-Markwort 1996). Die retrospektive Aufarbeitung der Vergangenheit ist für sie unbedeutend im Vergleich zu der Bewältigung der momentanen und der vor ihnen liegenden Probleme. Selbst Zukunftsfragen haben für sie nicht die Relevanz wie für Erwachsene. Es zählt vielmehr das Heute und Jetzt mit den Sorgen, Nöten, Ängsten und dem Ärger mit den anderen.
- Der **Generationsunterschied zwischen Kind und Psychotherapeuten:** In der Erwachsenenpsychotherapie werden Erwachsene von Erwachsenen behandelt. Der Therapeut ist für das Kind nicht nur Therapeut sondern erwachsene Bezugsperson, die ihm zwar mit Empathie, Akzeptanz und Echtheit begegnet, aber als erwachsenes Identifikationsobjekt auch Grenzen, Richtungen und Gefahren aufzeigt, also viel stärker pädagogische „elterliche" Elemente in der Therapie realisiert.
- Jugendliche haben die Neigung, das notwendige therapeutische Arbeitsbündnis zum Therapeuten oft locker, unbefangen und sehr wechselhaft zu gestalten, was zu häufigeren Therapieabbrüchen führt. Therapeuten mit narzistischen und unreif-kindlichen Persönlichkeitsanteilen sind dadurch schnell gekränkt und für Behandlungen von Jugendlichen nicht geeignet.
- **Kinderpsychotherapie ist Familientherapie:** Aufgrund der entwicklungsbedingt starken emotionalen Abhängigkeit der Kinder und Jugendlichen von ihren Eltern und der starken Interdepedenz einer psychischen Störung mit dem familiären Interaktions-und Beziehungsgefüge ist die Familie in die Therapie stets mit einzubeziehen.

An den Kinder- und Jugendpsychiater werden deshalb andere Anforderungen als an den Erwachsenenpsychotherapeuten gestellt. Er braucht die persönlichen Fähigkeiten zur therapeutischen Arbeit mit Erwachsenen (Eltern und Lehrern) **und** Kindern und Jugendlichen. Er benötigt eine größere therapeutische Methodenvielfalt, die er flexibler zu handhaben hat, als der Erwachsenenpsychotherapeut. Neben den allgemein gültigen Therapeutenvariablen, wie Empathie, Akzeptanz und Echtheit, hat er in seiner Behandlung mit Kindern und Jugendlichen pädagogische Elemente zu integrieren. Dazu gehört ein stärkeres **Maß an Leiten, Führen, Grenzen setzen, Orientierung und Halt** vermitteln.

3.1 Spieltherapie

Die Spieltherapie wird vornehmlich mit Kindern durchgeführt, wobei das Spiel als kindgemäße Ausdrucks- und Handlungsform das therapeutische Medium ist. Es gibt tiefenpsychologische und klientzentrierte spieltherapeutische Konzepte, die mit verhaltenstherapeutischen Techniken versetzt werden. Es werden je nach Alter des Kindes verschiedene Spielmaterialien angeboten (Puppen, Handpuppen, Kaufmannsladen, Sandkasten, konstruktive Spiele, Bälle, Bauklötzer u.a.). Bei selbstunsicheren sprachlich gehemmten Kindern taut das Eis schneller, wenn man nicht direkt, sondern über eine Handpuppe mit dem Kind spricht. Über eine akzeptierende ruhige entspannte Atmosphäre wird das Kind zum Spiel angeregt, bei dem die meisten Therapeuten sich als Spielpartner des Kindes anbieten und damit die Distanz zwischen dem Kind und dem Erwachsenen verringern. Über das Spiel versucht der Therapeut die Gefühle, Bedürfnisse und die Ängste des Kindes zu verstehen und bei einer angemessenen Grenzsetzung das Kind zu emotionalem Agieren im Spiel anzuregen. Tiefenpsychologische Interpretationen, das Spiel des Therapeuten mit dem Kind, das Maß an Anleitung und verhaltenstherapeutischen Akzente werden recht unterschiedlich gehandhabt. Spieltherapie ist auch eine geeignete Methode für die Kleingruppenarbeit mit Kindern, wodurch gleichzeitig die Interaktion und die altersentsprechende Kommunikation sowie die Kooperationsbereitschaft gefördert werden können. Indiziert ist die Spieltherapie bei selbstunsicheren, ängstlich-gehemmten Kindern. Bei aggressiv ausagierenden, eher enthemmten Kindern müssen unbedingt stärkere Grenzsetzungen und pädagogische Elemente eingebaut werden.

3.2 Gesprächstherapie mit Jugendlichen

Die Gesprächstherapie im Jugendlichenalter integriert ebenfalls tiefenpsychologische, klientzentrierte und verhaltenstherapeutische Elemente. Eine reine tiefenpsychologische Behandlung ist im Jugendlichenalter nicht effektiv. Bei längeren Therapien mit Jugendlichen sind jedoch tiefenpsychologische Passagen von großem Wert. Ziel der Gesprächstherapie mit Jugendlichen ist, die aktuellen Konflikt- und Problemkreise zunächst wertfrei anzusprechen und die persönlichen Kränkungen, Verletzungen und individuellen Grenzen zu reflektieren sowie nach alternativen Lösungen zur Stärkung der Ich-Identität zu suchen. Die Symptomatik hat häufig die Funktion eines Hilferufes oder einer unangemessenen Selbstwertstützung. Häufig werden von Jugendlichen die Beziehungen zu den Eltern oder Erwachsenen, deren Grenzsetzungen und Wertesysteme thematisiert. Dabei überidentifizieren sich Jugendliche schnell mit der Person des Therapeuten, der sich für sie viel Zeit nimmt und viel Verständnis und Wärme zeigt (z.B. „So wie Sie müßte mein Vater sein."). Bei aller Empathie, die der Therapeut entgegenzubringen hat, trägt er auch die Verantwortung, Richtungen und Alternativen aufzuzeigen, um unangemessene Ansprüche und Erwartungen unreflektiert nicht wieder zu erneuten Konflikten führen zu lassen. Bei Therapeuten mit narzistischen und unreifen Persönlichkeitsanteilen, besteht die Gefahr, daß sie sich in solchen Situationen unbewußt als den besseren Vater oder die bessere Mutter erleben. Der Therapeut ist auch aktiver und direktiver, er vermittelt Orientierungen und reflektiert mit dem Jugendlichen über alternative Entwicklungen. Im Gegensatz zur Erwachsenenpsychotherapie ist es mit Jugendlichen aufgrund ihrer Neigung, Gesprächsinhalte schneller zu wechseln und ihrer Sprunghaftigkeit nicht möglich, Themen kontinuierlich zu bearbeiten (Schulte-Markwort 1996). Selbst der äußere therapeutische Rahmen (Setting) ist gelegentlich flexibel zu gestalten. So hat bereits der Altmeister der psychoanalytischen Therapie mit Jugendlichen Zulliger seine Jugendlichen auf Spaziergängen offener und kommunikativer erlebt, als in der sterilen Atmosphäre üblicher Praxisräume. Schulte-Markwort führt zudem an (1996), daß der Therapeut bei schweren Frustrationen des jugendlichen Patienten ihm helfen soll, diese zu überwinden und situativ durchaus stützend zur Seite stehen sollte. Auch sind konkrete Hilfestellungen bei der Bewältigung von individuellen Problemen häufig nötig.

Die **Gruppentherapie mit Jugendlichen** fügt dem Wirkmechanismus der allgemeinen Gruppentherapie hinzu. Zunächst kann ein Großteil jugendlicher Psychotherapiepatienten in einer gleichaltrigen Gruppensituation sich viel unbefangener öffnen, aber auch Kritik und Reflektionen anderer über das eigene Verhalten eher tolerieren als in der Einzelsituation. Das Gefühl, daß nicht nur ich, sondern auch andere Gruppenmitglieder ähnliche oder andere Probleme oder Schwierigkeiten haben, entlastet und solidarisiert. Die häufigen Rückzugstendenzen psychisch kranker Jugendlicher aus Altersgruppen, das Gefühl mit meinen Problemen Außenseiter zu sein, oder die mit Scham verbundene Erkenntnis, psychiatrisch krank zu sein, kann im Gruppengeschehen eher aufgefangen, angesprochen und bearbeitet werden. Therapeut und Cotherapeut – am besten in einer Mann-Frau-Konstellation (Vater-Mutter-Konstellation) – nehmen eine gewährende, die Kommunikation anregende und stimulierende Haltung ein, geben bei laufender Interaktion Richtungen und Orientierungen, regen zu Reflektionen an und lassen über alternative Verhaltensweisen und Einstellungen die Gruppe diskutieren. Gruppenarbeit mit Jugendlichen sollte nicht nur auf der Gesprächsebene ablaufen. Soziale Konfliktsituationen (Schule, Familie, Freundeskreis) lassen sich handlungsbezogen pantomimisch oder psychodramatisch im Rollenspiel sehr gut und auch mit Handpuppen bearbeiten. **Rollenspielelemente** in der Gruppenarbeit mit Jugendlichen überwinden oft die schnell eintretende Sprachlosigkeit, lassen Konfliktsituationen transparenter werden und Alternativen spielerisch antizipieren.

3.3 Therapeutisches Reiten

Das therapeutische Reiten ist als flankierende Maßnahme seit über 20 Jahren in der Kinder- und Jugendpsychotherapie und Psychiatrie eine äußerst hilfreiche Behandlungsmethode. Beim therapeutischen Reiten laufen die Interventionen des **Reittherapeuten,** der über eine spezielle psychotherapeutische und reittherapeutische Ausbildung verfügen muß, über das Medium Pferd, das als konfliktfreier Kommunikationspartner von Kindern und Jugendlichen überraschend schnell akzeptiert wird. Die Reittherapie nutzt die Neigung vieler Kinder und Jugendlicher, sich Tieren zuzuwenden. Zum Unterschied jedoch zu allen Haustieren hat das Pferd aufgrund seiner Größe eine ganz andere Bedeutung. Der erwachsene Mensch begegnet dem Pferd wie keinem anderen Tier in der gleichen Augenhöhe. Das schafft Vertrautheit und gleichzeitig Respekt. Nicht umsonst werden heutzutage berittene Polizisten bei Großveranstaltungen viel erfolgreicher eingesetzt, weil sie sich durch die Wirkung des Pferdes leichter Respekt verschaffen als ein bewaffneter Polizist im Auto. Deshalb erleben selbstwertgestörte Kinder und Jugendliche überraschend schnell Verbesserungen. Das Reiten auf dem „blanken" Pferd (ohne Sattel) schafft bei Menschen auch aufgrund der höheren Körpertemperatur ein Nähe- und Behaglichkeitsgefühl, das den therapeutischen Effekt zusätzlich erhöht. Eigene Untersuchungen zur subjektiven Beliebtheit von Therapieformen haben gezeigt, daß bei Kindern und Jugendlichen das therapeutische Reiten mit großem Abstand immer an erster Stelle steht. Die motivationsbildende Funktion gerade bei therapieunwilligen Kindern hat häufig generalisierende Wirkung, so daß Kinder über das therapeutische Reiten auch bereit sind, an anderen Therapien teilzunehmen. Die meist an der Longe geführte Arbeit mit dem Pferd gestattet es dem psychotherapeutisch erfahrenen Reittherapeuten zudem, dem Patienten unbemerkt grenzsetzende Hilfen über das Pferd zu geben. Untersuchungen haben gezeigt, daß mit Hilfe des therapeutischen Reitens aggressive, unruhige, aber v.a. selbstwertgestörte, depressive und kontaktgehemmte, ängstliche Kinder außerordentliche Verbesserungen erfahren können.

3.4 Beschäftigungstherapie

Die Beschäftigungstherapie in der Kinder und Jugendpsychiatrie ist eine **Basisbehandlung** und wird im stationären Bereich bei fast allen Störungen und Erkrankungen angewendet. Über gestalterisch-kreative Behandlungsformen wird dem Kind bei der Bewältigung seiner Probleme geholfen. Die Beschäftigungstherapie dient im psychotherapeutischen Bereich vornehmlich zum Abbau von Hemmungen, zur Verbesserung des Selbstwertgefühles, zum Kennenlernen der eigenen Fähigkeiten, zur Fantasieanregung, zur Entwicklung der Kommunikationsfähigkeit und der Kritikfähigkeit. Es werden je nach Störungsgrad und Alter verschiedenste Materialien angeboten, wie Ton, Gips, Farben, Holz, Papier, die eine kreative vorsichtig gelenkte Gestaltung zulassen. **Im gruppentherapeutischen Rahmen ist die Beschäftigungstherapie eine ideale Form, kooperatives Verhalten zu entwickeln, Gruppengefühl zu differenzieren und gemeinsam Gestaltung erleben zu lassen.**

Im familientherapeutischen Rahmen eröffnet die Beschäftigungstherapie die Möglichkeit, daß die Familie gemeinsames Handeln wieder erleben kann oder auch offene und verdeckte Konflikte und Spannungen, aber auch unterschiedliche Sichtweisen über das angebotene Material ausagiert und bearbeitet.

4 Soziotherapie

4.1 Einführung

Wenn man sich die Frage stellen würde, auf welchen Ebenen psychiatrische Therapie wirksam und betrieben wird, so fände man schnell, daß es zunächst die somatische Ebene ist, auf der in erster Linie und zunehmend erfolgreicher therapiert wird; im Kapitel IV.7. wird diese Therapieform – zuförderst pharmakologische Therapie – beschrieben. Weiter wäre die Psychotherapie zu nennen (Kapitel IV.1.), bei der mit spezifischen theoriegeleiteten, vorwiegend verbalen Interventionen versucht wird, unterschiedliche intrapsychische Konfliktkonstellationen aufzuarbeiten. Psychotherapie hat sich zunächst aus der Psychiatrie heraus entwickelt und sich als Querschnittsfach der Medizin weitgehend verselbständigt. Ihre Bedeutung auch für psychiatrische Erkrankungen im engeren Sinne tritt jetzt aber wieder zunehmend hervor. Letzteres ist auch aus der Tatsache ablesbar, daß seit 1993 das psychiatrische Weiterbildungsziel der „Arzt für Psychiatrie und Psychotherapie" ist. Ein dritter therapeutischer Ansatz wendet sich mehr rehabilitativen und pädagogischen Zielstellungen zu, es ist die Soziotherapie. Dieser Begriff – oft unpräzise definiert und mit Begriffen wie Sozialpsychiatrie oder ambulanten Versorgungsstrukturen vermischt – soll eine therapeutische Intention umschreiben, die im psychiatrischen Alltag des Krankenhauses eine große Rolle spielt und in der Geschichte der psychiatrischen Therapie lange vor der Zeit, als es eine qualifizierte Pharmakotherapie oder Psychotherapie gab, schon sehr differenziert und als entscheidendes therapeutisches Agens angesehen wurde. Zu den Beschreibungen der Behandlung von psychisch Kranken Anfang des 19. Jahrhunderts – nachdem überhaupt erst von einer eigenständigen Psychiatrie gesprochen werden konnte – wurden Behandlungsmaßnahmen, die man heute als Soziotherapie bezeichnen würde, als „psychische Kurmethoden" bezeichnet. Angebote für die Geisteskranken waren damals Musik, Bewegungsübungen, Brettspiele und Arbeit. Man meinte, durch geregelte Beschäftigung würde körperliche Ertüchtigung und Ablenkung des „verwirrten Geistes" erreicht. Ein höchst differenziertes System von Übungsangeboten gehörte zum Behandlungsablauf jeder psychiatrischen Klinik. Mit der stärkeren Somatisierung psychiatrischer Therapie und den zunehmenden Erfolgen der Pharmakotherapie ließ die Bedeutung soziotherapeutischer Maßnahmen nach – ja sie verfiel nach dem ersten Weltkrieg in die Zeit des III. Reiches hinein immer stärker. Je mehr sich das Fach Psychiatrie aber als ein therapeutisch aktives, rehabilitativ orientiertes verstand, gewann die Soziotherapie wieder an Bedeutung.

Ehe von Formen der Soziotherapie geschrieben werden soll, sind einige Differenzierungen zur Psychotherapie hin vorzunehmen.

| **Psychotherapie:** | Bearbeitung intrapsychischer Konflikte, um auf diesem Wege zu Verhaltensänderungen, gegebenenfalls Abbau von Fehlhaltungen zu kommen. Interventionen verbal in Einzelsituation und Gruppe. |
| **Soziotherapie:** | Übung meist in Gruppen, um zu neuen Handlungskompetenzen zu kommen. Auf diese Weise kann sekundär Einfluß auf innere Haltungen genommen werden. |

Soziotherapie und **Psychotherapie** stehen in einem Wechselverhältnis zueinander, wobei sich die Dialektik der Beziehung in methodischen Aspekten, in Bezug auf den Verlauf therapeutischer Prozesse sowie auch in Beziehung zu unterschiedlichen Abwehrstrategien von Patienten mit verschiedenartigen psychopathologischen Syndromen darstellen läßt. Unter methodischem Aspekt ist zu sagen, daß Psychotherapie – d.h. Heilung psychischer Störungen mit psychologischen Mitteln – sich dem intrapsychischen Konflikt primär zuwendet, wobei durch dessen Verarbeitung sekundär eine Veränderung zwischenmenschlicher Beziehungen erreicht wird. Es kommt beim Patienten auf die kognitive Differenzierung von Bedürfnissen und Behinderungen der Bedürfnisbefriedigung, auf die Einsicht und Einstellung zu sozialen Kontakten und die Integration der Entwürfe des Lebens und ihrer Realisierungsmöglichkeiten im Selbstkonzept an. Voraussetzung für diesen Prozeß ist eine Gruppen- und Einzelsituation, die durch Angstfreiheit, emotionale Wärme und Akzeptierung durch die Partner die Selbsterkenntnis fördert. Psychotherapie ist damit zunächst ein Lernen unter notwendiger partieller Ausschaltung gesellschaftlicher Normative. Die emotionalen Probleme werden bearbeitet ohne den Druck sozialer Normen und Regeln. Demgegenüber ist der soziotherapeutische Ansatz auf die **Interaktion des Individuums** gerichtet. Über gemeinsames Handeln werden interaktionale Probleme zu lösen versucht und damit sekundär Einfluß auf das Selbstbild des Patienten und auf seine intrapersonellen Konflikte genommen. Soziotherapie steht damit der Rehabilitation näher. Es geht dabei um Einsicht in den Sinn von Regeln des Zusammenlebens und Umgang mit den Regeln. Sachbezogenes Handeln, Erlangung oder Widererlangung von interaktionaler Kompetenz sowie sozialem Problemlösungsverhalten ist die zentrale Funktion der Soziotherapie. Es wird eine soziale Anpassung trotz unter Umständen weiterbestehender Behinderungen angestrebt. Notwendig ist, im Hinblick auf die Erlernung der Fähigkeit, mit den Regeln des Alltagslebens fertig zu werden – sozial kompetenter zu sein – die Einbeziehung der Umwelt in die soziotherapeutischen Prozesse im Sinne bifokaler Therapie.

Unter Aspekten der Abwehrstrategien eines Patienten könnte man sagen, daß bei psychischen Störungen mit dem psychodynamischen Hintergrund einer hohen Diskrepanz von Realbild und Idealbild im Selbstempfinden und in der Wirklichkeitsinterpretation (einem neurotischen Störungsmuster) Psychotherapie angezeigt sei. Demgegenüber sollen bei Störungen, bei denen das Problem in einer massiven Differenz von Selbstbild und Fremdbild besteht, Informationen über die eigene Gestörtheit im Verhalten und im Umwelterleben abgewehrt werden, zunächst ein soziotherapeutischer Ansatz gewählt werden. Solche Störungen findet man z.B. bei Patienten mit Schizophrenie, die ihre inneren Unsicherheiten, ihre auf die Umwelt absonderlich wirkenden Verhaltensstile abwehren oder Alkoholkranke, die z.B. vor sich selbst noch lange die Fassade der sozialen Stabilität aufrecht erhalten wollen, obwohl die Umwelt das Gesundheitsproblem schon lange erkannt hat.

4.2 Zielstellungen soziotherapeutischen Handelns

Auch die Indikationsstellung für eine Soziotherapiemaßnahme (Ergotherapie, Musiktherapie, Sport usw.) bedarf eines individuellen, auf das spezifische Problem des Patienten zugeschnittenen Vorgehens. Allgemeine Zielstellungen können sein:

- Angebote strukturierter Aktivität zur Erhöhung der Einordnungsfähigkeit in einer Gruppe. Oft erfahren Patienten an sich, daß sozialer Kontakt mißlingt, aber sie können nicht erkennen warum. Wenn sich in einer soziotherapeutischen Gruppe ein gewisses Vertrauen (als wichtiger Gruppenfaktor) eingestellt hat, vermag eine Gruppe dem Patienten gegebenenfalls taktvoll widerzuspiegeln, worin sein Kontaktproblem besteht.
- Training von Kontinuität (z.B. in der Ergotherapie). Der Patient übt, sich regelmäßig über einen bestimmten Zeitraum einer Aufgabe zu widmen.
- Stimulierung des Antriebs. Viele Patienten mit schizophrenen oder affektpsychotischen Syndromen leiden unter Antriebsschwäche, die sie zunächst aus eigener Intention heraus noch nicht überwinden können. Die Therapieangebote (der Therapeut oder/und die Gruppe) vermögen eine Art Hilfsfunktion zu übernehmen und eine gestufte (immer vorsichtige) Aktivierung zu erreichen.

- Von soziotherapeutischen Aktivitäten, dem Umgang mit unterschiedlichen Medien (Arbeitsmaterial, Sport etc.) gehen ordnende Impulse aus, die zumindest partiell ermöglichen, daß der Patient von Verschrobenheiten im Umgang mit der Welt, von verzerrten Sichten, von pathologischen Gedanken Abstand gewinnen kann.
- Die Gruppensituation im Rahmen unterschiedlicher Therapieangebote kann dem Patienten vermitteln, wie er sich selbst und wie andere ihn wahrnehmen. Sie kann die Belastbarkeit im Ertragen von Gruppensituationen erhöhen, die kommunikativen Fertigkeiten trainieren. Gruppe kann auch Schutz bedeuten im Versuch, sich bisher verpönten oder mit Angst besetzten Situationen zu stellen (etwa gemeinsam tanzen, gemeinsam ein Theater besuchen).
- Die soziotherapeutische Gruppenaktivität kann Kulturtechniken vermitteln, bezüglich derer manche Patienten Defizite aufweisen (Kleidung, Pflege, allgemeine praktische Ratschläge: einen Tisch decken, einen Kuchen backen etc.). Sie dient auch der Information über Sachverhalte. So ist z.B. die Information über Wirkungen und Gefahren von Alkohol eine wichtige Einstiegsveranstaltung in einem Entzugsprogramm, Informationen über die jeweilige Krankheit kann Bewältigungsstrategien fördern. Solche Informationen erfahren ihre Wirkungen aus der stabilen verläßlichen Umgebung der Gruppe und der Therapeuten.
- Soziotherapeutische Gruppen können und sollen den ästhetischen Erlebnisbereich der Patienten erweitern. Diese Indikation besteht für solche Patienten, die durch vielerlei Umstände oder auch die Krankheit selbst in eine Sinnentleerung ihrer Welt geraten sind, die nicht wissen bzw. verlernt haben, daß sich durch Lesen und Musik, Sport und Bewegung, Beschäftigung und Schaffung von Produkten (kunsthandwerkliche Gegenstände), Selbstzufriedenheit, Lustgewinn, Erfolgsgefühl erreichen läßt und eine Sublimierung inadäquater Lebensansprüche ermöglicht. Es geht bei allem um Sinnstiftung im Umgang mit sich, mit anderen, mit Material, mit Situationen.
- Unterschiedliche soziotherapeutische Angebote können fehlende soziale Fertigkeiten durch Übung in sozialen Situationen zu bessern suchen. Hierzu gehören Dialogübungen, Rollenspiele, Selbstbehauptungstraining, Vertrauensübungen. Über Videotechnik können auch metakommunikative Elemente (Stimme, Mimik, Gestik) der eigenen Kontrolle unterworfen werden.

4.3 Soziotherapeutische Techniken

4.3.1 Beschäftigungs(syn. Ergo-)therapie

Dieselbe wird in der Regel als **kunstgewerbliche Beschäftigung** mit vielerlei Medien angeboten: Holzarbeiten, Weben, Batiken, Stroh- und Flechtarbeiten, künstlerischer Umgang mit Ton. Der Leser vermag sicher schnell erkennen, welche der obengenannten Zielstellungen sich auf diese oder auch auf die nachfolgenden Therapieformen hin anzielen lassen.

Ergotherapie (der Begriff umfaßt in vielen Kliniken auch die Arbeitstherapie) erfährt ihren Wert über das Genannte hinaus, auch durch ihren zukunftsorientierenden Sinn. Indem der Patient ein Produkt herstellt, das zunächst erdacht, dann konzipiert und schließlich hergestellt wird, ist er automatisch in zukunftsstiftender Aktion. Beschäftigung und Arbeit orientieren sich an einem erwünschten, angezielten Ergebnis, schaffen allein dadurch Zukunftsgefühl. Zum anderen können Produkte eigenen Bemühens zu Erfolgserlebnissen führen, die wiederum Brücken zum Anderen hin schlagen. (Eine depressiv erkrankte Frau sagt zur Visite: „Ich habe mit Mühe in der Ergotherapie einen Korb geflochten – aber jetzt freue ich mich, ich werde ihn meiner Tochter schenken.")

Die Ergotherapie kann sich vielerlei Medien bedienen, die im Idealfall berufsvorbereitenden, berufstrainierenden Charakter haben können (Tätigkeiten in einer Küche, am Computer, in der Tischlerei). Jede Behandlungseinrichtung hat hier sehr unterschiedliche Angebote. Wichtig ist dabei, daß die Therapie in eine individuelle Gesamtstrategie eingepaßt ist. Zielstellungen im Interesse des Krankenhauses sind obsolet. In der Regel werden Ergotherapieangebote als Basistherapien 2–4 Stunden am Tage verordnet. Der Patient hat natürlich Einfluß auf die Auswahl des jeweiligen ihn interessierenden Mediums.

4.3.2 Sport und Bewegungstherapien

Sport ist leicht organisierbar und in vielerlei Hinsicht wirksam. Spezifische Ziele sportlicher Betätigung können über das weiter oben Geschriebene hinaus sein: **Kreislauftrainierende Effekte**, die durch die Psychopharmaka manchmal induzierten motorischen Hemmungen überwindende Effekte, **Konditionierung**. Es wird sogar eine Kreuzadaptation des Sportes vermutet, insofern als nicht nur direkt beanspruchte Organsysteme (Muskeln, Kreislauf) trainiert werden, sondern darüber hinaus sekundäre andere Körperbereiche (ZNS, endokrines System) und die Psyche beeinflußt werden. Sportliche Übungen, aber auch Bewegungstherapien ermöglichen außerdem über Objekte (Bälle, Stäbe, Seile usw.) interaktional zu agieren, Nähe und Distanz zu üben und spielerisch sich selbst und andere wahrzunehmen. In diesem Zusammenhang ist auch Reittherapie zu nennen, eine exklusivere, aber vielerorts betriebene Aktivität, die neben bewegungsschulenden, selbstwertsteigernden und entängstigenden Effekten auch eine Erweiterung der Erfahrung mit sich selbst ermöglicht (s. S. 300).

4.3.3 Musiktherapie

Musikalische Handlungsprozesse bedürfen der institutionellen und konzeptionellen Einbindung in ein Gesamtsetting; sie können in erster Linie soziotherapeutischer Zielstellung dienen; es sind aber auch psychotherapeutische Ziele umsetzbar. Beim soziotherapeutischen Ansatz werden viele der obengenannten Zielstellungen ins Auge gefaßt. Über Singgruppen, in denen man aus der Anonymität des Chores heraus sich selbst überwindend sich entäußert, zu rhythmischen Übungen mit dem Orffschen Schlagwerk (Abb. 30), um etwa Affektabfuhr, aber auch Bindung an eine Gruppe zu realisieren, hin zu komplexeren Musizieren, ist ein breites Spektrum gegeben. Gegensteuerung bei Antriebsdefiziten, Überwindung von Kontaktängsten, Verbesserung der Kooperation, der Wahrnehmung, der Reflexionsfähigkeit können bedeutsam sein. In der rezeptiven Musiktherapie wird über das Hören von Musikstücken und Gesprächen über diese und über eigene Gefühle, die ausgelöst wurden zum einen das Ziel der Erlebniserweiterung, des Kunstgenusses und weiter die Grenze zur Psychotherapie erreicht. An der Musiktherapie läßt sich gut erleben, wie soziotherapeutische Techniken Psychotherapie gleichsam vorzubereiten vermögen.

Abb. 30 Musiktherapie

4.3.4 Psychoedukative Programme

Hierbei handelt es sich um **komplexe sozialtrainierende Programme,** die vor allem zur Behandlung schizophrener Patienten entwickelt wurden und das Ziel verfolgen, dem Patienten (und seinen Angehörigen) Möglichkeiten in die Hand zu geben, mit eigenen Defizienzen umzugehen, ein Symptommanagement zu betreiben und in der Lage zu sein, Rezidive beizeiten zu erkennen und sich Hilfe zu verschaffen.

Derartige Ansätze gingen von der Verhaltenstherapie aus und wurden zunächst in den USA entwickelt. Strukturierte Programme sollen es dem Patienten ermöglichen, mit Hilfe von Übungen soziale Fertigkeiten zu erwerben, soziale Beziehungen zu gestalten, das Medikamentenregime zu beherrschen und gegebenenfalls zu steuern. In bestimmten Lernabschnitten werden relevante Lebensbereiche geübt bzw. erörtert. Im deutschen Sprachraum ist das von Brenner et al. (1992) entwickelte Integrierte Psychologische Therapieprogramm am bekanntesten geworden, in dem soziale Wahrnehmung, kognitive Differenzierung, interpersonelles Problemlösungsverhalten, soziale Fertigkeiten und verbale Entäußerungsfähigkeit geübt werden. Das Programm beginnt mit leichteren Übungen, die sich bis zu komplexen Handlungsansätzen intensivieren.

Im Grunde werden durch solche Programme allgemeine soziotherapeutische Ziele verfolgt. Ihr Vorteil besteht in einem Zuschnitt auf eine bestimmte Patientengruppe und einem wohlgegliederten, zeitlich begrenzten Programm.

Nicht wenige der soziotherapeutischen Techniken erfahren mit dem Begriff Therapie eine zu große Gewichtung (Bibliotherapie, Singtherapie, Kunsttherapie usw.). Ihnen wird damit ihr handlungsorientierter, in ein therapeutisches Gesamtkonzept als Teilelement einordnenbarer realistischer Anspruch entzogen. Kunsttherapie ist z.B. keine tiefenpsychologische und verhaltenstherapeutische Schule; Kunst ist ein Medium, welches in ein tiefenpsychologisches oder verhaltenstherapeutisches Setting eingepaßt werden kann. Manche Anbieter von Therapieausbildungskursen sind geneigt, hier aus erkennbaren Gründen dicke Gewichte der Bedeutsamkeit an dünne Drähte einer Theorie zu hängen. Der rehabilitativ orientierte Realitätssinn muß die entscheidende Intention soziotherapeutischen Wirkens sein. Soziotherapie muß in einem komplexen Heilplan für einen Patienten in Abstimmung mit somatischer und Psychotherapie integriert werden.

> **Soziotherapie:** Sie ist eine Behandlungsstrategie, die sich unterschiedlicher Medien bedient, um – zumeist in Gruppen – handlungsorientiert zu besseren kommunikativen, metakommunikativen, allgemein-sozialen, aber auch körperlichen Kompetenzen zu kommen. Über diese soll das Selbstkonzept gefördert, die Weltsicht realer und pathologisches Denken und Handeln zurückgedrängt werden. Erkennung von sozialen Regeln und Regeln über die Regeln im Zusammenleben wird angezielt.

5 Extramurale Versorgungsstrategien bei psychiatrischen Erkrankungen

Die psychiatrische Versorgung war in der Vergangenheit über viele Jahrzehnte krankenhaus- bzw. anstaltszentriert. Die Patienten sollten – eher abseits der Lebenswelt – betreut werden, wobei zum einen durchaus philanthropische Motive eine Rolle spielten, etwa von der Idee ausgehend in lieblich-ländlicher Umgebung könnte sich der verwirrte Geist besser regenerieren. Sicher spielte aber auch der Aspekt eine Rolle, den gestörten und damit störenden Mitmenschen weit genug aus der Gesellschaft zu entfernen. Auf diese Weise entstanden in Deutschland von der Mitte des 18. Jahrhunderts bis ins 20. Jahrhundert hinein psychiatrische Kliniken (Landeskrankenhäuser) meist am Rande oder jenseits der Ballungszentren.

Dieser Entwicklung wurde konzeptionell etwa seit Griesinger, einem bedeutenden Psychiater des vorigen Jahrhunderts, eine Tendenz entgegengesetzt, die versuchte, Behandlungsstruktur gemeindenah zu etablieren. Nach dem 2. Weltkrieg haben sich Psychiater, die sich vorwiegend mit Versorgungsstrategien befaßten und die gemeindenahe Betreuung favorisierten, auch gesundheitspolitisch immer mehr durchgesetzt.

In einem „Bericht des Deutschen Bundestages über die Lage der Psychiatrie in der Bundesrepublik" von 1975 und den „Empfehlungen der Expertenkommission der Bundesregierung zur Reform der Versorgung im psychiatrischen und psychotherapeutisch-psychosomatischen Bereich" vom 1988 wurden dazu wegweisende, die Versorgung optimierende Entscheidungen vorbereitet. Vier Prinzipien wurden in den Vordergrund gerückt.

Prinzipien der Expertenkommission von 1988:

- Prinzip der gemeindenahen Versorgung.
- Prinzip der bedarfsgerechten Versorgung aller psychisch Kranken und Behinderten.

● Prinzip der Koordination der Versorgungsdienste.
● Prinzip der Gleichstellung psychisch Kranker mit körperlich Kranken.

Überwunden werden sollten Defizite der Versorgung im Bereich der ambulanten Betreuung durch Entwicklung komplementärer Dienste wie Übergangseinrichtungen,
Heime, geschützte Wohnungen, geschützte Arbeitsplätze, Tagesstätten und Begegnungsstätten für chronisch Kranke und geistig Behinderte. Die bis dahin entscheidenden Versorgungsträger – nämlich die psychiatrischen Großkrankenhäuser bzw. die
niedergelassenen (oder in Ostdeutschland poliklinisch tätigen) Nervenärzte konnten
einer differenzierten, die soziale Situation chronisch Kranker im Augen haltende Betreuung auf Dauer nicht allein sichern. Gemeindenahe Strukturen der Stützung und
Rehabilitation mußten hinzukommen – ja die stationäre Versorgung selbst mußte in
den Lebensraum hineingebracht werden: psychiatrische Kliniken an den städtischen
Allgemeinkrankenhäusern wurden zunehmend etabliert.

Alle Versorgungsstrukturen können nur sinnvoll wirksam werden, wenn sie sich in
überschaubaren städtischen bzw. ländlichen Regionen etablieren mit möglichst kurzen Wegen zur Arbeitswelt, zu den Behörden und zur übrigen Lebenswelt des Patienten. Standardversorgungsgebiete von 200–350 000 Einwohnern wurden diesbezüglich abgegrenzt, der Begriff der sektorisierten psychiatrischen Versorgung installiert.
Ein solcher Sektor soll im Idealfall eine psychiatrische Abteilung eines Allgemein-
krankenhauses, niedergelassene Nervenärzte, halbklinische Behandlungseinrichtungen und die genannten komplementären Strukturen umfassen.

Die Koordination und Kooperation dieser Dienste und Angebote (nicht selten von
unterschiedlichen Trägern – teils auch miteinander konkurrierend – betrieben) soll
durch Institutionen der Kommune gesichert werden, um Fehlplazierungen zu vermeiden und Fehlentwicklungen zu verhindern. Regionale psychiatrische Arbeitsgemein-
schaften, in denen sich die Funktionsträger unterschiedlicher Betreuungsangebote zusammenfinden, strukturieren in Landes- oder Kreis- bzw. Stadtpsychiatrieplänen alle
Aktivitäten. Mancherorts (z.B. im Freistaat Sachsen) wurden Psychiatriekoordinato-
ren benannt, die lenkend auf die Prozesse einwirken und für die notwendige Flexibilität und Funktionalität des Systems sorgen sollen, in den für die Lebensqualität der Patienten relevanten Bereichen der Behandlung / Pflege / Rehabilitation, der Wohn- und
Arbeitswelt und den supportiven Angeboten von Tagesstätten, Begegnungsstätten
und sonstigen regional-spezifischen Hilfsmöglichkeiten. Eingebunden in diese Strukturen müssen auch Institutionen sein, die Krisenbewältigung, staatlich-hoheitlichen
Interventionen (z.B. bei gerichtlich angeordneten Zwangseinweisungen) durch z.B.
Sozialpsychiatrische Dienste leisten. Letztere gehören zu den Kernstrukturen eines
ambulanten, aufsuchenden ärztlichen bzw. sozialfürsorgerischen Dienstes in der Bundesrepublik Deutschland.

In Psychiatriegesetzen der Bundesländer sind neben den durch das Betreuungsgesetz
vorgegebenen Regelungen zur Unterbringung psychisch Kranker viele der obengenannten Strukturen definiert und in ihren Aufgaben bestimmt.

Sozialpsychiatrische Dienste sind in der Regel in kommunaler Trägerschaft, sie werden von Psychiatern, Amtsärzten mit anderer Fachausbildung, seltener Psychologen
geleitet. Neben den hoheitlichen Aufgaben betreuen sie Kontakt- und Begegnungsstätten. Manche verfügen über Behandlungsermächtigungen und können dann auch
ärztlich-therapeutisch tätig werden. Vorwiegende Zielgruppen des Betreuungsauftra-

ges sind chronisch-psychotische Patienten, Patienten mit alterspsychiatrischen Erkrankungen und Suchtkranke. Für letztere wurden aber vielerorts spezifische Einrichtungen, z.B. Sucht- und Drogenberatungsstellen mit eigenen komplementären Angeboten installiert.

Diesen Gruppen müssen differenzierte Nachsorge bzw. supportive Dauerangebote im extramuralen (außerstationären) Raum zur Verfügung stehen. Versorgungslinien lassen sich – mehr oder weniger krankheitsspezifisch – aufzeigen, die das Zusammenwirken unterschiedlicher und unterschiedlich intensiver Betreuungsmaßnahmen aufweisen. Tabelle 52 demonstriert diese Gegebenheiten am Beispiel der Gerontopsychiatrie.

Tabelle 52 Gerontopsychiatrische Versorgungslinie

Stationärer Bereich	– gerontopsychiatrische Akutstation oder
	– allgemeinpsychiatrische Aufnahmestation des Sektors
	– evtl. geriatrische Klinik
Teilstationärer Bereich	– gerontopsychiatrische Tagesklinik
	– oder allgemeingeriatrische Tagesklinik
	– geriatrisches Tagespflegeheim
Ambulanter Bereich	– niedergelassener Nervenarzt oder Hausarzt
	– Sozialstation mit Hauspflege und häuslicher Krankenpflege
	– Gerontopsychiatrische Tagesstätte
	– betreutes Wohnen
	– sonstige Begegnungsstätten
	– Beratungsstellen, z.B. an den Sozialstationen

Die weiter oben zitierte Expertenkommission hatte auch Empfehlungen zur Versorgung Abhängigkeitskranker gegeben, wonach Träger der ambulanten Versorgung multidisziplinäre ambulante, ärztlich geleitete Dienste in einem definierten Versorgungsraum sein sollen. Sie haben die notwendigen Kooperationen mit anderen Versorgungsgliedern (Sozialpsychiatrischer Dienst, niedergelassene Ärzte, stationäre Behandlungseinrichtungen) zu entwickeln. Ein Notfalldienst muß verfügbar sein und für drogenkranke Patienten sind gegebenenfalls spezifische Institutionen (Nervenärzte, kommunale Praxen) für Substitutionsprogramme etabliert (z.B. Methadonsubstitution).

Auch in der Suchtkrankenbetreuung sind Versorgungslinien vorhanden, die zum einen notfalltherapeutische Maßnahmen (Entgiftung in der psychiatrischen Sektorklinik), Entwöhnung in speziellen Suchtkliniken und sozial stützende Maßnahmen im ambulanten Bereich bis hin zu Hilfen für Obdachlose (Übernachtungsstellen, Übergangswohnungen, Beratungsstellen für Wohnungslose, mobile medizinische Dienste für eine allgemeinmedizinische Basisbetreuung des oft auch körperlich desolaten Klientels) anbieten.

Diese vielfältigen ambulanten Strukturen leiden unter dem Problem, ihre Budgets auf der Basis unterschiedlicher rechtlicher Regelungen (Sozialgesetzbuch, Bundessozialhilfegesetz) und unterschiedlicher Leistungsspektren der beteiligten Träger (Pflegeversicherung, Leistungen der Ersatzkassen und Kommunen und Landesförderungen) beschaffen zu müssen, so daß von Bundesland zu Bundesland, ja von Kommune zu

Kommune durchaus unterschiedliche Wege beschreitbar sind. Örtliche Träger der Sozialhilfe sind die kreisfreien Städte und die Landkreise.

Das Ineinandergreifen der mitwirkenden Träger und betreuender Institutionen macht ein ausgeprägtes Casemanagement, aber auch Caremanagement erforderlich.

Einige Leitlinien übergeordneter Ziele der extramuralen Versorgung seien abschließend genannt.

Leitlinien extramuraler Versorgung:

- Prinzip der Kontinuität der Betreuung.
- Prinzip des aufsuchenden Handelns der professionellen Helfer.
- Prinzip der Einbeziehung von Betroffenen und ihren Angehörigen in die Nachsorgestrategien.
- Prinzip der Sicherung eines Mindestmaßes an Lebensqualität für die Patienten.

Definitionen wichtiger extramuraler Strukturelemente psychiatrischer Versorgung

Begegnungsstätte: Karitative Einrichtungen und kommunale Träger (z.B. Sozialpsychiatrische Dienste) bieten in Begegnungstätten (z.B. Patientenkaffees, Beschäftigungsgruppen, Kulturgruppen), strukturierte Konktake für sozial isolierte Patienten mit kommunikativen Defiziten an.

Behindertentagesstätte: Betreuungsstätte für geistig Behinderte mit einem tagesstrukturierenden, beschäftigungstherapeutisch orientierten Angebot.

Gerontopsychiatrische Tagesstätte: Tagesstrukturierendes Betreuungsangebot unterschiedlicher Träger mit sozialer Betreuung durch Altenpflegerinnen und Sozialarbeiter unterhalb medizinischer Behandlung.

Geschützter Arbeitsplatz: Freier Arbeitsplatz, der dem Betreuten sicher ist, auch wenn er noch nicht volle Leistung zu erbringen in der Lage ist. Der arbeitsrechtliche Schutz resultiert aus der finanziellen Sicherstellung durch einen Träger der Sozialhilfe.

Geschütztes Wohnen: In der Regel in Formen beschützten Einzelwohnens oder des Wohnens in Gemeinschaften. Die Betreuung der Klienten erfolgt über psychosoziale Trägervereine oder kommunale Sozialarbeiter bzw. karitative Verbände.

Nachtklinik: Halbstationäre psychiatrische Einrichtung von ausgesprochenem Übergangscharakter für Patienten, die noch intensiver betreut schon im Arbeitsprozeß stehen.

Patientenklub: Angebot psychiatrischer Kliniken oder Sozialpsychiatrischer Dienste um Patienten, die sozial isoliert leben, strukturierte Zusammentreffen zu ermöglichen.

Psychiatriekoordinator: Kommunaler Angestellter – häufig ein Arzt – der die Psychiatrische Arbeitsgemeinschaft leitet und die Angebote unterschiedlicher Träger einer Region (Regierungsbezirk, Kommune) koordiniert.

Psychiatrische Arbeitsgemeinschaft (PSAG): Regionale (meist kommunale) Organisation, in der sich Träger der psychiatrischen Versorgung, Krankenhausärzte, Vertreter der Sozialhilfe, Sozialpsychiatrische Dienste und andere Anbieter sozialer und rehabilitativer Hilfen zusammenfinden.

Selbsthilfegruppen: Zusammenschlüsse von Patienten und Angehörigen, um sich gegnseitig zu unterstützen bzw. Ansprüche gegenüber Verwaltung und Politik geltend zu machen.

Sozialpsychiatrischer Dienst: Meist von einem Psychiater geleitetes Team von Ärzten, Psychologen und Sozialarbeitern mit vor- und nachsorgenden, auf die Patienten zugehenden Aufgaben. Er hat darüber hinaus hoheitliche Aufgaben im Zusammenhang mit gerichtlichen Einweisungen. Sozialpsychiatrische Dienste unterstehen den Gesundheitsämtern.

Tagesklinik: Halbstationäre Einrichtung zur Behandlung psychischer Kranker, die sich ausschließlich tagsüber dort aufhalten und ein volles psychiatrisches Komplextherapieprogramm absolvieren.

Übergangsheim: Wohnheime für psychiatrische Patienten mit noch stärker versorgender Binnengliederung als Zwischenglied zwischen Krankenhaus und selbstbestimmten Eigenleben. Wichtiges Glied in der Rehabilitation von stationären Langzeitpatienten.

Zuverdienstfirma: Meist von psychiatrischen Hilfsvereinen getragene Werkstattabteilungen oder Dienstleistungsbereiche, die dem Patienten gestatten, in einem geschützten Rahmen an der Arbeitswelt teilzuhaben.

6 Rehabilitation und Prävention psychischer Störungen

6.1 Rehabilitation und Prävention am Beispiel psychogener und psychosomatischer Störungen

Eine konzeptionelle Stärke der psychosomatischen Rehabilitation besteht in der indikationsorientierten ärztlichen Interdisziplinarität mit den Kerngebieten Psychiatrie/Psychotherapie, Psychotherapeutische Medizin, Innere Medizin, Neurologie und Orthopädie. So stellt sich die rehabilitative Medizin gerade für die chronisch Kranken vielfach als angemessenere und ökonomischere Alternative dar (Paar 1997).

Rehabilitation ist daher eine notwendige und unverzichtbare Behandlungsform für Menschen mit Krankheiten, die innerhalb der Akutmedizin nicht bzw. nicht mehr adäquat behandelbar sind.

Die Indikation für die Psychosomatische Rehabilitation mit angeschlossener Ambulanz könnte nach Paar für folgende Möglichkeiten aufgestellt werden:

- Ambulante prä- und poststationäre Behandlung zur Verkürzung einer stationären psychosomatischen Rehabilitation,
- spezifische rehabilitative und insbesondere sozialmedizinische Diagnostik bei chronifizierten Erkrankungen in einem kurzstationären Verfahren,
- Behandlung aller chronischen psychosomatischen Störungen mit einem breiten Indikationsspektrum, das viele klinische Bereiche wie bspw. Innere Medizin, Neurologie, Orthopädie und Dermatologie überlappt,

- drohende Erwerbs- und Berufsunfähigkeit,
- nach Abklingen der Akutsymptome Weiterbehandlung der Chronifizierungsproblematik in einer psychosomatischen Rehabilitation,
- psychosomatische Rehabilitation als Motivierung zur Einleitung ambulanter Psychotherapie und weiterer Nachsorge,
- Ressourcenerschließung und Coping bei primär somatischen Erkrankungen.

Dies macht deutlich, daß die getrennten Versorgungssysteme ambulant/stationär und Regelversorgung/Rehabilitation kein Entweder-Oder, sondern eine Ergänzung darstellen und wieder in einen gemeinsamen Bereich der Versorgung psychisch Kranker zu integrieren wären.

Ein **Versorgungsmodell für Psychosomatische und Psychotherapeutische Medizin** (Paar 1997) soll eine Möglichkeit aufzeigen, die den ambulanten wie den stationären Bedingungen, denen der Regelversorgung wie der Rehabilitation, Rechnung trägt. Im ambulanten Bereich sollen die Hausärzte, Ärzte mit der Zusatzbezeichnung „Psychotherapie" oder psychotherapeutische Fachärzte sowie psychologische Psychotherapeuten die Träger sein. Die stationäre Betreuung erfolgt durch psychosomatische und psychiatrische Kliniken. Zentren von Lehre und Forschung sind entsprechende Universitätskliniken.

Durch die Überwindung separiert gehaltener Versorgungsstrukturen innerhalb der Akutmedizin insgesamt könnten sich Problemlösungen hinsichtlich von Fehlbelegungen mit psychisch Kranken und rehabilitationsindizierten Patienten ergeben in dem Sinne, daß sich Rehabilitationseinrichtungen der Nachsorge sowie der konservativen Behandlung chronisch Kranker widmen.

Einige Bemerkungen zur Prävention: Viel zu häufig muß festgestellt werden, daß bei psychischen Störungen die therapeutischen Maßnahmen überwiegend zu spät einsetzen.

Um Arbeitsstörungen zu erkennen und zu behandeln bevor eine Fixierung auf den Rentenantrag hinzugekommen ist, erscheinen folgende Voraussetzungen notwendig:

- Schulung der vorwiegend Haus- und Betriebsärzte in: Erkennen von Somatisierungsstörungen; Grundkenntnisse neurotischer Konfliktverarbeitung; Kenntnisse neurotischer Arbeitsstörungen; Kenntnisse der Therapiemöglichkeiten; Einleitung von Therapieverfahren.
- Bereitschaft der Krankenkassen, Psychotherapie bei neurotischen Arbeitsstörungen zu finanzieren.
- Einschalten eines sozialmedizinisch erfahrenen Psychotherapeuten bei längerer AU-Schreibung (in einem halben Jahr mehr als 12 Wochen).

Um Rententendenzen bei neurotischer und funktioneller Symptomatik vorzubeugen, sollte bei der Behandlung auf folgendes geachtet werden (Foerster 1993):

- Keine Arbeitsunfähigkeitsbescheinigung über längere Zeit ohne eindeutige Indikation.
- Keine längerfristige Tranquilizer-Verschreibung ohne klare Indikation.
- Keine Bescheinigung über das vermeintliche Vorliegen von Berufs-/Erwerbsunfähigkeit.
- Gegebenenfalls rechtzeitige Überweisung an einen psychotherapeutisch erfahrenen Psychiater oder Psychotherapeuten.

- In Zusammenarbeit mit dem Psychotherapeuten/Nervenarzt, mit der Krankenkasse und dem beratenden Arzt der Krankenkasse frühzeitig an Rehabilitationsmaßnahmen denken.
- Alternativen zur Rente erörtern: berufsfördernde Maßnahmen, Umschulungsmaßnahmen, Wiedereingliederungsmaßnahmen, Arbeitsplatzwechsel.

Die **präventiven Maßnahmen** gewinnen zusätzlich an Bedeutung, wenn man bedenkt, daß es sich bei den hier zu beurteilenden Patienten teilweise um Menschen mit chronisch psychischer Erkrankung handelt, die z. T. persönlich und sozial unter massiven Einschränkungen zu leiden haben und welche nicht selten therapeutisch kaum noch zu erreichen sind. Daher sollte auch viel früher daran gedacht werden, daß z. B. psychosoziale Faktoren die kindliche Entwicklung in Richtung psychogener bzw. psychosomatischer Störungen beeinflussen können.

Im **Salutogenese-Konzept** bedeutet Prävention nicht nur Wegnahme krankmachender Bedingungen, sondern aktive Gesundheitsförderung, die gemäß dem psychosozialen Ansatz eine Stärkung der individuellen und sozialen Ressourcen beinhaltet. Gesundheitsförderung hat also eine individuelle, vor allem aber auch eine soziale und politische Seite. Im salutogenetischen Modell geht es nicht um die Menge der Stressoren, auch nicht um ihre inhaltliche Bewandnis, sondern primär darum, wie jemand mit den Stressoren umgeht. Das Modell erlaubt es viel eher, die positiven Aspekte der Stressoren zu sehen, Alternativen aufzuzeigen, neue Verhaltensweisen aufzubauen, neue Möglichkeiten des Erlebens und damit Lebens zu eröffnen (vgl. dazu auch Becker 1984 im nachfolgenden Abschnitt).

„Die Gesundheit eines Menschen ist eben nicht ein Kapital, das man aufzehren kann, sondern sie ist überhaupt nur dort vorhanden, wo sie in jedem Augenblick des Lebens erzeugt wird. Wird sie nicht erzeugt, dann ist der Mensch bereits krank" (V. v. Weizsäcker).

6.2 Rehabilitation und Prävention psychiatrischer Erkrankungen

Die Rehabilitation ist in der Psychiatrie von besonderem Belang, weil nicht selten Krankheitsbilder behandelt werden, bei denen schon vor der eigentlichen akuten Erkrankung Persönlichkeitsbesonderheiten bestehen, die teilweise soziale Inkompetenzen in sich einschließen und die zu einer erschwerten sozialen, insbesondere beruflichen Wiedereingliederung führen. Die diesbezüglich relevanten Störungen gehorchen in der Regel nicht dem Ablauf Akutkrankheit → medizinische Therapie → Training zunächst verlorengegangener Funktionsfähigkeiten (Rehabilitation) → soziale Wiedereingliederung → Restitutio ad integrum. Wenn auch psychiatrische Rehabilitation im stationären Bereich gleichsam verwoben mit der medizinischen Therapie schon beginnt, so haben z. B. soziotherapeutische Maßnahmen einen dezidiert rehabilitativen Aspekt, so ist das Hauptfeld rehabilitativer Maßnahmen der ambulante Betreuungssektor.

Die im Kapitel 5 dieses Abschnitts beschriebenen extramuralen Strukturen der Versorgung dienen ausgesprochen rehabilitativen Maßnahmen. Bedeutsam ist dabei ein Perspektivewechsel von früher mehr praktizierten institutionsbezogenen Betrachtungen hin zu personenbezogenen Sichtweisen, die versuchen, das spezifische Problem der Einzelperson des Erkrankten mit ihm zusammen zu lösen unter Nutzung der gegebenen leistungsrechtlichen Möglichkeiten, wie sie im Sozialgesetzbuch V und Bundessozialhilfegesetz ausgewiesen sind.

Hinsichtlich der Betreuung psychisch schwerer gestörter Patienten bestehen auch weiterhin noch Defizite im außerstationären Betreuungsrahmen, insbesondere die ambulanten Angebote und die Vernetzung vielfältiger möglicher Hilfen müssen weiter optimiert werden. Multiprofessionelle Teams müssen wohlintegrierte komplexe Leistungen erbringen und mögliche gesetzliche Eingliederungshilfen abfordern. Der Patient bedarf hier sorgfältiger Beratung, um mögliche Leistungen zu aktivieren, er vermag nicht zu überschauen, wann und ob im Einzelfall die gesetzliche Krankenversicherung, die Rentenversicherung oder das Bundessozialhilfegesetz und damit die Kommune für bestimmte Leistungen zuständig sind.

Institutsambulanzen und sozialpsychiatrisch orientierte Praxen niedergelassener Nervenärzte könnten Hilfen organisieren und ein angemessenes Casemanagement betreiben; sie sind aber zu wenig vorhanden.

Unter Rehabilitation kann man die Eingliederung oder Wiedereingliederung von Behinderten in die Bereiche des familiären, kulturellen, beruflichen Lebens verstehen mit der Maßgabe, am durchschnittlichen Lebensstandard teilnehmen zu können, in Grenzen wettbewerbsfähig zu sein und ein Maß an Lebensqualität zu erreichen, das als subjektiv befriedigend erlebt werden kann.

Im Rahmen eines derartigen Rehabilitationszieles kann die Arbeit als wirtschaftlich unabhängig machender, wertkonstituierender, gruppenintegrierender und selbstwertstabilisierender Faktor, der im Handeln selbst Zukunftsorientierung in sich trägt, besonders wichtig sein.

Massenarbeitslosigkeit ist direkt oder vermittelt sicher ein Problem, welches rehabilitatives Bemühen erheblich negativ tangiert.

Andererseits ist auch Arbeitsunzufriedenheit ein Stressor bedeutsamer Art.

Rehabilitation entspricht sekundärer und tertiärer Prävention.

Präventive Strategien bei psychiatrischen Erkrankungen sind auf unterschiedlichen Ebenen möglich. Von **primärer Prävention** spricht man, wenn durch Gesundheitsförderung, Hygiene, verbesserte Lebensbedingungen Erkrankungen die gesellschaftliche Basis entzogen wird. Viele schwere Infektionskrankheiten wurden in hochentwickelten Ländern durch primäre Prävention praktisch beseitigt.

Psychische Störungen sind u.a. auch Ausdruck von Anpassungsproblemen zwischen Individuum und Umwelt und insofern können umweltspezifische Langzeitfaktoren Auswirkungen auf die Morbiditätsentwicklung nehmen. Auf der anderen Seite können Umweltfaktoren auch psychosoziale und soziokulturelle Ressourcen darstellen, die primär präventiv wirken. Über die Zusammenhänge von epidemiologischen Feststellungen zu Erkrankungen auf der einen Seite und gesellschaftlichen Verhältnissen andererseits sind viele Hypothesen gebildet worden, aber immer noch wenig gesichertes Wissen vorhanden.

Die **sekundäre Prävention** befaßt sich mit der Rückfallverhütung und Früherfassung von Erkrankungen sowie der individuellen Risikominderung gefährdeter Populationen. Grundregeln der sekundären Prävention sind z.B. Wissensvermittlung, Erhöhung der individuellen Selbstverantwortung, Vorbildsetzung und Alternativen zu gefährdenden Lebenstechniken und Genußverhalten finden.

Tertiäre Prävention versucht beim Management chronischer Erkrankungen Dauerschäden zu verhindern, Kriseninterventionssysteme zu installieren, supportive Angebote zur sozialen Stabilisierung anzubieten (extramurale Strukturen) und Rezidivminimierung zu betreiben.

Bezieht man derartige Präventionskonzepte auf relevante psychiatrische Erkrankungen, könnte man nachfolgende Markierungen vornehmen.

1. Beispiel – Suizidprävention: (siehe auch S. 166)

- **Primäre Prävention:** Konfliktberatung (z.B. Telefonseelsorge, Telefon des Vertrauens, anonyme oder offizielle Berater – z.B. Eheberatung, Schuldnerberatung); optimale medizinische Betreuung suizidgefährdeter Populationen (z.B. endogene Psychosen),
- **sekundäre Prävention:** Hilfe nach Suizidversuchen (Diagnostik, ggf. Psychotherapie, Einleitung von Behandlungsmaßnahmen etwa bei Psychosen, bei Alkoholismus etc.),
- **tertiäre Prävention:** Dauerbetreuung als weiterhin gefährdet erkannter Patienten.

2. Beispiel – Suchtprävention:

- **Primäre Prävention:** Konsumbeeinflussung, Regelung von Angebot und Nachfrage (problematische und kaum kontrollierbare) Information und Aufklärung, schon im Kindesalter beginnend (Einfluß von Mediatoren: Lehrern, Ärzten, Ausbildern). Einflußnahme auf die Lebenswelten jugendlicher Gruppen (Technoparties, Ecstasiekonsum), Behebung von Mißständen (Arbeitslosigkeit Jugendlicher). Die personenbezogene Prävention kann über Abschreckungswissen, mittelbezogene Sachkenntnisse und vorbeugende Verhaltensmodifikation erfolgen. Aufklärung allein ist meist nicht ausreichend, weil in der Regel ein Risikobewußtsein besteht und der Lebensstil danach beibehalten bleibt.
- **Sekundäre Suchtprävention:** Arbeit mit Gefährdeten, deren Erfassung, Aufsuchen von Zielpopulationen, Motivationsarbeit, Beratung.
- **Tertiäre Suchtprävention:** Rehabilitative Sicherung von Therapieerfolgen. Rezidivprophylaxe durch pharmakologisches, sozio- und psychotherapeutisches Vorgehen, Behandlung von Folgeschäden, Entwicklung sozialer Stützsysteme.

3. Beispiel – Endogene Psychosen:

- **Primäre Prävention:** Gegenwärtig nicht möglich.
- **Sekundäre Prävention:** Pharmakologische Rezidivprophylaxe (z.B. Depot-Neuroleptika, Lithium-Dauereinstellung), Stabilisierung psychosozialer Variablen (z.B. Familien- und Angehörigenarbeit bei Familien mit chronischen Konflikten, bei sog. expressed-emotions-Familien); Erhöhung sozialer Kompetenzen und Förderung von Coping-Strategien.
- **Tertiäre Prävention:** Supportive Hilfen als beschützte Arbeitsplätze, geschütztes Wohnen, Begegnungsstätten; zugehende Fürsorge bei sozialer Isolation; Selbsthilfegruppen. Aktivierung eines gemeindepsychiatrischen Hilfepotentials (natürliche Hilfssysteme: Familie, Freunde; organisierte Hilfe: Laienhilfe, Selbsthilfe; professionelle Hilfen: Ärzte, Sozialdienste, karitative Verbände).

Die präventiven Möglichkeiten sind im Einzelfall gebunden an Interdependenzen, die sich an den unterschiedlichen Ursachen psychischer Erkrankungen, dem psychosozialen Kontext des Betroffenen und den situativen Gegebenheiten festmachen lassen. Einleuchtend ist diesbezüglich ein Konzept von P. Becker (1984), der ausgehend von Ergebnissen der Risikoforschung und unter Einbeziehung von Vulnerabilitätskonzepten eine Grundhypothese des Auftretens einer psychischen Erkrankung bei einem Menschen aufstellte:

$$ \text{WPE} = f\left[\frac{(KV);(STR)}{(SG);(FU)}\right] $$

Die dabei verwendeten Abkürzungen haben folgende Bedeutungen:

WPE = individuelle Wahrscheinlichkeit für das Auftreten einer psychischen Erkrankung innerhalb eines Zeitintervalls;

f   = Funktion von;

K   = Ausmaß der konstitutionellen Vulnerabilitäten;

STR = Anzahl, Intensität und Dauer von Stressoren (z.B. life-events);

SG   = Grad der seelischen Gesundheit (Widerstandskraft gegenüber psychischen Erkrankungen; Psychische Ressourcen z.B. als Sinnfindung im Leben, Regulationskompetenzen, Selbstaktualisierung);

FU   = Ausmaß der förderlichen Umweltbedingungen (Einstellungen wichtiger Bezugspersonen, Gruppenzugehörigkeiten).

Die Wahrscheinlichkeit, psychisch zu erkranken, ist demnach eine Funktion negativer Faktoren oberhalb der Gleichung (Vulnerabilitäten und Stressoren) und stabilisierender Elemente der psychischen Eigenausstattung und stützender sozialer Partnerschaften. Sowohl in die krankheitsfördernden wie die krankheitsverhindernden Teilelemente der Gleichung fließen mithin Anlagefaktoren, Entwicklungsfaktoren der Persönlichkeit und soziale Faktoren ein. Der Autor vertritt nun die Hypothese, daß primäre Prävention bedeuten kann, die Risikofaktoren im Zähler der Gleichung zu minimieren und die protektiven Faktoren im Nenner der Gleichung zu fördern. Primäre Prävention vermag damit sowohl individuumbezogen wie auch umweltbezogen gestaltbar sein. Viele der bisher genannten präventiven Faktoren lassen sich sinnfällig in diesem Konstrukt unterbringen, welches der Grundidee eines multifaktoriellen Ansatzes psychischer Gestörtheit völlig entspricht.

6.3 Rehabilitation und Prävention in der Kinder- und Jugendpsychiatrie und -psychotherapie

Die **Rehabilitation** in der Kinder- und Jugendpsychiatrie und -Psychotherapie hat als wichtigste Aufgaben die Wiedereingliederung in die Familienbetreuung, die Sicherung von verschiedenen Formen der Fremdplatzierung (Pflegefamilien mit Tages- und Wochenpflege, vollständige Pflegefamilien, Wohngemeinschaften oder Heime), die Sicherung der schulischen Ausbildung und die Vorbereitung zu einer Berufsausbildung. Längerfristige Fördermaßnahmen werden über Jugend- und Sozialämter nach dem Kinder- und Jugendhilfegesetz (KJHG) bzw. dem Bundessozialhilfegesetz (BSHG) geregelt und finanziert. Deshalb ist bei allen schweren Behinderungen zur Vermeidung einer drohenden seelischen Behinderung die Zusammenarbeit der Kinder- und Jugendpsychiatrie und -Psychotherapie mit den Jugend- und Sozialämtern unabdingbar. Darüber hinausgehend ist die Zusammenarbeit mit Selbsthilfegruppen mit Einrichtungen der Bewährungshilfe und der Jugendgerichtshilfe, aber auch mit Polizei und den Gerichten oft sinnvoll und notwendig, um Kinder und Jugendliche vor einer chronischen seelischen Behinderung zu bewahren oder gravierende chronische psychiatrische Störungen zu mindern.

Die gesetzlichen Regelungen für diese Zusammenarbeit und für die Schaffung von entsprechenden Betreuungsmöglichkeiten sowie zur Sicherung der Finanzierung sind im Kinder- und Jugendhilfegesetz vom 1. 1. 95 geregelt. Damit wurde die Zuständigkeit für die Eingliederungshilfe für seelisch behinderte Kinder und Jugendliche oder die von einer Behinderung bedroht sind, von der Sozialhilfe auf die Jugendhilfe verlagert.

Die Eingliederungshilfe ist im § 35a des KJHG festgelegt, der § 36 KJHG beinhaltet die Festlegung der Mitwirkenden sowie die Erstellung des Hilfeplanes.

§ 35a KJHG: „Eingliederungshilfe für seelisch behinderte Kinder und Jugendliche"

(1) Kinder und Jugendliche, die seelisch behindert oder von einer solchen Behinderung bedroht sind, haben Anspruch auf Eingliederungshilfe. Die Hilfe wird nach dem Bedarf im Einzelfall 1. in ambulanter Form, 2. in Tageseinrichtungen für Kinder oder in anderen teilstationären Einrichtungen, 3. durch geeignete Pflegepersonen und 4. in Einrichtungen über Tag und Nacht sowie sonstigen Wohnformen geleistet. Für Aufgabe und Ziel der Hilfe, die Bestimmung des Personenkreises sowie die Art der Maßnahmen gelten § 39 Abs. 1 und § 40 des Bundessozialhilfegesetzes, soweit die einzelnen Vorschriften auf seelisch Behinderte Anwendung finden.

(2) Ist gleichzeitig Hilfe zur Erziehung zu leisten, so sollen Einrichtungen, Dienste und Personen in Anspruch genommen werden, die geeignet sind, sowohl die Aufgaben der Eingliederungshilfe zu erfüllen, als auch den erzieherischen Bedarf zu decken. Sind heilpädagogische Maßnahmen für Kinder, die noch nicht im schulpflichtigen Alter sind, in Tageseinrichtungen für Kinder zu gewähren, und läßt der Hilfebedarf es zu, so sollen Einrichtungen in Anspruch genommen werden, in denen behinderte und nichtbehinderte Kinder gemeinsam betreut werden.

§ 36 KJHG Mitwirkung, Hilfeplan

(1) Der Personensorgeberechtigte und das Kind oder der Jugendliche sind vor ihrer Entscheidung über die Inanspruchnahme einer Hilfe und vor einer notwendigen Änderung von Art und Umfang der Hilfe zu beraten und auf die möglichen Folgen für die Entwicklung des Kindes oder des Jugendlichen hinzuweisen. Vor und während einer langfristig zu leistenden Hilfe außerhalb der eigenen Familie ist zu prüfen, ob die Annahme des Kindes in Betracht kommt. Ist Hilfe außerhalb der eigenen Familie erforderlich, so sind die in Satz 1 genannten Personen bei der Auswahl der Einrichtung oder der Pflegestelle zu beteiligen. Der Wahl und den Wünschen ist zu entsprechen, sofern sie nicht mit unverhältnismäßigen Mehrkosten verbunden sind.

(2) Die Entscheidung über die im Einzelfall angezeigte Hilfeart soll, wenn Hilfe voraussichtlich für längere Zeit zu leisten ist, im Zusammenwirken mehrerer Fachkräfte getroffen werden. Als Grundlage für die Ausgestaltung der Hilfe sollen sie zusammen mit den Personensorgeberechtigten und dem Kind oder dem Jugendlichen einen Hil-

feplan aufstellen, der Feststellungen über den Bedarf, die zu gewährende Art der Hilfe sowie die notwendigen Leistungen enthält; sie sollen regelmäßig prüfen, ob die gewählte Hilfeart weiterhin geeignet und notwendig ist. Werden bei der Durchführung der Hilfe andere Personen, Dienste oder Einrichtungen tätig, so sind sie oder deren Mitarbeiter an der Aufstellung des Hilfeplans und seiner Überprüfung zu beteiligen.

(3) Erscheinen Hilfen nach § 35a erforderlich, so soll bei der Aufstellung und bei der Änderung des Hilfeplans sowie bei der Durchführung der Hilfe ein Arzt, der über besondere Erfahrungen in der Hilfe für Behinderte verfügt, beteiligt werden. „Erscheinen Maßnahmen der beruflichen Eingliederung erforderlich, so sollen auch die Stellen der Bundesanstalt für Arbeit beteiligt werden."

Im Absatz 3 des Paragraphen 36 des KJGH wird die Beteiligung eines Arztes mit besonderen Erfahrungen in der Hilfe für Behinderte festgelegt. Das impliziert vom Gesetz her die Zusammenarbeit von Mitarbeitern des Jugendamtes mit einem Kinder- und Jugendpsychiater, der über fachspezifische Voraussetzungen für die betroffenen Kinder und Jugendlichen von seiten der Medizin verfügt.

Verzögerungen bei der Einleitung von notwendigen Maßnahmen treten immer wieder dann auf, wenn die erforderliche Finanzierung in ihrer Zuständigkeit nicht klar definiert ist. Einem solchen Zustand wird im § 43 Abs. 1, S. 1 SGW I, jedoch vorgebeugt, weil „der zuerst angegangene Träger vorläufige Leistungen erbringen muß, wenn der Leistungsberechtigte dies beantragt hat." Damit sollten die gelegentlichen Rangeleien um Finanzierungen eigentlich zum Wohle der betroffenen Kinder und Jugendlichen der Vergangenheit angehören.

Die **Prävention** von psychischen Störungen und Erkrankungen des Kindes- und Jugendalters ist in der Bundesrepublik erst in den Anfängen. Sicher ist an sich richtig, daß die Kinder- und Jugendpsychiatrie und -Psychotherapie präventiv angelegt ist, um chronische psychiatrische Erkrankungen im Erwachsenenalter zu vermeiden. Jedoch sind die Anstrengungen der Verhinderung von psychischen Erkrankungen im Kindes- und Jugendalter selbst noch sehr sporadisch.

Wir wissen, daß schwerere chronische Störungen bereits im frühesten Kindes- und Säuglingsalter beginnen.

Beispielhaft für ganz Deutschland wird seit Jahren in München von Frau Mechthild Papousek **eine präventive Betreuung** von Eltern mit **Säuglingen und Kleinstkindern** betrieben. In der **Sprechstunde für Schreibabys** werden Mütter und Eltern beraten, deren Säuglinge und Kleinstkinder die verschiedensten, für dieses Alter spezifische Störungen aufweisen. Schlafstörungen, Fütterstörungen, Unruhe, Kinder, die sich von ihren Müttern nicht beruhigen lassen, führen sehr schnell zu einer psychischen Dekompensation der Eltern, wodurch die Störung des Kindes eskaliert. Oft führen allein elterliche Unsicherheiten zu einem Circulus vitiosus, weil die Unruhe der Eltern das auffällige Verhalten eines Säuglings verstärkt. Hier kann eine kompetente Beratung und Betreuung, selbstverständlich nach Ausschluß organischer Ursachen durch einen Pädiater, Eskalationen zwischen Kind und Mutter beseitigen und damit beginnenden Interaktionsstörungen vorbeugen. Leider werden derartige Beratungen zwar von interessierten Eltern, nicht aber in genügendem Maße von denjenigen aufgesucht, die es am nötigsten hätten. Zu wünschen ist, daß zusätzliche Beratungsstellen künftig an vielen Orten zur Verfügung stehen.

Auch die **präventiven Versuche zur Verhinderung von Drogenmißbrauch** von Kindern und Jugendlichen stehen in Deutschland erst am Anfang. Hier kann nur in Zusammenarbeit des Kinder- und Jugendpsychiaters mit staatlichen Instanzen und Institutionen, vor allem mit der Schule und privaten Organisationen, wie Elterngruppen sowie gemeinnützigen Vereinen, eine flächendeckende Prävention langfristig zum Erfolg führen.

Ein solches Programm von Modellcharakter wird derzeit von dem Psychologischen Institut der Universität Leipzig und der Klinik für Kinder- und Jugendpsychiatrie und -psychotherapie der TU Dresden an Leipziger und Dresdner Schulen betrieben. In Vorversuchen konnte eindeutig gezeigt werden, daß in Zusammenarbeit mit den Schulen nach Anleitung der Lehrer, die Suchtprävention bei Kindern und Jugendlichen erfolgreich betrieben werden kann.

Diese punktuelle Pilotstudie ist jedoch nicht ausreichend. Weiter sind andere Länder. In Australien werden seit Jahren unter Leitung von Matthew Sanders unter Einbeziehung des Fernsehens ein flächendeckendes Präventivprogramm praktiziert. Die wichtigsten Erfahrungen der Australier sind, daß heutzutage ohne Nutzung der Medien, vor allem des Fernsehens, eine Prävention im Kindes- und Jugendalter nicht mehr ausreichend organisiert werden kann. Das Fernsehen ist auch in Australien die häufigste Freizeitbeschäftigung von Kindern und wohl auch von Eltern.

Das Eltern- und Familienhilfszentrum der Universität von Queensland hat sich mit der Entwicklung eines Elternprogramms (**POSITIVE PARENTING PROGRAM TRIPLE P**) das Ziel gestellt, verhaltens- und emotionale Probleme bei Kindern in der Voradoleszenz zu verhüten. In einem 5-Stufen-Programm, das in einem Zeitraum von 12 Jahren entwickelt worden ist, wird die positive Beziehung der Eltern zu ihren Kindern und die Unterstützung der kindlichen Entwicklung gefördert.

Das Programm setzt bereits bei Kindern im Vorschulalter ein. Es schließt die Beurteilung kindlichen Verhaltens und familiäre Interaktionsmuster ein und wie man positiv kindliches Verhalten beeinflussen kann. Eltern erhalten theoretische und praktische Hilfen, wie bestimmte Entwicklungsziele und die soziale Kompetenz ihrer Kinder gefördert werden kann. Es vermittelt gleichzeitig Möglichkeiten, wie in alltäglichen Situationen effektive Disziplinierungsstrategien realisiert werden können. Das Positive Elternprogramm TRIPLE P besteht aus 5 Stufen:

Die *1. Stufe* beinhaltet Informationsmaterial, Arbeitsbücher (Hinweislisten und Videos), Eltern können damit zu Hause ohne therapeutische Hilfe arbeiten. Eltern sollen befähigt werden, die Entwicklung ihrer Kinder zu verbessern. Kurze Instruktionen zeigen, wie man sich mit geringeren Verhaltensproblemen beschäftigt und wie man ernsthaften Problemen vorbeugen kann. Das Programm auf der 1. Stufe enthält Hinweise zum Toilettentraining, zum selbständigen Essen und selbständigen Anziehen der Kinder.

Die *2. Stufe* beschäftigt sich bereits mit spezifischen Verhaltens- und Entwicklungsproblemen von Kindern. Sie schließt einen kurzen Kontakt der Eltern mit dem Therapeuten ein, der Eltern helfen soll, positive Strategien im Umgang mit Verhaltensproblemen zu entwickeln. Das Programm beinhaltet telefonische Konsultationen und kurze Direktkontakte zum Therapeuten. Es ist geeignet zur Überwindung von Schwierigkeiten in der Zu-Bett-Geh-Zeit, Probleme bei den Mahlzeiten und beim Toilettentraining.

Auf der *Stufe 3* enthält das TRIPLE P ein kurzes Therapieprogramm, das aus einer bis drei klinischen Sitzungen besteht. Es umschließt die Kombination von Instruktionen, modellhaftem Lernen und fokusiertem Feedback für die Eltern, um mit diskreten kindlichen Verhaltensproblemen umgehen zu können. Es ist geeignet zur Behandlung von Schlafstörungen, Eßschwierigkeiten, Einnässen und beim Umgang mit Schmerzzuständen im Kindesalter.

Auf der *Stufe 4* umfaßt das Programm ein intensives Verhaltenstrainingsprogramm der Eltern in einem Umfang von 10 wöchentlichen Sitzungen. Es schließt gleichzeitig Hausbesuche mit ein und konzentriert sich auf die Eltern-Kind-Interaktion. Es vermittelt den Eltern bestimmte Verhaltensmuster, um mit schweren Verhaltensproblemen umgehen zu können. Es ist geeignet für die Behandlung von schwerem oppositionellen Verhalten, Aufmerksamkeits- und Hyperaktivitätsstörungen, Kontaktproblemen, Lernschwierigkeiten und aggressivem Verhalten. Das Programm auf Stufe 4 kann individuell und in Gruppensitzungen vermittelt werden.

Die *Stufe 5* beinhaltet ein intensives Therapeuten-Direktprogramm für die Familien mit gravierenden Verhaltensproblemen und Verhaltensdysfunktionen der Kinder. Es modelliert elterliche Verhaltensmuster, familiäre- und eheliche Kommunikationen und vermittelt Strategien zur Verbesserung von Gemütsstörungen und Streßüberwindung. Das Programm der Stufe 5 ist geeignet, um schwere Verhaltensprobleme und ernsthafte Erziehungsschwierigkeiten bei gleichzeitigen familiären Risikofaktoren zu überwinden.

Das Team des Hilfezentrums für Eltern und Familien möchte mit diesem Programm die psychische Gesundheit der Gesellschaft verbessern. Es bedient sich dabei aller modernen Kommunikationstechniken von didaktisch sehr ausgefeilten Handanweisungen, der Nutzung der Kommunikation über E-mail und der Verbreitung von Informationen über das Fernsehen zu besten Sendezeiten. Das Interesse der Allgemeinheit in Australien an Informationen über die psychische und familiäre Gesundheit, und die Kindheitsentwicklung ist mit Hilfe dieses Programms deutlich gewachsen. Das Hilfezentrum für Eltern und Familien bietet auch Programme für Stieffamilien und alleinerziehende Eltern an. Insgesamt ist es eines der umfangreichsten und differenziertesten Präventivprogramme, von denen zu hoffen gilt, daß es auch künftig in Deutschland Verbreitung findet.

7 Psychopharmakotherapie und sonstige somatische Therapieverfahren

7.1 Neuroleptika (Antipsychotika)

7.1.1 Pharmakologie und Biochemie

Unter dem Begriff Neuroleptika (Antipsychotika) wird eine heterogene Gruppe von Psychopharmaka zusammengefaßt, die sich durch ein charakteristisches Wirkspektrum auf Symptome psychotischer Erkrankungen (Wahndenken, Sinnestäuschungen, Ich-Störungen, katatone Verhaltensstörungen) und durch eine dämpfende Wirkung auf psychomotorische Erregtheit, Aggressivität und affektive Spannung auszeichnet.

Neuroleptika lassen sich nach der chemischen Struktur in folgende Gruppen einteilen:

- Phenothiazine: z.B. Fluphenazin, Levomepromazin, Perazin, Perphenazin, Thioridazin.
- Thioxanthene: Z.B. Clopenthixol, Flupentixol, Chlorprothixen.
- Butyrophenone: z.B. Haloperidol, Benperidol, Melperon, Pipamperon.
- Diphenylbutylpiperidine: z.B. Pimozid, Fluspirilen.
- Benzamide: z.B. Sulpirid, Amisulprid.
- Dibenzepine: z.B. Clozapin, Zotepin, Olanzapin, Sertindol, Seroquel, Quetiapin.
- Benzisoxazole: z.B. Risperidon.

Klinisch können die Neuroleptika nach ihrer „neuroleptischen Potenz" (d.h. der Stärke der Blockade der Dopamin-Rezeptoren) eingeteilt werden. So kann mit starkpotenten Neuroleptika schon in niedriger Dosierung eine antipsychotische Wirkung erreicht werden, während dies mit schwachpotenten Neuroleptika erst mit hohen Dosen möglich ist. Starkpotente Neuroleptika werden vorwiegend bei psychotischen Erkrankungen eingesetzt, schwachpotente Neuroleptika mit deutlich sedierender Wirkung sind besonders bei psychomotorischen Erregungszuständen indiziert.

Alle Neuroleptika greifen in das dopaminerge System ein. Mit Hilfe der Bindungstechniken radioaktiver Liganden können 2 Hauptgruppen (D 1 und D 2) und 5 Typen von Dopamin-Rezeptoren im ZNS unterschieden werden. Die antipsychotische Wirkung der Neuroleptika wird in erster Linie mit einer Blockade der prä- und postsynaptischen Dopaminrezeptoren in Verbindung gebracht.

Im ZNS lassen sich drei voneinander abgrenzbare dopaminerge Neuronensysteme unterscheiden. Es gilt als gesichert, daß die Blockade der Dopaminrezeptoren im nigrostriären System mit extrapyramidal-motorischen Begleitwirkungen verknüpft ist. Die antipsychotische Wirkung der Neuroleptika wird dagegen eher mit einer Blockade der Dopaminrezeptoren im mesolimbischen Bereich in Verbindung gebracht, während neuroendokrinologische Begleitwirkungen der Neuroleptika im Sinne eines Prolaktinanstiegs über das tuberoinfundibuläre Dopaminsystem reguliert werden.

Typische Neuroleptika (Phenothiazine, Thioxanthene, Butyrophenone) blockieren Dopaminrezeptoren sowohl im mesolimbischen als auch im nigrostriären Bereich, atypische Neuroleptika (Clozapin, Zotepin, Risperidon, Olanzapin, Sertindol) wirken bevorzugt bis ausschließlich auf das mesolimbische System ein und rufen damit seltener bis keine extrapyramidal-motorischen Nebenwirkungen hervor. Bei den Benzamiden (Sulpirid, Amisulprid) ist eine präferentielle Wirkung auf das mesolimbische und auf das tuberoinfundibuläre dopaminerge System nachweisbar, was zu einem besonderen Anstieg des Prolaktins bei weitgehendem Fehlen extrapyramidal-motorischer Nebenwirkungen führt.

Atypische Neuroleptika blockieren mit hoher Affinität Serotonin- (5-HT1, 5-HT2) Rezeptoren. Typische Neuroleptika zeigen auch eine unterschiedliche Affinität zu Rezeptoren der Neurotransmitter Acetylcholin, Noradrenalin und Histamin. Diese biochemischen Eigenschaften stehen vorrangig mit den unerwünschten Wirkungen in Zusammenhang (Tab. 53). Starkpotente Phenothiazine und Butyrophenone wirken bevorzugt antidopaminerg und verursachen deshalb extrapyramidal-motorische und endokrine Nebenwirkungen. Clozapin, Olanzapin sowie schwachpotente Phenothiazine wirken bevorzugt antimuskarinerg und rufen deshalb vegetative Nebenwirkun-

Tabelle 53 Begleitwirkung und Medikamenteninteraktionen von Neuroleptika in Abhängigkeit von der Rezeptorblockade

Antidopaminerg	Extrapyramidal-motorische Begleitwirkungen (Frühdyskinesie, Parkinson-Syndrom, Akathisie, Spätdyskinesie, Rabbit-Syndrom) Endokrine Begleitwirkungen infolge Prolaktinanstieg (Galaktorrhoe, Gynäkomastie, Menstruationsstörungen, sexuelle Störungen)
Anitmuskarinerg (Ach)	Akkomodationsstörungen, Mundtrockenheit, Sinustachykardie, Verstopfung, Hernverhalten, Dysarthrie, Gedächtnisstörungen, vermindertes Schwitzen, Anfall eines Engwinkelglaukoms
Antihistaminerg H1	Sedierung, Benommenheit, Blutdruckabfall?, Gewichtszunahme?, Potenzierung von Antidepressiva
Anti-α1-adrenerg	Blutdruckabfall, Reflextachykardie, Potenzierung von Minipress
Anti-α2-adrenerg	Blockade clonidinhaltiger Antihypertensiva und Methyldopa

gen hervor. Schwachpotente Neuroleptika und Clozapin besitzen eine besondere Affinität zu Histamin-Rezeptoren und sedieren deshalb erheblich. Außerdem zeigen schwachpotente Neuroleptika und auch Clozapin eine besondere Affinität zu alpha1- und alpha2-adrenergen Rezeptoren, was u.a. mit orthostatischen Dysregulationen in Verbindung gebracht wird.

Neuroleptika werden nahezu vollständig aus dem Magen-Darm-Trakt resorbiert, wobei nach oraler Applikation infolge einer hohen Metabolisierungsrate bei der ersten Leberpassage die Bioverfügbarkeit nur ca. 50% beträgt. Nach 1 bis 6 Stunden werden die höchsten Serumkonzentrationen erreicht. Nur der nicht an Proteine gebundene freie Teil des Wirkstoffs ist pharmakologisch aktiv. Ein steady state ist für die meisten Präparate nach ca. 4 bis 8 Tagen erreicht. Neuroleptika werden vorwiegend in der Leber metabolisiert und in Harn und Faeces ausgeschieden.

Nach oraler Applikation wurden für Phenothiazine und Butyrophenone Plasmaspiegel mit interindividuellen Unterschieden um den Faktor 10 bis 30 gemessen, bei intramuskulärer Gabe fanden sich deutlich geringere Varianzen. Diese Schwankungen sind auf Unterschiede der Resorption, des Verteilungsvolumens und der Metabolisierung zurückzuführen. Die Metabolisierung wird u.a. durch die Ernährung (Coffein) und Interaktionen (Pharmaka, Rauchen, Alkohol) beeinflußt. Die Bestimmung von Neuroleptika-Plasmaspiegeln ist als Routinemaßnahme nicht etabliert, da die Zusammenhänge zwischen Serumkonzentrationen, antipsychotischer Wirkung und Nebenwirkungen nicht eindeutig geklärt sind.

Aufgrund der parenteralen Gabe entfällt bei den Depot-Neuroleptika der first-part-Effekt und die Serumkonzentrationsschwankungen sind wesentlich geringer als bei oraler Gabe. Die protrahierte Wirkung dieser Substanzen über 1 bis 4 Wochen wird über eine langsame Freisetzung der Substanz in das Blut erreicht.

7.1.2 Akutbehandlung mit Neuroleptika

Aus dem Wirkungsspektrum der Neuroleptika ergeben sich folgende Indikationen:

* Schizophrenien,
* Manien,
* Alterspsychosen,

- psychomotorische Erregungszustände,
- Delirien.

Weitere Indikationen können

- Angst- und Spannungszustände, Schlafstörungen und Depressionen mit Wahn sein.

Neuroleptika sollten entsprechend ihrem klinischen Wirkungs- und Nebenwirkungsprofil eingesetzt werden. Bei paranoid-halluzinatorischen Psychosen sind in erster Linie starkpotente Neuroleptika indiziert. In der Regel genügt eine tägliche Äquivalenzdosis von 10 bis 20 mg Haloperidol, wobei oft auch 5 bis 10 mg Haloperidol ausreicht. Bei starker psychomotorischer Unruhe, Angst bzw. Schlafstörungen kann es sinnvoll sein, ein starkpotentes Neuroleptikum mit einem eher sedierend wirkenden schwachpotenten Neuroleptikum, z.B. Chlorprothixen oder Levomepromazin 50 bis 150 mg/die oder mit einem Benzodiazepin, z.B. Diazepam 5 bis 15 mg/die zu kombinieren. Bei psychomotorischen Erregungszuständen bzw. akuter Suizidalität werden bevorzugt sedierend wirkende schwachpotente Neuroleptika eingesetzt. Bestehen gleichzeitig produktiv-psychotische Symptome sollten schwachpotente und starkpotente Neuroleptika miteinander kombiniert werden. Ein katatoner Stupor sollte zunächst mit einem Benzodiazepin, z.B. Lorazepam 2 bis 4 mg/die, behandelt werden.

Bei besonnenen und kooperativen Patienten ist eine einschleichende Dosierung sinnvoll, während bei stark erregten und wenig kooperativen Patienten eine parenterale Gabe eines Neuroleptikums in höherer Dosierung indiziert ist. Höhere Dosen als 20 mg Haloperidol bzw. Äquivalente bewirken im allgemeinen keine Steigerung des antipsychotischen Effekts, sind jedoch mit dem Risiko eines verstärkten Auftretens von extrapyramidalen Nebenwirkungen verbunden. Die antipsychotische Wirksamkeit tritt bereits in den ersten 5 bis 10 Tagen ein, bei vielen Patienten ist aber erst nach einer drei- bis vierwöchigen Behandlung mit einer Remission zu rechnen.

In den meisten Doppelblindstudien konnten, abgesehen von dem unterschiedlichen Ausmaß der Sedierung, keine wirklich relevanten Unterschiede hinsichtlich der Wirkungsprofile zwischen verschiedenen Neuroleptika festgestellt werden. In der täglichen Praxis zeigt sich aber immer wieder, daß einzelne Patienten auf ein bestimmtes Neuroleptikum besonders gut ansprechen. Es ist deshalb wichtig, die Patienten auf frühere Erfahrungen mit bestimmten Medikamenten zu befragen.

Die meisten Neuroleptika wirken im wesentlichen gegen schizophrene Plussymptome, wie Wahn, Halluzinationen und Ich-Störungen, während schizophrene Minussymptome, wie Apathie, affektive Verarmung und Autismus weniger günstig ansprechen. Neuere Untersuchungen mit klassischen Neuroleptika und vor allem die Erfahrungen mit Clozapin und anderen atypischen Neuroleptika haben gezeigt, daß diese Substanzen günstig auf Minussymptome wirken.

Entsprechend einer Metaanalyse kommt es im Laufe einer sechswöchigen Akutbehandlung bei ca. 70% der Patienten zu einer deutlichen Besserung, bei ca. 5% zu keiner Änderung des psychopathologischen Befundes und nur bei ca. 3% zu einer Verschlechterung. Demgegenüber zeigte sich bei ca. 45% der Patienten eine Verschlechterung unter Placebo, bei ca. 15% blieb die Symptomatik unverändert und bei ca. 25% kam es zu einer deutlichen Besserung. Gruppenbezogen gelten folgende Merkmale als günstig für den Therapieerfolg: gute prämorbide soziale Integration, spätere Ersterkrankung, kurze Dauer der aktuellen Symptomatik, akuter Erkrankungsbeginn, ausgeprägte Plussymptomatik. Verschiedene Autoren stellten fest, daß sich Responder und Nonresponder bereits in den ersten Tagen im Ansprechen auf ein Neuroleptikum unterscheiden.

Von einer Therapieresistenz sollte erst dann gesprochen werden, wenn mehr als zwei Neuroleptika verschiedener chemischer Klassen in einer Dosierung von mindestens 1500 mg Clorpromazin-Einheiten über 4 bis 6 Wochen verabreicht worden sind, wenn die Compliance über eine parenterale Applikation des Neuroleptikums gesichert ist und wenn verschiedene soziotherapeutische Maßnahmen zu keiner Besserung des Krankheitsbildes geführt haben. Eine Therapieresistenz liegt bei ca. 5% bis 10% der Patienten vor. Bei der Mehrzahl der Patienten dominiert die Minussymptomatik, die bei einzelnen Patienten mit Plussymptomen, wie chronischen Wahnideen, kombiniert sein kann.

Mehrere Autoren berichteten, daß 30% bis 50% der bisher therapieresistenten Behandlung von Clozapin profitieren. Andere atypische Neuroleptika, wie Risperidon, Olanzapin und Sertindol sollen ebenfalls günstig auf eine Therapieresistenz wirken. Andere Autoren berichten von positiven Erfahrungen mit Sulpirid und Amisulprid oder mit Pimozid. Einzelne Patienten mit ausgeprägten katatonen Symptomen und Hostilität scheinen von einer zeitlich befristeten Hochdosierung mit starkpotenten Neuroleptika zu profitieren. Chronisch Schizophrene mit ausgeprägten maniformen und aggressiven Verhaltensweisen sprechen gut auf eine Kombinationstherapie von starkpotenten Neuroleptika mit Lithium oder Carbamazepin, an. Vom Nebenwirkungsprofil her bestimmt gewinnen atypische Neuroleptika an Bedeutung

7.1.3 Langzeitbehandlung und Rezidivprophylaxe

Der rezidivierende Verlauf der Psychose bei 2/3 der Kranken, die häufig noch bestehende Restsymptomatik, die verminderte Belastbarkeit nach der Rückkehr in Familie und Beruf und die Unregelmäßigkeit bei der Einnahme der verordneten Medikamente tragen wesentlich dazu bei, daß viele Patienten innerhalb kurzer Zeit psychotisch exazerbieren und oft erneut stationär aufgenommen werden müssen. Bei der Nutzen-Risiko-Abwägung einer neuroleptischen Langzeitbehandlung müssen sowohl die Kompensation der psychotischen Symptomatik und die soziale Integration und Lebensqualität der Patienten als auch die Verträglichkeit der Medikamente berücksichtigt werden. Eine symptomsuppressive Behandlung ist bei persistierender schizophrener Symptomatik indiziert. Die therapeutische Dosis sollte dabei so hoch wie nötig sein. Das Ziel dieser Behandlungsstrategie ist es, eine weitgehende Rückbildung der schizophrenen Symptomatik zu erreichen und eine frühe Chronifizierung zu vermeiden. Eine Rezidivprophylaxe sollte erst nach möglichst vollständiger und stabiler Remission erfolgen. Die Dosis sollte allgemein so niedrig wie möglich sein.

Es gilt als erwiesen, daß eine kontinuierliche Psychopharmakotherapie die Grundlage sozio- und psychotherapeutischer Maßnahmen ist. Eine Kombination der neuroleptischen Behandlung mit Soziotherapie senkt die Rezidivrate und führt auch zu einer besseren sozialen Integration der Kranken. Sie kann auch dazu beitragen, daß Schizophrene weniger empfindlich auf Spannungen in ihrer Familie und auf belastende Ereignisse reagieren.

Bis heute fehlen sichere Prädiktoren, die im Einzelfall vor dem Beginn der Behandlung eine sichere Voraussage über die Indikation und die Wirksamkeit einer neuroleptischen Langzeitbehandlung erlauben. In der Regel geht man davon aus, daß eine derartige Behandlung dann indiziert ist, wenn mehrere Schübe aufgetreten sind, die unter medikamentöser Behandlung remittierten, und wenn bei einem Rückfall erhebliche negative Konsequenzen für den Patienten und seine Umwelt erwartet werden müssen.

Placebo-kontrollierte Studien zeigen, daß 60% bis 70% der Patienten unter Placebo, aber nur 30% unter oralen Neuroleptika und nur 10% unter Depot-Neuroleptika ein Rezidiv in einem Jahr erleiden. Der rezidivprophylaktische Effekt ist zumindest über 3 bis 5 Jahre eindeutig empirisch gesichert. Untersuchungen nach der Spiegelmethode, wobei intraindividuell identische Zeiträume vor und nach der Rezidivprophylaxe miteinander verglichen wurden, kamen zu dem Ergebnis, daß ein günstiger rezidivprophylaktischer Effekt der Neuroleptika noch nach 8 bis 18 Jahren festzustellen ist. Absetzversuche bei langfristig remittierten Patienten kamen zu dem Ergebnis, daß bei 80% der Patienten innerhalb von 18 Monaten ein akutes Rezidiv eintrat und daß selbst- und fremdaggressive Verhaltensweisen, Schwierigkeiten im sozialen Umfeld und gerichtliche Einweisungen wesentlich häufiger waren.

Die Rezidivprophylaxe kann entweder als orale Neuroleptikabehandlung oder als parenterale Behandlung mit Depot-Neuroleptika durchgeführt werden. Für die orale Behandlung haben sich vor allem mittelpotente Neuroleptika sowie Clozapin und andere atypische Neuroleptika, wie Risperidon, Olanzapin und Sertindol bewährt. Die gesicherte Applikation, die höhere Bioverfügbarkeit und die Vereinfachung der Behandlungsstrategie haben im wesentlichen dazu beigetragen, daß Depot-Neuroleptika häufiger eingesetzt werden. Die Überlegenheit der Depot-Neuroleptika zeigt sich vor allem in mehrjährigen Studien unter Routinebedingungen. Inwieweit wesentliche Unterschiede in den Wirkungsprofilen einzelner Depot-Neuroleptika bestehen, ist umstritten. Hinsichtlich der rezidivprophylaktischen Wirksamkeit zeigen die verschiedenen Präparate bei adäquater Dosierung keine Unterschiede. Die optimale Dosierung bei einer Neuroleptika-Rezidivprophylaxe ist individuell sehr unterschiedlich. In mehreren Doppelblindstudien zeigte sich, daß viele Patienten am ehesten von einer mittleren Dosierung, z.B. 12,5 bis 25 mg Fluphenazin-Decanoat oder 20 bis 40 mg Flupentixol-Decanoat profitieren. Standarddosisbereiche siehe Tabelle 54.

Wegen einer eventuellen Kumulationsgefahr sollten behutsame Reduktionsversuche der Dosierung vorgenommen werden. Eine Niedrigdosis-Rezidivprophylaxe sollte nur bei unkompliziertem Krankheitsverlauf durchgeführt werden, wobei schon in der Akuttherapie unter niedrigen Dosen eine hinreichende psychopathologische Stabilisierung erkennbar sein muß.

Vor Beginn einer Rezidivprophylaxe sollte der Patient über das Risiko von Spätdyskinesien informiert und sein Einverständnis dokumentiert werden.

Eine neuroleptische Rezidivprophylaxe kann entweder als kontinuierliche Behandlung oder als Intervallbehandlung durchgeführt werden. Für die Mehrzahl der Patien-

Tabelle 54 Standarddosisbereiche für die Rezidivprophylaxe mit Depot-Neuroleptika

Clopenthixoldecanoat	200–400 mg	alle 2–3 Wochen ($t_{1/2}$ ca. 19 Tage)
Fluphenazindecanoat	12,5–100 mg	alle 2–4 Wochen ($t_{1/2}$ ca. 14 Tage)
Flupentixoldecanoat	20–100 mg	alle 2–4 Wochen ($t_{1/2}$ ca. 17 Tage)
Haloperidoldecanoat	50–300 mg	alle 2–4 Wochen oder ($t_{1/2}$ ca. 21 Tage)
Perphenazinenanthat	50–200 mg	alle 2 Wochen ($t_{1/2}$ ca. 6 Tage)

ten ist eine kontinuierliche Verabreichung von Neuroleptika notwendig. Eine Intervallbehandlung, bei der nach längerfristiger Remission die Neuroleptika schrittweise abgesetzt und nach dem Auftreten von Frühsymptomen (Unruhe, Schlafstörungen, Konzentrationsstörungen u.a.) wieder angesetzt werden, kann nicht als etablierte Routinebehandlung angesehen werden. Mehrere kontrollierte Studien kamen zu dem Ergebnis, daß die Rezidiv- und Rehospitalisierungsrate unter einer Intervallbehandlung eindeutig höher war als unter einer kontinuierlichen Therapie und daß auch die soziale Integration und die Verträglichkeit der Medikation unter der Intervallbehandlung nicht besser war. Prädiktoren für eine Intervallbehandlung können derzeit nicht sicher gegeben werden. In jedem Fall notwendig sind hierfür eine besonders tragfähige Arzt-Patient-Beziehung sowie die Fähigkeit des Patienten, Frühsymptome erkennen und daraus die entsprechenden Konsequenzen ziehen zu können.

Bei ca. 40% der Kranken wird eine als notwendig angesehene Rezidivprophylaxe nicht optimal, d.h. zu kurz oder zu niedrig dosiert, durchgeführt. Als Richtlinien werden empfohlen:

- Bei Erstmanifestation oder langen symptomfreien Intervallen eine ein- bis zweijährige Rezidivprophylaxe,
- bei zwei bis drei Manifestationen oder wenn ein Rezidiv innerhalb eines Jahres aufgetreten ist, eine zwei- bis fünfjährige Rezidivprophylaxe,
- bei besonders häufig rezidivierenden Psychosen oder bei Selbst- bzw. Fremdgefährdung eine zeitlich unbegrenzte Rezidivprophylaxe.

Die Compliance hat einen wesentlichen Einfluß auf die Wirksamkeit der neuroleptischen Langzeitbehandlung. 40% bis 50% der ambulant behandelten schizophrenen Patienten nehmen die orale Medikation nicht regelmäßig ein, 10% bis 20% brechen eine Behandlung mit Depot-Neuroleptika vorzeitig ab. Ursachen für eine Noncompliance sind:

- Fehlen der Krankheits- und Behandlungseinsicht, die häufig auf eine unzureichende Information der Patienten und Angehörigen über Zielsetzung, Wirkung, Begleitwirkung und Risiken der Neuroleptika zurückzuführen sind.
- Extrapyramidale Begleitwirkungen, Sedierung, Gewichtszunahme, sexuelle Störungen, kognitive Beeinträchtigungen.
- Vorzeitige Klinikentlassung bei noch nicht ausreichend remittierten Patienten.
- Polypragmasie der Medikation im Sinne einer täglich mehrmaligen Verordnung verschiedener Medikamente.

Eine Verbesserung der Compliance kann erreicht werden durch:

- Eingehende Information des Patienten und seiner Angehörigen über die Erkrankung und das geplante therapeutische Vorgehen, z.B. im Rahmen von psychoedukativen Programmen,
- Aufbau einer tragfähigen Arzt-Patient-Beziehung,
- zusätzliche psychotherapeutische Maßnahmen, z.B. verhaltenstherapeutische Programme,
- Vereinfachung der Medikamentengabe durch Vermeidung von mehrfachen Applikationszeitpunkten und Medikamentenkombinationen,
- Verabreichung des Neuroleptikums in Depot-Form,
- Minimierung, soweit als möglich, von Nebenwirkungen, insbesondere von extrapyramidal-motorischen Nebenwirkungen, ggf. Umstellung auf atypische Neuroleptika, wie Clozapin.

7.1.4 Nebenwirkungen

Die unter einer Neuroleptikatherapie möglichen Nebenwirkungen sind in Tabelle 55 insgesamt, in Tabelle 56 gegliedert nach Häufigkeit und damit klinisch-praktischer Bedeutung zusammengefaßt. Als besonders wichtige Nebenwirkungen gelten die **extrapyramidal-motorischen Störungen**, die bevorzugt unter starkpotenten Neuroleptika auftreten, unter Benzamiden und Risperidon seltener sind und unter Clozapin, Olanzapin und Sertindol nicht gesehen werden.

Tabelle 55 Nebenwirkungen der Neuroleptika

1. **Störungen des Erlebens und Verhaltens**
   dysphorische Reaktionen, Hirnleistungsschwäche, pharmakogene Depressionen, Supersensitivitäts-Psychose

2. **Neurologische Nebenwirkungen**
   akute Dyskinesien und Dystonien, neuroleptisches Parkinsonoid, Akathisie, Spätdyskinesien, malignes Neuroleptika-Syndrom, Störungen der Thermoregulation, zerebrale Krampfanfälle

3. **Störungen des autonomen Nervensystems und kardiovaskuläre Störungen**
   arterielle Hypotonie und Orthostasesyndrom, EKG-Veränderungen, Herzrhythmus-Störungen, Mundtrockenheit, Obstipation, Harnretention, Akkommodationsstörungen, Delirien

4. **Leberfunktionsstörungen**
   (passagere) Erhöhungen der Transaminasen, cholestatischer Ikterus, toxische Hepatose

5. **Blutbildveränderungen**
   passagere Leukozytose, Eosinophilie, Lymphozytose, Leukopenie, Agranulozytose

6. **Stoffwechsel-Störungen**
   Störung des Glukosestoffwechsels, Appetitsteigerung

7. **Endokrine und sexuelle Störungen**
   Galaktorrhoe, Gynäkomastie, Menstruationsstörung, Störungen des Sexualverhaltens

8. **Hautstörungen**
   Hautallergien, Fotosensibilisierung

9. **Augenstörung**
   Linsentrübungen, Hornhauttrübungen, Pigmentablagerungen in der Retina

10. **Entzugserscheinungen**

11. **mutagene bzw. teratogene Wirkungen**

12. **plötzliche Todesfälle**

Tabelle 56 Relativ häufige und relativ seltene Nebenwirkungen von Neuroleptika

Relativ häufige Nebenwirkungen	Relativ seltene Nebenwirkungen
Müdigkeit	malignes neuroleptisches Syndrom
Reduzierte Konzentrationsfähigkeit	epileptische Anfälle
extrapyramidal-motorische NW (EPMS)	Agranulozytose
benigne Blutbildveränderungen	Augenveränderungen
transiente Leberstörungen	
endokrine NW	

Frühdyskinesien sind paroxysmale hyperkinetisch-dystone Syndrome, die durch abrupt auftretende Muskelspasmen und unfreiwillige Haltungsanomalien charakterisiert sind. In erster Linie sind Muskelgruppen im Bereich des Gesichts, der Augen, der Zunge, des Halses und des Schlundes betroffen. Häufig kommt es zu okulogyren Krisen, zu einem Zungen-Schlund-Syndrom und zu einem Torticollis oder Retrocollis. Bei Erwachsenen liegen die Inzidenzraten zwischen 2% und 30%, bei Kindern und Jugendlichen bis zu 50%. 90% aller Frühdyskinesien treten in den ersten 5 Tagen nach Verordnung eines oralen Neuroleptikums, bzw. 1 bis 2 Tage nach erstmaliger Injektion eines Depot-Neuroleptikums auf. Später werden sie nur dann beobachtet, wenn die Dosis abrupt gesteigert wird. Männer sollen häufiger betroffen sein als Frauen und jüngere Patienten eher als ältere. Frühdyskinesien können schnell durch eine Injektion von Biperiden therapiert werden. Eine Dosisreduktion oder die Umstellung auf ein schwächer potentes Neuroleptikum sollten erwogen werden.

Parkinson-Syndrom: Parkinson-Syndrome haben häufig einen negativen Einfluß auf die subjektive Befindlichkeit, die Arbeitsfähigkeit und das Kontaktverhalten der Patienten. Die Bradykinese mit Antriebsminderung, depressiv-dysphorischer Verstimmung, sprachlicher Verarmung und Interessenverlust wird häufig nicht rechtzeitig erkannt. Im Verlauf einer Langzeitbehandlung entwickelt sich bei 10% bis 30% vor allem der älteren Kranken ein Parkinson-Syndrom. Die Symptomatik ist bei starkpotenten Neuroleptika in höherer Dosierung oder in den ersten Tagen nach der Injektion eines Depot-Neuroleptikums besonders ausgeprägt. Bei den meisten Patienten kann eine Rückbildung der Symptomatik durch eine Dosisreduktion oder eine Verlängerung des Injektionsintervalls oder durch eine zeitlich befristete Gabe eines Antiparkinsonmittels, wie Biperiden, erreicht werden. Die routinemäßige oder über Monate kontinuierlich fortgesetzte Verabreichung von Antiparkinsonmitteln ist nicht sinnvoll, weil deren prophylaktischer Effekt umstritten ist, extrapyramidale Begleitwirkungen nach dem Absetzen dieser Medikamente nur bei ca. 20% der Patienten erneut auftreten und bei älteren Kranken delirante Verwirrtheitszustände provoziert werden können.

Akathisien: 10% bis 20% der langfristig mit Neuroleptika behandelten Patienten klagen über eine Unruhe in den Beinen oder über die Unfähigkeit, ruhig sitzen zu bleiben. Die Akathisie wird meistens als besonders quälend erlebt und häufig als Verschlechterung der psychotischen Symptomatik verkannt. Sie ist für viele Patienten der Grund, die Neuroleptika abzusetzen. Die Reduktion der Dosierung oder die zeitlich limitierte Verordnung eines Benzodiazepins oder eines Beta-Blockers, z.B. Propranolol 20 bis 40 mg/die sind sinnvoll. Außerdem kann die Umstellung auf ein atypisches Neuroleptikum erwogen werden. Antiparkinsonmittel verstärken häufig die Symptomatik.

Spätdyskinesien: Bei den Spätdyskinesien handelt es sich um choreiforme bzw. athetoide Bewegungsstörungen, vor allem als orofaziale Dyskinesien mit Schmatz-, Kau- und Zungenwälzbewegungen sowie um choreatische Bewegungen der Extremitäten und des Rumpfes. Als Risikofaktoren gelten höheres Lebensalter, möglicherweise weibliches Geschlecht, vor allem im höheren Lebensalter, hirnorganische Vorschädigung und eine Individual-Disposition. Die kumulative Neuroleptikadosis und die Behandlungsdauer haben wahrscheinlich einen Einfluß auf die Häufigkeit. Unter starkpotenten Neuroleptika werden Spätdyskinesien öfter gesehen als unter schwachpotenten Neuroleptika und Benzamiden. Unter atypischen Neuroleptika, wie Clozapin und Olanzapin, wurden derartige Bewegungsstörungen bisher nicht beobachtet. Ob es unter Depot-Neuroleptika häufiger zu Spätdyskinesien kommt als unter Kurzzeit-Neuroleptika, wird kontrovers diskutiert. Häufig werden Spätdyskinesien nach einer Dosisreduktion oder dem abrupten Absetzen der Neuroleptika manifest. Die Prävalenz liegt zwischen 10% und 20% bei älteren und besonders disponierten Kranken höher. Die meisten Spätdyskinesien zeigen eine leichte bis mittlere Ausprägung, eine Progredienz ist selten. Die therapeutischen Möglichkeiten sind insgesamt als wenig befriedigend anzusehen. Allgemein wird empfohlen, Neuroleptika und Antiparkinsonmittel langsam zu reduzieren. Kommt es dann zu einer Exazerbation der Psychose, ist die Verordnung von Clozapin oder Tiaprid sinnvoll. Auch unter fortgesetzter neuroleptischer Behandlung kann es bei ca. 30% der Patienten noch zu einer Besserung kommen.

Malignes neuroleptisches Syndrom: Es handelt sich um eine zwar seltene, aber potentiell lebensbedrohliche Komplikation der neuroleptischen Behandlung. Sie ist durch eine Hyperthermie, einen Hypertonus der Muskulatur und eine Bewußtseinstrübung charakterisiert. Weiterhin bestehen häufig instabile Herz- und Kreislauffunktionen, eine Tachykardie sowie Störungen der Atemfunktion, eine Hypersalivation und Inkontinenz. Meistens finden sich eine Leukozytose und eine Erhöhung der Kreatininphosphokinase. Die Inzidenzraten variieren zwischen 0,2% bis 2%. Männer sind etwa doppelt so häufig betroffen wie Frauen, ca. 80% der Kranken sind jünger als 40 Jahre. Ein malignes neuroleptisches Syndrom tritt bevorzugt unter starkpotenten Neuroleptika in höherer Dosierung und möglicherweise häufiger unter Depot-Neuroleptika auf. Die Unterscheidung gegenüber einer perniziösen Katatonie oder einer Lithium-Neuroleptika-Inkompatibilität kann schwierig sein. Therapeutisch wird das Absetzen der Neuroleptika und die Verabreichung von Dantrolen, Bromocriptin oder Amantadin empfohlen. Vereinzelt wurde auch eine Rückbildung nach Elektrokrampftherapie beobachtet. Nach Rückbildung der Symptomatik sollte die Umstellung auf Clozapin erwogen werden.

Zerebrale Krampfanfälle: Die Krampfschwelle kann in erster Linie durch schwachpotente Neuroleptika und durch Clozapin gesenkt werden. Pathologische EEG-Befunde sind unter Clozapin häufig zu sehen, Anfälle treten, vor allem in höherer Dosierung, bei ca. 2% der Patienten auf. Das Butyrophenonpräparat Melperon kann bei psychotischen Syndromen im Rahmen von Epilepsien verordnet werden.

Pharmakogene Depressionen: Die Häufigkeiten depressiver Verstimmungszustände unter neuroleptischer Langzeitbehandlung variieren zwischen 10% und 20%. Die schizophrene Grunderkrankung, die Reaktion auf die Erkrankung und deren negative soziale Folgen sowie das Pharmakon spielen ätiologisch eine Rolle. Weiterhin besteht ein Zusammenhang mit Parkinsonsymptomen. Die Dosis des Neuroleptikums sollte möglichst reduziert werden. Die Gabe eines Antiparkinsonmittels kann differentialdiagnostisch hilfreich sein, die Kombination eines Neuroleptikums mit einem Antidepressivum sollte nur bei fortbestehender schwerer Symptomatik erwogen werden. Dabei haben sich vor allem Flupentixol und Thioridazin bewährt.

Sedierung und Apathie: Eine Sedierung kann hauptsächlich zu Beginn einer neuroleptischen Behandlung, vor allem unter schwachpotenten Neuroleptika oder unter Clozapin auftreten. Die Abgrenzung gegenüber einer Minussymptomatik kann im Einzelfall schwierig sein. Das Neuroleptikum sollte entweder nur abends verordnet oder ein Wechsel des Präparates vorgenommen werden.

Dyskognitives Syndrom: Heinrich und Tegeler (1983) beschrieben auf der Grundlage von klinischen Beobachtungen ein „neuroleptisches dyskognitives Syndrom". Krankheitsbedingte Sprachverständnisschwierigkeiten, die Angst vor Verschlechterung des

Denkens und der Konzentration, die Unfähigkeit, eindeutige Gefühlszustände zu erleben, kognitives Gleiten im Sinne der Erschwerung der bildlichen Lenkung des Denkens, der Blockierung des Reaktionsvermögens, des Denkens und Vorstellens, der Erschwernis des Sprachverständnisses und des Sprechens sowie eine Beeinträchtigung der Fähigkeit, Gelesenes aufzunehmen und zu verstehen, werden von schizophrenen Patienten häufig berichtet und können unter Neuroleptika verstärkt erlebt werden. Dabei ist aber nicht an eine monokausale Attribuierung dieser Störungen mit der Verordnung von Neuroleptika zu denken. In mehreren experimentellen Studien konnte sogar eine Verbesserung kognitiver Leistungen durch Neuroleptika beobachtet werden. Kognitive Störungen sind möglicherweise unter starkpotenten Neuroleptika häufiger als unter atypischen Substanzen, wie Clozapin und Risperidon.

Störungen des autonomen Nervensystems treten bevorzugt bei schwachpotenten trizyklischen Neuroleptika und bei Clozapin aufgrund der anticholinergen Wirkungskomponente auf. **Kardiovaskuläre Störungen** sind ebenfalls hauptsächlich bei schwachpotenten trizyklischen Substanzen und Clozapin zu beobachten.

Leberfunktionsstörungen wurden in erster Linie bei trizyklischen schwachpotenten Neuroleptika registriert.

Blutbildveränderungen: Leukopenien und Agranulozytosen sind unter trizyklischen schwachpotenten Neuroleptika, aber fast niemals unter starkpotenten Butyrophenonen festgestellt worden. Nachdem unter Clozapin gehäuft Agranulozytosen aufgetreten waren, wurden für die Verordnung dieser Substanz Richtlinien der kontrollierten Anwendung beschlossen. Danach soll Clozapin nur Patienten verordnet werden, die auf andere Medikamente nicht ansprechen oder diese nicht vertragen. Die Inzidenz der Granulozytopenie beträgt ca. 3 %, die der Agranulozytose 1 %. Bei 80 % der Fälle treten diese Störungen in den ersten 18 Behandlungswochen, vor allem zwischen der 6. und 10. Behandlungswoche, auf. In den ersten 18 Wochen müssen die Leukozyten wöchentlich, danach mindestens einmal monatlich und nach dem Absetzen über einen Zeitraum von weiteren 4 Wochen gezählt werden. Viele Autoren empfehlen eine Kontrolle des Differentialblutbildes. Clozapin muß abgesetzt werden bei einer Leukozytenzahl kleiner als 3000 mm^3 und bei einer Zahl neutrophiler Granulozyten kleiner als 1500/mm^3. Die durch Clozapin verursachte Agranulozytose ist im allgemeinen bei rechtzeitiger Erkennung und Behandlung reversibel. Bei Nichtbeachtung der ersten Anzeichen einer Blutbildstörung (grippeähnliche Symptome, z.B. Fieber, Schüttelfrost, Halsschmerzen sowie Mundschleimhautentzündungen und gestörte Wundheilung) kann es zu letalen Komplikationen kommen.

Stoffwechselstörungen: Störungen des Glukosestoffwechsels oder eine Appetitsteigerung mit Gewichtszunahme werden in erster Linie unter trizyklischen schwachpotenten Neuroleptika und unter Clozapin festgestellt. **Endokrine Störungen** sind unter verschiedenen Neuroleptika infolge des Prolaktinanstiegs beobachtet worden. Hautstörungen und Augenstörungen treten vereinzelt unter schwachpotenten trizyklischen Neuroleptika auf. Plötzliche Todesfälle sind vereinzelt meist unter hohen Dosen trizyklischer Neuroleptika aufgetreten.

Mutagene bzw. teratogene Wirkung: Generell gilt auch für die Behandlung mit Neuroleptika in der Schwangerschaft, daß auf deren Anwendung nach Möglichkeit insbesondere im ersten Trimenon verzichtet werden sollte. Bei Kindern schizophrener Mütter liegt die Mißbildungsrate bei ca. 2 %, diese wird durch eine Phenothiazin-Gabe während des ersten Trimenons um ca. 0,4 % erhöht. Muß nach sorgfältiger Abwä-

Tabelle 57 Mögliche Wechselwirkungen von Neuroleptika mit anderen Pharmaka

Wechselwirkung mit	Klinischer Effekt
• Zentraldämpfende Pharmaka (z. B. Benzodiazepine, Hypnotika, Barbiturate, Antihistaminika	Gegenseitige Wirkungsverstärkung
• Antidepressiva (mit anticholinerger Komponente) und Anticholinergika	Delirprovokation
• Antihypertonika	Verstärkung der Blutdrucksenkung
• Dopaminantagonisten (z. B. Metoclopramid, Alizaprid)	Verstärkung extrapyramidaler Nebenwirkungen
• Orale Kontrazeptiva	Verstärkung der Prolaktin-abhängigen Nebenwirkungen sowie der Nebenwirkungen oraler Kontrazeptiva
• Antikoagulanzien	Wirkungsverstärkung
• Pentetrazol	Konvulsionen
• Guanethidin	Verminderung der Blutdrucksenkung
• Adrenalin	Blutdrucksenkung (Adrenalinumkehr)
• Antidepressiva	Erhöhung der Antidepressiva-Serumkonzentration
• Lithium	Gegenseitige Plasmaspiegelerhöhung, Erhöhung der Neurotoxizität
• Phenytoin	Erhöhung von Phenytoinplasmaspiegel
• Carbamazepin	Erniedrigung der Neuroleptika-Plasma-Spiegel
• Coffein	Wirkungsabschwächung von Neuroleptika

gung des Nutzen-Risiko-Verhältnisses eine Verabreichung von Neuroleptika erfolgen, sollte Haloperidol gewählt werden. In Einzelfällen wurden darunter bei Neugeborenen Deformationen der Extremitäten beobachtet. Neuroleptika sollten möglichst zwei Wochen vor dem erwarteten Geburtstermin abgesetzt oder zumindest reduziert werden, um das Risiko extrapyramidal-motorischer Begleitwirkungen beim Neugeborenen zu verringern. Da Neuroleptika in geringem Umfang in die Muttermilch übergehen, wird vom Stillen abgeraten.

Medikamenteninteraktionen der Neuroleptika mit anderen Substanzen: Es können pharmakodynamische und pharmakokinetische Wechselwirkungen unterschieden werden, die sowohl zu einer Verstärkung als auch zu einer Verminderung der Wirkungen und Nebenwirkungen führen können. Im folgenden sind einige für die Praxis relevante Interaktionen aufgeführt (Tab. 57).

7.2 Antidepressiva

7.2.1 Einleitung

Seit der Entdeckung von Imipramin sowie des MAO-Hemmers Iproniazid im Jahre 1957 sind zuerst zahlreiche trizyklische und später einige tetrazyklische Antidepressiva entwickelt worden. Seit einigen Jahren sind neue Substanzen im Handel, die selektiv auf das serotonerge bzw. auf das noradrenerge System einwirken (selektive Seroto-

Tabelle 58 Übersicht über die verfügbaren Antidepressiva

Psychomotorisch aktivierend
- *MAO-Hemmer*
  Moclobemid (Aurorix®)
  Tranylcypromin (Parnate®, Jatrosom®N)
- *Trizyklische Antidepressiva ("Desipramin-Typ")*
  Desipramin (Pertofran®, Petylyl®)
  Nortriptylin (Nortrilen®)
- *Chemisch andersartige Antidepressiva*
  Viloxazin (Vivalan®)
  Sulpirid (Dogmatil® u. a.)

Psychomotorisch neutral
- *Trizyklische Antidepressiva ("Imipramin-Typ")*
  Imipramin (Tofranil®, Pryleugan®)
  Clomipramin (Anafranil®, Hydiphen®)
  Dibenzepin (Noveril®)
  Lofepramin (Gamonil®)
- *Tetrazyklische Antidepressiva*
  Maprotilin (Ludiomil® u. a.)
  Mianserin (Tolvin® u. a.)
- *Chemisch andersartige Antidepressiva*
  Trazodon (Thombran®)
- *Serotonin-selektive Antidepressiva (SSRis)*
  Citalopram (Cipramil®)
  Fluvoxamin (Fevarin®)
  Fluoxetin (Fluctin®)
  Paroxetin (Seroxat, Tagonis®)
  Sertralin (Gladem®, Zoloft®)
- *Serotonin-Noradrenalin-selektive Antidepressiva (SNRIs, NaSSAs)*
  Mirtazapin (Remergil®)
  Venlafaxin (Trevilor®)

Psychomotorisch dämpfend
- *Trizyklische Antidepressiva ("Amitriptylin-Typ")*
  Amitriptylin (Saroten® u. a.)
  Amitriptylinoxid (Equilibrin®)
  Dosulepin (Idom®)
  Trimipramin (Stangyl®)
  Doxepin (Aponal® u. a.)

Kombinationspräparate
- *Antidepressiva + Tranquilizer (Limbatril®)*

nin-Wiederaufnahmehemmer, selektive Serotonin-Noradrenalin-Wiederaufnahme-
hemmer, noradrenerge und spezifische serotonerge Antidepressiva). Neuere Forschungsergebnisse führten auch dazu, daß das Spektrum der Indikationen für Antidepressiva wesentlich erweitert wurde.

7.2.2 Pharmakologie und Biochemie

Die bisher verfügbaren Antidepressiva lassen sich strukturchemisch bzw. biochemisch in mehrere Gruppen zusammenfassen (Tab. 58).

Die trizyklischen Antidepressiva hemmen in unterschiedlicher Intensität den aktiven
Rücktransport von Noradrenalin und/oder Serotonin, das in den synaptischen Spalt
freigesetzt wurde. Damit erhöht sich die aktuelle intrasynaptische Konzentration dieser Transmitter. Einzelne Substanzen, wie Maprotilin, Desipramin und Nortriptylin
wirken bevorzugt auf das noradrenerge System, andere Substanzen, wie Imipramin,
Amitriptylin oder Doxipin hemmen sowohl die Wiederaufnahme von Noradrenalin
als auch von Serotonin und andere Substanzen, wie Clomipramin, haben eine besondere Affinität zum serotonergen System.

Trizyklische Antidepressiva blockieren in unterschiedlicher Ausprägung auch andere
Neurotransmitterrezeptoren. Viele Substanzen, z.B. Doxepin, Amitriptylin, Trimipramin, Mianserin und Maprotilin sind starke Histamin-A1-Rezeptorantagonisten
und wirken damit stark sedierend. Die anticholinergen Begleitwirkungen vieler trizyklischer Antidepressiva, z.B. von Amitriptylin, Clomipramin, Trimipramin und Doxepin sind auf die Blockade von Acetylcholinrezeptoren zurückzuführen. Ausgeprägte alpha1-antagonistische Wirkungen besitzen Amitriptylin, Doxepin, Trimipramin
und Mianserin, womit sedierende und blutdrucksenkende Nebenwirkungen in Verbindung gebracht werden. Dopaminrezeptoren werden nur durch Trimipramin und
Clomipramin in geringer Ausprägung blockiert.

Nach mehrwöchiger Gabe von trizyklischen Antidepressiva kommt es zu einer Verminderung der Zahl postsynaptischer Beta1-Rezeptoren („Down-Regulation") sowie zu unterschiedlichen Veränderungen der Alpha2-Rezeptoren. Die adaptiven
Veränderungen sollen auch für die therapeutische Wirkung der Antidepressiva von
Bedeutung sein.

Klassische Monoaminooxydasehemmer, wie Tranylcypromin, blockieren irreversibel
die MAO-A und MAO-B, während der reversible Monoaminooxydasehemmer Moclobemid selektiv die MAO-A hemmt. Der Vorteil des reversiblen und selektiven
MAO-Hemmers Moclobemid besteht darin, daß es nicht zum Anstieg des Blutdrucks
bei gleichzeitiger Zufuhr tyraminhaltiger Nahrungsmittel kommt. Die selektiven Sero-
tonin-Wiederaufnahmehemmer bewirken eine Blockade des aktiven Rücktransports
und somit eine Hemmung der Wiederaufnahme von Serotonin in das präsynaptische
Neuron. Es befinden sich deshalb Serotonin-Moleküle in erhöhter Konzentration im
synaptischen Spalt. Diese stimulieren vermehrt die postsynaptischen Serotonin-Rezep-
toren, insbesondere 5-HT1a-Rezeptoren, 5-HT2-Rezeptoren und 5-HT3-Rezeptoren.
Eine besondere Bedeutung für die antidepressive Wirksamkeit scheint die Beeinflussung der 5-HT1a- und 5-HT2-Rezeptoren zu haben. Die Inhibition der 5-HT2-Rezep-
toren bzw. die Stimulation der 5-HT1a-Rezeptoren kann daher zu gleichen Verhaltensänderungen führen. Die vermehrte Stimulation der 5-HT1a-Rezeptoren durch Serotonin bewirkt stimmungsaufhellende, anxiolytische und antiaggressive Effekte. Eine

gleichzeitige Beeinflussung der 5-HT2-Rezeptoren kann aber zu serotonergen Begleitwirkungen (Agitation, Schlafstörungen, sexuelle Dysfunktionen) führen und eine Stimulation der 5-HT3-Rezeptoren durch Serotonin kann Übelkeit auslösen. Ein wesentlicher Vorteil der SSRI besteht darin, daß sie fast keine Affinität zu Histamin-, Acetylcholin- und Noradrenalinrezeptoren haben und deshalb nicht sedieren und keine anticholinergen Nebenwirkungen verursachen und nicht kardiotoxisch sind.

Venlafaxin unterscheidet sich von den SSRI dadurch, daß es nicht nur den aktiven Rücktransport von Serotonin blockiert, sondern auch gleichzeitig die Wiederaufnahme von Noradrenalin in das präsynaptische Neuron verhindert. Damit kommt es zu einer simultanen Aktivierung im Serotonin- und Noradrenalin-System, was möglicherweise zu einem schnelleren Wirkungseintritt und zu einer besonders hohen therapeutischen Wirksamkeit führt. Venlafaxin besitzt fast keine Affinität zu Histamin-, Acetylcholin- und Noradrenalin-Rezeptoren, wirkt deshalb nicht sedierend und ruft keine anticholinergen Nebenwirkungen hervor. Die Substanz zeigt allerdings ein den SSRI vergleichbares serotonerges Nebenwirkungsspektrum und kann gelegentlich in höherer Dosierung zu einem Blutdruckanstieg führen.

Das noradrenerge und spezifisch serotonerge Antidepressivum Mirtazapin verstärkt über eine Blockade präsynaptischer Noradrenalin-Alpha2-Autorezeptoren die noradrenerge Signalübertragung und erhöht gleichzeitig die serotonerge Neurotransmission. Dabei kommt es zu einer spezifischen Aktivierung von 5-HT1a-Rezeptoren, was für den antidepressiven Effekt bedeutsam ist. Im Vergleich mit den SSRI kommt es unter Mirtazapin aber nicht zu einer Aktivierung von 5-HT2- und 5-HT3-Rezeptoren und damit nicht zu Agitation, Schlafstörungen, Sexualstörungen und gastrointestinalen Beschwerden. Die Substanz hat eine Affinität zu Histamin-H1-Rezeptoren und wirkt damit leicht sedierend.

Das dual-serotonerge Antidepressivum Nefazodon blockiert einerseits die 5-HT2-Rezeptoren und hemmt andererseits präsynaptisch die Wiederaufnahme von Serotonin. Im Vergleich zu den SSRI ist die Inhibition des Serotonin-Transports durch Nefazodon eher moderat. Die Substanz besitzt nur eine minimale Affinität für adrenerge, Alpha2- und Beta-Rezeptoren sowie für cholinerge Rezeptoren, so daß entsprechende Nebenwirkungen im Vergleich zu trizyklischen Substanzen selten sind. Sehr vereinzelt wurde über leichte Müdigkeit, Mundtrockenheit, Übelkeit und Schwindelgefühl geklagt. Im Gegensatz zu trizyklischen Substanzen und SSRI beeinflußt Nefazodon nicht den REM-Schlaf und hat damit einen besonders günstigen Einfluß auf die Schlafqualität.

7.2.3 Pharmakokinetik und Serumkonzentration

Antidepressiva werden fast vollständig aus dem Magen-Darm-Trakt resorbiert, und schon nach wenigen Stunden (Imipramin 2 bis 4 Stunden, Maprotilin 6 bis 17 Stunden) wird die höchste Serumkonzentration erreicht. Die Bioverfügbarkeit nach oraler Gabe beträgt für die meisten Substanzen 50%. Die Eliminationshalbwertszeit liegt im Bereich von 20 bis 50 Stunden, für Fluoxetin mit seinem aktiven Metaboliten aber bei 14 bis 21 Tagen. Ein steady state wird nach 5 bis 10 Tagen erreicht. Die tertiären Amine Amitriptylin und Imipramin werden zu den sekundären Aminen Nortriptylin und Desipramin metabolisiert, wobei diese selbst pharmakologisch aktiv sind.

Eine besondere Bedeutung kommt der Pharmakokinetik bei der Behandlung älterer Menschen zu. Die Resorption, Verteilung im Körper, Bindung an Plasmaeiweiße, he-

Tabelle 59 Trizyklische Antidepressiva – Wichtige Interaktionen mit anderen Arzneimitteln

Wechselwirkung mit	Klinische Effekte	Procedere
Alkohol und zentraldämpfende Pharmaka (Neuroleptika, Antihistaminika, Barbiturate, Benzodiazepine, Hypnotika)	Verstärkte Sedierung/ZNS-Dämpfung	Alkohol meiden, evtl. Dosis-Anpassung
Antiarrhythmika (Typ 1a und 1c	Verlängerung der Überleitungszeit, Cave AV-Block	Kombination meiden
Anticholinergika (z. B. Parkinsonmittel, Antihistaminika, Antiemetika, Neuroleptika)	Verstärkung anticholinerger Wirkungen (z. B. Darm-Blasen-Atonie, Delir)	Entsprechende Nebenwirkung beachten, Einsatz nicht-trizyklischer Antidepressiva oder Dosisreduktion
Antihypertonika (z. B. Clondin, Reserpin, Guanethidin, Alphamethyldopa)	Abschwächung der antihypertensiven Wirkung	Betablocker oder Dihdralazin als Alternative
Antikoagulanzien (Marcumar)	Blutungsgefahr durch Verstärkung der gerinnungshemmenden Wirkung	Engmaschige Kontrolle der Gerinnungsparameter (Quick-Wert), evtl. Dosisanpassung
Sympathomimetika (Adrenalin, Noradrenalin, Lokalanästhetika-Kombinationen)	Blutdruckanstieg	Dihydroergotamin bei arterieller Hypotonie. Beta-Sympathomimetika bei Asthma. Felypressin zur Lokalanästhesie

patische Metabolisierung und renale Eliminierung sind im Alter meistens vermindert, so daß mit einem Anstieg der Plasmaspiegel und der Nebenwirkungen gerechnet werden muß.

Wichtig sind auch Interaktionen zwischen Antidepressiva und anderen Medikamenten, weil es dabei zu bedrohlichen Nebenwirkungen kommen kann (Tab. 59). Aufgrund ihrer spezifischeren pharmakologischen Wirkung kommt es bei den SSRI im allgemeinen zu weniger Arzneimittelwechselwirkungen als bei den trizyklischen Substanzen. Die SSRI werden alle hauptsächlich in der Leber metabolisiert. Dabei ist die Beeinflussung von Enzymen des Cytochrom P-450-Komplexes, der Arzneimittel abbaut, relevant. Fluvoxamin führt zu einer ausgeprägten Hemmung von CYP1A2, welches Substanzen wie Imipramin, Coffein oder Theophyllin metabolisiert. Fluoxetin und Paroxetin inhibieren vor allem das CYP2D6 und damit die Verstoffwechselung verschiedener Neuroleptika, Betablocker und Antiarrhythmika Citalopram und Sertralin haben nur eine schwache Hemmaktivität gegenüber CYP2D6 und lassen sich deshalb problemlos mit anderen Arzneimitteln kombinieren (Tab. 60). SSRI sollten aber nicht gleichzeitig mit anderen serotonergen Substanzen, z.B. MAO-Hemmern, Clomipramin, L-Tryptophan, verabreicht werden, weil es dann zu einem Serotonin-Syndrom mit erheblicher Agitiertheit, Hyperthermie, Rigor, Myoklonus und Verwirrtheit kommen kann. Nach Kombination von Fluoxetin bzw. Paroxetin mit Lithium sind vereinzelt ebenfalls Serotonin-Syndrome berichtet worden.

Tab. 60 Die wichtigsten am Metabolismus von Arzneistoffen beteiligten Cytochrom-P450-Isoenzyme und ihre Substrate und potenten Inhibitoren

CYP1A2	CYP2C19	CYP2C9/10	CYP2D6	CYP3A3/4
Substrate				
SSRI *Fluvoxamin?*	**SSRI** *Citalopram* *Fluoxetin* (erst in höheren Konzentrationen)	**SSRI** *Fluoxetin*	*Sertralin?* *N-Desmethylci-talopram* **SSRI** *Paroxetin* *Fluoxetin* *Norfluoxetin*	*Citalopram* **SSRI** *Sertralin* *Norfluoxetin und Fluoxetin* (beide erst in höheren Konzentrationen)
Trizyklische Antidepressiva Amitriptylin[a] Imipramin[a] Clomipramin[a]	**Trizyklische Antidepressiva** Clomipramin[a] Imipramin[a]	**Nichtsteroidale Antirheumatika** Diclofenac Piroxicam Naproxen Ibuprofen	**Trizyklische Antidepressiva** Desipramin[b] Nortriptylin[b] Amitriptylin[b] Inipramin[b] Clomipramin[b]	**Trizyklische Antidepressiva** Imipramin[a] Amitriptylin[a] Clomipramin
Antipsychotika Clozapin	**Andere Antidepressiva** Moclobemid	**Verschiedene** S-Warfarin Phenytoin Tolbutamid	**Andere Antidepressiva** Venlafaxin Mianserin Maprotilin	**Andere Antidepressiva** Nefazodon Desmethylvenla-faxin
Betablocker Propranolol	**Benzodiazepine** Diazepam		**Antipsychotika** Clozapin Risperidon Haloperidol Remoxiprid	**Benzodiazepine** Alprazolam Midazolam Triazolam Diazepam
Verschiedene Coffein Theophyllin Paracetamol R-Warfarin Tacrin	**Barbiturate** Hexobarbital		**Betablocker** Propranolol Timolol Metoprolol	**Antipsychotika** Clozapin
	Betablocker Propranolol		**Antiarrhythmika** Propafenon Flecainid	**Antihistaminika** Terfenadin Astemizol
	Antiepileptika S-Mephenytoin		**Opiate** Codein Dextro-methorphan	**Antikonsulsiva** Carbamazepin
				Antiarrhythmika Propafenon Lidocain Chinidin
				Analgetika Paracetamol
				Calciumkanalblocker Dilitiazem Verapamil Nifedipin
				Immunsuppressiva Ciclosporin[b]
				Makrolidantibiotika Erythromycin
				Steroide Cortisol Dexamethason Estradiol Testosteron
Potente Inhibitoren			*Paroxetin* *Chinidin*	
Fluvoxamin	*Fluvoxamin*		*Fluoxetin* *Norfluoxetin*	Ketoconazol Itraconazol Erythromycin

* ? Metabolismus noch nicht vollständig geklärt, [a] N-Demethylierung, [b] Hydroxylierung

Die Befunde zu Antidepressiva-Plasmakonzentrationen sind widersprüchlich. Für Nortriptylin und Amitriptylin gibt es konsistente Befunde für ein therapeutisches Fenster, d.h. in einem mittleren Plasmakonzentrationsbereich wird eine optimale Wirkung gesehen, während bei sehr niedrigen oder sehr hohen Werten die Wirksamkeit geringer ist und Nebenwirkungen häufiger festgestellt werden. Für Clomipramin, Desipramin und Imipramin wurde eine untere Schwellendosis gemessen, die erreicht werden muß, um eine antidepressive Wirkung zu erzielen. In der Praxis ist eine Bestimmung der Plasmakonzentrationen aber nur bei Therapieresistenz, beim Auftreten ausgeprägter Nebenwirkungen oder bei vermuteter Non-Compliance indiziert.

7.2.4 Akutbehandlung mit Antidepressiva

7.2.4.1 Indikationen

Untersuchungen, u.a. auch mit neu entwickelten Antidepressiva, führten dazu, daß das Spektrum der Indikationen für diese Substanzen erheblich erweitert wurde. Die Einführung des ICD-10 und des DSM-IV hat zu einer weiteren Differenzierung depressiver Syndrome geführt. Bei der Indikationsstellung für eine Antidepressivatherapie ist auch der Schweregrad einer Depression zu berücksichtigen. Bei einer leichten depressiven Episode kann eine Behandlung mit Phytopharmaka, z.B. mit Johanniskraut, versucht werden. Im weiteren wird wegen der besseren Verträglichkeit vor allem die Verordnung von SSRI oder neu entwickelten Antidepressiva empfohlen. Je schwerer das depressive Syndrom ist, desto mehr ist die Gabe eines Antidepressivums indiziert und desto deutlicher und verläßlicher ist der Nachweis der Antidepressiva-Wirkung. Bei schweren depressiven Episoden mit psychotischen Inhalten ist die Kombination eines trizyklischen Antidepressivums, eines SSRI's bzw. einer neu entwickelten Substanz mit einem Neuroleptikum indiziert. Bei kurzen wiederkehrenden Depressionen haben sich die SSRI's nicht besonders bewährt. Bei saisonal abhängigen Depressionen wird eine Lichttherapie und die Verordnung von SSRI's empfohlen.

Bei Panikattacken und generalisierten Angststörungen haben sich besonders Imipramin und SSRI's bewährt. Bei der sozialen Phobie soll der MAO-Hemmer Moclobemid besonders wirksam sein. Bei Zwangsstörungen sind Clomipramin oder SSRI indiziert. Bei der Bulimie wurden mit trizyklischen Antidepressiva, Fluoxetin und MAO-Hemmern therapeutische Wirkungen nachgewiesen. Amitriptylin, Clomipramin, Doxepin oder Trimipramin sind bei chronischen Schmerzsyndromen indiziert. Bei der Behandlung von Entzugssyndromen liegen insbesondere Erfahrungen mit Doxepin vor. Bei Schlafstörungen werden vor allem Trimipramin (keine REM-Suppression, geringe Beeinflussung der Schlafstruktur), Doxepin sowie Amitriptylin empfohlen. Bei Persönlichkeitsstörungen, z.B. bei Borderline-Störungen, können Antidepressiva, insbesondere MAO-Hemmer verordnet werden, wobei paradoxe Reaktionen möglich sind. Bei einer postschizophrenen Depression hat sich vor allem Imipramin bewährt und bei schizophrenen Minussymptomen sollte unter fortgesetzter Neuroleptikagabe ein Therapieversuch mit Desipramin oder Nortriptylin erwogen werden. Bei posttraumatischen Belastungsstörungen sind vor allem MAO-Hemmer indiziert. Bei prämenstruellen Syndromen wurden positive Erfahrungen mit Fluoxetin berichtet.

7.2.4.2 Kontraindikationen

Kontraindikationen leiten sich vom Wirk- und Nebenwirkungsprofil, insbesondere von den anticholinergen und adrenergen Wirkeigenschaften, der Kombinations- und Wechselwirkungen der Antidepressiva, der Vorbehandlung sowie von der Komormidität ab. Da die SSRI, SNRI, NASSA und die RIMA weniger klinisch relevante Nebenwirkungen haben und wegen ihrer Selektivität geringere Interaktionen verursachen, kann ihr Einsatz bei relativen Kontraindikationen erwogen werden.

Absolute Kontraindikationen für alle Antidepressiva: bekannte Überempfindlichkeit gegen die Substanz, akute Intoxikationen und Delirien, akute Harnverhaltung, relevante Herz-Kreislauf-Erkrankungen, schwere Leber- und Nierenschäden, relevante Blutbildstörungen.

Relative Kontraindikationen für Antidepressiva: hirnorganische Schädigung, Krampfanfälle, erhöhte Krampfbereitschaft, Schilddrüsen- und Stoffwechselstörungen, Störungen der Harnentleerung, weniger ausgeprägte Herz-Kreislauf-Störungen.

Kontraindikationen für selektive, reversible MAO-Hemmer: aktuelle oder kürzer als 2 Wochen zurückliegende Einnahme eines SSRI (bei Fluoxetin 5 Wochen), von Clomipramin oder eines anderen serotonerg wirksamen Pharmakons (Gefahr eines Serotonin-Syndroms), Einnahme von sympathikomimetisch wirkenden Medikamenten, Einnahme von opiatartigen Narkoanalgetika, früherer Hirninfarkt oder intrakranielle Blutung, Phäochromozytom, Thyreotoxikose, bevorstehende Operation mit notwendiger Narkose.

Kontraindikationen für SSRI: aktuelle oder kürzer als 2 Wochen zurückliegende Einnahme eines MAO-Hemmers (bei Moclobemid 2 Tage), gleichzeitige Einnahme von anderen serotonerg wirksamen Pharmaka, Vorsicht bei gleichzeitiger Lithiumbehandlung.

7.2.4.3 Auswahl der Präparate

Kriterien für die Auswahl eines Antidepressivums sind: **Prägnanztyp und Ausprägung der Symptomatik, Wirksamkeit, Verträglichkeit und Behandlungskosten.**

Im allgemeinen können nicht sedierende von sedierenden Antidepressiva unterschieden werden (Tab. 61).

Bei ängstlich-agitierten bzw. suizidalen Patienten werden bevorzugt sedierende Antidepressiva eingesetzt. Es können aber auch nicht sedierende Antidepressiva, z.B. SSRI, bei derartigen Syndromen verordnet werden, wenn gleichzeitig eine sedierende Komedikation (Benzodiazepin oder schwachpotentes Neuroleptikum) verordnet wird. Bei antriebsgehemmten Depressiven sind in erster Linie nicht sedierende Antidepressiva indiziert. Von eigens aufgeführten Ausnahmen (siehe Indikationen, z.B. Zwangsstörungen und atypische Depression) abgesehen, gibt es keine zweifelsfrei gesicherten Hinweise für Wirksamkeitsunterschiede. Nach jetzigem Kenntnisstand sind neuere Antidepressiva, wie z.B. SSRI, nicht wirksamer als trizyklische Antidepressiva. In Einzelstudien, besonders bei schweren Krankheitsverläufen, schnitten Trizyklika besser als neuere Antidepressiva ab, auf der anderen Seite gibt es nur ganz wenige Studien, in denen neuere Antidepressiva den trizyklischen Substanzen überlegen waren. Bezüglich einer differentiellen Wirkung von Antidepressiva auf Suizidalität ist aufgrund kontrollierter klinischer Studien keine gesicherte Aussage möglich. Kasuistisch wurde berich-

Tabelle 61 Zielsyndrome für Antidepressiva

Antidepressiva ohne oder mit kaum sedierender Komponente für *gehemmt-depressive Syndrome*	Antidepressiva mit sedierender Komponente für *agitiert-ängstliche Syndrome*
Tranylcypromin	Doxepin
Moclobemid	Amitriptylin
Fluoxetin	Amitriptylinoxid
Fluvoxamin	Trimipramin
Paroxetin	Mianserin
Venlafaxin	Trazodon
Viloxazin	Maprotilin
Desipramin	
Nortriptylin	
Imipramin*	
Clomipramin*	
Dibenzepin*	

* Diese Antidepressiva können auch eine sedierende Wirkung haben

tet, daß SSRI eine Suizidalität verstärken könnten, was aber in Metaanalysen nicht bestätigt wurde. Bei Suizidalität ist immer eine sedierende Zusatzmedikation notwendig. Alle Antidepressiva haben eine Wirklatenz von ca. 2 Wochen, ob diese, wie vereinzelt berichtet wurde, unter einigen neueren Antidepressiva kürzer ist, gilt als umstritten. Im Gegensatz zu Trizyklika zeichnen sich die neueren Antidepressiva durch ein insgesamt günstigeres Nebenwirkungsprofil aus und sind bei Überdosierung relativ sicher. Kognitive Funktionen werden durch die meisten der neuen Substanzen kaum verändert.

7.2.4.4 Dosierung

Die allgemein gültigen Dosierungsrichtlinien sind in Tabelle 62 aufgeführt. Für trizyklische Substanzen, mit Ausnahme von Dibenzepin, liegen die als wirksam und verträglich erachteten Dosierungen zwischen 75 und 300 mg/die. Dosierungen unter 75 mg Imipramin-Äquivalent zeigen keinen ausreichenden antidepressiven Effekt, als Standarddosierung wird eine Tagesdosis von 150 mg Imipramin-Äquivalent empfohlen. Für alle Trizyklika wird eine einschleichende Dosierung empfohlen (50 bis 75 mg/die), die Dosierungsvorgaben für SSRI sind niedriger und es kann auf eine einschleichende Dosierung verzichtet werden. Dies trifft auch auf Moclobemid zu, das in der Regel mit einer Dosis von 300 bis 450 mg/die begonnen wird. Bei Panikstörungen und Schmerzsyndromen sind meistens niedrigere Dosen ausreichend, während zur Therapie von Zwangsstörungen eher höhere Dosierungen erforderlich sind. Bei älteren Menschen und Kranken mit Risikofaktoren (Begleiterkrankungen) sollten im allgemeinen niedrigere Dosen verordnet werden. Es sollte immer eine individuelle Dosisoptimierung unter Beachtung von Nutzen-Risiko-Aspekten angestrebt werden. Die Verteilung der Dosis über den Tag sollte in Abhängigkeit vom Wirkprofil der Substanz (sedierend versus nicht sedierend) erfolgen. Bei ausgeprägten Schlafstörungen sollte deshalb die Hauptdosis am Abend gegeben werden, nicht sedierende Antidepressiva sollten nicht nach 16.00 Uhr verabreicht werden.

Eine Infusionstherapie hat neben der gesicherten Compliance möglicherweise den Vorteil eines rascheren Wirkungseintritts, eine bessere therapeutische Wirkung gilt

Tabelle 62 Derzeit in Deutschland im Handel befindliche Antidepressive und deren Dosierung

Freiname (INN)	Dosis pro die
Amitriptylin	75 – 225 mg
Amitriptylinoxid	90 – 300 mg
Clomipramin	75 – 225 mg
Desipramin	75 – 250 mg
Dibenzepin	120 – 720 mg
Dosulepin	75 – 225 mg
Doxepin	75 – 250 mg
Fluoxetin	20 – 80 mg
Fluvoxamin	100 – 300 mg
Imipramin	75 – 250 mg
Lofepramin	70 – 280 mg
Maprotilin	50 – 225 mg
Mianserin	30 – 180 mg
Moclobemid	300 – 600 mg
Nortriptylin	75 – 250 mg
Paroxetin	20 – 50 mg
Tranylcypromin	20 – 60 mg
Trazodon	100 – 600 mg
Trimipramin	100 – 400 mg
Viloxazin	150 – 400 mg

Für Alprazolam und Sulpirid liegen keine ausreichenden Daten über eine gesicherte antidepressive Wirksamkeit vor.

aber nicht als gesichert. Niedergelassene Ärzte verordnen Patienten mit leichten depressiven Störungen häufiger niedrigere Dosierungen, im Bereich von 50 bis 75 mg Imipramin-Äquivalent täglich.

7.2.4.5 Kontrolluntersuchungen

Die vor und unter einer Therapie mit trizyklischen Antidepressiva empfehlenswerten Routine- und Kontrolluntersuchungen sind in Tabelle 63 zusammengefaßt. Unter Mianserin sind wöchentliche Blutbildkontrollen in den ersten Behandlungsmonaten erforderlich. Wegen des möglichen Auftretens einer orthostatischen Hypotonie müssen insbesondere unter Trizyklika und irreversiblen MAO-Hemmern regelmäßig Blutdruck und Puls gemessen werden. Bei Verordnung irreversibler MAO-Hemmer muß die Einhaltung einer tyraminarmen Diät strikt beachtet werden und es müssen mögliche Medikamenteninteraktionen berücksichtigt werden. Bei Patienten mit Herzerkrankungen sind regelmäßige Kontrolluntersuchungen mit EKG-Ableitungen notwendig. Vor und zumindest einmal unter einer Antidepressivatherapie sollte ein EEG abgeleitet werden.

Zur Beurteilung der Fahrtauglichkeit ist unter der Erhaltungstherapie insbesondere auf die psychomotorische Leistungsfähigkeit und mögliche zentralnervöse Nebenwirkungen zu achten.

7.2.4.6 Therapieresistenz

30 bis 80% der Patienten, die auf ein Antidepressivum nicht ansprachen, hatten eine zu niedrige Dosis erhalten, 50% besserten sich unter einer höheren Dosis. Ist der The-

Tabelle 63 Empfohlene Kontrolluntersuchungen unter Therapie mit Antidepressiva

	Vor Therapie	Woche 1	2	4	6	8	10	12	16	20	24
Labor											
Blutbild: Trizykl. AD	+	○	+	+		+		+		+	
Mianserin	+	+	+	++	++	++		++	+	+	+
Andere AD	+			+		++		+		+	
GOT, GPT, y-GT: Trizykl. AD	+			+		+		+			+
Andere AD	+			+						+	
Harnstoff, Kreatinin	+	○		+				+			+
EKG	+	○		+							+
Puls, Blutdruck	+	○	+	+	+	+	+	+	+	+	+
EEG	+			+							

+ Kontrolle notwendig
○ Kontrolle notwendig bei pathologischen Ausgangswerten und (evtl.) erfolgter Behandlung

rapieerfolg nicht zufriedenstellend, sollte die Compliance geprüft und die Plasmakonzentation gemessen werden. Von einer Therapieresistenz ist dann auszugehen, wenn zwei Antidepressiva über 4 bis 6 Wochen in ausreichender Dosierung, d.h. 300 mg Imipramin-Äquivalent wirkungslos waren. Als erster Schritt kann dann die Dosis noch weiter erhöht werden (Ausnahmen Nortriptylin und Maprotilin), wobei auf Nebenwirkungen besonders geachtet werden muß. Als zweiter Schritt kann eine Umstellung auf ein anderes Antidepressivum vorgenommen werden, z.B. von einem SSRI auf eine trizyklische Substanz oder einen MAO-Hemmer bzw. von einer trizyklischen Substanz auf ein SSRI oder einen MAO-Hemmer. Als weiterer Schritt empfiehlt sich eine Kombinationstherapie eines trizyklischen Antidepressivums mit MAO-Hemmern. Dabei hat sich die Kombination von Amitriptylin mit Tranylcypromin oder Moclobemid bewährt. Die Kombination eines MAO-Hemmers mit Clomipramin, mit einem SSRI oder mit Venlafaxin ist kontraindiziert. Als nächster Schritt sollte eine Antidepressiva-Infusionstherapie erwogen werden. Danach empfiehlt sich die Kombination eines trizyklischen Antidepressivums mit Lithium. SSRI und Lithium sollten wegen eines möglichen Serotonin-Syndroms nicht gleichzeitig verabreicht werden. Die Kombination eines trizyklischen Antidepressivums mit Carbamazepin ist vor allem bei bipolaren Patienten besonders wirksam. Im weiteren ist die Kombination eines Antidepressivums mit Schlafentzügen empfehlenswert. Eine Kombination von Antidepressiva mit T3 in einer Dosierung von 25 bis 50 µg/die könnte in Betracht kommen, die Wirksamkeit ist aber nicht hinlänglich gesichert. Von Psychostimulanzien (Methylphenidat, Dextroamphetamin) gibt es positive Einzelfallbeschreibungen bei therapieresistenten älteren Patienten, vermehrte Nebenwirkungen sind aber möglich. Besonders bei multimorbiden Patienten mit wahnhaften Depressionen kann eine Elektrokrampfbehandlung zu einer Besserung des Befindens führen.

7.2.5 Langzeitbehandlung mit Antidepressiva

Nach Erreichen der Remission sollte sich eine Erhaltungstherapie über 6 Monate mit gleich hoher Dosierung anschließen. Für unipolare Depressionen liegen Richtlinien einer Rezidivprophylaxe vor. Diese ist indiziert, wenn mindestens drei Episoden innerhalb von 5 Jahren aufgetreten sind, bei einem späten Erkrankungsalter über 60 Jahren bzw. bei einem frühen Erkrankungsalter unter 40 Jahren, bei einer positiven Familienanamnese mit affektiven Erkrankungen und bei einem kurzen Intervall zwischen den Episoden. Grundsätzlich ist die Wirksamkeit hinsichtlich einer Rezidivprophylaxe für alle Antidepressiva ausreichend belegt, wegen des günstigeren Nebenwirkungsprofils haben SSRI, Moclobemid bzw. neuere Antidepressiva einige Vorteile gegenüber trizyklischen Substanzen. Während der Rezidivprophylaxe sollte die Dosierung nicht wesentlich gesenkt werden. Nach Remission einer depressiven Phase bei einer bipolaren Erkrankung sollte, um nicht eine manische Episode bzw. ein rapid cycling (häufig wechselnde Phasen) zu provozieren, das Antidepressivum abgesetzt und die Rezidivprophylaxe mit Lithium oder einem Antikonvulsivum, z.B. Carbamazepin oder Valproat, durchgeführt werden. Die Dauer der Rezidivprophylaxe sollte mindestens 5 Jahre, bei schweren Depressionen mit Suizidalität bzw. bei Komorbidität sehr viel länger betragen.

7.3 Lithiumtherapie

7.3.1 Pharmakologie und Wirkungsmechanismus

Lithium steht in Form verschiedener Salze (Acetat, Carbonat und Sulfat) zur Verfügung. Je nach Art des Salzes und dem Wirkstoffgehalt der Tablette variiert die molare Menge des Lithiums, was ggf. bei der Umstellung beachtet werden muß. Lithium besitzt eine geringe therapeutische Breite, weshalb es zu Kumulationen kommen kann. Für die Wirksamkeit des Lithiums sind Kationen verantwortlich. Lithiumsalze sind gut wasserlöslich. Bei unretardierten galenischen Zubereitungen (Lithiumacetat) ist die Absorption aus dem Magen-Darm-Trakt nahezu vollständig. Die maximalen Serumkonzentrationen werden nach 1 bis 2 Stunden erreicht. Bei Retardpräparaten (Lithiumcarbonat, Lithiumsulfat) erfolgt die Absorption langsamer, die maximalen Serumkonzentrationen liegen niedriger und werden später (nach 4 Stunden) erreicht. Diese Absorptionsverzögerung führt zur Glättung der Serumspiegelverläufe und damit zu einer besseren Verträglichkeit. Lithium verteilt sich im gesamten Körperwasserraum, extra- wie intrazellulär. Dabei penetrieren die Kationen unterschiedlich schnell in die Gewebe der einzelnen Organe. Die mittleren Konzentrationen im Hirngewebe entsprechen etwa denen im Serum, während sie in der Schilddrüse etwa 2,5fach höher liegen. Lithium wird nicht verstoffwechselt und wird fast vollständig über die Nieren ausgeschieden. Die Nierenfunktion ist deshalb für die Sicherheit des Patienten unter der Behandlung mit Lithiumpräparaten von entscheidender Bedeutung. Die Eliminations-Halbwertszeit beträgt im Durchschnitt 24 Stunden mit Schwankungen zwischen 10 und 30 Stunden. Ein steady state wird normalerweise nach 5 bis 7 Tagen erreicht. Nach Absetzen des Lithiums sinken die Konzentrationen in manchen Organen sehr langsam ab.

Interaktionen mit Thiazid und Schleifendiuretika sowie nichtsteroidalen Antiphlogistika führen zu einer Verminderung der renalen Lithium-Clearance. Unter einer Kombinationstherapie mit Calciumantagonisten oder Carbamazepin oder Phenytoin ist eine erhöhte Neurotoxizität festgestellt worden.

Lithium hat eine Wirkung auf Signaltransduktionssysteme, auf Neurotransmitterrezeptoren (serotoninagonistische Eigenschaften) und beeinflußt das zirkadiane System.

Indikationen: Lithium ist zur Therapie der Manie und der therapieresistenten Depression und zur Prophylaxe bei affektiven und schizoaffektiven Psychosen indiziert. Noch nicht etablierte Indikationen sind therapieresistente Schizophrenien, Impulskontrollstörungen, Alkoholismus.

Kontraindikationen: Absolute Kontraindikationen sind schwere Nierenfunktionsstörungen (Glomerulonephritis, Pyelonephritis), schwere Herz-Kreislauf-Erkrankungen, erstes Trimenon der Schwangerschaft. Relative Kontraindikationen sind Nierenfunktionsstörungen mit verminderter glomerulärer Filtration oder tubulären Störungen, Herzrhythmusstörungen, zerebelläre Störungen, Myasthenia gravis, Hypothyreose, Morbus Addison, myeloische Leukämie, natriumarme Diät, Narkose und Operation.

Bei einer Neueinstellung von Lithium sollten die Nierenfunktion über eine Bestimmung von Serumkreatinin und Kreatininclearance sowie die Schilddrüsenfunktion über T3, T4 und einen TSHbasal-Spiegel geprüft werden. Außerdem sollten ein EKG und ein EEG abgeleitet sowie Körpergewicht und Halsumfang gemessen werden.

Dosierung: Die antimanische Lithiumtherapie wird in relativ hohen Dosen von 30 bis 40 mmol Lithium täglich begonnen und der Patient sollte rasch auf Serumkonzentrationen zwischen 1,0 und 1,2 mmol/l eingestellt werden. Der Lithiumspiegel sollte dabei alle 2 bis 3 Tage kontrolliert werden. Bei der Rezidivprophylaxe wird mit einer niedrigen Dosis begonnen, z.B. 10 bis 20 mmol Lithium. Nach einer Woche wird die erste Serumkontrolle vorgenommen, da sich dann meistens ein Gleichgewicht eingestellt hat. Die Lithiumserumkonzentration wird dann individuell korrigiert, bis eine Konzentration von 0,6 bis 0,8 mmol/l erreicht ist. Retardpräparate werden meist in zwei Einzeldosen mit der Hauptdosis abends verabreicht. Die Lithiumserumkonzentration sollte flammenphotometrisch 12 Stunden nach der letzten Tabletteneinnahme vorgenommen werden. In den ersten 4 Wochen sind wöchentliche und im ersten Jahr monatliche Kontrollen und spätere Kontrollen im Abstand von ca. 3 Monaten sinnvoll. Im weiteren sollten gemessen werden: Kreatinin, T3, Körpergewicht und Halsumfang. Bei Rezidiven der affektiven Erkrankung, schweren Herz- und Nierenerkrankungen sowie stärkeren Nebenwirkungen sollte die Lithiumkonzentration bestimmt werden.

Die antimanischen Effekte von Lithium sind durch kontrollierte Studien hinreichend belegt. Bei den meisten Patienten muß Lithium in Kombination mit einem Neuroleptikum, z.B. mit Haloperidol, verordnet werden. Die antimanische Wirkung der Neuroleptika tritt innerhalb weniger Stunden ein, während unter Lithium mit einer Latenzzeit von ca. 8 bis 14 Tagen gerechnet werden muß. Die antidepressive Wirksamkeit des Lithiums ist geringer. Lithium wird meistens in Kombination mit einem Antidepressivum bei bisheriger Therapieresistenz verordnet. Bei etwa 20% aller Patienten soll es dann innerhalb von 2 Wochen zu einer deutlichen Besserung kommen.

Die Indikation zu einer Lithiumrezidivprophylaxe sollte individuell unter Berücksichtigung des bisherigen Krankheitsverlaufs gestellt werden. Außerdem sind die möglichen Risiken und die Kooperationsbereitschaft des Patienten von Bedeutung. Die Patienten müssen intensiv über Nutzen und Risiken informiert werden. Nach Expertenempfehlungen ist eine Rezidivprophylaxe dann indiziert, wenn neben der Indexphase innerhalb der letzten 5 Jahre eine weitere depressive Episode bestanden hat. Bei bipolaren Erkrankungen gilt als Richtlinie 2 Episoden in 4 Jahren und bei schizoaffektiven Erkrankungen 2 Episoden in 3 Jahren einschließlich der Indexphase. Bei schweren Krankheitsverläufen, z.B. mit erhöhtem Suizidrisiko, sollte schon früher mit einer Rezidivprophylaxe begonnen werden. In ca. 65 bis 80% werden eine völlige Rezidivfreiheit oder eine Verminderung der Häufigkeit, des Schweregrads und der Dauer der Rezidive erreicht. Bei bipolaren affektiven Psychosen gilt Lithium als Mittel der ersten Wahl, während bei schizoaffektiven Psychosen Carbamazepin möglicherweise effektiver ist als Lithium. In mehreren Langzeitstudien wurde eine spezifische antisuizidale Wirksamkeit von Lithium nachgewiesen.

Zur Behandlungsdauer liegen wenige Befunde aus kontrollierten empirischen Untersuchungen vor. Bei unipolaren Depressionen sollte frühestens nach 3 Jahren der Versuch einer sehr langsamen Dosisreduktion gemacht werden. Das abrupte Absetzen führt meist innerhalb kurzer Zeit zu Rezidiven. Bei bipolaren und schizoaffektiven Psychosen kommt wegen des hohen Rezidivrisikos ein Absetzen einer bislang zumindest teilweise erfolgreichen Rezidivprophylaxe nur selten in Frage.

Nebenwirkungen: Initial kommt es bei 20% der Fälle zu einem feinschlägigen Fingertremor, der sich unter 40 bis 80 mg Propranol/die bessert. Auch Müdigkeit und Muskelschwäche treten bevorzugt initial auf. Im weiteren kann es zu Beginn der Behandlung zu Übelkeit, weichem Stuhl oder Diarrhöen kommen. Häufig sind Polyurie und Polydipsie. Unter einer längerfristigen Behandlung klagen ca. 20% der Patienten über eine Gewichtszunahme, die u.a. auf kalorienreiche Getränke bei Polydipsie und kohlenhydratreiche Nahrung zurückzuführen ist. Es werden kalorienfreie Getränke empfohlen, vor Abmagerungskuren muß wegen des Risikos einer Lithiumintoxikation gewarnt werden. Bei 5 bis 10% der Patienten entwickelt sich eine euthyreote Struma, bei etwa 2 bis 3% eine Hypothyreose. Es sollte dann eine Substitution mit L-Thyroxin vorgenommen werden, Absetzen des Lithiumpräparates ist nur in Ausnahmefällen erforderlich. Vereinzelt kommt es zu Nierenfunktionsstörungen mit ansteigenden Lithiumkonzentrationen. Unter einer Lithiumdauermediaktion wurde eine Nephropathie diagnostiziert mit einer Sklerose einzelner Glomerula. Gleichartige Befunde wurden aber auch bei Patienten mit affektiven Psychosen festgestellt, die nicht mit Lithium behandelt worden waren. Im EKG finden sich häufiger Repolarisationsveränderungen, die klinisch nicht relevant sind. Vereinzelt wird über eine Akne geklagt. Bei einer Serumkonzentration über 1,6 mmol/l kann es zu einer Intoxikation kommen. Dabei finden sich folgende Symptome: grobschlägiger Tremor, Erbrechen, Durchfall, Benommenheit, Schwindel, Dysarthrie. Bei schweren Intoxikationen kann es zum Koma, Delir, Ataxie und epileptischen Anfällen kommen. Eine vitale Gefährdung besteht in der Regel ab 3,5 mmol/l mit Anurie und Herzstillstand. Ursachen einer Lithiumintoxikation sind Überdosierungen, kochsalzarme Diät, gleichzeitige Diuretikagabe, fieberhafte Erkrankungen mit Flüssigkeitsverlust. 2 bis 3 Tage vor einer Operation sollte Lithium so lange abgesetzt werden, bis sich die Nierenfunktion wieder normalisiert hat. Bei Symptomen einer Lithiumintoxikation muß dieses sofort abgesetzt werden. Bei schwereren Intoxikationen ist eine Hämo- und Peritonialdialyse notwendig.

7.4 Carbamazepin

Carbamazepin ist seit langem als Medikament zur Behandlung epileptischer Anfälle und Schmerzsyndrome bekannt. Darüber hinaus wirkt es antimanisch und phasenprophylaktisch. Eine Rezidivprophylaxe mit Carbamazepin ist bei bipolaren und schizoaffektiven Psychosen indiziert, wenn eine Kontraindikation für Lithium vorliegt oder wenn eine Lithiumtherapie versagt hat. Im weiteren wird Carbamazepin bei Alkoholentzugssyndromen und beim Benzodiazepinentzug verwendet.

Der neuronale Wirkmechanismus beim Carbamazepin ist weitgehend unbekannt. Es soll einen Einfluß auf das Kindling-Phänomen haben, GABA-erg wirken und verschiedene Neuropeptide beeinflussen.

Kontraindikationen für Carbamazepin sind: kardiale Überleitungsstörungen, schwere Leberfunktionsstörungen, Knochenmarkschäden, Hautveränderungen unter trizyklischen Antidepressiva, Kombination mit MAO-Hemmern. Die übliche Dosis für die Langzeitbehandlung liegt im Bereich von 600 bis 1200 mg/die. Dabei sollte mit 100 bis 200 mg/Tag begonnen werden und die Dosis dann jeden 2. Tag um 200 mg gesteigert werden. Die Dosis kann entweder regelmäßig über den Tag verteilt eingenommen oder bei Retard-Präparaten auf 1 bis 2 Portionen verteilt werden. Therapeutische Plasmaspiegel 12 Stunden nach letzter Tabletteneinnahme sollten im Bereich von 7 bis 10 µg/ml liegen. Bei längerer Behandlung ist aufgrund einer Enzyminduktion mit einem geringfügigen Absinken des Plasmaspiegels zu rechnen. Es sollten deshalb während der Behandlung mit Carbamazepin regelmäßige Plasmaspiegelkontrollen durchgeführt werden. Außerdem werden Kontrollen des Blutbildes und der Leberfunktion empfohlen.

Carbamazepin kann den Metabolismus anderer Antikonvulsiva (z.B. Valproinsäure, Phenytoin) und Steroidhormone, Ovulationshemmer, Dioxin beschleunigen. Im weiteren senkt Carbamazepin die Plasmaspiegel von Neuroleptika und trizyklischen Antidepressiva. SSRI hemmen den Metabolismus von Carbamazepin. Carbamazepin sollte auch nicht mit Tranylcypromin kombiniert werden. Unter der Kombination von Carbamazepin mit Lithium wurden vereinzelt Verwirrtheitszustände, Ataxie und Hyperreflexie festgestellt. Da eine derartige Kombination bei Therapieresistenz sinnvoll sein kann, sollte die Dosis beider Substanzen eher niedrig sein.

Nebenwirkungen: Initial treten bei 20 bis 30% der Patienten Übelkeit und Erbrechen, Müdigkeit, Schwindel, seltener Ataxie und Doppelbilder auf. Es sollte dann die Dosis reduziert bzw. langsamer gesteigert werden. Bei ca. 10% der Patienten kommt es zu reversiblen Leukopenien, sehr selten zu Agranulozytosen und aplastischen Anämien mit letalem Ausgang. Häufig wird ein meist aber nicht relevanter Anstieg der Gamma-GT festgestellt. Bei 3 bis 15% der Patienten kommt es zu allergischen Hautveränderungen, meist in Form von Exanthemen. Vereinzelt sind sehr schwere, zum Teil tödlich verlaufende Hautveränderungen, wie eine exfoliative Dermatitis oder ein Lyell-Syndrom beschrieben worden. Aufgrund seiner relativ großen therapeutischen Breite führen meist erst Dosierungen von 4 bis 20 g zu Intoxikationen, die sich als Unruhe, Ataxie sowie respiratorische und kardiovaskuläre Störungen manifestieren. Die Patienten sollten auf eine Intensivstation verlegt werden.

7.5 Valproinsäure

Das Antikonvulsivum Valproinsäure wirkt antimanisch. Zur Rezidivprophylaxe ist es zur Zeit noch nicht zugelassen. Die Wirksamkeit soll besonders gut bei bipolaren Psychosen und rapid cyclern sein. Valproinsäure sollte deshalb dann eingesetzt werden, wenn Therapieversuche mit Lithium oder Carbamazepin nicht erfolgreich waren. Valproinsäure wirkt in erster Linie GABA-erg. Es wird fast vollständig resorbiert und in der Leber metabolisiert. Wechselwirkungen sind u.a. mit Carbamazepin und Phenobarbital wahrscheinlich.

Kontraindikationen sind Leber- und Pankreaserkrankungen, Knochenmarkschädigungen, Niereninsuffizienz sowie eine Überempfindlichkeit gegen Valproinsäure.

Die **Dosis** sollte im allgemeinen zwischen 500 und 1000 mg/Tag liegen. Bei Manien wird eine rasche Aufdosierung mit höheren Dosen empfohlen. Plasmaspiegel zwischen 50 und 100 µg/ml gelten als wirksam. Häufig wird über Übelkeit, Erbrechen, Gewichtszunahme und Haarausfall geklagt. Von besonderer Bedeutung sind zum Teil schwere Leberfunktionsstörungen, Pankreatititen, Leukopenien und Agranulozytosen.

7.6 Tranquilizer

Unter dem Begriff Tranquilizer stehen verschiedene Substanzgruppen mit sedierender, schlafinduzierender, muskelrelaxierender und antikonvulsiver Wirkung zur Verfügung.

Tranquilizer lassen sich nach der chemischen Struktur in folgende Untergruppen einteilen:

- 1,4-Benzodiazepine (Prototyp: Diazepam),
- 1,5-Benzodiazepine (Prototyp: Clobazam),
- Thienodiazepine (Prototyp: Clotiazepam),
- Triazolobenzodiazepine (Prototyp: Alprazolam),
- Imidazolobenzodiazepine (Prototyp: Midazolam).

Weitere, in der Tranquilizerindikation eingesetzte Substanzgruppen:

- Azapirone (z.B. Buspiron),
- Diphenylmethanderivate (z.B. Hydroxyzin),
- Betarezeptorenblocker (z.B. Propanolol),
- Antidepressiva,
- Neuroleptika,
- pflanzliche Präparate (z.B. Kavain).

7.6.1 Pharmakologie und Biochemie

Benzodiazepine verstärken die hemmende Wirkung GABA-erger Neurone, wobei sie mit spezifischen Benzodiazepin-Rezeptoren in Verbindung treten. Durch die GABA-agonistische Wirkung kommt es über einen Einstrom von Chloridionen zu einer Hyperpolarisation und damit zu einer Mindererregbarkeit der Nervenzelle.

Zwischen einzelnen Substanzen bestehen erhebliche pharmakokinetische Unterschiede, die sich auf die Metabolisierung und auf die Entstehung pharmakologisch aktiver Metaboliten mit möglicher Kumulationsgefahr beziehen. Nach der Eliminationshalbwertszeit lassen sich Benzodiazepine vereinfachend in kurzwirksame (Halbwertszeiten von weniger als 5 Stunden), mittellangwirksame (Halbwertszeiten von 6 bis 24 Stunden) und langwirksame Substanzen (Halbwertszeiten von über 24 Stunden) einteilen (Tab. 64). Diese Halbwertszeiten weisen zum Teil erhebliche interindividuelle Streuungen auf und es besteht kein direkter Zusammenhang zwischen Halbwertszeit und klinischer Wirkdauer. Die oxydative hepatische Biotransformation ist abhängig von der Leberfunktion und vom Alter. Einzelne Substanzen, wie z. B. Lorazepam und Oxazepam unterliegen nicht der oxydativen hepatischen Biotransformation.

Indikationen: Benzodiazepine können bei allen Angst- und Unruhezuständen, unabhängig von deren Nosologie eingesetzt werden. Hauptindikationen sind:

- Generalisierte Angststörung (in der Akutbehandlung bestehen keine relevanten Unterschiede zwischen einzelnen Benzodiazepinen (z. B. Alprazolam, Clonazepam, Lorazepam),
- Schlafstörungen (IV.7.7),
- somatopsychische und somatoforme Störungen,
- Manie, Zusatzmedikation bei Depressionen bzw. Schizophrenien (beim katatonen Stupor hat sich vor allem Lorazepam bewährt),
- Alkoholentzugssyndrom und Intoxikationen (Kokain, LSD und Amphetamine),
- Notfallmedizin (zur Sedierung, z. B. nach Herzinfarkt) und Prämedikation.

Tabelle 64 Einteilung der Benzodiazepine nach Halbwertszeit

I. Benzodiazepine mit langer Halbwertszeit und lang wirksamen aktiven Metaboliten:

– Diazepam	(20–40 h)	Nordazepam	(36–200 h)
		Oxazepam	(4– 15 h)
– Chlordiazepoxid	(5–30 h)	Demoxepam	(ca. 45 h)
		Nordazepam	(36–200 h)
		Oxazepam	(4– 15 h)
– Dikaliumclorazepat[1]	(1– 2 h)	Nordazepam	(36–200 h)
		Oxazepam	(4– 15 h)
– Metaclazepam	(ca. 7–23 h)	Desmethylmetaclazepam	(ca. 10–35 h)
– Prazepam[1]	(ca. 1,5h)	Nordazepam	(36–200 h)
		Oxazepam	(4– 15 h)
– Clobazam	(12–60 h)	Desmethylclobazam	(50–100 h)

II. Benzodiazepine mit mittlerer bis kurzer Halbwertszeit und mit aktiven Metaboliten:

– Alprazolam	(10–15 h)	(Hydroxyalprazolam:	12–15 h)
– Bromazepam	(10–20 h)	Hydroxybromazepam	(kurz)
– Clotiazepam	(3–15 h)	Desmethylclotiazepam	
		Hydroxyclotiazepam	(ca. 18 h)

III. Benzodiazepine mit mittlerer bis kurzer Halbwertszeit ohne aktive Metaboliten:

– Lorazepam	(8–24 h)
– Oxazepam	(4–15 h)

[1] Diese Substanz trägt selbst nicht oder kaum zur Wirkung bei („Prodrug").

Kontraindikationen für Benzodiazepine: Myasthenia gravis, Benzodiazepin-überempflindlichkeit, akute respiratorische Insuffizienz, Intoxikationen mit Alkohol und ZNS-dämpfenden Substanzen.

Unerwünschte Wirkungen: Initial kann es zu Benommenheit, Konzentrationsminderung, Muskelschwäche und einer Abnahme der geistigen Leistungsfähigkeit kommen. Unter Benzodiazepinen mit langer Halbwertszeit kann wegen der Kumulationsgefahr ein Hang-over-Effekt mit Benommenheit, Schwindel und Koordinationsstörungen auftreten. Bei älteren Menschen kann es wegen der Ataxie und der muskelrelaxierenden Wirkung dann zu Stürzen kommen. Dosisabhängig kann es zu amnestischen Störungen kommen, wobei die Aufnahme neuer Informationen in den Langzeitspeicher beeinträchtigt ist. Paradoxe Reaktionen (Aggressivität, Unruhe, Erregung) werden vor allem bei älteren Patienten gesehen. Bei Langzeiteinnahme kann es zu Persönlichkeitsänderungen (Apathie, Gleichgültigkeit, Antriebsminderung), dysphorisch-depressiven Verstimmungen oder zu einer Abhängigkeit kommen.

Beim abrupten Absetzen von Benzodiazepinen treten Rebound-Symptome (Angst, Unruhe, Schlaflosigkeit) und Entzugssymptome (Schlaflosigkeit, Dysphorie, Übelkeit, Erbrechen, Tachykardie, Schwitzen, Tremor, Myalgien) auf. Bei schweren Entzugssymptomen sind sensorische Perzeptionsstörungen (Überempfindlichkeit gegen Geräusche und Licht) sowie optische und kinästhetische Perzeptionsstörungen zu erwarten. Schwere Entzugssymptome sind Depersonalisations- und Derealisationserlebnisse, Delirien, psychoseartige Zustände oder epileptische Anfälle.

Häufigkeit und Ausprägung der Entzugssymptome hängen von der Dosis und der Dauer der Benzodiazepinverordnung ab. Dies betrifft vor allem höhere Dosen kurzwirksamer Benzodiazepine zur Therapie von Angsterkrankungen oder bei langwirksamen Präparaten nach einer Behandlungsdauer von mehr als 4 Monaten. Die Entzugssymptome sind bei kurzwirksamen Benzodiazepinen nach 2 bis 3 Tagen, bei langwirksamen Substanzen nach 4 bis 7 Tagen maximal ausgeprägt. Daten über die Häufigkeit von Abhängigkeitsentwicklungen unter Benzodiazepinen sind widersprüchlich. Schwierigkeiten, zwischen mißbräuchlicher und therapeutischer Langzeiteinnahme zu unterscheiden, ergeben sich vor allem bei der Niedrig-Dosis-Abhängigkeit. Bei dieser fehlt die Tendenz zur Dosissteigerung, Entzugserscheinungen sind aber möglich. Die Hoch-Dosis-Abhängigkeit ist meistens eine sekundäre Abhängigkeit bei Alkohol- oder Drogenabhängigkeit. Folgende Patientengruppen sind besonders abhängigkeitsgefährdet:

*   Patienten mit einer Suchtanamnese (Alkohol, Drogen),
*   mit chronischen körperlichen Erkrankungen und Schmerzsyndromen,
*   mit dysthymer Störung und Persönlichkeitsstörungen (v.a. dependente Persönlichkeit und Borderlinestörung) und
*   Patienten mit chronischen Schlafstörungen.

Wegen des Abhängigkeitsrisikos sollen Benzodiazepine in der Regel nicht länger als 4 bis 6 Wochen kontinuierlich verabreicht werden. Zur längerfristigen Behandlung bei Angsterkrankungen sind dann eher Antidepressiva als Benzodiazepine indiziert.

Sonstige, in der Tranquilizerindikation eingesetzte Substanzgruppen: Das Azapironderivat Buspiron ist ein 5-HT1a-Agonist und wirkt anxiolytisch, ohne zu sedieren. Diese Substanz hat keine muskelrelaxierenden oder antikonvulsiven Eigenschaften, soll die Reaktionsfähigkeit nicht beeinträchtigen und Alkoholwirkungen nicht verstärken. Es besteht keine Gefahr von Abhängigkeit, Entzugssymptome wurden nicht beobachtet. Buspiron ist in einer Dosierung von 15 bis 30 mg täglich bei Angstzuständen indiziert. Es kann zu Schwindel, Magenbeschwerden, Übelkeit, Durchfall und Kopfschmerzen kommen.

Von den Diphenylmethanderivaten wird Hydroxyzin vor allem in der Inneren Medizin als Tranquilizer eingesetzt, die Bedeutung zur Behandlung psychischer Erkrankungen ist bis heute ungeklärt.

Beta-Rezeptorenblocker, z.B. Propranolol 30 bis 60 mg/die, sind vor allem bei „somatischer Angst" u.a. mit funktionellen kardiovaskulären Symptomen, Magen-Darm-Beschwerden, Schwitzen und Tremor indiziert. Darüber hinaus werden diese Substanzen bei psychischen Streßsituationen, z.B. bei Examensangst oder Rednerangst, verordnet. Im weiteren werden Betablocker bei lithiuminduziertem Tremor und bei der Akathisie mit Erfolg verabreicht. *Kontraindikationen* sind obstruktive Lungenerkrankungen, AV-Überleitungsstörungen, Herzinsuffizienz, Bradykardie und Hypotonie.

Verschiedene trizyklische Antidepressiva und SSRI haben sowohl anxiolytische als auch sedierende Eigenschaften (IV.7.2).

Neuroleptika werden in den letzten Jahren zunehmend häufiger in der Tranquilizer-Indikation eingesetzt. Dabei finden vor allem die Depot-Neuroleptika Fluspirilen und Flupentixol-Decanoat in niedriger Dosierung als auch Thioridazin, Fluanxol und Perazin bei ängstlich-depressiven Syndromen und psychosomatischen Beschwerden Verwendung. Die Verträglichkeit ist im allgemeinen gut, die Gefahr einer Abhängigkeit besteht nicht. Aufgrund des Risikos von Spätdyskinesien, vor allem bei älteren Patienten, sollte die Behandlung auf maximal 4 Monate limitiert werden. Zur Sedierung gerontopsychiatrischer Patienten mit Schlafstörungen haben sich vor allem Melperon und Pipamperon bewährt, da beide Substanzen keine anticholinergen Eigenschaften besitzen und auch selten extrapyramidal-motorische Begleitwirkungen hervorrufen.

Phytotherapeutika, wie z.B. Kavain, wird eine leichte anxiolytische bzw. sedierende Wirkung zugeschrieben, weitere methodisch fundierte Studien sind aber notwendig, um die Indikationen für bestimmte Krankheitsbilder zu klären. Johanniskrautpräparate in höherer Dosierung werden vor allem von niedergelassenen Kollegen bei leichter Depression zunehmend häufiger verschrieben. Eine Wirksamkeit bei schweren Depressionen ist nicht belegt. Die Verträglichkeit ist im allgemeinen gut.

7.7 Hypnotika

Bevor symptombezogen Hypnotika verordnet werden, sollte die Diagnostik organisch, medikamentös und psychiatrisch bedingter Schlafstörungen abgeschlossen sein und es sollte zumindest ein Versuch mit einer nicht medikamentösen Therapie durchgeführt worden sein. Vor der Verordnung von Hypnotika muß die Art der Schlafstörung (Ein- oder Durchschlafstörung, Früherwachen, Schlaflänge, Schlafrhythmus und Häufigkeit der Schlafunterbrechung) bestimmt werden. Wird ein Hypnotikum verordnet, ist mit einer niedrigen Dosis zu beginnen, Absetzversuche sollten möglichst bald erfolgen und das Medikament sollte möglichst nicht über einen längeren Zeitraum (4 Wochen) verabreicht werden. Ist eine längerdauernde Behandlung notwendig, sollten Präparate ohne ein Abhängigkeitspotential verschrieben werden. Die Wirkdauer des Hypnotikums sollte dem Phänotyp der Schlafstörung angepaßt werden. Präparate mit kurzer Wirkdauer sind für Einschlafstörungen geeignet, bei Durchschlafstörungen und Früherwachen sind dagegen mittellang wirksame Benzodiazepine oder sedierende Antidepressiva und schwachpotente Neuroleptika sinnvoll. Am Tage sollte die Leistungsfähigkeit der Patienten möglichst nicht beeinträchtigt sein. Patienten mit einer Suchtanamnese dürfen keine Hypnotika mit Abhängigkeitspotential erhalten. Im Alter muß mit einer Zunahme von Nebenwirkungen gerechnet werden. Barbiturate, Bromide, Meprobamat und Metaqualon sowie freiverkäufliche Antihistaminika sollten wegen erheblicher Nachteile und Risiken (Enzyminduktion, Toxizität, Abhängigkeit) nicht mehr eingesetzt werden.

Folgende Substanzgruppen finden als Hypnotika Verwendung: Phytotherapeutika, Benzodiazepine, Cyclopyrolone, Imidazopyridine, Antidepressiva, Neuroleptika, Clomethiazol.

Bei leichteren Schlafstörungen empfiehlt sich ein Versuch mit Phytotherapeutika (Hopfen, Baldrian, Johanniskraut).

Benzodiazepinhypnotika werden als Schlafmittel der ersten Wahl eingestuft, weil sie am besten untersucht worden sind und ein relativ günstiges Nutzen-Risiko-Verhältnis haben. Nach der Wirkdauer und der Metabolisierung können unterschieden werden:

* Benzodiazepinhypnotika mit ultrakurzer Halbwertszeit und ohne pharmakologisch relevante aktive Metaboliten, z.B. Triazolam,
* Benzodiazepinhypnotika mit kurzer Halbwertszeit und mit pharmakologisch aktiven, aber kaum relevanten Metaboliten, z.B. Temazepam,
* Benzodiazepinhypnotika mit mittellanger Halbwertszeit ohne aktive Metaboliten, z.B. Nitrazepam,
* Benzodiazepinhypnotika mit mittellanger Halbwertszeit und aktiven Metaboliten, z.B. Flunitrazepam,
* Benzodiazepinhypnotika mit langer Halbwertszeit und sehr lang wirksamen aktiven Metaboliten, z.B. Flurazepam.

Vorteile der kurz wirksamen Benzodiazepine sind gute Wirksamkeit bei Einschlafstörungen bei guter Tagesvigilanz und fehlender Kumulation. Nachteile sind Reboundinsomnie und Angst nach abruptem Absetzen.

Vorteile der mittellang und lang wirksamen Substanzen sind die gute Wirksamkeit auf Ein- und Durchschlafstörung und eine geringere Reboundinsomnie nach Absetzen. Nachteile dieser Substanzen sind die Kumulationsgefahr, Überhangeffekte mit Tagessedierung, Konzentrationsstörungen, Einschränkung der kognitiven Leistungsfähigkeit und verminderter Verkehrstauglichkeit. Im Alter kann es aufgrund der Kumulationsgefahr zu Stürzen kommen. Benzodiazepine reduzieren den REM-Schlaf.

Das Cyclopyrolon Zopiclon und das Imidazopyridin Zolpidem und das Pyrazolopyrimidin Zaleplon sind zwar strukturchemisch von den Benzodiazepinen verschieden, wirken aber auch GABA-erg und werden als „Non-Benzodiazepinhypnotika" bezeichnet. Beide Substanzen haben eine kurze Halbwertszeit ohne pharmakologisch aktive Metaboliten. Vorteile sind die gute Wirksamkeit bei Einschlafstörungen, die gute Tagesbefindlichkeit und weniger Reboundphänomene. Nachteile sind der kurze Erfahrungszeitraum bezüglich Wirkung-Nebenwirkung-Verhältnis und erste Berichte über Abhängigkeit.

Chloralhydrat gilt als bewährtes Schlafmittel, das den REM-Schlaf nicht hemmt. Aufgrund einer Enzyminduktion kann es zu einem Wirkungsverlust kommen, bei abruptem Absetzen nach längerer Anwendung sind Delirien aufgetreten und es kann zu einer Gewöhnung kommen.

Antidepressiva, z.B. Amitriptylin, Doxepin und Trimipramin, haben sich vor allem bei Depressionen mit Schlafstörungen und abhängigkeitsgefährdeten Patienten bewährt. Schwachpotente Neuroleptika, wie Chlorprotixen, Melperon, Promazin, Promethazin und Pipamperon, sind bei unterschiedlichen Schlafstörungen indiziert und werden besonders häufig in der Gerontopsychiatrie eingesetzt.

Clomethiazol besitzt einen schnellen Wirkungseintritt mit einer kurzen Wirkdauer. Nachteile sind eine mögliche Atemdepression und Hypersekretion sowie ein hohes Abhängigkeitspotential.

Der Serotonin-Vorläufer L-Tryptophan eignet sich vor allem für leichte Schlafstörungen. Vorübergehend war die Substanz nicht im Handel, da aufgrund von Verunreinigungen toxische Effekte aufgetreten waren, insgesamt gilt die Verträglichkeit als gut. Die Erfahrungen mit Melatonin sind noch zu gering, um es zur Routineanwendung zu empfehlen.

7.8 Nootropika/Antidementiva

Es handelt sich um eine pharmakologisch heterogene Gruppe von zentral wirksamen Substanzen, die Gedächtnis, Konzentration, Lern- und Denkfähigkeit verbessern sollen. Dabei wird eine Steigerung der Funktionsfähigkeit noch intakter Nervenzellen und/oder ein Schutz vor pathologischen Einflüssen erwartet. Häufig kommt es aber nicht zu einer Besserung der kognitiven Symptomatik, sondern eher zu einem Verzögern der Progredienz der Alzheimer-Demenz. Therapeutische Effekte sollten auf den Beobachtungsebenen Psychopathologie, objektivierbare Leistungen und Alltagsfertigkeiten nachweisbar sein. Früher wurden hauptsächlich Vasodilatatoren eingesetzt, heute werden vor allem Substanzen zur Verbesserung des zerebralen Stoffwechsels, der Mikrozirkulation und Kalziumhomöostase verabreicht. Hauptanwendungsgebiete sind die Alzheimersche Krankheit und zerebrovaskuläre Demenz leichtgradiger bis mittlerer Ausprägung. Ein Behandlungsversuch mit Nootropika sollte mindestens über 3 Monate in ausreichender Dosierung durchgeführt werden.

Das Bundesinstitut für Arzneimittel und Medizinprodukte hat von den vielen im Handel befindlichen Präparaten nur folgende Substanzen mit positiven Aufbereitungsmonografien verabschiedet: Dihydroergotoxin, Meclofenoxat, Piracetam, Pyritinol, Tacrin, Donepezil und Rivastigmin. Diese Substanzen haben eine gute Wirksamkeit bei leichten und mittelschweren Formen des Morbus Alzheimer. Wichtigste *Kontraindikationen* für Tacrin sind Lebererkrankungen. Die *Dosierung* sollte einschleichend mit 3 x 10 mg/die begonnen werden. Bei guter Verträglichkeit kann dann eine stufenweise Erhöhung auf zunächst 4 x 20, dann 4 x 30 und schließlich auch 4 x 40 mg/die in Abständen von jeweils vier Wochen erfolgen. Wegen der häufigen Nebenwirkungen vor allem Leberenzymerhöhungen, Übelkeit und Erbrechen muß die Medikation bei vielen Patienten vorzeitig abgebrochen werden. Es muß deshalb in den ersten 3 Monaten alle 2 Wochen, in den darauf folgenden 3 Monaten monatlich und danach einmal pro Quartal die GPT überprüft werden. Bei einem Anstieg der GPT sollte die Dosis nicht erhöht werden. Donepezil kann als Einmaldosis von 5 bis 10 mg verabreicht werden. Die Substanz hat eine sehr hohe Selektivität für die zentrale Acetylcholinesterase und ist deshalb deutlich besser verträglich. Rivastigmin ist ein neuer gehirnselektiver Acetylcholinesterasehemmer, der in einer Dosierung bis 6 mg/die wirksam und gut verträglich sein soll.

Der Kalzium-Antagonist Nimodipin wird bei Dosierungen von 90 mg zur Behandlung vor allem vaskulärer Demenzen empfohlen. Die Verträglichkeit ist gut, vereinzelt kommt es zu Blutdrucksenkung, Schwindel und gastrointestinalen Beschwerden.

7.9 Medikamente zur Behandlung von Entzugssyndromen und Alkoholabhängigkeit

Es handelt sich dabei um eine sehr heterogene Gruppe von Medikamenten mit unterschiedlicher Strukturchemie, Pharmakodynamik und klinischer Wirkung. Einzelne Substanzen besitzen selbst ein Abhängigkeitspotential.

Carbamazepin ist in der Indikation „Anfallsprophylaxe beim Alkoholentzug unter stationären Bedingungen" zugelassen und wird bei leichteren Alkoholentzugssyndromen empfohlen (Zur Dosierung und Verträglichkeit s. Kap. IV.7.4).

Leichte Entzugssymptome können auch mit sedierenden Antidepressiva behandelt werden, wobei vor allem Doxepin bis 300 mg/die empfohlen wird. Unter dieser Medikation kann es zu Krampfanfällen kommen.

Vegetative Entzugssymptome, wie erhöhter Blutdruck, Tachykardie, Tremor und Hyperhidrosis, sprechen gut auf den Alpha2-Agonisten Clonidin an. Diese Substanz besitzt aber keine delirverhütenden oder antikonvulsiven Eigenschaften.

Clomethiazol besitzt sedierende und antikonvulsive Eigenschaften und hat sich bei der Behandlung des Alkoholentzugssyndroms und des Delirium tremens durchgesetzt. Die Dosierung darf nicht schematisch, sondern muß flexibel je nach Sedierungsgrad des Patienten erfolgen. Häufig werden initial 3 Kapseln oder 15 ml Mixtur, dann 2 Kapseln oder 10 ml Mixtur alle 2 Stunden verabreicht. Die Patienten müssen jederzeit erweckbar sein. Nur in besonders schweren Fällen ist eine Infusionstherapie unter intensivmedizinischen Bedingungen (Blutdruck- und EKG-Kontrolle, Beatmung) notwendig. Die wichtigsten *Nebenwirkungen* sind bronchiale Hypersekretion, Atemdepression und Kreislaufdysregulation. Unter Kombination mit Tranquilizern, Hypnotika oder Alkohol können diese Nebenwirkungen verstärkt werden. Wegen des erheblichen Abhängigkeitspotentials sollte Clomethiazol innerhalb von 8 bis 14 Tagen sukzessive ausgeschlichen werden und eine ambulante Verordnung sollte vermieden werden.

Eine Aversionsbehandlung mit Disulfiram kann nur bei motivierten und informierten Patienten von Nutzen sein, die zum Teil lebensbedrohlichen Risiken, wie Schock und Atemlähmung überwiegen. Der Opiatantagonist Naltrexon wird bei der Entwöhnungsbehandlung von Opiatabhängigen und zur Rückfallprophylaxe der Alkoholabhängigkeit eingesetzt, wobei dazu noch keine offizielle Zulassung existiert. Die übliche Dosis liegt bei 50 mg/die. Nebenwirkungen sind gelegentlich gastrointestinale Beschwerden und Erhöhung der Transaminasen. Unter hohen Opiatdosen kann die antagonistische Wirkung von Naltrexon durchbrochen werden, dann sind lebensgefährliche Situationen mit opiatinduziertem Atemstillstand und Herz-Kreislauf-Versagen möglich.

Acamprosat, ein Homotaurin-Derivat, verstärkt die GABA-Neurotransmission und wirkt antagonistisch auf den exzitatorischen Transmitter Glutamat. In mehreren placebokontrollierten Doppelblindstudien bis zu 2 Jahren wurde ein rückfallverhütender Effekt festgestellt. Patienten mit einem Körpergewicht von 60 kg und weniger sollten 1332 mg/Tag erhalten (1 Tablette enthält 333 mg), Patienten mit einem Gewicht über 60 kg eine Tagesdosis 1998 mg (3 x 2 Tabletten). Die Verträglichkeit ist gut, vereinzelt wird über Durchfall, Übelkeit, Erbrechen und Erytheme geklagt. Es kommt nicht zu einer Verstärkung von Alkoholwirkungen.

Flupentixol, Ritanserin, Bromocriptin und Tiaprid zeigten in einzelnen Studien einen rezidivprophylaktischen Effekt, die Bedeutung dieser Substanzen muß aber in weiteren Untersuchungen geklärt werden.

7.10 Medikamente zur Behandlung extrapyramidal-motorischer Störungen

Anticholinergika wie Biperiden haben sich bei Frühdyskinesien (i. v.-Injektionen mit 2,5 bis 5 mg) und bei Parkinson-Syndromen (4 bis 12 mg oral) gut bewährt. Bei Akathisien hat diese Substanz meist keine therapeutische Wirkung. Spätdyskinesien können durch Antiparkinsonmittel verstärkt werden und sollten deshalb sukzessive reduziert werden.

Im allgemeinen wird empfohlen, Antiparkinsonmittel nicht prophylaktisch langfristig zu verordnen, weil ein präventiver Effekt umstritten ist und die antipsychotische Wirkung der Neuroleptika möglicherweise verringert werden kann. *Kontraindikationen* sind: Prostatahypertrophie, Harnverhaltung, Engwinkelglaukom und schwere kardiovaskuläre Erkrankungen. Im Vordergrund stehen anticholinerge Nebenwirkungen. Bei der Kombination mit trizyklischen Antidepressiva sind Delirien relativ häufig. Aufgrund der euphorisierenden Wirkung kann bei entsprechender Disposition eine Abhängigkeit entstehen.

7.11 Psychiatrische Notfalltherapie

Die wichtigsten psychiatrischen Notfälle sind:

- Erregungszustände,
- akute Suizidalität,
- delirante Syndrome,
- Bewußtseinsstörungen,
- Drogennotfälle (Intoxikationen).

Die medikamentöse Behandlung orientiert sich an der akuten Symptomatik. Dabei ist eine Ursachenabklärung besonders wichtig. Mögliche Ursachen von **Erregungszuständen** sind: psychiatrische, neurologische, internistische Erkrankungen sowie Medikamenten-nebenwirkungen. Eine Übersicht medikamentöser Behandlungsprinzipien bei Erregungszuständen findet sich auf Tabelle 65.

Bei der Behandlung eines **suizidalen Patienten** muß es dem Arzt durch die Gesprächsführung gelingen, Vertrauen zwischen sich und dem Patienten aufzubauen. Als thera-

Tabelle 65 Medikamentöse Behandlungsrichtlinien zur initialen Therapie bei Erregungszuständen unterschiedlicher Ätiologie

Ursachen	Therapie[1]
1. Exogene Ursachen:	
zerebralorganisch,	
psychogeriatrisch	5 mg Haloperidol i.m. oder i.v.
epileptisch	
– nicht konvulsiver Status	Diazepam 20–30 mg i.v. oder i.m.
– konvulsiver Status	Phenhydaninfusion (250–500 mg)
toxisch	Haloperidol nach Bedarf, kein Clomethiazol!
– Psychodelika	
Horrortrip	Diazepam (5–30 mg i. v.)
– komplizierter Rausch	
2. Endogene Ursachen:	
schizophren	Haloperidol (5–10 mg i. v., per os)
manisch	+ Levomepromazin (50–100 mg)
agitiert-depressiv	Levomepromazin 50–100 mg bzw. Amitriptylin 75 mg und/oder Diazepam 10–20 mg
Angst, Panik	evtl. Diazepam, (cave: Sucht)
3. Psychogene Erregung:	
psychoreaktiv	Diazepam (10–20 mg im. oder i. v.)
frühkindliche Hirnschäden und andere Defektsyndrome	Haloperidol, Diazepam (niedrige Dosierung, da oft verminderte Toleranz)

[1] Im Einzelfall Wiederholung der angegebenen Dosierungen: Haloperidol bis 50 mg/die, Levomepromazin bis 300 mg/die, Amitriptylin bis 150 mg/die, Diazepam bis 60 mg/die, Clomethiazol bis 10 g/die. Bei psychogeriatrischen Patienten entsprechend niedrigere Dosierung.

peutische Sofortmaßnahme bei hochgradig suizidalen Patienten empfiehlt sich die Verabreichung von 5–20 mg Diazepam parenteral. Bei Suizidalität leichteren Grades, vor allem wenn auch eine depressive Symptomatik vorliegt, sollten Amitriptylin oder Doxepin verabreicht werden. Bei schizophrenen Patienten mit Suizidalität sind in erster Linie stark und schwachpotente Neuroleptika indiziert.

Delirante Syndrome können bei Alkohol-, Medikamenten- und Drogenabhängigkeit sowie bei Allgemeinerkrankungen (z.B. Infektionskrankheiten, Stoffwechselkrankheiten, Vergiftungen) oder nach Einnahme zentral wirkender Pharmaka (trizyklische Antidepressiva, schwachpotente Neuroleptika, Anticholinergika) auftreten. Bei Allgemeinerkrankungen muß die Grundkrankheit primär behandelt werden und bei Einnahme zentral wirkender Pharmaka müssen diese primär abgesetzt werden. Bei deliranten Syndromen im Rahmen einer Suchterkrankung ist Clomethiazol das Mittel der Wahl, ggf. kann zusätzlich Haloperidol oder auch Diazepam verordnet werden (Kapitel 7.9.).

Bei **Bewußtseinsstörungen** steht die Klärung der Ursachen an erster Stelle. Die Behandlung orientiert sich an den allgemeinen Prinzipien der Notfalltherapie.

Ursachen der **Drogennotfälle** sind: akute Intoxikationen, Entzugserscheinungen, psychotische Reaktionen (z.B. Horrortrip). Leitsymptome sind Bewußtseinsstörungen, delirante Bilder und Erregungszustände. Bei akuten Intoxikationen mit Halluzinogenen, Amphetaminen oder Opiaten empfiehlt sich die Verabreichung von Diazepam; bei psychotischen Syndromen kann auch Haloperidol eingesetzt werden. Bei einer Atemlähmung sollte unter intensivmedizinischer Versorgung der Opiatantagonist Naloxon (0,4–2 mg) i. v. oder i. m. verabreicht werden. Die Dosis kann nach 5 Minuten wiederholt werden. Es kann ein schweres Entzugssyndrom ausgelöst werden.

7.12 Elektrokrampfbehandlung

Seit der Einführung der Psychopharmaka wurde der Indikationsbereich der Elektrokrampfbehandlung (EKB) wesentlich eingeengt. Unsachliche Angriffe und polemische Diskussionen in den Medien über die EKB haben sowohl zu einer Verängstigung von Patienten und Angehörigen als auch zu einer Unsicherheit bei vielen Psychiatern über diese Behandlungsform beigetragen. Dies hatte zur Folge, daß im Jahre 1985 nur noch ca. 500 psychisch Kranke eine EKB erhielten. Dem gegenüber kam die EKB im angloamerikanischen Sprachraum und in den skandinavischen Ländern sehr viel häufiger zum Einsatz.

Indikationen: Wahnhafte Depressionen, depressiver Stupor, endogene Depressionen, die mit hoher Suizidalität, Nahrungsverweigerung und körperlicher Erschöpfung einhergehen, therapieresistente Depressionen, perniziöse Katatonie, therapieresistente Schizophrenie.

Kontraindikationen: Frischer Myokardinfarkt, zerebrale Aneurysmen, erhöhter Hirndruck. Keine Kontraindikation sind höheres Alter, Schwangerschaft, Herzschrittmacher.

Wirkprinzip ist die Induktion eines generalisierten Krampfanfalles durch eine elektrische Stimulation des ZNS unter kontrollierten Bedingungen. Die Voraussetzung für eine EKB ist die Aufklärung und Einwilligung des Patienten. Folgende Voruntersuchungen sind notwendig:

- EKG,
- EEG,
- Thoraxröntgen,
- Laborbefunde,
- Prüfung der Händigkeit.

Soweit möglich, sollten vor einer EKB alle Psychopharmaka, vor allem alle antikonvulsiv wirkenden Medikamente (Benzodiazepine, Carbamazepin) möglichst aber auch Antidepressiva und Lithium abgesetzt werden, um Interaktionen zu vermeiden. Die Anästhesie des nüchternen Patienten erfolgt mit einer Prämedikation von 0,5 bis 1 mg Atropin, einer Kurznarkose mit Methohexital, einer Muskelrelaxierung und einer Sauerstoffbeatmung zur Förderung ausreichend langer generalisierter Krampfanfälle.

Mit dem Siemens-Konvulsator können unidirektionale, 5 ms dauernde elektrische Impulse verabreicht werden. Neuere Geräte, z.B. Thymatron, liefern „Pulse" von nur 1 ms Dauer, was aus neurophysiologischer Sicht zweckmäßiger ist und weniger zu

Gedächtnisstörungen führt. In der Regel sollte die EKB mit unilateraler Elektrodenplazierung über der nicht dominanten Gehirnhemisphäre durchgeführt werden, da diese genauso wirksam wie die bilaterale und besser verträglich ist. Bei der meist bevorzugten d-Elia-Elektrodenposition entspricht die temporale Reizstelle ca. 4 cm oberhalb des Mittelpunktes der Strecke zwischen Augenwinkel und Tragus. Die zweite Reizstelle sollte paramedian von CS, also bei Rechtshändern rechts paramedian liegen. Bei bilateraler Stimulation werden die Elektroden rechts und links frontotemporal angesetzt. Bei Erstbehandlung wird eine mittlere Stromstärke (z. B. 600 mA) und Reizdauer (4 bis 6 sek.) gewählt. Zur Erzielung eines ausreichenden antidepressiven Effekts muß der generalisierte Krampfanfall mindestens 25 Sekunden dauern. Bei einer kürzeren Krampfdauer sollte die Energie verdoppelt werden, bei einer Krampfdauer über 60 Sekunden sollte die Energie um 10% reduziert werden. Um bei einer unilateralen Elektrodenplazierung trotz der Muskelrelaxation das Auftreten eines Krampfanfalles sicher beurteilen zu können, empfiehlt sich die Blutdruckmanschettenmethode. Dabei wird in der Regel am rechten Unterarm eine Blutdruckmanschette auf übersystolische Werte von 300 mm/Hg aufgepumpt. Das Krampfgeschehen kann dann an der nicht relaxierten, distalen Extremität beurteilt werden. In der ersten Stunde nach der EKB sollte der Patient lückenlos überwacht werden (Puls- und Blutdruckmessungen, Befinden). Im allgemeinen werden 2 bis 3 Behandlungen pro Woche durchgeführt, wobei zur Reduktion der Nebenwirkungen ein behandlungsfreies Intervall von jeweils 2 Tagen empfohlen wird. Üblicherweise werden 10 bis 12 Anwendungen durchgeführt. Bei ausbleibendem Therapieerfolg sollte die EKB nach 20 Behandlungen abgebrochen werden.

In allen 14 kontrollierten Vergleichsstudien über EKB und Antidepressiva zeigte die EKB bei endogenen Depressionen eine stärkere und schneller einsetzende Wirkung als die medikamentöse Behandlung. 85% der bisher therapieresistenten Depressiven besserten sich unter einer EKB. Bei einer perniziösen Katatonie ist die EKB die bislang einzige bekannte lebensrettende Methode. Der Wirkmechanismus ist weitgehend ungeklärt. Es soll die dopaminerge Aktivität gesteigert, die Ausschüttung und der Umsatz an Noradrenalin und Dopamin erhöht und die postsynaptische Rezeptorsensibilität für Serotonin, Dopamin und Noradrenalin gesteigert werden.

Bei sachgerechter Anwendung ist die EKB eine risikoarme Therapiemethode. Es kann zu kurzzeitigen anterograden als auch retrograden Gedächtnisstörungen kommen, die fast immer voll reversibel sind. Bei 0,5% der Anwendungen wurden kurzdauernde, reversible Funktionspsychosen mit Verwirrtheit und Orientierungsstörungen beobachtet. Unter den heutigen modernen Behandlungsbedingungen treten Frakturen, Luxationen oder apnoeische Zustände praktisch nicht mehr auf. Die Letalität liegt mit ca. 4 pro 100.000 Behandlungen noch unter dem Mortalitätsrisiko einer Narkose.

7.13 Schlafentzug

Ein Schlafentzug ist bei Depressionen indiziert. Dabei können 4 Arten von Schlafentzug unterschieden werden:

● Beim totalen Schlafentzug wird der Schlaf für eine ganze Nacht entzogen, d.h. der Patient bleibt ca. 36 Stunden ununterbrochen wach.

- Beim partiellen Schlafentzug wird der Schlaf nur in der zweiten Nachthälfte entzogen. Der Schlafentzug der ersten Nachthälfte ist nicht antidepressiv wirksam.
- Beim REM-Schlafentzug werden selektiv lediglich die REM-Schlafphasen entzogen, wobei der Patient immer dann geweckt wird, wenn im EEG REM auftaucht. Dieses Vorgehen ist nur im Schlaflabor möglich.
- Bei der Phase-Advance-Therapie wird der Schlaf-Wach-Rhythmus jeweils um 6 Stunden vorverschoben, d.h. fortgesetzter partieller Schlafentzug der zweiten Nachthälfte über die Dauer von z.B. 14 Tagen. Dieses Vorgehen ist sehr personal- und organisationsintensiv.

Partieller und totaler Schlafentzug ist bei schweren neurotischen und endogenen Depressionen sowie bei therapieresistenten Depressionen und weniger bei Depressionen im Rahmen von Schizophrenien indiziert. Die therapeutische Wirksamkeit soll in den verschiedenen nosologischen Gruppen in etwa vergleichbar sein. Bei 30 bis 60% der Patienten kommt es am ersten Tag nach dem Schlafentzug zu einer deutlichen Besserung der Depression. Am zweiten Tag nach dem Schlafentzug ist häufig eine relative Verschlechterung der Depression festzustellen. Die therapeutische Wirkung tritt meistens schnell ein, eine Besserung ist bis zum 5. Tag möglich. Im allgemeinen wird die Behandlung meist in Abständen von 5 bis 7 Tagen wiederholt. Depressive Verstimmungen, Suizidalität und psychomotorische Hemmungen sollen günstig beeinflußt werden.

Im allgemeinen wird der Schlafentzug in der Gruppe im Beisein einer Nachtwache durchgeführt. Er wird den Patienten als „physiologische" Maßnahme neben anderen Therapien dargestellt. Es muß dem Patienten erklärt werden, daß er am Tag nach der durchwachten Nacht nicht schlafen soll und auch davor nicht länger schlafen soll.

Am Abend vor dem Schlafentzug sollen keine sedierenden Medikamente verordnet werden. Die Kombination von Antidepressiva plus Schlafentzug ist wirksamer als jedes dieser beiden Therapieverfahren allein. Vereinzelt wurde berichtet, daß Schlafentzugresponder besonders günstig auf eine nachfolgende Behandlung mit SSRI ansprachen, was in anderen Studien aber nicht bestätigt wurde. Abgesehen von Müdigkeit und vegetativen Befindlichkeitsstörungen ist der Schlafentzug gut verträglich. Vereinzelt wurde über eine Provokation manischer Symptome bzw. psychotischer Symptome bei Schizophrenien berichtet.

Der therapeutische Effekt wird auf eine Verbesserung der Schlafarchitektur, vor allem eine Unterdrückung des REM-Schlafes und auf eine Erhöhung der Ausscheidung von TSH-Kortisol und MHPG zurückgeführt.

7.14 Lichttherapie

Eine Lichttherapie ist bei saisonal abhängigen Depressionen indiziert. Diese sind durch folgende Symptome gekennzeichnet:

- vermehrter Schlaf,
- Müdigkeit am Tage,
- Apathie,
- depressive Verstimmung,
- Appetitzunahme.

In mehreren Untersuchungen wurde eine deutliche Wirksamkeit bei saisonal abhängigen Depressionen nachgewiesen. Nur helles, weißes, fluoresierendes Licht mit vollem Spektrum und einer Intensität von ca. 2500 Lux ist wirksam. Die Behandlung sollte erst morgens oder abends mit 2 Stunden Dauer begonnen werden, bei fehlender Besserung nach 4 Tagen kann sie auf jeweils 4 Stunden täglich ausgedehnt werden. Die Gesamtdauer sollte sich über die Wintermonate erstrecken. 30 bis 50% der Patienten mit einer saisonal abhängigen Depression erleben unter der Lichttherapie eine deutliche Besserung ihrer Symptomatik. Gelegentlich klagen Patienten über Augenbrennen, Kopfschmerzen und Gereiztheit. Bei gleichzeitiger Therapie mit trizyklischen Antidepressiva sind augenärztliche Kontrollen zu empfehlen. Der Wirkmechanismus ist weitgehend unklar. Es wird eine Melatonin- und Phase-shift-Hypothese diskutiert, im weiteren wurde eine Erhöhung der T4- und TSH-Werte gemessen.

7.15 Kinderpsychiatrische Aspekte der Psychopharmakotherapie

Allgemeine Hinweise: Nach langer Zurückhaltung werden Psychopharmaka in den letzten Jahren wieder häufiger in der Kinder- und Jugendpsychiatrie verordnet. Trotz dieser Tendenz sind die Auswirkungen der Psychopharmaka auf die Entwicklung des ZNS weitgehend unbekannt. Deshalb soll der Einsatz von Psychopharmaka bei Kindern und Jugendlichen nur von erfahrenen Ärzten erfolgen.

Bei der Verordnung von Psychopharmaka bei Kindern und Jugendlichen sollten folgende **allgemeine Besonderheiten** berücksichtigt werden:

- Die Eigenschaften des kindlichen Organismus (Altersstufe, Körpergröße, Gewicht, Geschlecht, Konstitution),
- der Metabolismus der Substanzen ist bei Kindern schneller als bei Erwachsenen, so daß auch die Halbwertzeiten kürzer als bei Erwachsenen sind (Eggers 1984),
- das Verteilungsvolumen bei Kinder ist kleiner als bei Erwachsenen,
- Absorbtions-, Verteilungsmuster bzw. Eliminationsgeschwindigkeit sind unterschiedlich,
- Vorschädigungen bzw. Erkrankungen des ZNS,
- in der Regel ist der Hormonstatus bei Kindern und Jugendlichen unstabil,
- in der Literatur wird diskutiert, ob Kinder Psychopharmaka besser vertragen, deshalb eine relativ höhere Dosierung benötigen, toleranter gegenüber Überdosierungen sind und weniger extrapyramidalen Nebenwirkungen auftreten.

Bei der Psychopharmakotherapie bei Kindern und Jugendlichen sind folgende **spezifische Besonderheiten** zu beachten:

- Die Medikation ist in aller Regel nur ein Teil der Gesamttherapie, die im Prinzip multidimensional erfolgt,
- sichere sorgfältige Diagnostik bzw. Indikationsstellung,
- Kontrolle der Behandlung: klinische Beurteilung, jedoch sind besser objektivierende Wirkungsbeurteilungen mit normierten Skalen, Labor, apparative Kontrolluntersuchungen (EEG, EKG),
- Placeboeffekte berücksichtigen: es ist bekannt, daß der Placebo-Effekt bei Kindern und Jugendlichen größer ist als bei Erwachsenen (auch durch den Einfluß der Eltern); das betrifft sowohl die gewünschte Wirkung als auch die Nebenwirkungen,

- adäquate Dosierung beachten, die besser nach Milligramm pro Kilogramm Körpergewicht oder auch nach Körperoberfläche erfolgen sollte,
- individuelle Dosierung (zu berücksichtigen sind sog. „Slow-Metabolizer" bei Neuroleptika und Antidepressiva und „non responder" bei Methylphenidat),
- langsame Dosissteigerung, ausgehend von einer möglichst niedrigen Dosis, die man schrittweise erhöht, bis der gewünschte Effekt eintritt,
- bei fehlendem therapeutischem Effekt, Versuch mit vermehrten Gaben bei gleichbleibender Tagesdosis,
- kurzfristige Anwendung, falls möglich,
- Monotherapie ist empfehlenswert,
- Elternberatung, ausführliche Information von Eltern und Kindern, Compliance.

Indikationen für die Anwendung der Psychopharmaka: In der Kinder- und Jugendpsychiatrie kann man klassifizieren in:

- **absolute** Indikationen: Psychosen und Epilepsien,
- **relative** Indikationen: z.B. HKS, Aggressivität, Tics, Eßstörungen, Suizidalität usw.,
- **mißbräuchliche** Anwendung: z.B. Störungen mit familiären Grundlagen, Ruhigstellung bei Intelligenzminderung, Benzodiazepine bei einfachen Phobien.

Indikationsbereich für Psychopharmakotherapien gruppiert nach ICD-10:

- Schizophrenien – F 2,
- affektive Störungen – F 3,
- neurotische Belastung, somatoforme Störungen (z.B. Zwangsstörungen) – F 4,
- Verhaltensauffälligkeiten mit körperlichen Störungen und Faktoren (z.B. Eßstörungen) – F 5,
- tiefgreifende Entwicklungsstörungen – F 84,
- Verhaltens- und emotionale Störungen mit Beginn in der Kindheit und Jugend (z.B. Tics) – F 9,
- hyperkinetische Störungen – F 90.

7.16 Exkurs: Psychostimulantien in der Kinder- und Jugendpsychiatrie

Einleitung: Über 60 Jahre wurden Psychostimulantia für die Behandlung von Zuständen benutzt, die heute als Aufmerksamkeitsstörungen und hyperkinetische Störungen bekannt sind. Der erste Versuch erfolgte Ende der 30er Jahre durch Bradley mit Benzedrin – einer razemischen Mischung von dextro- und levoisomeren Amphetamin (Bradley 1937).

Unter dem Terminus Psychostimulantia werden alle psychotropen Substanzen verstanden, die die allgemeine psychische Aktivität steigern, d.h. vorwiegend Antrieb, Konzentration und Leistungsfähigkeit. Synonima sind Energetika, Energizer, Psychotonika, Stimulantia und auch Psychoanaleptika.[1] Die Psychostimulantia bilden eine heterogene Gruppe von Medikamenten, beinhalten aber auch Drogen und sozialhistorisch tolerierte oder akzeptierte Genußmittel. Zu dieser Gruppen gehören z.B. das am häufigsten verwendete Stimulans der Kaffee, manche Sorten Tee, aber auch Alko-

---

[1] Nach Delays Klassifikation 1957 – Psychoanaleptika sind Pharmaka mit vorwiegend zentralnervös anregender Wirkung wie Antidepressiva, Stimulanzien, bestimmte Psychotomimetika.

hol (niedrig dosiert) und Tabak. Zu den Drogen unter den Psychostimulantia gehören Cannabinoide (Marihuana und Haschisch), Ecstasy (ein Methamphetaminderivat), Kokain und Speed (meist eine Amphetaminmischung). In Deutschland sind zur Zeit im Handel Methylphenidat (Ritalin), Fenetyllin (Captagon), Amfetaminil (AN1) und Pemolin (Hyperilex, Tradon). Die Verschreibung von Methylphenidat und Fenetyllin unterliegt der Betäubungsmittel-Verschreibungsverordnung (BtmVV).

Pharmakologie: Die meisten Medikamente dieser Gruppe sind Amphetaminderivate. Sie werden auch „Weckamine" genannt.

Amphetamin und seine Derivate sind chemische Substanzen eng verwandt mit den Katecholaminen, sie wirken sympathomimetisch. Diese Substanzen setzen einerseits Noradrenalin und teilweise Dopamin aus ihren Depots in den präsynaptischen Nervenendigungen frei, auch hemmen sie deren Wiederaufnahme in das präsynaptische Neuron, aber andererseits wirken sie vermutlich direkt auf dopaminerge und noradrenerge Rezeptoren. Daraus resultiert die Stimulation mancher Gehirnregionen und auch teilweise der ascendente Formatio reticularis (Stimulierung der arousal reaction). Im klinischen Sprachgebrauch bedeutet das die Unterdrückung von Schläfrigkeit und Müdigkeit und Verbesserung von Aufmerksamkeit, Stimmung und Leistungsfähigkeit. Bei höherer Dosierung können sie eine Euphorie bewirken. Die Amphetamine beeinflussen das Hungerzentrum im lateralen Hypothalamus. Sie führen so zu einer Appetitminderung, weshalb sie auch als „Appetitzügler" eingesetzt werden.

Amphetamine werden gut im Gastrointestinaltrakt resorbiert und passieren leicht und schnell die Blut-Hirn-Schranke. Das gebräuchlichste Medikament aus der Gruppe ist Methylphenidat; es erreicht schnell (in ein bis zwei Stunden) die höchste Konzentration im Plasma. Methylphenidat hat eine kurze Halbwertzeit, die zwischen zwei und vier Stunden liegt, und muß deswegen drei- bis viermal täglich verabreicht werden. Das Medikament wird besser bei leerem Magen resorbiert, dementsprechend sollte es 30 Minuten vor oder eine Stunde nach dem Essen eingenommen werden. Die Metabolisierung des Methylphenidats erfolgt in der Leber. Der Hauptmetabolit ist Ritalinsäure.

Die anderen noch im Handel befindlichen Medikamente, werden selten gebraucht.

Indikationen, Kontraindikationen und Nebenwirkungen: Die Indikation zur Verordnung von Psychostimulantia wurde in den letzten Jahren meistens wegen ihrer unerwünschten Wirkungen zunehmend begrenzt. Zur Zeit wird es häufig bei der Behandlung von hyperkinetischen Störungen (HKS) F 90 nach ICD-10 oder attention-deficit/hyperactivity disorder 314 nach DSM-IV eingesetzt. Die Narkolepsie ist eine zweite, jedoch sehr seltene Indikation.

Zu den **Kontraindikationen** aus dem psychiatrischen Bereich gehören:

- Psychosen,
- Anorexia nervosa,
- Gilles-de-la-Tourette-Syndrom,
- Angst- und Panikstörungen,
- Kinder unter sechs Jahren, Minderwuchs, Untergewichtigkeit,
- „non responders" (ca. 20 bis 30% der Kinder mit HKS zeigen keine Wirkung).

Zu den psychiatrischen **Nebenwirkungen** gehören:

- Schlaflosigkeit, Kopfschmerzen, Schwindel,
- Müdigkeit, Traurigkeit, Ängstlichkeit, Weinerlichkeit,

- Konzentrationsmangel, vermehrtes Träumen,
- psychomotorische Erregungszustände, Dysphorie,
- Hypersensitivitätsphänomene, Geräuschempfindlichkeit,
- psychotische Reaktionen (paranoid-halluzinatorischer Art),
- Auslösung von Psychosen,
- orofaziale Dyskinesien,
- Auslösung von Tics,
- Erhöhung der Krampfbereitschaft,
- Appetitlosigkeit (Inappetenz),
- Rebound-Phänomene beim plötzlichen Absetzen wie Heißhunger, Depressivität, erhöhtes Schlafbedürfnis.

Cave, psychische Abhängigkeit (vorwiegend bei Erwachsenen).

Dosierung: Die Empfehlungen für die Dosierung der Psychostimulantia zur Behandlung der hyperkinetischen Störungen (HKS) sind in der Tabelle 66 angezeigt. Die Psychostimulantia sollen nicht am späten Nachmittag oder am späten Abend verabreicht werden. Man muß betonen, daß die Therapie mit Psychostimulantia bei HKS eine symptomorientierte Behandlung und keine kausale Therapie ist. Das heißt, daß die Behandlung der HKS stets multimodal durchgeführt werden sollte. Empfehlenswert sind sog. „weekend and vacation holidays", d.h. keine Medikation an Wochenenden und in den Ferien.

Tabelle 66 Therapie mit Psychostimulantia bei HKS

Freiname (Generic Name)	Handelsname	empfohlene Dosis pro die
Methylphenidat	Ritalin	0,3–1,2 mg/kg Körpergewicht
Pemolin*	Hyperilex, Tradon	0,5–2,0 mg/kg Körpergewicht
Fenetyllin	Captagon	nicht empfohlen
Amfetaminil	AN 1	nicht empfohlen

* nicht empfohlen wegen schwerer Leberkomplikationen

8 Beispiele komplextherapeutischer Ansätze bei ausgewählten Syndromen

Am Beispiel der nachfolgenden Syndrome einer Eßstörung, einer Borderline-Persönlichkeit und einer Schizophrenie soll präzisierend hervorgehoben werden, wie die unterschiedlichen Therapieansätze, die in diesem Hauptabschnitt des Lehrbuches beschrieben werden, nun im Einzelfall einer Erkrankung ineinander greifen sollten.

8.1 Beispiel einer komplexen Therapie bei einem anorektischen Jungen

Ein 18jähriger Abiturient befand sich seit einem Jahr wegen einer Anorexia nervosa in engmaschiger ambulanter Betreuung. Wegen zunehmender Gewichtsabnahme wurde er mit 4 kg unter der 3. Perzentile nach Prader (Größe 1,84 m, Gewicht 48 kg) und einer Bradykardie von 32 Puls/min stationär eingewiesen.

Bei der Aufnahme war der kachektische Jugendliche subdepressiv, unruhig bis überaktiv, zeigte keine Krankheitseinsicht und hatte eine schwere Körperschemastörung. Die Eltern waren sehr besorgt und hilflos. Der Jugendliche aß kaum etwas; er nahm nur noch sehr langsam niedrigkalorische Nahrung zu sich.

1. Behandlungsphase: Zu Beginn der stationären Behandlung erhielt er strikte Bettruhe mit 6 Mahlzeiten (mindestens 2400 kcal/d), die Ein- und Ausfuhr wurde kontrolliert, wie auch stündlich Puls und Blutdruck. Vom Pflegepersonal erfolgte die Betreuung im Verhältnis 1 : 1. In der Behandlung stand die Anbahnung einer Beziehung, die **Verhaltenstherapie** und die **Somatotherapie** im Vordergrund. (Diese restriktiven Maßnahmen sind in diesem Gewichtsbereich und bei mangelnder Krankheitseinsicht erforderlich).

Die Eltern, vor allem die Mutter, erschienen täglich. Ihr Besuch wurde zugelassen und war sogar erwünscht, weil die engen Kontakte sowohl die Eltern als auch den Patienten deutlich entlasteten.

Die **psychotherapeutischen Gespräche** waren in dieser Zeit stützend und dienten der Anbahnung der Beziehung sowohl zum Patienten als auch zu den Eltern. Unter diesem Regime kam es zu einer schnellen Gewichtszunahme. Den Darmmotilitätsstörungen (Stuhlverhaltung und Völlegefühl) wurde mit **Collonmassagen** begegnet. Von einer sonst üblichen **Psychopharmakotherapie** mit Thymoleptika, die bei subdepressiver bis depressiver Stimmungslage in dieser Behandlungsphase üblich ist, konnte wegen der schnellen Stimmungsbesserung aufgrund der deutlichen Gewichtszunahme Abstand genommen werden.

2. Behandlungsphase: Bei einem Gewicht zwischen der 3. und 10. Perzentile wurde die strikte Bettruhe gelockert, der Patient durfte stundenweise aufstehen. Die Eltern drängten nach Beteiligung an der Therapie; sie wollten unbedingt zur Gesundung des Jungen beitragen. Eine **systemische Familientherapie** wurde begonnen, die mit einer **Skulpturarbeit** nach Andolfi eingeleitet wurde (Abb. 31–35). Von jedem Familienmitglied werden dabei die übrigen Familienmitglieder so gestellt, wie der Protagonist seine Familie selbst erlebt. Es zeigte sich eine extrem emotional verstrickte, den Patienten einengende Familienbeziehung (Abb. 31, 32). Die Familie wünschte sogar, daß die Großmutter des Patienten, die Mutter des Vaters, die nicht anwesend war, durch einen Praktikanten fiktiv dargestellt werden sollte. Am stärksten erlebte der Patient sich selbst von der Familie umschlossen (Abb. 31). Das hautnahe Erleben dieser starren Enge in der Skulptur, erleichterte anschließend die Bearbeitung. Die Betroffenheit über die extreme Fürsorge und die Einengung des Patienten, die auch der Angst der Eltern entsprang, den Sohn zu verlieren, wurde übergeleitet in die Suche nach alternativen, künftigen Lösungen.

In der nächsten Sitzung wurde die Familie aufgefordert, sich so zu stellen wie sich jeder seine Familie wünscht und wie man glaubt, dem Sohn bzw. den Bruder bei der Überwindung der Anorexie am besten helfen zu können (Abb. 33, 34, 35). Hier wurden unterschiedliche Autonomiewünsche deutlich. Sie reichten von einer Beziehung, die nur noch Blickkontakte zuläßt (Abb. 33 – Skulptur des Patienten), bis zu einer Restitution der verlorengegangenen Bindung zwischen den Eltern und einem großen Wunsch der Tochter nach Nähe zu ihren Eltern (Abb. 34).

Auch der Vater (Abb. 35) wünschte eine engere Beziehung zu seiner Frau, und daß die Tochter von seiner Frau gehalten würde und stellte sich seinen Sohn an seine Seite. Der Einfluß der Großmutter in den „realen" Skulpturen erschien jetzt nicht mehr.

Mit dieser familientherapeutischen Arbeit wurde die dringend notwendige Ablösung des Patienten von allen erlebt. Erst durch die Skulpturarbeit war der Mutter bewußt geworden, daß sie den Sohn loslassen mußte.

3. Behandlungsphase: Die anfänglichen Körperschemastörungen lösten sich ohne zusätzliche **Körpertherapie** auf. Bei einem Gewicht zwischen der 25. und 50. Perzentile nach Prader wurde der Patient entlassen und stabilisierte sich mit wenigen ambulanten Nachbetreuungssitzungen weiter. Neben der Gewichtskontrolle waren die Hauptthemen Autonomie, Selbständigkeit und Aufbau von altersgerechten Beziehungen, seine Bindungswünsche an die Mutter und seine unbewußte Partnerersatz-

Abb. 31–35 Familienskulpturen zu Beginn der Therapie eines anorektischen Patienten (die darstellende Person ist in den Abbildungen gestrichelt)
Grafiken von E. Herforth nach Videoaufnahmen

Abb. 31 Die Familiensituation aus der Sicht des Patienten

Abb. 32 Die Familiensituation aus der Sicht des Vaters

Abb. 33 Die Wunschvorstellung aus der Sicht des 18jährigen Patienten

Abb. 34 Die Wunschvorstellung aus der Sicht der 12jährigen Schwester

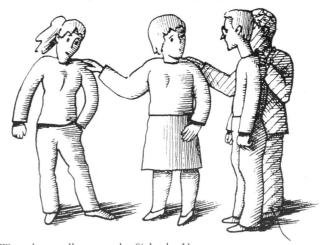

Abb. 35 Die Wunschvorstellung aus der Sicht des Vaters

funktion ihr gegenüber bei den Beziehungsstörungen seiner Eltern. Die Entlassung aus der stationären Behandlung erfolgte auch deshalb so schnell, weil der Patient das Abitur ablegen wollte. Danach unternahm er allein eine ausgedehnte Europareise und begann ein Jahr später, psychisch stabil und geheilt, ein Hochschulstudium.

Die während der Skulpturarbeit sichtbar gewordenen elterlichen Beziehungsstörungen versuchten diese in einer Paar- und Einzeltherapie für sich zu lösen.

Das Beispiel soll zeigen, daß bei einer schweren Anorexie mit einem gravierenden, konstanten Gewichtsverlust, eine ambulante Behandlung nicht ausreicht und eine stationäre Psychotherapie dringend erforderlich ist. Ambulante Versuche ohne Gewichtszunahme führen lediglich zur Chronifizierung der Erkrankung. Die Therapie im jugendlichen Alter muß möglichst schnell zu einer Gewichtsverbesserung führen und vereinigt verschiedene therapeutische Ansätze.

Behandlungsrichtlinien

1. Behandlungsphase *(Gewicht unter der 3. Perzentile):*

Somatotherapie, Verhaltenstherapie (vornehmlich durch Pflegepersonal).

Restriktive Maßnahmen: Bettruhe, intensive Pflege (Pflegeschlüssel 1 : 1).

6 Mahlzeiten (täglich mindestens 2400 kcal).

Kontrolle der Nahrungseinnahme (1 Schwester muß bei jeder Mahlzeit und danach etwa 20 Minuten beim Patienten sein).

Herz-, Kreislaufkontrolle, Ein- und Ausfuhrkontrolle.

Ziel: Gewichtszunahme von 500 bis 1000 g/Woche.

Psychotherapie:	Anbahnung einer therapeutischen Beziehung zum Patienten und den Eltern.
Physiotherapie:	Bewegungsübungen im Bett, Kolonmassage bei Völlegefühl und Darmmotilitätsstörungen.
Ergotherapie:	Körperdarstellungen (Malen, Modellieren).
Pharmakotherapie:	Thymoleptika bei subdepressiver und depressiver Stimmung. Metoclopramid (z.B. Cerukal): bei Völlegefühl undDarmmotilitätsstörungen.

Ziel: 1. Gewichtszunahme von 500 bis 700 g/Woche.
2. Entwicklung von Krankheitseinsicht.
3. Vorbereitung auf die folgende Psychotherapie.

2. Behandlungsphase *(Gewicht ab der 10. Perzentile):* Weitere Gewichtszunahme von etwa 500 g/Woche.

Lockerung der Bewegungseinschränkung (nur stundenweise Bettruhe, vor allem nach den Mahlzeiten); Toilettengang (Cave: selbst herbeigeführtes Erbrechen).

Physiotherapie: Relaxationsverfahren kombiniert mit Behandlung der Körperschemastörung.

Körperwahrnehmungstraining (Arbeit vor dem Spiegel).

Konfrontationstherapie der Körperwahrnehmungsstörung: Arbeit mit Videoaufnahmen und Fotoaufnahmen aus der 1. Behandlungsphase.

Familientherapie: strikte Verantwortlichkeit der Eltern für die Gewichtsstabilisierung bei gleichzeitiger Gewährung von altersgerechter Selbständigkeit in allen anderen Bereichen; z. B. Familienessen (Familie ißt mit dem Patienten, wobei der Therapeut die Eltern in der Verantwortung und ihrer Kompetenz stützt).

Die wichtigsten Grundsätze der Familientherapie sind folgende:

1. Welche Beziehungs- und Interaktionsmuster haben zur Ausbildung der Anorexie geführt oder unterhalten zumindestens das Krankheitsbild?
2. Wie kann die Familie selbst dazu beitragen, die Situation des Patienten zu verbessern?
   - Stationäre Gruppentherapie, Thema: Solidarisierung,
   - Autonomie, Kontakte zu Gleichaltrigen,
   - Funktion der Anorexie, Alternativen zu Selbstwertfindung, Umgang mit dem Essen, Ablösung von der Familie.

3. Behandlungsphase *(ab 25. Perzentile):* Weitere Gewichtszunahme bis zur 50. Perzentile (entspricht 18,5 des Bodymaßindex),

Individualpsychotherapie (Kombination von Familientherapie, tiefenpsychologischer- und Verhaltenstherapie),

Themen: Autonomie und Verselbständigung vs. familiäre emotionale Verstrickung und Bindung (ödipale Beziehungen, Partnerersatzfunktion),

Identitätsfindung (weibliche bzw. männliche Rolle),

Stärkung des Selbstwertgefühls (Alternativen zur bisherigen Funktion der Anorexia nervosa und zur narzißtischen Überbesetzung des äußeren Erscheinungsbildes),

altersentsprechende Kommunikation,

Zunkunftsorientierung,

Entwicklung von neuen Streß- und Frustrationsbewältigungsstrategien (anstelle des bisherigen anorektischen Verhaltens)

„Was kann ich künftig tun, um nicht wieder in die Anorexie zu verfallen?"

Überleitung in ambulante Gruppentherapie und Selbsthilfegruppen.

8.2 Komplextherapie der Borderline-Persönlichkeitsstörung

Im vorliegenden Abschnitt soll es um die Therapie der Borderline-Persönlichkeitsstörung gehen. Krankheitsbild und Diagnostik dieser Störung sind in den Kapiteln II.2.2.5 und III.2 dargestellt.

Die Borderline-Störung wurde noch bis vor wenigen Jahrzehnten als „Grenzfall zwischen Neurose und Psychose" überwiegend negativ definiert. Die Behandlung erfolgte je nach Vorliebe und Ausbildung des Therapeuten entweder neurosen- oder psychosentypisch. Erst nach Definition der Borderline-Störung als ein eigenständiges, sowohl von den Neurosen als auch von den Psychosen grundlegend verschiedenes Krankheitsbild, gelang auch die Entwicklung eines speziellen Therapiekonzeptes, daß sich klar von dem zur Behandlung neurotischer und psychotischer Störungen unterscheidet.

Die **Borderline-Persönlichkeitsstörung** ist eine sog. „strukturelle" oder „frühe" Störung, bei der die „Selbst-Objekt-Differenzierung" infolge bestimmter Entwicklungspathologien defizitär bleibt. Das „Selbst" ist nicht ausreichend von den „Objekten" (den bedeutsamen anderen Menschen) abgegrenzt, wodurch Affekte und Impulse gleichermaßen das „Selbst" und die „Objekte" betreffen. Spaltungsprozesse, die eigentlich der „Bewältigung" dieser ängstigenden mangelnden „Selbst-Objekt-Differenzierung" dienen und die unverträgliche Aspekte des „Selbst", der „Objekte" und der „Selbst-Objekt-Beziehung" als nicht existent separieren, verursachen zusätzliche Einschränkungen in der ganzheitlichen Wahrnehmung des „Selbst", der „Objekte" und der „Selbst-Objekt-Beziehungen". Das „Selbst", die „Objekte" und die „Selbst-Objekt-Beziehungen" können nicht als Widersprüche integrierende Einheiten („Ich bin manchmal aggressiv, aber dann auch wieder liebevoll.") wahrgenommen werden. Statt dessen herrschen polarisierte Wahrnehmungen („Ich bin nur voller böser Aggressionen", „Die Beziehung zu meinem Vater ist nur durch negative Emotionen charakterisiert.") mit entsprechend einseitigen Affekten vor. Die Folgen sind Störungen der eigenen Identität, des Selbstwertgefühls und der Empathie für andere Menschen. Die zwischenmenschlichen Beziehungen bleiben fragmentarisch, wechselnd polarisiert und verzerrt und durch das Auftreten intensiver Affekte unsicher und fragil. Hinzu kommen Defizite in der Entwicklung des „Ich" und seiner kognitiven (Wahrnehmen, Denken, Urteilen, Antizipieren), steuernden (der Affekte und Impulse) und Abwehrfunktionen (Ausbildung „reifer" Abwehrmechanismen, wie Verdrängung, die die innerpsychische Regulierung von Bedürfnissen, Impulsen und Konflikten ermöglichen) und Defekte in der Ausformung eines eigenen, autonomen „Über-Ich", das den Umgang mit Bedürfnissen und Impulsen steuert. Die Symptomatik , die in Kapitel III/2 dargestellt wird, ist der direkte Ausdruck dieser Defekte.

Das *Ziel derTherapie* besteht darin, die Selbst-Grenzen des Patienten zu stärken (d.h. eine ausreichende „Selbst-Objekt-Differenzierung" zu erreichen), pathologische Abwehr (Spaltung) zu vermindern, damit verbundene Defizite in der realitätsgerechten Wahrnehmung zu korrigieren, die Ausformung „reifer" Abwehr (z.B. Verdrängung) zu ermöglichen und die Entwicklung der Ich-Funktionen zu fördern.

Als Mittel der Wahl gilt heute eine **borderline-spezifische psychoanalytisch orientierte Komplextherapie.** Diese komplexe Therapie ist charakterisiert durch:

- spezielle, modulierte psychoanalytische Behandlungselemente,
- spezifische Aufgaben des Therapeuten in der Beziehungsgestaltung und -strukturierung,
- ein spezifisches Setting und
- flankierende Maßnahmen (Krisenintervention, soziale Stützung).

Spezielle, modulierte psychoanalytische Behandlungselemente

Die **psychoanalytische Technik** der Borderline-Therapie ist, orientiert am Ziel (Stärkung der Selbst-Grenzen, Verminderung pathologischer Abwehr (Spaltung), Korrektur von Defiziten des Realitätsbezuges, Ausformung „reifer" Abwehr (z.B. Verdrängung), Entwicklung der Ich-Funktionen), auf die Deutung und Bearbeitung „primitiver" Abwehr (Spaltung, projektive Identifikation, Projektion) im „Hier und Jetzt" fokussiert. Spaltungsphänomene und verwandte Abwehrmechanismen (z.B. projektive Identifizierung, Projektion), die in der Übertragungsbeziehung, in der Schilderung realer Außenbeziehungen und in der Erinnerung an frühere Beziehungserfahrungen auftauchen, werden reflektiert und korrigiert. (So könnte man einem Patienten, der von sich selber als einem ausschließlich unzuverlässigen, beziehungsunfähigen, kalten Menschen spricht, dessen auch vorhandene liebevollen, verläßlichen Anteile deuten und ihm anbieten, ob er nicht Verhalten, das andere Menschen ihm gegenüber gezeigt haben, jetzt bei sich wahrnimmt.) Die konsequente Korrektur der beim Patienten durch Spaltungsmechanismen verzerrten Wahrnehmungen des eigenen „Selbst", der „Objekte" (der bedeutsamen anderen Menschen, einschließlich des Therapeuten) und der „Selbst-Objekt-Beziehungen" (der Beziehungen zu anderen Menschen, einschließlich der Therapeut-Patient-Beziehung) bewirkt eine erhebliche Stärkung des Realitätsbezuges, der gesunden Ich-Funktionen und reifer Abwehr.

Spezifische Aufgaben des Therapeuten in der Beziehungsgestaltung und -strukturierung

Neben dieser Deutungsarbeit hat der Therapeut mehr als in der Neurosenbehandlung Aufgaben der **Beziehungsgestaltung und -strukturierung** zu erfüllen. Patientenseitige Defizite in der Fähigkeit zur Beziehungsregulierung (Nähe-Distanz, Macht-Ohnmacht, Aktivität-Passivität) müssen durch den Therapeuten aktiv ausgeglichen werden (sog. „Hilfs-Ich-Funktion"), d.h. der Therapeut muß beispielsweise von sich aus den Abstand zum Patienten einhalten, der für diesen am verträglichsten ist, auch wenn die Signale des Patienten ihm andere Informationen geben.

Widersprüchliche und polarisierte Beziehungsangebote treten in jeder Borderline-Therapie auf. Sie resultieren aus Übertragungsepisoden ehemals traumatisierender Geschehnisse, aus Spaltungsprozessen und aus den genannten Schwierigkeiten der Beziehungsregulierung. So steht beispielsweise verbalen Äußerungen des Vertrauens zum Therapeuten eine versteinerte Mimik mit kontrollierendem mißtrauischen Blick gegenüber, die viel stärker als die gesprochenen Worte wirkt. Eine ganz entscheidende therapeutische Qualität besteht darin, pathologische Beziehungsangebote, die aus traumatischen Erfahrungen, aus Spaltungsprozessen oder aus Unfähigkeiten der Beziehungsregulierung resultieren, nicht zu bedienen. Am Beispiel würde das bedeuten, daß sich der Therapeut nicht unreflektiert auf das Angebot der Konstellierung einer mißtrauenswürdigen, vielleicht sadistischen oder mißbräuchlichen Beziehung einläßt. Vielmehr ist es Aufgabe des Therapeuten, widersprüchliche und polarisierte Beziehungsaspekte zu integrieren („Wenn man wie Sie die Erfahrung gemacht hat, daß andere Menschen verletzend sind, dann muß man mißtrauisch werden. Dennoch verspüren Sie den Wunsch nach einer vertrauensvollen Beziehung.").

In der Therapie von Borderline-Patienten kommt es regelhaft zu schwer zu handhabenden Gegenübertragungsgefühlen. So können beim Therapeuten unter anderem Verunsicherungs- und Irritationsgefühle oder aggressive Regungen provoziert werden, die ihn beispielsweise zu distanzierenden Gegenregulationen (z.B. zu Überweisungen oder Verlegungen) oder zu aggressivem Agieren (z.B. in Form aggressiver Deutungen) veranlassen. Qualifizierte Supervisionsmaßnahmen sind in solchen Fällen dringend erforderlich.

Spezifisches Setting

Das **Setting** sollte variabel und den Bedürfnissen des Patienten angepaßt sein. Sowohl die Stundenfrequenz, als auch die Behandlungsposition (Sitzen vs. Liegen) und die

Entscheidung ob Einzel- oder Gruppen-, ambulante oder stationäre Therapie richten sich nach den individuellen Gegebenheiten des Patienten. Dabei sind die Fähigkeit der Beziehungsregulierung (vor allem der Nähe-Distanz-Regulierung) und das vorhandene Regressionspotential von entscheidender Bedeutung.

In der komplexen stationären Psychotherapie fallen Borderline-Patienten oft dadurch auf, daß sie nicht uneingeschränkt in das laufende „Routineprogramm" eingegliedert werden können. So gibt es Patienten, die die Gruppen- oder die Entspannungstherapien so ängstigen, daß zumindest zu Beginn auf diese Methoden verzichtet werden muß. Sie tolerieren unter Umständen andere Verfahren besser, die dann auch verstärkt zum Einsatz kommen. So können beispielsweise nonverbale Verfahren (z.B. analytische Gestaltungstherapie) hilfreich sein, die dem Patienten den Ausdruck innerer Zustände erlauben, ohne daß er in direkten Kontakt mit anderen Menschen treten muß.

Die Behandlungssituation sollte stets gut strukturiert und für den Patienten eindeutig und durchschaubar gestaltet werden. Dazu dienen klare Vereinbarungen über den Behandlungsablauf, das Behandlungsziel und über die Behandlungsregeln, die auch den Umgang mit der Symptomatik und dem Agieren des Patienten (beispielsweise beim Auftreten suizidaler Impulse) regeln.

Häufig macht sich eine gestufte Behandlung erforderlich, die aus mehreren ambulanten und stationären Therapieabschnitten besteht. Therapieabbrüche und -unterbrechungen sind in Anbetracht der mangelnden inneren Regulierungskompetenz des Patienten oft unvermeidbar und sollten toleriert werden, wenn sie dem Patienten ermöglichen, nach einer Phase des „Luftholens" die Therapie fortzusetzen.

Flankierende Maßnahmen

Häufig sind in Borderline-Therapien **sozial flankierende Maßnahmen** und immer wieder zwischenzeitliche **Kriseninterventionen** nötig. Letztere resultieren aus dem Krankheitsbild an sich, das massive Impuls- und Affektdurchbrüche (beispielsweise in Form von Suizidalität, Alkoholexzessen, Panikattacken, depressiven Zustandsbildern etc.) beinhaltet, die spontan auftreten, aber auch durch die Therapie provoziert werden können und die das Leben, die Gesundheit oder die soziale Position des Patienten erheblich gefährden können. Solche Zustandsbilder bedürfen aktiver therapeutischer Interventionen, denn der Schutz von Leben und Gesundheit des Patienten hat oberste Priorität. So sind, wenn das Suizidrisiko nicht mehr überschaubar wird, wenn Substanzmißbrauch zu Gefährdungen führt, wenn psychotische Episoden auftreten, Krankenhauseinweisungen (auch in psychiatrische Abteilungen) erforderlich. Bei vielen Patienten sind immer wieder auch Medikamentengaben zur Behandlung von akuter Suizidalität, von Angst- und Panikzuständen, von depressiven Verstimmungen usw. nötig. Eingesetzt werden niedrigpotente Neuroleptika, Antidepressiva, aber auch Tranquillizer. Insbesondere die Verordnung von Tranquillizern erfordert in Anbetracht des Suchtpotentials dieser Stoffgruppe eine sorgsame Kosten-Nutzen-Abwägung, zumal bei zahlreichen Borderline-Patienten zumindest ein Substanzmißbrauch zu beobachten ist.

Häufig ist die soziale Lebenssituation von Borderline-Patienten durch lange Arbeitsunfähigkeiten, Arbeitslosigkeit, soziale Isolation usw. schwierig. In der Therapie muß die reale soziale Situation des Patienten immer eine zentrale Rolle spielen. Gegebenenfalls sind ganz konkrete Maßnahmen, wie z.B. die Einleitung einer beruflichen Rehabilitation, zu veranlassen.

Die *Prognose* der Borderline-Störung ist trotz aller Dramatik und Schwere des Krankheitsbildes bei adäquater, langfristiger Behandlung durch gut ausgebildete Therapeuten keineswegs so schlecht, wie lange angenommen wurde.

8.3 Beispiel eines Patienten mit der Krankheit Schizophrenie

Ein Patient wird in eine psychiatrische Klinik wegen eines akuten paranoid-halluzinatorischen Syndroms eingewiesen. Einweisungsdiagnose Schizophrenie. Der Patient hatte wenige Tage vor der Krankenhausübernahme sein Verhalten geändert; er sei sehr gespannt und aggressiv seinen Eltern gegenüber gewesen, habe geäußert, man versuche ihn über das Fernsehen zu beeinflussen, seine Gedanken würden von andern gemacht. Er höre Stimmen, die sein Handeln kommentieren und befürchte, seine Eltern würden ihn schädigen, gar vergiften. Die Anamnese des Patienten läßt erkennen, daß er ein ruhiges Einzelkind war, das in der Schule immer gute bis sehr gute Leistungen bot, eher etwas zurückgezogen agierte, eigentlich nie auffiel. In der Freizeit suchte er wenig Kontakt, spielte gern für sich und hatte ein großes Hobby, nämlich die Beobachtung heimischer Vögel. Kurz nach dem Abitur mit reichlich 18 Jahren während einer längeren Auslandsreise kam es ganz akut und überraschend zur ersten Psychose ähnlicher Symptomatik wie jetzt. In deren Folge war die gerade begonnene Berufsausbildung als Bankkaufmann in Frage gestellt. Nach der Erkrankung blieben eher zunehmend bisher unbekannte Mattigkeiten, Lustlosigkeiten und Antriebsdefizite zurück. Die Rückzugstendenzen nahmen zu. Mehrfach kam es in der Folge zu psychotischen Exazerbationen, die zu stationären Behandlungen führten. Der Patient wurde invalidisiert.

Bei der bisher letzten Aufnahme in der regionalen psychiatrischen Klinik wurde das paranoid-halluzinatorische Syndrom diagnostiziert. Es klang unter einer intensiven neuroleptischen Therapie mit Haloperidol bald ab, um in den beschriebenen Zustand einer ausgeprägten Minussymptomatik einzumünden. Gespräche mit den Eltern und dem inzwischen 30jährigen Patienten ließen erkennen, daß früher eher verdeckte Spannungen in der Familie sich zunehmend in eine gespannt-gereizte Atmosphäre im Familienverband hineinentwickelt hatten. Gespeist wurde diese Stimmung durch Gereiztheit des Patienten, der sich bevormundet fühlte und sich zugleich dem Familienverband nicht entziehen konnte. Die alten Eltern waren einerseits enttäuscht, daß ihr Kind, das ursprünglich zu besten Hoffnungen Anlaß gab, in die Sackgasse einer scheinbar zukunftslosen Lebenssituation geraten war. Andererseits waren sie verängstigt durch manche Neigung zur Aggressivität und erschöpft durch nun jahrelange Sorgen. Man ging deshalb auch gereizt miteinander um. Resignation lag auf der Szene. Der komplextherapeutische Ansatz, der nun gewählt werden sollte, hatte neben der (eher unkomplizierten) Beseitigung der Akutsymptomatik wesentlich weitere Betreuungsfelder ins Auge zu fassen. Zunächst galt es auf einer pharmakologischen Ebene, die skizzierte Minussymptomatik zu beeinflussen und damit zugleich eine pharmakologische Rezidivprophylaxe zu betreiben. Hierzu eignen sich atypische Neuroleptika, die kognitive Leistungen u.U. stimulieren und das Antriebsdefizit zu mildern vermögen. Sie setzen kompliantes Verhalten des Patienten voraus. Wenn dies nicht gegeben ist, müssen Versuche mit Depotneuroleptika unternommen werden, obwohl von diesen u.U. Nebenwirkungen ausgehen, die die Minussymptomatik prononcieren. Im Gespräch mit dem Patienten müßte das Für und Wider beider Vorgehensweisen erörtert werden, insbesondere unter Aspekten seiner eigenen Erwägungen zur Lebensqualität bzw. zu den Rezidivrisiken.

Ein zweiter Ansatz müßte sich den sozialen Defiziten zuwenden. Kann der Patient in einer halbklinischen oder ambulanten Trainingsgruppe seine sozialen Inkompetenzen, seine kognitiven Defizite und seinen Antriebsmangel übend verbessern? Kann man auf diese Weise auch seinem sozialen Rückzug entgegenwirken? Weiterhin müßte man im Sinne eines Aufbaues beruflicher Möglichkeiten eine Integration in ambulante Beschäftigungstherapien, evtl. einer Selbsthilfefirma oder ggf. einen geschützten Arbeitsplatz versuchen zunächst im Rahmen seiner finanziellen Sicherstellung durch eine Rente.

In das ambulante Nachsorgesystem wäre neben dem niedergelassenen Psychiater, der gleichsam der Casemanager aller rehabilitativen Intentionen sein könnte und den Patienten pharmakotherapeutisch und supportiv psychotherapeutisch begleiten müßte, der Sozialpsychiatrische Dienst und die genannten extramuralen Angebote unterschiedlicher Träger einzubeziehen. Schließlich müßten Erwägungen darüber angestellt werden, ob es gelingen könnte, die Eltern in einer semiprofessionellen Angehörigengruppe oder einem Selbsthilfeverband zu integrieren, um auch ihnen Stützung und Verarbeitungsmöglichkeiten anzubieten.

Für ein differenziertes Nachsorgesystem, das – natürlich nur im Vereine und in Übereinstimmung mit dem Patienten – aufgerufen werden kann, gibt es in Deutschland viele Möglichkeiten, die sicher von Region zu Region unterschiedliche Differenzierungsgrade erreichen. Der entscheidende therapeutische Faktor eines solchen mehrgliedrigen therapeutischen Ansatzes ist die über lange Zeitabschnitte verfügbare kontinuierliche Zuwendung zum Patienten, eine gegebenenfalls aufsuchende partnerschaftliche Führung.

Literatur

Antonovsky A (1987) Unraveling the mystery of health. San Francisco: Jossey Bass
Asen KE, Tomson P (1992) Family solutions in family practice. , Lancaster: Quay Publishing
Bandura A (1969) Principles of Behavior Modification. New York: Holt
Becker P (1984) Primäre Prävention: In: Schmidt LR: Lehrbuch der Klinischen Psychologie. Stuttgart: Enke
Benkert O, Hippius H (1996) Psychiatrische Pharmakotherapie. Berlin, Heidelberg, New York: Springer
Broda M, Muthny FA (1990) Umgang mit chronisch Kranken – ein Lehr- und Handbuch. Thieme: Stuttgart
Caspar F (Hrsg.) (1995) Psychotherapeutische Problemanalyse. Tübingen: dgvt
Eisler I, Dare C, Russell GFM, Szmukler GI, Dodge L and Le Grange D (1998) Family and individual therapy for anorexia nervosa: A 5-year follow-up. Archives of General Psychiatry
Empfehlungen der Expertenkommission der Bundesregierung zur Reform der Versorgung im psychiatrischen und psychotherapeutisch/psychosomatischen Bereich. Schriftenreihe des Bundesministers für Jugend, Familie, Frauen und Gesundheit, Bonn 1988
Grawe K (Hrsg.) (1980) Verhaltenstherapie in Gruppen. München: Urban und Schwarzenberg
Grawe K, Donati R, Bernauer F (1994) Psychotherapie im Wandel – von der Konfession zur Profession. Göttingen: Hogrefe
Grohmann R, Rüther E, Schmidt LG (1994) Unerwünschte Wirkungen von Psychopharmaka. Berlin, Heidelberg, New York: Springer
Hautzinger M (1994) Kognitive Verhaltenstherapie psychischer Erkrankungen. München: Quintessenz
Heinrich K, Klieser G (1994) Psychopharmaka in Klinik und Praxis.Stuttgart: Thieme

Hoffmann N (1996) Therapeutische Beziehung und Gesprächsführung. In: Margart J: Lehrbuch der Verhaltenstherapie. Bd. 1.S.251–259.Heidelberg: Springer

Kanfer FH (1961) Comments on learning in psychotherapy. Psychological Reports 9: 681–699

Kanfer, FH, Grimm LG (1981) Bewerkstelligung klinischer Veränderung. Ein Prozeßmodell der Therapie. Verhaltensmodifikation 2: 125–136

Kanfer FH, Schefft BK (1988) Guiding the process of therapeutic change. Champaign: Research Press

Kanfer FH, Reinecker H, Schmelzer D (1996) Selbstmanagement-Therapie. Heidelberg: Springer

Kernberg O (1993) Borderline-Störungen und pathologischer Narzißmus. Frankfurt/Main: Suhrkamp

Klermann G, Weissman MM et al (1994) Interpersonal Psychotherapy of Depression. New York: Basic Books

Knölker U, Mattejat F, Schulte-Markwort M (1997) Kinder- und Jugendpsychiatrie systematisch. Bremen, Lorch/Württemberg: Uni-Med Verlag AG

Koch U, Lucius-Hoene G, Stegie (Hrsg) (1988) Handbuch der Rehabilitationspsychologie. Heidelberg: Springer

Kossak H-C (1993) Lehrbuch Hypnose. Weinheim: Beltz

Kröger A (1997) Partnerschaftlich miteinander umgehen.Warendorf: FN-Verlag

Krug J (1991) Das Autogene Training: Wie man Entspannung, Ruhe, Gesundheit gewinnt. Müchen: Beck

Laux G, Müller H-J (1998) MEMO Psychiatrie und Psychotherapie. Stuttgart: Enke

Linden M, Hautzinger M (1996) Verhaltenstherapie. Heidelberg: Springer

Margraf J (Hrsg) (1996) Lehrbuch der Verhaltenstherapie (2 Bände). Heidelberg: Springer

Miller GA, Galanter E, Pribram KH (1960) Plans and the structure of behavior. New York: Holt

Möller H-J (1993) Therapie psychiatrischer Erkrankungen.Stuttgart: Enke

Möller H-J, Schmauß M (1996) Arzneimitteltherapie in der Pychiatrie. Stuttgart: Wissenschaftl.. Verlagsgesellschaft

Möller H-J, Kissling W, Stoll K-D, Wendt G (1989) Psychopharmakotherapie. Stuttgart: Kohlhammer

Paar GH (1998) Versorgungsaspekte in der Psychotherapeutischen Medizin. In: Weinglein (Hrsg): Der psychotherapeutische Patient zwischen ambulanter und stationärer Versorgung.

Reinecker H (1996) Verhaltenstherapie. In: Senf W, Broda M (Hrsg): Praxis der Psychotherapie. S. 140–181. Stuttgart: Thieme

Reiter L, Brunner EJ, Reiter-Theil S (Hrsg) (1988) Von der Familientherapie zur systemischen Perspektive. Berlin, Heidelberg, New York: Springer

Rogers, CR (1973) Die klientbezogene Gesprächstherapie. München: Kindler

Rohde-Dachser C (1995) Das Borderline-Syndrom. Bern: Huber

Sachse R (1993) Zielorientierte Gesprächspsychotherapie. Göttingen, Bern, Toronto, Seattle: Hogrefe

Scholz M (1980) Familienzentrierte Therapie in der Kinderneuropsychiatrie. In: Bach O, Scholz M: Familientherapie und Familienforschung. Leipzig: S. Hirzel

Schramm E (1996) Interpersonelle Psychotherapie. Stuttgart: Schattauer

Senf W, Broda M (Hrsg) (1996) Praxis der Psychotherapie. Lehrbuch für Psychoanalyse und Verhaltenstherapie. Stuttgart: Thieme

Senf W, Broda M (1996) Methodenkombination und Methodenintegration als Standard der Pychotherapie. PpmP Psychother. Psychosom. med. Psychol. 47: 92–96

Sherman R, Fredman N (1986) Handbook of structured techniques in marriage and family therapy. New York: Brunner/Mazel. Publishers

Stevens A, Foerster K (1995) Diagnostik und Umgang mit neurotischen Arbeitsstörungen (vor dem Rentenantrag) Nervenarzt 66: 811–819

Tegeler J (1995) Nutzen und Risiken der neuroleptischen Langzeitbehandlung schizophrener Erkrankungen. Hamburg: Verlag Dr. Kovac

Weizsäcker Vv (1986) Soziale Krankheit und soziale Gesundung. In: Ges. Schriften Bd. 8. S.31–94. Frankfurt: Suhrkamp

Wilda-Kiesel A (1987) Kommunikative Bewegungstherapie. Leipzig: Barth

V Begutachtung psychischer Störungen

1 Begutachtung von Berufs- und Erwerbsunfähigkeit am Beispiel psychogener und psychosomatischer Erkrankungen

Die Begutachtung psychogener und psychosomatischer Erkrankungen hat im Rahmen der Gesamtbegutachtung einen nicht unbedeutenden Stellenwert. Statistisch gesehen stehen diese nach den Erkrankungen des Bewegungsapparates und kardiovaskulären Krankheiten an dritter Stelle, wobei vor allem depressive und psychosomatische Erkrankungen sowie Persönlichkeitsstörungen von Bedeutung sind.

Als Voraussetzung für eine fachspezifische Beurteilung des Leistungsvermögens sind umfangreiche Kenntnisse auf dem Gebiet der Diagnose und Differentialdiagnose erforderlich. Erschwerend kommt hinzu, daß der Ermessensspielraum des Gutachters infolge der wenigen objektivierbaren Befunde einer großen Subjektivität unterliegt. Darüberhinaus sind die theoretische Ausrichtung des Gutachters, seine Persönlichkeitsstruktur, seine Einstellung zu Begutachtungsfragen und nicht zuletzt seine Gutachterqualität von nicht unerheblichem Einfluß.

Auch geht man bei der Einschätzung der Arbeits- und Leistungsfähigkeit vielfach nur von dem Aspekt der Belastung durch die Arbeit aus und daß demzufolge Entlastung für den Patienten von Nutzen und therapeutisch wirksam ist. Übersehen wird dabei, daß die Arbeit eben auch Bedürfnisbefriedigung, Erfolg und materielle Voraussetzung für die Lebensgestaltung bedeutet. Bei fehlender Berücksichtigung dieser Umstände können Bedingungen zur Chronifizierung geschaffen werden. Nicht umsonst sagte Galenus bereits in der Antike, daß die Arbeit der beste Arzt ist, den die Natur uns gegeben hat.

Neben diesen Aspekten spielen bei der Bearbeitung der Begutachtungsthematik einige Besonderheiten der Krankheitsgruppe „Neurotische Störungen" eine nicht unwesentliche Rolle. Zu nennen ist die Problematik des primären und sekundären Krankheitsgewinns, der die eigentliche Beeinträchtigung völlig kaschieren kann und zu trennen ist von Aggravation und Rentenbegehren.

Zu den Faktoren, die die Leistungsfähigkeit beeinflussen können, gehören:

- Die **Befindlichkeit:** Da Befinden und Kranksein nicht das gleiche sind, geht man in der Beurteilung von nachweisbaren Krankheitszeichen bzw. pathologischen Veränderungen aus. Der gutachterlichen Aussage wäre jegliche Grundlage entzogen, wenn das Gesundheitsgefühl bestimmte, daß jeder so krank ist, wie er sich fühlt. In diesem Zusammenhang spielt die Psychodiagnostik eine wesentliche Rolle, da durch sie einige wenige objektivierbare Befunde zu erhalten sind.
- Die **Leistungsanforderung:** Sie kann natürlich vom Arzt ohne genaue Kenntnis der objektiven Gegebenheiten des Arbeitsplatzes nicht real eingeschätzt werden. Erfahrungsgemäß sind bestimmte Berufsgruppen besonderen Leistungsanforderungen ausgesetzt. Typische berufliche Leistungsanforderungen, die zu Krisen in der Ar-

beitsbewältigung führen, sind: übermäßige Verantwortung und Entscheidungs-
druck in schwer zu übersehenden Situationen, ständiger Wechsel unterschiedlicher
Aufgaben, Arbeit mit erhöhtem Risiko für das eigene Leben und die Gesundheit sowie für andere, Arbeit ohne sichtbaren Erfolg bzw. meßbaren Effekt und ständige
Frustrierung ohne adäquaten Leistungsanreiz und berufliche Aufstiegsmöglichkei-
ten.

Der **Leistungswille:** Er ist an multiple individuelle, konstitutionelle und entwicklungs-
spezifische Voraussetzungen gebunden. Er wird von einer Vielzahl von Motivationen
bestimmt, die durch unterschiedliche Faktoren, wie von Leitbildern in Elternhaus,
Schule, Massenmedien u. s. w. beeinflußt werden, wobei jeder Mensch seinen eigenen
Wertmaßstab besitzt, der mehr oder weniger angestrebt wird und für seine Person
verbindlich ist. Schicksalhafte Erlebnisse können zur kraftlosen Passivität führen,
wenn beispielsweise ein vorher aktiver und erfolgreicher Mensch einen Herzinfarkt
erleidet, dadurch seines Selbstvertrauens beraubt wird und schließlich trotz inzwischen abgeheilter organischer Erkrankung weiterhin Belastung und Verantwortung
ausweicht. Nicht vergessen werden dürfen altersphysiologische Veränderungen und
anderweitige biologische Schwankungen, die ohne organischen Krankheitswert doch
eine Beeinträchtigung des Leistungswillens darstellen können. Auch Spannungen im
Kollegenkreis und Enttäuschungen innerhalb des Teams können den Leistungswillen
negativ beeinflussen.

Der psychotherapeutisch tätige Arzt wird als Sachverständiger bei vielfältigen sozial-
rechtlichen Fragen hinzugezogen, z. B. bei der Beurteilung der Arbeitsfähigkeit, wenn
diese zwischen Hausarzt und Krankenkasse streitig ist, bei Beurteilungen im Bereich
des sozialen Entschädigungsrechtes, der gesetzlichen Rentenversicherung und Fragestellungen im Rahmen der privaten Berufsunfähigkeit bzw. Berufsunfähigkeitszusatz-
versicherung.

Den bedeutendsten Anteil gutachterlicher Anforderungen, auf welchen im folgenden
eingegangen werden soll, stellt dabei die Beurteilung von Patienten mit **neurotischen,
funktionellen, psychosomatischen** Störungen sowie Persönlichkeitsstörungen im
Rahmen der gesetzlichen Rentenversicherung dar.

Als Krankheit i. S. der gesetzlichen Rentenversicherung ist rechtserheblich nur ein solcher Zustand, der die Erwerbstätigkeit des Betroffenen erheblich und dauerhaft beeinträchtigt. Dabei ist die Frage, ob Berufs- oder Erwerbsunfähigkeit wegen einer solchen Beeinträchtigung vorliegt, keine ärztliche Frage, sondern eine Rechtsfrage. Dem
psychotherapeutischen Sachverständigen obliegen lediglich die Feststellungen, welche konkreten gesundheitlichen Einschränkungen der Leistungsfähigkeit vorliegen,
ferner, ob es sich bei diesen Einschränkungen um einen Dauerzustand handelt und ob
diese Einschränkungen erheblich sind (Foerster 1993).

Nach einer Entscheidung des Bundessozialgerichtes handelt es sich bei Neurosen um
seelische und seelisch bedingte Störungen, die der Versicherte – auch bei zumutbarer
Willensanstrengung – aus eigener Kraft nicht überwinden kann und welche die Ar-
beits- und Erwerbsfähigkeit in einer vom Betroffenen selbst nicht zu überwindenden
Weise hemmen. Die objektive Beweislast für das Vorhandensein der Störung treffe dabei den Rentenbewerber. Den Schwerpunkt für den medizinischen Sachverständigen
stellt die Frage nach der vollschichtigen Leistungsfähigkeit des Begutachteten dar, da
nach gültiger Rechtsprechung ein aus gesundheitlichen Gründen Teilzeitarbeitender
als erwerbsunfähig anzusehen ist, wenn ihm das zuständige Arbeitsamt nicht inner-

halb eines Jahres nach Antragstellung einen seinem Leistungsvermögen entsprechenden Arbeitsplatz vermitteln kann.

Weitere wichtige Punkte der Begutachtung stellen die Fragen nach der Prognose und der Sicherheit und Wahrhaftigkeit der Diagnose „seelisch bedingte Störungen" dar.

- Die psychische Störung muß erheblich sein und deutliche Auswirkungen auf Lebensführung und Tagesablauf haben sowie die Erwerbsfähigkeit in nicht zu überwindender Weise hemmen.
- Es muß sich um einen Dauerzustand handeln, der durch Rentengewährung oder -versagung nicht gebessert wird (primär chronifizierender Verlauf ohne längere Remission; mehrjähriger Verlauf mit stabiler oder progredienter Symptomatik; auffällige prämorbide Persönlichkeitsstruktur). Weitere Faktoren sind:
- Psychiatrische Komorbidität,
- soziale Inkompetenz,
- hoher primärer und sekundärer Krankheitsgewinn und
- vergebliche psychotherapeutische Bemühungen.

Aus Gründen der Plausibilität, Vollständigkeit und Nachvollziehbarkeit sollten die Gutachten einen logischen Aufbau nachweisen mit sorgfältigem Aktenstudium, gründlicher Anamnese und differenziertem Status sowie einer umfassenden Beurteilung bezogen auf die Fragestellungen. Instrumentelle und psychologische Zusatzdiagnostik kann erforderlich sein.

Auf der Grundlage der Zusammenschau vorher erhobener Informationen und Befunde hat die Epikrise auf die Ätiopathogenese und die Psychodynamik der jeweiligen Erkrankung einzugehen, aber auch auf die sozialmedizinisch relevante Fragestellung, ob der jeweils diagnostizierten psychischen Störung eine Krankheitswertigkeit zukommt, inwieweit die Störung die intellektuelle, kognitive, emotionale, intentionelle und psychosoziale Ebene beeinflußt, auch in bezug auf Coping und Compliance therapeutischer Maßnahmen.

Die sozialmedizinische Beurteilung bezieht sich auf die Art und den Ausprägungsgrad der qualitativen und quantitativen Leistungseinschränkungen, auf die Notwendigkeit medizinischer und berufsfördernder Rehabilitationsleistungen und/oder auf den Zeitpunkt des Versicherungsfalls.

Das Vorgehen anhand eines zweistufigen Denkmodells erleichtert die sozialmedizinische Bewertung.

Zuerst wird auf der medizinisch-biologischen Ebene aufgrund diagnostischer und differentialdiagnostischer Überlegungen eingeschätzt, ob eine psychische Störung oder Erkrankung vorliegt. Wenn dies bejaht wird, muß überprüft werden, ob die Krankheit oder Behinderung eine sozialmedizinische Krankheitswertigkeit besitzt. Weitere Überlegungen müssen dann klären, ob eine Funktionseinschränkung bezogen auf ein konkretes Berufsfeld oder auf den allgemeinen Arbeitsmarkt besteht, insbesondere im Hinblick auf eine Beeinträchtigung und Reduktion arbeitsrelevanter psychischer Einzelfunktionen unter ergänzender Berücksichtigung und Zugrundelegung der Untersuchungsergebnisse und sozialmedizinischen Beurteilung der übrigen medizinischen Gebiete i. S. einer synoptischen Gesamtbetrachtung.

Im Hinblick auf das Postulat „**Rehabilitation vor Rentenleistung**" ist eine kompetente Stellungnahme zur Rehabilitierbarkeit der zugrundeliegenden Störungen erforderlich. Dies kann indes nur gelingen, wenn genaue Kenntnisse über Rehabilitationsbe-

dürftigkeit, -notwendigkeit, -bereitschaft, -fähigkeit, über subjektive Motivations-
lage der Probanden und über das Gesamtspektrum therapeutischer Alternativen
bekannt sind. Für die Einschätzung des Schweregrades der psychischen Störung und
somit der Krankheitswertigkeit können Überlegungen zur sozialen Kontaktfähigkeit,
Flexibilität und Umstellungsfähigkeit, zu persönlichkeitsstrukturellen sowie intellektuellen Defiziten des Patienten dienen.

Bei der sozialmedizinischen Beurteilung depressiver Syndrome kann eine Unterscheidung zwischen neurotischen und endogenen Depressionen erhebliche Schwierigkeiten bereiten. Allerdings wird die sozialmedizinische Beurteilung weniger durch die
differentialdiagnostische Einteilung, sondern vielmehr durch die über einen längeren
Zeitraum bestehende Psychopathologie bestimmt.

Jeder Gutachter hat sich bei der Beurteilung von Neurosen, Persönlichkeitsstörungen
und psychosomatischen Erkrankungen konkret zu fragen, ob und warum dem Versicherten zugemutet werden kann, daß dieser psychische Hemmungen, die einer
Arbeitsaufnahme entgegenstehen, eigenmächtig, gegebenenfalls unterstützt durch
therapeutische Maßnahmen, in einem überschaubaren Zeitrahmen, durch eigene
Willenskraft und Anstrengung überwindet.

Neben einer psychodynamisch zu belegenden, ätiopathogenetisch ableitbaren Diagnose als Grundvoraussetzung kann der Schweregrad der Erkrankung aus dem Verlust persönlicher Freiheitsgrade hergeleitet werden. Dieser äußert sich durch einen
Mangel an Variationsmöglichkeiten im Handeln, durch die Beeinträchtigung der
Handlungsalternativen, eine zunehmende Fixierung und Vermeidung. Die Dauer und
Intensität der neurotischen Manifestation zeigt sich einerseits im subjektiven Leidensdruck, in Dauer, Art und Qualität einer bisherigen Betreuung sowie in der objektivierbaren Reduktion einer freien Verfügung über die ursprünglich vorhandene psycho-
physische Leistungsfähigkeit mit einem daraus abzuleitenden Therapieerfordernis.

Bei der Feststellung von Einschränkungen im psychisch-sozialen und somatischen Bereich ist ein Zugang herzustellen zwischen der neurotischen Störung und konkreten
und abstrakten beruflichen Anforderungen. Dabei sollte immer berücksichtigt werden, daß Berufstätigkeit mit den damit verbundenen sozialen Beziehungen und Anregungen quasi therapeutisch wirksam sein und einer krankheitsimmanenten Teilisolie-
rung entgegenwirken kann.

Einer besonderen Aufmerksamkeit bedürfen rentenneurotische Entwicklungen, bei
denen häufig berufliche Situationen frühere Kränkungen, die einer neurotischen Entwicklung zugrundeliegen, akzentuiert und realisiert haben, so daß in dem intensiv ge-
führten rechtlichen Kampf eine Neurose mit Versorgungsansprüchen wieder auflebt,
ohne daß die Rentenbewerber eine Möglichkeit haben, sich von diesen Vorstellungen
zu distanzieren.

Bei der Begutachtung zur Arbeits- und Erwerbsfähigkeit sei nochmals erwähnt, daß
**nachgewiesene Neurosen und psychosomatische Erkrankungen in erster Linie einer
konsequenten Psychotherapie und Rehabilitation in entsprechenden Fachkliniken bedürfen.**

2 Arbeitsunfähigkeit, Berufs- und Erwerbsunfähigkeit am Beispiel endogener und hirnorganischer psychopathologischer Syndrome

Wie in jedem medizinischen Fach haben natürlich auch in der Psychiatrie sozialrechtliche Fragestellungen einen wichtigen Platz. Problematischer als in anderen Fächern sind die Beurteilungen von Arbeitsfähigkeit, Erwerbsfähigkeit, Dienstfähigkeit usf., weil in die Bewertung der Beschwerden in besonderem Maße subjektive – nicht selten gar nicht objektivierbare – Befindlichkeitsstörungen eingehen und Selbstbild („was kann ich noch leisten") und Fremdbild („wie wird das Leistungsvermögen von der Umgebung eingeschätzt") erheblich differieren.

Eine weitere Einflußgröße darf nicht außer Acht gelassen werden: Arbeitgeber sind oft wegen bestehender Vorurteile oder auch wegen gegebener Belastungsverminderung von Patienten mit psychischen Problemen geneigt, den Weg in eine Berufsunfähigkeit o. ä. zu unterstützen. Die relevanten Regelungen sind im Sozialgesetzbuch (SGB), im Bundessozialgesetz (BSG), der Reichsversicherungsordnung (RVO), im Beamtengesetz und im Schwerbehindertengesetz niedergelegt.

Weitere soziale Leistungen regeln das Bundessozialhilfegesetz (BSHG) und das Pflegeversicherungsgesetz (PflegeVG-SGBV).

Arbeitsunfähigkeit liegt nach § 44 (SGBV) vor, wenn der Versicherte wegen einer Krankheit nicht in der Lage ist, seine bisher ausgeübte oder eine ähnliche Tätigkeit auszuführen. Streitfälle regelt das Sozialgericht. Die Entscheidung zur Arbeitsunfähigkeitsschreibung ist bei psychotischen Zuständen fraglos und eindeutig. Patienten mit akuter schizophrener Symptomatik, mit depressiven Verstimmungen, mit akuten hirnorganischen Syndromen (etwa vom Typ Delir) sind arbeitsunfähig. Problematisch werden diese Fragen bei postpsychotischen Erschöpfungen, bei persistierenden Alterationen im voluntativen und kognitiven Bereich. Hierbei sind oft schmale Grade zwischen Überforderung und Unterforderung auszuloten. Einerseits soll der Patient schnell sozial rehabilitiert werden, andererseits sind Leistungsanforderungen oft noch nicht voll bewältigbar. Unter Umständen gelingt es hier, eine gestufte Wiedereingliederung zu erreichen, indem der Patient am Arbeitsplatz zunächst mit einer geringeren und ggf. zu steigernden Arbeit eingesetzt wird. Rechtlich ist diese Vorgehensweise im § 74 SGBV geregelt..

Ob Berufs- (BU) oder Erwerbsunfähigkeit (EU) vorliegt, ist keine ärztliche, sondern eine sozialrechtliche Frage. Erstere regelt § 1246 RVO. Rente wegen Berufsunfähigkeit erhält der Berufsunfähige, wenn die Wartezeit erfüllt ist. BU liegt vor, wenn der Versicherte nicht mehr in der Lage ist, infolge Krankheit weniger als die Hälfte eines Gesunden in gleicher oder ähnlicher Tätigkeit zu leisten.

EU besteht nach § 1247 (RVA) nach Erfüllung der Wartezeit, wenn ein Versicherter infolge Krankheit oder anderer Gebrechen „auf nicht absehbare Zeit eine Erwerbsfähigkeit in gewisser Regelmäßigkeit nicht mehr ausüben kann". Die Entscheidung für eine ärztliche Empfehlung zur Erwerbs- oder Berufsunfähigkeitsrente wird nie von Diagnosen bestimmt, sondern vom Kontext biologischer, psychologischer und sozialer Behinderungen. Die Frage z.B., ob ein Patient mit einer endogenen depressiven Verstimmung zu invalidisieren sei, hängt davon ab, ob der Versicherte etwa sehr häufig im Laufe eines Jahres rezidiviert, ob gegebenenfalls eine Lithiumprophylaxe nicht zum Tragen kommt und dadurch die soziale Wettbewerbsfähigkeit entscheidend behindert ist. Die diagnostische Bezeichnung manisch-depressive Erkrankung oder Zyklothymie, für sich genommen, bedeutet zunächst einmal keine Erwerbsminderung. Es geht bei der Bewertung von Erwerbsminderungen immer eine individuelle auf den je einmaligen Patienten und seine spezifische Situation bezogene Aussage.

Psychische Störungen auch dauerhafter Natur wirken sich von Tätigkeit zu Tätigkeit sehr verschieden aus, insofern ist auch der soziale Kontext mit einzubeziehen. Letzteres ist auch insofern wichtig, als eine sich immer mehr differenzierende Arbeitswelt auch nicht zum Tummelplatz rehabilitationswütiger Ärzte werden kann.

Nach § 42 (BBG) kann ein Beamter dienstunfähig werden und in den Ruhestand versetzt werden, wenn er wegen eines körperlichen Gebrechens oder einer Schwäche seiner körperlichen und geistigen Kräfte zur Erfüllung seiner Dienstpflichten dauerhaft unfähig ist.

Schließlich sei auf die Gesetzliche Unfallversicherung nach Arbeitsunfall verwiesen. Nach § 547 GRVO (Unfall bei versicherter Tätigkeit) gewährt der Träger der Unfallversicherung unterschiedliche Leistungen (z.B. Heilbehandlung, Übergangsgeld, Berufshilfen), wenn sich eine haftungsausfüllende Kausalität zwischen Unfall und Krankheit herstellen läßt. Dies mag sich bei Psychosyndromen nach Schädelhirntraumen leichter beweisen lassen. Ein Zusammenhang zwischen Unfall und Auslösung einer endogenen Psychose ist nicht herstellbar. Bei chronischen neurotischen Persönlichkeitszuständen, gar rentenneurotischen Begehrlichkeiten können höchst kontroverse Begutachtungssituationen entstehen, die letztlich sozialgerichtlich ausgetragen werden müssen.

Vom Versorgungsamt wird manchmal (in der Psychiatrie seltener) die Frage nach dem Grad der Behinderung eines Versicherten gestellt (Behinderung als Auswirkung einer nicht nur vorübergehenden Funktionsbeeinträchtigung).

Schwerbehinderte sind Personen mit einem Grad der Behinderung von wenigsten 50% (§§ 1 und 2 Schwerbehindertengesetz).

Für psychiatrische Belange kann in Fällen des Versagens anderer Hilfsquellen das Bundessozialhilfegesetz (BSHG) von Interesse sein. Formen der Sozialhilfe können Geld und Sachleistungen sein, die nach bestimmten Regelsätzen bemessen sind. Es kann sich dabei um ärztliche Behandlungen, Ausbildungsbeihilfen, Wohnungsbeschaffung, heilpädagogische Behandlungen oder Altenhilfe handeln.

Aus psychiatrischer Sicht sind Maßnahmen des BSHG in Anspruch zu nehmen, wenn Menschen mit ihrer und durch ihre Erkrankung aus gängigen Sicherungssystemen herausfallen (Drogenkranke, chronische Alkoholiker) oder wenn unterstützende Leistungen von natürlichen Stützsystemen nicht mehr greifen.

3 Betreuungsgesetz und Einweisungsgesetze

Der Umgang mit psychiatrischen Patienten tangiert über die für die Medizin sonst üblichen Kenntnisse in der Sozialgesetzgebung und das Arztrecht hinaus einige Rechtsräume, über die der Mediziner im allgemeinen und der Psychiater im besonderen informiert sein muß. Es geht dabei um zivilrechtliche Regelungen unterschiedlicher Art, aber auch um strafrechtlich relevante Fragestellungen. Insbesondere muß jeder Arzt das gängige Einweisungsrecht kennen, da er im Notfall- und Bereitschaftsdienst jeder Zeit in die Lage versetzt sein kann, einen Menschen gegen dessen geäußerten Willen ins Krankenhaus einzuweisen.

Zunächst sollen einige Ausführungen zum „Betreuungsgesetz" gemacht werden. Seit 1992 gibt es in der Bundesrepublik Deutschland dieses Gesetz, welches umfassende Rechtsänderungen in verschiedenen Gesetzen mit sich brachte.

Im Mittelpunkt steht das Bürgerliche Gesetzbuch (BGB) und das Gesetz über die Angelegenheiten der freiwilligen Gerichtsbarkeit (FGG).

Bis 1992 war für die Personensorge bei Volljährigen das Rechtsinstitut der Entmündigung (§ 6 BGB) und der Pflegschaft (§ 1910 BGB) vorgesehen bzw. galten entsprechende Regelungen des Zivilgesetzbuches der DDR.

Die Eingriffe in die Eigenverantwortlichkeiten waren eher stärker einschneidend. Eine Reform war erforderlich, weil aus juristischer und psychiatrischer Sicht Entmündigung und Zwangspflegschaft in die Autonomie der Persönlichkeit zu stark eingriffen und die Restfähigkeiten zu wenig berücksichtigt wurden. Die Pfleglinge hatten keinen ausreichenden Spielraum gegenüber den Pflegern und die Nomenklatur wurde als diskriminierend angesehen. In der Regel standen nur Vermögensverwaltungen im Vordergrund des Handelns.

Ab 1.1. 1992 sind Entmündigung und Pflegschaft nun abgeschafft und durch das neue Rechtsinstitut der „Betreuung" ersetzt worden. Entsprechend den Intentionen des Gesetzgebers soll diese Neuregelung stärker auf das individuelle Betreuungsbedürfnis eingehen und mehr als bisher die verbliebenen Fähigkeiten der jeweils Betroffenen berücksichtigen, wobei in die Rechte der Betreuten nur eingegriffen werden soll, soweit dies erforderlich ist.

Die Betroffenen werden durch die Begriffe „psychische Krankheit, körperliche, geistige oder seelische Behinderung" gekennzeichnet. Auf die seltenen Voraussetzungen, unter denen körperliche Behinderung – allerdings nur auf Antrag des Behinderten – die Betreuung begründen könnte, wird nicht weiter eingegangen. Der Betreuungstatbestand ist zweigleisig: zum einen ist ein bestimmter medizinischer Befund erforderlich, der unter einen der oben genannten Oberbegriffe subsumiert werden kann, und zum anderen muß dieser Befund dazu führen, daß der Volljährige seine Angelegenheiten ganz oder teilweise nicht besorgen kann. Mit anderen Worten, der medizinische Zustand und die juristische Folgerung müssen kausal miteinander verknüpft sein.

Als psychische Krankheiten gelten (endogene) Psychosen, seelische Störung als Folge von Krankheit oder Verletzung des Gehirns, Anfallsleiden oder andere Krankheiten oder körperlichen Beeinträchtigungen mit psychischen Folgeerscheinungen, Abhängigkeitskrankheiten sowie Neurosen und Persönlichkeitsstörungen. Geistige Behinderungen sind in diesem Sinne angeborene oder frühzeitig erworbene Intelligenzdefizite verschiedener Schweregrade. Als seelische Behinderung gelten bleibende psychische Beeinträchtigungen infolge von psychischen Erkrankungen.

Der zweite Teil, also die Tatsache, daß der Volljährige seine Angelegenheiten ganz oder teilweise nicht besorgen kann, ist rechtlicher Natur, wobei es sich dabei nicht um ein deskriptives, sondern um ein normatives Merkmal handelt. Grundsätzlich ist die Betreuung subsidiär, d.h., sie kann erst dann eintreten, wenn keine anderen Hilfsmöglichkeiten bestehen. Eine Betreuung wird entweder auf Antrag des Betroffenen oder von Amts wegen angeordnet, wenn sie für erforderlich gehalten wird. Prinzipiell hat das Wohl des Betreuten der Maßstab für das Verhalten des Betreuers zu sein. Eingriffe in Rechte des Betreuten sind also nur soweit und solange zulässig, als diese überhaupt erforderlich sind. Dem Betreuer wird immer nur derjenige Aufgabenkreis zugewiesen, für den der Betroffene der Unterstützung bedarf. Die Dauer der Betreuung darf das erforderliche Maß nicht überschreiten, wobei nach längstens fünf Jahren die Betreuerbestellung grundsätzlich überprüft werden muß. Soll eine Betreuerbestellung verlängert werden, sind die Voraussetzungen erneut festzustellen.

Die Betreuung hat keine automatischen Auswirkungen auf die Geschäftsfähigkeit. Wer Wesen, Bedeutung und Tragweise seiner Erklärungen im Rechtsverkehr einzusehen und nach dieser Einsicht zu handeln vermag, kann also auch als Betreuter Kaufverträge, Mietverträge und andere Geschäfte abschließen, heiraten oder ein Testament abfassen. Allerdings kann das Gericht einen Einwilligungsvorbehalt anordnen, wonach der Betreute nur mit Einwilligung seines Betreuers rechtswirksame Willenserklärung abgeben kann.

Der § 1896 BGB lautet:

„(1) Kann ein Volljähriger auf Grund einer psychischen Krankheit oder einer körperlichen, geistigen oder seelischen Behinderung seine Angelegenheiten ganz oder teilweise nicht besorgen, so bestellt das Vormundschaftsgericht auf seinen Antrag oder von Amts wegen für ihn einen Betreuer. Den Antrag kann auch ein Geschäftsunfähiger stellen. Soweit der Volljährige auf Grund einer körperlichen Behinderung seine Angelegenheiten nicht besorgen kann, darf der Betreuer nur auf Antrag des Volljährigen bestellt werden, es sei denn, daß dieser seinen Willen nicht kundtun kann.

(2) Ein Betreuer darf nur für Aufgabenkreise bestellt werden, in denen die Betreuung erforderlich ist. Die Betreuung ist nicht erforderlich, soweit die Angelegenheiten des Volljährigen durch einen Bevollmächtigten oder durch andere Hilfen, bei denen kein gesetzlicher Vertreter bestellt wird, ebenso gut wie durch einen Betreuer besorgt werden können.

(3) Als Aufgabenkreis kann auch die Geltendmachung von Rechten des Betreuten gegenüber seinem Bevollmächtigten bestimmt werden.

(4) Die Entscheidung über den Fernmeldeverkehr des Betreuten und über die Entgegennahme, das Öffnen und das Anhalten seiner Post werden vom Aufgabenkreis des Betreuten nur dann erfaßt, wenn das Gericht dies ausdrücklich angeordnet hat."

Entscheidend ist die Absicht des Gesetzgebers, daß der Betroffene persönlich betreut werden soll. Der Betreuer soll den Kontakt mit ihm suchen und das Gespräch mit ihm pflegen. Eine anonyme Verwaltung von „Fällen" soll es nicht geben. Es sollen immer Erwägungen angestellt werden, ob das Hilfsmittel der „Bevollmächtigung" genutzt werden kann, ehe es zu einer Betreuung kommt. Die Betreuung bezieht sich nur auf einen nicht leistbaren Bereich, sie soll so kurz wie möglich dauern, persönlich erfolgen. Ein in der Regel psychiatrisches Gutachten soll die Betreuung begründen, in dem konkrete Defizite aufgeführt sind, detaillierte Vorschläge bezüglich des Betreuungsumfanges dargestellt, Bewältigungsmöglichkeiten erörtert werden und begründet wird, inwiefern professioneller Interventionsbedarf besteht.

Zum Betreuer bestellt das Vormundschaftsgericht eine natürliche Person. Aufgabenkreise können u. a. Vermögenssorge, Aufenthaltsbestimmung, Sorge um das gesundheitliche Wohl, Einwilligung in ärztliche Behandlung, Vertretung gegenüber Behörden, Wohnungsauflösung sein.

Aufgabenkreise, die durch Betreuung geregelt werden können:

- Entscheidungen über Untersuchungen und Operationen,
- Fürsorge für eine Heilbehandlung,
- Entscheidung über freiheitsentziehende Maßnahmen und deren Kontrolle,
- Bestimmung des Aufenthaltes,
- Abschluß eines Heim- bzw. Anstaltsvertrages und Kontrolle der Einhaltung,
- Organisation von Begleitpersonen für Spazierfahrten,
- Organisation ambulanter Hilfen zur häuslichen Betreuung,
- Regelung von Miet-, Pacht- und Wohnungsangelegenheiten,
- Klärung der Vermögensverhältnisse,
- Einteilung, Verwendung und Verwaltung der Einkünfte,
- Verwaltung des gesamten Vermögens,
- Schuldentilgung,
- Beitreibung von Forderungen,
- Beantragung von Leistungen und Vertretung gegenüber Versicherungen, Banken und Behörden,
- Führen des Schriftverkehrs,
- Fernmelde- und Postverkehr,
- Geltendmachen von Rechten gegenüber einem Bevollmächtigten.

Das Betreuungsgesetz regelt auch die Vorschriften zur Unterbringung. Öffentlich-rechtliche Unterbringungsgesetze bestehen neben zivilrechtlichen Unterbringungsregeln. In den Ländern bestehen dazu spezielle Psychiatriegesetze.

Geht es um Unterbringung eines Betreuten durch einen Betreuer, so gilt § 1906 BGB, der insbesondere auf die Selbstgefährdung und die Behandlung bei Uneinsichtigkeit abhebt.

Nicht ganz einfach beurteilbar ist, insbesondere auch bei einem zwangseingewiesenen Patienten, die Beurteilung der Einwilligungsfähigkeit in eine Behandlungsmaßnahme, die trotz dieser Einweisung gegeben sein kann. Bei harmlosen und ungefährlichen Behandlungsmaßnahmen – etwa der oralen Verordnung von Psychopharmaka – ist der Handlungsspielraum des Arztes größer, er engt sich aber sofort ein, wenn in die körperliche Integrität eingegriffen wird (Injektionen) oder eingreifende Behandlungsverfahren Anwendung finden. Wenn der Arzt zur Vermeidung von Gefahr handeln muß, etwa beim hochakut psychotischen Patienten oder bei einer Notoperation eines Patienten mit Demenz, ist er rechtlich legitimiert. Für eine Einwilligung zur ärztlichen Maßnahme ist im übrigen die Fähigkeit zur freien Willensentscheidung maßgeblich. Zweifel an ihr bestehen, wenn der Patient sich so verhält, als könne er nicht entscheiden, wenn er Informationen offensichtlich nicht versteht, wenn er verstandene Informationen nicht umsetzen kann (z.B. Wahnkrankheit), wenn Krankheitseinsicht fehlt.

§ 1897 BGB – neugefaßt durch Art. 1 Nr. 47 Betreuungsgesetz – regelt die Bestellung eines Betreuers durch das Vormundschaftsgericht. Der Betreuer vertritt den Betreuten gerichtlich und außergerichtlich.

Auch dort, wo Einwilligungsvorbehalte bestehen, kann der Betreute Willenserklärungen abgeben. Der sogenannte Taschengeldparagraph (§ 110 BGB) gilt auch hier; er besagt, daß Minderjährige mit ihrem Taschengeld nach eigenen Intentionen Geschäfte abschließen können.

Unter Umständen muß eine Betreuung alles umfassend eingerichtet werden. Nach den gesetzlichen Bestimmungen sind demnach folgende Varianten des rechtsgeschäftlichen Handelns bei Volljährigen möglich:

1. Voll geschäftsfähige Person, ohne Betreuung, sie handelt eigenständig.
2. Voll geschäftsfähige Person, Betreuung angeordnet; sie handelt eigenständig, kann vom Betreuer innerhalb des festgelegten Aufgabenkreises vertreten werden.
3. Voll geschäftsfähige Person, Betreuung angeordnet, Einwilligungsvorbehalt ausgesprochen; sie handelt wie unter 2., Betreuer kann jedoch in bestimmten Fällen die Zustimmung versagen.
4. Geschäftsunfähige Person, Betreuung angeordnet: Sie kann nicht eigenständig handeln, Einwilligungsvorbehalt nicht erforderlich, Betreuer vertritt umfassend in allen Angelegenheiten oder in Teilbereichen (bei partieller Geschäftsunfähigkeit, sofern diese Regelung angewandt wird).

Das Verfahren zur Einrichtung einer Betreuung läuft in der Weise ab, daß der Antrag an das zuständige Amtsgericht gerichtet wird; es erfolgt eine persönliche Anhörung des Probanden, möglichst in dessen „üblicher Umgebung". Bereits zur Anhörung sollte die Zuziehung eines Sachverständigen erwogen werden. Sozialberichte werden angefordert. Eine persönliche Unterredung durch einen Psychiater hat zu erfolgen. Je nach Ergebnis der Erhebungen bzw. Untersuchungen wird dann eine Betreuung eingerichtet und der Betreuer bestellt.

Rechtsmittel sind einlegbar und Eilentscheidungen sind möglich.

Nach § 69 FGG kann das Amtsgericht durch einstweilige Anordnung einen vorläufigen Betreuer bestellen, z.B. wenn ein ärztliches Zeugnis vorliegt, welches dieses Vorgehen zu begründen vermag.

Die Unterbringungsverfahren, die es ermöglichen, einen Patienten gegen seinen Willen ins psychiatrische Krankenhaus einzuweisen, sind auf Länderebene in entsprechenden Psychiatriegesetzen geregelt (sog. Psych-KG's). Zwei Bedingungen müssen erfüllt sein. Der Patient muß psychisch krank sein und von der Krankheit müssen erhebliche Eigen- und Fremdgefährdungen ausgehen.

Die Unterbringung erfolgt auf Grund einer richterlichen Entscheidung auf der Grundlage des Gesetzes über die Angelegenheiten der freiwilligen Gerichtsbarkeit (FGG). Zuständig ist zunächst die regionale Verwaltungsbehörde (z.B. Landratsamt), die z.B. über ihren Sozialpsychiatrischen Dienst eine Vorklärung vornimmt, darauf ein ärztliches Zeugnis abgibt, welches der Amtsrichter nach Anhörung des Patienten zur Entscheidungsgrundlage nimmt. Erforderlichenfalls kann polizeidienstliche Hilfe angefordert werden. Das Gericht hat auch über die Notwendigkeit der nachfolgenden Heilbehandlungsmaßnahmen, soweit sie auf Ablehnung des Patienten stoßen – nach ärztlicher Anhörung mitzuentscheiden.

Eine sofortige fürsorgliche Eilunterbringung ist möglich, wobei bis zum nächsten Morgen (die Terminierungen differieren in den verschiedenen Bundesländern) die richtlichen Entscheidungen eingeholt sein müssen. Auch eine fürsorgliche Zurückhaltung eines Patienten im Krankenhaus ist möglich, bedarf aber ebenso der amtsrichterlichen Legitimierung. Unter Umständen dürfen auch Zwangsmittel (Fixierungen) genutzt werden; auch sie sind richterlich zu bestimmen.

Das Krankenhaus bzw. der einweisende Arzt hat den Patienten über seine Rechte zu informieren. Nach der Aufnahme im Krankenhaus hat unverzüglich eine ärztliche Untersuchung zu erfolgen, liegen aus dieser Sicht keine die Unterbringung rechtfertigenden Gründe vor, ist das Gericht unverzüglich zu unterrichten. Die Würde des Betroffenen ist bei allen Maßnahmen zu wahren. Die Dauer des Aufenthaltes im Krankenhaus wird vom Gericht in Absprache mit den behandelnden Ärzten festgelegt. Das Krankenhaus hat dafür Sorge zu tragen, daß gesetzlich untergebrachte Patienten den notwendigen Freiraum genießen, aber gegebenenfalls auch daran gehindert werden müssen, das Krankenhaus zu verlassen.

In der Regel betreffen derartige Einweisungen Patienten mit akuten Psychosen (Schizophrenien, affektive Psychosen), bei denen Suizidgefahr besteht oder fremdaggressives Verhalten deutlich wird. Die Häufigkeit von gerichtlichen Einweisungen liegt unter 5% aller psychiatrischen Krankenhausaufnahmen.

4 Weitere forensische und zivilrechtliche Regelungen

4.1 Die Rolle des forensisch-psychiatrischen Sachverständigen im Strafverfahren

Ein Sachverständiger ist immer dann hinzuzuziehen, wenn Tatsachen zu beurteilen oder Fragen zu beantworten sind, zu deren Feststellung oder Bewertung das Gericht nicht die notwendige Sachkenntnis besitzt. Zweifel an der tatbezogenen Schuldfähigkeit können sich aus der Vorgeschichte, aus aktuellen Auffälligkeiten aus der Vernehmung oder in der Hauptverhandlung, aus der körperlichen oder psychischen Verfassung während der Tatzeit oder aus dem Tatverhalten selbst ergeben.

Der Sachverständige befindet sich dem Gericht gegenüber also in einer Helferrolle. Der Wert seines Gutachtens ist der eines Beweismittels, das er den Gerichten für deren spätere Entscheidung zur Verfügung stellt. In erster Linie wird die Mitwirkung des forensischen Psychiaters für die Rechtsbereiche des Strafrechts und des Zivilrechts benötigt. Dabei geht es im Strafrecht vor allem um die Beurteilung der Schuldfähigkeit des Straftäters und die Wertung der strafrechtlichen Verantwortlichkeit und Jugendreife sowie um prognostische Äußerungen zur erwarteten sozialen und kriminellen Weiterentwicklung des Straftäters.

Es gibt bislang keine gesetzlichen Bestimmungen über spezielle fachliche Voraussetzungen eines Sachverständigen. Ablehnungsgründe bestehen vor allem dann, wenn der Arzt bereits im Vorfeld des Gutachtenauftrages den Straftäter als Patienten in Betreuung oder in Behandlung hatte. Die Rolle des Gutachters ist beschränkt durch seine Funktion als Entscheidungshelfer des Gerichtes. Er ist gehalten, seine neutrale Funktion nicht durch Nähe zu einer der Prozeßparteien zu gefährden. Seine Aufgabe im Verfahren ist es, nicht etwa Behandler zu sein, sondern ausschließlich **Beurteiler** zu bleiben. Diese Beurteilung soll sich auf sein medizinisches Wissen und seine Erfahrungen beschränken. Von Kompetenzüberschreitung in juristischer Richtung – wie sie z.B. eigene Ermittlungsarbeit oder rechtliche Wertungen darstellen würden – ist dringend abzuraten. Auch sollten in dieser Richtung zielende Fragestellungen anderer Prozeßbeteiligter nicht beantwortet oder an das Gericht zurückgereicht werden.

In der Begegnung mit dem Straftäter in der Untersuchungssituation muß diesem deutlich gemacht werden, daß es sich nicht um einen normalen Arzt-Patienten-Kontakt handelt. Der Gutachter ist verpflichtet, den Probanden über sein strafprozessual garantiertes Schweigerecht zu belehren und darüber, daß er nicht berechtigt ist, dem Gericht Tatsachen vorzuenthalten, die ihm im Gespräch mit dem Straftäter zur Kenntnis gelangt sind. Im Ergebnis der Begutachtung wird dem Gericht ein vorläufiges schriftliches Gutachten zugearbeitet.

4.2 Das Gutachten im Strafprozeß

Die Rückschlüsse des vorläufigen schriftlichen Gutachtens beziehen sich auf die selbsterhobenen Untersuchungsergebnisse auf dem Niveau des jeweiligen aus den Akten hervorgehenden Ermittlungsstandes. Nach der Strafprozeßordnung trägt der Sachverständige am Ende der Beweisaufnahme sein endgültiges Gutachten mündlich vor. Dieser Vortrag in freier Rede sollte die Untersuchungsergebnisse des Vorgutachtens und die beurteilungsrelevanten Eindrücke und Kenntnisse der Hauptverhandlung berücksichtigen. Im Ergebnis der Beweisaufnahme gewonnene neue Beurteilungsaspekte können auch dazu führen, daß der Sachverständige die im schriftlichen Gutachten gegebenen Beurteilungen relativiert, gegebenenfalls auch revidiert. Schließlich muß der Gutachter in der Lage sein, in der abschließenden Diskussion mit den Prozeßparteien seine forensisch-psychiatrische Schlußfolgerung, auch medizinischen Laien nachvollziehbar, zu begründen.

4.3 Gesetzliche Grundlagen

Die Voraussetzungen für das Vorliegen einer juristisch relevanten Aufhebung oder Minderung der Schuldfähigkeit sind durch Gesetzestext geregelt:

„§ 20 StGB: Ohne Schuld handelt, wer bei Begehung der Tat wegen einer krankhaften seelischen Störung, wegen einer tiefgreifenden Bewußtseinsstörung oder wegen Schwachsinn oder einer schweren anderen seelischen Abartigkeit unfähig ist, das Unrecht der Tat einzusehen oder nach dieser Einsicht zu handeln."

„§ 21 StGB: Ist die Fähigkeit eines Täters, das Unrecht der Tat einzusehen oder nach dieser Einsicht zu handeln aus einem der in § 20 bezeichneten Gründe bei Begehung der Tat erheblich gemindert, so kann die Strafe nach § 49 Abs. 1 gemildert werden."

Die Beurteilung der Schuldfähigkeit hat nach den Rechtsvorschriften zweischrittig zu erfolgen. Im ersten Schritt ist zu prüfen, ob zur Tatzeit beim Probanden eine psychische Störung vorlag, die sich einer Gruppe der vier psychischen („biologischen") Merkmale für die Schuldfähigkeitsbeurteilung zuordnen läßt. Bei diesen Merkmalen handelt es sich um Rechtsbegriffe, denen sich allerdings die wesentlichen psychiatrischen oder psychologischen Diagnosen zuordnen lassen.

In einem zweiten Schritt werden die normativen Merkmale zu beurteilen sein, die Stellung zur Frage nehmen, ob der Täter im konkreten Fall über die Einsichts- und Steuerungsfähigkeit verfügte, die jeweilige Straftat unterlassen zu können.

Feststellungen zur Schuldunfähigkeit gelten nur für die unmittelbaren Tatzeitraum. Eine generelle (tatunabhängige) Beurteilung der Schuldfähigkeit ist nach den gesetzlichen Vorschriften nicht möglich. Auch bei einschlägigen Nachfolgedelikten muß also eine erneute straftatsbezogene Beurteilung erfolgen.

Die unterschiedliche Höhe der möglichen Beeinträchtigung wird im Gesetz durch Schuldunfähigkeit und Minderung der Schuldfähigkeit geregelt. Die Vorschrift des § 21 StGB verlangt, daß die Verminderung erheblich zu sein hat. Es kann also nicht jede Störung im Sinne der psychischen Eingangsmerkmale als Schuldminderungsmoment berücksichtigt werden.

Schuldunfähigkeit kann nicht nur als Steigerungsform einer verminderten Schuldfähigkeit aufgefaßt werden, sondern sollte erst dann in Erwägung gezogen werden, wenn derartige qualitative Defizite bestehen, daß praktisch ein Verlust aller Anpassungsmöglichkeiten an die Tatanforderungen besteht.

4.4 Die psychischen Eingangsmerkmale (1. Beurteilungsstufe)

4.4.1 Krankhafte seelische Störung

Diese Bezeichnung sollte nur für Zustände gelten, die von **körperlichen Krankheitssymptomen** begleitet sind bzw. bei denen eine **körperliche Verursachung diagnostizierbar** ist.

Dazu gehören endogene und exogene Psychosen, Persönlichkeitsveränderungen infolge Psychosen und Hirnveränderungen, symptomatische Psychosen, Intoxikationen, Entzugserscheinungen, Alkoholismusfolgen sowie intelektuelle Störungen bekannter Genese.

Beim Auftreten einer akuten Psychose in unmittelbarer Tatzeitnähe stellt sich immer die Frage nach einer möglichen Exkulpierung. Schwieriger wird die Beurteilung, wenn nach Abklingen der Akutsymptomatik z.B. schizophrene Residualzustände (Minussymptomatik) vorliegen, die zwar Einbußen an Leistungsfähigkeit und Kontaktvermögen nach sich ziehen können, nicht aber zwangsläufig eine Aufhebung oder Einschränkung der Verantwortungsfähigkeit. Hier wird die jeweilige Tatanalyse den Bezugsrahmen abgeben müssen.

Auch bei retrospektiver Beurteilung eines depressiven oder manischen Zustandes innerhalb einer Affektpsychose wird es auf die konkrete Symptomatik im Tatzeitraum ankommen. In einem symptomfreien Intervall kann auch bei einer solchen Grunderkrankung die volle Schuldfähigkeit erhalten bleiben.

Bei lediglich anamnestisch berichteten oder psychopathologisch nur dezenten hirnorganischen Beeinträchtigungen müssen zwischen der Störung und dem strafbaren Handeln klare Zusammenhänge herstellbar sein, ehe von einer forensisch-psychiatrischen Relevanz ausgegangen werden kann.

Bei Vorliegen einer tatsituativen Alkoholisierung ist für die Beurteilung das dazu wahrgenommene psychopathologische Bild entscheidend. Die Blutalkoholkonzentration (BAK) mißt zwar die Quantität der wirksamen Alkoholaufnahme, nicht jedoch die Reaktion des individuellen Gehirns auf den Alkohol. Die Korrelation zwischen psychopathologischer Symptomatik und tatzeitnah gemessener BAK werden gemindert durch Unterschiede in der individuellen Abbaugeschwindigkeit und durch unterschiedliche Verträglichkeiten zwischen regelmäßigen Trinkern und Gelegenheitskonsumenten. Die allein nach Trinkmengenangaben geschätzte BAK ist angesichts der vielfältigen nicht auszuschließenden Berechnungsfehler als Indiz bedeutungslos und letztlich irreführend. Wesentlich aussagekräftiger sind neurologische und psychopathologische Symptome im Tatzusammenhang. Als Orientierungshilfe bieten sich verschiedene Rauschgraduierungen an, die vom leichten Rausch mit den üblichen Trunkenheitssymptomen, zum mittelschweren Rausch und schweren Rausch führen. Dabei ist der mittelschwere Alkoholrausch u.a. charakterisiert durch aggressive Gereiztheit, Kritikschwäche, Hemmungsminderung, Benommenheit, psychomotorische Unsicherheit. Die situativen Bedingungen und Außenreize werden in ihrer sozialen Bedeutung noch erkannt. Beim schweren Rausch tritt deutliche Bewußtseinsstörung auf, ergibt sich Verlust des realen Situationsbezuges, Desorientiertheit, Angst und Erregung.

Trotz eines Zustandes der Schuldunfähigkeit kann es zu einer Verurteilung nach § 323a StGB (Vollrausch) kommen, wenn sich der Täter vorsätzlich oder fahrlässig durch alkoholische Getränke oder andere berauschende Mittel in einen Rausch versetzt hat, obwohl er die straftatsfördernde Wirkung des Alkohols bereits früher an sich festgestellt hat.

In seltenen Fällen können pathologische oder pathologisch gefärbte Rauschformen zur Aufhebung oder Minderung der Schuldfähigkeit führen.

4.4.2 Tiefgreifende Bewußtseinsstörung

Dieser Begriff hat mit organisch verursachten Bewußtseinsstörungen nichts zu tun. Die hier gemeinten Zustände beziehen sich vielmehr auf **„normalpsychologische Störungen"**, die aus Verfassungen wie Schlaftrunkenheit, Erschöpfung, Übermüdung und vor allem aus affektiven Erregungszuständen abzuleiten sind. Es handelt sich dabei um ein sogenanntes „reversibles Psychosyndrom", das bei der Beurteilungsuntersuchung regelmäßig nicht mehr besteht. Die Zuordnung muß also retrospektiv durch den Täter selbst oder nach Zeugenbeobachtungen erfolgen. Da bislang keine Untersuchungsmethoden zur Verfügung stehen, welche die Dimension eines aktuellen Affektes exakt messen können, ist eine Orientierung an der Zuwendung der Sinnesfunktion zur Umwelt, aktiver Motorik, Aufmerksamkeit, erhaltener Reaktionsfähigkeit und zielgerichtetem Handeln hilfreich.

Um die Entwicklung von Schweregradkriterien haben sich besonders Venzlaff, Rasch und Sass verdient gemacht, die letztlich als Anwendungsvoraussetzung eine derart schwerwiegende Beeinträchtigung des Persönlichkeitsgefüges fordern, wie es bei einer „krankhaften seelischen Störung" zu erwarten ist.

Neben der Beurteilung einer generellen Affektdisposition (hirnorganische Komponente, konstituionelle Erregbarkeit) und der aktuellen Affektdisposition (akute Krankheiten, Intoxikationen, Drogen, Übermüdung, Verstimmung) ist vor allem die subtile Tatanalyse beurteilungsrelevant.

4.4.3 Schwachsinn

Mit diesem Merkmal werden alle nicht auf nachweisbaren organischen Ursachen beruhenden **organischen Defekte der Intelligenz** erfaßt. Beim Vorliegen einer

Schwachsinnsform (Oligophrenie) gilt nicht nur der testpsychologisch erstellte Intelligenzquotient als Gradmesser für forensisch-psychiatrische Relevanz. Es kommt in der Wertung vielmehr auf das Gesamtbild von Leistungsvorbedingungen, Leistungsverhalten und Befähigungsprofil in Abhängigkeit von den Anforderungen im konkreten Tatzusammenhang an.

4.4.4 Schwere andere seelische Abartigkeit

Dazu werden **Persönlichkeitsstörungen** (Psychopathien), **Neurosen, abnorme Erlebnisreaktionen, Drogensucht, Alkoholismus** und **psychopathologische** Entwicklungen gerechnet.

Von namenhaften forensischen Psychiatern wurde immer wieder Kritik am Begriff der „Abartigkeit" geäußert, der inhaltlich auf der längst überholten Degenerationslehre fußend, und nach Rasch, der Musterungsvorschrift der Deutschen Wehrmacht vom 01.04.1944 entlehnt ist. Der ehemals analog eingesetzte Begriff einer „schwerwiegenden abnormen Persönlichkeitsentwicklung von Krankheitswert" aus dem Strafgesetzbuch der DDR wirkt daneben fast modern.

Um den Begriff der Abartigkeit etwas zu dimensionieren, wurde er mit dem Attribut „schwer" versehen, was eine Gleichwertigkeit mit Krankheit anzeigen soll. Für die strafrechtliche Bewertung einer psychischen Störung kommt es nicht darauf an, ob man ihre Entstehung versteht oder nicht, sondern welche Auswirkungen sie auf die Verhaltensmöglichkeiten einer Persönlichkeit hat. Besondere Bedeutung kommt in diesem Beurteilungszusammenhang psychogenen Reaktionen, süchtigen Entwicklungen und psychosexuellen Deviationen zu. Nach Rasch sind es besonders häufig reaktive Depressionen, aus denen heraus ein Partnerkonflikt in einer Gewalttat enden kann. Letztlich kommt es aber bei den betreffenden Persönlichkeiten auf die vorhandenen oder aktivierbaren Kompensationsreserven an.

In der forensischen Psychiatrie hat neben den stoffgebundenen Süchten (Kapitel III.4) die Diskussion über sogenannte nichtstoffgebundene Abhängigkeiten zugenommen. Als Merkmal pathologischen Spielens beispielsweise werden Progredienz der Spielneigung, Spielen als zentraler Lebensinhalt, Verarmung anderer Lebensbereiche, Gefühl des Zwangs zum Spiel, Entziehungserscheinungen in Form von Unruhe, Mißstimmung, somatischen Beschwerden und schließlich Verlust an sozialer Kompetenz genannt. Letztlich ist auch hier ein motivischer Zusammenhang zwischen der psychischen Störung und der Beeinträchtigung der Verantwortlichkeit nachzuweisen.

Auch eine ausgeprägte sexuelle Fehlentwicklung an sich rechtfertigt noch nicht die Annahme einer krankhaften Störung, sondern erst das Hinzukommen weiterer Persönlichkeitsmerkmale, die auf eine Beeinträchtigung der Hemmungsfähigkeit hindeuten.

Schließlich kommt es auch hier auf die jeweilige abnorme Einengung des Handlungs- und Entscheidungsspielraumes an.

4.5 Die normativen Merkmale (2. Beurteilungsstufe)

Bei der Beurteilung der **Einsichts- und Steuerungsfähigkeit** geht es um die Auswirkungen der festgestellten psychopathologischen Zustände auf das Verhalten des Täters. Zunächst wird seine Einsichtsfähigkeit geprüft. Dabei ist es in den meisten Fällen

möglich, sich auf schwere Defizite des allgemeinen Intelligenzniveaus, der Bewußt
seinslage und akute psychotische Zustände zu beschränken. Nach der Rechtsspre-
chung ist die Prüfung der Steuerungsfähigkeit nur dann vorzunehmen, wenn der Täter das Unrecht der Tat eingesehen hat oder es hätte einsehen können. Bei den meisten
psychisch gestörten Tätern liegen Besonderheiten der Motivstruktur vor, die in der
Gesamtheit ihres Seelenlebens begründet sind und aus psychiatrisch-psychologischer
Sicht wesentlich häufiger eine Beeinträchtigung der Steuerungsfähigkeit als der Einsichtsfähigkeit herausfordern. Es geht also um die Darstellung der empirisch faßbaren
Voraussetzungen zur Einsichtsfähigkeit und Willensbildung. Bei Vorliegen dieser
Bedingungen ist die Steuerungsfähigkeit des Täters bezogen auf die konkrete Tat-
situation zu beurteilen.

4.6 Beurteilungen nach dem Jugendgerichtsgesetz (JGG)

4.6.1 § 3 JGG (Jugendgerichtsgesetz)

„Ein Täter vom vollendeten 14. bis zum vollendeten 18. Lebensjahr ist strafrechtlich
verantwortlich, wenn er zur Zeit der Tat nach seiner sittlichen und geistigen Entwicklung reif genug ist, das Unrecht der Tat einzusehen und nach dieser Einsicht zu handeln."

Zwischen § 3 JGG und den §§ 20, 21 StGB besteht insofern eine Beziehung, als daß
zur Beurteilung der Strafreife ebenfalls psychische normative Merkmale herangezogen werden.

Die Einsichtsfähigkeit setzt eine entsprechende Verstandesreife voraus, das Unrecht
der Tat erkennen zu können. Das Vorliegen der Handlungsfähigkeit verlangt, daß der
Jugendliche nach seinem Entwicklungsstand in der Lage ist, sein Verhalten nach dieser möglichen Einsicht zu richten. Regelungen des Strafgesetzbuches und des Jugend-
gerichtsgesetzes existieren praktisch nebeneinander. Dabei erfaßt das JGG den Jugendlichen in seinem Entwicklungsgang. Anwendungsbereich für § 3 JGG ist die psychische Retardierung, die als Folge eines noch nicht abgeschlossenen Entwicklungsprozesses anzusehen ist und mit einiger Wahrscheinlichkeit erst mit fortschreitender
Reife einen Ausgleich erwarten läßt. Für die Anwendung des § 3 JGG bleiben nur wenige Fälle, in denen eine extreme Isolierungssituation eine altersgemäße Sozialisation
verhindert hat. Die jugendrechtliche Verantwortlichkeit wird alternativ beurteilt, ist
entweder gegeben oder nicht. Eine Relativierung, wie bei der Schuldfähigkeit ist nicht
möglich.

4.6.2 § 105 JGG (Jugendgerichtsgesetz)

Mit dieser Rechtsvorschrift wird die Möglichkeit der Anwendung des Jugendstraf-
rechts auf Heranwachsende geregelt. Dabei ist als Beurteilungsproblem deutlich geworden, daß objektive Kriterien zur Reifebeurteilung von Heranwachsenden nicht
zur Verfügung stehen und Skepsis vorherrscht, ob derartige Kriterien überhaupt zu
entwickeln sind.

Durch die Unschärfe in der Beurteilung der sittlichen und geistigen Entwicklung eines
heranwachsenden Straftäters ergab sich ein relativ großer und heterogener Ermes-

sensspielraum für die verschiedenen Sachverständigen. Daraus erwuchs Kritik am § 105 JGG und führte vorübergehend zur Forderung, der resultierenden Rechtsunsicherheit dadurch zu begegnen, daß die Voraussetzung des Jugendrechts automatisch bis zum 21. Lebensjahr angewendet werden sollte. Neuere Diskussionen, die im Eindruck wachsender Jugendkriminalität geführt wurden, favorisieren hingegen eine Verschärfung des Jugendstrafrechtes und warnen vor einer inflationären Ausweitung des § 105 JGG.

Die gutachterliche Praxis wird sich auf die Beurteilung der vorliegenden Reifezeichen konzentrieren. Dabei sind dann Entwicklungsverzögerungen, disharmonische Entwicklung und psychosoziale Fehlentwicklung zu erfassen, die im weiteren Verlauf aufgeholt werden können.

4.7 Maßregeln zur Besserung und Sicherung nach den §§ 63, 64 StGB

4.7.1 § 63 StGB

„Hat jemand eine rechtswidrige Tat im Zustand der Schuldunfähigkeit (§ 20 StGB) oder der verminderten Schuldfähigkeit (§ 21 StGB) begangen, so ordnet das Gericht die Unterbringung in ein psychiatrisches Krankenhaus an, wenn die Gesamtwürdigung des Täters und seiner Tat ergibt, daß von ihm infolge seines Zustandes erhebliche rechtswidrige Taten zu erwarten sind und er deshalb für die Allgemeinheit gefährlich ist."

Voraussetzung für eine Unterbringung nach § 63 StGB ist, daß der Täter die Anlaßtat im Zustand der Schuldunfähigkeit oder der verminderten Schuldfähigkeit begangen haben muß. Das heißt, daß zumindest die verminderte Schuldfähigkeit nach § 21 StGB als gesichert beschrieben wurde. Lediglich eine Nichtausschließbarkeit der tatbezogenen Schuldminderung reicht für einen Unterbringungsbeschluß nach § 63 StGB nicht aus. Diese Unterbringungsform ist vorerst unbefristet. Das weitere Vorgehen wird im § 67 d, Abs. 2 StGB geregelt.

„Ist keine Höchstfrist vorgegeben oder ist die Frist noch nicht abgelaufen, so setzt das Gericht die Vollstreckung zur Bewährung aus, sobald verantwortet werden kann zu erproben, ob der Untergebrachte außerhalb des Maßvollzugs keine rechtswidrigen Taten mehr begehen wird."

4.7.2 § 64 StGB

„(1) Hat jemand den Hang, alkoholische Getränke oder andere berauschende Mittel im Übermaß zu sich zu nehmen und wird er wegen einer rechtswidrigen Tat, die er im Rausch begangen hat oder die auf seinen Hang zurückgeht, verurteilt, oder nur deswegen nicht verurteilt, weil seine Schuldunfähigkeit erwiesen oder nicht auszuschließen ist, so ordnet das Gericht die Unterbringung in einer Entziehungsanstalt an, wenn die Gefahr besteht, daß er infolge seines Hanges erhebliche rechtswidrige Taten begehen wird.

(2) Die Anordnung unterbleibt, wenn eine Entziehungskur von vornherein aussichtslos erscheint."

Die Verhängung der Maßregel des § 64 StGB hat sich vorzugsweise an den Belangen der öffentlichen Sicherheit auszurichten und dient in erster Linie dem Schutz vor gefährlichen Tätern. Diese Maßregel darf nicht lediglich zur Besserung, d.h. zur Durchführung einer Therapie angeordnet werden. Voraussetzung für die Unterbringung ist der Hang, alkoholische Getränke oder andere berauschende Mittel im Übermaß zu sich zu nehmen. Die im Gesetz verwendete Formulierung des „Hanges zum Übermaß" deckt sich nicht mit der gebräuchlichen medizinischen Terminologie. Es erscheint daher sinnvoll, sich an der Definition der WHO zu orientieren, die zwischen Abhängigkeit und Mißbrauch unterscheidet. Bei „Abhängigkeit" wird im Regelfall ein „Hang zum Übermaß" angesprochen sein, bei „Mißbrauch" kann ein solcher Zusammenhang bestehen. Die Unterbringungsdauer beträgt maximal zwei Jahre.

Schließlich sei noch auf die Möglichkeit der Sicherungsverwahrung (§ 66 StGB) hingewiesen, bei deren Verhängung die Beurteilung eines Sachverständigen vorgeschrieben ist. Dieser hat dazu Stellung zu nehmen, ob der Täter infolge eines Hanges zu erheblichen Straftaten für die Allgemeinheit gefährlich ist und ob von ihm Straftaten drohen, die die Opfer seelisch oder körperlich schwer schädigen oder schweren wirtschaftlichen Schaden anrichten können.

4.8 Die Rolle des psychologischen Sachverständigen im Strafrecht

In erster Linie wird der psychologische Sachverständige durch die Gerichte zur eigenständigen Beurteilung der **Glaubwürdigkeit** von Tatopfern oder Zeugen herangezogen. In der Überzahl handelt es sich dabei um mutmaßliche Opfer von Sexualdelikten, deren Angaben im Widerspruch zu den Aussagen des Tatbeschuldigten stehen. Glaubwürdigkeitsmerkmale ergeben sich u.a. aus inhaltlichen Besonderheiten und Ergänzbarkeit der Aussage, Homogenität und Konstanz der Zeugenaussage, aus der Gefühlsbeteiligung der Zeugen, aus ungesteuerter und inkontinenter Aussageweise und der Aussagevariation.

Ansonsten wird der Psychologe neben Aufgaben im Jugendstrafrecht vor allem in der Leistungs- und Intelligenzdiagnostik sowie in der Persönlichkeitsdiagnostik gefragt sein.

Die Ergebnisse können als eigenständige gutachterliche Äußerung dem Gericht vorgetragen werden oder in Form einer Kollegialexpertise in ein forensisch-psychiatrisches Gesamtgutachten eingehen. Allerdings wird diese Vorgehensweise in Sachverständigenkreisen nicht einhellig befürwortet. Voraussetzungsbedingung muß bleiben, daß die Verantwortung des mitbeurteilenden Gutachters in dieser Form der Darstellung nicht leidet oder eingeschränkt wird.

4.9 Beurteilung der zivilrechtlichen Verantwortlichkeit

Der Gutachter hat hier den Nachweis zu führen, daß die „freie Willensbestimmung" seines Probanden zum Beurteilungszeitpunkt aufgehoben sein mußte. Die im Strafrecht durchaus übliche Beurteilung von Nichtausschließbarkeit relevanter Beeinträchtigungen reicht für die zivilrechtliche Verantwortlichkeit nicht aus. Als wesentliche Beurteilungsbereiche gelten die .

Geschäftsfähigkeit, die **Testierfähigkeit** und die **Prozeßfähigkeit**.

Geschäftsfähigkeit: Nach § 104 BGB ist geschäftsunfähig, wer das 7. Lebensjahr noch nicht vollendet hat oder wer sich in einem die freie Willensbestimmung ausschließenden Zustand krankhafter Störung der Geistestätigkeit befindet, sofern nicht der Zustand seiner Natur nach ein vorübergehender ist. Unter krankhafter Störung der Geistestätigkeit sind alle psychiatrisch erfaßbaren Zustände gemeint, die in ihren Auswirkungen das Urteilsvermögen und die Willensbildung des Probanden fundamental beeinträchtigen.

In einem solchen Verfahren liegt die Beweislast immer bei der Partei, die das Vorliegen der Geschäftsunfähigkeit behauptet. Üblicherweise wird von einer Geschäftsunfähigkeit nur dann ausgegangen, wenn es nicht um eine vorübergehende, sondern ein anhaltende Zustandsform geht. Allerdings kann nach § 105 BGB eine Willenserklärung bei vorübergehender geistiger Störung nichtig sein, wie es z.B. innerhalb einer manischen Phase, eines Dämmerzustandes oder eines Alkoholrausches vorstellbar ist. Auf den Begriff der sogenannten „luziden Intervalle", der auf das kurzzeitige Wiedererlangen der Geschäfts- oder Testierfähigkeit, bei ansonsten anhaltender krankhafter Störung der Geistestätigkeit abstellt, kann bei einer sorgfältiger Beurteilung der psychopathologischen Allgemeinverfassung verzichtet werden. Ist ein Proband als geschäftsunfähig beurteilt, kann er keine rechtsgültige Willenserklärung abgeben, darf er kein Testament errichten, keine Ehe schließen und einen Wohnungswechsel nur mit Einverständnis des gerichtlichen Vertreters vornehmen.

Prozeßfähigkeit: Durch diesen Begriff wird die Fähigkeit beschrieben, einen Prozeß selbst oder durch einen selbst bestellten Vertreter zu führen, also Prozeßhandlungen wirksam selbst vorzunehmen oder vornehmen zu lassen. Eine Prozeßunfähigkeit ergibt sich meist nur im Zusammenhang mit einer isolierten Wahnbildung, wie beispielsweise beim Eifersuchtswahn. Die Annahme einer Prozeßunfähigkeit wegen querulatorischen Verhaltens ist lediglich dann zu begründen, wenn die Kriterien einer paranoiden Entwicklung erfüllt sind.

Testierfähigkeit: Testierfähigkeit beschreibt die Fähigkeit, ein Testament wirksam zu errichten, zu ändern oder aufzuheben. Die Aufgabe des Gutachters besteht nun darin, bei einem inzwischen Verstorbenen retrospektiv zu ermitteln, ob auf Grund psychischer Störungen oder Erkrankungen Voraussetzungen dafür vorlagen, daß bei ihm zu Zeit der Testamentserrichtung eine Testierunfähigkeit bestand. Das Vorliegen der Testierunfähigkeit muß durch Tatsachen und abgeleitete gutachterliche Schlußfolgerungen **bewiesen** werden. Begründete Zweifel oder Vermutungen reichen für die Annahme einer Testierunfähigkeit nicht aus.

Literatur

Foerster K (1993) Die psychiatrische Beuteilung von Patienten mit neurotischen und somatoformen Störungen im Rahmen der gesetzlichen Rentenversicherungen. Psychiat. Prax. 20: 15–17
Janzarik W (1995) Grundlagen der Schuldfähigkeitsprüfung. Stuttgart: Enke
Rasch W (1986) Forensische Psychiatrie. Stuttgart Berlin Köln Mainz: Kohlhammer
Sass H (Hrsg) (1993) Affektdelikte. Berlin Heidelberg New York Tokyo: Springer
Venzlaff U, Foerster K (Hrsg) (1994) Psychiatrische Begutachtung. Stuttgart Jena New York: Fischer

VI Allgemeine Arbeitsmaterialien

1 Gegenstandskatalog für die medizinischen Staatsexamensprüfungen Psychofächer

1.1 Untersuchung bei psychischen Störungen, psychopathologischer Befund

- **Anamneseerhebung und Untersuchung:** Besonderheiten (z.B. soziale und biographische Anamnese); Formen des diagnostischen Gesprächs: tiefenpsychologische Anamnese, Erstinterview, gezielte psychiatrische Exploration; Partner- und Familiengespräch; Hilfsmittel (z.B. Stammbaum, handgeschriebener Lebenslauf, Anamnesenmosaik); ergänzende Anwendung von psychometrischen Verfahren (Tests, Schätzskalen zur Fremd- und Selbstbeurteilung);
- **Bewußtseinsstörungen, Störungen der Vigilanz:** Bewußtseinsbegriff; quantitative und qualitative Bewußtseinsstörung;
- **Störungen von Aufmerksamkeit, Auffassung, Gedächtnis und Orientierung:** Amnesien; einfache Prüfungen der Funktionen;
- **Orientierungsstörungen:** Zeit, Ort, Situation und Person;
- **Denkstörungen:** formale und inhaltliche Denkstörungen; diagnostische Wertigkeit;
- **Zwangssymptome:** Zwangseinfälle, -befürchtungen, -impulse, -handlungen; Zwangszeremoniell; Vorkommen; Abgrenzung, besonders gegenüber schizophrenen Ich-Störungen;
- **Wahn:** Wahnkriterien, Formen des Wahns (Wahnstimmung, Wahnwahrnehmung und wahnhafte Personenverkennung, Wahneinfall und Wahngedanken, Wahnerinnerung, Wahnsystem, sekundäre Verarbeitung (Wahnarbeit); Wahnthemen; sog. Erklärungswahn);
- **Sinnestäuschungen und Wahrnehmungsstörungen:** Halluzinationen (akustische, leibliche, optische, olfaktorische und sonstige Halluzinationen), Illusionen, einfache Wahrnehmungsveränderungen, Zönästhesien, Pseudohalluzinationen und deren Vorkommen bei unterschiedlichen Erkrankungen;
- **einfache Wahrnehmungsveränderungen:** Intensitäts- und Qualitätsverschiebungen (z.B. Verschwommen- und Farbigsehen, Mikropsie, Makropsie, Metamorphopsien);
- **Ich-Störungen, Entfremdungserlebnisse:** Störungen des Ich-Erlebens und Ich-Desintegration, insbesondere bei schizophrenen Krankheiten; Beeinflussungserlebnisse, Gefühl des „Gemachten"; Depersonalisation, Derealisation;
- **Störungen der Affektivität:** Definitionen, Vorkommen, diagnostische (und evtl. forensische) Bedeutung; Unterscheidung von Zustands-, Selbstwert- und Fremdwertgefühl; von Affekt, Stimmung, Lebensgrundstimmung, Affekthandlung, inadäquater Affekt (Parathymie), affektive Verarmung, Affekteinbrüche („Affektinkontinenz"), verringerte Steuerungsfähigkeit der Gefühlsäußerungen; Affektlabilität, Ambivalenz, depressive Verstimmung, manische Stimmungsveränderungen; Gefühl der Gefühllosigkeit, Störungen der Vitalgefühle; Ängste, Phobien;

- **Antriebsstörungen und psychomotorische Störungen:** Unterscheidung zwischen Antriebshemmung (z.B. bei zyklothymer Depression), Antriebsmangel (z.B. bei organischen Psychosyndromen) und Antriebsverarmung (auch bei Residualzuständen schizophrener Erkrankungen), Antriebsschwäche z.B. bei asthenischen Persönlichkeitsstörungen. Antriebssteigerungen, psychomotorische Hypo- und Hyperphänomene;
- **Kontaktstörungen:** quantitativ (von Distanzlosigkeit bis Kontaktunfähigkeit), qualitativ (z.B. bizarr, mißtrauisch); primärer/sekundärer Autismus; Berücksichtigung alters-, geschlechts- und sozialbedingter Normen.

1.2 Diagnosenbildung

- **syndromatologisch:** ätiologisch unspezifische Komplexe von Symptomen,

Beschreibung der Syndrome nach psychopathologischen Kriterien wie Bewußtsein, Gedächtnis, Orientierung, Wahrnehmung, Denken, Antrieb, Stimmung,

Benennung der Syndrome nach kennzeichnenden und hervorstechenden Symptomen wie ängstliches, depressives, katatones, hyperkinetisches, amnestisches Syndrom;

- **klassifikatorisch:** orientierende Kenntnisse über Diagnosensysteme (ICD, DSM);
- **apparative Zusatzuntersuchungen:** EEG, CT, Liquordiagnostik, Magnetresonanztomografie, konventionelle Röntgendiagnostik des Schädels.

1.3 Körperlich begründbare psychische Störungen

- **akute körperlich begründbare Psychosen:** Definitionen; Symptomatik (quantitative Bewußtseinsbeeinträchtigungen; Störung der Orientierung, der Aufmerksamkeit, des Gedächtnisses, der Wahrnehmung), Störungen des Antriebs und der Affektivität (Durchgangssyndrome), qualitative produktive Bewußtseinsveränderungen (z.B. Delir, Halluzinose, Dämmerzustand);
- **chronische körperlich begründbare Psychosen; chronische organische Psychosyndrome, organische Wesensänderung, Demenz:** Definitionen; organische Wesensänderung (insbesondere Affekt- und Antriebsstörungen; z.B. erhöhte Reizbarkeit, Verstimmbarkeit, Minderung der schöpferischen Fähigkeiten, Entdifferenzierung oder Zuspitzung von Persönlichkeitseigenschaften, Verhaltensstörungen, Enthemmung); Demenz: Verlust früherer intellektueller Fähigkeiten, Urteilsschwäche bei öfter noch erhaltener Fassade, Gedächtnismangel; Unterscheidung von der Oligophrenie (Intelligenzminderung); Unterscheidung von depressiver Pseudodemenz.

1.4 Affektive Psychosen (Zyklothymien, endogene Depressionen, manisch-depressives Kranksein)

- **Vorkommen und Entstehungsbedingungen:** Epidemiologie, Bedeutung hereditärer und peristatischer Faktoren (z.B. Konkordanz bei eineiigen und zweieiigen Zwillingen); Auslösung der Phasen: somatische z.B. Generationsvorgänge, körperliche

Erkrankungen, Operationen und psychische: z.B. Konflikte, gravierende emotionell belastende Ereignisse; Anlässe bei Erst- und/oder Remanifestationen; biochemische Befunde: Transmitter- und Hormonstoffwechsel; Bedeutung biochemischer Befunde für Psychopharmakotherapie; prämorbide Persönlichkeit: Typen und Häufigkeit, Konstitution.

- **Symptomatik:** Endogene (zyklothyme) Depressionen: depressive Verstimmung, „Gefühl der Gefühllosigkeit", Hemmung von Denken und Psychomotorik; innere Erregung, Angst und Unruhe (Agitiertheit); Vitalstörungen; vegetative Störungen; Tagesschwankungen, Störungen der zirkadianen Rhythmik; Wahn; depressive Wahnthemen; Stimmungskongruenz; endogene Manie; Verstimmung, Denkstörungen, Störungen der Psychomotorik, vegetative Symptome, manische Wahneinfälle; Unterformen; „larvierte" (vegetative) Depressionen, agitierte/gehemmte Depressionen; schizoaffektive Psychosen; „Zwischen-Fälle", zykloide Psychosen; Syndromwechsel.

- **Verlauf:** Monopolare und bipolare Verlaufsformen; sog. „Rapid-Cycler", Definition, Häufigkeit; durchschnittliche Phasen- und Intervalldauer, Beginn und Rückbildung; hypomanische bzw. subdepressive Nachschwankungen; Zahl der Phasen bei mono- und bipolaren Verläufen; Zyklusdauer; Prognose (Vollremissionen; psychische Dauerveränderungen, z.B. uncharakteristische asthenische Residualzustände, Chronifizierungen; Suizidgefahr; Langzeitverlauf).

- **Diagnostik und Differentialdiagnostik:** Anamnese, psychopathologisches Querschnittssyndrom, Fehlen konflikthafter Dauerkonstellationen, Verlauf, Testverfahren (Leistungstests, Beurteilungsskalen, Fragebogenverfahren, Fremdbeurteilungsverfahren) Ausschluß von Hirnkrankheiten; Abgrenzung gegenüber neurotischen und reaktiven Depressionen, sog. Erschöpfungsdepressionen, sekundär vitalisierten depressiven Reaktionen und Depressionen im Rahmen von Persönlichkeitsstörungen.

- **Therapie und Prävention bei endogenen Depressionen:**
  Antidepressiva:
  Psychopharmakotherapie: allgemeine Prinzipien, Indikationen, Zielsyndrome; Kombinationstherapie, Additiva (z.B. Neuroleptika in Tranquilizerfunktion), Beachtung von potenzierenden Wirkungen und Interaktionen (z.B. Alkoholgenuß), Beachtung von Suizidalität, potenten Neuroleptika und Lithiumsalzen. Andere somatische Verfahren:
  Elektrokrampfbehandlung (Prinzipien, Methodik, Indikation) Schlafentzug („Wach-Therapie"), Lichttherapie.
  Psychotherapie:
  z.B. supportive Psychotherapie, Verhaltenstherapie, kognitive Trainingsverfahren.
  Prophylaxe: allgemeine Prinzipien; Indikationen und Kontraindikationen, Lithium, Carbamazepin, Antidepressiva.

1.5 Schizophrene Psychosen

- **Vorkommen und Entstehungsbedingungen:** Erkrankungsrisiko, Prävalenz; Schizophrenien in der Kindheit und Adoleszenz; Spät- und Altersschizophrenien; Geschlechtsunterschiede. Zunahme des Erkrankungsrisikos mit dem Grad der Blutsverwandtschaft; Familien-, Adoptions- und Zwillingsstudien; psychodynamische und soziale Faktoren; multifaktorielle Genese; Vulnerabilitätskonzept, Basisstörungskonzept.

Auslösung der Episoden: somatische und psychische Anlässe (z.B. Generationsvorgänge, Konflikte, Belastungen).

Primärpersönlichkeit: Typen und Häufigkeit; leibseelische Gesamtkonstitution.

- **Symptomatik:** Affekt und Kontaktstörungen, katatone Symptome, formale und inhaltliche Denkstörungen, Ich-Erlebnisstörungen, Basissymptome; Wahn, Halluzination, Zönästhesien, Sprachstörungen (z.B. Neologismen, Störungen des Antriebs (Problem Minussymptomatik), Autismus.
- **Verlauf:** Formen (Episoden, Schübe etc.). Prognose. Grade der Rehabilitation. Unterformen: paranoid-halluzinatorisch, hebephren, kataton (perniziöse Katatonie).
- **Diagnostik:** Symptome 1. und 2. Ranges, Grundsymptome, akzessorische Symptome. Differentialdiagnostische Erwägungen: zu organischen Hirnerkrankungen, zu schizoaffektiven Psychosen. Diagnostische Instrumente: Fragebögen, Fremdbeurteilungsverfahren zur Erfassung von Basissymptomen.
- **Therapie:** Neuroleptika, Depotneuroleptika, Elektroheilkrampf, Psychotherapie, Soziotherapie. Arten von Behinderungen: prämorbid, morbogen, sekundär (z.B. Institutionalismus), Minussymptomatik.

1.6 Abhängigkeit von Alkohol, Arzneimitteln und illegalen Drogen

- **Allgemeines über Abhängigkeit (Sucht):** Begriffsbestimmung (Definition von Mißbrauch und Abhängigkeit gemäß WHO), Polytoxikomanie (Definition und Bedeutung von Mehrfachabhängigkeit, insbesondere Zusammenhänge mit der Verschreibungspraxis), Entstehung und Entwicklung der Abhängigkeit (dreifaktorielles Bedingungsgefüge: Droge, Individuum, soziales Umfeld), präventive Maßnahmen (z.B. Bedeutung von Vorbild, Erziehung, Aufklärung, Eindämmung der Reklame, steuerliche Maßnahmen), Auswirkungen: psychische, körperliche, soziale; Behandlung (Behandlungsziele z.B. psychosoziale Stabilisierung, Nachreifung der Persönlichkeit, Abstinenz; Rückfall), Behandlungsverbund: (Kontakt und Motivationsphase, Entgiftung, Entwöhnung, Nachsorge).
- **Alkoholabhängigkeit:** Definition, Verbreitung (Bedeutung von Kontrollverlust und Abstinenzunfähigkeit, geschätzte Zahl der Alkoholkranken in der Bundesrepublik; Zunahme des Alkoholmißbrauchs bei Jugendlichen, bei Frauen), Entwicklung und Formen des Alkoholismus (Phaseneinteilung nach Jellinek, fünf Prägnanztypen nach Jellinek, unterschiedliche Toleranz), Alkoholrausch (Symptomatik, Abgrenzung, Grundzüge der Therapie), pathologischer Rausch (Definition, Symptomatik, forensische Bedeutung).
- **Mißbrauch und Abhängigkeit von Arzneimitteln:** Epidemiologie und Entstehungsbedingungen (Größenordnung und Tendenzen der Verordnung von Medikamenten mit Abhängigkeitspotential; geschätzte Zahl der Medikamentenabhängigen in der Bundesrepublik, Dunkelziffer). Substanzen: Analgetika: Opiate, Kombinationspräparate; mögliche Komplikationen (z.B. Nierenschäden); Hypnotika: Risiken bei der Verordnung (z.B. mißbräuchliche Verwendung, insbesondere in suizidaler Absicht). Alternativen zur Verordnung von Schlafmitteln: Barbiturate als Ersatzstoffe bei Drogenabhängigen; Gefahren der Clomethiazol-Verordnung. Tranquillantien: Bedeutung der Benzodiazepine als Anxiolytika und Schlafmittel; Indi-

kation und Risiken bei der Verordnung; Bedeutung der Niedrigdosis-Abhängigkeit. Psychostimulantien: Gefahr sekundären Schlafmittelmißbrauchs; Entzugserscherscheinungen.

- **Abhängigkeit von illegalen Drogen:** Verbreitung, Verlauf, Besonderheiten (Entwicklungstendenzen des Drogen-Mißbrauchs; Verlauf einer „Drogenkarriere"; Kenntnis über die sog. „Einstiegsdrogen" Gefahren der intravenösen Applizierung von Betäubungsmittel; Problematik sog. medikamentengestützter Maßnahmen z.B. Methadonsubstitution). Substanzen: Bedeutung, Zubereitungsarten, Produktionsländer, Symptomatik, Intoxikationserscheinungen, körperliche Begleiterscheinungen, Entzugserscheinungen. Opiate: z.B. Heroin. Cannabis (Haschisch, Marihuana): u.a. Kenntnis des amotivationalen Syndroms. Halluzinogene (z.B. LSD, Mescalin, Psilocybin): u.a. Kenntnis von Horror-Trip und Echophänomenen. Kokain. Amphetamine: u.a. Kenntnis über die Bedeutung sog. Designer-Drogen).
- **Folgen und Komplikationen der Abhängigkeit von Alkohol, Arzneimitteln und illegalen Drogen:** Delir, Wahnbildungen, drogeninduzierte Psychosen, Korsakow-Syndrom, Wernicke-Enzephalopathie, chronische Folgezustände (körperliche und psychische Symptomatik; soziale Folgen: sog. Depravation; organische Psychosyndrome), neurologische Folgezustände (z.B. Marchiafava-Bignami-Krankheit, pontine Myelinolyse, Polyneuropathie, epileptische Anfälle).

1.7 Neurosen, Persönlichkeitsstörungen, Erlebnisreaktionen

1.7.1 Erlebnisreaktionen

Entstehungsbedingungen: (Bedeutung äußerer Belastungen; Einfluß intrapsychischer Konflike und charakterliche Dispositionen),

Formen: z.B. abnorme Trauerreaktion, Erschöpfungsreaktion, Persönlichkeitsveränderungen unter Extrembelastungen (z.B. KZ-Syndrom), posttraumatische Belastungsstörung, Prädisposition, Psychodynamik, Prognose, Therapie, Krisenintervention und supportive Psychotherapie.

1.7.2 Neurosentheorie aus psychodynamischer Sicht

Neurotisches Verhalten und Erleben als Ausdruck eines unbewußten intrapsychischen Konflikts oder als Folge von Störungen der Persönlichkeitsstruktur. Bedeutung der biologisch-psychosozialen Entwicklungsschritte in den Entwicklungsphasen des Kindes und Jugendlichen, Folgen unzureichender Entwicklungsanreize für die Ich-Entwicklung, das Selbstwertgefühl, die Identität, Folgen der Internalisierung interpersoneller Konflikte (Trieb- und Gefühlsverdrängungen, mangelnde Autonomieentwicklung, persistierende Unreife der Objektbeziehungen), Abwehrformen und Abwehrmechanismen; Bedeutung von Versuchungs- und Versagenssituationen für die Bildung neurotischer Symptome; Unterschied zwischen Symptomneurose und Charakterneurose, zwischen Konfliktneurose und struktureller Störung; Bedeutung der Begriffe: Primär- und Sekundärvorgang, Fixierung, Regression, primärer und sekundärer Krankheitsgewinn, Wiederholungszwang, Pathogenese in lerntheoretischer und kognitionspsychologischer Sicht (Bedeutung der Lerngesetze für die Entstehung neurotischer Verhaltensweisen; Verhaltensstörung als Fehlanpassung, wie z.B. erlernte Hilflosigkeit; Kausal-Attribuierungsstile; Schematheorie mit negativer, kognitiver Triade bei Depressionen).

1.7.3 Spezielle Krankheitsbilder

* **Angstneurosen:** Formen der Angst, allgemeine Ängstlichkeit, anfallsartige Angst (Panikattacken), frei flottierende Angst, psychodynamisches Erklärungsmodell, Bedeutung der Trennungsempfindlichkeit für die Interaktion mit Ärzten, neurobiologische Angsttheorien, Differentialdiagnostik gegenüber endogenen Psychosen, Therapie.
* **Neurotische Depressionen:** Psychodynamische Erklärungsmodelle (z.B. Regression auf frühe Phasen der Objektabhängigkeit, Wendung der Aggression gegen das Selbst, Bedeutung des Objektverlustes), lerntheoretische Erklärungsmodelle (z.B. erlernte Hilflosigkeit), Bedeutung der Objektabhängigkeit für die Interaktion mit Angehörigen und Ärzten, Differentialdiagnostik, Therapie.
* **Zwangsneurosen:** Zwangssymptomatik, Zwangscharakter, psychodynamische und lerntheoretische Erklärungsmodelle, Bedeutung von Affektisolierung und Verschiebung für die Symptomentstehung, Bedeutung unbewußter aggressiver Konflikte, Differentialdiagnostik, Therapie.
* **Phobien:** Symptomatik, Formen (z.B. Agora-, Klaustro-, Tier-, Soziophobie), psychodynamische Erklärungsmodelle (z.B. Symbolisierung eines Konfliktes durch die Angstsituation oder das Angstobjekt), lerntheoretische Erklärungsmodelle, phobische Vermeidung, Differentialdiagnostik, Therapie.
* **Konversionssymptome und dissoziative Störungen:** Symptomatik, z.B. psychogene Anfälle, Lähmungen, Dämmerzustände, psychodynamisches Erklärungsmodell, hysterische Charakter- und Symptomneurose, Differentialdiagnostik (z.B. Simulation, organische Krankheiten), Therapie.
* **Hypochondrische Störungen:** Symptomatik, psychodynamisches Erklärungsmodell, typische Interaktionsform mit Ärzten (z.B. Gefahr fortlaufender Erweiterung der Diagnostik), Abgrenzung gegen Psychosen mit hypochondrischem Wahn, Vitalstörungen, Zönästhesien, leibliche Beeinflussungserlebnisse, Therapie.
* **Somatopsychische Störungen:** Neurotische Verarbeitung (z.B. angstneurotische oder depressive Symptomatik) bei somatischer Grundkrankheit, gestörte Krankheitsbewältigung im Sinne einer Dekompensation von bisher stabilisierten neurotischen Strukturen.
* **Persönlichkeitsstörungen:** Definition. Gegeneinanderstellen verschiedener Konzepte, psychoanalytisch als Charakterneurosen, psychopathologisch als Normvarianten, als Spektrumdiagnosen zu den Psychosen, als Definition der Normverletzung; Begriff der Psychopathie und Soziopathie; aus psychodynamischer Sicht: Reifungs- und Entwicklungsstörung im Bereich der Persönlichkeitsstruktur, mit der Folge reduzierten Funktionsniveaus (Schwäche von Ich-Funktionen, Unreife der Abwehr, Instabilität des Selbstbildes, narzißtische Störungen der Selbstwertregulation, Unsicherheit der Selbst-Objektdifferenzierung, unreife Modi der Objektbeziehung).
  Entstehungsbedingungen: orientierende Kenntnisse der wichtigsten Entstehungsmodelle
  Differentialdiagnostik: Abgrenzung gegenüber neurotischen Störungen, endogen psychotischen Wesensveränderungen und Defizienzsyndromen sowie körperlich begründbaren psychischen Störungen.

Klinische Bilder: Ich-strukturelle Störung: Stark ausgeprägt als Borderline-Persönlichkeitsstörung oder als Bestandteil anderer klinischer Syndrome (z.B. bei schweren Eßstörungen); narzißtische Störung: u.a. Suizidgefahr in narzißtischen Krisen; Kenntnis verschiedener Typologien (z.B. hysterische, paranoide, zwanghafte Persönlichkeiten)
Therapie: Kenntnis der wichtigsten Therapieformen.
- **Sexualstörungen, Sexualabweichungen, Sexuelle Funktionsstörungen**
  Formen: Beim Mann: z.B. Erektionsschwäche, Ejaculatio praecox, Ejaculatio retarda; bei der Frau: z.B. Orgasmusunfähigkeit, Erregungsstörung, Vaginismus; Dyspareunie bei beiden Geschlechtern: Alibidinie, Störungen nach Orgasmus (z.B. Kopfweh, Schlaflosigkeit), verborgene Sexualstörungen hinter organisch anmutenden Beschwerden (z.B. pelviner Schmerzsymptomatik, Fluor, Prostata-Beschwerden) oder hinter scheinbar reinem Beratungsbedürfnis (z.B. Antikonzeption, Infertilität).
  Psychodynamik: Im Einzelfall zu eruierende Kombination aus Ängsten (z.B. vor Genitalverletzung, Selbstwertminderung, Kontrollverlust, Schwängerung), Partneraversionen und Leistungsproblematik; sehr häufig beide Partner (nicht nur der Symptomträger) an der Sexualstörung beteiligt.
  Therapie: Grundzüge der Therapie (Paar- und Einzeltherapie); spezielle Sexualtherapien.
- **Abweichendes sexuelles Verhalten, Perversionen:** Definitionen, Formen (z.B. Exhibitionismus, Voyeurismus, Sadismus, Masochismus, Pädophilie, Transvestismus).
  Differentialdiagnostik (Perversionen als Begleit- und Folgesymptomatik von organischen Störungen, Altersveränderungen; z.B. Morbus Pick, frontale Tumoren, psychotische Residualsyndrome).
  Psychodynamik: Hypothese der Minderung von Kastrationsangst durch Abstand vom Partner, Unterwerfung des Partners oder rituelle Regelung der eigenen Unterwerfung.
  Therapie: Problem des fraglichen und oft nur indirekten Leidensdrucks; Therapiemöglichkeiten.
- **Homosexuelles Verhalten:** Formen homosexuellen Verhaltens: homosexuelles Verhalten gehört zur Variationsbreite menschlichen Verhaltens; diagnostiziert wird die Konflikthaftigkeit der sexuellen Orientierung (ich-dystone versus ich-syntone Homosexualität); konflikthafter Weg zur homosexuellen Identität; Konflikt zwischen heterosexueller Identität und homosexuellem Verhalten (passagere oder relativ isolierte homosexuelle Episoden); sekundärer Leidensdruck durch Partnerkonflikte oder soziale Isolierung; Probleme der Gegenübertragung.
  Therapie: Abhängig von individueller Zielsetzung; Selbstsicherheitsproblematik; Behandlung der Begleitsymptome (z.B. depressive Reaktion).
- **Transsexualismus:** Definition, Diagnostik. *Differentialdiagnostik:* Perversionen, psychotische und neurotische Identitätsstörungen.
  Therapie: Möglichkeiten und Grenzen der Therapie; medizinische Möglichkeiten, gesetzliche Regelungen (und Vorbedingungen) der Geschlechtsumwandlung.

1.8 Psychosomatische Krankheiten

1.8.1 Allgemeine Gesichtspunkte

- *Systematik*: Funktionelle Störungen ohne organpathologischen Befund; spezifische Krankheitsbilder mit morphologischem Substrat, d.h. psychosomatische Krankheitsbilder; reaktive (somatopsychische) Krankheitsbilder mit Problemen der Krankheitsverarbeitung (Coping); Krankheitsbilder vom Mischtyp; Prävalenz, Inzidenz.
- *Diagnostik*: Beurteilung multiaxial (ICD, DSM), interaktionell; biographische Anamnese.
- *Therapie*: Stellung des ärztlichen Gesprächs; unterschiedliche Psychotherapieverfahren: Einzel-, Ehepaar-, Familien-, Gruppentherapie; körperbezogene Verfahren; suggestiv übende, psychoanalytisch fundierte, verhaltenstherapeutische Selbsthilfegruppen.

1.8.2 Funktionelle Störungen

- **Psychovegetative Allgemeinstörungen (vegetative Dystonie):**
  Pathogenese: Unbewältigte Konfliktsituationen, körperliche und psychische Über- und Unterbelastung, Arznei- und Genußmittelmißbrauch, psychosexuelle Funktionsstörungen; Circulus vitiosus durch wechselseitige Verstärkung der einzelnen Störungsbedingungen.
  Symptomatik: Häufig zahlreiche atypische und wechselnde Beschwerden: Allgemeinbeschwerden (Erschöpfung, Schlafstörungen), Beschwerden im vegetativ innervierten Bereich (Herz, Magen, Darm, Urogenitalsystem), im sensomotorischen Bereich (Myalgien, Tendopathien, Spannungskopfschmerz), emotionelle Störungen (depressive Verstimmung).
  Differentialdiagnose: Frühsymptomatik von Organerkrankungen, larvierte Depressionen, Sucht bzw. Abhängigkeit, leichtes Durchgangssyndrom.
  Therapiemöglichkeiten: Psycho- und Soziotherapie, physikalische Therapie.
  Prognose: Vom Prozeß der Desomatisierung abhängig.
- **Funktionelle Herzbeschwerden:**
  Pathogenese: Situations- und Konfliktbedingtheit, Bedeutung von Hypochondrie, Trennungsangst, Schonverhalten.
  Symptomatik: z.B. Herzschmerzen, funktionelle Herzrhythmusstörungen, Ängste, typische Herzneurose (Herzphobie); Dramatik des Beschwerdebildes (Todesangst) und schnelle Entängstigung durch ärztliche Zuwendung.
  Therapie: Psychotherapie, psychologische Betreuung durch den Allgemeinarzt, Trainingstherapie, medikamentöse Therapie; Gefahren der organbezogenen Überdiagnostik und der Pharmakotherapie.
- **Hyperventilationstetanie:**
  Pathogenese: Bedeutung phobischer oder angstneurotischer Entwicklungen, pathophysiologische Folgen der Hyperventilation.
  Symptomatik: Typische Symptome des Anfalls.
  Therapie: Therapie im Anfall, Therapie im Intervall zur Rezidivprophylaxe (konfliktzentrierte Aussprache, systematische Psychotherapie).

- **Funktionelle Abdominalbeschwerden:**
  Pathogenese: Patienten mit funktionellen Oberbauchbeschwerden: z.B. psychoneurotische Symptome bei frühkindlichen Abhängigkeitsbedürfnissen; Patienten mit funktionellen Unterbauchbeschwerden: z.B. überangepaßtes, pedantisches Erscheinungsbild, Konflikt zwischen Zurückhalten und Hergeben; Reinszenierung psychosexueller Problematik/Ablösungsproblematik.
  Symptomatik der funktionellen Oberbauch- und Unterbauchbeschwerden.
  Interaktion mit Ärzten: Bewertung der somatischen Beschwerden und der affektiven und psychosozialen Probleme; Provokation invasiver Methoden.
  Therapie: Bedeutung ärztlicher Gespräche, z.B. über die berufliche und familiäre Situation des Patienten, ggf. spezielle Psychotherapie.

1.9 Psychosomatische Aspekte spezieller Krankheitsbilder und Symptome

- **Anorexia nervosa:**
  Symptomatik: Typische somatische Symptome und Verhaltensauffälligkeiten.
  Interaktion mit Ärzten: Typische Interaktionen mit der Familie, mit Ärzten und Pflegepersonal.
  Differentialdiagnose zu Kachexie und Amenorrhoe führende Krankheiten, Psychosen.
  Therapie: Indikation zur stationären Wiederauffütterung; psychotherapeutische Möglichkeiten: z.B. stationäre Psychotherapie mit strukturierenden Maßnahmen, Familientherapie.
  Prognose: Chronifizierender Spontanverlauf, psychosoziale Fehlentwicklung, Möglichkeit des Übergangs in Psychose, Letalität.
- **Bulimia nervosa:**
  Symptomatik: Symptome und Verhaltensauffälligkeiten.
  Therapie: Psychotherapie mit strukturierenden Maßnahmen.
  Prognose: Unbehandelt chronischer Verlauf mit Verheimlichungstendenzen; Gefahr von Stoffwechselschädigungen, Zahnschäden usw. durch habituelles Erbrechen.
- **Adipositas:**
  Pathogenese: Zusammenwirken kulturspezifischer (z.B. Eßgewohnheiten, Schönheitsideal) und individueller (z.B. depressiv-neurotischer) Komponenten, verändertes Eßverhalten; psychodynamische Hyperphagietypen (z.B. Essen als Abfuhr unspezifischer Spannung, Abwehr depressiver oder hysterischer Reaktionen).
  Interaktion mit Ärzten: Bedeutung der Verleugnungstendenzen für die Therapiemotivation
  Psychotherapie: verbesserte Selbstkontrolle des Eßverhaltens; verhaltenstherapeutische, gruppentherapeutische Selbsthilfegruppen und psychodynamische Ansätze.
  Prognose: Risikofaktor für Folgekrankheiten.
- **Essentielle Hypertonie:**
  Psychische Komponente der *Pathogenese*: psychosomatische Hypothesen (z.B. Leistung, Aggression), Bedeutung von Stressoren.
  Interaktion mit Ärzten: Bedeutung einer therapeutischen Dauerbeziehung; Kritikangst; Non-Compliance.
  Prognose: Reduzierte Lebenserwartung, Risikofaktor für Folgekrankheiten.

- **Koronarleiden und Herzinfarkt:**
  Psychische Komponente der *Pathogenese*: Risikopersönlichkeit, Bedeutung von Stressoren, somatopsychische Symptome nach Infarkt.
  Interaktion mit Ärzten: Insbesondere in der Rehabilitationsphase.
  Psychotherapie: Gruppentherapie zur Schicksalsbewältigung, Entspannungsverfahren, Möglichkeiten und Grenzen der Problembearbeitung.
- **Asthma bronchiale:**
  Psychische Komponente der *Pathogenese*: psychodynamische Hypothese (z.B. Verschmelzung contra Identitätsverlust), Bedeutung von Konditionierungsvorgängen.
  Interaktion mit Ärzten: z.B. Problematik einseitiger Parteinahme des Arztes im Nähe-Distanz-Konflikt.
  Psychotherapie: Bedeutung einer Zusatzpsychotherapie (z.B. Gruppentherapie) sowie körperbezogener Therapie (z.B. funktionelle Entspannung).
- **Ulcus duodeni:**
  Psychische Komponente der *Pathogenese*: Somatopsycho-psychosomatisches Entstehungsmodell, Verhaltensstrukturen (offen abhängig, pseudounabhängig), auslösende Konfliktsituationen.
  Interaktion mit Ärzten: Typusabhängige Erwartungen an den Arzt.
  Psychotherapie: psychotherapeutische Ansätze zur Rezidivprophylaxe und bei Störungen nach Magenoperationen
- **Colitis ulcerosa:**
  Psychische Komponente der *Pathogenese*: Charakteristische Verhaltensweisen und auslösende Konflikte.
  Psychotherapie: Bedeutung einer langfristigen stützenden Arzt-Patient-Beziehung.
- **Schlafstörungen:**
  Schlafverhalten: Rhythmisches Geschehen, Ausdruck individueller Lebensentwicklung.
  Schlafstörungen: Akute Formen, chronische Formen (auch in Verbindung mit Abhängigkeiten).
  Differentialdiagnose: z.B. Narkolepsie, Schlafapnoe, Depression.
  Therapie: Beratung, Fokaltherapie, psychoanalytisch fundierte Therapie, Verhaltenstherapie, übende Verfahren, Medikamente.
- **Schmerz:**
  Schmerzverhalten: Persönliche, individuelle Schmerzphysiologie des Einzelfalles; ubiquitäres Phänomen in gesamter Medizin.
  Interaktion mit Ärzten: Bei psychogener Schmerzkrankheit: Patienten drängen auf eingreifende medizinische, z.B. operative Maßnahmen, häufiger Wechsel der Behandlungen, zunehmende Gefahr der Analgetikaabhängigkeit.
  Pathogenese: Modell des spinal gate control-Systems; psychische Entwicklungsbedingtheit der Schmerzempfindung, Konversionssymptom, primärer und sekundärer Krankheitsgewinn; Schmerz bei artefizieller Krankheit.
  Therapie: Im interdisziplinären Ansatz und als Interaktionsphänomen.
- **Posttraumatisches Streß-Syndrom (PTSD):**
  PTSD-Verhalten: Typische Symptome und Verhaltensmerkmale (Wiedererleben, Vermeiden, Erregtsein).
  Pathogenese: Extrembelastung wurde nicht gemeistert.
  Differentialdiagnose: z.B. Angstzustände, panic disorder, Depression, Schlafstörung.

Therapie: Erinnern, Durcharbeiten; Debriefing; Gruppen-, Einzeltherapie, Selbsthilfe; pharmakologische Behandlung.

Prognose: Hohe Chronizität, Gefahr der Abhängigkeit.

- **Chronisch und unheilbar Kranke: Chronische terminale Niereninsuffizienz, Organersatz und Organtransplantation allgemein:**
  Lebensqualität: Dialysepatienten (Beruf, Partner, Familie, Diät, Compliance, Konfliktlösungs- und Coping-Strategien in Relation zum Dialyseverfahren (Hämodialyse, Peritonealdialyse, limited-care-Dialyse, Heimdialyse), bei Organersatz und Organtransplantation (Lebensführung, Rehabilitation).
  Interaktion mit Ärzten: Aspekte der realen/irrealen Empfänger-Spender-Interaktion im psychosozialen Bereich.
  Therapie: z.B. sozio- und psychotherapeutische Interventionsmöglichkeiten, Selbsthilfe.

- **HIV-Infektion und AIDS:**
  Situation des Menschen mit positivem HIV-Test: Gefühl der Dauerbedrohung, Angst, gesellschaftliche Ausgrenzung.
  Umgang mit HIV-Test: Probleme der Indikationsstellung; traumatischer Einschnitt; Lebenssituation als Gesprächsgegenstand, Bedeutung des Unterlassens, Mitteilung des Ergebnisses.
  Situation des AIDS-Kranken: z.B. Stigmatisierung, Homosexualität, Sucht, Selbst- und Fremdverschulden.

- **Neoplasien:**
  Psychosoziale Faktoren: Bei Entstehung und Verlauf, Verzögerung seitens Arzt und Patient bei Diagnosestellung.
  Verlauf: Verdrängungsphänomene, Bewältigungsstrategien; Beziehungen zwischen psychosozialem Streß und Immunfunktion, Beziehung zwischen sozialem Status und Überlebenszeit.
  Therapie: Langzeitbeziehung Arzt – Patient, Gruppentherapie, Selbsthilfe.

- **Unheilbar krank, sterbenskrank:**
  Bedeutung des Orts des Sterbens, Sterben als Prozeß mit phasenhaftem Ablauf, Situation des Kranken (Auflösung der Gemeinschaft, Kommunikationsbedürfnis, Informationsübermittlung), Situation von Helfern (Rückzug, burn out), Förderung von Aktivität zur eigenen Gestaltung der Abschiedssituation, Trauerprozeß.

1.10 Suizidalität

Formen: Definition und Kenntnis von Suizidalität, Suizidhandlungen, Suizid, Suizidversuch; Suizidmethoden; chronische Suizidalität; Sonderformen (z.B. gemeinsamer Suizid, erweiterter Suizid);

Epidemiologie: (Jahresinzidenz an Suizidversuchen und Suiziden in der BRD, bezogen auf Geschlecht und Altersgruppen; Änderungstendenzen; transkulturelle Aspekte).

Einflußfaktoren: Kenntnis der Gruppen mit erhöhter Suizidgefährdung; Kenntnis der psychischen Störungen mit erhöhter Gefährdung; Psychodynamik (häufigste Motive z.B. Trennungskrisen, berufliche Mißerfolge); psychodynamische Verstehensmodelle (die narzißtische Krise, Wendung der Aggression gegen die eigene Person), kognitionspsychologische Modelle (Hoffnungslosigkeit und Hilflosigkeitsdepression), Paar- und familiendynamische bzw. systemische Ansätze.

Prophylaxe (präsuizidales Syndrom; Stadieneinteilung der präsuizidalen Entwicklung (Erwägung, Ambivalenz, Entschluß-Ruhe vor dem Sturm); frühere Suizidversuche; Suizidankündigungen und -vorbereitungen; Risikofaktoren; Werther-Effekt)
Möglichkeiten der Prophylaxe: Arzt, Seelsorger, Sozialarbeiter, Kontakt- und Beratungsstellen; Einbeziehung Dritter (z.B. Familienangehörige, Freunde, Partner) zur Konfliktbewältigung und zur Mobilisierung von Hilfsressourcen; Kenntnis der wichtigsten therapeutischen und organisatorischen Maßnahmen.
Therapeutisches Handeln nach Suizidversuchen: Abschätzung des Wiederholungsrisikos (Einschätzung der selbstdestruktiven Tendenz; Reaktion des Patienten und seiner Umgebung auf die Tat).
Therapie: (Grundzüge; Bedeutung aktiven Vorgehens (z.B. Weiterleitung mit konkretem Termin, Hausbesuch): größere Therapiebereitschaft des Patienten in der Zeit unmittelbar nach dem Suizidversuch. Wichtigste Maßnahmen in der nachgehenden Betreuung Suizidgefährdeter.

1.11 Arzt-Patient-Beziehung und Psychotherapie

* *Prinzipien:* Reflexion des Beziehungsaspektes als Grundlage psychotherapeutischen Vorgehens; Rahmenbedingungen unterschiedlicher psychotherapeutischer Verfahren.
* **Psychoanalytische Verfahren:**
  Ziel: Konfliktaufdeckung und -bearbeitung durch Introspektion und Deutung unbewußter Vorgänge unter besonderer Beachtung der Beziehung zum Analytiker.
  Techniken: Große Psychoanalyse, psychoanalytisch orientierte Psychotherapien; Unterschiede in der Methodik.
  Indikationen: Für sog. große Psychoanalyse: chronifizierte oder charakterneurotisch fixierte Neurosen oder psychosomatische Erkrankungen; für modifizierte psychoanalytische Verfahren: ich-strukturelle Störungen, akute Lebenskrisen, somatopsychische Störungen, Störungen der Krankheitsverarbeitung.
* **Klientzentrierte Psychotherapie (Gesprächspsychotherapie):**
  Ziel: Unterstützung der Selbstentfaltungstendenz.
  Technik: z.B. erwünschte Therapeutenvariablen: Verbalisierung emotionaler Erlebnisinhalte, Wertschätzung des Patienten, Authentizität.
  Indikationen: Bevorzugt aktuelle Konflikte, Anpassungsschwierigkeiten.
* **Verhaltenstherapie und kognitive Therapie:**
  Ziel: Modifikation von Verhaltensmustern und Behandlung definierter Symptome unter Anwendung lerntheoretischer Modelle; Trainingsverfahren bei verhaltensanalytisch definierbaren Defiziten, z.B. kognitives Training bei Schizophrenen mit Basissymptomen und Negativsymptomen; kognitive Therapie bei Depressiven, psycho-edukative Verfahren zur Krankheitsverarbeitung.
  Techniken und Indikationen: Grundprinzipien und Indikationen von systematischer Desensibilisierung, Selbstbehauptungstraining, Biofeedback, Kontakttraining.
* **Suggestive Verfahren:**
  Autogenes Training (Ziel, Grundzüge der Methode, Indikation),
  Progressive Relaxation (Ziel, Grundzüge der Methode, Indikation),
  Hypnose (Ziel, Grundzüge der Methode, Indikation).

- **Führende und stützende Psychotherapie auf längere Sicht:** stützendes (supportives), den Aktualkonflikt bearbeitendes Vorgehen einschließlich soziotherapeutischer Maßnahmen; z.B. bei Psychosen (Kombination mit Pharmakotherapie) und chronischen Neurosen.
- **Psychosomatische Grundversorgung:** Ärztlich-psychotherapeutisches Gespräch, psychologische Beratung.
- **Gruppenpsychotherapien:** Verfahren z.B. analytische Gruppenpsychotherapie, psychoanalytisch interaktionelle Gruppentherapie, Psychodrama, Selbsthilfegruppen: z.B. Anonyme Alkoholiker, Angehörigengruppen; Autogenes Training in Gruppen.
- **Paartherapie und Familientherapie.**
- **Nonverbale, körperbezogene und andere Psychotherapieverfahren:** z.B. Gestaltungstherapie, Musiktherapie, Konzentrative Bewegungstherapie, funktionelle Entspannung, Katathymes Bilderleben, Gestalttherapie.

1.12 Sozialpsychiatrie und psychiatrische Versorgung; Prävention, Rehabilitation

- **Sozialpsychiatrie und psychiatrische Versorgung:** Definitionen, Arbeitsbereiche, Einfluß sozialer Faktoren auf Entstehung, Verlauf und Behandlung psychischer Erkrankungen; Soziologie der Geisteskrankheiten; psychiatrische Epidemiologie. Versorgungsforschung; Organisation von Behandlung und Versorgungssystemen, Soziotherapie (therapeutische Gemeinschaft, Milieutherapie; wichtige Rolle der Sozialarbeit; Hospitalismus-Syndrom). Versorgung (Definition: Gesamtheit aller Einrichtungen, die Patienten mit psychischen Krankheiten institutionell betreuen).
- **Prävention und Rehabilitation:** Prävention (Besonderheiten der Primär-, Sekundär- und Tertiärprävention im Rahmen psychischer bzw. psychiatrischer Störungen), Rehabilitation (Formen seelischer Behinderungen: prämorbide Behinderung (präexistent), primäre Behinderung unmittelbar durch eine Krankheit, sekundäre Behinderung (durch negativ wirkende zusätzliche Faktoren).

1.13 Forensische Psychiatrie und Begutachtung

- **Allgemeines:** Stellung und Aufgaben des Sachverständigen, orientierende Kenntnisse der Gutachtenerstellung (Strafrecht, bürgerliches Recht, Sozialrecht).
- **Aufgabengebiete:** Schuldfähigkeit (Beurteilung gemäß §§ 20, 21 StGB), Maßregelvollzug (orientierende Kenntnisse §§ 63/64 StGB, Definition der Patientenpopulationen, Behandlungsziele, Sicherungsaufgaben, Prognoseproblematik), Unterbringung psychisch Kranker im Psychiatrischen Krankenhaus (orientierende Kenntnisse: Gefährlichkeits- bzw. Gefährdungsprognose nach den Landesunterbringungsgesetzen, nach der Strafprozeßordnung und nach den Maßregelvollzugsgesetzen), Geschäftsfähigkeit (Rechtsgültigkeit von Verträgen, Prozeßrecht; orientierende Kenntnisse), Testierfähigkeit (Rechtsgültigkeit von Testamenten bei Altersabbau und anderen psychischen Störungen; orientierende Kenntnisse), Betreuungsgesetz (orientierende Kenntnisse), Unterbringungsgesetz.

Beurteilung psychischer Krankheiten im Sozial- bzw. Schadensersatzrecht: Orientierende Kenntnisse: Wiedergutmachung und Entschädigung im Schadensersatzrecht, soziale Absicherung und Schutz im Sozialrecht, Problempopulationen bei der Kausalbeurteilung (Persönlichkeitsstörungen, Neurosen), Beurteilung im Rahmen der gesetzlichen Rentenversicherung und der gesetzlichen Unfallversicherung.

2 Psychotherapeutische Weiterbildung in Deutschland

Auf dem Deutschen Ärztetag 1992 in Köln wurde in Deutschland die Möglichkeit geschaffen, den „Facharzt für Psychotherapeutische Medizin" erstmals als Erstfacharzt zu erwerben. Bis dahin konnte in der ehemaligen BRD lediglich eine Weiterbildung zu den Bereichsbezeichnungen „Psychotherapie" sowie „Psychoanalyse" und in der ehemaligen DDR eine Zweitfacharztausbildung zum „Facharzt für Psychotherapie" absolviert werden. Mit der Einführung des „Facharztes für Psychotherapeutische Medizin" wurde die Psychotherapie zu einer eigenständigen wissenschaftlichen Disziplin innerhalb der Medizin. Sie ist heute nicht mehr als eine Subspezialisierung anderer Fachrichtungen zu verstehen.

Für Ärzte anderer klinischer Fachrichtungen bestehen unterschiedliche Möglichkeiten der **psychotherapeutischen Weiterbildung.** In der Psychiatrie wurde mit der Einführung des „**Facharztes für Psychiatrie und Psychotherapie**" und des „**Facharztes für Kinder- und Jugendpsychiatrie und -psychotherapie**" ein deutlicher Schwerpunkt zugunsten der Psychotherapie gesetzt, und Ärzte aller anderen klinischen Fachrichtungen können eine Weiterbildung zu den Bereichsbezeichnungen „Psychotherapie" und „Psychoanalyse" bzw. ein Basiscurriculum in „**Psychosomatischer Grundversorgung**" absolvieren.

Die nachfolgend dargestellten Weiterbildungswege beziehen sich auf die Musterweiterbildungsordnung, die empfehlenden Charakter trägt und von der jeweiligen Landesärztekammer modifiziert werden kann.

2.1 Weiterbildung zum „Facharzt für Psychotherapeutische Medizin"

Die Weiterbildung erfolgt in einer 5jährigen Weiterbildungszeit. Gefordert sind:

- 3 Jahre Psychotherapeutische Medizin,
- 1 Jahr Psychiatrie (6 Monate Kinder- und Jugendpsychiatrie und -psychotherapie oder Medizinische Psychologie werden anerkannt) und
- 1 Jahr Innere Medizin (6 Monate Dermatologie, Gynäkologie, Pädiatrie, Neurologie und Orthopädie werden anerkannt).

Methodisch ist die Weiterbildung entweder psychoanalytisch oder verhaltenstherapeutisch orientiert.

Inhaltlich werden gefordert:

- umfassender theoretischer Kenntniserwerb
  - 240 Stunden in Kursen und Seminaren,
- selbständig durchgeführte Diagnostik
  - 60 diagnostische Untersuchungen unter Supervision,
- selbständig durchgeführte psychotherapeutische Behandlungen bei 40 Patienten
  - 20 dieser 40 Patienten mit psychosomatischen Erkrankungen, insgesamt 1500 dokumentierte Behandlungsstunden, 300 Stunden Supervision,
  - in der tiefenpsychologischen Psychotherapie:
    - 6 Einzeltherapien (50–120 Stunden pro Fall)
    - 6 Einzeltherapien (25–50 Stunden pro Fall)
    - 4 Kurzzeittherapien (5–25 Stunden pro Fall)
    - 2 Paartherapien (10–40 Stunden pro Fall)
    - 2 Familientherapien (5–25 Doppelstunden pro Fall)
    - Gruppenpsychotherapien (100 Sitzungen, davon 1 Drittel auch als Co-Therapie),
  - in der kognitiv-behavioralen Therapie:
    - 10 Langzeittherapien (50 Stunden pro Fall)
    - 10 Kurzzeittherapien (insgesamt 200 Stunden)
    - 4 Paar- oder Familientherapien
    - 6 Gruppentherapien (davon 1 Drittel auch als Co-Therapie)
    - (Paar-, Familien- und Gruppentherapie insgesamt 300 Stunden),
  - im jeweils anderen Verfahren
    - 50 Doppelstunden Fallseminar oder
    - 80 Stunden Co-Therapie,
- Durchführung von suggestiven und entspannenden Verfahren
  - Absolvierung eines Kurses (8 Doppelstunden) in Autogenem Training, Progressiver Muskelentspannung oder Konzentrativer Entspannung,
- Durchführung der supportiven und Notfallpsychotherapie
  - 6 Behandlungen unter Supervision,
- Psychotherapeutische Krisenintervention
  - 10 Behandlungen unter Supervision,
- Anwendung weiterer tiefenpsychologischer oder erlebnisorientierter und averbaler Verfahren,
- Psychosomatisch-Psychotherapeutischer Konsiliar- und Liaisondienst
  - 20 konsiliarische Untersuchungen oder
  - 20 fall- und teambezogene Beratungen,
- Balint-Gruppenarbeit
  - 50 Doppelstunden,
- Selbsterfahrung
  - 150 Stunden Einzelselbsterfahrung
  - 70 Doppelstunden Gruppenselbsterfahrung,
- 5 psychosomatische Begutachtungen,
- Kenntniserwerb auf dem Gebiet der Inneren Medizin und der Psychiatrie.

2.2 Psychotherapeutische Weiterbildung innerhalb der Weiterbildung zum „Facharzt für Psychiatrie und Psychotherapie"

Die Weiterbildung in Psychotherapie findet innerhalb der 5jährigen Weiterbildungszeit zum „Facharzt für Psychiatrie und Psychotherapie" statt. Methodisch ist die Weiterbildung entweder psychoanalytisch oder verhaltenstherapeutisch orientiert.

Inhaltlich wird gefordert:

- theoretischer Kenntniserwerb
  - 100 Stunden,
- Durchführung von tiefenpsychologischen bzw. verhaltenstherapeutischen Einzel- und Gruppenbehandlungen
  - insgesamt 120 Stunden, unter Supervision, mindestens 1 Therapie ambulant
  - in der Tiefenpsychologie 2 Fälle mit 20 Stunden, 1 Fall mit 40 Stunden
  - in der Verhaltenstherapie 4 Fälle mit 10 Stunden, 1 Fall mit 40 Stunden,
- Anwendung eines weiteren Psychotherapieverfahrens (anderes Hauptverfahren, oder anderes wissenschaftlich (von der Ärztekammer) anerkanntes Verfahren)
  - 50 Doppelstunden Fallseminar oder
  - 80 Stunden Co-Therapie,
- Anwendung von Entspannungsverfahren
  - 2 Kurse zu je 8 Doppelstunden in einem erprobten Entspannungsverfahren, z.B. Autogenes Training oder Progressive Muskelrelaxation,
- Krisenintervention, supportive Verfahren, Beratung
  - 20 Stunden Seminar,
- psychiatrisch-psychotherapeutischer Konsiliar- und Liaisondienst
  - 10 Stunden Seminar,
- Balint-Gruppenarbeit
  - 35 Doppelstunden,
- Selbsterfahrung
  - 70 Doppelstunden Gruppenselbsterfahrung oder
  - 150 Stunden Einzelselbsterfahrung.

2.3 Psychotherapeutische Weiterbildung innerhalb der Weiterbildung zum „Facharzt für Kinder- und Jugendpsychiatrie und -psychotherapie"

Die Weiterbildung in Psychotherapie findet innerhalb der 5jährigen Weiterbildungszeit zum „Facharzt für Kinder- und Jugendpsychiatrie und -psychotherapie" statt.

Inhaltlich wird gefordert:

- theoretischer Kenntniserwerb
  - 100 Stunden,
- Balint-Gruppenarbeit
  - 35 Doppelstunden,
- Selbsterfahrung
  - 70 Doppelstunden Gruppenselbsterfahrung oder
  - 150 Stunden Einzelselbsterfahrung,

- Durchführung von 3 tiefenpsychologischen Behandlungen oder 6 verhaltenstherapeutischen Behandlungen jeweils unter Einbeziehung der erwachsenen Bezugspersonen
  - insgesamt 120 Stunden, unter Supervision,
- im Zweitverfahren (anderes Hauptverfahren oder anderes wissenschaftlich (von der Ärztekammer) anerkanntes Verfahren)
  - 50 Doppelstunden Fallseminar oder
  - 80 Stunden Co-Therapie,
- 2 gruppentherapeutische Behandlungen (unter Supervision),
- kinderpsychiatrisch-psychotherapeutische Konsil- und Liaisonarbeit,
- Krisenintervention, supportive Verfahren, Beratung,
- kontinuierliche Teilnahme an Psychotherapie-Fallseminaren,
- Indikationsstellung und Technik der Übungsbehandlung sowie der indirekten kinder- und jugendpsychiatrischen Behandlung durch Verhaltensmodifikation von Bezugspersonen,
- Anwendung von Entspannungsverfahren
  - 2 Kurse zu je 8 Doppelstunden in einem erprobten Entspannungsverfahren, z.B. Autogenes Training oder Progressive Muskelrelaxation.

2.4 Weiterbildung zur Bereichsbezeichnung „Psychotherapie"

Der Erwerb der Bereichsbezeichnung „Psychotherapie" erfolgt nach einer 2jährigen klinischen Tätigkeit (Davon ist 1 Jahr Weiterbildung in Psychiatrie und Psychotherapie gefordert, die bei Ärzten mit einer mindestens 5jährigen praktischen Berufstätigkeit durch den Nachweis entsprechender Kenntnisse (60 Anamnesen und Befunderhebungen bei Patienten mit psychiatrischen Erkrankungen) ersetzt werden kann.) in einer 3jährigen berufsbegleitenden Weiterbildungszeit.

Methodisch ist die Weiterbildung entweder psychoanalytisch oder verhaltenstherapeutisch orientiert.

Inhaltlich werden gefordert:

- theoretischer Kenntniserwerb
  - 140 Stunden,
- Teilnahme an einem Kurs in Autogenem Training, Progressiver Muskelentspannung oder Konzentrativer Entspannung
  - jeweils 8 Doppelstunden,
- Teilnahme an einem Kurs zu einem anderen wissenschaftlich (von der jeweiligen Ärztekammer) anerkannten Verfahren
  - 50 Stunden,
- psychiatrische Diagnosik bei 60 Patienten mit psychiatrischen Erkankungen,
- Teilnahme an einer kontinuierlichen Balintgruppe
  - 35 Doppelstunden,
- Selbsterfahrung
  - in der Tiefenpsychologie:
    - 150 Stunden Einzelselbsterfahrung oder
    - 70 Doppelstunden Gruppenselbsterfahrung,

- in der Verhaltenstherapie: 60 Doppelstunden Gruppenselbsterfahrung (davon ein Drittel auch als Einzelselbsterfahrung möglich),
- psychotherapeutische Behandlungen:
  - 10 tiefenpsychologische Anamnesen bzw. diagnostische Verhaltensanalysen unter Supervision
  - 3 abgeschlossene tiefenpsychologische bzw. 6 abgeschlossene verhaltenstherapeutische Behandlungen von insgesamt 150 Stunden unter Supervision.

2.5 Weiterbildung zur Bereichsbezeichnung „Psychoanalyse"

Der Erwerb der Bereichsbezeichnung „Psychoanalyse" erfolgt nach einer 2jährigen klinischen Tätigkeit (Davon ist 1 Jahr Weiterbildung in Psychiatrie und Psychotherapie gefordert, die bei Ärzten mit einer mindestens 5jährigen praktischen Berufstätigkeit durch den Nachweis entsprechender Kenntnisse in einem Fachgespräch ersetzt werden kann.) in einer 5jährigen begleitenden Weiterbildungszeit.

Gefordert sind:

- theoretischer Kenntniserwerb
  - 240 Stunden,
- psychiatrische Diagnosik bei 60 Patienten mit psychiatrischen Erkankungen,
- Durchführung weiterer Verfahren der Psychoanalyse (Kurz- und Fokaltherapie, psychoanalytische Gruppen-, Paar- und Familientherapie),
- Selbsterfahrung in einer Lehranalyse
  - 250 Stunden,
- 20 Untersuchungen zur Beratung oder zur Einleitung einer Behandlung (unter Supervision), Teilnahme an einem Fallseminar,
- Durchführung psychoanalytischer Behandlungen
  - insgesamt 600 Stunden, davon 2 Behandlungen von jeweils 250 Stunden, unter Supervision
  - Teilnahme an einem Fallseminar.

2.6 Weiterbildung in „Psychosomatischer Grundversorgung"

Die Qualifikation zur Durchführung der „Psychosomatischen Grundversorgung" kann grundsätzlich von jedem Arzt nach mindestens 3jähriger selbstverantwortlicher ärztlicher Tätigkeit und nach Absolvierung eines 80stündigen Ausbildungsganges erworben werden. Gefordert werden:

- 20 Stunden Theorieausbildung,
- 30 Stunden Balint-Gruppenarbeit,
- 30 Stunden Vermittlung und Einübung verbaler Interventionstechniken.

3 Psychologische Testdiagnostik in den Psychofächern

Die nosologische Diagnose stellt der Arzt. Dazu nutzt er explorative Daten, anamnestische Angaben und Verhaltensbeobachtungen, um Leitsymptome, Prägnanztypen und Achsensyndrome zu ermitteln. Im Verlauf der Behandlung eines Patienten kommt aber noch eine weitere wesentliche Methodenklasse hinzu, die der testdiagnostischen Verfahren. Es ist das Anliegen dieses Abschnitts, eine Auswahl entsprechender Testverfahren vorzustellen und sie in ihrem Anwendungsbereich der psychotischen Syndrome zu charakterisieren. Dazu ist es zuerst notwendig, etwas zum Begriff der Testdiagnostik zu sagen und Einteilungsprinzipien zu nennen, um dann die wesentlichsten Anwendungsfelder der Testverfahren aufzuzeigen. Einschränkend muß aber angemerkt werden, daß es sich bei diesem Bemühen nur um skizzierende Darstellungen handeln kann. Eine umfassendere Übersicht vermitteln Lehrbücher zur Psychodiagnostik (Guthke, Böttcher und Sprung 1990, Stieglitz und Baumann 1994), sowie spezifische Artikel zur Anwendung der Testdiagnostik in der Psychotherapie und Psychiatrie (Schumacher und Brähler 1996, Senf in diesem Band).

3.1 Testbegriff

Wenn man von einem Test spricht, dann muß zwischen dem Alltagsbegriff und der wissenschaftlichen Definition unterschieden werden. In der Umgangssprache spricht man z.B. bei den ersten Schritten eines vorher bettlägerigen Patienten ebenso von einem Test, wie bei der Einführung eines neuen Konsumgegenstands, der bezüglich der Verkaufschancen „getestet" werden soll. In diesem Beitrag soll ausschließlich der Testbegriff der Psychologie Verwendung finden, der den Test als ein standardisiertes psychodiagnostisches Prüfverfahren definiert. Mit dem Wort Standardisierung ist dabei die Forderung nach wissenschaftlicher Fundierung des Testverfahrens verbunden. Jedes psychodiagnostische Testverfahren ist nach testtheoretischen Grundsätzen konstruiert. Zwei Testmodelle bilden dafür die Grundlage:

- Der erst in den letzten Jahrzehnten elaborierte Ansatz der „Probabilistischen Testtheorie" mit einem hohen mathematisch-statistischen Anspruch. Die Probabilistische Testtheorie ist für die Untersuchungsbereiche in der Psychiatrie gegenwärtig noch von geringer praktischer Bedeutung.
- Die „Klassische Testtheorie" .

Die Testkonstruktion reicht in jedem Fall von der Festlegung des zu untersuchenden Merkmals über die Gestaltung der Testaufgaben bis hin zur Bestimmung der Gütekriterien eines Tests (Lienert 1967, Kubinger 1992). Alle in diesem Beitrag vorgestellten Verfahren wurden nach einem Algorithmus konstruiert, der für die Klassische Testtheorie repräsentativ ist. Er wird am fiktiven Beispiel der Entwicklung eines Gedächtnistest in seinen wesentlichen Schrittfolgen kurz skizziert.

Ausgangspunkt der Testkonstruktion ist die Bestimmung des Gegenstandsbereichs auf der Grundlage von Theorien des menschlichen Gedächtnisses. Zu beachtende Inhalte sind dabei z.B., in welchem Maße episodische und semantische Gedächtnisfaktoren eingehen, ob figurales oder verbales Material verwendet und Wiedererkennen, freie oder gebundene Reproduktion als Rückrufbedingung gewählt werden. Nach Klärung dieser Fragen werden die Testaufgaben erstellt, die inhaltlich für den gewählten Gedächtnisbereich gültig (valid) sein müssen. Es kann sich dabei um Wortlisten, Bilder oder Figuren handeln. Diese Aufgaben werden einer repräsentativen Stichprobe vorgelegt, um Schwierigkeit und Trennschärfe jeder Einzelaufgabe (des Items) zu berechnen. Dieser Konstruktionsschritt wird als Aufgaben- oder Itemanalyse bezeichnet. Nach dieser Prüfung werden die Items, die den in der Testtheorie definierten Kriterien entsprechen (meist mittlere Maßzahlen für Schwierigkeit und Trennschärfe), zu einer Testvorform zusammengestellt und an einer anderen Stichprobe hinsichtlich der Reliabilität und Validität geprüft. Bei der Reliabilitätsberechnung geht es darum, ob die Testaufgaben die angezielten Gedächtnisfunktionen auch stabil über einen bestimmten Zeitraum messen. Validität fragt danach, in welchem Ausmaß der Test auch wirklich Gedächtnisfunktionen mißt und nicht etwa Konzentration oder Angst. **Validität, Reliabilität** und **Objektivität** (Unabhängigkeit der Testauswertung vom Untersucher) sind die Hauptgütekriterien eines Tests. Es gibt aber auch Nebengütekriterien, die für die Psychiatrie bedeutsam sind, wie z. B. Ökonomie und Trefferquote (Zuordnung von Patienten zu einer Erkrankungsgruppe). Jeder Test wird nach Abschluß der Gütekriterienbestimmung noch normiert. Normen erlauben die Einordnung des einzelnen Patienten in klinisch relevante Gruppen. Im gewählten Beispiel könnte dies bedeuten, daß ein Patient auf der Grundlage seiner individuellen Testergebnisse z. B. in die Gruppe schwerer Gedächtnisstörungen eingeordnet werden kann. Natürlich liefert ein gut konstruierter Test auch ein Testprofil, das spezifische Ausfälle einzelner Gedächtnisfunktionen ebenso erkennen läßt wie noch vorhandene Gedächtnispotenzen. Die Darstellung verdeutlicht, daß die psychologische Testkonstruktion definierten wissenschaftlichen Kriterien genügt. Sie werden vom Testkuratorium der Föderation deutscher Psychologenverbände für jedes psychologische Verfahren überwacht.

3.2 Testeinteilung

Für die psychologische Testdiagnostik im psychiatrischen Bereich ist eine Unterteilung der Verfahren nach zwei Erfassungsbereichen bedeutsam. Es handelt sich dabei um:

- Testdiagnostische Verfahren zur Diagnosenstellung.
- Das Gebiet von Persönlichkeitsmerkmalen, die durch die zugrunde liegende psychiatrische Erkrankung wesentlich mit beeinträchtigt sind.

Der Beitrag der **Testdiagnostik zur Diagnosenstellung** bei psychotischen Syndromen steht somit in Konkurrenz zu den eingangs genannten bevorzugten Methoden des Psychiaters: Exploration, Anamneseerhebung und Verhaltensbeobachtung. Eingesetzte psychologische Testverfahren müssen deshalb eine hohe Güte aufweisen, um überhaupt Eingang in die psychiatrische Diagnostik finden zu können. Dieser Qualitätsanspruch wird besonders durch die Methodenklasse der strukturierten Interviews erfüllt. Sie werden vor allem auch durch ihre Nähe zum psychopathologischen Befund und zum praktischen psychiatrischen Vorgehen akzeptiert. Bei der Durchführung eines strukturierten Interviews wird der Patient (ebenso wie bei der freien Befragung) vom Psychiater zu psychopathologischen Symptomen exploriert. Die Inhalte der Befragung und der Ablauf sind aber fest vorgegeben. Man sagt, daß strukturierte

Interviews den Prozeß der Informationssammlung durch die Vorgabe expliziter Regeln gliedern („strukturieren"). Die Vorgaben bestehen in einer detaillierten, umfassenden Beschreibung der diagnostischen Kategorien mit Einführung zeitlicher Kriterien und einer weitgehenden Operationalisierung. Die Auswertung erfolgt computergestützt auf der Grundlage von Expertensystemen, sog. diagnostischen Entscheidungsbäumen. Strukturierte Interviews weisen eine hohe Objektivität, Reliabilität und Validität auf. Sie sind allerdings zeitaufwendig und setzen ein meist einwöchiges Anwendertraining voraus. Natürlich gibt es neben den strukturierten Interviews noch eine Vielzahl von sog. Klinischen Tests zur Erfassung von Symptomen mit der Zielstellung, einen Beitrag zur psychiatrischen Diagnose zu leisten.

Zur Einteilung von **Tests**, die Persönlichkeitsmerkmale **messen**, empfiehlt es sich, einer pragmatischen Einteilung zu folgen, die Leistungstests von Persönlichkeitstests unterscheidet (Schumacher und Brähler 1996). Zu den in diesem Beitrag interessierenden Leistungstests zählen vor allem Intelligenztests, Konzentrations- und Gedächtnistests. Gerade in diesem Merkmalsbereich haben Patienten mit organischen psychischen Störungen und chronischen psychischen Störungen durch psychotrope Substanzen typische Störsyndrome, die psychometrisch erfaßt werden müssen. Persönlichkeitstests nennt man vor allem diejenigen Fragebogenverfahren, mit denen Temperaments- und Handlungseigenschaften, Einstellungen sowie selbstbezogene Personenmerkmale erfaßt werden. Dabei ist die Einteilung in Leistungs- und Persönlichkeitstests rein pragmatisch bedingt, da ja auch Gedächtnisleistungen und Intelligenz wesentliche Personenmerkmale sind. Zu den Persönlichkeitstests wird auch die Verfahrensgruppe der projektiven Tests gezählt, die für eine Reihe psychiatrischer Fragestellungen relevant ist.

3.3 Überblick zu ausgewählten Testverfahren

Im folgenden Gliederungspunkt werden einige gebräuchliche Testverfahren im Feld der Psychosenpsychiatrie des Erwachsenenalters dargestellt. Für jede Verfahrensgruppe wird ein Test etwas ausführlicher beschrieben und anschließend durch eine tabellarische Aufzählung verwandter Methoden ergänzt. Alle genannten Verfahren und Autoren sind im Testkatalog der Testzentrale des Berufsverbands Deutscher Psychologen aufgeführt.

3.3.1 Gedächtnistests

Berliner Amnesie-Test (BAT)

Testautoren: Peter Metzler, Jürgen Voshage und Petra Rösler

Untersuchungsbereich: Der Test basiert auf Ergebnissen der experimental-psychologischen Forschung zur anterograden Amnesie. Dies betrifft nosologisch alle Amnesien der ICD-10 Gruppen F0, F1, sowie die Amnesien nach Schädel-Hirn-Trauma. Das Ergebnis der Testauswertung läßt Aussagen zur Früherkennung, Schweregradbestimmung und Verlaufsmessung mnestischer Defizite zu. Differentialdiagnostisch können typische Störungsformen eines Amnesie-, Korsakow- bzw. Zerebrovaskulären Insuffizienzscores ermittelt werden.

Testaufbau:

1. Applikation: Der BAT umfaßt 8 Untertests, die visuell dargeboten werden. Lediglich bei Untertest 5 (Kurzzeitgedächtnisspanne) wird auditiv vorgegeben.

2. Lernbedingungen: Es handelt sich um intentionales Lernen. Der Patient wird darauf hingewiesen, daß es sich um eine Gedächtnisprüfung handelt, daß er sich viel merken und das Behaltene später wiedergeben soll.

3. Abrufbedingungen: Freie Reproduktion und Wiedererkennen in Variationen. Auf der Grundlage moderner gedächtnispsychologischer Forschungen werden diese Variationen differentialdiagnostisch ausgewertet.

Gütekriterien: Der BAT weist Reliabilitätskoeffizienten zwischen .52 und .95 auf. Es besteht eine hohe konstrukt- bzw. kriteriumsbezogene Validität. Der Test ist für Patienten zwischen 20 und 65 Jahren normiert. In Tabelle 67 sind zusätzliche Tests aufgeführt.

Tabelle 67 Weitere Verfahren zur Gedächtnis- und Konzentrationsdiagnostik

Verfahren	Abkürzung	Bemerkungen	Autoren
Demenztest		kognitiv stark beeinträchtige Patienten	Kessler, Denzler und Markowitsch (1988)
Lern- und Gedächtnistest	LGT-3	Pat. mit hohem Bildungsstand	Bäumler (1974)
Nürnberger Altersinventar	NAI	Leistung, zusätzlich Befindlichkeit/Selbstbild	Ostwald und Fleischmann (1995)
Aufmerksamkeits-Belastungs-Test	Test d2	Kurzzeitkonzentration	Brickenkamp (1994)
Frankfurter Aufmerksamkeits-Inventar	FAIR	Kurzzeitkonzentration	Moosbrugger und Oehlschlägel (1996)

3.3.2 Intelligenztests

Hamburg-Wechsler-Intelligenztest für Erwachsene, Revision 1991 (HAWIE-R)

Testautor: Uwe Tewes (Hrsg.), Neubearbeitung des Hamburg-Wechsler-Intelligenztests für Erwachsene von D. Wechsler

Untersuchungsbereich: Der weltbekannte Test basiert auf hierarchischen Intelligenzmodellen, die einen generellen Faktor der Intelligenz (Allgemeinintelligenz) und Gruppenfaktoren mit geringerem Allgemeinheitsgrad annehmen. Die Allgemeinintelligenz wird in die zwei Gruppenfaktoren: Verbale versus handlungs-(praktische) Intelligenz aufgespalten. Die einzelnen Untertests der Handlungs- und Verbalintelligenz erlauben Aussagen über spezielle Fähigkeiten. Der Test ist im psychiatrischen Bereich bei der Intelligenzprüfung und der Bestimmung von Intelligenzdefiziten (erworben oder hereditär) einsetzbar.

Testaufbau: Der HAWIE-R besteht aus 11 Untertests (6 Verbal- und 5 Handlungstests). Die sprachliche Intelligenz wird über die Untertests Allgemeines Wissen, Allgemeines Verständnis und Gemeinsamkeiten finden, einen Wortschatztest sowie Zahlennachsprechen und Rechnerisches Denken geprüft. Die Erfassung der praktischen

Intelligenz erfolgt über die Untertests Bilderergänzen, Bilderordnen, Mosaiktest, Figurenlegen und Zahlensymboltest.

Gütekriterien: Der HAWIE-R weist Reliabilitätskoeffizienten (innere Konsistenz) zwischen .71 und .96 auf. Die Gültigkeit ist faktoriell und kriterienbezogen im Sinn der diskriminanten Validität gegeben. Es existieren altersgestaffelte (vom 16. bis zum 74. Lebensjahr) und schulbezogene Wertpunktnormen, die in IQ-Werte umgerechnet werden können. Weitere Verfahren sind in Tabelle 68 aufgeführt.

Tabelle 68 Andere Intelligenztests

Verfahren	Abkürzung	Bemerkungen	Autoren
Intelligenz-Struktur-Test	IST 70	9 Untertests/Parallelform	Amthauer (1973)
Leistungsprüfsystem	LPS	14 Untertests	Horn (1983)
Standard Progressive Matrices	APM	Sprachfrei	Raven Dt. Bearbeitung Kratzmeier u. Heller (1996)
Reduzierter Wechsler-Intelligenztest	WIP	Kurzverfahren	Dahl (1986)
Wilde-Intelligenz-Test	WIT	Hohe Anforderungen für Pat.	Jäger und Althoff (1994)
Mehrfach-Wortschatz-Intelligenztest	MWT-B	Screening	Lehrl (1995)

3.3.3 Persönlichkeitsstrukturtests

Das Freiburger Persönlichkeitsinventar (FPI, 6. revidierte Auflage FPI-R, 1994)

Testautoren: J. Fahrenberg, R. Hampel und H. Selg

Untersuchungsbereich: Das Freiburger Persönlichkeitsinventar ist der in Deutschland bekannteste faktoranalytisch konstruierte, mehrdimensionale Persönlichkeitstest. Das Selbsteinschätzverfahren erfaßt Temperamentsmerkmale, Werthaltungen (Einstellungen) und Belastungsfaktoren. Damit werden Personmerkmale erfaßt, die für den Psychiater bei allen psychotischen Krankheitsgruppen für Sozio- und Psychotherapie von Bedeutung sind.

Testaufbau: Das FPI-R enthält 138 Items, die sich auf 12 Skalen verteilen. Es handelt sich dabei um die klinisch relevanten Merkmale wie Lebenszufriedenheit, körperliche Beschwerden, Beanspruchungserleben und Gesundheitssorgen sowie um Einstellungs-und Temperamentsmerkmale (Soziale- und Leistungseinstellung, Extraversion, Erregbarkeit, Aggressivität). Bedeutsam ist, daß die Skalenausprägungen eines Patienten sowohl mit den Normwerten der Durchschnittsbevölkerung, als auch mit denen spezifischer Patientengruppen (Alkoholabhängigkeit, Psychosomatische Erkrankungen) verglichen werden können.

Gütekriterien: Das FPI-R ist umfassend auf Güte geprüft worden. Eine vollstandardisierte Instruktion und Auswertungsrichtlinie gestattet es, daß die Auswertung von der Person des Testleiters unabhängig (objektiv) ist. Die Reliabilität (innere Konsistenz) liegt bei den 12 Skalen zwischen .71 und .84. Neben der faktoranalytischen- und Kon-

Tabelle 69 Weitere Persönlichkeitsstrukturtests

Verfahren	Abkürzung	Bemerkungen	Autoren
Neo-Fünf-Faktoren-Inventar	NEO-FFI	Erfassung Extraversion/Neurotizismus	Borkenau und Ostendorf (1993)
Trierer-Persönlichkeits-Fragebogen	TPF	Seelische Gesundheit/Verhaltenskontrolle	Becker (1989)
Fragebogen zur Lebenszufriedenheit	FLZ	10 Lebensbereiche	Brähler, Fahrenberg, Myrtek und Schumacher (1998)

struktvalidität wurde bei der letzten Revision noch die Bestimmung der Korrelation von Selbst- und Fremdeinschätzungen vorgenommen. Die Gültigkeit kann insgesamt als hoch eingeschätzt werden. In Tabelle 69 sind zusätzliche Verfahren dargestellt.

3.3.4 Projektive Tests

Der thematische Apperzeptionstest (TAT), 3. überarbeitete Auflage 1991

Testautor: Henry A. Murray

Untersuchungsbereich: Der TAT gehört zur Methodengruppe der projektiven Verfahren, die aus der Interpretation (Deutung) bildhaften Materials auf psychische Eigenschaften des Patienten, wie Bedürfnisse und Motive, Werthaltungen, affektbesetzte interpersonale Beziehungen (Eltern-Kind, Partnerschaft) sowie unverarbeitete Erlebnisse schließen. Testidee und -interpretation unterliegen tiefenpsychologischen Grundannahmen.

Testaufbau: Das Testmaterial besteht aus einer Serie von 20 Bildern. Die Bilderfolge ist geschlechts- und altersspezifisch variierbar. So ist z.B. auf der Bildtafel I des TAT ein ungefähr 10jähriger Junge zu sehen, der, den Kopf auf die Hände gestützt, eine vor ihm auf dem Tisch liegende Geige betrachtet. Der Proband wird durch den Testleiter aufgefordert, zu diesem Bild eine phantasiereiche Geschichte zu erzählen. Dabei soll sich der Proband auf folgende Fragen zum Bildinhalt konzentrieren: Wie es zur dargestellten Situation gekommen sei, was gerade passiert, welche Gedanken und Gefühle die abgebildete Person hat und wie die Geschichte weitergehen soll. Hypothetische Themen, die durch die erste Bildtafel angesprochen werden, sind: Gebote der Eltern, Zwang, Zerstörung von Sachen, Trauer, Enttäuschung, Frustration, Konflikt. Auch für alle anderen Bildtafeln ist die Fragenfolge beizubehalten, wobei natürlich andere Themen durch die Bildinhalte angesprochen werden (Liebe, Sexualität, Aggression, Schuld, Leistungsmotivation u.a.).

Gütekriterien: Wie alle projektiven Verfahren weist auch der TAT eine deutlich geringere Objektivität, Reliabilität und Validität im Vergleich zu Leistungstests und Persönlichkeitsfragebogen auf. So werden für die Inter-Beurteiler-Übereinstimmung (Objektivitätsmaß) nur dann hohe Koeffizienten (von .67-.91) angegeben, wenn die Testleiter geübt sind und Kategoriensysteme bei der Auswertung angewandt werden. Die Stabilität ist gering (zwischen .27 und .62). Lediglich für klinische Fragestellungen und die Erfassung der Leistungsmotivation besteht ein Validitätsanspruch. Tabelle 70 enthält zusätzliche projektive Methoden.

Tabelle 70 Andere projektive Verfahren

Verfahren	Abkürzung	Autoren
Rorschach-Psychodiagnostik		Rorschach, hrsg. von Morgentaler (1992)
Thematischer Gestaltungstest (Salzburg)	TGT-(S)	Revers und Widauer (1985)

3.3.5 Strukturierte Interviews

Composite International Diagnostic Interview (CIDI), nach ICD-10 und DSM-IV

Testautoren: Hans-Ulrich Wittchen, H. Pfister und E. Garcynski, Hrsg.: World Health Organisation

Untersuchungsbereich: Das CIDI dient der Diagnosestellung psychischer Störungen entsprechend den Definitionen und Kriterien der 10. Revision der Internationalen Klassifikation von Krankheiten (ICD-10) und des Diagnostischen und Statistischen Manuals von psychischen Störungen (DSM-IV) der Amerikanischen Gesellschaft für Psychiatrie. Das CIDI ist ein modular aufgebautes Interview, bei dem alle Fragen, Kodierungen, die Dateneingabe am Computer sowie die computerisierte Auswertung standardisiert erfolgen.

Testaufbau: In einer klinischen Befragungssituation werden dem Patienten vom Testleiter auf der Grundlage des Interviewhefts Fragen zu 15 klinischen Merkmalsgruppen (sog. Sektionen) gestellt, deren Antworten im Interviewheft protokolliert werden. Die Fragen enthalten Informationen zum ersten Auftreten der Symptome, ihrer Dauer, Häufigkeit und der Beziehung zueinander. Im Befragungsprozeß wird die klinische Relevanz eines Symptoms durch eine standardisierte Prüffragenprozedur ermittelt. Die Daten werden anschließend mittels eines computerisierten Eingabe- und Auswertungsprogramms zu Diagnosen der ICD-10 Klassifikation (max. 64) bzw. DSM-IV Diagnosen (max. 43) verarbeitet. Die Durchführungszeit des CIDI beträgt 75 Minuten. Das Testmaterial umfaßt Testheft (Manual), Interviewheft mit Begleitblättern, sowie das Computerprogramm.

Gütekriterien: Die standardisierte Durchführung führt zu hoher Objektivität. Eine Beurteilerübereinstimmung nahe .90 und Retest-Reliabilitäten über .90 zeigen die hervorragende Stabilität des Verfahrens. Gleiches gilt für die Gültigkeit der Diagnosestellung, die mit Psychiaterurteilen auf der Basis traditioneller Diagnostik um .75 korreliert. Andere Verfahren sind in Tabelle 71 zusammengefaßt.

Tabelle 71 Weitere Strukturierte Interviews

Verfahren	Abkürzung	Bemerkungen	Autoren
Strukturiertes Klinisches Interview für DSM-III-R	SKID	Diff.-Diagnose Psychosen	Wittchen, Schramm, Zaudig, Spengler, Rummler u. Mombour (1991)
Diagnostisches Interview bei psychischen Störungen	DIPS	Kurzform Mini-DIPS	Margraf, Schneider und Ehlers (1994)

3.3.6 Klinische Tests

Der Münchner Alkoholismustest (MALT)

Testautoren: W. Feuerlein, H. Küfner, Ch. Ringer K. Antons, in Anwendung seit 1979

Untersuchungsbereich: Der MALT ist ein Fragebogen, der Aussagen darüber gestattet, ob ein Patient alkoholabhängig ist. Es handelt sich also um einen Screeningtest. Wie alle modernen Screeningtests bei Störungen durch psychotrope Substanzen enthält auch der MALT Angaben zu objektiven klinischen Indikatoren, die als Fremdbeurteilungsteil (MALT-F) bezeichnet werden. Daneben werden im sog. Selbstbeurteilungsteil (MALT-S) Merkmale des Trinkverhaltens erfaßt. Der Test ist nur gültig, wenn beide Teile in die Diagnostik einbezogen werden.

Testaufbau: Die Testung beginnt mit der Fremdeinschätzung durch den Arzt, der auf der Grundlage der Krankenakte und durch Exploration des Patienten Angaben zu den folgenden 7 Items erhebt: Lebererkrankung, Polyneuropathie, Delirium tremens (jetzt oder in der Vorgeschichte), zwei Fragen zum Alkoholkonsum, Foetor alcoholicus und Mißbilligung des Konsums durch andere. Für jedes bejahte Item werden 4 Punkte vergeben. Nach Prüfung der klinischen Indikatoren schließt sich der MALT-S an, der in der Beantwortung von 24 Items eines Fragebogens besteht (z.B. Item 1 „In der letzten Zeit leide ich häufiger an Zittern der Hände"). Für die Bejahung eines Fragebogenitems wird 1 Punkt vergeben. Der Gesamtsummenwert (Fremd- und Selbstbeurteilungsteil) erlaubt die Diagnosenstellung des Alkoholismus, wenn 11 und mehr Punkte erreicht werden (Verdacht auf Alkoholismus: 5–10 Punkte).

Gütekriterien: Die standardisierte Instruktion garantiert eine hohe Objektivität. Für den MALT-S wurde eine Split-half Reliabilität von .94 ermittelt. Die kriterienbezogene Validität zur klinisch ermittelten Diagnose des Psychiaters wird mit .85 angegeben. Kaum ein Nichtalkoholiker erhielt eine positive Diagnose (Spezifität: 98%), 89% der Alkoholiker wurden richtig eingestuft (Sensibilität). Die Tabelle 72 enthält weitere Verfahren zur Alkoholismusdiagnostik.

Tabelle 72 Andere Tests zur Diagnostik des Alkoholismus

Verfahren	Abkürzung	Bemerkungen	Autoren
CAGE-Test		Screening	Mayfield (1974), Richter und Nickel (1990)
Kurzfragebogen für Alkoholgefährdete	KFA	Screening	Feuerlein, Küfner, Ringer u. Antons (1976)
Trierer Alkoholismusinventar	TAI	Diff.-Diagnose	Funke, W., Funke, J. Klein u. Scheller (1987)
9-Item-Screening-Test	ScreeT-9	Screening	Richter, Klemm und Zahn (1994)
Fragebogen zur Klassifikation des Trinkverhaltens Alkoholabhängiger	FTA	Diff.-Diagnose nach Jellinek	Roth (1987)

Der Frankfurter Beschwerde-Fragebogen (FBF)

Testautorin: Lilo Süllwold, in Anwendung seit 1986

Untersuchungsbereich: Der FBF erfaßt schizophrene Basisstörungen. Damit ist das Verfahren zur Erfassung von spezifischen schizophrenietypischen Symptomen einsetzbar. Es leistet damit sowohl einen Beitrag zur Diagnose als auch zur Erfassung der Persönlichkeitsorganisation des Patienten, da schizophrene Basisstörungen das Erleben und Verhalten auch nach Abklingen der Akutsymptomatik noch destruieren.

Testaufbau: Die Items wurden nach langjähriger Sammlung wörtlicher Klagen schizophrener Patienten entwickelt. Um deren eingeschränkten kognitiven Fähigkeiten gerecht zu werden, wurden übliche Prinzipien der Fragebogenkonstruktion (Verneinung, unterschiedliche Polung, Lügenfragen) vernachlässigt. Die Leistung des Patienten beschränkt sich somit auf die gleichsinnige Prüfung, ob im Item eine persönliche Erfahrung wiedererkannt wird. Dazu wird unbegrenzt Zeit gegeben. Eine vertraute Person (dies ist meist der Psychodiagnostiker) sollte bei der Beantwortung anwesend sein. Damit setzt die Durchführung des Verfahrens Erfahrungen im Umgang mit psychotisch Erkrankten voraus. Die 98 Feststellungen des FBF sind nach Faktoranalysen auf Itemebene 10 Skalen zuordenbar, die gesicherte Bereiche schizophrener Basisstörungen umfassen: Spezifische Ängste (Novophobie), Unfähigkeit einen Focus zu bilden, Diskriminationsschwäche (Schwierigkeiten, Vorstellungen und Wahrnehmungen zu unterscheiden), Erleben von Reaktionsinterferenz auf motorischer Ebene, Gedankendrängen durch ständiges Interferieren von Nebenassoziationen, Blockierungen bei Handlungsvollzügen, Sprachstörungen, Automatismenverlust (kleinste alltägliche Handlungsvollzüge müssen mit vollständiger Konzentration durchgeführt werden), Bewältigungsreaktionen (Rückzug, Abschirmung gegen Interferenzen und Reize). Die Ausprägung der einzelnen Störungen wird durch eine Profildarstellung verdeutlicht.

Gütekriterien: Die standardisierte Auswertung garantiert eine hohe Objektivität. Die innere Konsistenz der Items je Skala wird mit .95 angegeben. Die Items sind inhaltsvalid. Jeder hypothetische Variablenbereich trennt in seinem Punktwert signifikant zwischen Schizophrenen und Gesunden. Weitere klinische Tests sind in Tabelle 73 aufgeführt.

Tabelle 73 Andere klinische Tests (Schizophrenie/Depression)

Verfahren	Abkürzung	Bemerkungen	Autoren
Paranoid-Depressivitäts-Skala	PD-S	Verfälschungserfassung	von Zerssen (1976)
Beck-Depressions-Inventar	BDI	Bestimmung Depressionsschwere	Beck, Dt. Bearbeitung von Hautzinger, Bailer u. Keller (1995)
MMPI Saarbrücken	MMPI	Historisch interessant	Hathaway und McKinley Dt. Bearbeitung Spreen (1972)
Hamilton Depressions Skala	HAMD	auch als Fremdbeurteilungsverfahren	Hamilton, Dt. Bearbeitung CIPS (1996)

3.3.7 Skalenzusammenstellungen und Programmsysteme

Ein Großteil der in der Psychiatrie gebräuchlichen klinischen Skalen und Leistungstests sind als Programmsysteme beziehbar. Sie liegen als Handbücher oder als computergestützte Testsysteme vor. Auf drei besonders relevante Skalenzusammenstellungen sei kurz eingegangen.

Internationale Skalen für Psychiatrie (CIPS)

Herausgeber: Collegium Internationale Psychiatriae Scalarum, 4. Auflage 1996

Untersuchungsbereich: Das CIPS beinhaltet die gebräuchlichsten klinischen Skalen und Meßverfahren in der psychiatrischen Diagnostik und Wirksamkeitsbestimmung. Die Verfahren sind nach verschieden Indikationsgebieten zusammengestellt und dekken die Bereiche Angst, Befindlichkeit, Demenz, Depression, Psychosen, Schmerz, Schlaf und psychopathologische Symptomatik ab. Verfahrensbeispiele in Abkürzungen: BPRS, FAST, IMPS, SDS, STAI

Computerbasiertes Ratingsystem psychopathologisch relevanter Urteilsdaten (CORA)

Herausgeber: Klaus-Dieter Hänsgen

Untersuchungsbereich: Das CORA ist ein Baustein des modular aufgebauten Hogrefe Testsystems zur computerunterstützten Diagnostik. Es ermöglicht die standardisierte Erfassung des Großteils der vom CIPS empfohlenen Skalen sowie die von der Arbeitsgemeinschaft Methodik und Dokumentation in der Psychiatrie (AMDP-System) vorgeschlagenen psychiatrischen Daten. Die Leistungsmerkmale des CORA sind sehr hoch. Sie beinhalten nicht nur die Gütekriterien, sondern auch Datensicherung, automatische Auswertung, spezifische Itembetrachtung und vieles andere.

- **Leistungsdiagnostisches Labor (LEILA)**

Herausgeber: Klaus-Dieter Hänsgen

Untersuchungsbereich: Das LEILA ist ein weiterer Baustein des Hogrefe Testsystems. Es umfaßt eine Reihe gebräuchlicher leistungsdiagnostischer Verfahren der Merkmalsbereiche Intelligenz, Gedächtnis, Aufmerksamkeit und Lernfähigkeit.

3.4 Psychologische Tests in der Kinder- und Jugendpsychiatrie

In der Erwachsenenpsychiatrie gelangen im klinischen Alltag oftmals andere Tests zur Anwendung als in der Kinder- und Jugendpsychiatrie. Im wesentlichen liegt das an den Schwerpunkten der Diagnostik, da sich die diagnostischen Fragestellungen in der Kinder-und Jugendpsychiatrie von denen der Erwachsenenpsychiatrie in grundlegenden Punkten unterscheiden. Beispielsweise werden viele Kinder und Jugendliche wegen Leistungsdefiziten oder Verhaltensauffälligkeiten in der Schule in der Kinder- und Jugendpsychiatrie vorstellig (Steinhausen 1993). Ein anderer, nicht inhaltlicher, Grund ist die unterschiedliche Normierung, der psychologische Tests unterliegen.

Viele Tests werden an bestimmten Altersgruppen normiert. Das bedeutet, daß man Aussagen darüber anstellt, wie sich ein Patient gegenüber einer Gleichaltrigengruppe entweder selbst beschreibt oder aber z.B. in der Leistungsdiagnostik abschneidet. Es wird also ein von dem Patienten erreichtes Ergebnis mit dem seiner Altersgruppe verglichen. Somit ist es nicht möglich, einen Test, der für Erwachsene konzipiert und genormt wurde, von einem Jugendlichen bearbeiten zu lassen, da man nicht entscheiden kann, ob ein erhaltenes Testergebnis auffällig ist oder nicht.

Dies sind im wesentlichen die Gründe, weshalb ein eigener Abschnitt für die psychologischen Tests im Kindes- und Jugendalter vorgesehen ist.

Wie auch in dem Kapitel der psychologischen Erwachsenendiagnostik kann auch hier nur ein kurzer Eindruck über die psychologische Diagnostik der Kinder- und Jugendpsychiatrie vermittelt werden. In der Intelligenzmessung gibt es eine Vielzahl von Tests, und wenn auch viele einen sogenannten Intelligenzquotienten ermitteln, so heißt das nicht, daß ein Intelligenzquotient gleich dem anderen ist. Für den Begriff der Intelligenz gibt es nach wie vor keine einheitliche Definition (Brickenkamp 1997), und hinter den jeweiligen Intelligenztests steht oftmals ein anderes Intelligenzkonzept.

- **HAWIK-R (Hamburg-Wechsler-Intelligenztest für Kinder):** (s. HAWIE-R): Hier liegt das gleiche Intelligenzkonzept von Wechsler vor. Nur besitzen die einzelnen Untertests einen anderen Schwierigkeitsgrad, und die Normierung wurde für die Altersgruppen von 6–15 Jahren vorgenommen. Der HAWIK-R kommt in sehr vielen kinder- und jugendpsychiatrischen Einrichtungen zum Einsatz. Er ist relativ einfach durchzuführen und gibt einen guten Eindruck über viele Einzelfähigkeiten eines Probanden.
- **Die SPM (Standard Progressive Matrices)** von Raven, deutsche Überarbeitung von Kratzmeier und Horn 1979: Die SPM gehören zu den sprachfreien Leistungstests und können ab dem 10. bis zum 65. Lebensjahr durchgeführt werden. Das dahinterstehende Intelligenzkonzept bezieht sich auf Spearman, der einen Generalfaktor der Intelligenz definiert. So wird in der Auswertung lediglich ein Intelligenzquotient ermittelt. In den Aufgabenstellungen werden dem Probanden abstrakte Muster dargeboten, die eine Lücke aufweisen. Der Proband muß aus einem Pool von 6–8 Mustern das fehlende Muster ergänzen. Die Schwierigkeit der Aufgabenstellung nimmt innerhalb der jeweiligen Aufgabengruppe und den folgenden Aufgabengruppen zu. Dieser Test ist einfach durchzuführen und auch in der Auswertung unproblematisch. Nach Brickenkamp (1997) ist die Objektivität optimal, die Reliabilität bewegt sich zwischen r = 0.64–0.93; die Validität liegt bei ca. 0.52.
- **Der K-ABC (Kaufmann-Assessment Battery for Children)**, deutsche Fassung: P. Melchers, U.Preuss 1994: Der K-ABC ist ein relativ neuer Intelligenztest, der für die Altersgruppen von 2;5 -12;5 Jahren normiert ist. Das Intelligenzkonzept dieses Tests bezieht sich auf Cattell, welcher zwischen kristallinen und fluiden Fähigkeiten unterscheidet (Halperin and McKay1998). Die kristalline Intelligenz bezieht sich auf Fähigkeiten, die lernabhängig sind, wohingegen sich die fluide Intelligenz in der Fähigkeit ausdrückt, neuartige Probleme zu lösen. Entsprechend diesem Ansatz werden in diesem Test zwei Werte ermittelt, die auch unabhängig voneinander betrachtet werden. Weiterhin besitzt der K-ABC einen eher neuropsychologischen Ansatz und ist weniger als andere Intelligenztests durch kulturelle und linguistische Faktoren beeinflußt. Der K-ABC beinhaltet 16 Untertests, die detailliert in der Handanweisung beschrieben sind, da hier sehr auf die durchzuführende Reihenfolge, die Unterbrechungsregeln sowie auch auf die Wechsel der Untertests zu achten ist.

- **Kramer-Test:** Der Kramer-Test gehört zu den Verfahren, die sich auf das Grundkonzept der Intelligenz von Binet und Simon (1905) beziehen, welche ein Stufenmaß der Intelligenz entwickelten (Montalta 1972). Anders als z.B. im HAWIK-R erhält jede Altesgruppe Aufgaben mit einem anderen Schwierigkeitsgrad. Bei der Untersuchung beginnt man mit der Altersgruppe, die ein Jahr vor dem Lebensalter des Probanden liegt. Sie wird so lange in den Altersstufen weitergeführt, bis lediglich nur zwei Aufgaben einer Altersstufe gelöst wurden. Aus dem so durchgeführten Test wird ein Intelligenzalter ermittelt, welches, durch das Lebensalter dividiert und mit 100 multipliziert, einen Intelligenzquotienten ergibt (Rauchfleisch 1993, 1994). Der Test besteht aufgrund der verschiedenen Testanforderungen zwischen den verschiedenen Altersgruppen aus 90 Untertests, wobei 68% verbaler Art sind. Die verbliebenen Untertests bestehen aus Handlungs- und Zeichentests. Der Test ist für Kinder zwischen 3 und 15 Jahren konzipiert. Nach Brickenkamp (1997) ist die Objektivität skeptisch zu betrachten, da keine empirischen Daten vorliegen. Die Gütekriterien liegen für die Reliabilität bei r_{tt}=0.93 und für die Validität zwischen r_{tc} = 0,85–0,98.

- **Leistungs- und Konzentrationstests – Test d2 (R. Brickenkamp 1994):** Bei dem Test d2 handelt es sich um einen intelligenzunabhängigen Detail-Diskriminations-Versuch zur Prüfung der visuellen Aufmerksamkeitsanspannung und der Konzentrationsfähigkeit. Der Test verlangt von einem Probanden eine konzentrierte visuelle Aufmerksamkeitszuwendung. Die Aufgabe besteht in einer raschen und sicheren Unterscheidung ähnlicher Details. Der Proband muß d's mit zwei Strichen oben oder unten oder einem Strich oben und einem unten von den anderen d's mit anderen Strichkombinationen oder sogar enthaltenen p's unterscheiden. Auch hier wird das individuelle Testergebnis anhand einer Normtabelle verglichen. Die Testdurchführung beträgt ca. 5 Minuten. Die Objektivität ist sehr gut, die Reliabilität $r > 0.90$, die Validität ist durch Untersuchungen belegt.

- **Differentieller Leistungstest – KE (DL – KG) von Kleber, E.W. & Kleber, G. 1974:** Die Normierung dieses Tests liegt für die Altersgruppen von 6;6–10;5 Jahren vor. Dieser Test ist ein Figurendurchstreichtest, bei dem der Proband je nach Alter 3 oder 4 vertraute Figuren durchstreichen und die restlichen Figuren mit einem Punkt versehen muß. Die Testzeit beträgt ca. 20 Minuten. Der Test erfaßt Quantität, Qualität und Gleichmäßigkeit der Leistung eines Probanden und unterscheidet im wesentlichen zwischen einer Konzentrationsschwäche und einer Konzentrationsstörung.

- **Rechtschreibtests:** Im klinischen Alltag der Kinder- und Jugendpsychiatrie stellt sich oftmals die Frage, inwieweit ein Patient in der deutschen Rechtschreibung befähigt ist. Aus der Klärung dieser Frage wird abgeleitet, ob Fördermaßnahmen für den Patienten nötig sind.

In diesem Abschnitt wird kein Test exemplarisch vorgestellt, sondern nur die Grundprinzipien dieser Rechtschreibtests. Es gibt eine Vielzahl von Rechtschreibtests, z.B. DRT 2, DRT 3, DRT 4, DRT 4–5, WRT 6+ usw. (s.a. Brickenkamp 1997). Allen ist im Prinzip gemein, daß der Proband ein Testblatt erhält, auf dem Sätze abgedruckt sind, denen ein Wort fehlt. Der Testleiter diktiert den ganzen Satz, in dem das entsprechende Wort enthalten ist, welches der Proband schreiben muß. In der Regel muß der Proband so bis zu ca. 40 Wörter schreiben, wobei auch auf den Satzkontext, also auch z.B. Groß- und Kleinschreibung, zu achten ist. Je nach Test werden die richtig oder falsch geschriebenen Wörter ausgezählt. Danach wird in einer Normtabelle das individuelle Testergebnis ermittelt. Liegt das Ergebnis im durchschnittlichen Bereich, erfolgt keine weitere Auswertung. Ist das Testergebnis unterdurchschnittlich oder weit unterdurchschnitlich, erfolgt eine differenzierte Auswertung. Schwerpunktmäßig wird nach Wahrnehmungs- und Regelfehlern unterschieden. Aus dieser differenzierten Auswertung leiten sich dann die geeigneten Fördermaßnahmen ab.

- **Klinische Tests und Persönlichkeitstests**
- **Das Depressionsinventar für Kinder und Jugendliche (DIKJ) von J. Stiensmeier-Pelster, M. Schürmann und K. Duda (1989):** Das DIKJ ist nach Angaben der Testautoren und Brickenkamp (1997) ein objektives, reliables (r>0.80) und valides (r=0,45–0,69) Meßinstrument zu Erfassung des Ausprägungsgrades einer depressiven Störung bei Kinder und Jugendlichen im Alter von 10–17 Jahren. Das DIKJ gibt ausschließlich Auskunft über die Schwere einer depressiven Störung, klassifiziert aber nicht in Depressive versus nicht Depressive. Gleichwohl ist es möglich, aufgrund statistischer Kennwerte Aussagen über die klinische Bedeutsamkeit eines erreichten Rohwertes zu tätigen (Zimmermann 1994). Dieser liegt bei 18 Rohpunkten.

Das DIKJ ist ein standardisierter Fragebogen und besteht aus 27 Items, bei denen der Proband jeweils zwischen drei Antworten wählen soll. Diesen Antworten werden zwischen null und zwei Punkten zugeordnet, die anschließend addiert werden, um dann in der Normtabelle über die Schwere der depressiven Störung Aussagen anzustellen.

- **Die Frankfurter Selbstkonzept-Skalen (FSKN) von I.M. Deusinger (1987):** Den FSKN liegt eine Beschreibung von Personen in zehn wesentlichen Selbstbildaspekten zugrunde. Hier basiert die Beschreibung auf Selbstschilderungen der Probanden bzw. auf Stellungnahmen zu vorgegebenen Aussagen. Der Test besteht aus 78 Fragen oder Items, denen der Proband in abgestufter Form mehr oder weniger zustimmen muß.

Der Grundansatz sieht vor, daß ein Individuum in der Lage ist, von sich selbst in wesentlichen Bereichen ein „Bild" abzugeben. Der Test kann mit einem Alter ab 13 Jahren durchgeführt werden. Die erfaßten Skalen heißen:

- Skala zur allgemeinen Leistungsfähigkeit,
- Skala zur allgemeinen Problembewältigung,
- Skala zur Selbstwertschätzung,
- Skala zur Verhaltens und Entscheidungssicherheit,
- Skala zur Wertschätzung durch andere,
- Skala Gefühle und Beziehungen zu anderen,
- Skala zur Empfindlichkeit und Gestimmtheit,
- Skala zur Standfestigkeit,
- Skala zur Kontakt- und Umgangsfähigkeit,
- Skala zur Irritierbarkeit durch andere.

Nach Brickenkamp (1997) ist die Objektivität gegeben, die Split-Half Reliabilität liegt zwischen r = 0,93 und r = 0,97.

Literatur

Brickenkamp R (1997): Handbuch psychologischer und pädagogischer Tests. 2. Auflage Göttingen, Bern, Toronto, Seattle: Hogrefe

Geyer M, Hirsch R (1994): Ärztliche psychotherapeutische Weiterbildung in Deutschland – Auszüge aus der (Muster-)Weiterbildungsordnung der Bundesärztekammer und den Richtlinien. Leipzig: Barth

Guthke J, Böttcher HR, Sprung L (Hrsg) (1990): Psychodiagnostik. Berlin: Deutscher Verlag der Wissenschaften

Halperin JM, Mc Kay KA (1998): Psychological Testing for Child and Adolescent Psychiatrists: A Review of the Past 10 Years. American Akademy of Child and Adolescent Psychiatry 37: 6 S. 575–584

Kubinger KD (Hrsg) (1992): Moderne Testtheorie. Weinheim und München: Beltz Test Gesellschaft Psychologie Verlags Union

Lienert GA (1967): Testaufbau und Testanalyse. Weinheim, Berlin: Beltz Verlag

Rauchfleisch U (1993): Kinderpsychologische Tests. Ein Kompendium für Kinderärzte. 2. durchges. Aufl. Stuttgart: Enke

Montalta, E (1972) Josefine Kramer – Intelligenztest Solothurn Antonius-V.

Rauchfleisch U (1994): Testpsychologie: eine Einführung in die Psychodiagnostik. 3. Aufl. Göttingen: Vandenhoeck und Ruprecht

Schumacher J, Brähler E (1996): Testdiagnostik in der Psychotherapie. In: Senf W, Broda M (Hrsg): Praxis der Psychotherapie. S 75–84. Stuttgart, New York: Thieme

Steinhausen H.-C. (1993): Psychische Störungen bei Kindern und Jugendlichen: Lehrbuch der Kinder- und Jugendpsychiatrie München, Wien; Baltimore: Urban und Schwarzenberg

Stieglitz RD, Baumann U (Hrsg) (1994): Psychodiagnostik psychischer Störungen. Stuttgart: Enke

Testkatalog 1997/98. Bern Testzentrale des Berufsverbandes Deutscher Psychologen. Bern, Göttingen: Hogrefe

Zimmermann W (1994): Psychologische Persönlichkeitstests bei Kindern und Jugendlichen. Leipzig, Heidelberg: Barth

Autoren

Bach, Otto, Prof. Dr. med.
Direktor der Klinik und Poliklinik für
Psychiatrie und Psychotherapie am
Universitätsklinikum Carl Gustav Carus der
Technischen Universität Dresden
Fetscherstraße 74
01307 Dresden

Broda, Michael, Dr. med.
Praxisgemeinschaft Psychotherapie
Poststraße 1
76887 Bad Bergzabern

Felber, Werner, Prof. Dr. med.
Stellv. Direktor der Klinik und Poliklinik für
Psychiatrie und Psychotherapie am
Universitätaklinikum Carl Gustav Carus der
Technischen Universität Dresden
Fetscherstraße 74
01307 Dresden

Gantchev, Krassimir, Dr. med.
Facharzt. Klinik und Poliklinik für Kinder-
und Jugendpsychiatrie und Psychotherapie
am Universitätsklinikum Carl Gustav Carus
der Technischen Universität Dresden
Fetscherstraße 74
01307 Dresden

Geyer, Michael, Prof. Dr. med.
Direktor der Klinik und Poliklinik für
Psychotherapie und Psychosomatische
Medizin der Universität Leipzig
Karl-Tauchnitz-Str. 25
04107 Leipzig

Herpertz, Stephan, OA Dr. med.
Universität Essen, Rhein. Landes- und
Hochschulkliniken, Klinik für
Psychotherapie und Psychosomatik
Virchowstraße 174
45147 Essen

Hessel, Aike, Dr. med.
Klinik und Poliklinik für Psychotherapie
und Pychosomatische Medizin der
Universität Leipzig
Karl-Tauchnitz-Str. 25
04107 Leipzig

Hummel, Peter, OA Dr. med.
Klinik und Poliklinik für Kinder- und
Jugendpsychiatrie und Psychotherapie am
Universitätsklinikum Carl Gustav Carus der
Technischen Universität Dresden
Fetscherstraße 74
01307 Dresden

Klein, Helmfried E., Prof. Dr. med.
Ärztlicher Direktor Bezirksklinikum
Regensburg, Klinik und Poliklinik für
Psychiatrie der Universität Regensburg
Universitätsstraße 84
93042 Regensburg

Krause, Rainer, Prof. Dr.
Universität des Saarlandes, Fachrichtung
Psychologie, Sozial- und
Umweltwissenschaften
Postfach 151150
66041 Saarbrücken

Martinius, Joest, Prof. Dr. med.
Heckscher-Klinik München, Universität
München, Institut für Kinder- und
Jugendpsychiatrie
Heckscherstr. 4
80804 München

Petermann, Harald, Prof. Dr. phil.
Institut für Entwicklungs- und
Persönlichkeitspsychologie und
Psychodiagnostik der Universität Leipzig
Seeburgstraße 14–20
04009 Leipzig

Plöttner, Günter, Prof. Dr. med.
Klinik und Poliklinik für Psychotherapie
und Psychosomatische Medizin
Karl-Tauchnitz-Str. 25
04107 Leipzig

Poustka, Fritz, Prof. Dr. med.
Direktor der Klinik für Psychiatrie und
Psychotherapie des Kindes- und
Jugendalters am Klinikum der Johann
Wolfgang Goethe-Universität Frankfurt am
Main
Deutschordenstraße 50
60590 Frankfurt/M.

Resch, Franz, Prof. Dr. med.
Ärztlicher Direktor der Abteilung für
Kinder- und Jugendpsychiatrie der
Psychiatrischen Klinik am Klinikum der
Ruprecht-Karls-Universität Heidelberg
Blumenstraße 8
69115 Heidelberg

Scholz, Michael, Prof. Dr. med.
Direktor der Klinik und Poliklinik für
Kinder- und Jugendpsychiatrie und
Psychotherapie am Universitätsklinikum
Carl Gustav Carus der Technischen
Universität Dresden
Fetscherstraße 74
01307 Dresden

Senf, Wolfgang, Prof. Dr.med.
Universität Essen, Rhein. Landes- und
Hochschulkliniken, Klinik für
Psychotherapie und Psychosomatik
Virchowstraße 174
45147 Essen

Sutarski, Stephan, OA Dr. med.
Leiter des Bereiches Forensische Psychiatrie
an der Klinik und Poliklinik für Psychiatrie
und Psychotherapie am
Universitätsklinikum Carl Gustav Carus der
Technischen Universität Dresden
Fetscherstraße 74
01307 Dresden

Tegeler, Joachim, Privatdozent Dr. med.
Chefarzt der Psychiatrischen Klinik am
Park-Krankenhaus Leipzig-Dösen
Chemnitzer Straße 50
04289 Leipzig

Thömke, Volker, Diplompsychologe
Klinik und Poliklinik für Kinder- und
Jugendpsychiatrie und Psychotherapie am
Universitätsklinikum Carl Gustav Carus der
Technischen Universität Dresden
Fetscherstraße 74
01307 Dresden

Warnke, Andreas, Prof. Dr. med.
Direktor der Klinik und Poliklinik für
Kinder- und Jugendpsychiatrie der
Julius-Maximilians-Universität Würzburg
Füchsleinstraße 15
97080 Würzburg

Wodarz, Norbert, OA Dr. med.
Klinik und Poliklinik für Psychiatrie der
Universität Regensburg
Universitätsstraße 84
93042 Regensburg

Namenverzeichnis

Sachwortverzeichnis